Patricia Davis

Aromatherapie von A–Z

Aus dem Englischen
von Rita Höner und Rudolf Pohl

Knaur

Von Patricia Davis ist außerdem erschienen:

Aromatherapie und Chakren (Band 76008)

Vollständige Taschenbuchausgabe Januar 1998
Droemersche Verlagsanstalt Th. Knaur Nachf., München
Dieses Taschenbuch ist auch unter der Bandnummer 76015 erhältlich
Völlig überarbeitete und erweiterte Ausgabe April 1996
Copyright © 1990, 1996 für die deutschsprachige Ausgabe
Droemersche Verlagsanstalt Th. Knaur Nachf., München
Das Werk einschließlich aller seiner Teile ist urheberrechtlich geschützt.
Jede Verwertung außerhalb der engen Grenzen des Urheberrechts-
gesetzes ist ohne Zustimmung des Verlages unzulässig und strafbar.
Das gilt insbesondere für Vervielfältigungen, Übersetzungen,
Mikroverfilmungen und die Einspeicherung und Verarbeitung
in elektronischen Systemen.
Titel der Originalausgabe: »An A-Z of Aromatherapy«
Copyright © 1988 by Patricia Davis
Originalverlag: The C.W. Daniel Co., London
Umschlaggestaltung: Vision Creativ, München
Umschlagfoto: report Bilder-Dienst, München
Druck und Bindung: Ebner Ulm
Printed in Germany
ISBN 3-426-77333-3

5 4 3 2 1

*Ich widme dieses Buch meiner Schwester Barbara,
die mir den Anstoß zu ihm gab.*

> HINWEIS: Bevor Sie ätherische Öle benutzen, sollten Sie unbedingt den Artikel »Dosierung« lesen. Ätherische Öle dürfen nur in ganz wenigen Fällen unverdünnt angewandt werden!

Auskünfte im Zusammenhang mit allen aromatherapeutischen Fragen erteilt

Forum Essenzia · Mäuselweg 29 · 81375 München · Tel. 0 89/7 14 16 87

Danksagung

Folgenden Menschen danke ich für ihre Hilfe beim Zustandekommen dieses Buches:
Carola Beresford-Cooke, Yves de Maneville, Germaine Rich, Francis Treuhertz und Dr. Michael Webster vom *Bristol Cancer Help Centre*[1], die mir großzügigerweise ihre Kenntnisse zur Verfügung stellten; Robert Tisserand für die Erlaubnis, Material aus dem *Essential Oil Safety Manual*[2] übernehmen und die für die *Federation of Aromatherapists*[3] vorbereitete Liste gefährlicher Öle abdrucken zu dürfen; Gordon Burns für seinen Eifer und sein Einfühlungsvermögen bei der graphischen Gestaltung des Buches; Anne Chance, die das Manuskript las und korrigierte und viele wertvolle Vorschläge machte.
Schließlich danke ich meiner Familie, meinen Kollegen und Studenten, die mich auf ihre Weise ermutigten, dieses Buch fertigzustellen, sowie Ian Miller vom C. W. Daniel Verlag für seine Geduld und Unterstützung bei der Abfassung.

Danksagung zur erweiterten Auflage

Wichtige Informationen zur erweiterten Auflage stammen von: Gill Farrer-Halls, die über ihre Arbeit mit Aids-Patienten mit mir sprach; Jan und Linda Kusmirek, die mir technische Informationen gaben; Richard Offutt, der mir seine Erfahrungen über die Verwendung von Rosmarin bei Epileptikern mitteilte; Sheila Tozer, die mir Einblicke in die Akupunktur gewährte. Ihnen allen gilt mein herzlicher Dank.

---

[1] Krebshilfezentrum Bristol
[2] Sicherheitsbestimmungen für ätherische Öle
[3] Föderation der Aromatherapeuten

Vorwort der Autorin zur erweiterten Auflage

Sieben Jahre sind vergangen, seit das Buch in England zum ersten Mal erschienen ist (acht, seit ich es geschrieben habe); seitdem hat sich vieles geändert, und ich freue mich über die Gelegenheit, den Text da ändern zu können, wo er der aktuellen Situation nicht mehr entsprach, und das Feedback der Leser mit aufnehmen zu können.
Heute stehen mehr Öle zur Verfügung als damals, und es ist einfacher, Produkte aus biologisch kontrolliertem Anbau zu erhalten. Andererseits sind auch viele minderwertige, zum Teil sehr ausgeklügelte Verfälschungen in Umlauf, und wir müssen uns der damit verbundenen Nachteile bewußt sein.
Sehr viel mehr Menschen kennen heute die Aromatherapie und nutzen sie, um gesund zu bleiben und sich wohl zu fühlen. Neue Krankheitsmuster sind aufgetaucht, neue Heilweisen entstanden. Die Aromatherapie wird zunehmend parallel zur Schulmedizin eingesetzt. Diese Popularität hat viele Vorteile, birgt aber auch ein paar Gefahren, denn immer mehr Menschen experimentieren ohne Vorwissen mit den Ölen. Mir war der Punkt Sicherheit immer sehr wichtig, und ich hoffe, daß die vorliegende überarbeitete und erweiterte Auflage dazu beiträgt, daß Fachleute und Laien ätherische Öle ohne gesundheitliche Gefährdung benutzen.

Totnes, Devon

Einführung

Mit dem Begriff *Aromatherapie* wird die Wissenschaft (und die Kunst) von der Benutzung pflanzlicher Essenzen bei der Behandlung von Krankheiten bezeichnet.
Sie ist eine durch und durch ganzheitliche Therapie, die Geist, Seele und Körper des Hilfesuchenden anspricht, aber auch seinen Lebensstil, seine Eßgewohnheiten, seine Beziehungen zur Umwelt etc.
Auch wenn das Wort Aromatherapie – dessen Erfinder ein Franzose war – erst seit diesem Jahrhundert benutzt wird, um die Verwendung ätherischer Öle zu Heilzwecken zu beschreiben, sind ihre Prinzipien bereits sehr alt.
Ihre Ursprünge gehen auf die ältesten Heilpraktiken der Menschheit zurück, denn die Pflanzen, aus denen wir heute ätherische Öle gewinnen, wurden schon Tausende von Jahren benutzt, bevor die Technik des Destillierens von Ölen erfunden wurde. Archäologen haben die Spuren zahlreicher Pflanzen mit anerkannt medizinischem Wert – sie wurden über eine Analyse des fossilen Pollens identifiziert – in bzw. an den Grab- und Aufenthaltsstätten des frühen Menschen gefunden, und es ist sehr wahrscheinlich, daß ihre Benutzer ihre Heilkraft kannten.
Wahrscheinlich durch Zufall entdeckte der Mensch der Vorzeit, daß einige der ursprünglich als Nahrung gesammelten Blätter, Beeren und Wurzeln Kranke gesund machten oder die Wundheilung förderten. Sicher merkte er sich auch die Pflanzen, die von kranken Tieren bevorzugt gefressen wurden. Für Menschen, die vollständig von den Ressourcen ihrer unmittelbaren Umgebung abhängig waren, waren solche Kenntnisse zweifellos sehr wichtig und wurden als Teil der gemeinsamen Erfahrung innerhalb des Stammes weitergegeben.
Wenn die Zweige bestimmter Büsche oder Bäume ins Feuer geworfen wurden – anfangs sicher nur mit der Absicht, dieses zu nähren –, konnte es vorkommen, daß der Rauch und der mit ihm verbundene Geruch Schläfrigkeit, Wohlbefinden oder Erregung auslöste oder sogar zu »mystischen« Erlebnissen führte.

War die ausgelöste Empfindung bei allen um das Feuer Versammelten gleich und stellte sie sich beim erneuten Abbrennen derselben Zweige wieder ein, dann wurde wohl erkannt, daß die Wirkung von ebendiesem Busch ausging, der dann möglicherweise als »magisch« betrachtet wurde. Das »Einräuchern« von Patienten war eine der frühesten Formen der Medizin, und da Religion und Heilkunst eng miteinander verbunden waren, gehörte die Verwendung bestimmter Düfte zu allen vorgeschichtlichen Glaubenslehren. Wenn die Menschen der Vorzeit ihren Göttern aromatische Pflanzen weihten – egal, ob sie diese nun verbrannten oder auf einem Altar als Ganzes darboten –, bedeutete dies für sie ein wirkliches Opfer, denn sie brachten den Göttern etwas für sie sehr Kostbares dar. Die Benutzung heiligen oder magischen Rauchs in Form von Weihrauch ist zum Bestandteil fast aller größeren Religionen in Ost und West geworden, und auch das Einräuchern mit aromatischen Pflanzen blieb bis in unser Jahrhundert gängige medizinische Praxis. Bis vor relativ kurzer Zeit z. B. wurden auf den Stationen französischer Krankenhäuser Thymian und Rosmarin zur Desinfizierung verbrannt. Ironischerweise hat nun, nachdem diese Praxis aufgegeben wurde, die Laborforschung bewiesen, wie effizient diese beiden Pflanzen als Bakterizide sind! In einigen weniger fortschrittlichen (?) Teilen dieser Welt ist das Ausräuchern noch immer ein Standardverfahren.

Bereits 3000 v. Chr. benutzten die Ägypter aromatische Pflanzen zu medizinischen und kosmetischen Zwecken sowie zur Einbalsamierung ihrer Verstorbenen. Auch Parfüms für den öffentlichen und privaten Gebrauch wurden sehr geschätzt. Bei wichtigen Staatsakten verbrannte man Weihrauch, und die bei dieser Gelegenheit vortanzenden Sklavinnen trugen Parfümkegel auf dem Kopf, die allmählich schmolzen und dabei ihren Duft verströmten. Aus verschiedenen Papyri (der älteste stammt ungefähr aus dem Jahr 2840 v. Chr.) kennen wir einige der von den Ägyptern benutzten Pflanzen und ihre Anwendung. Unter Zuhilfenahme von tierischen und mineralischen Substanzen stellten sie aus ihnen Pillen, Puder, Zäpfchen und medizinische Kuchen her, außerdem Salben und Pasten zur äußerlichen

Anwendung. Sie arbeiteten auch mit der Asche und dem Rauch von Pflanzen. Benutzt wurden unter anderem Anis, Zeder, Zwiebel, Knoblauch, Kreuzkümmel, Koriander, Rizinus, Weintrauben und Wassermelonen.

Ob die Ägypter das Verfahren zur Destillation ätherischer Öle kannten, steht nicht fest. In den frühesten Dokumenten findet sich kein Hinweis auf destillierte Öle, und keiner der in den Gräbern gefundenen Behälter kommt für ätherische Öle in Frage. In den Pyramiden sind viele Salben und Kosmetiktiegel sowie Ölfläschchen gefunden worden, an denen sogar noch Spuren des ursprünglichen Inhalts hafteten. Meist handelte es sich um fettige Salben oder klebrige Pasten; der Duft von Weihrauch und Benzoe war immer noch wahrnehmbar. Auf Tontafeln finden sich zwar Aufzeichnungen über die Einfuhr von Zedern- und Zypressenöl (was zeigt, daß ein internationaler Ölhandel bereits existierte), aber diese scheinen infundierte Öle gewesen zu sein. Wandgemälde zeigen jedoch, daß die Ägypter zumindest im 3. Jahrtausend v. Chr. eine primitive Form der Destillation kannten.

Etwas weiter östlich, im mesopotamischen Becken zwischen Euphrat und Tigris, zeichneten die babylonischen Ärzte ihre Verordnungen und Rezepte auf Tontäfelchen auf, von denen die ältesten in sumerischer Keilschrift abgefaßt sind. Im Gegensatz zu den Ägyptern legten sie keinen Wert auf Mengenangaben (die wahrscheinlich allgemein bekannt waren), aber sie gaben genaue Hinweise auf den Zeitpunkt, zu dem das Heilmittel hergestellt und eingenommen werden sollte (gewöhnlich frühmorgens vor der Nahrungsaufnahme). Ein babylonischer König ließ sogar einen Garten mit Heilpflanzen anlegen, und wir erfahren, daß er Apfel- und Quittenbäume, Gurken, Melonen, Knoblauch, Zwiebeln, Fenchel, Safran, Thymian, Senf, Kümmel, Koriander, Rosen, Wacholder und Myrrhe enthielt, also viele der Pflanzen, die wir heute noch in der Pflanzenheilkunde und in der Aromatherapie benutzen.

Die alten Griechen erwarben einen Großteil ihres medizinischen Wissens von den Ägyptern, machten aber auch eigene Entdeckungen. So fanden sie heraus, daß der Duft einiger Pflan-

zen anregend und erfrischend wirkte, der Duft anderer dagegen entspannend und einschläfernd. Sie benutzten Olivenöl (damals wie heute eine im Überfluß vorhandene Ware), um den Duft aus Blütenblättern oder Kräutern zu absorbieren, und gebrauchten diese parfümierten Öle dann zu medizinischen und kosmetischen Zwecken. Griechische Soldaten zogen mit einer aus Myrrhe bestehenden Salbe in die Schlacht, die sie zur Wundbehandlung einsetzten. Hippokrates, der heute noch als Vater der Medizin verehrt wird, führt in seinen Schriften eine Vielzahl von Heilpflanzen an, darunter sehr viele Narkotika – u. a. Opium, Tollkirsche und Alraune –, aber auch einfache Pflanzen und Früchte wie z. B. Rhabarber und Quitte. Hippokrates schrieb: »Eure Nahrung sei eure Medizin und eure Medizin eure Nahrung«, aber noch mehr Wert legte er auf die moralischen Qualitäten eines Arztes, z. B. Unterscheidungsvermögen, Selbstlosigkeit und Hingabe. Der »hippokratische Eid« wird Ärzten zwar auch heute noch abverlangt, aber wenn man ihnen (außerdem) einige hippokratische Methoden vermitteln würde, wäre es wahrscheinlich um die Medizin besser bestellt!
Im Römischen Reich wurden griechische Ärzte oft zu Militärchirurgen oder Leibärzten der Kaiser bestellt. Galen, der Arzt Mark Aurels, begann seine Karriere als Chirurg einer Gladiatorenschule, und es wird berichtet, während seiner Amtszeit sei kein Kämpfer an seinen Wunden gestorben. Vielleicht braucht man sich darüber gar nicht so sehr zu wundern, denn er kannte eine große Zahl einfacher Heilmittel, aus denen er seine Arzneien bereitete. Er schrieb sehr viel über die Theorie der Pflanzenheilkunde und unterteilte die Pflanzen in verschiedene medizinische Kategorien, die auch heute noch unter dem Begriff »galenisch« bekannt sind. Außerdem war er der Erfinder der »kalten Creme«, dem Prototyp aller jetzt gebräuchlichen Salben. Ein anderer Grieche, Dioskurides, war unter Nero Arzt in der römischen Armee und sammelte Heilpflanzen in vielen Ländern des Mittelmeerraumes. Um 78 n. Chr. stellte er sein gesamtes Wissen in den fünf dicken Bänden seiner *Materia Medica* zusammen.
Nach dem Niedergang Roms flohen die überlebenden Ärzte

nach Konstantinopel und nahmen dabei ihre Bücher und ihr Wissen mit. Über Konstantinopel gelangte das Wissen der Antike durch die Übersetzungen der Werke von Hippokrates, Galen, Dioskurides und anderen sowie die berühmte medizinische Bibliothek von Alexandria in die arabische Welt. Der erste große arabische Arzt, über den wir Genaueres wissen, war Abu Bahr Muhammad Ibn Zakaria Al-Razi (865–925 n. Chr.); er schrieb über zwei Dutzend medizinische Bücher, die viele pflanzliche Rezepte enthalten.

Der bedeutendste arabische Arzt war jedoch zweifellos Abu Ali al-Husayn Ibn Abd Allah Ibn Sina (980–1037 n. Chr.), besser bekannt als Avicenna. Er hatte Logik, Geometrie, Metaphysik, Philosophie, Astronomie und alle anderen zu seiner Zeit bekannten Naturwissenschaften studiert, natürlich auch Medizin, und personifizierte die vollkommene Vorwegnahme des allseits gebildeten Renaissance-Menschen. Offenbar ein Wunderkind, galt er schon mit achtzehn als berühmter Arzt. Er hinterließ wertvolle schriftliche Aufzeichnungen, in denen er über 800 Pflanzen und ihre Wirkung auf den menschlichen Körper beschreibt. Nicht alle Pflanzen hat man eindeutig bestimmen können, da er sie zuweilen mit ihrem einheimischen Namen bezeichnete; zu den leicht identifizierbaren gehören u. a. Kamille, Lavendel und Rose, aus denen bis heute wertvolle Öle für die Aromatherapie gewonnen werden. Er beschrieb detailliert die reine Obstkur, chiropraktische Verfahren und verschiedene Massagetechniken. Für die Geschichte der Aromatherapie ist jedoch besonders bedeutsam, daß man ihm die Entwicklung des Destillationsverfahrens ätherischer Öle zuschreibt. Heute scheint wahrscheinlicher, daß er den Prozeß der Destillation nicht erfand, sondern perfektionierte, denn die Archäologen haben primitive Destillierapparate gefunden, die vor seine Lebenszeit zu datieren sind; Avicenna verfeinerte wahrscheinlich die Methode durch Hinzufügung von Kühlspiralen.

Wie die medizinische und arzneikundliche Entwicklung zwischen dem Untergang des Römischen Reiches und dem 10. Jahrhundert weiterging, wissen wir nicht genau, da entsprechende schriftliche Aufzeichnungen fehlen; es ist jedoch fast sicher, daß Heilkräuter traditionell benutzt wurden. Vieles von diesem Wissen dürfte in die heutige Volksheilkunde eingegangen sein. Fest steht, daß im 12. Jahrhundert die »Wohlgerüche Arabiens«, d. h. ätherische Öle, in ganz Europa berühmt waren. Die Kreuzritter brachten nicht nur die Parfüms mit, sondern auch das Wissen um ihre Herstellung. Da den Europäern die aromatischen harzführenden Bäume des Orients unbekannt waren, griffen sie auf Lavendel, Rosmarin, Thymian und andere im Mittelmeerraum beheimatete Sträucher zurück, die dann recht bald auch weiter im Norden angepflanzt wurden.

Mittelalterliche Handschriften enthalten Hinweise auf Lavendelwasser und verschiedene Verfahren zur Herstellung von infundierten Ölen. Die Erfindung des Buchdrucks trug dazu bei, daß Rezepte und Methoden sehr rasch in speziellen Pflanzenbüchern veröffentlicht wurden. So hatte bereits im 16. Jahrhundert jeder des Lesens Kundige Zugang zu den Rezepten für infundierte Öle, Duftwässer, Abkochungen, Aufgüsse und andere Methoden der Behandlung mit Pflanzen. Die Frauen eines Haushalts stellten all diese Heilmittel für den Eigenbedarf selbst her – natürlich auch Parfümkugeln, Lavendelbeutel und andere Kräuterkissen, damit es im Haus gut roch und die Wäsche vor Mottenbefall geschützt war. Kompliziertere Mixturen erstand man beim Apotheker, der auch die wertvollen Essenzen verkaufte, die damals als »chymische Öle« bezeichnet wurden. Auf den Fußböden verstreute man Kräuter, die ihre flüchtigen Öle entließen, wenn man auf sie trat, und auf öffentlichen Plätzen trug man kleine Sträußchen oder Kugeln aus aromatischen Kräutern, um Infektionskrankheiten abzuwehren, insbesondere die Pest. Solche Praktiken wurden von Historikern oft als Aberglaube abgetan, aber heute weiß man, daß die meisten der verwendeten Kräuter stark desinfizierend wirken und gegen Bakterien und sogar gegen Viren aktiv sind. Wieder andere sind als insektentötend oder -abstoßend bekannt und waren daher von großem Wert gegen die krankheitsübertragenden Flöhe, Läuse und Fliegen.

Die berühmtesten Heilpflanzenbücher stammen von Gerard, Banckes und Culpeper in England, Brunfels, Fuchs und Bock (nicht Bosch!) in Deutschland, Nicolas Monardes in Spanien (der auch Pflanzen aus dem neuentdeckten Amerika beschrieb), Charles de l'Ecluse in Frankreich und Pietro Mattioli in Italien. Mattiolis Abhandlung, die sich eng an die Arbeiten von Dioskurides anlehnt, wurde in viele europäische Sprachen übersetzt und mit 32 000 verkauften Exemplaren zu einem Bestseller des 16. Jahrhunderts.

Bis zu diesem Zeitpunkt wurden von Ärzten, Apothekern und Laien Pflanzen zu Heilzwecken benutzt, aber mit der im 17. Jahrhundert beginnenden Wissenschaft der experimentellen Chemie wurden chemische Substanzen auch in der Medizin eingesetzt. Damals schrieb Nicholas Culpeper leidenschaftliche Tiraden gegen die Ärzte, die giftige Stoffe wie z. B. Quecksilber verordneten; von vielen Kollegen wurde er jedoch als altmodisch abgetan, weil er so starrsinnig an seinen seltsamen Kräuterlein hing, oder man unterstellte ihm, nur auf den finanziellen Erfolg und die gesellschaftliche Stellung der anderen neidisch zu sein. Die heutige Besorgnis um die Nebenwirkungen gefährlicher (allopathischer) Arzneimittel ist also durchaus nichts Neues! Gott sei Dank ist die Einstellung gegenüber »alternativen« Heilmethoden inzwischen doch etwas aufgeklärter. Die großen Hexenverbrennungen des 17. Jahrhunderts fielen mit dem Aufkommen der Chemotherapie zusammen und wurden sowohl vom Wunsch der etablierten Ärzteschaft angeregt, das Wissen der »weisen Frauen«[1] zu unterdrücken, als auch vom Bestreben der Kirche, die Häretiker zu vernichten.

Natürlich waren nicht alle neuen Arzneimittel schädlich; viele wichtige Mineralsubstanzen wurden entdeckt, deren Wirkung auf Gesundheit und Wohlbefinden man erst jetzt richtig versteht, etwa die des Selen. Der Chemiker Friedrich Hoffmann (1660–1742) untersuchte die Natur ätherischer Öle sowie die Mineralwässer verschiedener Heilbäder. Ein Nachteil dieser zunehmenden Spezialisierung war, daß die Heilkunde den Händen des einfachen Volkes immer mehr entglitt.

---

[1] Im Englischen und Französischen ist »weise Frau« (engl. *wise woman,* franz. *sage femme*) gleichzeitig das Wort für Hebamme (Anm. d. Übers.)

Auch im 18. und 19. Jahrhundert erforschten Chemiker die aktiven Bestandteile von Heilpflanzen und identifizierten viele Stoffe wie z. B. Koffein, Chinin, Morphium, Atropin etc.; diese spielen durchaus eine wichtige Rolle, aber die Suche nach isolierten Wirkstoffen führte dennoch weg von der natürlichen Verwendung der ganzen Pflanze. Die ätherischen Öle wurden nebenher weiterbenutzt; viele blieben bis weit ins 20. Jahrhundert in den amtlichen Arzneibüchern und einige wenige – wie etwa Lavendel, Pfefferminze und Myrrhe – werden auch heute noch allgemein in der Pharmazie verwendet.

Mehr und mehr wurden sie jedoch durch synthetisch hergestellte Medikamente ersetzt, die zum Großteil als Nebenprodukte der Kohle-Teer-Raffination anfielen. Die Entwicklung beschleunigte sich in der zweiten Hälfte des 20. Jahrhunderts – mit den allgemein bekannten katastrophalen Folgen.

Im Fernen Osten, insbesondere in Indien und China, kann die Verwendung von Pflanzen zu Heilzwecken auf eine jahrtausendealte ungebrochene Tradition zurückblicken – ganz im Gegensatz zu Europa, wo wir ja erst jetzt unser verlorengegangenes Wissen wiederentdecken.

In Indien ist die Benutzung von Pflanzen Ausdruck der religiösen und philosophischen Vorstellung vom Menschen als Teil der sich ständig verändernden Natur. Bereits die ältesten religiösen Texte (wie der um 2000 v. Chr. entstandene Rigveda) enthalten Rezepte und Anrufungen der Pflanzen: »O ihr Einfachen, die ihr existiertet, noch ehe die Götter geboren waren, ich möchte eure 700 Geheimnisse verstehen! ... Kommt, ihr weisen Pflanzen, und heilt diese Kranken für mich.« Die indische Medizin beruht zur Gänze auf Pflanzen und spiegelt so die vegetarischen Prinzipien der großen Religionen dieses Landes. Der buddhistische Kaiser Aschoka (3. Jahrhundert v. Chr.) veranlaßte und normierte den Anbau von Heilpflanzen. Sehr wichtig war, unter welchen Bedingungen die Pflanzen wuchsen und welche Menschen mit ihnen in Berührung kamen: »Sie müssen von einem reinen und heiligen Mann ... gesammelt werden, der vorher gefastet hat. Sie dürfen nur an Orten geerntet werden, die den Menschen nicht leicht zugänglich sind, über einen fruchtbaren

Boden mit guter Drainage verfügen und nicht in der Nähe von Tempeln, heiligen Plätzen oder Begräbnisstätten liegen...« Die Heilpflanzen Indiens wurden in ganz Asien berühmt und fanden schließlich auch Eingang in medizinische Rezepte des Abendlandes; außerdem bilden sie die Grundlage der heutigen traditionellen Medizin Indiens, dem Ayurveda. Bekannt sind vor allem Kümmel, Pfeffer, Kardamom, Ingwer, Gewürznelke, Sandelholz, Benzoe, Cannabis, Rizinus, Sesam, Aloe und Rohrzucker. Die Öle der ersten sieben gehören zum Standardrepertoire der Aromatherapie.

Auch in China werden Heilpflanzen in Ergänzung zur Akupunktur seit Jahrtausenden kontinuierlich verwendet. Die ältesten uns bekannten Aufzeichnungen finden sich in *Des Gelben Kaisers Buch der inneren Medizin,* das 2000 v. Chr. entstand. Der als *Pen ts'ao kang-mou* bekannte große Klassiker der chinesischen Pflanzenheilkunde führt nicht weniger als 8160 verschiedene Rezepte an, die aus fast 2000 verschiedenen Substanzen zusammengestellt werden; meist handelt es sich um Pflanzen, deren Palette damit reicher ist als in jeder anderen medizinischen Tradition. Die am häufigsten benutzten sind auch der westlichen Pflanzenheilkunde wohlbekannt: Gänseblümchen, Enzian, Süßholz, Walnuß, Pfirsich, Wegerich, Rhabarber... Chinatee dient als Heilmittel bei Erkältungen, Kopfschmerzen und Diarrhö. Opium ist bereits um 1000 v. Chr. zur Behandlung der Ruhr eingesetzt worden; erst seit dem 16. Jahrhundert, als unter der Ming-Dynastie der Genuß von Alkohol verboten war, wird es auch geraucht.

Zurück zum Europa unserer Zeit. Hier finden wir nicht nur eine von der Großindustrie getragene Intensivierung der Erforschung synthetischer Arzneimittel (Barbara Griggs weist darauf hin, daß Pflanzen sich nicht patentieren lassen, weshalb sich mit ihnen nur wenig Profit machen läßt), sondern auch ein wiederauflebendes Interesse an der Verwendung von Pflanzen in einer ganzheitlichen und natürlichen Form.

Die erneute Beschäftigung mit ätherischen Ölen setzte in den zwanziger Jahren dieses Jahrhunderts ein, als Maurice Gattefossé, ein Chemiker im Parfümunternehmen seiner Familie, sich für die medizinischen Aspekte der Öle zu interessieren begann. Er entdeckte, daß viele der den Firmenprodukten zugefügten Essenzen bessere Antiseptika waren als die gewöhnlich verwendeten chemischen Stoffe. Bei einer Explosion im Labor zog er sich eine schwere Verbrennung der Hand zu; er tauchte sie sofort in reines Lavendelöl, das zufällig in seiner Nähe stand. Die Wunde heilte extrem schnell – in ein paar Stunden –, entzündete sich nicht und hinterließ keine Narben. Die Wirksamkeit des Öls lenkte seine Aufmerksamkeit auf die Verwendung von Lavendel und anderen ätherischen Ölen in der Dermatologie, und er leistete in diesem Bereich sehr viel Forschungsarbeit. Er verwandte 1928 als erster den Begriff »Aromatherapie« in einer wissenschaftlichen Abhandlung; 1937 veröffentlichte er ein Buch unter demselben Titel. Andere französische Ärzte, Wissenschaftler und Autoren führten sein Werk fort, insbesondere Dr. Jean Valnet, ein ehemaliger Militärchirurg. Er benutzte ätherische Öle, um schwere Verbrennungen und Kriegsverletzungen zu behandeln. Später verabreichte er die Öle und andere pflanzliche Produkte den Patienten einer psychiatrischen Klinik und erzielte damit, ungeachtet der Skepsis des übrigen Personals, große Erfolge. Sein Buch *Aromatherapie* ist zum klassischen Lehrbuch der seriösen Aromatherapie geworden; Marguérite Maury, Fabrice Bardeau und Marcel Bernadet haben durch ihre Praxis und ihre Bücher ebenfalls zu unserem Wissen beigetragen.

In England kennt man die Aromatherapie als ernstzunehmende medizinische Disziplin noch nicht so lange; trotzdem ist sie zu einer weitverbreiteten und geschätzten Form ganzheitlicher Therapie geworden. Das Ausbildungs- und Anwendungsniveau ist sehr hoch, und zunehmend wird die Aromatherapie auch in Krankenhäusern praktiziert. Die meisten Therapeuten jedoch wenden sie im Rahmen der ganzheitlichen Medizin an.

Ein gut ausgebildeter Aromatherapeut wird nicht nur ätherische Öle verabreichen, sondern der gesamten Persönlichkeit des Patienten bei der Aufrechterhaltung eines körperlichen, seelischen und geistigen Gleichgewichts zu helfen suchen. Die Öle selbst bieten sich für eine sensitive Behandlungsweise geradezu

an. Jedes verfügt über zahlreiche Eigenschaften – ganz im Gegensatz zu synthetischen Arzneimitteln oder aus Pflanzen isolierten Wirkstoffen, die »maßgeschneidert« spezifische Symptome beheben. Sehr oft wirken die Öle harmonisierend, d. h., sie helfen dem Organismus, aus einem unausgeglichenen, krankmachenden Zustand zum idealen Gleichgewicht zurückzufinden, das sich in Gesundheit und Wohlbefinden äußert. Viele Aromatherapeuten haben sich die chinesische Vorstellung von Yin und Yang zu eigen gemacht – einander entgegengesetzten Kräften, die sich in einem Zustand dynamischen Gleichgewichts befinden. Ein Körper ist gesund, wenn sich all seine Energien in Harmonie zueinander befinden.
Konkrete Beispiele für mangelndes Gleichgewicht sind z. B. extreme Temperaturen (Fieber oder Hypothermie), zu hoher oder zu niedriger Blutdruck, Über- oder Unterproduktion verschiedener Hormone ... Sicher fallen Ihnen noch weitere Beispiele ein. Auf der geistig-seelischen Ebene sind Depression, Hysterie und starke Gemütsschwankungen (die im Extremfall als manisch-depressiv klassifiziert werden) Äußerungsformen eines Ungleichgewichts.
Ätherische Öle haben einen sehr subtilen Einfluß auf das Gehirn und bieten, zusammen mit der liebevollen Fürsorge eines einfühlsamen Therapeuten, eine ganzheitliche, sanfte und natürliche Alternative zu psychotropen Arzneien.
Eine weitere bedeutende Eigenschaft der Öle liegt in der Vielfältigkeit ihrer Verabreichungsformen. Wichtigste Behandlungsmethode dürfte zweifellos die Massage sein, denn sie verbindet die Wirkstoffe der Öle mit dem so wichtigen Element der menschlichen Berührung.
Die wahrscheinlich zweitwichtigste Verabreichungsform sind aromatische Bäder. Wasser allein hat viele therapeutische Eigenschaften, was wohl jeder bestätigen wird, der nach einem anstrengenden Tag ein angenehm warmes Bad genommen hat. Fügt man diesem ätherische Öle bei, wird die Wirkung verstärkt. Bäder sind die einfachste Anwendungsform und gut geeignet, die positiven Effekte einer Massagebehandlung beim Therapeuten in den Alltag zu verlängern.

Die Öle können bei verschiedenen Beschwerden für heiße oder kalte Kompressen verwendet werden, oder man gibt sie Cremes, Lotionen und Duftwässern bei, um Gesundheit und Aussehen der Haut zu verbessern.

Aromatische Essenzen werden sehr rasch von der Haut absorbiert, und ein gewisser Anteil wird bei Massagen, Bädern und Kompressen sowie bei der Hautpflege eingeatmet. Bereits der Duft hat eine subtile, aber durchaus real vorhandene Wirkung auf das Gehirn (Riechzentrum) und über das Gehirn auf den Körper. Beim Inhalieren gelangen die Öle über die Lunge in den Blutkreislauf.

Beginnen Sie eine Selbstbehandlung mit ätherischen Ölen jedoch nicht zu leichtfertig. Bei richtiger Verwendung sind sie ungefährlich, aber einige Öle bergen Risiken, die jeder Benutzer kennen sollte. Selbst kleine Mengen können im Körper mit der Zeit ein toxisches Niveau erzeugen, und manche Öle sind tatsächlich stark giftig. Über einige durch ätherische Öle ausgelöste Todesfälle hat die Fachpresse berichtet; mir selbst sind in den letzten Jahren zwei – Gott sei Dank nicht tödliche – Fälle einer versehentlichen Vergiftung bekanntgeworden. Ich möchte mit diesem Buch vor allem die gefahrlose Verwendung ätherischer Öle fördern, damit möglichst viele Menschen die gesundheitlichen Vorteile und den Genuß, den sie bieten, ohne Risiken nutzen können.

Alphabetische Einträge

A–Z

Abszeß

Ein Abszeß wird in der Aromatherapie meist durch heiße Kompressen über der angeschwollenen Stelle behandelt; sie sollen die Schmerzen lindern, die Entzündung eindämmen und toxische Substanzen abziehen. Bei Zahnabszessen sollten heiße Kompressen so lange auf das Gesicht gelegt werden, bis ein Zahnarzt aufgesucht werden kann.
Die wirksamsten Öle sind Kamille (besonders bei Zahnabszessen), Lavendel und Ti-Baum – einzeln oder in Kombination. Überprüfen Sie auch Ihren allgemeinen Gesundheitszustand, wenn sich öfter Abszesse bilden; ratsam wäre eine möglichst schadstoffarme Kost und zusätzliche Vitamin- und Mineralstoffgaben.

Äderchen, geplatzte

Die feinen, hauchdünnen, direkt unter der Haut liegenden Kapillargefäße kann man sehr gut im Gesicht erkennen, insbesondere bei hellhäutigen Menschen. Wenn sie auffälliger sind als normal, bezeichnet man sie als »geplatzt«, obwohl dies nicht ganz korrekt ist; der Begriff »gedehnte« Äderchen kommt dem Sachverhalt wesentlich näher. Normalerweise sind die Kapillarwände sehr elastisch; sie dehnen sich aus, wenn die Haut sich erwärmt, aber auch als Reaktion auf bestimmte Nahrungs- und Genußmittel (Alkohol, sehr heiße Getränke) sowie andere Reize. Der Betreffende wird dann rot; läßt der äußere Reiz nach, bekommt das Gesicht wieder seine übliche Farbe, da die Kapillargefäße ihre ursprüngliche Größe einnehmen.

Verlieren die Kapillarwände durch schlechte Ernährung, übermäßigen Alkoholgenuß, Stimulanzien wie Kaffee oder starken Tee, extremes Klima oder Kreislaufstörungen an Elastizität, schrumpfen sie nicht mehr in dem Ausmaß, wie sie eigentlich sollten – das Gesicht und insbesondere die Wangen sind dann ständig gerötet.

Tägliche sanfte Gesichtsmassagen mit ätherischen Ölen können die natürliche Elastizität der Blutgefäße wiederherstellen und die Rötung zum Abklingen bringen. Eine leichte Besserung mag bereits nach mehreren Wochen sichtbar sein, aber bis zu einer bedeutenden Veränderung können sechs Monate und mehr vergehen. Ich benutze Kamillen-, Petersilien- und Rosenöl für die Behandlung – gewöhnlich in einer Lotion, mit der das Gesicht zweimal täglich massiert wird. Infundiertes Arnikaöl stärkt die winzigen Gefäße, kann also als Basisöl für das ätherische Öl dienen. Alle Bemühungen sind jedoch von vornherein zum Scheitern verurteilt, wenn nicht gleichzeitig auf gesunde Ernährung geachtet wird; Alkohol, Kaffee und Tee sollte man ganz streichen oder auf ein Minimum reduzieren. Extreme Temperaturunterschiede sollten so weit wie möglich vermieden werden, ebenso Dampfbäder, Saunen etc. Das Gesicht sollte auch nicht mit sehr heißem Wasser gewaschen werden.

Aerosolerzeuger

Aerosolerzeuger verteilen die Essenzen mit Hilfe einer elektrisch betriebenen Luftpumpe als kleinste Tröpfchen in der Luft. Diese Konstruktion sollte nicht mit den Aerosolsprays verwechselt werden, die mit einem schädlichen Treibgas arbeiten.

Die Menge des in die Luft abgegebenen ätherischen Öls hängt einerseits von der Größe des Aerosolerzeugers ab, kann aber auch durch einen Kontrollhebel an der Apparatur selbst reguliert werden. Die Öle werden nicht erhitzt und auch nicht auf andere Weise chemisch verändert – ein Vorteil gegenüber herkömmlichen Verdunstungsverfahren. Aerosolerzeuger werden zuweilen auch als Zerstäuber bezeichnet.

Aids

Gleich zu Beginn möchte ich eines klarstellen: Ebensowenig wie Krebs können wir Aids[1] behandeln oder gar heilen. Kein Aromatherapeut sollte die alleinige Verantwortung für einen Aids-Patienten übernehmen, sondern immer mit dem behandelnden Arzt zusammenarbeiten.

Innerhalb dieses Rahmens kann der Aromatherapeut jedoch wertvolle Hilfe leisten: emotionale Unterstützung des Patienten, Anwendung entspannender Therapien, Behandlung opportunistischer Infektionen, generelle Stärkung des angeschlagenen Immunsystems. Aromatherapeuten, die in Krankenhäusern, Aids-Zentren und -Selbsthilfegruppen oder in eigener Praxis arbeiten, haben den enormen Wert dieser Dinge bewiesen.

Die Möglichkeit, das Immunsystem zu stärken, ist von der Schulmedizin, die nach einem geeigneten Impfstoff sucht, weitgehend übersehen worden. Aromatherapeuten, Heilpraktiker, Akupunkteure und Ernährungsberater benutzen Techniken, die darauf abzielen, die körpereigenen Immunreaktionen zu kräftigen. Dies ist sehr wichtig, wenn wir bedenken, daß viele HIV-Träger das Aids-Vollbild nie entwickeln.

Die Stärkung des Immunsystems ist wichtig, weil das Virus das Immunsystem des Körpers angreift (wie es das tut, wird unter dem Stichwort *HIV* behandelt). Als HIV-Träger bekannte Menschen, bei denen es nicht zum Aids-Vollbild kommt, haben mit großer Sicherheit ein wesentlich effektiveres Immunsystem als diejenigen, die der Krankheit erliegen.

Zu empfehlen sind alle ätherischen Öle, die eine positive Wirkung auf das Immunsystem haben, insbesondere jene, die die Funktionen der Milz, der Nebennieren und des Lymphsystems stärken. Auch die Leber sollte gestärkt werden, denn sie spielt eine entscheidende Rolle bei der Entgiftung des Körpers. Dies ist doppelt wichtig, wenn der Aids-Patient Medikamente nimmt. Wann immer möglich, sollte der Aromatherapeut mit einem Naturheilkundler und/oder einem Akupunkteur zusammen-

---

[1] »Acquired Immune Deficiency Syndrome« = erworbene Immunschwäche

arbeiten, da die entsprechenden Behandlungsformen sich gegenseitig ergänzen.
Manche Menschen entwickeln das Aids-Vollbild, bevor sie mit einem alternativen Therapeuten in Kontakt kommen; aber auch sie können von einer aromatherapeutischen Behandlung noch profitieren. Das HI-Virus selbst erzeugt keine Symptome: Der Patient erliegt opportunistischen Infektionen, die sich im Körper ausbreiten, sobald das natürliche Abwehrsystem nicht richtig funktioniert. Anfangs sind die Erkrankungen vielleicht relativ unbedeutend (ARC[1]-Stadium): Es kommt zu Soor (wird durch Candida-albicans-Pilze verursacht), Haut-, Lungen- und Darminfektionen. Auch längere Zeit (über ca. drei Monate) angeschwollene Lymphknoten können ein Zeichen für ARC sein, obwohl dieses Symptom häufig auch bei schwerer Grippe, Drüsenfieber etc. auftritt. Ätherische Öle können in diesem Stadium eingesetzt werden, um die Infektion zu bekämpfen. Oft kommt es zu einer besonders schweren Lungenentzündung, die für einen schon geschwächten Menschen lebensbedrohend sein kann. Das medizinische Personal, das in Krankenhäusern Aids-Patienten betreut, ist hauptsächlich mit der Bekämpfung dieser Infektionen beschäftigt und im allgemeinen sehr aufgeschlossen, wenn Patienten andere Therapien ausprobieren möchten.
Effiziente ätherische Öle in diesem Zusammenhang sind Niaouli, Ti-Baum, Eucalyptus radiata (hat dieselben Eigenschaften wie Eucalyptus globulus, wird aber leichter assimiliert) sowie Thymian in Form des Chemotyps Thymanol IV, der eine besonders starke antivirale Wirkung hat. Aids-Patienten haben jedoch oft eine Abneigung gegen noch mehr »medizinische« Gerüche und möchten bei der aromatherapeutischen Behandlung einen solchen Duft nicht um sich haben. Bei ihnen sind immunstärkende oder antivirale/antibakterielle Öle vorzuziehen, die angenehm riechen, etwa Manuka, Ravensara oder Rosenholz.
Noch wichtiger jedoch ist, daß die Lebensqualität des Patienten durch entspannende Massagen, Bäder, stimmungshebende Öle

---

[1] Aids Related Complex

und emotionale Unterstützung verbessert wird. Massagen sind wichtig, weil durch sie das Element der menschlichen Berührung mit ins Spiel kommt. Jeder wird gerne berührt, aber für Menschen, die manchmal als »Unberührbare« behandelt werden, ist dies lebensnotwendig. Für viele Patienten ist das Wissen, daß der Aromatherapeut sie gerne berührt, der wichtigste Teil der Behandlung. Eine Effleurage und lange, langsame Bewegungen scheinen am angenehmsten zu sein. Menschen, die geschwächt sind oder Schmerzen haben, dürfen nur ganz leicht berührt werden. Manchmal kann nur ein kleiner Bereich des Körpers massiert werden, aber selbst die leichteste Massage hat ihren Wert. Die Wahl der in Frage kommenden Öle hängt hauptsächlich von den physischen und emotionalen Bedürfnissen des einzelnen ab. Als besonders günstig haben sich unter anderem Bergamotte, Kamille, Muskatellersalbei, Weihrauch, Geranie, Grapefruit, Jasmin, Majoran, Neroli, Rose, Rosenholz, Sandelholz und Veilchenblatt erwiesen.

Die Verwendung ätherischer Öle ist kontraindiziert bei einer Chemotherapie, die oft zur Behandlung des Kaposi-Sarkoms eingesetzt wird – einer recht seltenen Krebsart, die viele Aids-Patienten befällt. Die gesamte Problematik von ätherischen Ölen und Chemotherapie wird unter dem Stichwort *Krebs* abgehandelt; ich empfehle, es im Anschluß zu konsultieren.

Wenn Sie als Aromatherapeut daran denken, mit Aids-Patienten zu arbeiten, müssen Sie vorurteilsfrei an Sexualität und Lebensstil der Kranken herangehen, denn viele von ihnen werden homo- oder bisexuelle Männer und Drogenabhängige sein; allerdings steigt auch die Zahl der Aids-Patientinnen. Sie werden auch mit den Familien, Freunden und Sexualpartnern der PatientInnen zusammenarbeiten müssen. Einige der Menschen, die Sie behandeln, werden sterben, und Sie sollten sich fragen, ob Sie das psychisch verkraften. Es kann auch sein, daß Sie selbst zur Zielscheibe von Vorurteilen werden und andere Menschen Angst haben, daß Sie sie mit HIV infizieren. Solche Ängste sind zwar völlig irrational, da das Virus nur durch Körperflüssigkeiten (Blut, Sperma) übertragen wird, müssen aber trotzdem ernst genommen werden. Die aromatherapeuti-

sche Massage von Aids-Patienten stellt keine Gefahr dar, wenn weder Therapeut noch Patient offene Hautstellen aufweisen (kleinere Risse etc. können mit einem Pflaster bedeckt werden und stellen dann kein Risiko mehr dar).
Der Therapeut sollte jedoch sicherstellen, daß er selbst Unterstützung bekommt und Menschen hat, die ihm bei Bedarf zuhören. Sorgen Sie dafür, daß Sie selbst gesund bleiben, und versuchen Sie, Ihre Kräfte nicht überzustrapazieren. Tun Sie nicht zuviel – der psychische Druck, der sich bei der Arbeit mit sehr kranken Menschen aufbaut, kann schnell zum körperlichen und seelischen Zusammenbruch führen. Ich muß jedoch auch sagen, daß jeder, der in diesem Bereich gearbeitet hat, darin tiefe Befriedigung gefunden hat.
Siehe auch **HIV, Immunsystem, Krebs.**

Akne

Mit Hilfe der Aromatherapie läßt sich Akne ohne potentiell gefährliche Arzneien oder Chemikalien erfolgreich behandeln.
Die Krankheit ist am verbreitetsten bei Jugendlichen, besteht zuweilen aber auch bis weit ins dritte Lebensjahrzehnt. Sie beruht auf einer Überaktivität der Talgdrüsen, die mit einer bakteriellen Infektion einhergeht. Die Drüsen geben zuviel Talg an die Hautoberfläche ab, umweltbedingter Schmutz, Fäserchen aus der Kleidung und tote Hautzellen bleiben an dieser Schicht haften, und eine Brutstätte für Bakterien entsteht. Die Poren werden blockiert, es bilden sich Mitesser, die verstopften Haarfollikel entzünden sich, und es erscheinen die wohlbekannten Aknepickel. Sie geben eine Flüssigkeit ab, die das umliegende Gewebe infiziert.
Der Aromatherapeut kann auf verschiedene Weise eingreifen: Zum einen behandelt er die Haut äußerlich, um die Infektion einzudämmen und die Talgproduktion zu reduzieren. Durch Massagen wird die Blutzirkulation angeregt und der Körper bei der Ausscheidung von Giftstoffen unterstützt. Vielleicht der wichtigste Punkt bei der gesamten Behandlung besteht darin, auf die Notwendigkeit einer möglichst schadstoffarmen Ernäh-

rung und auf verstärkte Hauthygiene hinzuweisen. Die Mitarbeit des Patienten ist in der Tat unverzichtbar, denn nur sie kann das bei Akne häufig auftretende Gefühl der Hilf- und Hoffnungslosigkeit beseitigen.
Von der breiten Palette potentiell verwendbarer ätherischer Öle wird der Therapeut mehrere ausprobieren, bis er das für den Patienten am besten geeignete gefunden hat; auch wird er im Verlauf der Behandlung die Öle zuweilen wechseln. Mit am wirksamsten sind sicherlich Lavendel und Ti-Baum: Beide wirken bakterizid. Lavendel lindert und heilt und regt das Wachstum gesunder Zellen an. Auch Bergamotte hat viele Eigenschaften, die bei Akne hilfreich sind, sollte aber auf den Winter beschränkt werden, weil es die Lichtempfindlichkeit der Haut erhöht. Es wirkt adstringierend und antidepressiv – ein nicht zu unterschätzender Effekt, da viele junge Menschen wegen ihrer Akne deprimiert sind, was ihren Gesundheitszustand noch weiter verschlimmert. Geranienöl kann herangezogen werden, um die Talgsekretion ins Gleichgewicht zu bringen. Die angeführten Essenzen können, mit einem Trägeröl verdünnt, für eine Gesichtsmassage verwendet werden; zum häuslichen Gebrauch können sie einer Creme sowie hautreinigenden und tonisierenden Lotionen beigemischt werden.
Für die Körpermassage sind Rosmarin und Geranie zu empfehlen, da sie das Lymphsystem anregen und so den Körper von Giftstoffen befreien. Wenn sich der Zustand bessert, kann eine Mischung von Weizenkeimöl mit Lavendel und Neroli aufgetragen werden, um die Narbenbildung so gering wie möglich zu halten.
Da sich die Behandlung über Wochen und Monate erstrecken kann – wobei der Zustand sich anfangs oft noch zu verschlimmern scheint –, sollte der Patient sorgfältig beraten werden, um Enttäuschungen zu vermeiden.
Tritt Akne bei Menschen über 25 auf, ist möglicherweise eine Allergie der Auslöser und die Behandlung daher anders (siehe **Allergie**).
Siehe auch **Haut, Hauttalg** etc.

Akupunktur

Die Akupunktur ist eine Behandlungsform, die mit der Aromatherapie sehr gut kombiniert werden kann. Einige Therapeuten sind in beiden Disziplinen ausgebildet, aber meist arbeitet der Aromatherapeut mit dem Akupunkteur zusammen.
Die Akupunktur ist ein sehr altes Heilverfahren, das vor über 5000 Jahren in China entwickelt wurde. Sie wurzelt in der taoistischen Philosophie, die von zwei einander entgegengesetzten, aber komplementären Energien ausgeht, die die gesamte Schöpfung durchströmen: Yin und Yang. Da der Mensch ein Teil dieser Schöpfung ist, bewegen sich die Yin- und Yang-Energien auch durch seinen Körper – und zwar innerhalb eines Netzwerks aus Kanälen, die Meridiane genannt werden. Die Yang-Energie fließt über den Rücken nach unten, während die Yin-Energie an der Vorderseite des Körpers aufsteigt. Beide Kräfte halten idealerweise ein subtiles, ständig wechselndes Gleichgewicht aufrecht, bei dem die Energien frei fließen können und der Körper gesund ist; wird jedoch ein Meridian an irgendeiner Stelle blockiert, entsteht ein Zuviel oder ein Zuwenig an Energie, und Krankheiten treten auf. Durch das Einführen sehr feiner Nadeln an geeigneten Stellen der Meridiane kann der Akupunkteur die Blockaden auflösen und die Gesundheit wiederherstellen.
Das gekonnte »Ablesen« der Akupunkturpunkte befähigt den Therapeuten, Energieungleichgewichte festzustellen, bevor die Störung sich auf physischer Ebene manifestiert; in China wurde die Akupunktur jahrtausendelang als Präventivmedizin genutzt. Die traditionelle Akupunktur berücksichtigt zudem, daß fünf Elemente (Feuer, Erde, Metall, Wasser und Holz) und fünf Jahreszeiten (Frühjahr, Sommer, Spätsommer, Herbst und Winter) die Energien im Körper beeinflussen. Auch innerhalb der 24 Stunden eines Tages ist jeder Meridian zu einer anderen Zeit am aktivsten. Die Akupunktur ist nur ein Teil der traditionellen chinesischen Medizin; einige westliche Akupunkteure sind in chinesischer Medizin ausgebildet und praktizieren sie als Ganzes. Andere setzen zwar ihre Nadeln auf die Meridianpunkte,

legen aber weniger Wert auf die dem System zugrunde liegende Philosophie; einige Allgemeinmediziner und Krankenhausärzte absolvieren Schnellkurse (manchmal nur drei Wochenenden) und benutzen dann die Akupunkturpunkte symptomatisch, meist zur Schmerzlinderung.

Einige ätherische Öle werden aus Pflanzen gewonnen, die seit langem zum traditionellen östlichen System gehören, und können in ein Behandlungsschema integriert werden, das Akupunktur und Aromatherapie umfaßt. So haben manche Autoren gewisse Öle als Yin oder Yang eingestuft. Meine Erfahrung zeigt jedoch, daß einige dieser Klassifizierungen zweifelhaft sind. Ich glaube, daß es beim gleichzeitigen Einsatz von Aromatherapie und Akupunktur hilfreicher ist, sich die Eigenschaften und die Wirkungsweise des jeweiligen Öls zu vergegenwärtigen.

Siehe auch **Yin/Yang.**

Alant (Inula graveolens oder Inula odora)

Diese große, bis zu 1,80 m hohe mehrjährige Pflanze mit ihren großen ovalen Blättern und den gelben, an Gänseblümchen erinnernden Blüten stammt aus Asien, wird aber jetzt in der ganzen Welt als Heil- und Zierpflanze kultiviert. Das ätherische Öl wird durch Dampfdestillation aus der Wurzel und den Rhizomen, manchmal auch aus den Blütenspitzen gewonnen; es enthält u. a. Borylacetat, 1.6-Cineol, Linalol und Borneol und hat einen sehr angenehmen, honigähnlichen Duft.

Alant ist den Aromatherapeuten erst seit ungefähr zehn Jahren bekannt und wird auch jetzt noch sehr selten benutzt; dies liegt zum Teil an seinem relativ hohen Preis, der in etwa dem von Neroli entspricht, zum anderen an den begrenzten Ressourcen. Trotzdem stellt es eine wichtige Ergänzung des aromatherapeutischen Repertoires dar, denn es ist eines der stärksten schleimlösenden Öle, die wir kennen. Dies ist bei allen Erkältungskrankheiten nützlich, vor allem bei einem Husten, bei dem kein Schleim abgeht. In Frankreich gewonnene Erfahrungen deuten darauf hin, daß es besonders wertvoll ist bei chronischen Be-

schwerden in diesem Bereich, die auf andere Behandlungen – z. B. mit Myrrhe – nicht angesprochen haben. Bei einer chronischen Bronchitis z. B., bei der der Schleim in den winzigen Lungengängen festsitzt und dort eine Brutstätte für Bakterien bildet, kann ich es wärmstens empfehlen. Da es auch bakterizid wirkt und den Auswurf fördert, bekämpft es die Infektion auf verschiedene Weise.
Alant hat noch andere Anwendungsbereiche, die aber auch von preisgünstigeren, leichter erhältlichen Ölen abgedeckt werden. Ich reserviere es daher für langwierige Beschwerden, bei denen andere Essenzen keine Linderung gebracht haben.
VORSICHT: Verwechseln Sie Inula graveolens nicht mit Inula helenium; letzteres sensibilisiert die Haut sehr stark und sollte daher nie mit ihr in Kontakt kommen. Die beste Vorsichtsmaßnahme besteht darin, Alantöl nur dann auf die Haut zu geben, wenn Sie absolut sicher sind, daß es sich um Inula graveolens handelt.

Aldehyde

Mit diesem Begriff wird eine Kategorie organischer Moleküle in ätherischen Ölen bezeichnet. Aldehyde wirken stark entzündungshemmend und beruhigen das zentrale Nervensystem. Einige senken den Blutdruck, andere tragen dazu bei, Fieber zu senken. Beispiele für Aldehyde sind Citral in Zitrone, Lemongras, Zitronelle, Geranie etc.; Citronellal in Zitronelle, Eukalyptus, Zitrone, Melisse etc.; Phellandral in vielen Ölen, die aus Bäumen gewonnen werden; Anis-Aldehyd in Anis, Vanille etc.; Zimt-Aldehyd in Zimtrinde (große Mengen) und Zimtblatt (kleine Mengen). Wie Sie sehen, enden die Aldehyde entweder auf *al,* oder das Wort *Aldehyd* wird dem Namen der Pflanze beigefügt, so daß Sie bei der Angabe der Inhaltsstoffe leicht zu erkennen sind.
ACHTUNG: Trotz der im allgemeinen entzündungshemmenden Wirkung dieser Gruppe reizt Zimt-Aldehyd die Haut sehr stark. Wenn es in größeren Mengen in einem Öl vorkommt, sollten Sie dieses Öl nicht auf die Haut auftragen.

Alkohol

Ätherische Öle sind in Alkohol leicht löslich; bei der Herstellung von Parfüm und anderen Präparaten wird Alkohol in verschiedenen Formen eingesetzt.
Isopropylalkohol wird zuweilen benutzt, um Salben, Deodorants und Aftershaves herzustellen; allerdings ist er für die Haut ziemlich scharf und sollte daher nur in kleinen Mengen und zusammen mit Blütenwässern oder destilliertem Wasser verwendet werden. Für Parfüm ist reiner Alkohol (Äthylalkohol) am besten geeignet.
Hat man keinen reinen Alkohol zur Hand, kann man sich bei der Herstellung von Aftershaves, Gesichtswässern oder Deodorants auch mit anderen, möglichst hochprozentigen Spirituosen behelfen; Branntwein z. B. ist eine gute Ausgangsbasis für Mundwässer.

Alkohole

Alkohole sind eine Kategorie organischer Moleküle, die sich in ätherischen Ölen finden. Je nach der an ihrer Herstellung in der Pflanze beteiligten Terpenart und der therapeutischen Wirkung lassen sie sich in verschiedene Gruppen einteilen. Die ungiftigen, hautfreundlichen monoterpenen Alkohole sind am häufigsten.
Aufgrund ihrer antibakteriellen, fungiziden und antiviralen Wirkung hemmen sie Entzündungen; sie regen das Immunsystem an und wirken allgemein stärkend. In diese Kategorie gehören etwa Borneol in Lavendel, Muskatnuß, Kiefer etc.; Geraniol in Geranie, Palmarosa, Rose, Neroli, Petitgrain etc.; Lavandulol in Lavendel etc.; Linalol in Lavendel, Neroli, Muskatnuß, Ylang-Ylang etc.
Sesquiterpene Alkohole sind seltener und finden sich oft nur in einer Pflanzenart; ihre antiinfektiöse Wirkung ist schwächer, die immunanregende Wirkung jedoch gut; sie kräftigen und stimulieren. Zu ihnen gehören Cedrol in Zeder; Farnesol in Palmarosa, Rose, Ylang-Ylang; Nerolidol in Neroli; Santalol in Sandelholz etc.

Diterpene Alkohole kommen in ätherischen Ölen nur in ganz geringen Mengen vor, sind aber trotzdem hoch wirksam. Oft beeinflussen sie den Östrogenhaushalt. Beispiele sind Sclareol in Muskatellersalbei und Salviol in Salbei.

Sie werden bemerkt haben, daß die Bezeichnungen der Alkohole auf ol enden, weshalb sie beim Blick auf die chemische Zusammensetzung eines Öls leicht zu erkennen sind. Auch die Phenole – die Haut und Schleimhaut stark reizen – enden jedoch auf *ol* und dürfen mit den Alkoholen nicht verwechselt werden.

Alkoholismus

Die Behauptung, durch Aromatherapie könne man Alkoholismus behandeln oder gar heilen, ist sicher falsch. Für einen einfühlsamen Therapeuten gibt es jedoch Möglichkeiten, einen anderen Menschen bei der Überwindung dieser Sucht zu unterstützen.

Massagen können dazu beitragen, den äußeren Druck abzubauen, der zur Abhängigkeit geführt hat; praktisch alle entspannenden, antidepressiv wirkenden Öle sind hier hilfreich. Welches gewählt wird, hängt sehr stark von den persönlichen Präferenzen und den jeweiligen Umständen ab.

Entschlackende Öle wie Fenchel und Wacholder sind sehr gut geeignet, den Körper von den Giftstoffen zu befreien, die sich durch längeres exzessives Trinken angesammelt haben; das durch den Entgiftungsprozeß herbeigeführte Gefühl gesteigerten Wohlbefindens wird sich auch positiv auf die Stimmung auswirken. Zu beachten ist, daß der Patient sich zunächst oft kurzzeitig schlechter fühlt, weil die in der Leber und in anderen Körpergeweben gespeicherten Gifte in den Blutkreislauf gelangen.

Eine spezielle Beratung, der Besuch von Selbsthilfegruppen und andere Therapien sind dringend zu empfehlen, weshalb der Aromatherapeut nie isoliert arbeiten sollte.

Siehe auch **Sucht**.

Allergie

Der Begriff Allergie wurde zu Beginn dieses Jahrhunderts geprägt, um anomale Reaktionen des Körpers auf ihm fremde Proteine zu beschreiben, z. B. auf den Heuschnupfen auslösenden Blütenstaub. Da Krankheitserreger wie Bakterien und Viren hauptsächlich aus Protein bestehen, wird der Verteidigungsmechanismus des Körpers im allgemeinen in Gang gesetzt, sobald er Proteine entdeckt, die weder Teil seiner eigenen Struktur noch dieser nützlich sind (wie z. B. die Proteine in Lebensmitteln). Bei einer allergischen Reaktion ist dieser Prozeß gewissermaßen außer Kontrolle geraten: Es kommt zu einer wilden Überreaktion auf Proteine, die an sich keine Bedrohung darstellen. Typisch für diese »klassischen« Allergiereaktionen sind Heuschnupfen, Ekzeme, Nesselsucht und einige Formen von Asthma.
Der Aromatherapeut behandelt Allergien mit ätherischen Ölen, die beruhigend und lindernd wirken, um die Überreaktion abzuschwächen. Am geeignetsten sind Kamille, Lavendel und Melisse, die je nach Art der allergischen Reaktionen Bädern, Kompressen, Inhalationen, Lotionen etc. beigegeben werden.
Bei der Anfälligkeit für Allergien spielt Streß bekanntlich eine große Rolle. Oft kann ein Mensch, der unter Streß auf bestimmte Reizstoffe hin Asthma, Ekzeme oder andere allergische Reaktionen entwickelt, in einem ruhigeren, gelasseneren Zustand mit demselben Allergen in Kontakt kommen, ohne darauf zu reagieren. Eine der wichtigsten Maßnahmen des Aromatherapeuten besteht daher im Abbau des Streßpegels. Massagen allein sind hier schon sehr hilfreich, und viele ätherische Öle steigern ihre entspannende Wirkung – außer den drei oben genannten auch Bergamotte, Jasmin, Muskatellersalbei, Neroli, Rose, Sandelholz und Ylang-Ylang. Massagen sind sicher am besten, aber an den massagefreien Tagen bilden aromatische Bäder einen wertvollen Beitrag zum allgemeinen »Relax«.
Die Zahl der Allergiker ist in den letzten Jahren rapide angestiegen – sicher eine Folge der für viele mit immer mehr Anspannung verbundenen Lebensbedingungen, aber auch der

Zunahme chemischer Schadstoffe in Nahrung, Luft, Wasser und der Umwelt. Der Begriff »Allergie« wird heute oft zur Beschreibung von Reaktionen benutzt, die strenggenommen den Rahmen der ursprünglichen Definition sprengen. Zuweilen wird auch der Begriff »Sensibilität« verwendet, vor allem wenn die auslösende Substanz kein Protein ist. Zu den Krankheiten, die Abwehrreaktionen gegenüber Fremdsubstanzen zugeschrieben werden, zählt man u. a. Schnupfen, Kopfschmerzen, Hyperaktivität, Harnverhaltung und zahlreiche Hautprobleme.

Über Lebensmittelallergien weiß man heute wesentlich mehr als noch vor ein paar Jahren. Fraglich ist allerdings, ob für die Allergien die Lebensmittel selbst oder deren Herstellungsbedingungen verantwortlich sind, z. B. das Verfüttern von Hormonen und Antibiotika an Schlachttiere oder die Verwendung von Kunstdünger, Pestiziden und Herbiziden bei Obst und Gemüse. Der Druck auf die Lebensmittelproduzenten, chemische Zusätze wegzulassen, ergab sich nicht zuletzt aus der Beobachtung, daß sie allergische Reaktionen auslösen.

Bei allen Allergien ist Streß ein sehr wichtiger Faktor; der Aromatherapeut hat daher auch hier die Aufgabe, neben der Eindämmung der unmittelbaren Symptome den Streß zu reduzieren. Fast immer sind Ratschläge zur Ernährung angebracht; oft sind jedoch die zu berücksichtigenden Faktoren derart komplex, daß es sich empfiehlt, den Patienten an einen Ernährungsberater bzw. einen Diätetiker zu verweisen.

Siehe auch **Asthma, Ekzeme, Heuschnupfen, Nesselsucht, Streß.**

Allopathie

Der Begriff wurde von Samuel Hahnemann geprägt, um die schulmedizinische medikamentöse Behandlung zu bezeichnen, bei der – im Unterschied zur Homöopathie, die »Gleiches durch Gleiches« heilt – die Gesundung durch der Krankheit entgegengesetzte Mittel angestrebt wird. Oft wird der Begriff fälschlich zur Beschreibung des gesamten Systems der orthodoxen Medizin benutzt.

Amenorrhö

Ausbleiben der Regelblutungen; siehe **Menstruation**.

Angelika (Angelica archangelica oder Angelica officinalis)

Diese kräftige Pflanze aus der Familie der Umbelliferen erreicht in kurzer Zeit eine Höhe von 1,80 m und mehr und wird während der Blütezeit von großen Dolden aus grünlichweißen Blüten gekrönt. Die ganze Pflanze duftet sehr stark, die Blüten so ähnlich wie Honig. Sie ist in Nordeuropa heimisch, wird aber auf dem ganzen Kontinent angebaut.

Das ätherische Öl wird aus der Wurzel oder den Samen destilliert und ist zunächst praktisch farblos; im Lauf der Zeit dunkelt es nach und wird gelblichbraun. Es hat ein sehr blumiges, angenehmes Aroma und wird kommerziell zahlreichen Likören und Aperitifs zugegeben, u. a. Chartreuse und Benediktiner. Neben dem Hauptbestandteil Phellandren (bis zu 70%) enthält es Angelicin, Bergapten, verschiedene Säuren etc. Die jeweiligen Anteile variieren etwas, je nachdem, ob das Öl aus der Wurzel oder den Samen gewonnen wurde.

Angelika ist seit dem Altertum als Heilpflanze bekannt; ihren Namen (deutsch: Engelwurz) erhielt sie wohl deshalb, weil ihre starken Heilkräfte göttlichen Ursprungs zu sein schienen (ein anderer Name war »Heilig-Geist-Wurzel«). Autoren von Paracelsus bis Gerard schrieben ihr die Fähigkeit zu, vor der Pest zu schützen. Tatsächlich wirkt sie sehr kräftigend und anregend und scheint das Immunsystem zu stärken, so daß sie bei Epidemien aller Art ihren Wert besitzt. Angelika wird seit alters benutzt, um während der Rekonvaleszenz, bei Anämie oder sonstigen allgemeinen Schwächezuständen Kraft und Vitalität wiederherzustellen, weshalb sie unter Umständen bei postviraler Erschöpfung nützlich sein könnte.

Angelika stärkt das Verdauungssystem, weshalb sie wahrscheinlich Likören beigegeben wird, und ist bei Appetitverlust hilfreich. Fabrice Bardeau nennt sie in *La Médicine Aromatique* als

Mittel gegen Magersucht. Besonders hilfreich ist sie bei Verdauungsbeschwerden, die durch Streß verursacht werden. Die Pflanze kann bei allen Infektionen der Atemwege eingesetzt werden, von der normalen Erkältung bis zu Bronchitis. Vor allem bei einem trockenen Reizhusten ist sie zu empfehlen. Sie beruhigt die Haut und wird vielen kommerziellen Hautpflegeprodukten beigegeben.
Angelikaöl wirkt außerdem entgiftend und entwässernd. Es unterstützt die Ausscheidungsvorgänge aller Organe (Leber, Nieren, Haut) und verbessert die Lymphdrainage. Aus diesem Grund wird es als Massageöl bei Rheuma, Arthritis, Flüssigkeitsansammlungen und Zellulitis geschätzt. Wegen des angenehmen Aromas läßt es sich leicht mit vielen anderen Ölen mischen.
Von den über dreißig Angelika-Unterarten werden mindestens zehn in China zu verschiedenen Heilzwecken eingesetzt. Eine als Dong Kwai bekannte Varietät wird zunehmend auch im Westen benutzt, und zwar als Alternative zu künstlichen Hormonen während der Menopause.
VORSICHT: Angelikawurzel verstärkt, ähnlich wie Bergamotte, die Lichtempfindlichkeit der Haut. Verwenden Sie sie nicht auf Hautpartien, die dem Sonnenlicht ausgesetzt werden.

Angst

In manchen Situationen ist Angst eine ganz normale und gesunde Reaktion, z. B. vor einem Einstellungsgespräch oder einer Prüfung; in solchen Fällen kann die Angst sogar nützlich sein, weil sie uns zu einer gründlichen Vorbereitung anspornt. Es ist auch normal, wenn Eltern sich Sorgen machen, wenn ihr Kind abends nicht zur gewohnten Stunde nach Hause kommt; aber es ist nicht normal, wenn sie Angst haben, sobald das Kind außer Sichtweite ist.
Angst wird nur dann zu einem Problem, wenn sie übertrieben ist, d. h., wenn die Reaktion in keinem Verhältnis zur bedrohlichen Situation steht; oder wenn man Angst hat, ohne daß ein objektiver, äußerer Grund vorhanden ist. Leider gibt es im 20. Jahrhun-

dert berechtigte Ursachen für Angst – vom hektischen Autoverkehr über Arbeitslosigkeit bis zum Schicksal unseres Planeten. Anomale Angst kann viele körperliche Symptome hervorrufen: verkrampfte Muskeln, Verdauungsprobleme, Migräne, Allergien, Schlaflosigkeit, Herzerkrankungen; außerdem erhöht sie die Anfälligkeit für viele andere ernste Krankheiten.

Die Aromatherapie bietet eine echte Alternative zu den vielen Psychopharmaka und Entspannungsmitteln, die in der Allopathie gewöhnlich gegen Angst eingesetzt werden. Jedes beruhigende ätherische Öl ist hilfreich, und deren gibt es viele: Benzoe, Bergamotte, Geranie, Jasmin, Kamille, Lavendel, Majoran, Melisse, Muskatellersalbei, Neroli, Patschuli, Rose, Sandelholz, Verbene, Wacholder, Weihrauch, Ylang-Ylang, Ysop, Zeder und Zypresse. Bei der Wahl sollte der Therapeut sich von dem leiten lassen, was er von der Persönlichkeit des Patienten weiß – seiner Lebensart, seiner Vergangenheit, der Ursache seiner Angst und natürlich auch von seiner Vorliebe für bestimmte Düfte. Oft ist die vom Patienten getroffene Wahl sehr aufschlußreich, denn meist sucht er sich instinktiv gerade das Öl aus, das seinem gegenwärtigen Zustand am ehesten entspricht – was zuweilen effektiver ist als stundenlange Gespräche. Obwohl alle genannten Öle beruhigen, zeigen sie doch in ihren Eigenschaften und Wirkungen subtile Unterschiede, weshalb mal das eine, mal das andere den Vorzug erhalten sollte.

Das fürsorgliche Verhalten des Therapeuten spielt ebenfalls eine große Rolle; Grundlage der Behandlung sollten Massagen sein, denn durch sie können Sicherheit, Liebe und Teilnahme auf direkte, d. h. nonverbale Weise geäußert und erfahren werden. Für die Tage, an denen keine Massage stattfindet, empfehle ich aromatische Bäder, besonders, wenn der Betreffende unter Schlaflosigkeit leidet, was bei Angst oft der Fall ist. Hat der Patient ein Lieblingsöl, kann er dieses auch in winzigen Mengen als persönliches Parfüm und/oder Raumspray verwenden; die Wirkung der Massage wird so verlängert.

Die aromatherapeutische Behandlung läßt sich mit Entspannungstechniken wie autogenem Training, Yoga, Meditation oder einfachen Lockerungsübungen sehr gut verbinden. Oft beherrscht ein ganzheitlich arbeitender Aromatherapeut selbst eine oder mehrere dieser Disziplinen und kann dann sein Wissen an den Patienten weitergeben; oder er wird zumindest jemanden kennen, der sie unterrichtet.

Anis (Pimpinella anisum)

Das aus dem Anissamen gewonnene ätherische Öl wird selten benutzt, weil es relativ giftig ist. Es enthält bis zu 90% Transanethol und wirkt in hoher Dosierung oder bei längerer Einnahme als Betäubungsmittel, das die Blutzirkulation verlangsamt, das Gehirn schädigt und süchtig macht (im 19. Jahrhundert grassierte in Frankreich die Abhängigkeit von Absinth, der unter Verwendung von Anis hergestellt wird).
Rein theoretisch könnte man es zur Linderung von Verdauungs- und Menstruationsbeschwerden, zur Behandlung von Herz- und Lungenleiden sowie zur Steigerung des Milchflusses einsetzen; da aber weitaus harmlosere Öle dieselbe Wirkung haben, sollte man Anisöl besser meiden.

Ansteckung

Eine Ansteckung impliziert immer einen direkten Kontakt von Mensch zu Mensch – im Gegensatz zu Infektionen, die z. B. durch Luft oder Wasser übertragen werden. Oft wird der Begriff fälschlich zur Bezeichnung verschiedener Epidemien benutzt, die durch indirekten Kontakt zustande kommen. Die regelmäßige Verwendung von ätherischen Ölen als Raumspray oder Badezusatz trägt zum Schutz gegen ansteckende Krankheiten bei. Geeignet sind Nelke, Eukalyptus, Lavendel und Ti-Baum.

Antibiotika

Antibiotika sind Arzneimittel, die im Körper Bakterien angreifen und töten.
Obwohl die Entdeckung der Antibiotika wesentlich dazu beigetragen hat, die Sterblichkeitsrate bei Infektionskrankheiten zu

senken und manche Krankheiten fast ganz auszurotten, hat die falsche und übertriebene Anwendung dieser sehr starken Medikamente mehr Schaden angerichtet als Nutzen gebracht. Antibiotika werden oft gegen Virusinfektionen wie z. B. eine gewöhnliche Erkältung oder Grippe verschrieben, bei denen sie gar nichts ausrichten, außer vielleicht eine potentielle sekundäre bakterielle Infektion abzuwenden. Überarbeitete Ärzte geben Antibiotika bei relativ geringfügigen Beschwerden, die durch ein Antiseptikum, Ruhe und Entspannung oder so altmodische Mittel wie Kompressen und Breiumschläge genauso abklingen würden. Durch übermäßige Verabreichung entsteht oft eine Immunität gegenüber dem betreffenden Antibiotikum, die es dann bei einem wirklichen Notfall wirkungslos werden läßt.

Antibiotika zeigen im Körper kein besonders großes Unterscheidungsvermögen, denn sie töten neben den Krankheitserregern auch die körperfreundlichen Bakterien. Oft bewirken sie akute Diarrhö, weil die wichtige Darmflora von den »harten Drogen« zerstört wurde. Frauen, die Antibiotika nehmen, leiden häufig unter vaginalem Soor, wenn die normalerweise in der Scheide lebenden Bakterien geschädigt werden.

Weit unschädlicher für die Gesundheit ist es, ätherische Öle zur Bekämpfung von Infektionen zu benutzen. Alle Öle töten bestimmte Bakterienarten, aber einige starke Bakterizide wirken auf eine ganze Palette krankheitsübertragender Organismen ein. Die wichtigsten sind: Eukalyptus, Bergamotte, Wacholder, Lavendel und Ti-Baum.

Noch wichtiger als die bakterienvernichtende Wirkung dieser Öle dürfte die Tatsache sein, daß sie das körpereigene Abwehrsystem stärken. Die in den Körper aufgenommene Menge ätherischen Öls reicht sicher nicht aus, die vorhandenen Krankheitserreger zu vernichten; aber die Stimulierung des Immunsystems scheint nicht von der Menge des aufgenommenen Öls abzuhängen. Dr. Valnet zufolge ist – ohne schon von homöopathischen Dosierungen zu sprechen – die Wirkung auf den Körper um so größer, je weniger ätherisches Öl verwendet wird.

In einem akuten Krisenzustand mögen Antibiotika wirklich

notwendig sein, z. B. bei einer Lungenentzündung, einer schweren Blasenentzündung mit Blut oder Eiter im Urin und Nierenschmerzen. In solchen Fällen wäre es geradezu unverantwortlich, sich selbst helfen zu wollen – vor allem, wenn Kinder oder ältere Menschen betroffen sind. Die schädlichen Nebenwirkungen der Antibiotika lassen sich durch den Verzehr großer Mengen natürlichen, lebendigen Joghurts oder durch die Einnahme von Acidophilus- bzw. Joghurttabletten zumindest teilweise eindämmen.
Am vernünftigsten wäre jedoch, Infektionen bereits im Frühstadium anzugehen, so daß es zum vollen Ausbruch der Krankheit gar nicht erst kommt.
Siehe auch die Artikel zu den oben angeführten Ölen sowie den verschiedenen Krankheiten.

Antidepressiva

Viele ätherische Öle wirken ausgesprochen antidepressiv, und hier liegt zweifellos einer der Anwendungsbereiche, in denen die Aromatherapie für unsere moderne Gesellschaft am wichtigsten ist. Die Aromatherapie bietet eine unschädliche, natürliche und nicht abhängig machende Alternative zu den Millionen von Tabletten, die alljährlich gegen Depressionen und Angstzustände verschrieben werden.
Das bekannteste antidepressive Öl dürfte Bergamotte mit seinem frischen, leicht würzigen Duft und seiner stimmungsaufhellenden Wirkung sein. Aber auch Basilikum, Geranie, Jasmin, Kamille, Lavendel, Melisse, Muskatellersalbei, Neroli, Patschuli, Rose, Sandelholz und Ylang-Ylang sind sehr wirkungsvoll.
Jedes dieser Öle wirkt etwas anders und spricht andere Patienten an. Der Aromatherapeut muß daher seine Intuition und sein Wissen einbringen, um das für eine Person geeignetste Öl (oder die geeignetsten Öle) zu finden. Die Vorliebe eines Patienten für diesen oder jenen Duft verrät sehr viel über seinen geistig-emotionalen Zustand zu diesem Zeitpunkt. Depressionen können sehr viele Ursachen haben, und dies muß bei der Wahl des Öls berücksichtigt werden. Das einfühlsame

Verständnis des Therapeuten und der sich bei der Behandlung ergebende menschliche Kontakt sind ein wichtiger Teil der Therapie. Im Mittelpunkt wird fast immer die Massage mit ätherischen Ölen stehen; die dabei erzielte Wirkung kann durch aromatische Bäder zu Hause verlängert werden. Sagt dem Patienten das Aroma der zur Massage gewählten Öle zu – dies sollte unbedingt der Fall sein, da es den Wert der Massage steigert –, kann er sie auch als tägliches Parfüm benutzen; der hilfreiche, heilende Duft umgibt ihn so ständig. Ätherische Öle können auch im Raum versprüht werden, um die Stimmung zu beeinflussen, oder man gibt ein, zwei Tropfen auf eine warme Glühbirne.

Siehe auch **Angst, Depression, Massage, Streß** sowie die einzelnen oben genannten Öle.

Aphrodisiaka

Einige ätherische Öle wirken effektiv aphrodisisch und verdienen es, auch in dieser Hinsicht durchaus ernst genommen zu werden; sie mindern eheliche Disharmonien und sind sehr wertvoll für Menschen, die unter Impotenz oder Frigidität leiden. Die Gründe für sexuelle Probleme liegen nur selten im körperlichen Bereich (der aber trotzdem abgecheckt werden sollte); fast immer haben sie geistig-seelische Ursachen, und gerade hier kann die Aromatherapie bekanntlich sehr effizient helfen. Die aphrodisischen Öle lassen sich etwas vereinfacht in drei Kategorien einteilen:

- Beruhigende Öle, die die erwünschte Wirkung durch den Abbau von Streß und Ängsten in der Beziehung erzielen;
- Öle mit direkt stimulierender Wirkung (sehr umsichtig einsetzen!);
- Öle mit eventuell hormonaler Wirkung.

Die bekanntesten Öle der ersten Kategorie sind Rose und Neroli (Orangenblüte). Die Römer streuten die Blütenblätter der Rose auf Hochzeitsbetten und kränzten die Bräute mit Orangenblüten, weil der Duft dieser Blumen die Nervosität angesichts der bevorstehenden Hochzeitsnacht abschwächte (Orangenblüten aus Plastik und Rosen aus Kreppapier, die moderne Version dieses alten Brauchs, zeigen da natürlich keinerlei Wirkung). Ebenfalls in diese Kategorie gehören Muskatellersalbei, Patschuli (falls Sie den Geruch mögen) und Ylang-Ylang. All diese Öle wirken entspannend, wobei wir daran denken sollten, daß Belastungen, die von außen an die Beziehung herangetragen werden – Probleme mit Geld, Arbeit, Wohnung etc. –, ein genauso häufiger Grund für Impotenz bzw. Frigidität sein können wie Probleme innerhalb der Beziehung. Die Hilfe sollte immer bei der ursächlichen Spannung ansetzen, was vom Therapeuten sehr viel Einfühlungsvermögen erfordert. Die genannten Öle können einzeln oder miteinander kombiniert in aromatischen Bädern vor dem Zubettgehen oder zur Massage verwendet werden. Eine gegenseitige Partnermassage ist natürlich am effizientesten. *Ätherische Öle sollten nie, weder verdünnt noch unverdünnt, direkt auf die Genitalien aufgebracht werden.*

Jasmin- und Sandelholzöl beruhigen und entspannen zwar auch, aber ich führe sie hier gesondert an, weil sie möglicherweise die Hormonproduktion beeinflussen – zumindest legen meine Erfahrungen diese Schlußfolgerungen nahe. Beide Öle üben auf Männer und Frauen eine berauschende, fast unwiderstehliche Anziehung aus (Jasmin auch auf Katzen). Erotische »Nebenwirkungen« wurden oft von Patienten berichtet, die die beiden Öle aus ganz anderen als sexuellen Gründen benutzten, z. B. Sandelholz bei Brustbeschwerden. Keiner der Patienten wußte, daß das betreffende Öl ein Aphrodisiakum ist, womit auch die Unterstellung widerlegt wäre, daß ätherische Öle nur wirken, weil man eben diesen oder jenen Effekt von ihnen erwartet.

Nur ein oder zwei ätherische Öle – schwarzer Pfeffer, Kardamom und möglicherweise einige der anderen wärmenden Gewürzöle – wirken direkt stimulierend. Sie sind hilfreich, wenn Müdigkeit einem sexuellen Problem zugrunde liegt, dürfen aber nie im Übermaß verwendet werden, da sie in diesem Fall zu Harn-, Verdauungs- und anderen Beschwerden führen können.

In niedriger Konzentration lassen sie sich als Massageöle für den unteren Rückenbereich verwenden. Weniger risikoreich verwendet man diese Pflanzen als Gewürz in Speisen oder Getränken.
Alle genannten ätherischen Öle sollen immer nur als vorübergehendes Hilfsmittel in einer schwierigen Zeit angesehen werden. Auch wenn die Gefahr einer chronischen Toxizität oder einer physischen Abhängigkeit nicht besteht, könnten manche Menschen die Öle als emotionale »Krücke« benutzen. Wenn die sexuellen Schwierigkeiten über einen längeren Zeitraum andauern, ist unter Umständen eine medizinisch-psychologische Beratung oder eine Psychotherapie notwendig.

Appetit

Der Appetit ist ein seltsames, vielschichtiges Phänomen. Zum einen kennen wir das rein physische Gefühl des Hungers: Der Magen hat die letzte Mahlzeit verdaut und wartet auf die nächste. Der Appetit ist aber auch mit dem Verstand gekoppelt; er wird, selbst wenn wir gar nicht hungrig sind, z. B. durch den Anblick oder den Geruch von Essen ausgelöst (gehen Sie einmal frühmorgens an einer Bäckerei vorbei!). Selbst wenn man vom Essen nur liest, mag mancher Hunger bekommen. Auf einer tieferen Ebene wird unser Appetit stark von geistig-seelischen Faktoren wie Streß, Angst, Depression und Schock beeinflußt. Dies ist nicht überraschend, wenn wir bedenken, daß der Appetit von dem an der Hirnbasis gelegenen Hypothalamus gesteuert wird; dieser wiederum steht sehr eng mit Gehirnbereichen in Verbindung, die mit den Gefühlen zu tun haben, und fungiert in vieler Hinsicht als Bindeglied zwischen Geist und Körper.
Schwieriger zu verstehen ist, warum unterschiedliche Verfassungen die gleiche Wirkung auf den Appetit haben und warum andererseits ähnliche geistig-seelische Zustände bei verschiedenen Personen zu einem völlig entgegengesetzten Eßverhalten führen. So kann ein junges Mädchen den Appetit verlieren, wenn es frisch verliebt ist, aber auch, wenn sein Freund ihm den

Laufpaß gegeben hat. Der Vater des Mädchens mag wegen drohender Arbeitslosigkeit verzweifelt seinen Teller zur Seite schieben, während seine Frau heimlich Sahnetorten und Schokolade in sich hineinstopft, um ihre Ängste zu beschwichtigen.
Die Vorgehensweise des Aromatherapeuten bei Menschen mit gestörtem Eßverhalten muß ganzheitlich sein, d. h. die ganze Persönlichkeit mit ihren tieferen Bedürfnissen berücksichtigen. Nur so kann er ihr helfen, Unsicherheit, Niedergeschlagenheit und Angst (oder was immer die Störung bewirkt haben mag) zu bewältigen. Alle antidepressiv wirkenden Öle sind geeignet, abgestimmt auf die Persönlichkeit und die Bedürfnisse des Patienten. Massagen tragen dazu bei, ein positives Körpergefühl wiederherzustellen, wenn ein gestörtes Selbstbild dem Problem zugrunde liegt.
Bei vorübergehendem Appetitverlust, etwa während einer Rekonvaleszenz, kann der Appetit durch ätherische Öle relativ leicht angeregt werden. Hilfreich bei Appetitlosigkeit sind Kamille, Kardamom, Ysop und Bergamotte. Einige Experten verordnen Fenchel als Appetitanreger, andere als Appetitzügler. Römische Soldaten kauten Fenchelsamen, um ihr Hungergefühl zu unterdrücken, wenn sie auf ihren langen Märschen keine Essenspausen einlegen konnten. Ich habe das gleiche getan, wenn ich gefastet habe. Der scheinbare Widerspruch ist wahrscheinlich darin begründet, daß Fenchel, wie viele andere Öle auch, eher normalisierend wirkt, als nun gezielt den Appetit anzuregen oder zu drosseln.
Ähnlich verhält es sich mit Bergamottöl. Es wirkt appetitanregend, ich habe es aber auch schon erfolgreich bei zwanghaften Essern eingesetzt. Bergamotte ist eines der wichtigsten Öle bei Depressionen und Angstzuständen und wird nicht umsonst treffend als »stimmungsaufhellend« beschrieben. Benutzt man es zur Massage, als persönliches Parfüm oder Badezusatz, arbeitet man damit ganz behutsam an den tieferliegenden Ursachen des gestörten Eßverhaltens.
Gelegentlich hängt Appetitlosigkeit auch mit schlechten Eßgewohnheiten zusammen. Eine Fastenkur, die den Körper von Giftstoffen befreit, ist ein guter Start für eine aromatherapeuti-

sche Behandlung; in deren Verlauf sollten auch Empfehlungen für eine gesunde Ernährung gegeben werden. Appetitanregende Öle können kurzzeitig zur Anwendung kommen.
Siehe auch **Bulimie, Fettleibigkeit** und **Magersucht.**

Appetitlosigkeit

Verschiedene ätherische Öle regen den Appetit an, wenn dieser durch Krankheit oder Depression abhanden gekommen ist. Am bekanntesten und wahrscheinlich effektivsten dürfte Bergamotte sein, aber viele der aus Küchenkräutern und Gewürzen hergestellten Öle haben eine ähnliche Wirkung. Am häufigsten benutzt werden Kümmel, Zitrone und Koriander.

Die Verwendung kleiner Mengen dieser Öle in Bädern und bei Massagen regt den gesamten Organismus an. Einige Autoren erwähnen auch Ingwer und Fenchel, andere wiederum behaupten, Fenchel würde den Appetit verringern; wahrscheinlich hat er einen regulierenden Effekt. Fenchel und Ingwer können jedenfalls recht gut als Tee oder Aufguß genossen werden. Der »Earl-Grey«-Tee wird übrigens mit Bergamotte parfümiert.

Geht die Appetitlosigkeit auf emotionale Spannungen zurück, sollte man unbedingt die Ursache behandeln, anstatt sich nur auf das Symptom zu beschränken. Massagen mit einem der vielen hier geeigneten ätherischen Öle sind aufgrund des menschlichen Kontakts und der wohltuenden Wirkung des Berührtwerdens wahrscheinlich die beste Behandlungsmethode.
Siehe auch **Magersucht.**

Arnika (Arnica montana)

Arnikaöl ist hochgradig toxisch, weshalb es in der Aromatherapie keine Verwendung findet. Verschiedene Arnika-Extrakte dagegen haben durchaus ihren Wert.

Infundiertes Arnikaöl hilft bei Prellungen und Verstauchungen und als Massageöl bei Muskelschmerzen nach sportlichen und sonstigen anstrengenden körperlichen Betätigungen. Es wird manchmal bei einem durch Windeln verursachten Ausschlag empfohlen; dabei muß es jedoch sehr sorgfältig verwendet werden, denn Arnika-Produkte sollten nie mit offenen Hautstellen in Kontakt kommen. Ein Arnika-Hydrolat kann in den gleichen Fällen eingesetzt werden, hat aber den Vorteil, nicht zu fetten.

Der Pflanze wird in der Homöopathie großer Wert beigemessen; in winzigen Dosen wird sie innerlich und äußerlich bei Schockzuständen, Prellungen und Verstauchungen angewendet (siehe **Homöopathie**). Eine Dose mit Arnikacreme sollte in jedem Arzneimittelschrank vorhanden sein. Lagern Sie sie weit entfernt von ätherischen Ölen, denn alle starken Gerüche beeinträchtigen die Wirkung homöopathischer Mittel.

Aromalampen

Es gibt eine Reihe von Vorrichtungen, um ätherische Öle in einem Raum verdunsten zu lassen – die einfachste dürfte die Aromalampe sein: Unten plaziert man ein Teelicht, die oben aufliegende Schale wird mit Wasser gefüllt, in das man ungefähr 12 Tropfen ätherisches Öl gibt. Die vom Teelicht freigesetzte Wärme bringt das Wasser allmählich zum Verdunsten, wobei auch die Essenz ihren Duft entfaltet. Die meisten Aromalampen sind aus glasiertem oder unglasiertem Ton.

Von ähnlichen Vorrichtungen, die oben eine Metallschale vorweisen, rate ich ab, da ätherische Öle sich im Kontakt mit Metall verändern (Ausnahme: rostfreier Stahl).

Ein anderes Gerät wird von einer kleinen Glühbirne beheizt; bei ihm wird ausschließlich Öl – kein Wasser – auf ein kleines Kissen gegeben; die Glühbirne kann auch eine Tonschale erhitzen, in der das Öl auf Wasser schwimmt.

Arthritis (Gelenkentzündung)

Arthritis ist eine Krankheit, die auf einem chemischen Ungleichgewicht im Körper beruht, und zwar auf einem Zuviel an Harnsäure, die nicht effizient genug ausgeschieden wird.

Einige Menschen können Giftstoffe besser abbauen als andere,

und auch innerhalb eines Individuums variiert diese Fähigkeit in Abhängigkeit von psychischen Faktoren wie Streß und Angst. Falsche Ernährung belastet den Körper zusätzlich mit Gift, ebenso die wachsende Umweltverschmutzung. Überschreitet die Ansammlung toxischer Stoffe im Körper ein gewisses Maß, kommt es zur Krankheit, die sich bei jedem Menschen individuell äußert.
Im Falle der Arthritis wird kristalline Harnsäure in den Gelenkspalten abgelagert. Dadurch entstehen Entzündungen, Schmerzen, Steifheit und schließlich Schäden an den Gelenkoberflächen. Betroffen sind oft die durch Sport, Tanzen und andere anstrengende körperliche Betätigungen, aber auch durch schlechte Haltung oder Übergewicht am stärksten beanspruchten Gelenke (im letzten Fall meist Hüft-, Knie- und Knöchelgelenke). Auch an der Stelle einer ehemaligen Verletzung lagern sich Schlackstoffe gerne ab. Bei der Gicht (einer speziellen Form der Arthritis) werden in der Regel die Zehengelenke, oft aber auch die Fingergelenke in Mitleidenschaft gezogen. Arthritische Anfälle, d. h. akute Entzündungen der Gelenke, sind äußerst schmerzhaft. Bei wiederholtem Auftreten verursachen größere Ablagerungen von Harnsäurekristallen, die auch als »Tophi« bezeichnet werden, eine dauerhafte Schwellung und Verformung der Gelenke, die sich an den Knöcheln besonders bemerkbar macht.
Polyarthritis zeigt sich an Entzündungen, die gelegentlich akut werden, meist aber still im Hintergrund weiterschwelen. Sie kann durch eine Virusinfektion ausgelöst werden; neuere Beobachtungen lassen jedoch vermuten, daß auch eine Art Autoimmunität eine Rolle spielt, d. h., der Betreffende reagiert auf körpereigene Stoffe allergisch.
Osteoarthritis ist weniger durch entzündliche Prozesse charakterisiert als vielmehr durch die Degeneration der gleitenden Gelenkoberflächen. Sie findet sich gewöhnlich im mittleren und höheren Lebensalter als Ergebnis ständiger Abnutzung.
Die vorherrschende medizinische Meinung betrachtet Arthrose als unheilbar und beschränkt die Behandlung auf die Verabreichung schmerzlindernder und entzündungshemmender Medikamente (die oft unerwünschte Nebenwirkungen haben).

Liegt eine sehr starke Degeneration vor, bleibt oft nur ein chirurgischer Eingriff zur Einsetzung eines künstlichen Gelenks; dies ist jedoch nur bei großen Gelenken wie Hüfte oder Knie möglich.
Natürliche Behandlungsmethoden wie Aromatherapie oder Naturheilkunde setzen bei einer Veränderung der Körperchemie an. Die angesammelten Giftstoffe müssen entfernt, die weitere Ansammlung von Harnsäure verhindert werden. Die körpereigenen Reserven werden angeregt, beschädigte Oberflächen soweit wie möglich zu regenerieren. Die Blutzufuhr zu den betroffenen Gelenken muß verbessert werden, damit Abfallstoffe aus dem beschädigten Gewebe abtransportiert und Nährstoffe zugeführt werden können.
Um diese Ziele zu erreichen, stehen verschiedene ätherische Öle zur Verfügung. Entgiftend wirken Zypresse, Fenchel, Wacholder und Zitrone, die als Badezusatz und zur Massage zu verwenden sind; Benzoe, Kamille, Lavendel und Rosmarin lindern die Schmerzen (Bäder, örtliche Massagen, Kompressen). Die sogenannten »hautrötenden« Öle wie schwarzer Pfeffer, Ingwer und Majoran verbessern die Durchblutung. Sehr wichtig ist, das Gelenk nach einem warmen Bad, einer heißen Kompresse oder auch einer wärmenden Massage soviel wie möglich zu bewegen, da die Wärme sonst eine Stauung verursachen kann, die den Zustand eher verschlimmert. Die verschiedenen Anwendungen werden die Schmerzen im Gelenk verringern und zu seinem normalen Funktionieren beitragen. Ist nur sehr wenig eigenständige Bewegung möglich, kann der Therapeut das Gelenk nach der Massage vorsichtig in alle Richtungen bewegen. Leichte Körperübungen sind ebenfalls sinnvoll, insbesondere Yoga.
Ein ganzheitlich arbeitender Aromatherapeut wird bei der Behandlung einer Arthritis natürlich nicht nur die Symptome lindern wollen. Er wird vielmehr die ganze Persönlichkeit und ihren Lebenshintergrund miteinbeziehen. Oft sind nämlich an einer Arthritis mehrere Faktoren beteiligt, z. B. ungesunde Ernährung plus Streß plus Fettleibigkeit oder ungesunde Ernährung plus alte Verletzungen. Meiner Erfahrung nach ist Arthritis

häufig bei Menschen anzutreffen, die Trauer, Wut und Haß übermächtig zurückhalten oder nicht kreativ werden können. Der Aromatherapeut muß all diese feinen psychologischen Faktoren berücksichtigen und die Auswahl des Öls und der Behandlungsform an der Persönlichkeit und den Bedürfnissen des Patienten orientieren.

Besteht die Arthritis bereits seit längerer Zeit, können größere Schäden an den Gelenkoberflächen nicht behoben werden; jedoch ist es möglich, die Schmerzen zu verringern, die Beweglichkeit zu verbessern und weitere Schäden zu vermeiden. Setzt die Behandlung bald nach Krankheitsbeginn ein, kann es zu einer vollständigen Genesung kommen.

Ein wichtiger Teil der Behandlung ist die Ernährungsberatung. Eine reinigende Fastenkur zu Beginn der Behandlung erleichtert den Abbau der Giftstoffe und mobilisiert die körpereigenen Genesungskräfte. Eine auf bestimmte Lebensmittel beschränkte Ernährung mag notwendig sein, bis die Schmerzen und die Entzündung zurückgegangen sind; später sind dann rotes Fleisch (insbesondere Schweinefleisch), Tee und Kaffee auf Dauer zu meiden und der Alkoholkonsum zumindest einzuschränken. Es kann sein, daß dem Patienten noch andere Nahrungsmittel auffallen, die seinen Zustand verschlimmern. Im Anfangsstadium der Behandlung sind Vitamin- und Mineralzusätze in der Regel sehr sinnvoll, insbesondere Vitamin A, E und B-Komplex, außerdem Kalziumpantothenat.

Asthma

Asthma ist gekennzeichnet von Atembeschwerden, die durch Muskelkrämpfe in den Bronchien entstehen. Der Raum, der für die aus der Lunge kommende Luft zur Verfügung steht, wird eingeengt, das Ausatmen fällt schwerer als das Einatmen. Dies erzeugt den für Asthmaanfälle so typischen Pfeiflaut. Da die Passagen verengt sind und der Luftstrom geringer ist, sammelt sich Schleim in der Lunge an, der das Atmen zusätzlich erschwert. Außerdem stellt dieser Schleim eine Brutstätte für Bakterien dar, wodurch Bronchitiden begünstigt werden. Viele

Asthmaanfälle werden durch Allergene wie Staub, Schimmelpilzsporen, Milben, Tierhaare oder Federn verursacht, aber auch durch kalte Luft. Oft geht ihnen eine Erkältung voraus. Daß Asthma seit 10 Jahren sehr viel häufiger vorkommt, liegt fast sicher an der Luftverschmutzung, insbesondere durch Autoabgase. Bekannt ist, daß Streß und insbesondere akute Angst ebenfalls Asthmaanfälle auslösen können, was manchmal zu einem wahren Teufelskreislauf führt: Gerade die Angst vor Asthma beschwört weitere Anfälle herauf.

Es ist klar, daß das Vorgehen des Aromatherapeuten sich den Gegebenheiten flexibel anpassen muß. Bei einem akuten Anfall besteht die einzig mögliche Hilfe darin, den Patienten ein krampflösendes ätherisches Öl einatmen zu lassen; das direkte Inhalieren aus dem Fläschchen oder von einem Taschentuch ist dabei eine ungefährlichere Methode als das Inhalieren von Dampf, da Wärme die Entzündung der Schleimhäute und den Stau in der Lunge verschlimmert. Etwas Feuchtigkeit ist aber durchaus hilfreich, weshalb ein paar Tropfen ätherisches Öl auch in einen Luftbefeuchter gegeben werden können.

Wenn der Asthmatiker nicht im Hause des Therapeuten lebt, wird die Behandlung wahrscheinlich eher zwischen den einzelnen Anfällen stattfinden. Der ganze Rumpf sollte massiert werden, Rücken und Brust, und zwar vorzugsweise mit nach außen streichenden Bewegungen. Drücken Sie auch sanft ein oder zwei Sekunden den Shiatsu-Druckpunkt Lunge Nr. 1 (einmal). Die Wahl des ätherischen Öls orientiert sich an der Beantwortung der folgenden Fragen: Liegt eine Infektion vor? Hat eine allergische Reaktion den Anfall ausgelöst? Sind emotionale Faktoren beteiligt? Bergamotte, Kamille, Lavendel, Muskatellersalbei, Neroli und Rose wirken krampflösend und gleichzeitig antidepressiv, was von Nutzen ist, wenn Faktoren wie Streß und Angst eine Rolle spielen. Bergamotte und Lavendel sind auch bei Infektionen gut geeignet, und Kamille ist bei der Behandlung von Allergien immer eine gute Wahl. Ein anderes Öl, das in den Standardwerken bei Asthma nicht genannt wird, mit dem ich aber sehr gute Erfahrungen gemacht habe, ist Weihrauch. Weihrauchöl wird auch zur Behandlung

von Bronchitis und Katarrh verwendet, ist also brauchbar bei Stauungen und/oder einer Entzündung; am wichtigsten scheint mir jedoch, daß es den Atem verlangsamt und vertieft – daher auch seine Verwendung als Meditationshilfe. Gerade wegen seiner beruhigenden Wirkung ist Weihrauch meiner Meinung nach eine optimale Wahl.
Sehr wertvoll sind gewöhnlich Yoga und andere sanfte Körperübungen, die die Haltung verbessern und dazu beitragen, die Lunge zu öffnen. In vielen Fällen kann bereits eine gesündere Ernährung Zahl und Heftigkeit der Asthmaanfälle verringern.

Astrologie

Viele frühe Ärzte, von Avicenna bis zu den Pflanzenkundigen der Renaissance, waren auch Astrologen. Eines der vielen Bücher von Nicolas Culpeper hieß *Die astrologische Einschätzung des Kranken*. Auch manche modernen Aromatherapeuten stellen Verbindungen zwischen dem Horoskop ihres Patienten und dem für ihn passenden ätherischen Öl her. Sie bedienen sich des Geburtshoroskops, um mögliche Schwächen aufzudecken, die dann mit ätherischen Ölen behandelt werden. Jedes Tierkreiszeichen wird einem bestimmten Körperbereich zugeordnet, und die Transite weisen auf Zeiten hin, in denen jemand für bestimmte Krankheiten oder Unfälle besonders anfällig ist.
Die Pflanzenkundigen des Mittelalters und der Renaissance ordneten jeder Heilpflanze einen Planeten zu, dessen Charakter dem Wesen und den Eigenschaften der betreffenden Pflanze entsprach. »Feurige«, wärmende Pflanzen wie z. B. Basilikum, schwarzer Pfeffer, Knoblauch und Fichte werden von Mars, dem hitzigen Planeten, regiert. Venus herrscht über kühle und feuchte Pflanzen; von den ätherischen Ölen sind dies vor allem die Blütenöle von Geranie und insbesondere Rose. Der Mond regiert kalte und feuchte Pflanzen wie z. B. Kamille, die Sonne heiße und trockene (Angelika, Rosmarin, Weihrauch, Myrrhe). Ätherische Öle, die von Mars regiert werden, werden auf der körperlichen Ebene bei kalten, feuchten Beschwerden oder fehlender Antriebskraft eingesetzt; auf der geistig-seelischen

Ebene sollen sie u. a. Mut machen und Trägheit entgegenwirken. Unter der Herrschaft des Mondes stehende Öle sind oft gut bei Hitze und Entzündungen, während von Venus regierte Öle oft einen Bezug zur weiblichen Sexualität haben. Wenn wir diese Zuordnungen mit dem vergleichen, was wir über ätherische Öle wissen, lassen sich viele Entsprechungen feststellen. Wissenschaftliche Tatsachen werden so in eine poetische Form gekleidet.
Eine solche Arbeit setzt natürlich fundierte astrologische Kenntnisse des Aromatherapeuten oder die enge Zusammenarbeit mit einem Astrologen voraus. Die Methode sagt vielleicht nicht jedem zu, aber sie hat einige sehr interessante, signifikante Ergebnisse gezeitigt.

Atemsystem

Das Atemsystem umfaßt Nase, Kehle (die ihrerseits in Rachen, Kehlkopf und Luftröhre unterteilt ist), Bronchialsystem und Lunge. In der Lunge wird der eingeatmete Sauerstoff zusammen mit einigen anderen (gasförmigen) Substanzen dem Blutkreislauf zugeführt, während umgekehrt das von diesem abgegebene Kohlendioxid und andere Ausscheidungsprodukte wieder mit der ausgestoßenen Luft ins Freie gelangen.
Dieser Vorgang wird im Kontext seiner Bedeutung für die Wirksamkeit ätherischer Öle noch an anderer Stelle dieses Buches behandelt (siehe **Lunge** und **Nase**).
Störungen des Atemsystems siehe unter **Asthma, Bronchitis, Erkältungen, Grippe, Husten, Katarrh, Kehlkopfentzündung, Lungenentzündung** und **Nasennebenhöhlenentzündung.**

Augen

Ätherische Öle dürfen unter keinen Umständen, weder verdünnt noch unverdünnt, in die Augen gelangen. Sollte dies dennoch geschehen, waschen Sie sie am besten mit reinem Pflanzenöl (Mandel-, Oliven- oder Sonnenblumenöl) aus; benutzen Sie kein Wasser, es würde die Situation verschlimmern. Ist sehr viel ätherisches Öl ins Auge gekommen, ist der Schmerz stark oder dauert er an, sollten Sie unverzüglich einen Arzt aufsuchen. Augenentzündungen, etwa eine Bindehautentzündung, lassen sich mit einem Pflanzenaufguß (z. B. Kamille, Holunderblüten oder Augentrost), destilliertem Rosen- oder Kornblumenwasser oder einer homöopathischen Aufbereitung von Euphrasia behandeln. Pflanzenaufgüsse werden genauso wie Tee zubereitet. Waschen Sie die Augen mit der lauwarmen Flüssigkeit drei- bis viermal täglich aus und legen Sie nachts mit Rosen- oder Kornblumenwasser getränkte Wattebäuschchen auf. Auch abgekühlte Kamillenteebeutel eignen sich als Kompressen. Augenentzündungen sind oft sehr ansteckend und werden leicht vom einen auf das andere Auge oder auf einen anderen Menschen übertragen. Waschen Sie sich daher nach jeder Behandlung die Hände, und reinigen Sie benutzte Utensilien mit kochendem Wasser.

Aura

Die Aura ist auch als ätherischer oder feinstofflicher Körper bekannt. Sie ist eine den Körper umhüllende Schicht, in der noch eine gewisse Ausstrahlung von dem betreffenden Menschen vorhanden ist. Manche bezeichnen sie auch als energetisches Feld. So weit die menschliche Erinnerung zurückreicht, sind Mystiker sich immer der Existenz der Aura bewußt gewesen. Die Heiligenscheine in der Sakralkunst des Westens und die runden, ovalen oder flammenartigen Formen, die in der Sakralkunst des Ostens meist Gottheiten umhüllen, sind Versuche einer bildlichen Darstellung der Aura. Wissenschaftliche Entdeckungen des 20. Jahrhunderts liefern Erklärungen, die Skeptiker vielleicht eher überzeugen. So wissen wir jetzt, daß die gesamte Körperaktivität elektrochemischer Natur ist. Es spricht daher alles dafür, daß die erzeugte Energie über den Körper hinausreicht. Die Kirlian-Photographie zeigt, daß die Energie als sichtbares Muster von Menschen, Tieren und Pflanzen abstrahlt. Sensitive Menschen können die Aura sehen, und jeder kann sie fühlen, wenn er z. B. eine Massage gibt.

Aromatherapeuten berücksichtigen dies und beeinflussen über den physischen Körper gleichzeitig die Aura; sie lassen eine Massage mit sanften Streichbewegungen über den Körper ausklingen.

Autogenes Training

Da viele Menschen einen Aromatherapeuten aufsuchen, weil sie unter Spannungen, Streß, Ängsten oder durch von diesen Faktoren ausgelösten Krankheiten leiden, erscheint es sinnvoll, ihnen Entspannungsübungen beizubringen oder zumindest zu empfehlen.
Zu diesen gehört auch das autogene Training. Es wurde von dem Neurologen und Psychiater J. H. Schulz entwickelt und besteht aus einer Reihe von Übungen, die Geist und Körper verbinden. Diese zielen darauf ab, in einzelnen Körperpartien Gefühle von Schwere und Wärme hervorzurufen, wodurch sich eine tiefe Entspannung einstellt.
Qualifizierte Lehrer für autogenes Training findet man heute in allen größeren Städten (Volkshochschulen!).
Siehe auch **Entspannung.**

Avicenna

Abu Ali al-Husayn ibn Abd Allah ibn Sina, verständlicherweise besser bekannt unter der lateinischen Form seines Namens, »Avicenna«, war zur Blütezeit der arabischen Medizin einer der herausragendsten Ärzte.
Avicenna wurde 980 n. Chr. in der persischen Stadt Buchara (Usbekistan) geboren. Allen Berichten zufolge muß er ein Wunderkind gewesen sein – als Zehnjähriger kannte er bereits den Koran und viele andere Werke arabischer Dichtkunst auswendig. Sein Vater ließ ihm Unterricht in Logik, Metaphysik, Arithmetik und anderen Wissenschaften geben, aber bald übertraf Avicenna seine Lehrer und erweiterte seine Kenntnisse – u. a. in islamischem Recht, Astronomie und Medizin – bis zum 18. Lebensjahr als Autodidakt.

Mit 21 war er für seine Meisterschaft in allen formalen Wissensgebieten und seine medizinische Tüchtigkeit berühmt. Er wurde leitender Arzt des Krankenhauses von Bagdad und Leibarzt mehrerer Kalifen – fast unvermeidlich, daß der brillante junge Mann auch Eifersucht und Intrigen auslöste, die ihn mehrfach ins Gefängnis brachten. Aber selbst im Kerker studierte und schrieb er weiter. Angeblich besaß er eine so starke Natur, daß er Qualen ertrug, die jeden anderen getötet hätten.

Seine beiden wichtigsten Werke sind *Das Buch des Heilens (Kitab ash-shifa)*, das Naturwissenschaften, Psychologie, Astronomie und Musik, aber auch rein medizinische Themen behandelt, und der große *Medizinische Kanon*, in dem er das medizinische Wissen seiner griechisch-römischen und arabischen Vorgänger zusammenfaßt und seine eigenen Erfahrungen hinzufügt. Im 12. Jahrhundert, als man auch die Werke von Hippokrates, Galen und Dioskurides wiederentdeckte, wurden die beiden Bücher ins Lateinische übersetzt. Avicenna übte so mehrere Jahrhunderte lang bedeutenden Einfluß auf das medizinische Denken des Abendlandes aus.

Für die Geschichte der Aromatherapie ist er aus drei Gründen interessant: Er beschrieb genauestens Hunderte von Pflanzen und ihre Anwendungsmöglichkeiten; er gab präzise Massageanweisungen, die heute noch in Lehrbüchern Verwendung finden könnten; und man schreibt ihm die Erfindung der Destillation ätherischer Öle aus Blüten zu. Archäologische Funde deuten darauf hin, daß schon vor Avicennas Zeit eine Form der Destillation existierte, aber wahrscheinlich verbesserte er die Apparatur durch Zufügung eines Kühlkolbens. Fest steht jedenfalls, daß Rosenöl zu seinen Lebzeiten in Persien hergestellt wurde, und es spricht einiges dafür, daß dies ihm zuzuschreiben ist. Avicenna brillierte nicht nur als Wissenschaftler, Dichter und Arzt; er war außerdem Alchimist, und Rosen hatten bei alchimistischen Experimenten eine ganz besondere Bedeutung. Die weißen und roten Blüten dieser Pflanze besaßen einen unterschiedlichen Symbolwert und wurden in verschiedenen Phasen des *Werks* verwendet. Man gab die Rosen in eine Flasche bzw. einen Destillierkolben und erhitzte sie dann mit anderen

Stoffen. Der abgekühlte Dampf wurde in einer anderen Flasche aufgefangen. Erhitzt man Rosen auf diese Weise, so entsteht Rosenwasser; es enthält eine geringe Menge Rosenöl, das an der Oberfläche schwimmt. Die Vermutung, Avicenna habe die Destillation von ätherischen Ölen erfunden, steht damit natürlich nicht mit letzter Sicherheit fest, aber sie paßt zu dem, was wir sonst von diesem großen Gelehrten wissen.

In seinen verschiedenen Schriften beschreibt er über 800 Heilpflanzen, die wir nicht alle eindeutig zuordnen können, weil sie oft mit ihren aus Indien, Tibet, China und dem Mittleren Osten stammenden einheimischen Namen bezeichnet werden. Zu den identifizierbaren Pflanzen gehören Kamille, Lavendel und Rose.

Avicenna beschrieb auch Massagetechniken, z. B. das kräftige Einreiben zur Erzeugung einer örtlichen Erwärmung und Rötung oder sanftere Streichbewegungen, um harte Körper weich zu machen. Über die Massage von Sportlern schreibt er: »Es gibt eine vorbereitende Einreibung (d. h. Massage), die vor dem Wettkampf verabreicht wird ... Es gibt eine regenerierende Einreibung, die nach dem Wettkampf kommt und die Ruhe wiederherstellen soll. Damit beabsichtigt man, die in den Muskeln zurückgehaltenen Schlackstoffe, die während des Wettkampfs nicht ausgeschieden wurden, abzubauen und zum Verschwinden zu bringen, und der Müdigkeit abzuhelfen. Diese Einreibung sollte ruhig und sanft erfolgen.« Die zitierte Empfehlung kann man kaum verbessern – sie entspricht fast wörtlich den Anweisungen für Olympiateams.

Einiges im medizinischen Denken Avicennas ist erstaunlich modern und umfaßt Vorstellungen, die heute von der alternativen Medizin aufgegriffen werden. Avicenna verwandte nicht nur Massagen, Pflanzen und ätherische Öle, er erfand auch verschiedene Methoden zur Behandlung von Wirbelverrenkungen (und die Traktion bei Knochenbrüchen). Zur allgemeinen Reinigung des Körpers führte er Obstkuren ein oder machte sie zumindest populär. Er verwandte Früchte, die reich an natürlichem Zucker sind, wie z. B. Melonen oder Weintrauben.

Avicenna starb 1037 n. Chr. an einer Kolik, als er den Kalifen bei einem Feldzug begleitete und völlig erschöpft war.

Ayurveda

Viele ätherische Öle, die wir in der modernen Aromatherapie verwenden, werden aus Pflanzen gewonnen, die bereits seit Tausenden von Jahren Teil der traditionellen Pflanzenheilkunde Indiens sind – dem Ayurveda.
Ayurveda bedeutet »Wissen vom Leben« und ist mindestens 3000 Jahre alt. Wie die chinesische Akupunktur basiert er auf einer Weltanschauung, die den Menschen eingebettet sieht in die gesamte Natur und den Kosmos. Insbesondere die drei Elemente Luft, Feuer und Wasser besitzen die Fähigkeit, die Gesundheit zu beeinflussen. Der Mensch wird als Einheit von Körper, Seele und Geist betrachtet; folglich kann man die einzelnen Komponenten nicht behandeln, ohne die anderen miteinzubeziehen.
Im Westen ist in den letzten Jahren ein wachsendes Interesse an den traditionellen Ayurveda-Praktiken festzustellen; hier und da werden Vorlesungen, Kurse und Seminare zu diesem Thema angeboten. Für jeden Aromatherapeuten, der mehr über die Pflanzen wissen möchte, aus denen ätherische Öle hergestellt werden, dürften diese Veranstaltungen von großem Interesse sein.

Babys

Die Aromatherapie kann von Geburt an wertvolle Dienste leisten (und sogar schon vorher: siehe **Schwangerschaft**), vorausgesetzt, man berücksichtigt ein oder zwei Vorsichtsmaßnahmen, zu denen schon der gesunde Menschenverstand rät.
Die für Kinder hilfreichsten Öle und Behandlungsmethoden werden unter dem entsprechenden Stichwort ausführlich beschrieben; bei Babys sollten jedoch ein oder zwei zusätzliche Faktoren berücksichtigt werden. Aus dem Artikel **Kinder** geht hervor, daß die Öle unbedingt verdünnt werden müssen, bevor man sie als Badezusatz verwendet. Bei kleinen Kindern ist dies noch wichtiger, denn sie stecken oft ihre Daumen oder die Hände in den Mund oder reiben sich mit den Fäusten die

Augen. Nicht verdünnte ätherische Öle bleiben als hauchdünner Film an der Wasseroberfläche und gelangen dann leicht von der Hand in den Mund oder die Augen – was gefährliche Folgen haben kann.

Ätherische Öle sollten auch bei Erwachsenen immer von den Augen ferngehalten werden, da sie die Hornhaut reizen können; ein Erwachsener empfindet dieses vielleicht lediglich als unangenehm, die Augen eines Babys können jedoch dauerhafte Schäden davontragen (Sehverschlechterung). Gelangen unverdünnte ätherische Öle in den Mund, können sie das empfindliche Gewebe in der Mundhöhle beschädigen und, wenn sie verschluckt werden, die Magenschleimhäute in Mitleidenschaft ziehen.

Bevor man ätherische Öle ins Badewasser gibt, sollte man sie mit ein paar Teelöffeln Mandel-, Soja- oder einem anderen milden Öl bzw. einer Tasse nicht entrahmter Milch gut mischen; ein einziger Tropfen Kamillen- oder Lavendelöl reicht, um kleinere Beschwerden zu lindern und das Einschlafen zu fördern. Das regelmäßige Baden mit diesen Ölen beugt den durch Windeln verursachten Ausschlägen vor, weil fast alle ätherischen Öle die Ausbreitung von Bakterien auf der Haut eine Zeitlang verhindern.

Wird ein solcher Ausschlag zum Problem, haben Cremes mit Ringelblumen- oder Kamillenöl eine sehr gute Wirkung; ist die Haut sehr wund und heilt sie nur langsam, können Benzoe oder Myrrhe hinzugefügt werden.

Bei Husten, Erkältungen und anderen Atembeschwerden bietet sich an, einen Tropfen eines geeigneten Öls aufs Bettlaken zu geben, so daß das Baby die langsam sich verflüchtigende Essenz ständig einatmet. Diese Methode, die völlig ungefährlich und sehr effizient ist, kann bereits bei ein paar Tage alten Babys angewandt werden. Es besteht auch die Möglichkeit, ätherische Öle im Zimmer des Babys zu versprühen oder verdampfen zu lassen, um eine Erkältung oder einen Husten zu lindern oder das Einschlafen zu erleichtern. Bereits ein einziger Tropfen Lavendelöl auf dem Schlafanzug eines unruhigen Babys vollbringt wahre Wunder. Ich kenne Babys, die danach vierzehn

Stunden geschlafen haben – eine große Erleichterung für die Mutter und die gesamte Familie.
Durch eine Kolik verursachte Schmerzen kann man durch eine sanfte Bauchmassage lindern. Geben Sie zwei Tropfen Kamillen- oder Lavendelöl auf einen Teelöffel Mandel-, Soja- oder anderes mildes Öl (wenn Sie mögen, können Sie die Mischung auch erwärmen), reiben Sie sich die Hände damit ein, und streichen Sie dann ungefähr fünf Minuten lang mit ruhigen, sanften Bewegungen immer im Uhrzeigersinn über den Bauch des Babys. Wenn es darauf nicht reagiert, können Sie auch versuchen, es mit dem Gesicht nach unten auf Ihre Knie zu legen und ihm sanft den unteren Rücken zu massieren.
Viele Babys haben Ohrenschmerzen, wenn sie zahnen oder erkältet sind. Massieren Sie in diesem Fall mit verdünntem Kamillenöl sanft um das Ohr herum und vielleicht ein wenig den Nacken hinunter (Einzelheiten zur Verdünnung siehe unter **Ohrenschmerzen**). Bleiben die Schmerzen, sollten Sie einen Arzt konsultieren.
Siehe auch **Bäder, Erkältungen, Kinder, Ohrenschmerzen** und **Zahnen.**

Bach, Edward

Dr. Edward Bach, der Entdecker der 38 nach ihm benannten Blütenheilmittel, wurde 1886 in Warwickshire geboren. Seine Vorfahren stammten aus Wales, und er selbst hielt sich gern in dieser Landschaft auf, in der er später auch die ersten Blüten fand. Nach dem Studium der Medizin und diversen Zusatzprüfungen arbeitete Dr. Bach zunächst an der Londoner Universitätsklinik, wo er mehrere wichtige Posten bekleidete. Später wandte er sich der Homöopathie zu, die den ganzen Menschen behandelt, was seinen eigenen Idealen näherkam. Ausgehend von den Prinzipien Hahnemanns machte er mehrere wichtige Entdeckungen; aber er suchte nach noch einfacheren Mitteln, Kranke zu heilen.
Er verließ London und begann durchs Land zu wandern, übernachtete meist im Freien und entwickelte eine große Sensibilität

gegenüber den Pflanzen und ihren Energien. Da er seine Praxis aufgegeben hatte, stand ihm nur noch sehr wenig Geld zur Verfügung; zuweilen war er vollkommen mittellos, aber Freunde und dankbare ehemalige Patienten halfen ihm.

Seine Empfindsamkeit war so stark, daß er selbst die Symptome der Krankheit entwickelte, gegen die er gerade die passende Heilpflanze suchte; die Symptome wurden dabei um so heftiger, je näher er seinem Ziel kam. Seine eigene Gesundheit litt darunter wie auch unter seiner Armut und dem unsteten Leben, aber er setzte sein Werk fort und machte es durch verschiedene Bücher und Schriften bekannt. Er starb im November 1936, ausgelaugt durch seine Arbeit und die Angriffe der orthodoxen Ärzteschaft.

Bach-Blütentherapie[1]

Manchmal wird die Bach-Blütentherapie mit der Aromatherapie verwechselt, da bei beiden Pflanzen die Ausgangsbasis bilden. Obwohl die beiden Methoden die Energie von Pflanzen auf sehr unterschiedliche Weise zu Heilzwecken nutzen, sind sie ohne weiteres miteinander kompatibel; ich selbst empfehle oft, Bach-Blüten parallel zu ätherischen Ölen zu benutzen.

Die Bach-Blüten werden ganz anders hergestellt als die ätherischen Öle. Während letztere hochkonzentrierte Substanzen sind, die gewöhnlich durch Destillation aus der Pflanze gewonnen werden, erhält man die Bach-Blüten, indem man Blüten in einem Gefäß mit klarem Quellwasser schwimmen läßt und sie dann so lange dem Sonnenlicht aussetzt, bis ihre Heilkräfte ins Wasser übergegangen sind. Die Flüssigkeit wird zwecks Konservierung mit der gleichen Menge Alkohol versetzt und in Flaschen abgefüllt; dies sind die sogenannten *Stock Bottles* (Lagerflaschen). Aus der Stock Bottle gibt man ein paar Tropfen in eine andere saubere Flasche und füllt mit Quellwasser und Alkohol im Verhältnis 1:2 auf; die so entstandene Mischung

---

[1] Literaturempfehlung: E. Bach/R. Petersen, »Heile dich selbst mit den Bach-Blüten«.

wird dann tropfenweise eingenommen. Die Verdünnung entspricht also fast der homöopathischer Medikamente; wie wir gesehen haben, war Dr. Bach Homöopath, bevor er sein Heilsystem entwickelte.

Die Mittel wirken auf einer sehr subtilen Ebene. Jede Tinktur ist mit einem bestimmten geistig-seelischen Zustand bzw. Charakterzug verbunden, der nach der Erfahrung von Dr. Bach die Entstehung physischer Krankheiten beeinflußt. Durch die Heilung des Geistes wird also auch der Körper geheilt. Insgesamt gibt es 38 Bach-Blüten, die in immer wieder wechselnden, der persönlichen Situation angepaßten Kombination angewandt werden. Manche Therapeuten entwickeln ein solches Gespür für die Eigenschaften jeder Bach-Blüte und die Bedürfnisse des Patienten, daß sie intuitiv die jeweils richtige Wahl treffen; andere pendeln die geeignete Blüte aus. Für den Einstieg stehen verschiedene gute Bücher zur Verfügung.

Am bekanntesten sind sicher die »Notfalltropfen«, eine Kombination mehrerer Pflanzen. Sie können bei allen körperlichen und seelischen Notfällen eingesetzt werden, wobei eine spezielle Kenntnis nicht erforderlich ist. Sie sind eines der besten Mittel bei Schock, die ich kenne, und auch sehr wertvoll vor traumatischen Ereignissen wie z. B. einem chirurgischen Eingriff, einem Vorstellungsgespräch oder einer entscheidenden Prüfung; sie vermitteln Ruhe und Sicherheit, bewahren vor dem »Durchdrehen« und sorgen dafür, daß das energetische System im Lot bleibt. Ich habe in meiner Handtasche immer ein Fläschchen mit Notfalltropfen. Sie sind sehr einfach anzuwenden – ein paar Tropfen auf die Zunge genügen; wenn jemand bewußtlos ist oder nicht schlucken kann, reicht es, die Lippen mit den Tropfen zu befeuchten.

Vor einigen Jahren haben Heiler in den USA die Methode Dr. Bachs aufgegriffen und den 38 ursprünglichen mehrere hundert weitere Pflanzen hinzugefügt. Sie sind in Amerika als »Blütenessenzen« bekannt, weswegen es manchmal zu Verwechslungen mit der Aromatherapie kommt.

Bäder

Das Baden ist so alt wie die menschliche Zivilisation. Archäologische Funde bestätigen, daß die Menschen, sobald sie in Städten zusammenlebten, auch Bäder bauten; sie wurden meist gemeinschaftlich genutzt und waren daher ein Brennpunkt des sozialen Lebens – zumindest für die begüterten Einwohner. Hinweise auf aromatische Bäder finden sich in den Aufzeichnungen vieler früher Kulturen. So schreibt Hippokrates, daß »ein parfümiertes Bad und eine duftende Massage am Tag der Schlüssel zur guten Gesundheit sind« – ein Hinweis auch darauf, daß sich beim Baden gesundheitliche und angenehme Aspekte seit eh und je überlagern.

Die früheste und einfachste Methode zur Parfümierung eines Bades bestand darin, ein Bündel aromatischer Kräuter oder lieblich duftender Blumen in ein Tuch einzuschlagen und dieses dann ins Wasser zu hängen. Flüssige Pflanzenextrakte, die durch Aufkochen oder Einlegen gewonnen wurden, sind eine andere Möglichkeit, den Duft und die heilende Wirkung einer Pflanze auf das Badewasser zu übertragen. Noch einfacher und effizienter verbindet die Zugabe von ätherischen Ölen die Eigenschaften der Heilpflanzen mit der therapeutischen Kraft des Wassers. In der Aromatherapie sind Bäder mit ätherischen Ölen eine der wichtigsten Behandlungsmethoden überhaupt; ihr Anwendungsbereich ist extrem weit gespannt. Denn ein solches Bad kann entspannend oder beruhigend, anregend, erfrischend, aphrodisisch, wärmend oder kühlend wirken. Je nach dem gewählten Öl kann es Muskelschmerzen und Hautprobleme verringern und viele andere körperliche Krankheiten beeinflussen oder verhindern. Der größte Nutzen aromatischer Bäder dürfte in der Gesellschaft des 20. Jahrhunderts jedoch darin bestehen, daß sie Streß abbauen. Sie sind damit ein wichtiges Mittel der Selbsthilfe, denn jeder kann sie sich leicht zu Hause bereiten – entweder zwischen den Besuchen beim Therapeuten oder bis zu einem gewissen Punkt anstelle einer anderen Behandlung (obwohl es sinnvoller ist, zur Wahl des geeigneten ätherischen Öls einen Aromatherapeuten zu konsultieren).

Bäder können mit fast allen schulmedizinischen oder »alternativen« Behandlungsmethoden kombiniert werden. Eine Ausnahme bildet die Homöopathie, da einige starke Düfte die Wirkung homöopathischer Medikamente beeinträchtigen können. Nehmen Sie gerade solche Mittel ein, sollten Sie unbedingt Ihren Homöopathen fragen, ob das ätherische Öl, das Sie gerne als Badezusatz verwenden möchten, im Moment angebracht ist. Im allgemeinen stehen verschiedene ätherische Öle zur Verfügung, um eine bestimmte Wirkung zu erzielen, und möglicherweise verträgt sich das eine mit Ihrem Medikament besser als ein anderes.

Die Zubereitung eines Aromabades ist denkbar einfach. Zuerst füllt man die Badewanne mit angenehm warmem Wasser; bevor man hineinsteigt, gibt man ungefähr 6 Tropfen ätherisches Öl dazu und rührt kräftig, um es zu verteilen. Die Öle sollten nie vorher zugegeben werden, da sie hoch flüchtig sind und schon nach relativ kurzer Zeit viel an Wert einbüßen. Sie können die Essenz auch mit einem Trägeröl oder einer Flüssigkeit wie z. B. Milch, Sahne oder Alkohol mischen, bevor Sie sie ins Badewasser geben; bei empfindlicher Haut ist dies ratsam, bei einem Bad für ein Baby oder Kleinkind unbedingt notwendig.

Vielleicht wundern Sie sich, daß im Vergleich zur Wassermenge nur so wenig ätherisches Öl gebraucht wird, aber die 6 Tropfen sind tatsächlich genug. Das Öl verteilt sich als dünner Film auf der Wasseroberfläche; sobald Sie ins Bad steigen, setzt sich ein Teil davon auf Ihrer Haut ab und wird, nicht zuletzt aufgrund des warmen Wassers, schnell absorbiert; ein Teil wird als aromatischer Dampf freigesetzt und eingeatmet. Bereits nach 15–20 Minuten Badezeit ist die Wirkung des Öls spürbar.

Die Wahl des ätherischen Öls hängt davon ab, was Sie erreichen möchten, aber anhand der Beschreibungen in diesem Buch wird es Ihnen sicher gelingen, etwas Passendes zu finden – wobei auch Kombinationen möglich sind. Die zweckmäßigsten und am meisten benutzten Öle sind: Lavendel zur Entspannung, zur Lockerung von Muskelverkrampfungen und zur Förderung eines gesunden Schlafs; Kamille ebenfalls als Schlafförderer und zur positiven Beeinflussung von Hautallergien; Majoran gegen

Unterkühlung und zur Linderung von Muskelschmerzen; Rosmarin zum Anregen, vor allem im morgendlichen Bad; Grapefruit seiner stimmungsaufhellenden, aufmunternden Wirkung sowie seiner antiseptischen und desodorierenden Eigenschaften wegen. Fast jedes ätherisches Öl kann als Badezusatz verwendet werden; einige Ausnahmen habe ich weiter unten angeführt. Natürlich können Sie ein Öl auch nur deshalb auswählen, weil sein Duft Ihnen gefällt. Die Entspannung, die ein Aromabad vermittelt, ist heute noch genauso wohltuend wie zu Hippokrates' Zeiten. Sie brauchen nicht zu warten, bis Sie Schmerzen haben oder krank sind, um sich dieses Vergnügen zu gönnen. Wenn Sie die ätherischen Öle nur wegen ihres Dufts ausgesucht haben, sollten Sie sich trotzdem über ihre Haupteigenschaften informieren, damit Sie nicht abends ein anregendes oder morgens ein beruhigendes Öl verwenden.

Vorsichtsmaßnahmen:
1. Benutzen Sie ätherische Öle in Bädern für Babys oder Kleinkinder niemals pur; verdünnen Sie sie mit einem milden Öl (z. B. Mandelöl) oder mit 1–2 Teelöffeln nichtentrahmter Milch (oder Sahne), bevor Sie sie ins Badewasser geben.
Ätherische Öle sind so hoch konzentriert, daß sie die empfindliche Magenschleimhaut reizen können, wenn sie unverdünnt geschluckt werden. Da Babys oft ihre Finger in den Mund stecken, sollte man unbedingt sicherstellen, daß kein unverdünntes ätherisches Öl (das ja an der Wasseroberfläche schwimmt) in den Magen gelangt. Unverdünnte Öle können auch die Hornhaut schädigen – und Babys reiben sich oft mit den Fäusten in den Augen. Ein einziger Tropfen verdünnten ätherischen Öls genügt für das Bad eines Babys; für ein Kleinkind, das in einer normalen Badewanne gebadet wird, empfehle ich 2–3 Tropfen.
2. Einige ätherische Öle können die Haut reizen, sie sollten daher als Badezusatz nicht verwendet werden; ich habe sie in Anhang A aufgeführt. Bei Menschen mit empfindlicher Haut können auch Öle, die im allgemeinen keine Reizwirkung ausüben, Irritationen auslösen. Empfindliche Menschen soll-

ten daher die Öle verdünnen, bevor sie sie ins Badewasser geben.
Siehe auch **Fußbäder** und die einzelnen ätherischen Öle. Einige Vorschläge zum Mischen eines Badezusatzes finden Sie in Anhang B.

Bakterienbekämpfung

Sie geschieht mit sogenannten Bakteriostatika – Substanzen also, die das Wachstum der Bakterien behindern. Bakteriostatika vernichten Bakterien nicht unbedingt, hemmen aber ihre Vermehrungsfähigkeit, so daß sie für die Gesundheit keine Bedrohung mehr darstellen. Im allgemeinen bereitet es dem Körper keine Schwierigkeiten, die verschiedenen Bakterienarten, denen er ständig begegnet, unter Kontrolle zu halten. Beginnt sich jedoch eine Bakterienart rasant zu vermehren, reichen die körpereigenen Abwehrkräfte möglicherweise nicht mehr aus. Die Hemmung des Wachstums und der Vermehrung von Bakterien ist daher ein wichtiger Aspekt der präventiven Medizin.
Fast alle ätherischen Öle wirken mehr oder weniger bakterienbekämpfend. Manche sind nur gegen eine Bakterienart effizient, andere gleich gegen mehrere; meist ist nur sehr wenig ätherisches Öl erforderlich. Zu den bewährtesten Ölen gehören Lavendel, Gewürznelke, Rosmarin, Salbei und Thymian; eigentlich alle traditionellen Küchengewürze haben bakterienbekämpfende Eigenschaften.

Basilikum (Ocimum basilicum)

Basilikum hat seinen Namen vom griechischen Wort für König, *nämlich basileus* – wahrscheinlich, weil die Pflanze so hoch geschätzt wurde, daß man sie als König unter den Pflanzen betrachtete. Vielleicht war sie auch Bestandteil eines Öls zum Salben der Könige. Sir John Parkinson schreibt in seinem Pflanzenbuch: »Ihr Geruch ist so vorzüglich, daß sie in das Haus eines Königs gehört.« Im heutigen Griechenland steht sie als

Gewürz und auch als Heilpflanze noch immer in hohem Ansehen; im Volksmund wird sie »Bergfreude« oder »Jungenfreude« genannt, und in den Kirchen findet man zuweilen noch Töpfe mit Basilikum am Fuß der Kanzel.
Die Pflanze wächst wild im gesamten Mittelmeerraum und liebt insbesondere sonnige Hügel. Zahlreiche Unterarten sind bekannt, die sich in Größe, Blattfarbe etc. unterscheiden. Die Blätter können dunkelgrün bis tief dunkelgrün, behaart, spitzoval oder eher geradlinig sein. Auch der Duft variiert, in einigen Fällen ähnelt er Fenchel oder Estragon. In der Aromatherapie verwendet man eine Unterart mit leicht rosafarbenen Blüten, behaarten ovalen Blättern und jenem charakteristischen Duft, der ein wenig an Thymian erinnert, allerdings schärfer und würziger ist. Die Pflanze stammt ursprünglich aus Asien und wird seit langem in der traditionellen indischen Medizin verwendet.
Das ätherische Öl ist gelblich. Zu seinen Wirkstoffen gehören Methylchavicol (40–50%), Linalol, Cineol, Eugenol, Pinen und Kampfer.
Basilikum wird seit dem Altertum gegen Entzündungen im Brustbereich, Verdauungsbeschwerden und Gelbsucht eingesetzt, einige Autoren halten es auch für ein Aphrodisiakum. Im l6. Jahrhundert wurde es allgemein gegen Kopfschmerzen, Migräne und Kopfgrippe verordnet; man schnupfte es in pulverisierter Form, um wieder einen klaren Kopf zu bekommen. Auch heute noch ist Basilikum ein ausgezeichnetes Heilmittel für den gesamten Kopfbereich und deshalb sehr hilfreich bei geistiger Erschöpfung; in seiner Wirkung auf das Gehirn wird es nur von Rosmarin übertroffen. Es wirkt auf jeden Fall aufmunternd – ein Pflanzenkundiger früherer Zeiten sagte, Basilikum vertreibe »melancholischen Nebel aus dem Herzen«.
Es ist angezeigt bei allen Entzündungen der Luftwege einschließlich Bronchitis, Keuchhusten und vieler fieberhafter Erkrankungen. Es wirkt krampflösend und lindert Verdauungsbeschwerden (Magengegend im Uhrzeigersinn massieren). Bei geringen und schmerzhaften Regelblutungen empfiehlt es sich, das Öl sanft in den Unterbauch einzumassieren.

Basilikum allein ist als Massageöl nicht unbedingt populär, aber es läßt sich sehr gut mit anderen Ölen mischen – insbesondere Lavendelöl – und wirkt bei verkrampften, müden und überarbeiteten Muskeln ausgezeichnet; vor allem Sportler, Tänzer und Menschen mit anstrengenden körperlichen Tätigkeiten werden dies zu schätzen wissen.

Es kann außerdem Kompressen beigegeben werden, die Stauungen in den Brüsten lindern sollen; auch als Mundspülung bei Mundgeschwüren und Gaumeninfektionen erweist es sich als sehr nützlich.

Es wirkt generell tonisierend und stimulierend, besitzt aber, im Übermaß gebraucht, die entgegengesetzte Wirkung.

Als Badezusatz löst es ein Kribbeln aus, das empfindliche Haut reizen kann. In starker Verdünnung ist das Öl jedoch gut für die Haut, es verbessert den Tonus und das Aussehen.

Beifuß (Artemisia vulgaris)

Beifußöl enthält sehr viel Thujon und wirkt daher stark toxisch sowie abtreibungsfördernd. Es sollte in der Aromatherapie nicht verwendet werden.

Eine andere Artemisia-Art, *Artemisia arborescens,* wird manchmal als Blaue Kamille beschrieben; aufgrund ihres Azulen-Gehalts hat sie tatsächlich viele Eigenschaften, die mit den Kamillen in Verbindung gebracht werden. Allerdings ist sie ebenfalls ein Abtreibungsmittel und darf in der Schwangerschaft nicht eingesetzt werden.

Beinwell (Symphytum officinale)

Beinwell wird in der traditionellen Medizin seit langem benutzt und dort vor allem bei Knochenbrüchen, Verstauchungen etc. eingesetzt. In der Aromatherapie wird ein infundiertes Beinwellöl bei Muskel- und Gelenkverstauchungen angewandt. Ich habe es zur Tiefenmassage bei schwierigen alten Verletzungen verwendet, bei denen schmerzhafte, die Bewegung einschränkende Verwachsungen vorlagen. Beinwellöl enthält Allantoin, das die Heilung fördert, und ist oft bei juckender, wunder Haut und trockenen Ekzemen hilfreich. Wenn Sie in einer Massagemischung ein infundiertes Öl benutzen, das selbst therapeutische Eigenschaften besitzt, sollte der Anteil des ätherischen Öls niedriger sein, als wenn Sie ein neutrales Trägeröl verwenden; 1 bis 2% sind genug.

Benzoe (Styrax benzoin)

Benzoe wird von einem Baum namens *Styrax benzoin* gewonnen, der in Thailand, Java und Sumatra heimisch ist. Benzoe ist strenggenommen kein Öl, sondern ein Harz, das vor Gebrauch über heißem Wasserdampf zum Schmelzen gebracht werden muß. Das im Handel angebotene Benzoeharz ist meist in Äthylalkohol gelöst, was aber für eine natürliche Therapie mit rein pflanzlichen Produkten nicht besonders geeignet ist. Versuchen Sie daher, einen Lieferanten zu finden, der Benzoeharz in Holzalkohol gelöst anbietet; oder kaufen Sie es in festem Zustand und schmelzen Sie es dann, wenn Sie es brauchen.
Der gekörnte Benzoegummi, der in alten Büchern über Pflanzenkunde als »Benjamingummi« bezeichnet wird, hat eine dunkle rotbraune Farbe und wird oft als Fixativ in der Parfümherstellung benutzt. Die bekannteste Verwendungsform jedoch ist wahrscheinlich die Benzoetinktur. Reine Benzoe enthält die Wirkstoffe Benzoesäure, Benzoresinol, Siaresinotannol und Vanillin, das ihm seinen charakteristischen Duft verleiht.
Ebenso wie Myrrhe und Weihrauch wird Benzoe bereits seit Tausenden von Jahren als Räucherwerk benutzt; sie soll außerdem böse Geister vertreiben. Die Wirkung ist lindernd und anregend, aber auch sehr wärmend, weshalb sie bei Erkältungen, Grippe, Husten und Halsschmerzen mit Sprechschwierigkeiten sehr hilfreich ist (inhalieren). Da sie stimulierend und lindernd zugleich wirkt, bringt sie die Dinge im Körper wieder in Fluß, d. h., sie löst den Schleim, regt den Kreislauf an, lindert die Beschwerden bei Blähungen und regt die Harnausscheidung an. Sehr wohltuend wirkt sie bei stechenden Magenschmerzen und Infektionen der Harnwege.

Benzoe wird auch bei Hautverletzungen eingesetzte, von gesprungener Haut bis zu Frostbeulen. Ein aus dem Harz hergestellter Balsam, der sich auch gut zum Inhalieren elgnet, wurde lange Zeit von Ballettänzern benutzt, um wunde Zehen abheilen zu lassen und ein erneutes Aufplatzen zu verhindern. Ich gebe Benzoe oft in Handcremes für Menschen, die viel im Freien arbeiten (Gärtner, Waldarbeiter, Bauarbeiter), meist in Verbindung mit Zitrone und/oder Lavendel, um den Vanilleduft zu kaschieren und weitere pflanzliche Heilkräfte beizusteuern. Wie bei vielen Ölen entspricht auch bei Benzoe die Wirkung auf den Körper der auf den Geist: sie wärmt, lindert und stimuliert. Ich gebe Benzoe Patienten, die traurig, einsam, depremiert oder ängstlich sind. Sie harmoniert gut mit Rose. Massagen mit dieser Mischung haben mir selbst in verschiedenen Krisensituationen wertvolle Dienste geleistet. Vielleicht hatten also die alten Pflanzenkundigen, für die Benzoe den Teufel vertrieb, gar nicht so unrecht, denn was sind die Teufel unserer Zeit anderes als Angst und Depression?

Bergamotte (Citrus bergamia)

Der Bergamottebaum hat seinen Namen von der kleinen Stadt Bergamo in Norditalien, in dessen Umgebung er ursprünglich angebaut wurde. Die Frucht, die einer Miniaturorange ähnlich sieht, wurde jahrhundertelang in der italienischen Volksheilkunde verwendet. Da der Baum außerhalb Italiens fast unbekannt war und die Frucht erst seit relativ kurzer Zeit exportiert wird, beschränkte ihr Gebrauch sich lange auf diesen geographischen Bereich.
Das Öl wird durch Auspressen der Schale gewonnen. Die beste Qualität besitzt immer noch das handgepreßte Öl, auch wenn zahlreiche Versuche zur Mechanisierung dieses Vorgangs unternommen wurden. Es hat einen köstlich frischen, zitronenartigen Duft, der allgemein beliebt ist. Wirkstoffe sind Linalylacetat, Limonen und Linalol; das Öl besitzt eine zartgrüne Farbe.
Die drei Hauptanwendungsgebiete, in denen Bergamotte eine

einzigartige Wirkung entfaltet, sind Harninfektionen, Hautpflege, Depression und Angst.

Bergamottöl beeinflußt das Urogenitalsystem und ist, neben Kamille, Sandelholz und Ti-Baum, bei der Behandlung von Blasen- und Harnröhrenentzündung eines der wertvollsten Öle. Einer Blasenentzündung geht meist eine Infektion der Harnröhre voraus, da die verursachenden Bakterien erst allmählich die Harnröhre emporwandern. Setzt man Bergamotte bereits im Frühstadium ein, verhindert man, daß die Infektion sich nach oben ausbreitet. Geben Sie das Öl dem Badewasser bei, oder verwenden Sie es für örtliche Waschungen (stark verdünnt – 0,5–1%). Örtliche Waschungen mit Bergamotte sind auch hilfreich bei vaginalem Juckreiz und leichtem Ausfluß (dessen Ursachen aber unbedingt untersucht werden sollten). Bringt die empfohlene Behandlung bei Blasenentzündung keine Besserung, sollte, vor allem wenn Fieber auftritt, umgehend ein Arzt konsultiert werden. Insbesondere Menschen mit chronischer Blasenentzündung kann Bergamotte große Erleichterung bringen, weil es stark antiseptisch wirkt.

Viele Patienten mit chronischer Blasenentzündung sind seelisch angespannt, ängstlich und niedergeschlagen; dies führt zuweilen zu einem regelrechten Teufelskreis: Die Spannung löst einen erneuten Ausbruch der Krankheit aus, was wiederum die Depression verstärkt. Obwohl auch Kamille und Ti-Baum die rein körperlichen Symptome lindern, ist Bergamotte am besten geeignet, diesen Kreislauf zu durchbrechen; das Öl verringert Anspannung und Niedergeschlagenheit und bekämpft gleichzeitig die physischen Ursachen der Krankheit.

Bei geistig-seelischen Spannungszuständen ist Bergamotte fast die wertvollste Essenz überhaupt. Robert Tisserand beschreibt sie als »stimmungsaufhellend«, was meine eigene Erfahrung wieder und wieder bestätigt hat. Da »stimmungsaufhellend« und »anregend« oft verwechselt werden, möchte ich hier darauf hinweisen, daß Bergamotte kein anregendes Öl ist – es hebt die Stimmung, wirkt aber relativ entspannend.

Bei allen angespannten, ängstlichen und deprimierten Patienten sollte Bergamotte – allein oder mit anderen Ölen – unbedingt einem Massageöl beigegeben werden, da der entscheidende Faktor in solchen Fällen oft der persönliche Kontakt zum Therapeuten ist. Die tägliche Benutzung als Badezusatz, Raumspray oder Parfüm wird die Behandlung wesentlich unterstützen. Der Duft gefällt Männern und Frauen gleichermaßen, er harmoniert überdies mit fast allen anderen Blütenölen und ist daher vielseitig kombinierbar. Sehr angenehme Mischungen sind Lavendel/Bergamotte bzw. Lavendel/Geranie/Bergamotte. Ein Zusatz von Bergamotte gibt als zu süß empfundenen Ölen eine schärfere Note.

Dr. Valnet empfiehlt Bergamottöl bei Appetitlosigkeit; da es gleichzeitig antidepressive Eigenschaften besitzt, müßte es bei der Behandlung von Magersucht gute Dienste leisten. Meiner Erfahrung nach wirkt es auf den Appetit eher *regulierend* als stimulierend; ich habe es schon mit gutem Erfolg bei zwanghaften Essern eingesetzt. Möglicherweise beeinflußt es direkt das Appetitkontrollzentrum im Gehirn, oder es arbeitet an den Spannungen, die das Zuviel- oder Zuwenig-Essen ausgelöst haben, und führt so zu normalen Eßgewohnheiten und einem entsprechenden Körpergewicht zurück. Dies kann natürlich nicht »über Nacht« geschehen, sondern ist vielmehr ein langwieriger Prozeß, der vom Therapeuten viel Einfühlungsvermögen und vom Patienten einen starken Willen zur Besserung erfordert.

Aufgrund seiner antiseptischen Eigenschaften und seines köstlichen Dufts ist Bergamottöl für mich »erste Wahl« bei der Behandlung von Akne, fettiger Haut und ansteckenden Hautkrankheiten. Es kann in einem Massageöl zur Gesichtsbehandlung benutzt oder Cremes, Lotionen und Duftwässern beigegeben werden. Heiße Kompressen mit Bergamottöl legt man auf Furunkel, um die Infektion »herauszuziehen« und die Heilung zu fördern – obwohl bei Furunkeln auch immer Empfehlungen zur Ernährung und zum Abbau der im Körper vorhandenen Giftstoffe angebracht sind.

Bei Fieber hat Bergamotte eine kühlende Wirkung. Es ist Bestandteil des »Earl-Grey«-Tees und des klassischen Kölnisch Wassers, die beide eine kühlende und aufmunternde Wirkung haben. Es ist ein ausgezeichnetes Deodorant, sowohl für den persönlichen Gebrauch wie für Räume und Gebäude. Das Öl vertreibt außerdem sehr wirkungsvoll Insekten und wird auch kommerziell zu diesem Zweck eingesetzt. Die Anwendung muß jedoch ziemlich oft wiederholt werden, weshalb sich eine Mischung mit weniger flüchtigen ätherischen Ölen wie z. B. Lavendel empfiehlt.

Bergamotte ist auch bei der Behandlung von Atem- und Verdauungsbeschwerden von Nutzen, aber da in diesem Bereich sehr viele andere ätherische Öle zur Wahl stehen, spare ich es lieber für die Zwecke auf, bei denen es keine Konkurrenz hat.

Bergamotte hemmt das Wachstum bestimmter Viren, insbesondere des Herpes-simplex-I-Virus, der Lippenherpes verursacht. Die meisten Menschen tragen dieses Virus ihr ganzes Leben lang mit sich herum – die Bläschen erscheinen nur dann, wenn der Betroffene eine Infektion hat (meist eine Erkältung) oder ganz einfach erschöpft ist. Bei den ersten Anzeichen gibt man Bergamotte allein oder zusammen mit Eukalyptus, das ebenfalls stark antiviral wirkt – pur oder besser noch mit etwas Alkohol verdünnt auf die wunde Stelle. Bei Gürtelrose und Windpocken wirkt die Essenz ebenfalls lindernd und heilungsfördernd.

VORSICHT: Bergamotte steigert die Lichtempfindlichkeit der Haut, läßt sie also schneller braun werden, und war aus diesem Grund bis vor ein paar Jahren Bestandteil von Bräunungsmitteln. Wegen eines möglicherweise erhöhten Hautkrebsrisikos wurde diese Praxis aufgegeben. Die dünner werdende Ozonschicht hat dieses Risiko wesentlich verschärft. Wenn Sie Bergamotte bei sonnigem Wetter als Massage- oder Badeöl oder in Hautpflegeprodukten verwenden wollen, sollte es maximal 2% der Gesamtmenge ausmachen, da Konzentrationen unter 2% die Lichtempfindlichkeit der Haut nicht zu erhöhen scheinen. Geben Sie Bergamotte auf keinen Fall unverdünnt auf Hautbereiche, die der Sonne ausgesetzt werden, da dies zu schweren Verbrennungen führen kann.

Denken Sie daran, daß unverdünnte Essenzen, die als Badezusatz verwendet werden, als hauchdünner Film auf der Wasseroberfläche schwimmen und sich daher auf großen Hautpartien absetzen. Wenn Sie Bergamotte mit einem Trägeröl vermischen, bevor Sie es ins Badewasser geben, läßt sich dies vermeiden. Beachten Sie auch, daß die Haut nach einer Bergamotte-Anwendung mehrere Tage lang lichtempfindlicher ist.

Bienenwachs

Bienenwachs wird im kosmetischen und medizinischen Bereich zur Herstellung von Cremes und Salben verwendet, den Trägersubstanzen der ätherischen Öle.
Das Bienenwachs hat dabei die Aufgabe, ausschließlich aus Ölen hergestellte Cremes konsistenter zu machen; bei Cremes, die Blütenwässer, destilliertes Wasser oder Quellwasser enthalten, wirkt Bienenwachs emulgierend.
Wie Honig, Propolis und *Gelée royale*[1] besitzt Bienenwachs therapeutische Eigenschaften und ist daher zur Herstellung von Cremes wesentlich besser geeignet als Wachs mineralischen Ursprungs. Natürliches, ungebleichtes Bienenwachs ist dem gebleichten weißen vorzuziehen, weil dieses unter Umständen Spuren chemischer Bleichmittel enthält.

Bindehautentzündung (Konjunktivitis)

Die Entzündung des zarten, durchsichtigen Häutchens, das die Innenfläche der Lider bedeckt und auf den Augapfel umschlägt, wird normalerweise durch eine bakterielle oder virale Infektion verursacht. Einige Formen sind sehr ansteckend, weshalb man sich nach einer Behandlung immer sorgfältig die Hände waschen und alle verwendeten Utensilien auskochen sollte. Kinder reiben oft das entzündete, juckende Auge und übertragen die Infektion daher leicht von einem Auge aufs andere oder auf einen anderen Menschen.

---

[1] Sekret der Futtersaftdrüsen der Honigbienenarbeiterinnen, mit dem diese die Königinnenlarven füttern; enthält u. a. viele Vitamine, Pantothensäure und Biotin (Anm. d. Übers.).

Ätherische Öle dürfen nie mit den Augen in Kontakt kommen, egal wie stark sie verdünnt werden. Sie können zu Reizungen und Schädigungen führen. Benutzen Sie statt dessen einen mit Kamille, Holunderblüten oder Augentrost bereiteten Aufguß oder destilliertes Rosen- oder Kornblumenwasser. Qualitativ hochwertige Blütenwässer sind in Kräuterläden, Apotheken und Drogerien erhältlich. Die Aufgüsse werden wie Kräutertees zubereitet; lassen Sie sie abkühlen, bis sie lauwarm sind, und spülen Sie die Augen drei- oder viermal täglich. Oder legen Sie über Nacht einen Wattebausch auf die Augen, der in Rosenwasser, Kornblumenwasser oder einem der drei genannten Kräuteraufgüsse getränkt wurde. Auch gebrauchte, abgekühlte Kamillenteebeutel bilden eine sehr effiziente Kompresse.

Für die Gesundheit der Augen sind die Vitamine A und C besonders wichtig. Vitamin C ist ja bei allen Infektionen empfehlenswert; die beiden zusammen sind bei der Behandlung und Vorbeugung einer Bindehautentzündung hilfreich, vor allem, wenn diese wiederholt auftritt.

Birke (Betula lenta, Betula alleghaniensis und Betula alba)

Die **Zuckerbirke** (Betula lenta) und die **Gelbbirke** (Betula alleghaniensis) sind in Nordamerika heimisch; aus beiden läßt sich ein ätherisches Öl gewinnen, das einen Hauptbestandteil hat: Methylsalicylat. Es wurde zunächst in Weidenbäumen identifiziert, ist aber am bekanntesten in seiner synthetischen Form, dem Aspirin – was Ihnen sofort eine gute Vorstellung von den Eigenschaften von Birkenöl gibt: Es ist schmerzlindernd, entzündungshemmend und fiebersenkend. In der Schulmedizin wird für all diese Zwecke Aspirin eingesetzt. Birkenöl wirkt auch harntreibend und blutreinigend; es gehört außerdem zu den hautrötenden Ölen, wirkt also örtlich wärmend. Obwohl es bis zu 98% aus Methylsalicylat bestehen kann, dürfen die restlichen 2% nicht vernachlässigt werden: In der Aromatherapie und in der Pflanzenheilkunde tragen winzige

Bruchteile eines Öls zu seiner Gesamtwirkung bei und fungieren oft als Puffer, die vor den Nebenwirkungen schützen, die bei isolierten oder synthetischen Wirkstoffen auftreten. Der Geruch des Öls ist durchdringend und erinnert an altmodische Einreibemittel.

Wie die Ähnlichkeit mit Aspirin zeigt, sollte Birkenöl vorsichtig eingesetzt werden; in zwei Bereichen leistet es jedoch durchaus wertvolle Dienste: Bei Zellulitis, wenn andere Öle (Rosmarin, Geranie, schwarzer Pfeffer, Wacholder) nicht den gewünschten Erfolg gebracht haben, und – aufgrund seiner stark analgetischen und leicht hautrötenden Wirkung – bei allen Arten von Muskelschmerzen. Bei Rheuma und Arthritis trägt es aufgrund seiner harntreibenden Wirkung dazu bei, die Gifte aus dem Körper herauszuschwemmen, die die Schmerzen verursachen; bei Zellulitis werden außerdem die Wasseransammlungen abgebaut.

Bei einer Sehnenscheidenentzündung ist Birke für mich erste Wahl. Jede Sehne kann sich durch übermäßige, einseitige Beanspruchung entzünden; besonders anfällig sind die Sehnen am Fußknöchel und am Handgelenk. Die Sehnen sind von einer gleitfähigen Schicht umgeben, die sich ebenfalls entzünden kann. Die Krankheit ist sehr schmerzhaft, und eine Besserung tritt oft nur langsam ein. Birkenöl lindert die Schmerzen und bekämpft die Infektion.

VORSICHT: Bewahren Sie Birkenöl für Kinder unzugänglich auf, und verwenden Sie es nicht in der Schwangerschaft.

Die **Weißbirke** (Betula alba) ist die in Nordeuropa heimische Silberbirke. Das aus ihr gewonnene Öl unterscheidet sich trotz einiger Überlappungen von dem der oben beschriebenen nordamerikanischen Arten und wird hauptsächlich bei chronischen Hautkrankheiten eingesetzt.

Das ätherische Öl wird durch Dampfdestillation aus den Knospen extrahiert. Es ist schwach gelb, hat einen holzigen Geruch und enthält vor allem Betulenol. Aus der Rinde wird durch Trockendestillation Birkenteer gewonnen, aus dem dann durch Dampfdestillation Birkenteeröl erhalten wird. Dieses hat einen rauchigen, ledrigen Duft.

Die Birke wird in Nordeuropa als harntreibendes, blutreinigendes Mittel und zur Hautbehandlung seit dem Mittelalter verwendet. Schon im 12. Jahrhundert erwähnt Hildegard von Bingen Birke zur Behandlung von Geschwüren, wobei allerdings nicht klar ist, ob diese frühen Schriftsteller den Teer, ein Öl, den Saft oder einen Tee aus den Blättern meinen.

Birkenknospenöl wird bei Dermatitis, chronischen Ekzemen, Furunkeln und Geschwüren eingesetzt und ist möglicherweise auch bei Schuppenflechte geeignet. Für diese langwierige Krankheit stehen nicht viele hilfreiche Öle zur Verfügung; Birkenknospenöl ist daher eine willkommene Ergänzung. Zuweilen wird es Haarwässern auf Alkoholbasis oder Shampoos zur Behandlung von Schuppen beigegeben.

Aufgrund seiner harntreibenden Wirkung ist es bei Zellulitis und sonstigen Wasseransammlungen im Körper geeignet; bei Rheuma und Arthritis unterstützt es die Ausscheidung überschüssiger Harnsäure.

Birkenteeröl wird kommerziell Parfüms, Seifen etc. beigegeben; es bildet die Grundlage aller Parfüms vom Typ »Russisch Leder«.

Achten Sie bei der Verwendung von Birkenöl auf die exakte botanische Bezeichnung, da Chemie und Eigenschaften der verschiedenen Birkenöle trotz einiger Überschneidungen nicht identisch sind.

Blähungen (Flatulenz)

Jedes der als *karminativ* beschriebenen ätherischen Öle kann Gase aus dem Verdauungssystem vertreiben und die damit verbundenen Beschwerden lindern. Die Öle werden mit einer Trägersubstanz im Uhrzeigersinn in den Bauch einmassiert. Tritt Flatulenz nur punktuell nach einer Mahlzeit mit blähenden Lebensmitteln auf, sollte diese Behandlung genügen; wird sie jedoch zu einem Dauerzustand, sollten die aromatherapeutischen Maßnahmen mit einer Umstellung der Ernährung einhergehen – unter Umständen auch mit einem Programm zur Reinigung des Dickdarms, das von einem qualifizierten Ernährungsberater oder einem Heilpraktiker überwacht wird. Übermäßige Gasbildung ist oft eine Folgeerscheinung der Einnahme von Antibiotika, da diese neben den eingedrungenen »feindlichen« Organismen auch die hilfreiche Bakterienflora im Darm vernichten. Die Verdauung wird so gestört, und es kommt zu Fäulnisprozessen im Dickdarm. Mit Joghurt- oder Acidophilus-Tabletten oder auch sehr viel natürlichem Joghurt läßt sich dem entgegenwirken. Die Verwendung ätherischer Öle verschafft dem Darm Erleichterung, bis die normale Darmflora sich wieder etabliert hat.

Blasen (an den Füßen)

Durch drückendes Schuhwerk verursachte Blasen bedeckt man am besten mit einem Stückchen Mull oder einem Pflaster, auf das man ein paar Tropfen Lavendelöl gegeben hat. Ist die Blase groß, sollten Sie sie mit einer *sorgfältig sterilisierten* Nadel öffnen und dann mit Mull und Lavendel verbinden. Bleibt sie sehr feucht, empfiehlt sich eine Mischung von Myrrhen- und Lavendelöl; zum Abheilen der Haut kann man nach der Behandlung mit Lavendel Benzoe verwenden.
Bedecken Sie eine Blase nie mit einem Pflaster, das wenig oder keine Luft durchläßt; legen Sie lieber ein Stückchen Mull auf, das sie seitlich mit Heftpflasterstreifen befestigen. Bis zum Ausheilen der Blase sollte man, wann immer möglich, Socken und Schuhe ausziehen.
Menschen, die oft Blasen bekommen, z. B. Wanderer, Leichtathleten und Ballettänzer, tragen Benzoetinktur auf die Zehen oder andere gefährdete Stellen am Fuß auf, um die Entstehung von Blasen zu verhindern oder die Heilung bereits vorhandener zu fördern.

Blasenentzündung (Zystitis)

Eine Blasenentzündung wird meist durch eine bakterielle Infektion ausgelöst, geht aber manchmal auch auf Reizstoffe wie z. B. kristalline Ablagerungen im Urin zurück. Sie ist bei Frauen weit häufiger als bei Männern. Der Grund: Gewöhnlich wandert die

Infektion die Harnröhre hoch, die bei Frauen nur ca. 4 cm, bei Männern hingegen 20–25 cm lang ist, weswegen deren Blase besser geschützt ist. Die Verwendung ätherischer Öle bei den ersten Anzeichen einer Harnröhrenreizung kann die Ausbildung einer vollen Zystitis oft verhindern.

Die geeignetsten Öle zur Behandlung dieser schmerzhaften und lästigen Krankheit sind Bergamotte, Eukalyptus, Kamille, Knoblauch, Lavendel, Sandelholz und Ti-Baum. Am besten wirken Bergamotte und Ti-Baum (äußerlich für Waschungen und als Badezusatz), Kamille (als Tee) und Knoblauch (Dragees oder Kapseln zum Einnehmen). Kamille kann auch für örtliche Waschungen verwendet werden, um die brennenden Schmerzen und den Juckreiz zu lindern. Wie immer, wenn empfindliche Schleimhäute behandelt werden, sollte die Konzentration sehr niedrig sein: unter 1%. Verwenden Sie abgekochtes, lauwarmes Wasser und führen Sie damit häufige örtliche Waschungen durch. Gleichzeitig sollten Sie soviel Kamillentee wie möglich trinken, außerdem reines Quellwasser oder selbst hergestelltes Gerstenwasser mit Zitrone. Nehmen Sie mindestens einmal täglich ein Bad mit ca. 6 Tropfen Bergamott- oder Ti-Baum-Öl. Ein Massageöl mit Bergamotte und Lavendel oder Kamille kann sanft in den Unterbauch einmassiert werden; bei starken Schmerzen sind auch heiße Kompressen mit Kamille hilfreich. Eine Ganzkörpermassage mit einem oder mehreren der genannten Öle trägt ebenfalls zur Überwindung der Infektion bei und hellt die meist niedergedrückte Stimmung auf.

Enthält der Urin Blut oder Eiter oder haben Sie erhöhte Temperatur, sollten Sie unbedingt einen Arzt aufsuchen, denn eine Blasenentzündung kann sich sehr schnell zu einer ernsten Nierenbeckenentzündung auswachsen. Liegen die obengenannten Symptome vor, ist eventuell auch die Verabreichung von Antibiotika gerechtfertigt. Lassen Sie jedoch eine Urinanalyse vornehmen, damit die verursachende Bakterienart eindeutig bestimmt wird; nicht jedes Antibiotikum deckt nämlich das gleiche Bakterienspektrum ab.

Die eine Blasenentzündung verursachenden Bakterien halten

sich auch bei gesunden Menschen im Darm auf, werden dort aber im allgemeinen von den »freundlichen« Bakterien in Schach gehalten. Antibiotika haben leider den Nachteil, außer den »Angreifern« auch die körperfreundlichen Bakterien im Darm zu vernichten. So kommt es häufig zum kräftezehrenden, deprimierenden Teufelskreislauf Zystitis – Antibiotika – Zystitis, den viele Frauen fürchten. Um ihn zu durchbrechen und die gesunde Darmflora wiederherzustellen, sollten Sie viel natürlichen Joghurt essen und regelmäßig aromatische Bäder nehmen. Denken Sie auch an so einfache Maßnahmen wie das Meiden synthetischer Unterwäsche und zu enger Jeans.
Sandelholz, das in Indien seit Jahrhunderten als Antiseptikum für die Harnwege benutzt wird, ist eine gute Alternative zu Bergamotte und Ti-Baum etc., wenn eine längere Behandlung notwendig ist.

Blaue Flecken

Blaue Flecken als Folge einer Prellung oder Quetschung können mit verschiedenen ätherischen Ölen behandelt werden. Fenchel, Lavendel oder Ysop sollten so bald wie möglich auf die betreffende Stelle aufgebracht werden, am besten in Form einer kalten Kompresse. Lavendel kann auch später eingesetzt werden, um die Schmerzen zu lindern. Am wirkungsvollsten jedoch dürfte Arnika in homöopathischer Dosierung sein; eine Arnikasalbe oder -tinktur sollte jedenfalls in keinem Erste-Hilfe-Kasten fehlen.
Wenn die Prellung später grünlich oder gelblich wird, trägt eine örtliche Massage mit einem anregenden ätherischen Öl wie z. B. Rosmarin dazu bei, daß das im umliegenden Gewebe festsitzende geronnene Blut herausdrainiert wird. Bei sehr schweren Prellungen – etwa infolge eines Unfalls – sind ätherische Öle hilfreich, die die Milz anregen, z. B. Kamille, Lavendel und schwarzer Pfeffer.
Menschen, die zu blauen Flecken neigen, leiden womöglich an einer Nierenerkrankung; sie sollten zwecks Diagnose und Behandlung einen Arzt oder Heilpraktiker aufsuchen.

Blutdruck

Dies ist der Druck, mit dem das Herz das Blut in die größeren Arterien pumpt. Er bleibt dort recht konstant, denn sie sind breit genug, um den vom Herzen kommenden Blutstrom nicht zu verlangsamen. Da die großen Arterienstämme sich aber in viele kleine Arterien und Arteriolen aufteilen, werden die Gefäße schließlich so eng, daß sie die Strömungsgeschwindigkeit verringern und den ursprünglichen Druck senken. In den winzigen Kapillargefäßen reicht der Druck meist nur noch aus, um dem Gegendruck der Gewebeflüssigkeiten standzuhalten und das Blut in die Venen zu drücken. Auf der Rückreise zum Herzen ist der Blutdruck so niedrig, daß von der umgebenden Muskulatur zusätzlicher Druck erzeugt werden muß, um das Blut zum Herzen zurückzutransportieren.

Der Blutdruck verändert sich mit dem Herzschlag; er erhöht sich bei der Systole (der Herzmuskel zieht sich zusammen und drückt das Blut in die Arterien) und verringert sich bei der Diastole (der Herzmuskel weitet sich und saugt Blut aus den Venen an). Mit individuellen Abweichungen und je nach Alter beträgt der normale systolische Blutdruck etwa 120 mm Quecksilbersäule (= 16 kPa), der normale diastolische ca. 80 mm Quecksilbersäule (= 10,7 kPa).

Das Blutdruckmeßgerät besteht u. a. aus einer aufblasbaren Manschette, die den Blutdruck in der Oberarmarterie mißt – hier herrscht ungefähr derselbe Druck wie am Herzausgang. Der Druck in der Manschette bringt eine Quecksilbersäule zum Steigen (genau wie der Luftdruck ein Barometer zum Steigen bringt), und der Blutdruck wird dann an der Höhe des Quecksilberspiegels abgelesen. Neuerdings kommen auch zunehmend elektronische Meßgeräte zum Einsatz.

Je nach den unmittelbaren Bedürfnissen des Körpers ist der Blutdruck ständigen Schwankungen unterworfen; komplizierte chemische und nervale Prozesse steuern die erforderlichen Druckangleichungen, bei denen auf der einen Seite die Herzleistung, d. h. die Menge des vom Herzen kommenden Blutes, und auf der anderen der Gefäßwiderstand, d. h. die Elastizität der

Arterien steht. Die Herzleistung variiert von ca. 5 Liter/Minute beim ruhenden Körper bis zu 40 Liter bei extremen Belastungen; der Druck wird dabei über eine Veränderung der Gefäßweite reguliert. Die verschiedenen Organe brauchen zu verschiedenen Zeiten unterschiedlich viel Blut. So braucht der Magen nach einer Mahlzeit mehr Blut, die Beinmuskulatur nach einem Wettlauf. Dies wird erreicht, indem die Arterien des betroffenen Organs sich erweitern und andere sich dementsprechend verengen. Gesteuert wird der ganze Prozeß vom Nervensystem und von bestimmten Hormonen.

Das Gehirn indes benötigt eine konstante Zufuhr von 750 cm^3/Minute, und zwar unabhängig davon, ob der Körper arbeitet oder sich ausruht. Die gleichmäßige Versorgung des Gehirns ist eine der wichtigsten Aufgaben der den Blutdruck regulierenden Prozesse; erreicht (aufgrund eines Blutdruckabfalls) zuwenig Blut das Gehirn, entstehen Schwindelgefühle bis hin zum Verlust des Bewußtseins (Ohnmacht).

Ein zu hoher Blutdruck kann zu Herz- und Gefäßschäden führen; die Körpermechanismen sind daher ständig damit beschäftigt, den Blutdruck möglichst konstant zu halten.

Zahlreiche ätherische Öle sind in der Lage, hohen Blutdruck zu senken und niedrigen zu erhöhen (siehe unter **Blutdruck, hoher (Hypertonie)** und **Blutdruck, niedriger (Hypotonie)**.

Blutdruck, hoher (Hypertonie)

Es ist normal, daß der systolische Druck, der beim Herauspumpen des Blutes aus dem Herzen entsteht, bei körperlicher Betätigung und seelischem Streß ansteigt. In einem gesunden Organismus wird er jedoch sehr rasch wieder auf normale Werte zurückgehen.

Ständig erhöhter Blutdruck kann gefährlich sein, auch wenn man zunächst keine Beschwerden verspürt, da Herz, Blutgefäße und Nieren überdurchschnittlich belastet werden. Zwischen Nieren und Blutdruck besteht eine sehr subtile Beziehung. Hoher Blutdruck kann die Nieren schädigen, aber auch Nierenkrankheiten können hohen Blutdruck auslösen; das von den

Nieren ausgeschiedene Hormon Renin trägt nämlich gewöhnlich dazu bei, daß der Blutdruck auf einem normalen Wert bleibt. Möglicherweise entsteht ein Teufelskreislauf, bei dem nicht mehr identifizierbar ist, ob nun die Nierenerkrankung oder der erhöhte Blutdruck ursächlich ist. Jeder Aromatherapeut, der erhöhten Blutdruck behandeln möchte, sollte also unbedingt sicherstellen, daß sein Patient von einem Arzt untersucht und der Krankheitsauslöser diagnostiziert wird.

Hoher Blutdruck belastet auf die Dauer das Herz. Anfangs wird sich der Herzmuskel vergrößern, um der erhöhten Leistungsanforderung gerecht zu werden, aber irgendwann einmal ist es einfach nicht mehr in der Lage, eine angemessene Blutzirkulation aufrechtzuerhalten (Herzinsuffizienz). Es besteht die Gefahr eines Herzschlags oder einer Thrombose der Herzkranzgefäße. Ständig überhöhter Blutdruck ist oft mit Atherosklerose (Fettablagerungen in den Arterienwänden) und Arteriosklerose (Verdickung und Verhärtung der Arterienwände) verbunden.

Die Aromatherapie kann dazu beitragen, den Blutdruck zu senken, aber damit ihre Maßnahmen zum Erfolg führen, sind Änderungen bei Ernährung und Lebensstil unbedingt erforderlich. Wichtigster Bestandteil der aromatherapeutischen Behandlung sind Massagen mit einem oder mehreren blutdrucksenkenden ätherischen Ölen, die außerdem beruhigend, besänftigend und tief entspannend wirken sollten, da Menschen mit hohem Blutdruck meist Schwierigkeiten haben, loszulassen. Oft treiben sie sich selbst erbarmungslos an oder sind übermäßig gestreßt. Das Wort *Hypertonie* selbst, das »zu starke Spannung« bedeutet, weist auf diesen dem physischen Krankheitsbild zugrunde liegenden geistig-seelischen Zustand hin.

Langzeitstudien in einem Londoner Krankenhaus haben gezeigt, daß Massagen Bluthochdruck wirksam senken und der Effekt lange Zeit anhält. Wird regelmäßig massiert, sind die Ergebnisse noch eindeutiger – selbst Tage später zeigen die Messungen dann niedrigere Werte.

Die geeignetsten ätherischen Öle, die für Massagen und Bäder benutzt werden können, sind Lavendel, Majoran und Ylang-Ylang. Letzteres ist angezeigt, wenn mit dem Bluthochdruck

Kurzatmigkeit, zu rasches Atmen und ein erhöhter Herzrhythmus einhergehen.
Wesentlich entscheidender als die Symptombeseitigung ist jedoch langfristig das Hinarbeiten auf Veränderungen im Lebensstil und den Zielsetzungen des Patienten. Regelmäßige entspannende Massagen sind ein erster positiver Schritt in diese Richtung. Je nach den individuellen Bedürfnissen variiere ich die blutdrucksenkenden Öle mit anderen, die sedativ, antidepressiv und stimmungsaufhellend wirken, z. B. Bergamotte, Kamille, Neroli, Rose und Weihrauch.
Ich setze auch reinigende, entgiftende Öle wie Fenchel, Wacholder und Zitrone ein und rate zu Veränderungen in der Ernährung: reichliche Gaben von Knoblauch (frisch, Dragees, Kapseln), drastische Reduzierung der tierischen Fette (sie sind für die Entstehung von Arteriosklerose mitverantwortlich), von Salz, schwarzem Tee, Kaffee und Alkohol. Wenn man die schädlichen Stoffe kurzzeitig ganz aus dem Speiseplan streicht und sie allmählich in kleinen Mengen wieder integriert, wird dies mit Sicherheit zu einer Besserung beitragen. Sanfte Körperübungen sind eine der besten Methoden, um den Kreislauf gesund zu erhalten. Ich rate Menschen mit Bluthochdruck gerne zu Yoga oder T'ai Chi, da dort leichte Körperübungen mit Entspannung und unter Umständen auch Meditation gekoppelt sind. Alle Meditationsformen helfen, gelassener zu werden und im Alltag mehr innere Ruhe zu bewahren.
Siehe auch **Blutdruck.**

Blutdruck, niedriger (Hypotonie)

Unter den normalen Werten liegender Blutdruck ist weit seltener und langfristig gesundheitlich weniger risikoreich als hoher Blutdruck. Menschen mit niedrigem Blutdruck neigen zu Schwindel und Ohnmachtsanfällen, da die Blutzufuhr zum Gehirn zeitweilig unterbrochen werden kann; außerdem wird ihnen schnell kalt, und sie ermüden leicht.
Rosmarinöl, das anregend und belebend wirkt, bringt einen niedrigen Blutdruck auf normale Werte zurück. Sehr nützlich –

vor allem bei häufigen Ohnmachtsanfällen – sind auch andere ätherische Öle mit stimulierenden Eigenschaften, z. B. Pfefferminze und schwarzer Pfeffer; sie sollten jedoch nicht im Übermaß benutzt werden. Auch Ysop und Salbei kommen in Frage, sollten aber wegen ihrer möglichen toxischen Wirkung nur von einem erfahrenen Therapeuten eingesetzt werden.
Bei niedrigem Blutdruck sind Massagen, vielleicht etwas kräftiger als sonst in der Aromatherapie üblich, die beste Behandlungsform. Ratsam sind auch regelmäßige leichte Körperübungen, um den Kreislauf allgemein zu stärken.
Siehe auch **Blutdruck.**

Blutungen

Verschiedene ätherische Öle können Blutungen zum Stillstand bringen, indem sie die Gerinnung des Blutes beschleunigen. Am effizientesten ist Zitrone; Geranie und Rose haben eine etwas schwächere Wirkung.
Verdünntes Zitronenöl kann bei allen Schnitt-, Schürf- und sonstigen kleineren Wunden eingesetzt werden, um die Blutung zu stoppen; man gibt es entweder direkt auf die Wunde, oder man taucht – bei tiefen Schnittwunden und anhaltenden Blutungen – eine Mullbinde in das verdünnte Öl und drückt sie dann fest gegen die Wunde. **Verwenden Sie nie unverdünntes Zitronenöl.** Seine Wirkung ist so stark, daß es Warzen und Furunkel förmlich »ausbrennt«, daher muß es unbedingt mit abgekochtem und wieder abgekühltem Wasser auf eine 1–1,5prozentige Lösung verdünnt werden. Frisch ausgepreßter Zitronensaft hat die gleiche Wirkung wie das Öl. Zitrone hat außerdem antiseptische Eigenschaften, ist bei kleineren Verletzungen also doppelt nützlich. Im Verhältnis 1 : 1 mit Lavendel gemischt, wird die antiseptische Wirkung noch verstärkt. Es versteht sich von selbst, daß bei ernsthaften Verletzungen die eben beschriebene Methode nur eine Erste-Hilfe-Maßnahme bis zum Eintreffen des Arztes sein darf.
Nasenbluten kann zum Stillstand gebracht werden, indem man ein Stückchen Mull in verdünntes Zitronenöl oder Zitronensaft

taucht und es dann so weit wie möglich in die Nasenlöcher schiebt. Der Patient sollte sich hinlegen, bis das Bluten aufhört. Wenn ein Zahn gezogen wurde, kann man die Blutung so gering wie möglich halten, indem man mit verdünntem Zitronenöl getränkten Mull aufs Zahnfleisch preßt. Man kann auch etwas Zitronensaft oder verdünntes Zitronenöl eine Zeitlang im Mund behalten, allerdings ohne es hin und her zu bewegen, da sonst die Gerinnung ausbleibt.

Zypressenöl verringert allzu starke Regelblutungen (siehe **Menstruation**). Gegen innere Blutungen, deren Ursache unter allen Umständen von einem Arzt herausgefunden werden muß, sind als Erste-Hilfe-Maßnahme außer Zitrone und Zypresse auch Eukalyptus, Geranie, Rose und unter Umständen Myrrhe geeignet.

Bronchitis

Wie bei allen Wörtern auf *-itis* handelt es sich hier um eine Entzündung, und zwar um eine Entzündung der Bronchien. Bei der Behandlung ist zwischen akuter und chronischer Bronchitis zu unterscheiden.

Eine akute Bronchitis geht gewöhnlich mit mehrtägigem Fieber und einem rauhen, schmerzenden Husten einher. Der Husten ist anfangs sehr trocken, aber infolge der Infektion kommt es zu einer gesteigerten Schleimabsonderung in der Lunge, wodurch er allmählich leichter und weniger schmerzhaft wird. Oft geht eine Virusentzündung der oberen Atemwege voraus, z. B. eine Erkältung oder Halsschmerzen, die sich dann auf die Lunge überträgt.

Die Behandlung mit ätherischen Ölen zielt darauf ab, die Infektion zu bekämpfen, das Fieber zu senken, den Husten zu lindern und den Schleimauswurf zu fördern. Im Anfangsstadium empfiehlt sich eine Dampfinhalation mit Benzoe, Bergamotte, Eukalyptus, Lavendel oder Sandelholz. Bergamotte und Eukalyptus wirken fiebersenkend; alle angeführten Öle stärken die körpereigene Abwehrkraft. In einem fortgeschritteneren Stadium der Krankheit ist es zur Vermeidung von Komplikationen sehr wichtig, daß sämtlicher Schleim aus der Lunge herausbefördert wird; hier sind alle als schleimlösend beschriebenen Öle hilfreich: Basilikum, Benzoe, Bergamotte, Majoran, Myrrhe, Sandelholz und Thymian (ich bevorzuge Benzoe, Bergamotte, Sandelholz und Thymian). Der Husten kann nach dem Abklingen des Fiebers noch einige Zeit andauern, aber mit den obengenannten Ölen durchgeführte Inhalationen, Bäder und Massagen von Brustkorb und Hals werden den Krankheitsverlauf auf jeden Fall verkürzen.

Der Patient braucht Wärme und Ruhe und sollte daher am besten das Bett hüten. Alles, was den Husten verschlimmern kann, wie z. B. Rauch oder sehr trockene Luft, sollte vermieden werden. Wenn Sie eine Zentralheizung haben, sollten Sie etwas Wasser im Zimmer des Kranken versprühen, damit die Bronchien nicht gereizt werden und das Atmen leichter fällt. Für diesen Zweck war der altmodische Dampfkessel wie geschaffen. Sie können aber auch einen Luftbefeuchter am Heizkörper anbringen oder eine Aromalampe benutzen. Eine noch größere Wirkung erzielen Sie, wenn Sie dem Wasser ein paar Tropfen der bereits genannten ätherischen Öle beifügen.

Bei richtiger Behandlung erholen sich die meisten Erwachsenen recht schnell von einer akuten Bronchitis; das Risiko einer Komplikation besteht eher bei älteren, gebrechlichen Menschen, bei Babys, Kleinkindern sowie Herz- und Lungenkranken. Bei ihnen sollte immer ein Arzt zu Rate gezogen werden. Sind Antibiotika notwendig, kann die Aromatherapie trotzdem fortgesetzt werden. Der Patient sollte viel natürlichen Joghurt oder Acidophilus-Tabletten einnehmen, um die schädlichen Auswirkungen der Antibiotika auf die Darmflora soweit wie möglich einzudämmen.

Die chronische Bronchitis ist eine langfristige Erkrankung ohne Fieber. Kennzeichnend ist ein ständiger Husten, der von Auswurf begleitet wird – Hinweis auf eine Überproduktion von Schleim. Eine gesunde Lunge produziert normalerweise immer etwas Schleim, der von feinen Flimmerhärchen, den sogenannten Zilien, durch die Bronchien weiterbewegt wird. Dieser Vorgang läuft ständig ab, ohne daß wir ihn registrieren. Da die

Schleimmenge meist sehr gering ist, wird sie unbemerkt mit dem Speichel verschluckt. Nimmt jedoch infolge einer Reizung der Bronchien durch eine Infektion, Luftverschmutzung oder Rauch die Schleimproduktion zu, werden die Zilien regelrecht überschwemmt. Sie werden von einer dicken Schleimschicht bedeckt, die sie einfach nicht mehr weitertransportieren können. Der Körper kann den Schleim dann nur noch durch Husten loswerden.

Gewöhnlich unterscheidet man bei der chronischen Bronchitis drei Stufen: die einfache chronische Bronchitis mit klarem Auswurf, die leicht, aber dauerhaft ist; die durch eine bakterielle Infektion hervorgerufene eitrige Bronchitis mit dickflüssigem und meist gelblichem Auswurf; die obstruktive Bronchitis, bei der durch ständige Infektionen bzw. ständiges Husten bereits strukturelle Schäden an den Bronchien entstanden sind. Diese verengen sich, weil ihre Wände verdickt und vernarbt sind. Die Lunge verliert an Elastizität, das Atmen wird schwerer, weil eine größere Anstrengung erforderlich ist, um genug Luft in die Lunge zu bringen. Aufgrund der Schäden verringert sich auch das Alveolargewebe, das ist das dünne Häutchen, durch das der Sauerstoff ins Blut übertritt und Kohlendioxid und andere Abfallstoffe extrahiert werden. Es kann zu einer Überbelastung des Herzens kommen, das versucht, eine ausreichende Zirkulation in der Lunge aufrechtzuerhalten. In Großbritannien sterben an diesem letzten Bronchitistyp mehr Menschen als irgendwo sonst auf der Erde; das naßkalte Klima und die Luftverschmutzung, die zusammen den gefürchteten Smog erzeugen, sind dabei wichtige Faktoren. Noch stärker ins Gewicht fallen dürfte allerdings das Rauchen und eine ungesunde Ernährung.

Raucher sterben mit größerer Wahrscheinlichkeit an chronischer Bronchitis als an Lungenkrebs. Die wichtigste vorbeugende Maßnahme besteht daher im Verzicht auf das Rauchen. Dieser sollte einhergehen mit besserer Ernährung; insbesondere sind die Lebensmittel zu streichen oder zumindest zu reduzieren, die die Schleimerzeugung fördern. Bei den meisten Menschen dürften dies Milchprodukte und raffinierte Stärken sein. Die Milchprodukte sind wahrscheinlich die größten Übeltäter.

Wenn man sie einige Wochen oder – wenn die Bronchitis seit langer Zeit besteht – einige Monate meidet, bessert sich der Zustand oft gewaltig. Danach können Käse, Milch etc. in kleinen Mengen vorsichtig wieder eingeführt werden – obwohl manche Menschen ständig auf sie verzichten werden müssen. Ziegenmilch verursacht oft weniger Schleim als Kuhmilch. Auch Stärken lösen eine erhöhte Schleimproduktion aus, wobei raffinierte Stärken (weißes Mehl und dessen Folgeprodukte) weit schlimmer sind als Vollkornprodukte. Nahrungsmittelzusätze wie chemische Geschmacks-, Farb- und Konservierungsstoffe verstärken die Schleimbildung ebenso und sollten daher gemieden werden. Am besten nimmt man die Nahrungsmittel so zu sich, wie sie wachsen, d. h. nicht behandelt, getrocknet, eingefroren, verpackt oder vorgekocht; essen Sie sie möglichst roh oder nur leicht gedünstet.

Werden pflanzliche Produkte zur Unterstützung des Entgiftungsprozesses herangezogen, sollte man immer an Knoblauch denken – als Dragees und natürlich auch frisch. Von den ätherischen Ölen hemmen Myrrhe, Rosmarin, Wacholder, Weihrauch und Zedernholz die Schleimproduktion. Schleimlösend wirkt nach meiner Erfahrung vor allem Benzoe, das sich zusammen mit den beiden anderen Harzen Myrrhe und Weihrauch gut als Badezusatz oder zum Inhalieren verwenden läßt. Eine andere Pflanze, die ich bei chronischer Bronchitis für sehr hilfreich halte, obwohl sie nicht oft in diesem Zusammenhang erwähnt wird, ist Ingwer. Die traditionelle chinesische Medizin setzt Ingwer für alle Krankheiten ein, bei denen der Körper mit innerer (Schleim) oder äußerer (naßkalter Witterung) Feuchtigkeit nicht zurechtkommt; die chronische Bronchitis ist dafür ein Paradebeispiel. Aus der frischen Ingwerwurzel kann ein Tee bereitet werden, der schmackhaft ist und wärmt. Lassen Sie dazu etwa 6 dünne Scheiben einer normalen Ingwerwurzel in ca. ¼ Liter (eine größere Tasse) Wasser ungefähr 10 Minuten köcheln, seihen Sie ab und trinken Sie das Ganze mit einem halben Teelöffel Honig. Vor allem im Winter sollte man dieses Getränk zwei- bis dreimal täglich zu sich nehmen.

Obwohl alle angeführten ätherischen Öle einer chronischen Bronchitis entgegenwirken, entfalten sie ihre volle Wirkung erst dann, wenn auch die anderen auslösenden Faktoren berücksichtigt werden. Das Klima können wir nicht ändern, aber wir können uns gesünder ernähren – wobei es sich von selbst versteht, daß fortgesetztes Rauchen jede Behandlung zwecklos macht.

Bulimie

Diese schwere Eßstörung scheint derzeit zuzunehmen – vielleicht aufgrund des auf Frauen ausgeübten Drucks, in puncto Aussehen einer Norm zu entsprechen, die mit der Realität wenig zu tun hat. Bulimische Frauen haben das Gefühl, im Vergleich zu dem von den Medien vermittelten Bild von Models, Filmstars, Popsängerinnen usw. zu dick zu sein. Wie bei der Magersucht liegt ein verzerrtes Selbstbild vor. Aber während magersüchtige Frauen (fast) keine Nahrung zu sich nehmen, essen bulimische Frauen zwanghaft und bringen sich dann dazu, sich zu übergeben; möglicherweise benutzen sie zusätzlich Abführmittel. Da die Nahrung auf diese Weise nicht so lange im Verdauungstrakt bleibt, daß der Körper ihr die lebenswichtigen Nährstoffe entziehen kann, sind solche Frauen unter Umständen unterernährt.
Wie bei der Magersucht reicht die Aromatherapie allein wahrscheinlich nicht aus, um diesen Zustand zu ändern; in Verbindung mit einer Psychotherapie kann sie jedoch wertvolle Dienste leisten. Die geeignetsten Öle und Verabreichungsformen sind dieselben wie bei Magersucht (siehe dort) – auch wenn jeder Fall individuell betrachtet werden sollte.

Candida

Candida albicans, ein Hefepilz, ist bei allen Menschen vorhanden, wahrscheinlich von Geburt an. Normalerweise wird er von der Darmflora in Schach gehalten, und wir bemerken sein Vorhandensein gar nicht. Probleme entstehen erst, wenn sich die Candida-Pilze stark vermehren und aus dem Darm abzuwandern beginnen. Oft geschieht dies nach der Einnahme von Antibiotika, die nicht nur die Bakterien vernichten, gegen die sie eingesetzt wurden, sondern auch einen Teil der Darmflora.

Das verbreitetste Symptom einer übermäßigen Candida-Ausbreitung ist Soor; gerät der Pilz völlig außer Kontrolle, kann er Schwindelgefühle, Kopfschmerzen, Depressionen, anomale Müdigkeit und andere Beschwerden verursachen.

Die Behandlung mit ätherischen Ölen und eine geeignete Ernährung werden unter **Soor** beschrieben.

Chemotyp

Dieser Begriff bezeichnet die unterschiedliche chemische Zusammensetzung von Ölen, die aus ein und derselben Pflanzenart gewonnen wurden. Bodenbeschaffenheit und klimatische Besonderheiten verändern den Gehalt einer Essenz an Estern, Alkoholen und anderen Grundstoffen; geringe, jahreszeitlich bedingte Schwankungen bestehen sowieso immer. Sind die Ernten einer unter andersartigen klimatischen Bedingungen angebauten Pflanze konstant so verschieden, daß sich die Eigenschaften des ätherischen Öls dadurch verändern, kann dieses als ein bestimmter Chemotyp klassifiziert werden, um es vom »Standard«-Öl derselben Pflanzenart abzugrenzen.

Ein als Chemotyp gekennzeichnetes ätherisches Öl ist also nicht behandelt oder verschnitten, ihm wurde weder etwas zugefügt noch etwas weggenommen. Die chemischen Unterschiede zwischen Chemotyp und Standardöl beruhen allein auf der Pflanze selbst. Thymian z. B. kann solche markanten Unterschiede aufweisen; einige Lieferanten führen daher drei oder vier verschiedene Chemotypen an.

Eukalyptus-, Majoran-, Rosmarin- und Ti-Baum-Chemotypen sind ebenfalls identifiziert worden; wahrscheinlich werden noch mehr ätherische Öle auf diese Weise klassifiziert, denn die Techniken zum Erkennen der Unterschiede werden zunehmend eingesetzt.

Concrète

Das aus dem Französischen stammende Wort bedeutet »fest, dicht« und bezeichnet eine aromatische Substanz, die durch Lösungsmittel aus einer Pflanze extrahiert wird.
Concrètes enthalten neben dem ätherischen Öl Fette und Wachse und müssen mit Alkohol weiterbehandelt werden, damit ein absolutes Öl entsteht. Die Methode wird vor allem angewandt, wenn eine Dampfdestillation den zarten Duft des Pflanzenmaterials verderben würde (z. B. bei Jasmin).

Creme

Die aus reinen, natürlichen Pflanzenprodukten hergestellten Cremes sind eine der vielseitigsten Möglichkeiten, ätherische Öle anzuwenden. Diese werden gemäß den therapeutischen Bedürfnissen ausgewählt und einer unparfümierten Basiscreme zugegeben. Viele Menschen, die keine Erfahrung mit Massage haben, finden die Anwendung von Cremes wesentlich einfacher als die von Trägerölen. Wenn also ein Patient zwischen den Behandlungen beim Therapeuten die Öle auch bei sich zu Hause auftragen soll, eignet sich eine Creme besser als die Ölmischung.
Charakteristisch für Cremes ist, daß sie länger auf der Haut bleiben als ein Trägeröl, was bei allen kosmetischen und medizinischen Hautproblemen von Vorteil ist. Die gehaltvolleren Cremes bilden zwischen Haut und Außenwelt so etwas wie eine Barriere, die schützt und die Heilung fördert.
Einfache Cremes kann man zu Hause ohne Schwierigkeiten selbst herstellen; verwendet werden im allgemeinen verschiedene Ölkombinationen, Bienenwachs und Blütenwässer. Das klassische Basisöl für die Cremeherstellung ist Mandelöl; konsistentere Cremes stellt man her, indem man dem Mandelöl Kokosnußöl oder Kakaobutter hinzufügt. Avocado-, Jojoba-, Pfirsichkernöl etc. verwendet man ihrer besonderen Eigenschaften wegen gewöhnlich in kleineren Mengen als Zusätze. Einer solchen Creme können Sie jedes ätherische Öl beimischen, das

für die Behandlung der spezifischen Beschwerden geeignet ist. Ein paar Rezepte finden Sie in Anhang C.
Wollen Sie Ihre Cremes nicht selbst herstellen, können Sie die jeweiligen Öle auch im Handel erhältlichen Cremes beimischen. Achten Sie aber in diesem Fall unbedingt darauf, daß die Cremes tatsächlich rein pflanzlich sind und keine chemischen Zusätze enthalten. Die Hersteller von Cremes und anderen Kosmetika sind noch nicht verpflichtet, alle Bestandteile anzugeben, aber einige tun dies bereits freiwillig.

Culpeper, Nicholas

Nicholas Culpeper wurde 1616 als Sohn eines Geistlichen geboren. Sein Vater war mit der Culpeper-Familie verwandt, der Wakehurst Place[1] in Sussex gehörte. Nachdem er zunächst zu Hause unterrichtet worden war, ging er mit sechzehn zur Universität von Cambridge, wo er insbesondere die medizinischen Schriftsteller der Antike studierte. Anschließend machte er eine Lehre bei einem Apotheker in Bishopsgate.
1640 wurde er als Astrologe und Arzt selbständig. Er konnte seine Praxis sogar in den Wirren des Bürgerkriegs (1642–1648) aufrechterhalten, obwohl er unter Cromwell zumindest an einer Schlacht teilnahm und dabei eine schwere Brustverletzung davontrug. Sie beeinträchtigte seine Lungentätigkeit und schwächte ihn für den Rest seines Lebens.
1649 überwarf Culpeper sich mit der Ärzteschaft, weil er ihre *Pharmacopeia* übersetzte und unter dem Titel *A Physical Directory (Ärztlicher Leitfaden)* publizierte. Zu jener Zeit waren alle medizinischen Werke noch in Latein verfaßt, der Sprache der Gelehrten, weshalb nur eine kleine Gesellschaftsschicht Zugang zu diesen Informationen hatte. Mit seiner Übersetzung ins Englische wollte Culpeper sie jedem zugänglich machen, der lesen konnte. Ein solches Vorgehen war jedoch ein direkter

---

[1] Heute unter Denkmalschutz; im Garten finden sich sehr viele Pflanzen, aus denen heute ätherische Öle gewonnen werden – besonders im Frühsommer eine Wonne für Nase und Augen!

Angriff auf das Monopol der Ärzteschaft und mußte ihren Zorn heraufbeschwören. In diversen Zeitschriften griffen sie ihn an und unterstellten ihm Trunksucht, Lüsternheit, Ketzerei und Gottlosigkeit – ganz abgesehen davon, daß seine Übersetzung schlecht und irreführend sei (was allerdings nicht stimmt – sie war sogar sehr präzise).

Culpeper antwortete, indem er die Geheimniskrämerei, die Exklusivität und die Gewinnsucht der organisierten Ärzteschaft anklagte. Ja, schlimmer noch, er warf ihr sogar den Gebrauch giftiger Chemikalien vor, beispielsweise des Quecksilbers, das damals als Allheilmittel in Mode war, obwohl es die Patienten oft ins Grab brachte und kaum je heilte.

Culpeper veröffentlichte insgesamt 79 Bücher, unter anderem eine zweite und dritte Auflage des *Ärztlichen Leitfadens,* Übersetzungen der Werke Galens und anderer früher Schriftsteller aus dem Griechischen und Lateinischen sowie zahlreiche eigene Arbeiten. Zu ihnen gehören *The Anatomy of the Body of Man (Die Anatomie des menschlichen Körpers),* 1653 erschienen, und ein *Directory for Midwives (Leitfaden für Hebammen).* Die zahllosen Stunden seiner Schriftsteller- und Forschertätigkeit, seine Arztpraxis sowie seine Pflichten als Familienvater (er hatte sieben Kinder) untergruben allmählich seine bereits stark angegriffene Gesundheit. Er bekam Tuberkulose und starb 1654 im Alter von 38 Jahren.

In seiner kurzen Laufbahn hatte Culpeper versucht, die Medizin der Allgemeinheit näherzubringen, indem er unbekannte Werke übersetzte oder Arme ohne Entgelt behandelte, obwohl er selbst nie über viel Geld verfügte. Als Standort seiner Praxis hatte er ein ärmliches Viertel gewählt, nicht eine der modischeren Gegenden mit reicherer Kundschaft. Um seine Bücher zu veröffentlichen, gab er ebenfalls sehr viel eigenes Geld aus. Das Buch, für das wir Culpeper noch heute zu Dank verpflichtet sind, erschien 1653 unter dem Titel *The English Physician, with 369 medicines made of English Herbs that were not in any Impression until this (Der englische Arzt – mit 369 pflanzlichen Arzneien, die bislang nicht veröffentlicht waren);* gewöhnlich wird es kurz als *Culpepers Herbal* (»Culpepers Pflanzenhandbuch«) bezeichnet.

Der zweite Abschnitt des Titels sollte deutlich machen, daß es sich hier um ein eigenständiges Werk handelte und nicht um eine Übersetzung – auch wenn Culpeper, ganz im Stile Gerards, der eine Generation vor ihm gelebt hatte, sehr viel aus den Schriften Galens und anderer Ärzte der Antike übernahm. Wie Gerard fügte Culpeper viele eigene Kommentare und Beobachtungen hinzu, darunter eine astrologische Klassifikation der Pflanzen. Auch unterschied er zwischen botanisch-medizinischen Tatsachen und mythischen Elementen in den Ausführungen der antiken Schriftsteller. Er gab ihre Meinung wieder, fügte aber, wenn sie ihm allzu phantastisch erschien, eigene sarkastische Kommentare bei, wie »wirklich wunderbar, um nicht zu sagen fabelhaft«. Er gab auch klare Pflanzen- und Standortbeschreibungen, denn er wollte, daß einfache Leute mit Hilfe des Buches Heilpflanzen für den Eigengebrauch finden konnten. Er wollte den Gebrauch dieser Pflanzen so einfach machen, als handele es sich um Pflanzen, die man als Nahrung benutzte.

Culpeper unterschied eindeutig zwischen den »einfachen Pflanzen«, die er Laien ans Herz legte, und den Essenzen, die damals »chymische Öle« genannt und von Apothekern verschrieben wurden. »Leute vom Lande, die nicht wissen, wie man chymische Öle herstellt, können sich damit begnügen, jeden Morgen zehn oder zwölf reife Beeren zu verzehren.« Er gab auch sehr klare und praktische Anweisungen für die Zubereitung diverser Arzneien aus pflanzlichen Rohstoffen, darunter Aufgüsse, Breiumschläge, aromatische Weine und infundierte Öle, mit denen ein Patient »eingesalbt«, d. h. massiert werden sollte.

Das Buch ist keinesfalls nur von historischem Interesse; der Aromatherapeut findet nützliche Hinweise über Eigenschaften und Anwendungen vieler Öle. Von den 369 beschriebenen Pflanzen werden viele noch heute von Pflanzenheilkundigen verwendet; in der Aromatherapie sind noch ungefähr zwanzig gebräuchlich, darunter Basilikum, Fenchel, Kamille, Knoblauch, Lavendel, Majoran, diverse Minzen, Muskatellersalbei, Rosmarin, drei verschiedene Rosenarten, Salbei, Thymian, Wacholder und Ysop.

Cumarine

Mit diesem Begriff wird eine Gruppe von Duftmolekülen bezeichnet, deren Flüchtigkeit gering ist und die deshalb per Destillation schwer zu extrahieren sind. Sie finden sich vor allem in Zitrusfrüchten, deren Öl nicht destilliert, sondern durch Druck herausgepreßt wird. Cumarine wirken sedativ, außerdem krampflösend und -verhindernd. In diese Gruppe gehören u. a. Cumarin, das in kleinen Mengen in Lavendel und anderen Ölen vorkommt; Herniarin in Immortelle, Lavendel usw.; Citropten in verschiedenen Zitrusölen.
Eine Untergruppe der Cumarine, die Furocumarine, erhöhen die Lichtempfindlichkeit der Haut. Mitglieder dieser Gruppe sind u. a. Bergapten und Bergamotin, die in Bergamotte und anderen Zitrusölen vorkommen, sowie Angelicin (Angelikawurzel und andere Öle aus der Familie der Doldenblütler).

Dampfinhalationen

Dampfinhalationen werden seit vielen Jahrhunderten verwendet, um Beschwerden der Atemwege zu lindern – Erkältungen, Katarrhe, Nasennebenhöhlenentzündungen, Halsschmerzen, Husten etc. Die allgemein übliche Methode besteht darin, geeignetes Pflanzenmaterial in eine Schüssel mit fast kochendem Wasser zu geben, das Gesicht tief über die Schüssel zu beugen, ein Handtuch über Kopf und Schüssel zu legen und den Dampf ca. 5 Minuten oder länger zu inhalieren. Sicher sind in den verschiedenen Ländern und Epochen schon Hunderte von Pflanzen zu diesem Zweck benutzt worden.
Mit ätherischen Ölen lassen sich solche Dampfbäder sehr einfach und wirksam zubereiten: Man gibt 3 oder 4 Tropfen eines passenden Öls in eine Schüssel mit sehr heißem Wasser und inhaliert wie oben beschrieben. Im Handel gibt es auch elektrische Gerätschaften zur Dampferzeugung, die hauptsächlich zur Hautpflege eingesetzt werden; sie stellen aber auch eine saubere und praktische Methode zum Inhalieren von Dämpfen dar. Wenn Sie ein solches Gerät benutzen, genügt ein Tropfen Öl, da

diese Vorrichtungen nur eine sehr geringe Wassermenge benötigen.
Patienten mit Asthma, Heuschnupfen oder anderen Allergien müssen beim Inhalieren sehr vorsichtig vorgehen. Sie sollten sich beim ersten Mal nur 30 Sekunden dem Dampf aussetzen. Hat dies keine negative Wirkung, kann bei der nächsten Inhalation ein paar Stunden später die Dauer auf eine Minute und dann allmählich auf drei bis fünf Minuten gesteigert werden.
Kinder müssen während dem Inhalierens ständig beobachtet werden.
Vorschläge zur Wahl eines geeigneten ätherischen Öls finden sich unter den entsprechenden Krankheiten (siehe **Erkältung**, **Katarrh** etc.).

Deodorants

Verschiedene ätherische Öle sind wirksame Deodorants, die in Räumen versprüht werden können, um Koch- und andere Gerüche (z. B. von Zigaretten) zu neutralisieren. Außerdem lassen sie sich als Badezusatz zur persönlichen Hygiene verwenden. Ein paar Firmen, die Produkte auf pflanzlicher Basis herstellen, bieten auch deodorierende Sprays an, die ätherische Öle enthalten.
Am stärksten deodorierend wirkt Bergamotte; der köstlich frische, zitronenartige Duft sagt Männern und Frauen gleichermaßen zu. Wenn Sie das Öl bei sonnigem Wetter verwenden wollen, ist jedoch Vorsicht geboten: Es erhöht das Risiko eines Sonnenbrands. Wählen Sie in diesem Fall eines der anderen Öle – auch Lavendel, Neroli, Salbei, Thymian, Wacholder und Zypresse sind gut geeignet.

Depressionen

Depressionen haben zahlreiche Formen und Ursachen, aber Gott sei Dank gibt es viele Pflanzen, die sie lindern helfen. Die Kunst des Aromatherapeuten besteht zumindest teilweise auch darin, das für einen Patienten geeignetste Öl (oder die geeignetste Mischung) auszuwählen – was oft nicht einfach ist, da die

Bedürfnisse der Patienten sich von Tag zu Tag und manchmal auch von Stunde zu Stunde ändern können.
So wäre es z. B. vollkommen falsch, einem depressiven Patienten, der sich sehr müde und lethargisch fühlt, auch noch ein sedatives ätherisches Öl zu geben. Äußert sich die Depression jedoch in Ruhelosigkeit, Reizbarkeit und Schlafstörungen, ist das sedative Öl genau richtig. Ätherische Öle, die sowohl sedativ als auch antidepressiv wirken, sind Kamille, Lavendel, Muskatellersalbei, Sandelholz und Ylang-Ylang. Bergamotte, Geranie, Melisse und Rose hingegen wirken stimmungsaufhellend, ohne zu sedieren.
Ist die Depression mit Angst verbunden, dürfte Neroli eines der wirkungsvollsten Öle sein. Von Jasminöl heißt es, es stärke sowohl das Vertrauen in die eigene Person als auch in die Fähigkeit, Schwierigkeiten zu überwinden.
Wegen des direkten menschlichen Kontakts sind Massagen sehr nützlich; aber auch Bäder sind sinnvoll, zum einen, weil der Patient sie nehmen kann, wann er will, zum andern, weil er dann ganz konkret etwas für sich selbst tut.
Sehr wichtig ist, bei der Wahl des ätherischen Öls die Präferenz des Patienten zu berücksichtigen; oft wird er sich instinktiv das Öl aussuchen, das für ihn zu diesem Zeitpunkt richtig ist. Sich ändernde Vorlieben im Verlauf der Behandlung geben dem Therapeuten wertvolle Hinweise auf die sich wandelnden Stimmungen und Bedürfnisse des Patienten.
Das Zuhören ist bei depressiven Patienten überhaupt sehr wichtig. Während einige Aromatherapeuten selbst eine entsprechende Ausbildung besitzen, verweisen andere den Patienten an einen professionellen Berater bzw. einen Psychotherapeuten. Dies sollte mit viel Einfühlungsvermögen geschehen, denn viele Leute denken immer noch, eine Psychotherapie wäre nur für Geisteskranke.
Siehe auch **Angst** und **Streß**.

Dermatitis

Der Begriff bezeichnet wörtlich eine Entzündung oder Reizung der Haut; er meint nicht ein spezifisches Krankheitsbild, sondern bezieht sich auf eine ganze Gruppe von Hautkrankheiten, die durch Rötung und Juckreiz gekennzeichnet sind.
Direkte Ursache ist oft eine Empfindlichkeit gegenüber Stoffen, mit denen die Haut in Kontakt gekommen ist. Aber auch Streß macht anfällig für Dermatitis.
Zur Behandlung sind alle unter **Ekzem** beschriebenen ätherischen Öle geeignet.

Desinfizierung

Alle ätherischen Öle vernichten Bakterien oder schränken zumindest deren Vermehrung ein; manche sind nur gegen ein oder zwei Arten wirksam, andere gegen ein breiteres Spektrum. Eine kleine Anzahl von Ölen tötet auch Viren oder hemmt zumindest deren Wachstum. Einige davon haben eine wesentlich stärkere Wirkung als chemische Desinfektionsmittel wie z. B. Phenol, das in Labortests als Vergleichsbasis dient. Zu den effizientesten ätherischen Ölen gehören Bergamotte, Eukalyptus, Lavendel, Gewürznelke, Ti-Baum, Thymian und Wacholder.
Mit den genannten Ölen kann man Räume wirkungsvoll desinfizieren, z. B. während oder nach einer ansteckenden Krankheit. Wischen Sie mit einer relativ hoch konzentrierten Wasser-Öl-Mischung alle Oberflächen ab; oder versprühen Sie das ätherische Öl mit einem Zerstäuber, benutzen Sie eine Aromalampe oder einen Aerosolerzeuger, oder geben Sie etwas Öl auf eine Glühbirne oder einen Heizkörper, damit es dort verdunstet.
Siehe auch **Ansteckung, Bakterienbekämpfung, Epidemien.** Zur Verwendungsweise der Öle: **Aerosolerzeuger, Aromalampen** und **Zerstäuber.**

Destillation

Die Destillation ist das wichtigste Verfahren, um ätherische Öle aus Pflanzen zu extrahieren; nach Meinung mancher Fachleute ist sie sogar die einzig mögliche Methode, wenn der Begriff *ätherische Öle* gerechtfertigt sein soll. Auf andere Weise gewonnene Substanzen müßten nämlich korrekterweise als *Essenzen* oder *absolute Öle* bezeichnet werden.

Bei der Destillation wird das Pflanzenmaterial in Wasser gegeben, das dann zum Kochen gebracht wird. Bei einer Dampfdestillation legt man das Ausgangsmaterial – Blätter, Zweige, Beeren, Blütenblätter – auf ein Drahtnetz und erhitzt dann das darunter befindliche Wasser, so daß der Dampf die Pflanzenteile durchströmt.

In beiden Fällen brechen durch die Einwirkung der Hitze die Wände der Zellen auf, die die Essenz der Pflanze enthalten; sie wird freigesetzt und mit dem Dampf in einem Rohr durch mehrere Kühltanks geleitet, wodurch die Dämpfe wieder flüssig und in Behältern gesammelt werden können. Der Dampf kondensiert dabei als wäßriges Destillat, die Pflanzenessenz als ätherisches Öl. Da dieses leichter als Wasser ist, sammelt es sich an der Oberfläche und kann leicht abgesondert werden. Manchmal ist auch das wäßrige Destillat selbst wertvoll und gelangt als Blüten- oder Kräuterwasser in den Handel, z. B. bei Rose oder Orangenblüte. Die Menge des ätherischen Öls, das aus den letztgenannten Pflanzen per Destillation gewonnen wird, ist minimal und eher ein Nebenprodukt der Blütenwasserherstellung. Um die Essenz dieser und anderer zartblütiger Pflanzen zu extrahieren, wählt man eher Verfahren wie Enfleurage oder Lösungsmittelextraktion.

Das Verfahren, ätherische Öle per Destillation zu gewinnen, ist mindestens seit dem 10. Jahrhundert bekannt; bisher nahm man an, daß es aus Persien stammt, wo die Öle als Parfüms hohes Ansehen genaßen. Bei neueren archäologischen Ausgrabungen in Italien wurden jedoch einfache Destillationsapparaturen gefunden, die die Vermutung nahelegen, daß bereits die Römer diese Methode kannten und die Perser sie lediglich verbesserten.

Die noch heute in weniger technisierten Ländern und kleinen ländlichen Betrieben Europas eingesetzten Destilliervorrichtungen unterscheiden sich von diesen frühen Gerätschaften nur wenig. Wo die Herstellung ätherischer Öle zu einem bedeutenden Industriezweig wurde, sind große, komplizierte Anlagen entstanden, wobei die Grundprinzipien allerdings noch immer die gleichen sind. Oft wird bei diesen modernen Apparaten rostfreier Stahl benutzt, um jede Infizierung des Destillates zu vermeiden. Ob sich damit allerdings tatsächlich die Qualität der Öle bessert, mag dahingestellt sein. Bei der Herstellung hochwertiger, therapeutisch einsetzbarer ätherischer Öle ist die Rolle des den Destilliervorgang Überwachenden sehr wichtig, denn Temperaturschwankungen und die Dauer des gesamten Vorgangs beeinflussen unmittelbar die Qualität des Produkts.
Siehe auch **Enfleurage; Essenzen; Kaltpressung; Lösungsmittelextraktion; Öle, ätherische; Perkolation.**

Diuretika

Diuretika sind Substanzen, die den Harnfluß anregen. Sie werden oft zur Behandlung von Krankheiten eingesetzt, bei denen zuviel Wasser im Körper zurückgehalten wird, in der Schulmedizin auch zur Senkung von zu hohem Blutdruck und bei Herzinsuffizienz (der Zusammenhang zwischen Blutdruck und Nierentätigkeit wird unter **Blutdruck** erläutert).
Das im Blut enthaltene Wasser wird normalerweise in den Nieren zwei Prozessen unterworfen: Der größere Teil geht mit Salzen und anderen lebenswichtigen Mineralstoffen wieder ins Blut zurück, der Rest, in dem sich die von den Nieren herausgefilterten Abfallstoffe befinden, bildet den Urin. Die Nieren sorgen also dafür, daß sich nicht zuviel, aber auch nicht zuwenig Salze und Mineralstoffe im Körper befinden. In der Schulmedizin verwendete harntreibende Mittel stören diesen sehr diffizilen Haushalt, weil sie die Nieren anregen, mehr Wasser und damit mehr Salze und Mineralstoffe abzutransportieren.
Bei längerem Gebrauch dieser Mittel besteht daher die Gefahr, wichtige Mineralstoffe zu verlieren. Werden sie vom Patienten

ohne ärztliche Überwachung eingenommen, besteht das zusätzliche Risiko, daß eine Nierenfehlfunktion oder eine andere ernsthafte, dringend behandlungsbedürftige Erkrankung übersehen wird, was zu Harnverhaltung führen kann.
Es gibt jedoch auch Situationen, in denen Diuretika hilfreich sind, z. B. beim Flüssigkeitsstau vor der Menstruation. Einige pflanzliche Diuretika sind sehr mild und können gefahrlos benutzt werden. Bei einer Blasenentzündung lindert die vermehrte Ausscheidung von niedrigkonzentriertem Urin die Schmerzen und spült die infizierenden Bakterien hinaus.
Sehr viele ätherische Öle wirken harntreibend. Die wichtigsten sind Fenchel, Kamille, Sellerie, Wacholder und Zeder, aber auch Eukalyptus, Geranie, Sandelholz, Weihrauch und Ysop. Ich empfehle, immer auch die entsprechenden Kräutertees zu trinken; besonders Kamillen- und Fencheltee sind milde, gefahrlose Diuretika. Nehmen Sie harntreibende Mittel nie länger als ein paar Tage, es sei denn, Sie haben fachkundigen medizinischen Rat eingeholt.

Dosierung

Die für eine Behandlung mit ätherischen Ölen erforderlichen Mengen sind äußerst gering. Gerade in jüngster Zeit läßt sich innerhalb der Aromatherapie eine Tendenz erkennen, wonach die Verdünnungen Größenordnungen annehmen, die sogar noch unter denen des letzten Jahrzehnts liegen. Dr. Jean Valnet schreibt dazu: »Obwohl wir hier nicht von Homöopathie sprechen können, bin ich zu dem Ergebnis gekommen, daß sich mit jeder Reduzierung des Anteils ätherischer Öle deren Wirksamkeit erhöht ...«
Für die Massage ist es üblich, einem pflanzlichen Trägeröl nicht mehr als 3% ätherische Öle hinzuzufügen, d. h. 3 Tropfen auf 100 Tropfen Basissubstanz (100 Tropfen entsprechen ungefähr 5 ml – etwa einem Teelöffel). Man braucht sich also nur zu merken, daß jedem Teelöffel Trägeröl 3 Tropfen ätherischen Öls beigefügt werden müssen. (Es ist ratsam, das Fassungsvermögen des zum Dosieren bestimmten Teelöffels zuerst zu überprüfen –

nicht alle sind gleich groß!) Die beschriebene Menge reicht für eine Gesichtsmassage. Will man den ganzen Körper behandeln, benötigt man 20–25 ml.
Bei der Ermittlung der Dosis für ein Vollbad ist größte Sorgfalt geboten, denn **die Öle sind nicht wasserlöslich**, sondern schwimmen als feiner Film auf der Oberfläche. Eine zu starke Dosierung könnte die Haut reizen. Zu beachten ist auch, daß jedes Öl andere Eigenschaften besitzt und die Empfindlichkeit der Haut von Mensch zu Mensch verschieden ist. Als ungefährliche Menge können für die meisten Öle 6 Tropfen pro Vollbad gelten. Zitrusöle sowie Öle mit Zitronenduft, die nicht zur Zitrusfamilie gehören, wie z. B. Lemongras (Cymbopogon citratus), Verbene (Lippia citriodora) und Melisse, müssen auf 2 bis 3 Tropfen pro Vollbad reduziert werden; die Öle der Gewürzpflanzen (Zimt, Nelke, Muskat) sollten überhaupt nicht als Badezusatz verwendet werden. Im übrigen gelten 10 Tropfen pro Bad als absolutes Maximum. Für Babys und Kleinkinder sind besondere Vorsichtsmaßnahmen zu beachten. Das Öl ist unbedingt zu verdünnen, bevor es dem Badewasser beigegeben wird, und es sollten nie mehr als 2 oder 3 Tropfen verwendet werden.
Für andere Anwendungen auf der Haut, z. B. in Cremes oder Lotionen, ist in der Regel dieselbe Verdünnung wie bei Massageölen zu beachten. Dagegen genügt bei Dampfinhalationen schon ein einzelner Tropfen. Wird diese Mischung gut vertragen, kann die Dosierung bei Bedarf um 2 oder maximal 3 Tropfen erhöht werden.
Siehe auch die Artikel über die verschiedenen Behandlungsformen (Bäder, Cremes, Massagen ...).

Durchfall (Diarrhö)

Während die in der Nahrung enthaltenen Ballaststoffe die Eingeweide passieren, absorbieren die Darmwände viel von dem in ihnen enthaltenen Wasser. Der Stuhl ist dann weich, ohne wäßrig zu sein. Wird die Nahrung zu langsam durch Dünn- und Dickdarm befördert (dies ist meist bei ballaststoffarmer

Ernährung der Fall), wird übermäßig viel Wasser absorbiert, was zu Verstopfung und hartem Stuhl führt. Bei zu schnellem Weitertransport wird zuwenig Wasser entzogen; die Folge ist Durchfall.
Das zu schnelle Passieren der Nahrung rührt meist von einer Darmentzündung her, die verschiedene Ursachen haben kann: Viren, Bakterien, reizauslösende Medikamente, Giftstoffe oder allergische Reaktionen. Eine Reizung der Darmwände stimuliert deren Muskulatur zu stark, was das Durchfallproblem verschlimmert, weil die stärkere Peristaltik die Nahrung schneller durch den Verdauungstrakt befördert.
Das Funktionieren der Därme hängt von den endokrinen Drüsen und vom Nervensystem ab. Treten dort Störungen auf, wie z. B. durch Schock, Angst, Dauerstreß etc., kann dies zu Durchfall führen.
Ätherische Öle sind bei Diarrhö vielfältig einsetzbar. Einige beruhigen die Darmwände, andere entkrampfen die Muskulatur des Verdauungstrakts, wieder andere besitzen adstringierende Eigenschaften oder beeinflussen das Nervensystem.
Es gibt einige ätherische Öle, die all diese unterschiedlichen Qualitäten in sich vereinigen. Die letztendliche Wahl hängt aber von der Ursache des Durchfalls ab.
Die wirksamsten krampflösenden Öle sind Eukalyptus, Kamille, Lavendel, Neroli, Pfefferminze und Zypresse. Eukalyptus ist angebracht, wenn der Verdacht auf eine Virusinfektion besteht, denn es ist eines der stärksten antiviralen Öle. Zu Kamille rate ich, wenn eine Lebensmittelallergie im Spiel ist; es versteht sich von selbst, daß auch das auslösende Nahrungsmittel gemieden werden muß. Zuweilen werden wärmende und karminative ätherische Öle wie Benzoe, Ingwer, Fenchel und schwarzer Pfeffer eingesetzt, um die durch die krampfartigen Muskelkontraktionen verursachten stechenden Schmerzen zu lindern; hierzu sollten Sie die genannten Öle im Uhrzeigersinn sanft in den Bauch einmassieren.
Wird die Diarrhö durch Angst oder Streß ausgelöst, sind Kamille, Lavendel oder Neroli hilfreich. Befürchtet man, daß es infolge von Streß zu einer Darmverstimmung mit anschließen-

dem Durchfall kommt, empfiehlt sich vorbeugend Neroli. Oft führt nämlich gerade die Angst vor »beschleunigter Verdauung« zu eben dieser; in solchen Fällen sollte man unbedingt Nerolibäder nehmen, den Bauch mit dem Öl einreiben und kurz vor Eintritt des gefürchteten Ereignisses noch einmal aus dem Fläschchen inhalieren. All diese Maßnahmen tragen dazu bei, sowohl die Ängste als auch die Eingeweide zu besänftigen. Ich denke hier besonders an Prüfungen, Vorstellungsgespräche und andere kurzzeitig aufregende Situationen.

Bei Menschen, die über einen längeren Zeitraum besorgt, ängstlich oder angespannt sind, kann die Diarrhö auch chronisch werden. Dann muß neben dem Durchfall auch der zugrunde liegende Streß behandelt werden.

Meist ist der Durchfall nach ein bis zwei Tagen vorbei; dauert er länger, sollten Sie sich untersuchen lassen, um sicherzugehen, daß keine ernstliche Erkrankung vorliegt. Eine länger anhaltende Diarrhö ist gefährlich, weil dem Körper zuviel Wasser entzogen wird, vor allem bei gleichzeitigem Erbrechen. Dieser Zustand ist besonders risikoreich bei Kindern, bei denen umgehend ein Fachmann konsultiert werden sollte.

Trinken Sie viel Wasser, um das Dehydrationsrisiko einzuschränken, und nehmen Sie nur wenig oder keine Nahrung zu sich. Sie würde den Heilungsprozeß verzögern, den im Darmtrakt befindlichen Abfallstoffen weiteren Ballast hinzufügen und eindringenden Organismen optimale Bedingungen zur Vermehrung liefern. Meist hat man bei Durchfall sowieso keinen Appetit.

Echinacea (Echinacea purpurea)

Echinacea ist als pflanzliches Heilmittel mit antiviralen, fungiziden, bakteriziden und immunstärkenden Eigenschaften allgemein bekannt und wird entsprechend eingesetzt. Weniger verbreitet ist, daß sich durch Einlegen der Wurzeln und Rhizome in Sonnenblumenöl auch ein wertvolles infundiertes Öl herstellen läßt, das eine gute Heilwirkung hat, vor allem auf die Haut. Es ist bei Akne, trockener Haut sowie kleineren Verbrennungen und Wunden geeignet und trägt dazu bei, Falten, Schwangerschaftsstreifen und alte Narben zurückzuführen. Wie alle infundierten Öle kann es allein oder mit wenig (1 bis 2%) ätherischem Öl verwendet werden.

Effleurage

Mit diesem Begriff werden leichte, streichende Massagebewegungen bezeichnet. Er wird hier nur angeführt, um den Unterschied zum Terminus *Enfleurage* klarzumachen, mit dem ein Verfahren zur Extraktion absoluter Öle aus Blüten und Blütenblättern gemeint ist.

Eifersucht

Von einigen ätherischen Ölen heißt es, sie würden Eifersucht vertreiben, z. B. Rose, Benzoe und Kamille.
Ich bin durchaus der Meinung, daß ätherische Öle Geist und Seele tiefgreifend beeinflussen können, aber ich weiß nicht, ob es klug oder überhaupt möglich ist, so speziell zu werden. Vielleicht sollte man besser sagen, daß diese Öle – wie überhaupt alle sedativen Öle – ganz allgemein beruhigen und besänftigen. In Verbindung mit der fürsorglichen Haltung des Therapeuten werden sie einen eifersüchtigen Menschen möglicherweise dazu bringen, der eigenen Situation auf konstruktivere Weise zu begegnen.
Eifersucht kann, wie jedes andere Gefühl, viele Formen annehmen. Ein eifersüchtiger Mensch kann vor Wut förmlich platzen oder in sich gekehrt und niedergeschlagen sein. Die Wahl des ätherischen Öls und seine Anwendungsweise hängen von den individuellen Bedürfnissen ab – hier braucht der Therapeut sein ganzes Wissen und viel Fingerspitzengefühl.

Einnahme, orale

Eines der umstrittensten Themen in der Aromatherapie ist die Frage, ob und gegebenenfalls in welcher Dosierung ätherische Öle innerlich verabreicht werden sollten. Ich bin strikt dagegen, aber es ist ganz interessant, den Kontext zu betrachten, aus dem

sich die beiden unterschiedlichen Standpunkte entwickelt haben.
Die eine Richtung, die weitgehend in der Tradition von Marguérite Maury[1] steht, ist der Meinung, daß die Aromatherapie sich auf äußerliche Behandlungen beschränken sollte. Priorität genießen dabei Massagen, Bäder und Inhalationen, an zweiter Stelle stehen Cremes, Lotionen und andere Präparate zur Hautpflege. Die Wirksamkeit dieser Methoden ist seit Jahrtausenden empirisch erwiesen; in den letzten Jahrzehnten durchgeführte Experimente haben aber auch wissenschaftlich bewiesen, wie schnell (und in welchen Mengen) Pflanzenessenzen über die Haut ins Blut gelangen. Bei jeder der genannten Verabreichungsformen wird außerdem immer etwas Öl inhaliert, und dieses gelangt mit dem Sauerstoff über die Lunge in den Blutkreislauf. Beide Aufnahmewege umgehen das Verdauungssystem, in dem oral verabreichte Öle möglicherweise größeren Schaden anrichten können; zudem gelangen sie so wesentlich schneller ins Blut als über den Verdauungstrakt.
Die andere Richtung, die eine innerliche Anwendung ätherischer Öle befürwortet, bildete sich in Frankreich heraus, wo fast alle Aromatherapeuten gleichzeitig voll ausgebildete Ärzte sind. Sie kennen also sowohl die pharmakologischen Aspekte der Öle als auch die menschliche Physiologie. Überdies steht ihnen ein Stab von Apothekern zur Verfügung, die darin geschult sind, die verschriebenen, ätherische Öle enthaltenden Arzneien zuzubereiten; meist geschieht dies in Form von Kapseln, die die Pflanzenessenz in einem geeigneten Lösungsmittel enthalten. Bei den in Apotheken und Drogerien erhältlichen Knoblauchkapseln z. B. wird das ätherische Knoblauchöl mit einem Pflanzenöl – meist Soja- oder Sonnenblumenöl – verdünnt. Reines Knoblauchöl wäre für eine orale Einnahme viel zu stark.
In Großbritannien, Amerika und sonstigen Ländern, in denen

---

[1] Biochemikerin, eine der Koryphäen der französischen Aromatherapie; ihr Buch *Le Capital Jeunesse* (Das Geheimnis der Jugendlichkeit) erschien 1961 (Anm. d. Übers.).

nur sehr wenige Aromatherapeuten Ärzte sind, ist die Situation eine ganz andere. Wenn hier Aromatherapeuten eine innerliche Anwendung empfehlen, ohne über die jahrelange Ausbildung ihrer französischen Kollegen zu verfügen, können sie ihren Patienten ernsthaft schaden; außerdem würden sie in vielen Ländern gegen das Gesetz verstoßen. Die Tendenz geht heute allgemein dahin, ätherische Öle nur noch äußerlich zu benutzen; selbst Therapeuten, die vor ein paar Jahren noch für eine orale Einnahme plädierten, haben sich in Anbetracht der Risiken umgestellt. Die »Internationale Föderation der Aromatherapeuten« verlangt von ihren Mitgliedern ausdrücklich, ätherische Öle nur äußerlich anzuwenden.

Daß Laien in Eigenregie ätherische Öle innerlich anwenden, ist noch besorgniserregender. Es sind einige populäre Bücher auf dem Markt, die empfehlen, die Öle mit Zucker oder Honig einzunehmen, gewöhnlich 3 Tropfen, oft aber auch viel mehr. Da sich ätherische Öle nur mit Alkohol oder anderen Ölen vermischen, kann der Zucker sie nicht auflösen, sondern macht sie lediglich schmackhafter, damit sie ohne größeren Widerwillen geschluckt werden können. (Vielleicht sollte man die Tatsache, daß reine ätherische Öle nur schwer zu schlucken sind, als ernst zu nehmende Warnung betrachten?) In Frankreich hat Robert Masson Fallbeispiele zusammengetragen, aus denen hervorgeht, daß unverdünnte ätherische Öle schwere Reizungen auslösen und sogar die Magenschleimhaut schädigen können. Ein weiteres Risiko besteht darin, daß viele Menschen – vor allem, wenn ihnen nicht bewußt ist, wie stark konzentriert ätherische Öle sind – nach der Überlegung vorgehen: wenig ist gut, aber mehr ist besser. Leuten, die Medikamente normalerweise löffelweise einnehmen, erscheinen 3 Tropfen als sehr wenig. Ein weiterer gefährlicher Irrtum ist die Annahme, natürliche Substanzen seien auf jeden Fall unschädlich. Wenn dem Körper zuviel ätherisches Öl zugeführt wird, werden die Ausscheidungsorgane, vor allem Leber und Nieren, stark belastet. In mehreren Fällen, in denen Menschen an einer Überdosis ätherischer Öle starben, wurde der Tod durch eine massive Zerstörung der Leberzellen verursacht.

Ebenso gefährlich ist es, ätherische Öle Fruchtsäften, Kräutertees etc. beizumischen, da die Öle sich in wäßrigen Flüssigkeiten nicht lösen und für die Magenschleimhaut daher dasselbe Risiko besteht.
Daher mein dringender Rat: **Nehmen Sie ätherische Öle nie oral.**

Ekzeme

Ekzeme äußern sich so unterschiedlich und haben so verschiedene Ursachen, daß man sie nicht als *eine* Krankheit betrachten sollte. Auch die Vorgehensweise des Aromatherapeuten muß dementsprechend flexibel sein. In der Literatur werden mehrere ätherische Öle empfohlen, aber das heißt nicht, daß sie alle in einem bestimmten Fall hilfreich sind; auch sind nicht alle geeignet, direkt auf die betroffenen Hautpartien aufgetragen zu werden.
Bei fast allen Ekzemen spielt Streß eine Rolle; wird er nicht abgebaut, bleibt die Behandlung der Haut eine rein äußerliche, kosmetische Maßnahme. Die passenden ätherischen Öle sind Kamille, Lavendel, Melisse und Neroli; sie können für Massagen oder Bäder eingesetzt werden. Ekzeme bei Kindern sind meist als Reaktion auf Spannungen zwischen den Eltern zu verstehen, weshalb es in diesem Fall sinnvoll wäre, diese gleich mitzubehandeln.
Manche Ekzeme, aber durchaus nicht alle, rühren von Allergien her. Da auch letztere weitgehend durch Streß bedingt sind, gilt es, diesen zu reduzieren. Außerdem muß festgestellt werden, welche Allergene der Haut schaden, damit sie dann soweit wie möglich ausgeschaltet werden können. In Frage kommen z. B. Kontaktallergene wie Seifen, Kosmetika, Reinigungsmittel und sonstige Haushaltschemikalien, Staub, Pflanzen etc., aber auch bestimmte Bestandteile von Nahrungsmitteln. Zur Identifizierung steht eine Reihe von schulmedizinischen Tests zur Verfügung.
Zuweilen sind Ekzeme der Versuch des Organismus, angesammelte Giftstoffe über die Haut loszuwerden, insbesondere bei

Fehlernährung oder einer Kost, die viele chemische Zusätze enthält. In solchen Fällen sollte auf entgiftende ätherische Öle zurückgegriffen werden (Massagen und Bäder). Außerdem empfiehlt sich eine kurze Fasten- oder Reinigungskur. Es kann sein, daß das Ekzem zunächst schlimmer wird, weil der Körper beginnt, die gespeicherten Giftstoffe abzugeben. In dieser schwierigen Zeit, die oft einer dauerhaften Besserung vorausgeht, braucht der Patient Ermutigung und Unterstützung. Wacholder, der auch emotional entgiftet, dürfte das geeignetste ätherische Öl sein.

Für die direkte Behandlung der Haut ist meines Erachtens Kamillenöl am besten, bei manchen Menschen auch Melissenöl. Einige Therapeuten mischen die beiden Öle. Ich benutze in der Regel nur eins, damit ich weiß, welches nun die Heilung herbeigeführt hat. Melissenöl sollte immer stark verdünnt werden (1% oder sogar nur 0,5%), da es sehr kräftig ist und eine Hautreizung auslösen kann, die schlimmer ist als das ursprüngliche Ekzem. Stark verdünnt wirkt es jedoch auch bei den hartnäckigsten Ekzemen wahre Wunder.

Oft mische ich die ätherischen Öle unter gekaufte, unparfümierte Lotionen oder leicht wäßrige Cremes – viele Ekzempatienten sind nämlich der Meinung, Trägeröle und fette Salben würden ihren Zustand verschlimmern. Sie können auch das Hydrolat der genannten Pflanzen auftupfen oder auf kalte Kompressen geben. Vor allem bei stark juckenden Ekzemen wird dies als sehr wohltuend empfunden. Zur Behandlung größerer Hautpartien sind neben Bädern wahrscheinlich Kompressen die wirkungsvollste Methode.

Auch Geranie und Lavendel sind hilfreich, sollten aber ebenfalls stark verdünnt werden (1–1,5%). Da Ekzeme jedoch eine sehr vielschichtige individuelle Störung sind, müssen Sie wahrscheinlich ein wenig herumprobieren, bis Sie das für Sie richtige Öl gefunden haben; benutzen Sie es auf jeden Fall zunächst in der angegebenen Verdünnung.

Enfleurage

Dies ist die traditionelle Methode zur Extraktion hochwertiger Essenzen aus so zarten Blüten wie Rose und Jasmin. Das Verfahren ist äußerst arbeitsintensiv und daher kostspielig, weshalb die auf diese Weise gewonnenen absoluten Öle sehr teuer sind.

Bei der Enfleurage werden Glasscheiben mit Fett bedeckt (im allgemeinen aufbereitetes Schweineschmalz oder Rinderfett) und die Blütenblätter darübergestreut; ihre Essenz wird allmählich vom Fett absorbiert. Verwelkte Blütenblätter entfernt man und streut frische darüber. Dieser Vorgang dauert mehrere Tage, bei Jasmin sogar bis zu drei Wochen; er ist abgeschlossen, wenn das Fett keine Essenz mehr aufnehmen kann.

Anschließend wird das Fett von Unreinheiten wie verwelkten Blütenblättern oder Stengeln gesäubert. In diesem Stadium bezeichnet man das Produkt als Pomade. Sie wird in Alkohol aufgelöst und das Gemisch 24 Stunden lang kräftig geschüttelt, um das Fett von der Essenz zu trennen.

Auf diese Weise hergestellte Öle bezeichnet man als *absolute Öle;* sie sind hoch konzentriert. Ihre parfümierende und therapeutische Kraft ist sehr stark, weshalb man wesentlich geringere Mengen braucht als bei ätherischen Ölen, die durch Destillation gewonnen werden. Einige absolute Öle, z. B. Rose, verfestigen sich bei Zimmertemperatur, werden aber wieder flüssig, wenn man die Flasche ein wenig in der Hand hält.

Bei einem anderen Verfahren wird mit Olivenöl gesättigtes Baumwollmusselin verwendet. Der Stoff wird auf Holzrahmen gespannt, die wie die Glasplatten übereinandergestapelt werden. Täglich werden Blütenblätter über den Stoff gestreut, bis das Olivenöl mit Essenzen gesättigt ist. Das Produkt ist in Fachkreisen als *huile antique* (antikes Öl) oder *huile française* (französisches Öl) bekannt. Man kann es entweder direkt als Körperöl benutzen, oder es mit Alkohol weiterbehandeln, um die Essenz abzusondern.

Die genannten Verfahren wurden lange von der Parfümindustrie – insbesondere von der um die Stadt Grasse beheimateten

– angewandt, um aromatische Öle höchster Qualität herzustellen. Heute gewinnt man nur noch ca. 10% der Blütenöle auf diese Weise, da die Methode sehr zeitaufwendig und teuer ist. Rund 80% der Jasmin- und Rosenöle werden heutzutage mit Hilfe flüchtiger Lösungsmittel extrahiert, die restlichen 10% erhält man durch Destillation.
Siehe auch **Destillation; Essenzen; Lösungsmittelextraktion; Öle, absolute.**

Entspannung

Ein sehr hoher Prozentsatz der Menschen, die sich von der Aromatherapie Hilfe versprechen, leidet an Symptomen, die durch Streß verursacht werden. Nun ist die Massage zwar ein wunderbares Mittel, um in diesen Fällen eine gewisse Erleichterung herbeizuführen und den Geplagten in einen Zustand tiefer Entspannung zu versetzen. Falls der Betreffende jedoch nicht selbst eine Methode entwickelt, den Streß abzubauen oder Spannungen zu lösen, werden die alten Probleme immer wieder auftauchen, und die Massage kann höchstens die Symptome ein wenig entschärfen.

In jüngster Zeit sind viele Aromatherapeuten dazu übergegangen, ihren Patienten als Teil der Behandlung einfache Unterweisungen in Entspannungstechniken oder zumindest einen Hinweis auf bestehende Möglichkeiten in lokalen Therapiezentren zu geben, wo entsprechende Kurse durchgeführt werden. Yoga, autogenes Training oder sonstige Entspannungskurse werden in jeder größeren Stadt angeboten (Volkshochschulen).

Auch spezielle Kassetten mit einer Folge von Entspannungsübungen können eine gute Hilfe sein, obwohl ich nicht glaube, daß sie die Arbeit mit einem physisch anwesenden Lehrer ersetzen. Sie sind besonders hilfreich, wenn die Methode bei einem Lehrer erlernt wurde und nun zu Hause praktiziert werden soll.

Entzündungen

Auf Verletzungen oder Bedrohungen kann der Körper mit Entzündungen reagieren. Diese werden durch Bakterien, Wunden oder den Kontakt mit Reizstoffen verursacht – ein Hinweis darauf, daß der Körper sein Abwehrsystem in Gang gesetzt hat. So gesehen sind Entzündungen nützlich, denn die gesteigerte Blutzufuhr und die örtlich erhöhte Temperatur neutralisieren Infektionen und beschleunigen die Heilung.
Oft gehen Entzündungen jedoch über das dem Heilungsprozeß dienliche Maß hinaus und lösen große Schmerzen oder Juckreiz aus. Das beste entzündungshemmende ätherische Öl ist Kamille; es kühlt, besänftigt und lindert den Schmerz. An zweiter Stelle steht Lavendel; Myrrhe ist angezeigt, wenn die Wunde nur langsam heilt, z. B. bei einem tiefsitzenden Splitter oder einer entzündeten Schnittwunde.
Geht die Infektion mit einer schmerzhaften Schwellung einher, sind heiße Umschläge hilfreich. Wenn die Hautoberfläche entzündet ist, z. B. bei einer Kontaktdermatitis, sind lauwarme Bäder mit einem der genannten Öle zweckmäßiger. Geben Sie ein paar Tropfen Kamillenöl auf abgekochtes, wenig unter Körpertemperatur abgekühltes Wasser und wischen Sie damit über die entzündete Stelle, sooft Sie wollen.
Entzündungen im Körper – Arthritis, Blasenentzündung etc. – werden unter den entsprechenden Stichwörtern behandelt.

Epidemien

Aromatische Pflanzen werden seit dem Altertum als Schutz vor ansteckenden Krankheiten benutzt. Das berühmteste Beispiel ist sicher die Pest, die vom Mittelalter bis ins späte 17. Jahrhundert Europa in mehreren Wogen heimsuchte. Es gibt viele Berichte über Menschen, die mit aromatischen Pflanzen oder Ölen arbeiteten und dem »Schwarzen Tod« entkamen, als viele andere um sie herum an der Seuche starben. Besonders geschützt waren die Arbeiter auf den Lavendelfeldern, die Gerber, Menschen, die sich um Kräutergärten kümmerten, und nicht zuletzt die Handschuhmacher, die feines Leder mit ätherischen Ölen parfümieren. Viele Jahrhunderte lang glaubte man allgemein, schlechte Gerüche führten zur Ansteckung und durch angenehme Düfte könne man ihr entgehen. Heute wissen wir, daß aromatische Pflanzen tatsächlich bakterizid und zum Teil auch antiviral wirken.

Ein guter Schutz besteht daher darin, solche ätherischen Öle mit Hilfe eines *Aerosolerzeugers,* eines *Zerstäubers* oder einer *Aromalampe* in der Wohnung zu verteilen (siehe entsprechende Stichwörter). Haben Sie außerhalb ihres Heims mit anderen Menschen zu tun, empfiehlt es sich, ein paar Tropfen auf ein Taschentuch oder die Kleidung zu geben, damit Sie den Duft ständig einatmen. Tägliche Bäder mit den entsprechenden Ölen sind ebenfalls eine sinnvolle vorbeugende Maßnahme.

Zur Desinfizierung von Räumen sind Eukalyptus, Nelken- und Ti-Baum-Öl am besten geeignet. Interessanterweise gehören sie alle zur selben botanischen Familie, den Myrtaceae. Jean Valnet schreibt, daß die Molukken von bis dato unbekannten Krankheiten überschwemmt wurden, nachdem holländische Siedler alle Nelkenbäume zerstört hatten. Die australischen Ureinwohner benutzen seit undenklichen Zeiten Eukalyptus, um sich zu schützen. Ich bedufte meine Wohnung immer mit Ti-Baum, wenn eine Grippeepidemie umgeht, und ich kann sagen, daß ich fast alle Winter bemerkenswert gut überstanden habe. In der kalten Jahreszeit verbrenne ich auch oft eine Mischung aus Nelken und Orangen, die den angenehmen Duft und die infektionsbekämpfenden Eigenschaften des herkömmlichen Gewürzsträußchens besitzt.

Nelken- und Orangenöl reizen die Haut, verwenden Sie sie daher nicht als Badezusatz. Lavendel, Rosmarin, Ti-Baum oder Thymian, die ebenfalls antiseptisch wirken, sind dazu besser geeignet. Ist in Ihrer Familie jemand erkrankt, können Sie die anderen Bewohner des Haushalts schützen, indem Sie das Krankenzimmer und die umliegenden Bereiche regelmäßig einsprühen.

Siehe auch **Grippe, Infektionskrankheiten, Keuchhusten, Masern, Windpocken.**

Epilepsie

Einige ätherische Öle können einen epileptischen Anfall auslösen – vergewissern Sie sich daher vor Beginn der Behandlung unbedingt, ob Ihr Patient Epileptiker ist.
Benutzen Sie ätherische Öle in Eigenregie, sollten Sie bei Epilepsie die folgenden Öle meiden: Fenchel, Rosmarin, Salbei, Wermut und Ysop. In der aromatherapeutischen Literatur heißt es oft, daß extrem kleine Mengen Rosmarin Epileptikern guttun; bis vor kurzem kannte ich niemanden, der dies in der Praxis erprobt hatte. Ein Freund von mir, der in einem Zentrum für behinderte Kinder arbeitet, von denen viele Epileptiker sind, hat mir nun jedoch erzählt, daß seine Kollegen immer ein Fläschchen mit Weleda-Rosmarin-Bad mit sich herumtragen; wenn ein Kind einen Anfall hat, reiben sie ihm davon ein wenig unter die Nase oder auf die Wangen, was den Anfall schnell beendet. Das genannte Präparat enthält Rosmarinöl in Mandelöl auf einer milden Seifenbasis. Die Rosmarinmenge ist daher bei jedem Kind wirklich sehr gering. Andere *stark verdünnte* Rosmarin-Lösungen können genauso ausprobiert werden.
Einige Öle wirken krampflösend, insbesondere Lavendel. Ich rate jedoch von einer ausschließlich aromatherapeutischen Behandlung der Epilepsie ab, es sei denn, der Therapeut besitzt auch eine Ausbildung als Arzt.

Erbrechen

Die mit dem Erbrechen verbundene Übelkeit läßt sich oft durch eine sanfte Massage des Magens oder eine warme Kompresse auf dem Oberbauch weitgehend eindämmen. Die dazu geeigneten Öle sind Kamille, Lavendel, Zitrone und Pfefferminze.
Wenn das Erbrechen mit Kälteschauern verbunden ist, sollte man eher ein wärmeerzeugendes Öl wie schwarzen Pfeffer oder Majoran verwenden; hängt das Unwohlsein mit emotionaler Aufregung zusammen, empfehle ich Kamille oder Lavendel.
Fenchel-, Kamillen- oder Pfefferminztee können schlückchenweise getrunken werden; spürbare Erleichterung bringen oft auch die Notfalltropfen der Bach-Blütentherapie.

Erinnerungsvermögen

Allen das Gehirn beeinflussenden Ölen werden gedächtnisfördernde Eigenschaften zugesprochen; vor allem Rosmarin steht seit vielen Jahrhunderten im Ruf, das Erinnerungsvermögen zu stärken.

Das Geruchszentrum des menschlichen Gehirns ist eng mit jenem Sektor verknüpft, welcher als Sitz unseres Gedächtnisses gilt; beide liegen im ältesten Teil unseres Gehirns, jener Zone, die bereits bei unseren ältesten Vorfahren voll entwickelt war. Diese Zusammenhänge können eine Erklärung für die Tatsache bieten, weshalb Gerüche uns auf machtvolle und geradezu mysteriöse Weise längst vergangene Ereignisse oder Empfindungen ins Bewußtsein rufen.

Siehe auch **Gehirn**.

Erkältung

Die gewöhnliche Erkältung beruht auf einer Virusinfektion der oberen Atemwege (Nase/Rachen). Mindestens 30 verschiedene Virusarten, die zudem ständige Mutationen durchmachen, können die entsprechenden Symptome hervorrufen. Die aufgrund einer Infektion entzündeten Schleimhäute von Nase und Rachen sind für Bakterien wesentlich leichter angreifbar, was wiederum Sekundärinfektionen wie z. B. Nasennebenhöhlenentzündungen, Ohrinfektionen oder eine Bronchitis auslösen kann; oft sind diese wesentlich gefährlicher als die ursprüngliche Erkältung.

Glücklicherweise ist eine ganze Reihe von ätherischen Ölen in der Lage, nicht nur die erkältungsbedingten Beschwerden zu lindern, sondern auch das Risiko einer Sekundärinfektion herabzusetzen. Solche Öle wirken bakterizid und regen die körpereigenen Abwehrkräfte an. Am effizientesten in dieser Hinsicht sind Eukalyptus, Lavendel, Ti-Baum und dessen botanisch naher Verwandter Niaouli. Pfefferminze, Rosmarin und Kiefer sind ebenfalls hilfreich; bei wundem Hals hat sich das Inhalieren von Thymian bewährt. Majoranbäder wirken gegen Schüttel-

frost, gegen die allgemeinen Beschwerden einer Erkältung und verringern die oft mit ihr einhergehenden Kopfschmerzen.
Die sinnvollsten Behandlungsmethoden sind Inhalationen und Bäder. Eine Dampfinhalation mit geeigneten Ölen wirkt auf verschiedene Weise wohltuend: Sie macht die verstopften Nasengänge frei und beruhigt die entzündete Schleimhaut; gleichzeitig vernichtet sie viele Bakterien.
Sehr heißer Dampf – so heiß, wie man ihn gerade noch ertragen kann, ohne sich zu verbrennen – ist für Viren bereits ein äußerst feindliches Milieu; durch die Beigabe eines antiviralen Öls (Eukalyptus, Ti-Baum) wird der Effekt noch gesteigert. Inhalieren Sie sie vorzugsweise in der ersten Tageshälfte (zum Wechseln empfiehlt sich Pfefferminze und Rosmarin), da sie stimulieren und den Schlaf beeinträchtigen können; für die Inhalation am Abend bietet sich Lavendel an, der schlaffördernd wirkt.
Ein abendliches Bad mit Lavendel, unter Umständen gemischt mit Majoran, garantiert einen ruhigen Schlaf, der für sich allein schon heilsam ist. Bei Husten empfiehlt sich, etwas Lavendelöl im Schlafzimmer zu versprühen.
Knoblauchdragees oder -kapseln und frischer Knoblauch in der täglichen Kost sind sowohl bei der Behandlung als auch bei der Vorbeugung von Erkältungen von Nutzen. Eine gesunde Ernährung mit viel frischem Obst und Gemüse zur ausreichenden Versorgung mit Vitamin C beugt ebenfalls einer Infektion vor. Hohe Gaben von Vitamin C (bis zu 10 g täglich) können die Dauer einer Erkältung erwiesenermaßen verkürzen. Diese Maßnahmen in Kombination mit der aromatherapeutischen Behandlung wirken optimal.
Siehe auch **Grippe, Halsschmerzen** und **Husten.**

Ernährung

Die Bedeutung gesunder Ernährung in Verbindung mit einer aromatherapeutischen Behandlung kann nicht oft genug betont werden. Ganz gleich, welche Kraft ätherische Öle auch haben und wie erfahren der Therapeut ist, in einem Körper, der schlecht ernährt und mit giftigen Rückständen belastet ist, wird eine Heilung nur langsam vonstatten gehen.

Viele Aromatherapeuten sind dazu übergegangen, die Behandlung mit ätherischen Ölen durch Ernährungsratschläge zu ergänzen oder ihre Patienten direkt an einen Ernährungsberater zu verweisen.

Hippokrates, der Vater der Medizin, hat schon vor mehr als 2000 Jahren die Theorie entwickelt, daß schlechte Ernährung Krankheiten begünstigt. Er sagte: »Eure Medizin sei die Nahrung und eure Nahrung Medizin.« Dabei ist die tägliche Kost der meisten von uns heute weit weniger nahrhaft und mit größerer Wahrscheinlichkeit chemisch verseucht als das, was die Griechen im 5. Jahrhundert v. Chr. verzehrten.

Da die Nahrungsbedürfnisse von Mensch zu Mensch stark variieren, kann man von einer allgemeingültigen Regel in bezug auf »gesunde Kost« kaum sprechen. Dennoch lassen sich ein paar brauchbare Richtlinien aufstellen. Eine einfache vegetarische Vollwerternährung wird gewöhnlich als ideal betrachtet, aber manche Menschen glauben, daß sie sich ohne ein wenig Fleisch ab und zu nicht wohl fühlen. Dies könnte daher rühren, daß es ihnen an körpereigenen Enzymen mangelt, die nötig sind, um pflanzliche Proteine in körperfreundliche Eiweißformen umzuwandeln. Einen allgemeingültigen Kalorienbedarf zu ermitteln ist genauso unmöglich, denn die Effizienz der Nahrungsumsetzung (= Stoffwechsel) ist bei jedem Menschen anders. Auch der tägliche Bedarf an Vitaminen und Mineralstoffen ist durchaus nicht gleich, und die von den Regierungen verschiedener Länder empfohlene Dosis liegt in vielen Fällen weit unter den tatsächlichen Bedürfnissen des Menschen.

In einem Punkt allerdings sind Ernährungsempfehlungen wirklich für jedermann gültig, nämlich da, wo sie auf die Notwendigkeit hinweisen, chemische Zusätze zu vermeiden, die vom Saatgut bis zum fertigen Produkt im Laden in allen Verarbeitungsphasen den einstigen »Lebens«mitteln beigegeben werden. Künstliche Düngemittel, Pestizide, Herbizide, Farb- und Geschmacksstoffe sowie Konservierungsmittel finden sich heute in fast allen auf dem Markt angebotenen Nahrungsmitteln,

obwohl viele dieser Stoffe als krebserregend bekannt sind oder zumindest einer solchen Wirkung verdächtigt werden.
Andere chemische Zusätze, die offiziell als harmlos gelten, solange sie nur in kleinen Mengen konsumiert werden, können im Körper gespeichert werden, bis sie eines Tages ein toxisches Niveau erreichen. Wieder andere verursachen zwar keine nachweisbaren Schäden, vergrößern aber doch die Belastung des Körpers mit Fremdstoffen, die dieser ja irgendwie verarbeiten muß. In einer viele Jahrtausende dauernden Evolution wurde unser Körper offenbar so programmiert, daß er bestimmte organische Substanzen, seien sie tierischer oder pflanzlicher Art, als ihm gemäße Nahrung erkannte. Die wenigen Jahrzehnte jedoch, in denen unsere tägliche Nahrung mit immer mehr Chemikalien durchsetzt wurde, sind höchstens ein winziger Augenblick innerhalb dieser ungeheuren Zeitspanne, und unser Körper ist nicht in der Lage, all diese neuen Substanzen zu verarbeiten. Wenn er einen Stoff als »fremd« empfindet, mobilisiert er verschiedene Mechanismen, um ihn zu neutralisieren. Er kann als Gegenmaßnahme z. B. viel Histamin produzieren, das wiederum die bekannten Symptome der unterschiedlichen Allergien auslöst. Er kann versuchen, die unbekannten Stoffe auf dem Weg über die Haut abzustoßen, was zu Ekzemen oder Schuppenflechte führt. Oder er isoliert diese Stoffe im Körpergewebe, indem er sie mit Unmengen schleimiger Substanz umgibt, wobei Lunge, Nase oder Dickdarm zunehmend verstopft werden. Wenn all dies nichts nützt, geht der Körper dazu über, die Chemikalien in einem seiner Organe – meist der Leber – zu speichern, wo sie eine Weile keinen Schaden anrichten, aber bei einer gewissen Anhäufung zu Erkrankungen führen.
Auch werden an unsere Schlachttiere in großen Mengen Hormone und Antibiotika verfüttert, und auch diese wirken sich schädlich auf unseren Organismus aus. So kann der regelmäßige Verzehr hormonbehandelter Hühnchen zu verfrühter Geschlechtsreife (z. B. einer Menstruation mit fünf Jahren) oder beim Mann zur Ausbildung von Brüsten führen. Die kleine, aber ständige Aufnahme von Antibiotika, die in Fleisch und Wurst enthalten sind, kann zur Folge haben, daß ärztlich

verordnete Antibiotika sich im Notfall als völlig wirkungslos erweisen.
Der einfachste Ratschlag ist hier, nur möglichst natürliche Nahrungsmittel zu sich zu nehmen und alle behandelten, vorbereiteten und abgepackten Lebensmittel sowie Konserven und Tiefkühlkost zu meiden. Tiefgefrorenes Obst und Gemüse, von dem es heißt, sein Vitamingehalt sei im Verhältnis zu Dosenware noch relativ hoch, ist in der Regel nicht frei von künstlichen Farbstoffen.
Wählen Sie Lebensmittel, die am *Anfang* der Nahrungskette stehen. Denn Tiere werden mit Futterpflanzen gemästet, die in einem künstlich gedüngten Boden gewachsen sind und besprüht wurden; die Tiere speichern diese Chemikalien und konzentrieren sie. Da dies auch für Eier, Milch und Käse gilt, falls sie aus industrieller Tierhaltung stammen, sollten Vegetarier sich dieser Zusammenhänge genauso bewußt sein wie Fleischesser.
Ziehen Sie Obst und Gemüse selbst, oder versuchen Sie, jemanden zu finden, der organisch gewachsenes, unbehandeltes Obst und Gemüse anbietet. Falls dies wirklich unmöglich ist, sollten Sie alle gespritzten Erzeugnisse vor dem Verzehr sorgfältig waschen; dadurch werden zwar nicht alle Giftstoffe beseitigt, aber doch ein Teil.
Allen Fleischessern sei geraten, sich nach einem Bauern umzusehen, dessen Tierhaltung noch auf weitgehend biologischen Richtlinien beruht, der also ohne Hormonspritzen und Antibiotika auskommt. In jedem Fall sollte der Genuß von sogenanntem »rotem Fleisch« (Schwein und Rind) möglichst gemieden werden, da dieses reich an Fetten und Säuren ist – Schweinefleisch ist das giftigste Fleisch überhaupt. Sowohl Schweine- als auch Rindfleisch setzen im menschlichen Körper eine Säurereaktion in Gang, die viele Krankheiten mitverursacht.
Essen Sie möglichst viel roh. Kochen zerstört oder verändert einige der wichtigsten Nahrungselemente.
Essen Sie »lebendige« Nahrung – junge Sprossen von Getreidekörnern, Bohnen und anderen Hülsenfrüchten, die man sehr leicht in der eigenen Küche zum Keimen bringen kann und die

extrem nährstoffreich sind; die keimende Saat steht immerhin am Anfang der Nahrungskette.
Den Hauptanteil unserer Mahlzeiten sollten die Kohlehydrate bilden; Stärke und (Frucht-)Zucker sind für den Körper ein ganz unentbehrliches Brennmaterial, das er in Wärme und Energie umsetzt. Die pflanzlichen Faserstoffe sorgen dabei für gesundes Funktionieren der Verdauung.
Alle raffinierten Kohlehydrate dagegen, wie weißer Zucker und weißes Mehl, belasten den Körper, weil sie der für den Körper notwendigen Ballaststoffe beraubt wurden. Sie liefern lediglich Kalorien ohne Nährwerte. Weißer Zucker führt zu einer gefährlichen Erhöhung des Blutzuckerspiegels, weshalb wiederum die Bauchspeicheldrüse überbeansprucht wird. Zur Verarbeitung dieses Überangebots an Industriezucker muß sie innerhalb kurzer Zeit viel Insulin in den Körper hineinpumpen. Die Folge ist eine gravierende Verminderung des körpereigenen Zuckers, begleitet von Symptomen wie Müdigkeit, Reizbarkeit, Schwindelanfällen und erneutem Hunger. Die weitere Zufuhr von raffiniertem Zucker mildert zunächst diese Beschwerden, setzt aber einen Prozeß in Gang, der durch ein ständiges Steigen und Fallen des Blutzuckerspiegels gekennzeichnet ist. Es ist daher besser, sich an nicht aufbereitete Kohlehydrate wie Vollkornprodukte, unraffinierten Zucker (jedoch nur in kleinen Mengen) oder Honig und Dörrobst zu halten, die den Körper effizienter und ausgewogener mit Zucker und Stärke versorgen. Das ganze Korn, Obst und Gemüse liefern auch die Ballaststoffe, die dafür sorgen, daß die Speisen nicht zu lange im Dickdarm verbleiben und dort Gärungsprozesse in Gang setzen, die zu verschiedenen Krankheiten einschließlich Divertikulitis und Darmkrebs führen können.
Eiweiß (Protein) steht uns in pflanzlicher und tierischer Form zur Verfügung. Zwanzig verschiedene Aminosäuren bilden die Eiweißgrundbausteine, die der Körper zum Aufbau und zur Wiederherstellung seiner Struktur (Knochen, Muskeln, Organe, Haare, Nägel) braucht. Acht dieser Aminosäuren kann der Körper nicht selbst herstellen und muß sie daher der Nahrung entnehmen. Nahrungsmittel, die alle acht Grundbausteine enthalten, sind z. B. Fleisch, Eier und Sojabohnen. Pflanzliche Protein-

quellen müssen in einer Mahlzeit kombiniert werden, damit alle acht Aminosäuren vertreten sind. So kann man Getreide mit Nüssen und Hülsenfrüchten ergänzen, oder auch Hülsenfrüchte mit Nüssen. Vor allem Paranüsse stellen einen wichtigen Bestandteil solcher Kombinationen dar; sie besitzen eine Aminosäure, die man in vielen Gemüsen vergeblich sucht.

In den westlichen Kulturen werden in der Regel viel zu viele Proteine konsumiert, was sich sehr nachteilig auswirken kann – vor allem, wenn sie dem Körper in Form von Fleisch zugeführt werden. Eine der Folgen dieser Angewohnheit ist die Überproduktion von Harnsäure. Normalerweise wird sie ohne Schwierigkeiten vom Körper ausgeschieden, aber bei übermäßiger Produktion setzt sie sich in den Gelenken oder auch den Nieren fest, was zu Gicht, Arthritis oder Nierenkrankheiten führen kann. Manche Menschen verfügen auch nicht über genügend körpereigene Enzyme, um die Harnsäure auszuscheiden. Andere, die zu viele Proteine zu sich nehmen, leiden an überhöhtem Blutdruck.

Tierische Proteine haben oft einen hohen Fettgehalt, und dieser trägt bekanntlich zu Bluthochdruck und Erkrankungen der Herzkranzgefäße bei. Der Körper braucht ein gewisses Quantum an Fett als Teil seiner Ernährung, aber dieses wird besser aus pflanzlichen Quellen bezogen. Gehirn und Wirbelsäule, Herz, Lunge, Leber und andere lebenswichtige Organe, aber auch die gesamte Muskulatur, wären ohne die sogenannten essentiellen Fettsäuren nicht funktionsfähig; tatsächlich machen sie etwa 50% unserer Gehirnmasse aus. Einige von ihnen, wie die Aminosäuren, kann unser Körper selbst produzieren und kombinieren, aber zwei, Linol- und Linolensäure, kann er nicht selbst herstellen; sie können nur von Pflanzen bezogen werden, vor allem der Nachtkerze (Oenothera biennis).

Außer den hier angeführten Hauptbestandteilen unserer Ernährung, die wir täglich in vernünftigen Mengen zu uns nehmen sollten, gibt es noch andere Substanzen, von denen unser Körper zwar nur winzige Mengen braucht, die aber für unsere Gesundheit unerläßlich sind: nämlich Vitamine, Mineralstoffe und Spurenelemente.

Die Vitamine A, D, E und F sind fettlöslich und können daher für eine Weile in der Leber gespeichert werden. Vitamin C und die Vitamine der B-Gruppe dagegen sind wasserlöslich und bleiben nicht im Organismus, weshalb täglich für Nachschub gesorgt werden muß. Im Idealfall sollte unser Bedarf an Vitaminen und anderen Spurenelementen durch die tägliche Nahrung gedeckt werden, aber selbst in den hochentwickelten Ländern nehmen nur relativ wenige Menschen diese Stoffe in ausreichender Menge mit der Nahrung auf – ganz zu schweigen von den Millionen Hungernden, die sich noch nie satt essen konnten.

Im übrigen sind die individuellen Bedürfnisse sehr unterschiedlich. In vielen Ländern haben Regierungen Empfehlungen für den täglichen Mindestbedarf an Vitaminen und Mineralstoffen ausgegeben, aber oft liegen diese Dosen so niedrig, daß sie gerade reichen, die schlimmsten Mangelerscheinungen wie z. B. Skorbut verhindern zu können. Der individuelle Bedarf an Vitamin C z. B. kann die empfohlene Menge um das Vierhundertfache, in extremen Fällen sogar um das Tausendfache übersteigen. Krankheit, Streß, chemische Zusätze in Nahrungsmitteln, Alkohol- und Tabakmißbrauch sowie die allgemeine Umweltverschmutzung erhöhen den Bedarf des Körpers an gewissen Nährstoffen und setzen zugleich seine Resorptionsfähigkeit herab, weshalb zumindest zeitweise zusätzliche Vitamin- und Mineralstoffgaben erforderlich sind.

Einige Aromatherapeuten empfehlen auch, an den Tagen, an denen eine Behandlung mit ätherischen Ölen stattfindet, auf Fleisch zu verzichten. Sie haben erkannt, daß die chemischen Reaktionen des Körpers bei der Verdauung von Fleisch die feinstoffliche Wirkung ätherischer Öle hemmen. Zudem wird dem Patienten nahegelegt, während der ersten 24 Stunden nach der Behandlung möglichst viel Wasser zu trinken.

Sicher ist, daß der Genuß von Fleisch den spezifischen Duft ätherischer Öle (und Parfüms) verändert, sobald sie mit dem Körper in Berührung kommen. Viele Aromatherapeuten erkennen schon am Körpergeruch, ob ihre Patienten pflanzliche oder tierische Kost bevorzugen; und diese wiederum entdecken eine ganz neue Sensibilität gegenüber Gerüchen, sobald sie mit dem Fleischessen aufgehört haben.

Erschöpfung, geistige

Es gibt eine Reihe ätherischer Öle, die die Gehirntätigkeit stimulieren und helfen, Ermüdungserscheinungen zu überwinden, aber wir sollten uns davor hüten, sie zu oft zu verwenden. In Situationen, in denen wir wirklich gefordert sind, oder wenn wir kurzzeitig klar denken müssen und dem Hang nach Schlaf keineswegs nachgeben dürfen, mag ihr Gebrauch gerechtfertigt sein; allerdings ist es viel vernünftiger, sich von geistig anspruchsvoller Arbeit durch angemessene Ruhepausen zu erholen.

Basilikum, Pfefferminze und Rosmarin sind die Öle, auf die im Notfall meist zurückgegriffen wird; mir erscheint Rosmarin am besten geeignet, andere schwören auf Basilikum. Ein Bad mit 6 Tropfen Rosmarinöl ist jedenfalls herrlich, wenn Sie am Morgen zerschlagen erwachen und wissen, daß ein harter Tag Sie erwartet. Und wenn wir uns statt schwarzem Tee oder Kaffee einen Pfefferminztee bereiten, kommt auch dies unserer Gesundheit zugute.

Ich gebe auch sehr gern 8 Tropfen Rosmarinöl in die auf meinem Schreibtisch stehende Aromalampe, um mich geistig wach und fit zu halten. Wenn die Umstände dies nicht erlauben, z. B. bei längeren Autofahrten, gebe ich je einen Tropfen des Öls auf beide Handgelenke, so daß mir bei jeder Bewegung der Duft in die Nase steigt. Manchmal tue ich dies auch, wenn ich mit Schreibarbeiten beschäftigt bin.

Siehe auch **Stimulanzien.**

Essenzen

Ätherische Öle werden zuweilen auch als Essenzen bezeichnet, obwohl dies strenggenommen nicht richtig ist.

Die Pflanzen produzieren die Essenz, die erst nach der Destillation zu einem ätherischen Öl wird. Während des Vorgangs kommt es durch Hitze, Luft und Dampf zu bestimmten chemischen Veränderungen in den Bestandteilen der Essenz, die aber ihren therapeutischen Wert nicht schmälern; im Gegenteil, sie scheinen ihn sogar leicht zu steigern.

Die Essenz wird von der Pflanze in hochspezialisierten Drüsenzellen hergestellt, die sich z. B. im Blatt oder in der Rinde befinden. Meist wird sie in der Zelle eingelagert, in der sie erzeugt wurde, aber sie kann auch zu einem sack- oder schlauchförmigen Stauraum weiterbefördert werden. Oft befinden sich diese Zellen direkt unter der Oberfläche des Blattes – zerreibt man es, wird sofort der charakteristische Duft freigesetzt. Bei anderen Pflanzen wird die Essenz in den winzigen Härchen des Blattes gespeichert. Sie duften meist stark und geben ihr Aroma frei, sobald man sie nur streift. Manche Gehölze und Bäume lagern die Essenz im Fasergewebe des Holzes oder der Rinde ab. Bei ihnen ist eine Extraktion sehr schwierig, da das holzige Material erst zerkleinert werden muß, bevor die Essenz frei wird. Bei den Zitrusfrüchten befindet sich die Essenz in relativ großen Beuteln in der Schale; sie kann durch Pressen leicht extrahiert werden. Wenn Sie ein Stücken Orangenschale kräftig drücken und anschließend ein brennendes Streichholz daran halten, können Sie beobachten, wie die ölige Essenz sich entzündet und einige Sekunden brennt.

Jede Pflanzenart produziert unterschiedlich viel Essenz, was die Preisunterschiede bei ätherischen Ölen zum Teil erklärt. Die Essenzmenge hängt – allerdings in geringerem Umfang – auch von den Wachstumsbedingungen der jeweiligen Pflanze (Bodenbeschaffenheit, Feuchtigkeit, Sonnenscheindauer) und der Jahreszeit ab; im Hinblick auf eine maximale Essenzausbeute muß der Zeitpunkt der Ernte daher sorgfältig gewählt werden.

Die chemischen Strukturen pflanzlicher Essenzen sind sehr komplex. Mit Hilfe des Sonnenlichts kombiniert die Pflanze die sie umgebenden Elemente in Luft, Boden und Wasser – z. B. Kohlenstoff, Sauerstoff, Stickstoff, Wasserstoff – und baut aus ihnen Hunderte verschiedener Duftmoleküle auf. Sie werden acht Hauptkategorien zugeordnet: Säuren, Alkohole, Aldehyde, Ketone, Ester, Phenole, Sesquiterpene und Terpene. Obwohl in jeder Essenz mehrere dieser chemischen Wirkstoffe vorkommen, verleiht ihre einzigartige Kombination jeder Pflanze ihren charakteristischen Duft und ihre therapeutischen Eigenschaften.

Einige Bestandteile pflanzlicher Essenzen wurden von Chemikern isoliert, um spezifische Symptome zu behandeln. Die isolierte Substanz kann direkt verwendet oder kopiert, d. h. im Labor synthetisch hergestellt werden. Sie ist jedoch nie so effizient und unbedenklich für die Gesundheit wie die in der Pflanze vorliegende Kombination; denn diese wirkt synergistisch – d. h., die verschiedenen Bestandteile werten sich gegenseitig auf – und verhindert unerwünschte Nebeneffekte. Selbst wenn die Essenz zu 80–90% aus einer einzigen chemischen Substanz besteht, sind meist noch mehr als ein Dutzend andere Bestandteile vorhanden, wenn auch zum Teil nur in Spuren, aber dies reicht aus, um die Wirkung des Hauptbestandteils auszugleichen und zu mäßigen. Dies scheint auch der Grund dafür zu sein, warum in der Aromatherapie und in der Pflanzenheilkunde allgemein Nebenwirkungen selten sind.

Ester

Diese wichtige Duftmolekülart ist Bestandteil vieler ätherischer Öle. Die meisten Ester wirken krampflösend und entzündungshemmend und beruhigen und stärken das Nervensystem. Sie gehören zu den mildesten und ungefährlichsten Komponenten ätherischer Öle und reizen die Haut nicht. Zu den Estern zählen Benzylbenzoat in Benzoe und anderen Harzen, Geranylacetat in Lavendel, Eukalyptus etc., Methylanthranilat in Mandarine, Orange und Neroli sowie Linalylacetat, das bei Lavendel, Bergamotte und Muskatellersalbei den Hauptbestandteil bildet und auch in Jasmin, Neroli etc. vorkommt.

Eukalyptus (Eucalyptus globulus, Eucalyptus radiata und andere)

Von den rund 300 bekannten Eukalyptusarten wird in der Aromatherapie meist das aus der Spezies *Eucalyptus globulus* gewonnene Öl verwendet; 15 weitere Arten liefern ebenfalls ein wertvolles Öl. Obwohl das meiste Eukalyptusöl aus der Art *Eucalyptus globulus* gewonnen wird, ist für die Verwendung in der Aromatherapie eine weniger bekannte Art, *Eucalyptus radiata,* eigentlich besser geeignet; sie besitzt nämlich alle unten beschriebenen Eigenschaften, hat aber ein angenehmeres Aroma, wird leichter assimiliert und reizt die Haut nicht so stark. Nützlich sind auch ein, zwei andere Arten, z. B. *Eucalyptus dives* und der nach Zitrone duftende *Eucalyptus citriodora.* Sie ermöglichen es dem Aromatherapeuten, bei mehr als zwei oder drei Wochen andauernden Behandlungen eine gewisse Abwechslung zu schaffen.

Der geliebte »Gummibaum« der Australier wurde in Europa im 19. Jahrhundert als Ziergewächs eingebürgert; seitdem hat er Eigenschaften entwickelt, die er in seinem Ursprungsland nicht hatte. Vor allem sondert er Stoffe ab, die den umliegenden Boden vergiften und das Wachstum anderer Pflanzen behindern.

Die Blätter ausgewachsener Bäume sind länglich, spitz zulaufend und gelblichgrün, während die Blätter junger Bäume rund und silbriggrün sind. Das Öl wird aus den Blättern junger und alter Bäume gewonnen. Es ist schwach gelblich; der durchdringende, erfrischende Geruch dürfte den meisten von uns vertraut sein. Hauptbestandteile des aus der Art *Eucalyptus globulus* gewonnenen Öls sind Eukalyptol (rund 80%), Äthylalkohol, Amylalkohol, verschiedene Aldehyde, Camphen, Eudesmol, Phellandren, Pinen und Aromadendren. *Eucalyptus-radiata*-Öl enthält weniger Eukalyptol (rund 70%), außerdem Terpineol sowie Alkohole und einige Monoterpene. Seine Zusammensetzung gleicht eher der der Öle aus der Melaleuca-Familie; wie sie regt es das Immunsystem an und ist gut für müde, erschöpfte, erkältungsanfällige Menschen geeignet.

Eukalyptusöl ist allgemein bekannt für seine schleimlösende Wirkung bei Erkältungen und Katarrhen, kann aber auch anderweitig eingesetzt werden. Sehr wichtig sind seine bakteriziden und antiviralen Eigenschaften. Dampfinhalationen mit Eukalyptus machen bei einer Erkältung die verstopften Nasenwege frei und verhindern die Vermehrung des Erkältungsvirus. Bei Epidemien stellt Zerstäubung oder Verdunstung des Öls einen wirksamen Schutz gegen Grippe oder ansteckende Kinderkrankheiten dar. In Nordafrika hat man Eukalyptusbäume in sumpfigen, ungesunden Landstrichen angepflanzt, um die Verbreitung der Malaria einzuschränken. Die Bäume halten die Moskitos davon ab, in unmittelbarer Nachbarschaft zu brüten. Jean Valnet belegt die bakteriziden Eigenschaften von Eukalyptus: Ein Spray, das 2% ätherisches Eukalyptusöl enthält, tötet 70% der in der Luft befindlichen Staphylokokken. In dieser Hinsicht ist Eukalyptusöl wesentlich effizienter als das aus ihm gewonnene Eukalyptol, das in der Pharmazie Verwendung findet – was beweist, daß ätherische Öle im Reinzustand wirkungsvoller sind als die bei Chemikern so beliebten isolierten Wirkstoffe. Die bakterizide Eigenschaft von Eukalyptusöl dürfte auf Aromadendren und Phellandren zurückzuführen sein, die ihre Wirkung entfalten, sobald sie mit dem Luftsauerstoff in Berührung kommen. Sie erzeugen Ozon, in dem Bakterien nicht leben können. Die antiviralen Eigenschaften von Eukalyptusöl sind weniger gut erforscht; sie sind jedoch in der Praxis bereits so oft beobachtet worden, daß die wissenschaftliche Bestätigung im Grunde überfällig ist.

Bei Epidemien und ansteckenden Krankheiten erfüllt Eukalyptusöl gleich zwei Funktionen: Es hilft dem Kranken und schützt die Personen, die mit ihm in Kontakt kommen. Valnet rät, Eukalyptusöl bei fieberhaften Erkrankungen zu verwenden, um das Fieber zu senken und die Ausbreitung der Infektion zu verhindern, z. B. bei Cholera, Masern, Malaria, Scharlach und Typhus. Bei Masern und Scharlach empfiehlt er, häufig verdünntes Eukalyptusöl auf die Haut des Patienten aufzutragen und das Bett mit einem Gazeschleier zu umgeben, der mit einer Eukalyptus-Lösung benetzt wurde. Bei Grippe oder Bronchitis verordnet er Dampfinhalationen mit 4 Teilen Eukalyptusöl, je zwei Teilen Thymian- und Kiefernöl und einem Teil Lavendelöl. Eine stärkere Dosierung derselben Mischung (10 Gramm pro Liter Wasser) kann verwendet werden, um Zimmer zu desinfizieren. Als meine Enkelkinder die Windpocken hatten, habe ich eine Eukalyptus-Kamille-Lavendel-Mixtur als Badezusatz und Raumspray eingesetzt. Beim älteren Mädchen, das zuerst erkrankte, ging das Fieber danach deutlich zurück, und der Juck-

reiz nahm ab; der jüngere Bruder bildete nur sehr schwache Krankheitssymptome aus.
Entzündungen der Harnwege lassen sich mit Eukalyptus sehr gut behandeln. Neben der bakteriziden ist hier die harntreibende Wirkung wertvoll.
Die antiseptischen und heilungsfördernden Qualitäten von Eukalyptus sind den australischen Ureinwohnern gut bekannt: Bei ernsthaften Verletzungen wickeln sie Eukalyptusblätter um die Wunde. Aber auch Chirurgen in hochtechnisierten Ländern spülen Operationswunden mit einer Eukalyptuslösung und verwenden mit ihr getränkte Gaze als postoperativen Verband. Eukalyptusöl fördert die Bildung neuen Zellgewebes und ist daher auch bei Verbrennungen hilfreich. Bei septischen Wunden und Stauungszuständen kann Eukalyptus ebenfalls eingesetzt werden. Zur wirkungsvollen Behandlung der Bläschen bei Herpes simplex und Gürtelrose, die durch dasselbe Virus wie die Windpocken verursacht werden, kombiniert man Eukalyptus- mit Bergamottöl. *Eucalyptus radiata* ist für diesen Fall besser geeignet als *Eucalyptus globulus,* weil es Haut und Schleimhäute nicht reizt. Die akuten Schmerzen einer Gürtelrose werden durch die Entzündung der empfindlichen Nervenbahnen hervorgerufen; da Eukalyptus örtlich schmerzstillend wirkt, ist es hier ein sehr nützliches Mittel. Nach dem Verschwinden der Bläschen halten die Schmerzen oft noch wochen- oder monatelang an; mit einer Eukalyptus-Bergamotte-Creme lassen sie sich lindern.
Eukalyptusöl kann auch bei Rheuma, Muskelschmerzen und Weichteilrheumatismus (Fibrositis) in Massageölen benutzt werden, um die Schmerzen zu reduzieren. Da für die genannten Beschwerden jedoch eine ganze Reihe ätherischer Öle zur Verfügung steht, benutze ich es nur bei Patienten, die den starken Geruch nicht als unangenehm empfinden bzw. ihn gern akzeptieren, weil sie ihn von herkömmlichen Arzneimitteln kennen. Menschen, die mit ätherischen Ölen noch nicht so vertraut sind, bezweifeln oft den therapeutischen Wert der süßeren Düfte, etwa nach dem Motto: »Was kräftig riecht, muß auch gut sein.«
Ich habe bereits erwähnt, daß Eukalyptus Moskitos abschreckt.

Wenn Sie Eukalyptus mit etwas Bergamotte, Lavendel oder einem anderen insektenvertreibenden ätherischen Öl mischen, werden Sie höchstwahrscheinlich von Insekten überhaupt verschont. Die Mixtur verleiht Räumen einen frischen Duft und läßt sich auch verwenden, um Hunde von Flöhen freizuhalten. Ist an einem verschmutzten Stand etwas Teer auf Ihre Kleidung oder Ihre Haut geraten, läßt er sich mit Eukalyptusöl leicht ohne Schaden für die Gesundheit entfernen.

Falten

Falten erscheinen, wenn die Haut älter wird, da das Bindegewebe, das unter der obersten Hautschicht (der Epidermis) liegt, mehr und mehr an Elastizität verliert. Der Vergleich mit einer Gummilitze macht diesen Vorgang ein wenig anschaulicher: Solange sie neu ist, kehrt sie auch nach einer Dehnung in ihre ursprüngliche Länge zurück. Wenn der Gummi jedoch brüchig wird, kann sie das nicht mehr und leiert aus. Auf ähnliche Weise wird die Gesichtshaut durch verschiedene Formen der Mimik (Lachen, Weinen, Augenbrauenhochziehen) »verzogen«, glättet sich aber wieder – zumindest beim jungen Menschen, d. h. solange das Bindegewebe über genügend Elastizität verfügt.
Durch regelmäßige Massagen mit ätherischen Ölen läßt sich die Faltenbildung zumindest verzögern, falls die Behandlung früh genug einsetzt. Die Massage bewirkt zunächst eine bessere Blutzirkulation, mit anderen Worten: eine ausreichende Versorgung der feinen, hautnahen Äderchen mit Sauerstoff. Wie alle Körpergewebe ist das Bindegewebe auf diesen Sauerstoff angewiesen, um gesund und elastisch zu bleiben. Die Massage muß äußerst behutsam erfolgen, da jedes Ziehen und Zerren die Faltenbildung eher begünstigt als verhindert. Anders verhält es sich mit der Behandlung der Kopfhaut; hier kann und soll kräftig massiert werden, am besten jeden Tag. Anschließend können Sie den ganzen Kopf mit den Fingerspitzen abklopfen. Das zieht das Blut nach oben und versorgt Kopf und Gehirn mit dem lebensnotwendigen Sauerstoff, stärkt die Muskulatur und verleiht indirekt auch dem Gesicht eine jugendliche Frische.

Zwei der wirksamsten ätherischen Öle in diesem Zusammenhang sind Weihrauch und Neroli. Ersteres wurde schon von den alten Ägyptern für alle möglichen kosmetischen und religiösen Zwecke eingesetzt, unter anderem zum Einbalsamieren. Offensichtlich eignet es sich vorzüglich zur Konservierung der Haut und vermag unter Umständen sogar bereits bestehende Runzeln zu glätten; auf jeden Fall verhindert es die Entstehung neuer Falten. Auch Neroli wird seit Tausenden von Jahren verwendet. Es trägt vor allem zur Bildung neuer, gesunder Zellen bei, verzögert somit den Alterungsprozeß des Bindegewebes und verleiht der Haut ein glattes, jugendliches Aussehen. Eine entscheidende Rolle spielt auch die Wahl des richtigen Trägeröls. Es sollte ziemlich reichhaltig sein, weshalb sich Avocado und Jojoba am ehesten eignen. Optimal wäre, wenn die Basissubstanz zu 25% aus Weizenkeimöl bestehen würde.

Zweckmäßig ist außerdem alles, was Gesundheit und Vitalität des Körpers allgemein fördert – in erster Linie Bewegung jeder Art; sie regt den Kreislauf an und verbessert den Muskeltonus, wodurch auch die Haut neue Spannkraft erhält.

Eine gesunde Ernährung mit der nötigen Menge an Vitaminen (B, C und E) und Mineralstoffen – notfalls in Form von Zusätzen – ist genauso wichtig wie ein weitgehender Verzicht auf Tabak, Alkohol, schwarzen Tee und Kaffee, die zu den Mitverursachern einer frühen Faltenbildung gehören.

Ich habe ganz bewußt auf die Bedeutung und Funktion der inneren Hautschichten hingewiesen; die äußere, die sogenannte Epidermis, besteht aus Zellen, die bereits tot sind, genauso wie unsere Haare und Nägel. Jede Behandlung, die das Aussehen der Haut verbessern möchte, muß vom Bindegewebe ausgehen, denn dort entstehen die neuen Zellen.

Fenchel (Foeniculum vulgare)

Der Fenchel hat seinen Namen von der lateinischen Bezeichnung für Heu, da er gelegentlich als Viehfutter benutzt wurde. Wie Anis, Kümmel und Koriander gehört er zur Familie der Doldengewächse und hat einen angenehmen Anisduft. Während Anis jedoch ein eher toxisches Öl ist, kann Fenchel gefahrlos verwendet werden und besitzt daher größeren praktischen Wert. Die Pflanze wächst wild in vielen Teilen Europas, vom Mittelmeerraum, wo sie heimisch ist, bis nach Rußland. Sehr gut gedeiht sie in Meeresnähe.

Das ätherische Öl wird aus den zerstoßenen Samen destilliert; es enthält Anethol, Fenchon, Estragol, Camphen und Phellandren. Einige Eigenschaften, die Fenchel in der Vergangenheit zugeschrieben wurden, scheinen jedoch mehr auf Aberglauben als auf überprüfbaren Tatsachen zu beruhen. Man nahm z. B. an, daß er vor Hexenzauber schütze, und so wurde er über Haustüren gehängt, um den »bösen Blick« abzuhalten. Schlangen sollen sich an ihm gerieben haben, um ihre Sehkraft zu verbessern, und angeblich soll er diesen Effekt auch beim Menschen haben. Viele der früheren Pflanzenkundigen behaupten, Fenchel wirke allen möglichen Giften entgegen, so Schlangenbissen, giftigen Pflanzen und Pilzen. Heute wissen wir, daß er tatsächlich ein wichtiges antitoxisches Öl ist. Eines seiner Hauptanwendungsgebiete im 20. Jahrhundert dürfte die Behandlung von Alkoholikern sein. Auch bei Gicht etc. ist er hilfreich, weil er die Ansammlung giftiger Abfallstoffe im Körper verhindert, die der Erkrankung vorausgeht.

Wie andere Doldengewächse ist auch Fenchel – am besten als Tee – ein vorzügliches Mittel bei Verdauungsbeschwerden wie Übelkeit, Blähungen, Koliken und Schluckauf. Er kräftigt die glatte Darmmuskulatur, was bei Dickdarmentzündung und verschiedenen Arten von Verstopfung sehr wertvoll ist, da so die Peristaltik (die rhythmische Kontraktion der Darmmuskulatur zur Weiterbeförderung der teilweise verdauten Nahrung) verstärkt wird.

Er steht außerdem in dem Ruf, den Appetit zu verringern. Römische Soldaten hatten bei langen Fußmärschen immer Fenchelsamen dabei, den sie kauten, wenn keine Zeit für eine Rast und die Zubereitung einer Mahlzeit war. Auch strenggläubige Christen taten dies in der Fastenzeit. Culpeper und andere Pflanzenkundige dachten wahrscheinlich an diese Eigenschaften, als sie ihn fettleibigen Menschen empfahlen.

Fenchel besitzt auch Bedeutung als gutes harntreibendes Mittel, das übergewichtigen Menschen hilft, deren Problem mit einem gestörten Wasser-Elektrolyt-Haushalt in Verbindung steht. Allerdings sollte niemand Diuretika in Eigenregie über einen längeren Zeitraum hinweg einnehmen, da bei übermäßigem Gebrauch die Gefahr eines Nierenschadens besteht. Anomale Flüssigkeitsretention kann nämlich Anzeichen einer ernsten Erkrankung sein und sollte auf jeden Fall von einem Fachmann untersucht werden.

Wegen seiner diuretischen und antiseptischen Eigenschaften ist Fenchel in der Vergangenheit bei Harnverhaltung und Harnwegsentzündungen eingesetzt worden. Möglicherweise verhindert er die Bildung von Nierensteinen.

Fenchel ist ein wertvolles ätherisches Öl zur Behandlung der Zellulitis, einer Ansammlung giftiger Abfallstoffe und Flüssigkeiten im Unterhautfettgewebe, die der Haut das charakteristische bucklige Aussehen gibt – daher auch die Bezeichnung »Orangenhaut«. Es empfiehlt sich, dreimal täglich Fencheltee zu trinken, die Ernährung radikal umzustellen und die betroffenen Stellen speziell zu massieren.

Fenchel ist eine der Pflanzen, die seit Jahrtausenden wegen ihrer Wirkung auf die weiblichen Fortpflanzungsorgane bekannt sind. Wie man heute weiß, geht der Effekt wahrscheinlich auf ein in ihm enthaltenes Pflanzenhormon zurück, eine Art Östrogen. Fenchel normalisiert den Menstruationszyklus, besonders bei schwachen oder schmerzhaften Blutungen, die mit krampfartigen Schmerzen verbunden sind. Er lindert die prämenstruellen Symptome und die Flüssigkeitsretention, unter der viele Frauen in den Tagen vor dem Einsetzen der Periode leiden. Im Klimakterium verringert er die unangenehmen Begleiterscheinungen eines stark schwankenden Hormonspiegels und regt, wenn die Eierstöcke ihre Tätigkeit eingestellt haben, die Nebennieren zur Produktion von Östrogen an. Frauen und Männer benötigen dieses Hormon, damit der Muskeltonus, die Elastizität der Haut und des sie stützenden Gewebes, der Kreislauf und der Knochenbau stabil bleiben und altersbedingte degenerative Prozesse möglichst verzögert werden.

Ebenfalls aufgrund seiner hormonellen Wirkung erhöht Fenchel bei stillenden Müttern den Milchfluß.

Wegen seiner antiseptischen Eigenschaften wird er auch zum Gurgeln oder als Mundspülung bei Zahnfleischentzündungen verwendet. Er ist in Zahnpasten und kommerziellen Mundwässern enthalten.

VORSICHT: Geben Sie Kindern unter sechs Jahren kein Fenchelöl, da einer der Wirkstoffe (Melanthen) für sie giftig sein kann; auch Epileptiker sollten es meiden. Bei Erwachsenen und älteren Kindern ist das Öl in normaler Dosierung jedoch harmlos.

Fettleibigkeit (Obesität)

Eine kleine Anzahl ätherischer Öle kann übergewichtigen Menschen dabei helfen, lästige Pfunde loszuwerden. Hier wäre vor allem der Fenchel zu nennen, der mindestens seit den Zeiten Julius Cäsars im Ruf steht, Hungergefühle zu unterdrücken. Von römischen Soldaten wird berichtet, daß sie auf ihren langen Märschen Fenchelkörner kauten, um ihre hungrigen Mägen bis zum nächsten Rastplatz zu beschwichtigen. Auch während des Mittelalters und bis ins 15./16. Jahrhundert wandten fromme Christen während der verschiedenen kirchlichen Fastenzeiten dieses ausgezeichnete Mittel an. Fenchel ist auch ein wichtiges Diuretikum, das bei Harnverhaltung hilft und den Körper in Zeiten einer allzu einseitigen Ernährung von allen angesammelten Giftstoffen befreit. Außer der Dämpfung von Hungergefühlen bewirkt Fenchel eher eine Entschlackung als eine direkte Gewichtsabnahme.

Einige französische Autoren nennen im Zusammenhang mit Fettleibigkeit Knoblauch und Zwiebel; sie aktivieren die Schilddrüse, sind also hilfreich, wenn deren Unterfunktion den Stoffwechsel verlangsamt. Beide Mittel kann man in Form von Kapseln einnehmen oder eben in rohem Zustand den Mahlzeiten beifügen.

Eine ähnlich stimulierende, tonisierende Wirkung auf den Stoffwechsel besitzt Rosmarin, während Geranie vor allem den

Hormonhaushalt ausgleicht, dessen Störungen ebenfalls zu Fettleibigkeit führen können.
Die wahren Ursachen sind jedoch selten rein physiologischer Natur. Ein Aromatherapeut sollte sich daher intensiv mit den oft komplexen Gemütszuständen seines übergewichtigen Patienten befassen. Da diese sehr verschieden sein können (Streß, Depression, Angstzustände, mangelndes Selbstvertrauen, um nur einige zu nennen), steht auch bei der Auswahl des ätherischen Öls eine breite Palette zur Verfügung. Ich möchte hier besonders Bergamotte erwähnen, da meine Erfahrungen mit diesem Öl nicht völlig im Einklang mit seiner üblichen Anwendungsweise stehen. In der Regel wird es gegen Appetitlosigkeit verschrieben, während ich es erfolgreich bei zwanghafter Eßlust eingesetzt habe; demnach wäre seine Wirkung auf das Appetitzentrum des menschlichen Gehirns eher regulativ als stimulierend; oder es hat überhaupt keinen direkten Einfluß auf das körperliche Geschehen, sondern wirkt zunächst auf die geistig-seelische Verfassung des Patienten, in der ja die Ursache für seinen übermäßigen Nahrungsmittelkonsum zu suchen ist. In Anbetracht all dessen, was wir bisher über Bergamotte wissen, tendiere ich zur zweiten Möglichkeit.
Vielen fettleibigen Menschen fällt es ungemein schwer, ihren eigenen Körper zu akzeptieren; eine regelmäßig durchgeführte Massage, die diesen auf ungewohnte Weise respektiert und pflegt, kann daher bei ihnen zu einem ganz neuen Lebensgefühl führen und ihnen helfen, ein positives Selbstbild aufzubauen. Ist dieses erst einmal vorhanden, fällt es ihnen leichter, sich der Forderung nach mehr körperlicher Aktivität und einer langfristigen Veränderung der Ernährung zu stellen. (Ich vermeide absichtlich das Reizwort »Diät«, weil die meisten fettleibigen Menschen eine Diät mit Verzicht und Mißerfolg assoziieren.)
Jeder relativ schnell herbeigeführte Gewichtsverlust hinterläßt seine Spuren, u. a. eine sackartig schlaffe Haut. Dies kann nur durch weitere Massagen behoben werden, die auch die Muskulatur wieder stärken; das verbesserte äußerliche Erscheinungsbild verleiht dann zusätzliches Selbstvertrauen.

Regelmäßige Beratungen, Selbsthilfegruppen oder auch eine Psychotherapie sind für viele Fettleibige eine ganz große Hilfe; die Aromatherapie kann all diese Maßnahmen effektiv unterstützen.

Fibrositis (Weichteilrheumatismus)

Geeignete ätherische Öle und Behandlungsmethoden werden unter dem Stichwort **Rheuma** beschrieben.

Fieber

Erhöhte Temperatur ist zu verstehen als Reaktion des Körpers auf eine Infektion und in diesem Sinne der Heilung durchaus förderlich. Fieber steigert die Aktivität des Körpers, den Pulsschlag und den Stoffwechsel, und dies stärkt seine natürlichen Abwehrmechanismen. Manche eindringenden Organismen, insbesondere Viren, gedeihen zudem nur bei normaler Körpertemperatur. Bei einem »typischen« Krankheitsverlauf steigt das Fieber an, bleibt auf einem mehr oder weniger hohen Niveau und löst sich dann durch stärkeres Schwitzen, worauf der Patient häufig tief und lange schläft und die Temperatur wieder zu sinken beginnt. Dieser Vorgang wird oft als »heilende Krise« beschrieben. Die Schulmedizin versucht, die Körpertemperatur künstlich zu senken, was dem Patienten zwar vorübergehend Erleichterung verschafft, den Heilungsprozeß jedoch verzögert oder gänzlich unterdrückt.

Ätherische Öle lassen sich auf zweierlei Weise einsetzen: zum einen schweißtreibend, zum anderen fiebersenkend. Die zweite Möglichkeit ist notwendig, wenn die Temperatur gefährlich hohe Werte erreicht (über 40 °C), vor allem bei Babys und Kleinkindern. Kinder können Krämpfe bekommen, wenn die Körpertemperatur längere Zeit sehr hoch bleibt. Basilikum, Kamille, Lavendel, Rosmarin, Ti-Baum, Wacholder und Zypresse bringen den Körper zum Schwitzen, wenn die Notwendigkeit dafür besteht; interessant ist, daß keines dieser Öle bei einem gesunden Körper zum Schweißausbruch führt. Falls der Patient sich stark genug fühlt, können Sie bis zu 8 Tropfen von einem dieser Öle (oder einer Mischung) in ein nicht zu heißes Bad geben (bleiben Sie bei dem Kranken und helfen Sie ihm beim Ein- und Aussteigen); falls er zu schwach ist, sollten Sie ihm eine kurze Rückenmassage geben. Fiebersenkende ätherische Öle sind Bergamotte, Eukalyptus, Lavendel und Pfefferminze. Die beiden letztgenannten wirken temperatursenkend oder -erhöhend, denn sie wirken hauptsächlich normalisierend. Diese Öle sollten in ziemlich schwachen Konzentrationen verwendet werden. Geben Sie ein paar Tropfen in eine Schüssel mit kühlem, aber nicht zu kaltem Wasser (der Unterschied zwischen Wasser und Körpertemperatur sollte nicht zu groß sein) und tragen Sie die Mischung so oft wie möglich mit einem Schwamm auf den Körper auf.

Einzelheiten zu den ätherischen Ölen und der Behandlung verschiedener fieberhafter Erkrankungen (Windpocken, Masern, Scharlach etc.) siehe unter den entsprechenden Stichwörtern.

Flüchtigkeit

Mit diesem Begriff wird die wissenschaftlich meßbare Geschwindigkeit bezeichnet, mit der eine Substanz, insbesondere eine Flüssigkeit, im Kontakt mit der Luft verdunstet. Ätherische Öle und duftende Substanzen allgemein sind hoch flüchtig, d. h., sie verdampfen sehr schnell; gerade diese Eigenschaft macht sie zu aromatischen Stoffen, denn unsere Nase kann Gerüche nur in Form von Gas oder Dampf wahrnehmen.

Trotz dieses allgemeinen Kriteriums gibt es in der Verdunstungsgeschwindigkeit der diversen Öle Unterschiede. Der sogenannte Flüchtigkeitsgrad bestimmt ihre Verweildauer auf der Haut und die Zeit, die der Körper braucht, um sie zu resorbieren. Der Duft mancher Parfüms z. B. haftet noch nach Tagen unserer Haut oder unserer Kleidung an, während andere Gerüche relativ schnell vergehen.

Beim Öffnen einer Parfümflasche, deren Inhalt aus einer Kombination mehrerer ätherischer Öle besteht, nimmt unsere Nase als erstes den flüchtigsten Duft wahr; der Stoff, der am langsamsten verdunstet, ist noch zu riechen, wenn der Duft der anderen schon verflogen ist. Die Parfümindustrie klassifiziert die Öle anhand einer Skala, die der Musik entlehnt ist und zwischen Kopf-, Herz- und Basisnoten unterscheidet – als Kopfnoten werden dabei die flüchtigsten Öle bezeichnet. Einige Aromatherapeuten berücksichtigen diese Einteilung, wenn sie Öle zusammenstellen, und schreiben den »Noten« unterschiedliche therapeutische Eigenschaften zu. Allerdings ist die Klassifizierung ziemlich subjektiv, denn selbst die besten Nasen[1] sind sich hinsichtlich der Zuordnung diverser Öle keineswegs einig – schließlich variieren deren Bestandteile je nach dem Standort der Pflanze und der Witterung.

Frigidität

Der Begriff bezeichnet die Unfähigkeit von Frauen, einen Orgasmus zu erleben, was oft mit Impotenz auf eine Stufe gestellt wird, obwohl wichtige Unterschiede bestehen. Frigidität bezieht sich nicht auf den Vollzug des Geschlechtsakts, sondern auf das Unvermögen, ihn zu genießen. Wie bei Impotenz liegen nur sehr selten physische Gründe vor; die Ursache können ein unsensibler Partner oder so komplexe Probleme wie Angst, Unkenntnis des weiblichen Körpers und seiner Funktionen, Kindheitstraumata, Erziehung, religiöse Tabus, Furcht vor Schwangerschaft und eine ganze Reihe anderer Faktoren sein.
Frigide Frauen haben oft ein sehr negatives Selbstbild, das bis zur Ablehnung des eigenen Körpers gehen kann. Behutsame, aufbauende Massagen mit ätherischen Ölen können sehr viel dazu beitragen, ihnen Freude an der eigenen Weiblichkeit zu vermitteln. Solche Massagen sind für manche Frauen oft die erste Gelegenheit, in einem nichtsexuellen Kontext Berührungen zu genießen.
Am hilfreichsten sind so luxuriöse ätherische Öle wie Rose, das eng mit der weiblichen Sexualität verbunden ist, und Jasmin, das

---

[1] Der offizielle Titel, der einem Parfümeur nach mehr als 20 Jahren Berufserfahrung mit ätherischen Ölen zugesprochen wird (Anm. d. Übers.).

zur Stärkung des Selbstvertrauens beiträgt. Ihr hoher Preis wird durch die therapeutischen Ergebnisse auf jeden Fall wettgemacht, außerdem genügen für die einzelnen Massagen sehr geringe Mengen. Neroli ist wichtig, wenn Angst eine Rolle spielt, und Ylang-Ylang ist eine sehr süß duftende, beruhigend wirkende Alternative. Manche Frauen bevorzugen auch ätherische Öle wie z. B. Muskatellersalbei oder Sandelholz, die traditionell als eher männlich gelten.

Frigide Frauen sollten sich verwöhnen, indem sie Badeöle, Seifen, Cremes, Lotionen und Körperöle benutzen, die mit den genannten Ölen parfümiert sind. Sie werden ein positives Selbstbild fördern, das Gefühl, etwas wert und attraktiv zu sein. Ist der Partner einfühlsam und wirklich an der Lösung ihres Problems interessiert, kann man ihn anleiten, der Partnerin sanfte Massagen mit den von ihr ausgesuchten Ölen zu geben (ist er es nicht, sind alle anderen hier gemachten Vorschläge ziemlich zwecklos).

Alle angeführten Öle gelten als Aphrodisiaka – wahrscheinlich, weil sie, mit einer Ausnahme, entspannend wirken und so die Angst vor der Sexualität nehmen. Die Ausnahme bildet Rosenöl, das die Gebärmutter kräftigt und reinigt und generell wohltuend auf die weiblichen Geschlechtsorgane wirkt. Es scheint auf physischer und emotionaler Ebene eine enge Verbindung zur weiblichen Sexualität zu besitzen und steht im Ruf, das beste Aphrodisiakum für Frauen zu sein.

Manche frigiden Frauen halten vielleicht eine Beratung, Gestalttherapie oder andere psychotherapeutischen Maßnahmen für erforderlich, die durch die Aromatherapie in jedem Fall sinnvoll ergänzt werden.

Siehe auch **Aphrodisiaka** und **Impotenz.**

Frostbeulen

Frostbeulen entstehen durch schlechte Blutzirkulation in den Extremitäten, meist an den Fingern und Zehen, zuweilen auch an den Ohren. Wenn die Haut kalt ist, ziehen sich die Gefäße zusammen, und die Blutzufuhr zur Hautoberfläche wird stark

eingeschränkt. Bei Menschen mit schwachem Kreislauf bekommt die Haut dann so wenig Sauerstoff, daß sie anschwillt, zu jucken beginnt und sich rötet.
Sind die Frostbeulen noch nicht aufgebrochen, können hautrötende ätherische Öle die lokale Blutzufuhr vorübergehend verbessern; die beiden wirkungsvollsten sind Majoran und schwarzer Pfeffer. Ein kräftiges Einreiben des schmerzenden Bereichs mit einem Massageöl, das zu 3% aus einem der vorgenannten Öle oder aus 1% schwarzem Pfeffer und 2% Majoran besteht, wird sowohl die Schmerzen als auch den Juckreiz lindern und die Frostbeulen zum Verschwinden bringen.
Langfristig sollte der Kreislauf gestärkt werden. Knoblauchdragees und Nahrungsmittel mit hohem Gehalt an Vitamin C und E sind hier ebenso hilfreich wie Massagen und Bäder mit Rosmarin-, Wacholder- und Zypressenöl.
Natürlich sollte man vor allem die Extremitäten so warm wie möglich halten, denn Vorbeugen ist immer noch besser als Heilen!

Furunkel

Heiße Kompressen mit ätherischen Ölen ziehen Furunkel förmlich heraus und beschleunigen den Heilungsprozeß. Am geeignetsten sind aufgrund ihrer antiseptischen Eigenschaften Ti-Baum und Lavendel; auch Kamille ist nützlich. Die gesamte Umgebung des Furunkels sollte mehrmals täglich mit einer 1–3%igen Verdünnung der beiden erstgenannten Öle abgewaschen werden.
Leidet jemand immer wieder unter Furunkeln, sollte er unbedingt versuchen, die Gifte loszuwerden, die sich in seinem Körper angesammelt haben; hilfreich sind hier regelmäßige Massagen und/oder Bäder mit reinigenden und entgiftenden ätherischen Ölen wie Wacholder oder Lavendel. Die tägliche Einnahme von Knoblauchdragees unterstützt den Entgiftungsprozeß, ebenso Kräutertees mit Fenchel und Brennessel. Eine Ernährungsberatung, die den Patienten von industriell bearbeiteten Nahrungsmitteln abbringt und die Betonung auf Rohkost

sowie frisches Obst und Gemüse legt, ist in jedem Fall sinnvoll. Unter Umständen müssen zusätzlich Vitamine und Mineralstoffe genommen werden, bis der Körper wieder normal arbeitet.
Furunkel tauchen meist dann auf, wenn die Widerstandskraft des Patienten durch Krankheit oder Streß herabgesetzt ist. Unter Umständen müssen daher andere ätherische Öle und Behandlungsmaßnahmen gewählt werden, um diesem Zustand verminderter Vitalität abzuhelfen.

Füße

Die Füße besitzen in der Aromatherapie große Bedeutung, zum einen wegen der auf ihnen befindlichen Reflexpunkte, zum andern, weil die Haut dort ätherische Öle besonders gut absorbiert.
In einem klassischen Experiment massierte man einem Patienten Knoblauchöl in die Fußsohlen; bereits zehn Minuten später wurde der entsprechende Geruch in seinem Atem festgestellt. Knoblauch ist ein sehr flüchtiges Öl, weshalb es so schnell aufgenommen wird; bei anderen ätherischen Ölen dauert es vielleicht etwas länger.
Eine andere Methode, ätherische Öle dem Körper so schnell wie möglich zuzuführen, sind Fußbäder; einige meiner Kollegen berichten, daß bei vorheriger Reflexzonenbehandlung eine noch raschere Wirkung erzielt wird.
Viele Aromatherapeuten geben Reflexzonenmassagen, wobei sie die ätherischen Öle oft ganz gezielt auf bestimmte Reflexzonen auftragen. Aber auch ohne spezielle Kenntnisse auf diesem Gebiet können Sie Ihren Patienten helfen, wenn Sie den ganzen Fuß behutsam massieren.
Die Füße gehören zu den Körperpartien, die wir ohne Schwierigkeiten selbst erreichen können, bieten sich also vorzüglich zur Eigenhilfe an.
Fußmassagen sind für das Gleichgewicht und den Energiefluß des Körpers sehr wichtig; Menschen, die zu sehr im Kopf leben, werden durch sie regelrecht »geerdet«. Nach einer Kopfmassa-

ge lege ich meine Hände immer ein wenig auf die Füße, damit der Patient nicht zu sehr »schwebt« und im gesamten Körper ein Gefühl der Harmonie entsteht.
Siehe auch **Fußbäder** und **Reflexzonenmassage**.

Fußbäder

Fußbäder werden seit Jahrhunderten von Pflanzenkundigen und Heilern angewandt (Maurice Messegué wurde durch die Heilungen berühmt, die er mit dieser einfachen Methode erzielte).
Traditionell wird mit der gewünschten Pflanze (oder der Pflanzenmischung) ein starker Kräuteraufguß bereitet, der in eine Schüssel mit sehr heißem Wasser gegossen wird. Ebensogut können Sie aber auch drei bis vier Tropfen eines ätherischen Öls ins Wasser träufeln. Die Fußsohlen absorbieren ätherische Öle sehr rasch, weshalb Fußbäder sich gut eignen, um dem Körper ihre Heilkraft zuzuführen. Einige Aromatherapeuten, die auch mit Reflexzonenmassage arbeiten, haben die Wirkung von Fußbädern genauer untersucht und herausgefunden, daß sie sich ausgezeichnet als Ergänzung der besser bekannten Verabreichungsformen ätherischer Öle eignen. Die Fußbäder scheinen noch wirkungsvoller zu sein, wenn man sie nach einer Reflexzonenmassage nimmt, aber natürlich geht es auch ohne eine solche Vorbehandlung.
Fußbäder kommen zur Anwendung, wenn ein aromatisches Wannenbad nicht möglich ist, weil der Patient nur unter großen Schwierigkeiten in die Wanne steigen kann (alte und behinderte Menschen) oder weil keine Wanne zur Verfügung steht (z. B. im Urlaub).

Fußpilz (Epidermophytie)

Ursache dieser Infektion der äußeren Hautschicht sind mikroskopisch kleine Pilze, die im feuchtwarmen Klima von Sportschuhen besonders gut gedeihen und vorzugsweise in Umkleidekabinen übertragen werden. Da verschiedene Pilzarten

die lästige Krankheit auslösen können, behandelt auch die herkömmliche Medizin oft »auf gut Glück«.
Ich habe Fußpilz schon öfter erfolgreich mit einer Mischung von Lavendel- und Myrrhenöl behandelt; auch Ti-Baum-Öl hilft. Die genannten Öle wirken fungizid, lindern den Juckreiz und tragen zur Heilung der oft aufgerissenen, nässenden Haut bei. Bei schmerzender, tief eingerissener Haut leistet auch Ringelblumenöl wertvolle Dienste. Zu Beginn der Behandlung ist es am besten, die Öle in Alkohol zu lösen; wenn nach ein paar Tagen die Haut nicht mehr so feucht ist, kann die Behandlung mit einer Salbe, die 3–5% ätherisches Öl enthält, fortgesetzt werden, und zwar so lange, bis die Haut vollkommen rein ist.
Häufiges Säubern der Zehen- und Fingernägel ist sehr wichtig, da der Pilz sich oft unter den Nägeln einnistet und dann immer wieder Entzündungen verursacht.
Die Infektion muß sich nicht nur auf die Füße beschränken, sondern kann auch in der Leistengegend (in heißem Klima häufig), zwischen den Fingern und auf der Kopfhaut (Tinea capitis) auftreten.

Fußwarzen

Fußwarzen sind eine spezielle Form von Warzen, die sich auf den Fußsohlen bilden. Wie alle Warzen werden sie durch ein Virus hervorgerufen und haben die Eigenart, ganz von selbst wieder zu verschwinden, sobald der Körper genügend Abwehrstoffe entwickelt hat. Infolge des Drucks beim Gehen sind sie jedoch überaus schmerzhaft, so daß man ihre Heilung nicht untätig abwarten kann. Wie man sie einfach und dennoch wirksam mit ätherischem Öl behandelt, wird unter dem Stichwort *Zitrone* erläutert. Auch Ti-Baum-Öl hat sich als sehr nützlich erwiesen.
Das die Fußwarzen auslösende Virus ist äußerst ansteckend, und die Übertragung geschieht fast immer an Orten, an denen Menschen in größerer Zahl barfuß herumlaufen, z. B. in Schwimmbädern oder Umkleidekabinen.
Wenn es sich nur um eine oder ganz wenige Warzen handelt,

reicht eine örtliche Behandlung. Sobald die Warzen aber in größerer Zahl auftreten oder eine die andere ablöst, sind Massagen zur Erhöhung der körpereigenen Abwehrkräfte sehr zu empfehlen. In diesem Falle benutzt man Rosmarin-, Geranien-, Grapefruit- oder Wacholderöl oder auch eine Kombination dieser Öle und streicht durchgehend körperaufwärts von den Fesseln bis zu den Oberschenkeln. Man sollte aber auch noch andere Faktoren mit in Betracht ziehen, die die Widerstandskraft des Körpers geschwächt haben könnten, z. B. eine Fehlernährung oder Streßsituationen.
Siehe auch **Ti-Baum, Warzen, Zitrone.**

Fußzonenmassage

Fußzonenmassage ist ein anderes Wort für Reflexzonenmassage. Sie geht von der Tatsache aus, daß bestimmte Zonen des Fußes verschiedenen Organen oder Bereichen des Körpers entsprechen. Ausführliche Beschreibung unter **Reflexzonenmassage.**

Galbanum (Ferula galbaniflua)

Galbanum ist ein Gummiharz, das aus den Stengeln einer stattlichen Pflanze der Familie der Doldengewächse gewonnen wird. Galbanum gedeiht hauptsächlich im Iran und anderen Gebieten des Mittleren Ostens. Der zähflüssige Saft dringt aus natürlichen Rissen an alten Stengeln; zur kommerziellen Gewinnung werden heute künstliche Einschnitte angebracht.
Das ätherische Öl wird durch Destillation extrahiert; es ist dickflüssig, dunkelgelb und verströmt einen würzigen, stark aromatischen Geruch. Wirkstoffe sind Carvon (50% und mehr), Pinen, Limonen, Cadinen, Myrcen und Cadinol. Mrs. Grieve[1] behauptet, Trockendestillation ergebe ein Öl von blauer, dem Kamillenöl (Matricaria chamomilla) ähnlicher Farbe, ich habe dieses Öl aber noch nie zu Gesicht bekommen.

---

[1] Bekannte englische Pflanzenkundlerin, Autorin des Standardwerks *A modern herbal* (1931, neu aufgelegt 1971) (Anm. d. Übers.).

Galbanum wird in verschiedenen Religionen seit Tausenden von Jahren als Räucherwerk benutzt und im Alten Testament sowie auf ägyptischen Papyri erwähnt. Dioskurides und andere frühe medizinische Autoren beschreiben die Wirkung als schmerzstillend, krampflösend, harntreibend und menstruationsfördernd. Obwohl Galbanum in der modernen Aromatherapie nur wenig benutzt wird, bietet es interessante Möglichkeiten, insbesondere bei chronischen Krankheiten wie etwa Rheuma. Bei hartnäckigen Schmerzen bringt es große Erleichterung, vor allem in Form heißer Kompressen. Nützlich ist es auch bei Hautinfektionen und langsam heilenden Entzündungen; in dieser Hinsicht ähnelt es der Myrrhe, einem anderen Räucherharz der Antike. Auch bei Abszessen, Furunkeln und langsam heilenden Geschwüren erweist es sich als hilfreich.

In der Parfümindustrie benutzt man Galbanum als Fixativ.

Galen

Galen, dem wir die erste grobe Klassifikation medizinischer Pflanzen verdanken, wurde zwischen 129 und 131 n. Chr. in Pergamon (dem heutigen Bergama) in der Türkei geboren, das damals unter römischer Herrschaft stand. Sein Vater war Architekt, der das Interesse seines Sohnes für die Medizin erkannte und förderte.

In Pergamon befand sich ein Tempel, der dem Äskulap, dem griechischen Gott der Heilkunde, geweiht war. Der heiligen Stätte angeschlossen war eine Schule für Medizin, an der Galen studierte. Er traf dort viele führende Ärzte und beobachtete die Behandlung zahlreicher Krankheiten. Seine Studien setzte er in Smyrna, verschiedenen Städten Griechenlands und dem ägyptischen Alexandria fort, wo er zum Arzt der Gladiatorenschule bestellt wurde. Es heißt, seine Fähigkeiten seien so erstaunlich gewesen, daß während seiner Dienstzeit kein Gladiator seinen Wunden erlag. Im Jahre 161 n. Chr. kam er nach Rom, wo er bald in dem Ruf stand, Kranke heilen zu können, die andere Ärzte längst aufgegeben hatten. Schließlich wurde er Leibarzt von Mark Aurel.

Sein bleibender Einfluß geht auf seine elf Bücher zurück, in

denen er viele Heilpflanzen beschrieb und eine Reihe entsprechender Rezepte vorstellte. Er unterteilte die Pflanzen in bestimmte Kategorien, die jahrhundertelang die Grundlage der Pflanzenheilkunde bildeten. Sie werden als »galenisch« bezeichnet und besitzen noch immer einen gewissen Stellenwert.
Im 9. Jahrhundert wurden die Bücher Galens ins Arabische übersetzt. In der Folgezeit übten sie starken Einfluß auf die arabische Medizin aus. Im 12. Jahrhundert wurden die Werke dann aus dem Arabischen ins Lateinische übertragen, wodurch sich Galens Wissen unter den abendländischen Gelehrten verbreitete. Im 15. und 16. Jahrhundert kam es zu einer neuen Übersetzung seiner Werke, diesmal direkt aus dem Griechischen. Viele bekannte Pflanzenbücher der damaligen Zeit haben Galens Klassifikation übernommen – einige waren tatsächlich nicht viel mehr als Übersetzungen seiner Arbeiten, ergänzt durch die Kommentare der jeweiligen Autoren.
Über die letzten Jahre Galens ist nicht viel bekannt; man nimmt an, daß er 199 n. Chr. starb.
Eines der von Galen erfundenen Rezepte ist die sogenannte »Kalte Creme« (siehe Anhang C).

Gallensteine

In der Gallenblase bilden sich Steine, wenn die in ihr gespeicherte Galle Feststoffe ausfällt; gewöhnlich bestehen die Steine aus Cholesterin.
Die Behandlung erfolgt meist über die Ernährung; in schweren Fällen kann jedoch eine Operation notwendig werden. Massagen direkt über der Gallenblase (sie liegt unterhalb der Leber, auf der rechten Bauchseite) tragen zur Verringerung der Schmerzen bei. Die geeignetsten Öle sind Lavendel und Rosmarin.
Bei einer Entzündung der Gallenblase, der nächsthäufigen Erkrankung dieses Organs, ist ebenfalls Rosmarin hilfreich.
Solange die Entzündung besteht, müssen alle Fette vom Speiseplan gestrichen werden; danach sollten sie auf ein Minimum reduziert werden, wobei pflanzliche Fette den tierischen vorzuziehen sind.

Gammalinolensäure

Gammalinolensäure ist eine essentielle Fettsäure, die der Körper braucht, um bestimmte Hormone und hormonähnliche Substanzen herzustellen, die Prostaglandine genannt werden. Diese sind für das gesunde Funktionieren vieler Körpergewebe wichtig, und zwar in so verschiedenen Bereichen wie der Bekämpfung von Schmerzen und Entzündungen, der Kontrolle des Blutcholesterinspiegels und der Regulierung des Menstruationszyklus. Außerdem scheinen sie eine positive Wirkung auf Immunsystem und Gehirn zu haben.

Aus den verschiedensten Gründen – Fehlernährung, Virusinfektion, Alkohol, erbliche Faktoren – können manche Menschen nicht genug Prostaglandine für die Bedürfnisse ihres Körpers herstellen.

Gammalinolen-Ergänzungsgaben beheben einen eventuellen Mangel und lindern die durch diesen verursachten Symptome. Sie regulieren den Östrogenspiegel und werden daher häufig bei menstruellen und klimakterischen Beschwerden (Hitzewallungen) sowie prämenstrueller Spannung verordnet. Aktuelle Forschungen deuten darauf hin, daß Öle, die viel Gammalinolensäure enthalten, bei Multipler Sklerose, Gelenkrheumatismus, Herzkrankheiten, Hyperaktivität bei Kindern und verschiedenen psychischen Störungen, u. a. Schizophrenie, eine positive Wirkung haben.

Ekzeme, Schuppenflechte und andere Hautkrankheiten sprechen oft ebenfalls gut auf solche Öle an; ihr Anteil kann bis zu 10% einer Massagemischung oder einer Behandlungscreme ausmachen.

Die bekannteste pflanzliche Quelle für Gammalinolensäure ist die Nachtkerze *(Oenothera biennis)* – wahrscheinlich, weil die ersten auf dem Markt erhältlichen Gammalinolensäure-Ergänzungsgaben aus ihr hergestellt wurden. Aber auch Borretsch *(Borago officinalis),* schwarze Johannisbeeren *(Ribes nigra)* und Hagebuttensamen *(Rosa rubiginosa)* sind wertvolle Quellen für diesen Stoff.

Geburt

Der Wert einer Massage mit ätherischen Ölen während der Geburt ist seit vielen hundert Jahren bekannt; ausgelöst unter anderem durch den Trend weg von den hochtechnisierten Klinikgeburten hin zu einer sanften, natürlichen Entbindung wird er jetzt von den Frauen neu entdeckt.

Nicholas Culpeper schrieb in seinem *Directory for Midwives (Handbuch für Hebammen):* »Wenn die Wehen sehr heftig sind, bestreiche man Bauch und Seiten mit Mandelöl, Lilien und süßem Wein.« Mandelöl ist immer noch das für Massagen am häufigsten benutzte Trägeröl. Lilien werden in der Aromatherapie nicht verwendet; es gibt jedoch eine ganze Reihe anderer ätherischer Öle, die bei der Geburt sehr nützlich sein können, da sie die Schmerzen lindern und gleichzeitig die Wehen verstärken. Am nützlichsten dürften Jasmin und Lavendel sein. Manchmal wird auch Salbei empfohlen; ich habe jedoch von einigen Frauen gehört, daß seine Wirkung sehr stark ist und die Wehen dann zu hektisch ablaufen. Jean Valnet empfiehlt auch Gewürznelke, aber ich kenne keine Frau, die damit Erfahrung hat. Jasmin und Lavendel haben sich jedoch wieder und wieder bewährt.

Wenn die Wehen einsetzen, kann eines dieser Öle vorsichtig in den Bauch und/oder den unteren Rücken einmassiert werden; zur Vorbereitung können sie bereits ein paar Tage vor dem erwarteten Geburtstermin benutzt werden. Je nach der Stellung, die die Frau für die Wehen bevorzugt, massiert man den Bauch, den Rücken oder beide.

Die Massage kann von einer Hebamme vorgenommen werden, aber eigentlich ist es klüger, wenn jemand anders sie gibt. Vielleicht ist der Vater des Babys bereit, auf diese Weise einen praktischen Beitrag zur Geburt zu leisten, oder auch eine gute Freundin der Mutter. Man sollte jedenfalls schon einige Zeit vorher entscheiden, wer massiert, damit der Betreffende genau weiß, was man von ihm erwartet. Es bedarf keiner speziellen Masseurausbildung, aber der Betreffende sollte gezeigt bekommen haben, wie er das Öl in langen, sanften und trotzdem festen

Bewegungen einreibt. Sehr wohltuend sind oft kleine kreisende Bewegungen auf dem unteren Rücken – wobei auf jeden Fall die Mutter entscheiden muß, welche Bewegungen und welchen Druck sie als angenehm empfindet.

Es empfiehlt sich, die gewählten Öle bereits einige Zeit vor dem voraussichtlichen Geburtstermin zu mischen, denn wenn die Wehen einsetzen, ist man oft zu hektisch, um auf das richtige Verhältnis zu achten. Oder in der Aufregung wird eine Flasche mit unverdünntem ätherischem Öl verschüttet, was die Luft im Raum so überlädt, daß es Mutter und Betreuer/in schlecht wird – ganz abgesehen von der finanziellen Seite (ich kenne einen jungen Vater, der eine ganze Flasche reines Jasmin verschüttete!).

Mit den sanften Massagen kann bereits eine Woche vor dem voraussichtlichen Geburtstermin begonnen werden, allerdings nicht früher, da sonst Wehen ausgelöst werden können. Die Beachtung dieses Punktes gewinnt an Bedeutung, wenn die Frau schon einmal eine Frühgeburt hatte. In der letzten Schwangerschaftswoche und möglichst beim Einsetzen der Wehen sollten auch warme Bäder mit bis zu 6 Tropfen Jasmin- oder Lavendelöl genommen werden; sie wirken entspannend und bereiten die Muskulatur der Gebärmutter auf die kommende Aufgabe vor.

Lavendel und Jasmin besitzen leicht unterschiedliche Vorzüge, aber ihre Eigenschaften überschneiden sich auch. Beide lindern den Schmerz, aber Jasmin wirkt etwas stärker bei der Intensivierung der Wehen, d. h., es verkürzt insgesamt die Dauer der Entbindung. Manche Menschen empfinden seinen schweren Duft während einer Geburt jedoch als unangenehm, vor allem, da auch das Zimmer recht warm und die Mutter wahrscheinlich schweißgebadet ist. Der reine, frische Duft von Lavendel ist da vielleicht akzeptabler. Das Öl läßt sich außer zu Massagen auch anderweitig verwenden: Vermischt man ein paar Tropfen mit kaltem Wasser, so ergibt dies eine erfrischende Mischung, mit der man Gesicht und Körper der Mutter abwischen kann, wenn es ihr zu heiß wird. Gibt man ein paar Tropfen auf eine Glühbirne oder in eine Aromalampe oder versprüht man die Mischung, so reinigt und klärt dies die Zimmerluft.

Jasminöl sollte unmittelbar nach der Geburt zum Einsatz kommen, damit die Nachgeburt schnell und sauber ausgestoßen wird. Außerdem wirkt das Öl tonisierend auf die Gebärmuttermuskulatur und läßt sie schneller in ihren Normalzustand zurückkehren. Jasminöl wirkt auch antidepressiv, hilft also Frauen, die an einer postnatalen Depression leiden. Angeblich regt es den Milchfluß an, was aber nicht bewiesen ist. Besser eignen sich zu diesem Zweck Fenchelöl, Fencheltee und Dillsamenpräparate (der Dill ist ja ein enger Verwandter des Fenchels) – sie alle sind seit Jahrhunderten erprobt.

Die ätherischen Öle, die während der Wehen von Nutzen sind, müssen in den ersten Schwangerschaftsmonaten gemieden werden, da sie Wehen und damit eine Fehlgeburt auslösen können. Dasselbe gilt auch für einige andere Öle, die ausführlicher unter dem Stichwort Schwangerschaft abgehandelt werden.

Gegengifte

Einige ätherische Öle bzw. die Pflanzen, aus denen sie hergestellt werden, stehen von alters her im Ruf, verschiedenen Giften entgegenzuwirken. Am bekanntesten dürfte Fenchelöl sein, das hilft, toxische Stoffe aus dem Körper zu entfernen. Ob es auch bei Vergiftungen nützlich ist, die durch Schlangenbiß, Pflanzen oder Pilze verursacht wurden, wie dies in den alten Pflanzenbüchern behauptet wird, hat bislang noch niemand nachgeprüft.

Gehirn

Haben Sie sich jemals gefragt, weshalb Erinnerungen so eng mit Gerüchen verknüpft sind und Sie beispielsweise bei einem bestimmten Parfüm sofort an eine Ihrer Lieblingstanten denken müssen? Oder warum der Duft mancher Blumen uns unmittelbar in den Garten unserer Kindheit zurückversetzt? Und wie kommt es, daß ätherische Öle unser Fühlen und Denken auf so unerklärliche Weise beeinflussen?

Dieser Aspekt des Geruchs und unserer Reaktion auf ihn ist

noch weniger bekannt als der physische Prozeß des Riechens, aber die bekannten Tatsachen erlauben doch einige Erklärungen. Gerüche werden im ältesten Teil unseres Gehirns registriert, jenem Teil, der bereits bei unseren frühesten Vorfahren entwickelt war. Noch bevor der Mensch der Vorzeit eine differenzierte Sprache entwickelte oder Werkzeuge herstellte – Errungenschaften, die Hand in Hand gingen mit der Vergrößerung des Gehirnvolumens –, war das limbische System[1] bereits voll ausgebildet. Es reguliert so lebenswichtige Funktionen wie Schlaf, Sexualtrieb, Hunger, Durst, Gedächtnis und eben den Geruchssinn, der beim Menschen der Vorzeit sowohl für das Überleben des einzelnen als auch des Clans und der Gattung sehr wichtig war. Der Geruchssinn führte Jäger und Sammler auf die Spur ihrer Mahlzeiten, indem er ihnen verriet, wo sich jagdbares Wild oder eßbare Pflanzen befanden. Er warnte vor räuberischen Überfällen durch Tiere oder rivalisierende Clans. Und er spielte eine Rolle bei der Suche nach einem Gefährten bzw. einer Gefährtin. Selbst wenn der moderne Mensch sich hauptsächlich auf die später entwickelten Gehirnpartien verläßt, die die Koordination von Sprache, intellektuellen, kreativen und mechanischen Aktivitäten steuern, sind diese uralten Fähigkeiten zumindest latent in ihm vorhanden. Beim modernen Menschen scheint die Verknüpfung der Vorstellungen und Erinnerungen mit Gerüchen aber auch mit einem bewußten Lernen verbunden zu sein. Auch wenn ein Widerwille oder gar ein Ekel beim Riechen verdorbener Nahrung als eine Art Schutzfunktion weitgehend angeboren sein mag, ist doch die Assoziierung eines Wohlgeruchs mit einem bestimmten Menschen oder Ort auf gewisse Weise erlernt, d. h., sie wird durch bewußte Auslese kontrolliert. Dies gilt allerdings nur in beschränktem Umfang, denn sobald Geruchserinnerungen einmal im Gehirn gespeichert sind, lassen sie sich nur sehr schwer durch bewußte Willensanstrengungen verändern. Wenn wir uns z. B.

---

[1] Entwicklungsgeschichtlich dem ältesten Teil des Hirnmantels zugehöriges funktionelles System zwischen Hirnstamm und Neokortex (Anm. d. Übers.).

vor einer Lehrerin fürchteten, die ein bestimmtes Parfüm benutzte, werden Angstgefühle in uns wach, wann immer wir diesem Parfüm wiederbegegnen – und das, obwohl uns völlig klar ist, daß von einer Bedrohung im gegenwärtigen Augenblick gar keine Rede sein kann. Wir entwickeln also ganz unbegründet gegenüber jedem Menschen, der dieses Parfüm benutzt, ein Vorurteil, auch wenn wir vom Verstand her wissen, daß er eigentlich ganz freundlich und liebenswert ist. Umgekehrt machen uns Düfte, die wir mit glücklichen Momenten unseres Lebens oder geliebten Menschen assoziieren, von neuem froh und entspannt.

Es ist kein Zufall, daß viele der als Antidepressiva geltenden ätherischen Öle wie Rose, Jasmin, Lavendel oder Geranie aus Sommerblumen gewonnen werden. In unserem Unterbewußtsein erzeugen sie Bilder von warmen, sonnigen Tagen, von Gärten und sogar von Urlaub, und dies sind meist angenehme Erinnerungen. Daher sollte jeder Aromatherapeut sich immer vergewissern, daß sein Patient die zu verwendenden Öle auch wirklich mag; unbewußt wird er stets die Düfte auswählen, die mit besonders positiven Assoziationen verbunden sind.

In diesem Zusammenhang liegt eine Chance für die Aromatherapie. Freilich kann Massage auch ohne ätherische Öle eine angenehme Entspannung bewirken; aber wenn ein dem Patienten angenehmes Öl zur Massage benutzt wurde, wird er es später allein durch den Duft mit einem Gefühl der Entspannung in Verbindung bringen. Und jedesmal, wenn er nun in Zukunft das gleiche Öl riecht – sei es im Bad, als Raumparfüm oder bei einer weiteren Behandlung –, wird dieser Duft das Wohlgefühl der Massage erneut hervorrufen; für ängstliche, angespannte und gestreßte Menschen ist dies eine unschätzbare Hilfe.

Vor kurzem haben Psychologen Experimente mit künstlich erzeugter Seeluft durchgeführt – einer Kombination aus Meersalz, Seetang etc. Den Versuchspersonen wurden Bänder mit aufgezeichnetem Wellenrauschen vorgespielt; gleichzeitig wurde ihnen die synthetische Seeluft zugefächelt. Physiologische Messungen, die man während des Versuchs an ihnen vornahm, zeigten an, mit welcher Entspannung ihr Körper auf dieses

Experiment reagierte. Nachfolgende Wiederholungen verstärkten sogar noch die Wirkung. Obwohl man hier nicht von reiner Aromatherapie sprechen kann, da ja noch andere Elemente mit im Spiel waren, illustriert dieses Experiment, wie stark angenehme Assoziationen die Entspannung fördern und durch Wiederholung sogar noch vertiefen.

In diesem Kontext sollte noch ein anderer wichtiger Aspekt erwähnt werden. Es handelt sich um das Gleichgewicht von rechter und linker Gehirnhälfte, wobei die erstere unser intuitives Denken und Handeln, die zweite alle logischen und intellektuellen Prozesse steuert. Wenn zwischen den beiden Hemisphären Harmonie besteht, durchströmen uns Ruhe und Wohlbehagen. Versuche mit Testpersonen, deren Gehirnaktivitäten über einen Monitor mit EEG-Ausrüstung[1] überprüft wurden, haben gezeigt, daß die Aktivität der beiden Gehirnhälften beim Einatmen ätherischer Öle immer symmetrischer wurde. Dieser Effekt erschien fast sofort, nachdem die Testpersonen die Essenzen inhaliert hatten. Es stellte sich heraus, daß bestimmte Öle wie Basilikum und Rosmarin, die wir gemeinhin mit geistiger Klarheit in Verbindung bringen, tatsächlich Gehirnströme hervorriefen, die auf aktive Aufmerksamkeit hindeuteten – die sogenannten Beta-Wellen. Dagegen zeigten sich die beruhigenden Antidepressiva wie Jasmin, Rose und Neroli auf dem Bildschirm als rhythmische Muster, wie sie für einen meditativen Geisteszustand typisch sind (Alpha-, Theta- und Delta-Ströme).

Eine besondere Bedeutung mißt die Aromatherapie den Interaktionen von Körper und Seele bei, vor allem bei der Behandlung psychosomatischer und streßbedingter Störungen. Wie ist es möglich, daß ätherische Öle, die sich zweifellos positiv auf Geist und Seele auswirken, zugleich einen so wohltuenden Effekt auf die menschliche Physis haben? Auch hier kennen wir nicht alle Antworten, aber wir wissen, daß der Hypothalamus – ein Teil des Zwischenhirns an der Gehirnbasis – dabei eine gewisse Rolle spielt. Er wird oft als der Punkt beschrieben, an

---

[1] EEG = Elektroenzephalogramm = die Aufzeichnung des Verlaufs der Hirnaktionsströme.

dem Körper und Seele sich berühren. Er reguliert sowohl das Hormon- als auch das Nervensystem und kann dadurch auf jedes Körperorgan und eine große Zahl von Körperprozessen einwirken. Der Hypothalamus ist über Nervenbahnen mit den verschiedensten Teilen des Gehirns verbunden, besonders eng mit dem limbischen System. Hier sehen wir noch einmal, wie wichtig diese Gehirnpartie für unsere frühesten Vorfahren war: Tatsächlich wäre es wenig sinnvoll gewesen, wenn die Nase zwar eine herannahende Gefahr wahrgenommen hätte, der Körper aber nicht in einen aktionsbereiten Alarmzustand versetzt worden wäre. Eine typische Ereignissequenz könnte folgendermaßen ausgesehen haben: Nase riecht Wölfe, limbisches System registriert Gefahr, Gefahr wird über Impulse dem Hypothalamus signalisiert, Hypothalamus übermittelt Signale an Hirnanhangdrüse, welche das gesamte endokrine System dirigiert. Die Nebennierendrüsen beginnen Adrenalin in die Blutbahn zu pumpen; das mit Adrenalin angereicherte Blut veranlaßt das Herz, schneller und kräftiger zu schlagen und erhöht den Atemrhythmus, so daß die Muskeln mit extra Blut und Sauerstoff versorgt werden und den Menschen befähigen, zuzuschlagen oder davonzurennen. Gleichzeitig wird Blut aus Haut und Verdauungsorganen Herz und Muskeln zugeführt. (Die Verdauung des letzten Essens wird in Anbetracht der Gefahr, zur nächsten Mahlzeit des Wolfes zu werden, völlig bedeutungslos!) Und all diese Vorgänge beanspruchen weit weniger Zeit, als zum Lesen dieser Zeilen erforderlich ist.

In Streßsituationen gleich welcher Art reagiert der Organismus mit Adrenalinausschüttung – auch wenn heute das Davonlaufen oder eine physische Auseinandersetzung kaum mehr die richtige Antwort auf eine Bedrohung darstellt. Auch wenn der Verursacher unserer Angst sich Hunderte von Kilometern weit weg befindet, können wir vor jedem einigermaßen kritischen Telefongespräch heftiges Herzklopfen bekommen und ein Gefühl, als würde alles Blut aus unserem Schädel gleichsam abgezogen. Trotz dieser Erregungen verbraucht der Körper das zusätzlich ausgeschüttete Adrenalin keineswegs in vollem Umfang, und so sind wir vielleicht verstört und ein paar Stunden lang sogar ein

wenig krank. Wenn eine solche Situation sich jedoch öfter wiederholt, können bestimmte körperliche Symptome auftreten, die Adrenalinvorräte sind erschöpft, und es kommt zu den sogenannten streßbedingten Erkrankungen.
Dieser Prozeß verläuft umgekehrt, wenn angenehme, entspannende Botschaften das Gehirn erreichen, wenn also der Hypothalamus Impulse empfängt, die ihm Sicherheit signalisieren. Dann versetzt er die Körpersysteme in ihre natürliche Ausgeglichenheit, so daß alle Organe und Körpervorgänge wieder normal funktionieren. Wie das vor sich geht, haben die Psychologen mit ihren »Seeklima-Konserven« unter Laborbedingungen bereits demonstriert. Aromatherapeuten, Masseuren, Meditierenden und all denen, die Yoga praktizieren – ja vielleicht noch unzähligen anderen Menschen –, sind diese Dinge seit Jahrtausenden bekannt.

Gelbsucht

Einige wenige ätherische Öle sind bei Gelbsucht hilfreich. Ich möchte jedoch gleich betonen, daß dies eine ernste Krankheit ist und unbedingt ein Arzt hinzugezogen werden muß. Die aromatherapeutische Behandlung kann parallel erfolgen, um die Beschwerden zu lindern und die körpereigenen Abwehrkräfte zu stärken.
Am geeignetsten dürften Kamillen- und Pfefferminzöl sein, um im Anfangsstadium die Übelkeit erträglich zu machen, und Zitronen-, Rosmarin- und Thymianöl, um die Leber zu stärken. Jean Valnet führt auch Geranie an. Ich habe mit diesem Öl bei Gelbsucht aber noch keine Erfahrungen gemacht.
Massieren Sie sehr sanft den gesamten Leber-, Magen- und Bauchbereich. Wird eine Massage als unangenehm empfunden, weil die Leber stark angeschwollen ist, machen Sie am besten kalte Umschläge mit Kamille, Rosmarin oder Thymian. Wenn der Patient sich stark genug fühlt, ein Bad zu nehmen, können Sie 6–8 Tropfen Kamillen- oder Rosmarinöl ins Wasser geben. Ziehen Sie Zitronen-, Pfefferminz- oder Thymianöl als Badezusatz vor, sollten Sie sich auf 3 Tropfen beschränken, da bei

höherer Dosierung die Gefahr einer Hautreizung besteht; mischen Sie ergänzend 3–5 Tropfen Kamillen- oder Rosmarinöl unter.

Die Rekonvaleszenz nach einer Gelbsucht dauert oft sehr lange, zuweilen Monate; der Patient ist allgemein erschöpft und leidet unter Verdauungsbeschwerden. Gerade in dieser Zeit ist die Aromatherapie besonders nützlich, da sie den gesamten Körper und vor allem Leber und Verdauungssystem kräftigen und stimulieren kann (Massagen und Bäder). Häufig fühlt der Genesende sich niedergeschlagen, weshalb man bei der Auswahl der passenden Öle auch an die antidepressiv wirkenden denken sollte; am wertvollsten während der Rekonvaleszenz scheint Bergamotte zu sein.

Siehe auch **Hepatisch** und **Leber.**

Geranie (Pelargonium graveolens, Pelargonium capitatum, Pelargonium radens sowie Hybriden dieser Arten)

Die als Fenster- und Gartenzierde beliebten »Geranien« sind botanisch eigentlich Pelargonien. Es gibt über 200 Kulturvarietäten dieser Pflanze, und es herrscht einige Verwirrung darüber, von welchen nun das uns bekannte ätherische Öl stammt. Dazu ist zu sagen, daß der größte Teil des zur Zeit erhältlichen Öls aus einer Kreuzung von *Pelargonium radens* und *Pelargonium capitatum* gewonnen wird. Auch innerhalb einer Varietät sind die Öle je nach Standort leicht unterschiedlich. Hauptanbaugebiete sind die Maskarenen-Insel Réunion, Algerien, Ägypten und Marokko. China exportiert ein Geranienöl, von dem allerdings nicht bekannt ist, von welcher Varietät es stammt. Ein sogenanntes Bulgarisches Geranienöl wiederum wird nicht aus einer Pelargonien-, sondern aus einer Geranienart extrahiert und ist völlig anders.

Das ätherische Öl wird durch Dampfdestillation aus den Blättern gewonnen. Zu den Hauptbestandteilen gehören Geraniol und Citronellol; ihr Verhältnis schwankt je nach Varietät und

Herkunftsort, liegt aber im allgemeinen bei über 50% der Gesamtmenge. Dazu kommen kleinere Mengen an Linalol, Limonen und Terpineol sowie diverse Alkohole in unterschiedlichen Anteilen. Das Öl besitzt eine schöne, leicht grünliche Farbe, der Geruch ist frisch und süß; vordergründig ähnelt er dem der Rose, auch wenn eine erfahrene Nase die beiden Aromen nie verwechseln würde. Das Öl wird häufig in kommerziellen Präparaten verwendet, um das wesentlich teurere Rosenöl zu strecken.

Für Culpeper steht die Pflanze unter dem Einfluß der Venus, allerdings ist ihr femininer Charakter weniger stark ausgeprägt als bei der Rose. Das ätherische Öl steht gewissermaßen zwischen dem süßen Rosen- und dem frischen Bergamottöl; aufgrund seiner relativen Neutralität läßt es sich gut mit vielen anderen Ölen mischen, insbesondere mit Bergamotte und Lavendel.

Wie fast alle Blütenöle wirkt Geranienöl antidepressiv und antiseptisch. Seine adstringierenden und blutstillenden Eigenschaften sind bei der Wundbehandlung nützlich. Es beschleunigt den Heilungsprozeß. Da es außerdem angenehm riecht und auf die Talgproduktion ausgleichend wirkt, benutzt man es auch in der Hautpflege. Es hilft sowohl bei zu trockener als auch bei zu fettiger Haut oder bei trockener Haut mit fettigen Stellen.

Die harmonisierende Wirkung ist darauf zurückzuführen, daß Geranie die Nebennierenrinde stimuliert, deren Hormonsekretion das Gleichgewicht der von anderen Organen ausgeschütteten Hormone, u. a. der Sexualhormone, reguliert. Bei Schwierigkeiten im Klimakterium und allen Beschwerden, die durch Schwankungen des Hormonspiegels ausgelöst werden, ist Geranienöl daher sehr nützlich. Es wirkt harntreibend, löst also die von vielen Frauen vor der Menstruation empfundenen Stauungen.

Geranienöl regt auch das Lymphsystem an; da es außerdem diuretisch wirkt, verwende ich es gern in einer Massagecreme zur Beseitigung der Flüssigkeitsansammlungen im Körper, z. B. bei Zellulitis oder Knöchelödemen. Tatsächlich fördert Geranie generell die Beseitigung von Schadstoffen und wirkt kräftigend

auf Leber und Nieren; Gelbsucht, Nierensteine und verschiedene Harnwegsinfekte sind mit ihr behandelt worden.
Theoretisch ist Geranie auch ein gutes Antiseptikum für Mund und Rachen und könnte bei Halsschmerzen, Mundgeschwüren und Zahnfleischentzündungen in Mund- und Gurgelwässern benutzt werden; die meisten Menschen empfinden jedoch das extrem blumige Aroma im Mund als unangenehm. Andere ätherische Öle wie Myrrhe und Thymian sind in dieser Hinsicht einfach deshalb brauchbarer, weil sie auf weniger Ablehnung stoßen. Einige Autoren beschreiben Geranie als sedativ, Valnet allerdings nicht; ich selbst kenne mehrere Fälle, in denen Menschen nach der Verwendung von Geranienöl, auch wenn es nur in kleinen Mengen benutzt wurde, mehrere Stunden lang hektisch und ruhelos waren und nicht einschlafen konnten. Daher vermeide ich es, Geranienöl spät am Tag zu verabreichen, und mische es mit ausgleichenden sedativen Ölen, z. B. mit Lavendel.
Geranienöl ist ein wertvolles Antidepressivum; manche Patienten ziehen sein Aroma dem schärferen Geruch von Bergamotte vor – mir scheint eine Kombination beider Öle am besten zu sein.
Zurück zu den Geranienkästen vor den Fenstern: Es ist durchaus möglich, daß Geranien ihre Popularität ursprünglich der Eigenschaft verdanken, Insekten zu vertreiben. Geranienöl ist in vielen kommerziellen insektenabschreckenden Präparaten enthalten, oft zusammen mit Bergamotte, Zitrone oder Zitronelle. Mit einem Zerstäuber versprüht oder in einer Aromalampe zum Verdunsten gebracht, hält es Ihr Heim im Sommer fliegenfrei und sorgt außerdem für einen angenehmen Duft.
Alte Zivilisationen betrachteten die Geranie als wichtiges Heilmittel, fähig, Knochenbrüche und Krebs zu heilen. Mir sind keine modernen Forschungen bekannt, die diese Behauptungen bestätigen oder widerlegen. Jean Valnet erwähnt sie, allerdings mit Vorbehalt. Ich bleibe dieser Problematik gegenüber offen – unsere Vorfahren hatten mit ihren Ansichten zu oft recht, als daß man ihr Wissen ungeprüft beiseite legen sollte. Viele frühe Hinweise auf Geranien beziehen sich allerdings auf die wilde

Geranie *(Geranium robertianum)* und nicht auf eine Pelargonienart. Aus einigen dieser duftenden Geranien läßt sich ein ätherisches Öl herstellen, das aber in puncto Geruch, chemischer Zusammensetzung etc. völlig anders ist als Pelargonienöl.

Gerard, John

John Gerard, der eines der maßgeblichsten Pflanzenbücher des 16./17. Jahrhunderts zusammenstellte, wurde 1545 in Nantwich, Cheshire, geboren. In Willaston, drei Kilometer entfernt, ging er zur Schule. Mit siebzehn machte er eine Lehre bei Alexander Mason, einem erfolgreichen Wundarzt (so nannte man damals die Chirurgen). Nach dem Abschluß seiner medizinischen Studien unternahm er ausgedehnte Reisen nach Skandinavien und Rußland, was damals noch etwas Besonderes war; vielleicht bereiste er auch den Mittelmeerraum, aber die schriftlichen Dokumente zu diesem Punkt sind unklar.

Im Jahre 1595 wurde er in ein hohes Amt der Gilde für Wundärzte und Barbiere gewählt. Zu dieser Zeit stand er bereits im Ruf eines großen Pflanzenkundigen. Unter anderem beaufsichtigte er die Kräutergärten von Lord Burghley in Strand und von Theobalds in Hertfordshire. In Holborn hatte Gerard seinen eigenen Garten. 1596 veröffentlichte er eine Aufstellung und Beschreibung aller dort wachsenden Pflanzen. Dies war zu der damaligen Zeit eine neue Idee, die spätere Autoren aufgrund ihrer methodischen, wissenschaftlichen Vorgehensweise stark beeinflußte. 1599 erschien eine zweite Auflage, die die lateinischen und die englischen Pflanzennamen enthielt.

Gerards Ruhm gründet jedoch vor allem auf seinem großartigen *Herbal (Pflanzenbuch),* das 1597 veröffentlicht und Lord Burghley gewidmet wurde. Es bestand weitgehend aus Übersetzungen klassischer Werke, denen Gerard jedoch seine eigenen Beobachtungen und Kommentare hinzufügte, z. B. Beschreibungen über Standort und Wachstum der Pflanzen sowie Hinweise darauf, wo einige der seltenen Pflanzen in Europa und auf den Britischen Inseln zu finden waren.

Gerard wurde schließlich offizieller Pflanzenheilkundler Jakobs I. und 1607 Großmeister der Gilde für Wundärzte und Barbiere. Daß er beide Ämter innehatte, zeigt eindeutig, daß es damals noch keinen Interessenkonflikt zwischen diesen beiden Richtungen der Medizin gab; bereits eine Generation später, zur Zeit von Nicholas Culpeper, scheint dies anders gewesen zu sein. John Gerard starb am 19. Februar 1612 im Alter von 67 Jahren.

Geruchssinn

Über den Geruchssinn wissen wir sehr viel weniger als über die Funktionen der anderen Sinnesorgane wie Sehen, Hören, Tasten und Schmecken (letzteres hängt ja sehr eng mit dem Riechen zusammen). In den letzten Jahren nun haben Forschungen unser Verständnis für die physiologischen Prozesse der Geruchswahrnehmung erweitert und die erstaunliche Wirkung ätherischer Öle auf Körper und Seele bestätigt.

Die Riechnerven befinden sich im oberen Teil der Nase. Anders als die Nerven, die für den Tast- und Gehörsinn etc. verantwortlich sind, haben sie eine direkte Verbindung zum Gehirn. Man hat sie auch schon als »Gehirnzellen außerhalb des Gehirns« bezeichnet, weshalb der Geruchssinn der unmittelbarste unserer Sinne ist.

Jede Riechzelle sendet feinste Härchen – die sogenannten Zilien oder »Riechstiftchen« –, deren Enden mit Rezeptoren versehen sind, in die Schleimhäute der Nase. Aufgabe der Rezeptoren ist es, jedes eingedrungene Duftpartikelchen ausfindig zu machen. Ätherische Öle (oder andere Gerüche) sind bekanntlich sehr flüchtig, d. h., sie verdunsten im Nu, sobald sie mit Luft in Berührung kommen. In diesem Zustand gelangen sie in unsere Nase. In der Feuchtigkeit, die sie dort vorfinden, lösen sich ihre feinen Partikelchen auf, und nur in dieser flüssigen Form können sie von den Riechnerven aufgespürt werden. Die Information über diese Partikel gelangt über die Zilien an die Riechzelle. Von dort wird sie über weitere Nervenfasern an das Gehirn weitergegeben. Sie durchläuft dabei die Knochenplatte an der Wurzel der Nase (Siebbeinplatte). Das Gehirn identifiziert den Geruch, und wir werden uns überhaupt erst bewußt, daß wir etwas gerochen haben. All dies geschieht natürlich unwahrscheinlich schnell. In den letzten Jahren haben wir durch die Erfindung des Elektronenmikroskops noch mehr darüber erfahren, wie die Zilien Duftpartikel aufspüren. Die Rezeptoren an der Spitze der Zilien sind unterschiedlich groß. Die Moleküle der Duftpartikel variieren je nach ihrer Herkunft ebenfalls in Form und Größe. Wenn nun ein Rezeptor auf ein Molekül trifft, dessen Größe ihm entspricht, wird durch diese Entsprechung der Prozeß eingeleitet, der die Information an das Gehirn weitergibt; dieses identifiziert nun den Geruch danach, welcher Rezeptor ihn »aufgefangen« hat. Die übermittelte Information signalisiert also nicht Bezeichnungen wie »Rose« oder »Katze«; das ist erst die Aufgabe anderer, mit der Geruchszentrale verbundener Gehirnpartien, in denen die Erinnerungen an frühere Riecherlebnisse gespeichert sind. Die Zilien übermitteln lediglich, ob ein Duftmolekül süß oder sauer, blumig oder harzig, stark oder schwach riecht. Meist handelt es sich ja um Gerüche, die aus unterschiedlichen Duftkomponenten bestehen. Letztendlich sind es die Größenunterschiede der Rezeptoren, die es uns ermöglichen, all die vielen Duftkombinationen zu registrieren. Interpretiert wird dieser »Input« erst im Gehirn, das den Gerüchen ihre spezifischen Bezeichnungen verleiht.

Aber damit nicht genug der Wunder. So kann unsere Nase weit mehr verschiedene Gerüche aufspüren als unsere Ohren Töne. Alles, was wir sehen oder schmecken, wird über nur drei oder vier verschiedene Arten von Nervenzellen registriert; die Nase hingegen kann ungefähr zehntausend Arten von Gerüchen erfassen, obwohl sie offensichtlich weit weniger als zehntausend Rezeptoren dazu benötigt. Dieses erstaunliche Phänomen läßt sich vermutlich außer durch Gestalt und Größe der einzelnen Duftmoleküle nur durch ihre Vibrationsgeschwindigkeit erklären, die bei der Unterscheidung der unzähligen Gerüche eine ganz besondere Rolle spielt.

Der Geruchssinn ist nicht nur der unmittelbarste unserer Sinne, er ist auch der flüchtigste. Denn nur im ersten Augenblick werden Gerüche wirklich intensiv wahrgenommen; im nächsten Moment scheinen sie schon verflogen zu sein. Man unterscheidet hier zwischen zwei Phänomenen: einem »Ausblend-« und einem »Ermüdungseffekt«.

Der Ausblendeffekt tritt ein, wenn wir über längere Zeit einem bestimmten Geruch ausgesetzt sind. Man kann dies am besten am Beispiel eines Kochs illustrieren, der für die Speisen, die er täglich bereitet, gar keine »Nase« mehr hat, weil er ständig von ihren Düften umgeben ist. Wenn aber ein Unbeteiligter die Küche betritt, wird er die köstlichsten Gerüche wahrnehmen. Ähnlich ergeht es jedoch auch dem Koch, wenn er seinen Arbeitsplatz eine Weile verläßt; bei seiner Rückkehr reagiert seine Nase so, als wäre sie einem neuen Reiz ausgesetzt.

Der Ermüdungseffekt findet statt, wenn wir in relativ kurzer Zeit einer Reihe von Gerüchen ausgesetzt sind. Sehr bald schon verlieren wir die Fähigkeit, zwischen den einzelnen Düften deutlich zu unterscheiden, und sie beginnen, alle ziemlich ähnlich zu riechen. Das passiert, wenn wir z. B. in einer Drogerie nacheinander verschiedene Parfüms ausprobieren. Beim Austesten von drei oder vier ätherischen Ölen passiert natürlich dasselbe.

Um die Wirkungsweise ätherischer Öle auf den menschlichen Organismus besser zu verstehen, muß man wissen, daß jene Gehirnpartie, die die Gerüche registriert, über Nervenbahnen direkt mit dem Hypothalamus verbunden ist, einem Teil des Zwischenhirns an der Gehirnbasis; dieses reguliert eine Reihe wichtiger Körperaktivitäten: erstens das endokrine System, das die Ausschüttung von Wachstums-, Sexual- und Stoffwechselhormonen sowie einige andere Körperfunktionen kontrolliert; zweitens das autonome Nervensystem, das für nahezu alle unbewußten, lebenserhaltenden Aktivitäten wie z. B. Verdauung, Herztätigkeit, Atmung etc. zuständig ist; und drittens Wärmehaushalt und Hunger. Auf liebliche Essensdüfte reagieren wir sofort mit Hungergefühlen; umgekehrt überkommt uns ein Brechreiz, wenn wir mit schlechten Gerüchen, z. B. von verdorbenem Fleisch, konfrontiert werden. Wieder andere Düfte regen unseren Sexualtrieb an. Vielleicht werden wir eines Tages herausfinden, warum dies so ist, aber zum Verständnis der Aromatherapie muß es uns vorläufig genügen, daß derartige Reaktionen tatsächlich stattfinden. Daß auch Gefühle und Erinnerungen durch Düfte wachgerufen werden, ist ein noch größeres Rätsel. Einige Aspekte zu diesem Thema werden unter dem Stichwort **Gehirn** angesprochen.

Ich werde manchmal gefragt, ob eine aromatherapeutische Behandlung auch für solche Menschen nutzbringend ist, die keinen Geruchssinn haben. Ich meine ja, da die ätherischen Öle auf jeden Fall über die Haut oder die Lunge in die Blutbahn gelangen. Geruchsunempfindlichkeit beeinträchtigt daher den Heilerfolg in keiner Weise. Es fragt sich nur, ob die geistig-seelischen Reaktionen eines derart gehandikapten Patienten auf die verschiedenen Öle gleich stark sind.

Siehe auch **Gehirn.**

Gicht

Gicht ist die Folge eines chemischen Ungleichgewichts im Körper, der nicht in der Lage ist, die Harnsäure richtig zu verarbeiten und auszuscheiden. Diese setzt sich dann in kristalliner Form ab, oft um ein einziges Gelenk herum. Am häufigsten betroffen ist die Basis des großen Zehs – viele ältere Herren wissen ein Lied davon zu singen. Der erste Gichtanfall tritt meist ohne Vorwarnung auf. Das Gelenk wird heiß, rot und entzündet sich. Die Anfälle sind extrem schmerzhaft.

Da Gicht eine akute, auf ein Gelenk beschränkte Form von Arthritis darstellt, gelten die bei dieser Krankheit angegebenen aromatherapeutischen Behandlungsrichtlinien: kalte Kompressen, Massagen, Ernährungsumstellung (siehe **Arthritis**).

Giftigkeit (Toxizität)

Abgesehen von einigen wenigen Ausnahmen sind die ätherischen Öle nicht giftig und völlig ungefährlich, wenn sie vernünftig eingesetzt werden – d. h. in den in diesem Buch empfohlenen geringen Mengen und schwachen Lösungen, und wenn sie von einem verantwortungsbewußten Therapeuten angewandt werden. Es gibt allerdings einige Öle, die schon bei minimaler Anwendung hochtoxisch wirken. Andere können bei längerer Anwendung zu Vergiftungserscheinungen führen. Auch die Menschen reagieren auf die Öle unterschiedlich empfindlich: So ist bei Babys, Kleinkindern, Schwangeren, Epileptikern und älteren Menschen besondere Vorsicht geboten (siehe die entsprechenden Stichwörter).

Die giftigsten Öle sind in der Aromatherapie sowieso nie benutzt worden und praktisch nicht erhältlich. Immerhin gibt es einige, die man als Grenzfälle bezeichnen könnte, weil sie gewisse Risiken bergen, aber doch leicht zu erwerben sind; sie sollten daher mit besonderer Sorgfalt eingesetzt werden. Vor allem französische Bücher erwähnen solche Öle ohne besonderen Hinweis auf ihre Gefährlichkeit, wobei man aber wissen muß, daß die meisten französischen Aromatherapeuten Ärzte sind, die nach ihrem Medizinstudium eine Ausbildung in der Anwendung ätherischer Öle erhalten haben. Es kann sein, daß sie diese bei Mißbrauch tödlichen Öle einsetzen, allerdings sehr umsichtig und im Wissen um die Wirkungen auf den Körper. Auch homöopathische und allopathische Ärzte verschreiben kleinste Mengen dieser giftigen Pflanzen, um eine Heilung herbeizuführen, aber das heißt nicht, daß Laien oder Aromatherapeuten ohne medizinische Ausbildung genauso verfahren sollten.

Es gibt auch ätherische Öle, deren mögliche toxische Wirkung erst durch neueste Forschungen und klinische Beobachtungen belegt wurde und die daher in der einschlägigen älteren Literatur als völlig unschädlich beschrieben wurden.

Zu den potentiell giftigen Substanzen, die im freien Handel erhältlich sind, gehören Kampfer, Beifuß, Poleiminze, Sassafras, Thuja, Wintergrün und Wermut. Sie alle bergen Risiken in sich und sollten daher strikt gemieden werden.

Auch Salbei wird in der Regel für unbedenklich gehalten, doch meine persönliche Erfahrung hat mich eines anderen belehrt; Kollegen haben mir dies inzwischen bestätigt. Als Alternative würde ich Muskatellersalbei vorschlagen und den gewöhnlichen Salbei *(Salvia officinalis)* der Kunst der Experten überlassen.

Auch mit einigen Thymian-Varietäten sollte man vorsichtig verfahren. Ich verwende sie nur in sehr niedrigen Konzentrationen; bei Kindern benutze ich den milden Chemotyp, der Linalol enthält.

Besonders gefährlich ist das aus der Bittermandel gewonnene Öl, da es Blausäure enthält; es ist nicht mit dem Öl der süßen Mandel zu verwechseln, das in der Massage als Trägeröl beliebt ist. Die Mandelöle, die als aromatische Geschmacksstoffe in der Küche verwendet werden, enthalten entweder aufgrund von chemischen Prozessen keine Blausäure mehr, oder es handelt sich von vornherein um synthetische Produkte.

Anis kann bei fortgesetztem Genuß zu ernsthaften Schädigungen des Nervensystems und des Kreislaufs führen, ja sogar ebenso wie Rauschgift süchtig machen. Es ist daher nie ratsam, ein ätherisches Öl über einen längeren Zeitraum anzuwenden, da sonst die Gefahr besteht, daß sich im Organismus Rückstände festsetzen, die toxisch wirken können. Auch auf harmlose Öle reagiert der Körper nicht mehr, wenn sie ständig verabreicht werden. Ich empfehle daher, die Öle öfter zu wechseln oder vom bevorzugten Duft von Zeit zu Zeit ein wenig »Urlaub« zu nehmen.

Die toxischen Öle beeinträchtigen vor allem die Funktion von Nieren und/oder Leber. Die Anwendung zweifelhafter Öle über einen längeren Zeitraum hat dieselbe Wirkung. Bei einer Schädigung können diese Organe ihre Aufgabe, gefährliche Substanzen aus unserem Blut herauszufiltern, nicht mehr erfüllen, und so werden Schadstoffe oft in hohen Konzentrationen in ihnen gespeichert.

Ich möchte betonen, daß die ätherischen Öle nicht nur dann giftig sind, wenn sie oral verabreicht werden. Die Aufnahme durch den Mund ist aber die bei weitem bedenklichste Anwendung; der Leser wird inzwischen selbst festgestellt haben, daß ich an keiner Stelle dieses Buches für eine solche Methode plädiert habe. Sehr viele verantwortungsbewußte Aromatherapeuten stimmten mir in diesem Punkt zu.

Auch durch das Einatmen oder die Anwendung auf der Haut werden ätherische Öle vom Körper absorbiert und in die Blutbahn weitergeleitet. Gerade dies macht ja die Aromatherapie so

effizient, aber es bedeutet auch, daß toxische Substanzen denselben Weg nehmen.
Eine vollständige Liste möglicherweise gesundheitsschädlicher Öle findet sich in Anhang A.
Siehe auch **Babys, Epilepsie, Hautreizungen, Kinder, Schwangerschaft.**

Ginseng (Panax ginseng und Panax quinquefolium)

Vor allem bei einem geschwächten Patienten empfiehlt sich parallel zur aromatherapeutischen Behandlung die Einnahme von Ginseng-Präparaten.

Ginseng wird im Fernen Osten, insbesondere in China und Korea, seit Tausenden von Jahren als kräftigendes und anregendes Mittel benutzt. Ihm werden so viele wunderbare Eigenschaften nachgesagt, daß er schon fast zu einer Legende geworden ist. In persönlichen Krisenzeiten und während der Rekonvaleszenz ist Ginseng sicher sehr nützlich; er sollte jedoch keinesfalls im Übermaß angewandt werden. Ein paar Tage, etwa nach körperlichen oder seelischen Traumata oder bei einer kurzzeitigen Beanspruchung aller Kräfte, können bis zu 1200 mg täglich in Kapselform eingenommen werden; bei längerer Verabreichung, etwa während der Genesung, sollte die tägliche Dosis 600 mg nicht überschreiten.

Ginseng gilt allgemein als Aphrodisiakum; seine Wirkung in dieser Hinsicht scheint jedoch einfach auf der Tatsache zu beruhen, daß er ein Gefühl des Wohlbefindens und der Kraft vermittelt. Ursache scheint ein pflanzliches Äquivalent des Hormons Testosteron zu sein.

Grapefruit (Citrus paradisi)

Der Grapefruit-Baum ist eine Kreuzung von *Citrus Maxima* und *Citrus sinensis*. In den verschiedenen Teilen der Welt, hauptsächlich aber in Israel, Brasilien, Florida und Kalifornien – das den größten Teil des im Handel erhältlichen ätherischen Öls produziert –, werden die unterschiedlichsten Varietäten angebaut.

Das Öl wird durch Auspressen der Schale gewonnen und enthält bis zu 90% Limonen, außerdem Citral, Geraniol, Cadinen und Paradisiol. Die Farbe schwankt zwischen Gelb und Grün, der Duft ist zitrusartig und erinnert an die frische Frucht.

Von den anderen Zitrusölen unterscheidet Grapefruitöl sich vor allem dadurch, daß es die Lichtempfindlichkeit der Haut nicht erhöht. Es enthält zwar die für diesen Effekt verantwortlichen Furocumarine, wohl aber auch ein oder zwei andere Bausteine, die neutralisierend wirken. Dies veranschaulicht sehr gut, daß der Gebrauch vollständiger Öle sehr viel ungefährlicher ist als der von isolierten Bestandteilen. Ansonsten hat das Öl viele Eigenschaften mit den anderen Zitrusölen gemeinsam und stellt eine gute Alternative zu diesen dar, wenn die Haut nach der Behandlung der Sonne ausgesetzt werden soll.

So eignet Grapefruitöl sich bei Flüssigkeitsansammlungen im Körper, Zellulitis und anderen Krankheitsbildern, bei denen Schadstoffe nicht effizient ausgeschieden werden, denn es wirkt harntreibend und entgiftend und regt das Lymphsystem an. Ich verwende es, zuweilen mit Geranie gemischt, zu Lymphmassagen. Nach anstrengender körperlicher Betätigung trägt es dazu bei, die Milchsäure aus den Muskeln zu entfernen, so daß Schmerzen und Steifheit geringer werden; dies kommt besonders Sportlern, Tänzern und anderen Menschen entgegen, deren Muskeln in Höchstform sein müssen.

Es ist gut geeignet bei fettiger Haut und Akne und hat eine anregende Wirkung auf Haut und Kopfhaut. Wegen seines ausgesprochen angenehmen Aromas wird es gern Gesichtswässern, Lotionen etc. beigegeben.

Es heißt, daß Grapefruitöl zur Behandlung von Fettleibigkeit eingesetzt werden kann. Wenn diese auf Flüssigkeitsansammlungen im Gewebe beruht, ist die harntreibende Wirkung des Öls tatsächlich sehr nützlich; meines Erachtens ist jedoch seine antidepressive Wirkung hier noch wichtiger. Viele übergewichtige Menschen sind im Grunde unglücklich, und wenn ihre gefühlsmäßige Verfassung sich bessert, nehmen sie oft auch ab.

Diese – von vielen Aromatherapeuten übersehene – antidepressive Wirkung steht für mich überhaupt an erster Stelle. Grapefruit ist ein »sonniges« Öl, das nicht sediert und Geist und Seele aufmuntert. Ich setze es zunehmend bei depressiven, lethargischen Menschen ein, insbesondere im Winter.

Saisonbedingte affektive Störungen scheint es sehr positiv zu beeinflussen – obwohl ich mir nicht vorstellen kann, daß es irgend jemanden gibt, dem Grapefruitöl nicht guttut, wenn der Frühling weit weg ist.

Grippe (Influenza)

Starke Erkältungen und verschiedene nicht identifizierte Viruserkrankungen werden gemeinhin als »Grippe« bezeichnet; einige Fachleute weisen zu Recht darauf hin, daß dies eigentlich nicht richtig ist und eine echte Grippe eine sehr schwere Infektion darstellt, die – oft im Zehn-Jahres-Rhythmus – in weitverbreiteten Epidemien erscheint. Die folgenden Ausführungen beziehen sich jedoch auf das weniger gefährliche Krankheitsbild, weil es so häufig auftritt und man sich hier mit ätherischen Ölen gut selbst helfen kann.

Sehr wichtig ist, daß mit der Behandlung sofort bei den ersten Anzeichen der Infektion begonnen wird. In diesem Stadium löst bereits ein mäßig heißes Bad mit ein paar Tropfen eines antiviral wirkenden ätherischen Öls einen starken Schweißausbruch aus, dem ein tiefer, erholsamer Schlaf folgt. Ich brauche nicht zu betonen, daß der Patient sofort nach dem Bad ins Bett gehen sollte. Oft ist der Grippeanfall damit bereits abgewehrt; es schadet aber nicht, das Bad in den nächsten zwei, drei Tagen zu wiederholen. Wirklich spektakuläre Erfolge lassen sich mit Ti-Baum- und Ravensara-Öl erzielen. Wenn Sie beide nicht zur Hand haben, können Sie es auch mit einem »Cocktail« aus Lavendel und Eukalyptus versuchen (je 3 Tropfen).

Betonen möchte ich, daß diese Behandlungsmethode die Krankheitssymptome nicht unterdrückt oder kaschiert. Wenn wir wissen, wie sich Infektionen entwickeln, wird dieser Punkt vielleicht ein wenig klarer. In der Zeit zwischen seinem Eindringen in den Körper und den ersten Krankheitserscheinungen

pflanzt sich das Virus rasch fort (Viren können sich nur im Körper eines »Wirts« reproduzieren).
Erst wenn ein bestimmtes Viren-Niveau im Körper erreicht ist, reagiert dieser. Falls das körpereigene Immunsystem gut funktioniert, werden die eingedrungenen Viren neutralisiert, bevor sie sich so stark vermehrt haben, daß der »Wirt« erkrankt. Der Betreffende besitzt dann eine gute Widerstandskraft gegen Infektionen; dies erklärt auch, warum manche Menschen während einer Epidemie an Erkältung oder Grippe erkranken, andere nicht.
Bei den ersten spürbaren Krankheitsanzeichen arbeiten alle Abwehrmechanismen des Körpers mit voller Kraft; ein antiviral wirkendes ätherisches Öl verstärkt diese Aktivität. Eukalyptus, Lavendel, Ravensara und Ti-Baum wirken auf zweierlei Weise: Sie greifen das Virus selbst an und stimulieren die Immunreaktion des Körpers. Dies kann bereits ausreichen, um eine Vermehrung des Virus zu verhindern und die Krankheit zu stoppen.
Dampfinhalationen mit den oben genannten Ölen können die Wirkung eines Aromabads ergänzen oder allein verabreicht werden, wenn ein Bad nicht durchführbar ist oder der Patient sich sehr schwach fühlt.
Wenn die Grippe trotzdem ausbricht, wird ihr Verlauf mit Sicherheit verkürzt oder weniger schwer ausfallen. Baden Sie möglichst täglich, und machen Sie mindestens dreimal pro Tag eine Dampfinhalation. Dies vermindert auch die Gefahr sekundärer Infektionen der Atemwege.
Solche bakteriellen Nebeninfektionen haben bei früheren Epidemien der echten Grippe schon Tausende von Todesfällen verursacht. Die Verwendung von Antibiotika hat ihre Zahl drastisch reduziert, aber sehr junge sowie alte Menschen sind immer noch gefährdet. Hier kann der Einsatz von Antibiotika also durchaus sinnvoll sein. Stellen Sie in einem solchen Fall die Behandlung mit ätherischen Ölen nicht ein – sie kann nur nützen und beeinträchtigt die Wirkung der schulmedizinischen Medikamentenbehandlung in keiner Weise.
Als gute zusätzliche Maßnahme empfehle ich das Verdampfen oder Versprühen ätherischer Öle im Krankenzimmer. Auch hier

sind Ti-Baum und Eukalyptus eine gute Wahl, eventuell kann man etwas Bergamotte hinzufügen. Auch das ebenfalls entzündungshemmende Nelkenöl eignet sich, das seit Hunderten von Jahren bei Epidemien verwendet wird. Denken Sie jedoch daran, daß Nelkenöl die Haut reizt und daher nicht als Badezusatz eingesetzt werden sollte.

Nach einer Grippe fühlt man sich oft noch lange schwach und antriebslos. In dieser Phase ist Bergamottöl angezeigt – möglichst in Form von Massagen, aber auch zum Baden. Rosmarin ist ein kräftigendes, stimulierendes Öl, das dem Patienten wieder auf die Beine hilft. Auch die Verabreichung von Ginseng-Präparaten kann helfen.

Gürtelrose (Herpes zoster)

Der Name der schmerzhaften Krankheit hat etwas mit der Tatsache zu tun, daß sich der sie begleitende Hautausschlag meist auf Gürtelhöhe befindet.

Ihr Verursacher ist dasselbe Virus, das auch die Windpocken auslöst und lange nach einer solchen Erkrankung – wenn auch scheinbar gebändigt – im Organismus präsent bleibt. Viele Jahre später, für gewöhnlich erst im Erwachsenenalter, kann es jäh wieder in Erscheinung treten, meist dann, wenn die betreffende Person gestreßt oder körperlich erschöpft ist.

Das Virus befällt die empfindlichen Nerven, die sich in der Nähe des Rückenmarks (Spinalnerven) befinden, und verursacht auf den von ihnen versorgten Hautpartien ganze Schwärme von Bläschen. Die Schmerzen beginnen gewöhnlich bereits, bevor die Bläschen erscheinen, und können einige Tage von Fieber begleitet sein. Wenn die Bläschen schließlich verschwinden, dauern die Schmerzen, die Müdigkeit und der allgemeine Schwächezustand zuweilen noch wochen- oder monatelang an.

Bergamott-, Eukalyptus- und Ti-Baum-Öl erweisen sich hier als äußerst hilfreich, weil sie den Schmerz lindern und dazu beitragen, daß die Bläschen austrocknen. Sie wirken antiviral und scheinen in Kombination noch wirksamer zu sein als allein. In diesem Zusammenhang möchte ich auf Bergamottöl als eines der besten Antidepressiva im gesamten aromatherapeutischen Repertoire hinweisen und darauf, daß Menschen, bei denen eine Gürtelrose auftritt, im Vorfeld der Krankheit häufig deprimiert, angespannt und ängstlich sind. Die Krankheit selbst führt natürlich zu verstärkter Depression. Da Bergamottöl zudem eine direkte Wirkung auf das Herpes-Virus hat, ist es doppelt wertvoll.

Falls der von Bläschen befallene Bereich relativ klein ist, kann eine 1:1-Mischung aus Bergamott- und Eukalyptusöl unverdünnt angewendet werden. Um unnötige Schmerzen beim Auftragen zu vermeiden, bedient man sich am besten eines sehr weichen Malerpinsels. Hat der Ausschlag jedoch schon weiter um sich gegriffen, empfehle ich die örtliche Anwendung einer alkoholischen Lösung derselben Öle oder ein entsprechendes Vollbad. Am besten eignet sich die Kombination beider Methoden: Tagsüber die Bläschen mehrmals betupfen und vor dem Schlafengehen ein aromatisches Bad.

Im Gegensatz zur Meinung schulmedizinischer Kreise, daß gegen Gürtelrose kein Kraut gewachsen sei und man lediglich ihre Symptome ein wenig dämpfen, die Krankheit selbst aber nicht verkürzen könne, ist meine Erfahrung eher positiv. Ich habe schon mehrere derartige Fälle behandelt oder beobachtet und dabei festgestellt, daß durch die Anwendung von Bergamott- und Eukalyptusöl sowohl die Dauer des Ausschlags als auch seine Schmerzhaftigkeit beträchtlich reduziert werden konnten.

Wenn die Schmerzen auch nach dem Verschwinden der Bläschen noch anhalten, kann man wechselweise oder alternativ Lavendel- und Kamillenöl verwenden; auch Mischungen wie etwa Bergamotte/Lavendel sind möglich.

Haar

Haare bestehen zum Großteil aus dem Protein Keratin, das auch unsere Nägel und die äußere Schicht der Hautzellen bildet. Es ist keine lebende Substanz, sondern entsteht, wenn die Zellen in der Haarwurzel absterben.

Da Haare tote Materie sind, kann die Aromatherapie kaum etwas zur Veränderung ihres Zustandes unternehmen. Allerdings können wir mit ätherischen Ölen den Gesundheitszustand der Kopfhaut verbessern, von dem die Beschaffenheit unserer Haare zum Großteil abhängt.

Seit Jahrhunderten wird Rosmarin als haarkräftigendes Mittel verwendet, insbesondere bei dunklem Haar; das ätherische Öl ist Bestandteil vieler kommerzieller Präparate für Haar und Kopfhaut. Ein paar Tropfen Rosmarin können nach der Haarwäsche ins Wasser gegeben werden, um die Haare zu spülen; oder stellen Sie eine Mischung auf Alkoholgrundlage her, mit der Sie dann die Kopfhaut einreiben (5 ml – ein durchschnittlich großer Teelöffel – Rosmarinöl auf 100 ml hochprozentigen Alkohol).

Kamille benutzt man zum Spülen blonder Haare; es verleiht einen goldenen Glanz, kann aber leicht austrocknend wirken. Wenn Sie trockenes Haar haben und Kamille benutzen wollen, sollten Sie erst eine Pflegepackung auftragen: Massieren Sie Jojobaöl in die Kopfhaut ein, umwickeln Sie den Kopf mit Plastikfolie und warmen Handtüchern und lassen Sie das Ganze 1–2 Stunden einwirken; anschließend waschen Sie alles mit Shampoo wieder aus. Bei fettigem blondem Haar können Sie der letzten Spülung starken Kamillenblütentee hinzufügen.

Schuppen können sehr wirksam mit ätherischen Ölen behandelt werden. Bei trockenen Schuppen empfehle ich Lavendel und/oder Ti-Baum (3%ige Verdünnung in einem Trägeröl – Anwendung wie für Kamille ein- bis zweimal wöchentlich). Bei fettigen Schuppen sind Bergamotte oder Sandelholz besser geeignet, weil sie die Talgproduktion ins Gleichgewicht bringen. Geben Sie die erforderliche Menge eines milden Shampoos (viele kommerzielle Schuppenshampoos greifen die Kopfhaut zu stark an) auf die Hand und fügen Sie 1 bis 3 Tropfen ätherisches Öl hinzu. Massieren Sie das Shampoo gut ein, lassen Sie es maximal fünf Minuten einwirken und spülen Sie dann wie gewohnt nach (zwei- bis dreimal wöchentlich).

Die Gesundheit von Haar und Kopfhaut hängt weitgehend vom allgemeinen Gesundheitszustand und der Ernährung ab. So sollte eine ausgewogene Vitamin- und Mineralstoffzufuhr sichergestellt sein, notfalls in Form gesonderter Zusätze zur Nahrung. Benutzen Sie milde Shampoos, denn aggressive beseitigen die natürliche Talgschicht, die das Haar geschmeidig und glänzend macht. Der Talg (Sebum) wird von Drüsen im Haarfollikel abgesondert, breitet sich entlang des Haarschaftes aus und bildet so etwas wie eine Schutzschicht. Fehlt sie, lösen sich ständig Haarzellen ab, aus denen das Haar zum Großteil besteht, und verleihen ihm ein mattes, lebloses Aussehen. Äußerliche Behandlungen geben dem Haar zwar wieder Glanz, indem sie den Talg durch andere fettende Substanzen ersetzen – einfacher und gesünder wirkt jedoch der natürliche Talg.

Haarausfall

Hier ist ein vorübergehender Haarausfall gemeint, im Unterschied zur progressiven, dauerhaften Glatzenbildung bei Männern, die durch keine Behandlungsmethode aufzuhalten ist. Eine zeitweilige Kahlheit oder ein sehr starker Haarausfall dagegen kann durch Aromatherapie und andere Methoden oft günstig beeinflußt werden.

Vorübergehende Kahlheit kann im Gefolge einer Krankheit auftreten oder Symptom für eine Schilddrüsen- oder Hypophysenunterfunktion bzw. eine Fehlfunktion der Keimdrüsen sein. In solchen Fällen kommt es zu einem mehr oder weniger gleichmäßig über den Kopf verteilten Haarausfall, der allmählich fortschreitet.

Es gibt jedoch auch viele Fälle eines teilweisen oder völligen Haarausfalls nach einem Schock, dem Tod eines geliebten Menschen, einem Unfall oder einer besonders stressigen Zeit. Der Haarausfall kommt dann meist plötzlich und uneinheitlich, d. h., es entstehen eine oder mehrere völlig kahle Stellen; dies ist die sogenannte Alopecia areata. Das Haar kann genauso mysteriös, wie es ausgefallen ist, auch wieder zu wachsen beginnen; allerdings führt die Tatsache, ganz oder teilweise kahlköpfig zu sein, oft zu zusätzlicher Verspannung, die die Erholung verzögert.

Bei Streß, Schockzuständen und anderen geistig-seelischen Problemen kann die Aromatherapie helfen; der Haarwuchs setzt oft wieder ein, wenn der Therapeut die dem Haarausfall zugrunde liegenden Ursachen behandelt. Nützlich sind vor allem Massagen der Kopfhaut zur Steigerung der Durchblutung und zur allgemeinen Verbesserung ihrer Struktur, denn jedes einzelne Haar entwächst einer »Wurzel« (bzw. einem Follikel) der unteren Schicht der Haut (der Dermis). Die Erfahrung hat gezeigt, daß Lavendel, Rosmarin und Thymian den Haarwuchs anregen, sowohl bei starkem Ausfall wie bei völligem Verlust. Ist noch Haar vorhanden, kann man jedes dieser Öle mit Mandel- oder Jojobaöl als Trägersubstanz ein- oder zweimal wöchentlich sanft ins Haar einmassieren und mindestens zwei Stunden einwirken lassen, bevor man das Ganze mit einem milden, natürlichen Shampoo wieder auswäscht. Damit das Haar das Öl besser aufnimmt, empfiehlt es sich, heiße Handtücher um den Kopf zu wickeln. Das Aussehen des verbleibenden Haares wird so verbessert, es erscheint voluminöser, was dem Patienten zumindest psychischen Auftrieb gibt. Der Therapeut sollte dem unter Haarausfall Leidenden auch zeigen, wie er täglich seine Kopfhaut selbst massieren kann.

Aromatherapeutische Behandlungen bei seelischen Erschütterungen und Streß werden in anderen Einträgen dieses Buches erläutert; hier möchte ich nur die eminente Bedeutung von Massagen unterstreichen, die durch aromatische Bäder ergänzt werden können.

Wenn eine physische Erkrankung Ursache des Haarausfalls zu sein scheint, sollte ein Arzt oder Heilpraktiker herangezogen werden; die oben beschriebene Behandlung der Kopfhaut kann dessen ungeachtet weitergeführt werden.

Vollständiger oder teilweiser Haarausfall wird manchmal durch eine Lebensmittelallergie oder andere chemische Reizstoffe ausgelöst, wie z. B. Haarfärbemittel, Dauerwellenbehandlung, industrielle Chemikalien oder Dämpfe. Die Meidung des betreffenden Reizstoffes ist dann natürlich als erstes vonnöten; die Behandlung mit aromatischen Ölen wird das Haarwachstum zusätzlich anregen.

Haarausfall kann auch als Nebenwirkung bestimmter Medikamente auftreten, insbesondere solcher zur Krebsbehandlung. Norwegische Aromatherapeuten berichten jedoch, sie hätten vor allem mit Lavendelöl das Haar von Krebspatienten wieder zum Wachsen gebracht.
Eine gesunde Ernährung ist für die Gesundheit von Kopfhaut und Haaren sehr wichtig – insbesondere geeignete Proteine, pflanzliche Fette in kleinen Mengen und der Vitamin-B-Komplex.
Siehe auch **Kahlköpfigkeit.**

Hagebutte (Rosa rubiginosa)

Das per Kaltpressung gewonnene Öl aus Hagebuttensamen enthält zwischen 30 und 40% Gammalinolensäure, die bei Hautkrankheiten wie Ekzemen und Schuppenflechte von Nutzen ist und vom Körper zur Herstellung von Östrogen benötigt wird. Menstruelle und klimakterische Beschwerden werden oft mit Gammalinolensäure-Ergänzungsgaben behandelt. Hagebuttensamenöl kann als Trägeröl benutzt werden, dem sehr kleine Mengen ätherisches Öl beigefügt werden, als eigenständiges Massageöl oder als Zusatz zu anderen (infundierten) Ölen.

Halsschmerzen

Ein schmerzender Hals kann verschiedene Ursachen haben: eine bakterielle Infektion, eine mechanische Reizung durch Husten oder das Übergreifen einer Nasenschleimhautentzündung.
In jedem Falle kann eine Dampfinhalation die Beschwerden lindern; die am besten geeigneten Öle sind Benzoe, Lavendel und Thymian, weil sie die Ursache der Infektion beseitigen.
Weitere Einzelheiten siehe unter **Dampfinhalationen, Kehlkopfentzündung, Mandelentzündung.**

Hämorrhoiden

Als Hämorrhoiden bezeichnet man im Rektum befindliche Krampfadern direkt oberhalb des Afters. Die Ursachen für ihre Entstehung sind verschieden; meist handelt es sich jedoch um eine Einschränkung des normalen Blutflusses. Dies kann durch eine Schwangerschaft vorübergehend geschehen oder chronisch bei Lebererkrankungen und Verstopfung auftreten. Die von den Hämorrhoiden verursachten Schmerzen führen zu Stuhlverhaltung, so daß die beiden Krankheiten sich gegenseitig verschärfen.
Eine Behandlung ist nicht nur wegen der subjektiven Beschwerden wichtig; auch wenn die täglich abgehende Blutmenge gering ist, besteht auf längere Sicht die Gefahr einer Anämie. Von den ätherischen Ölen sind Wacholder, Weihrauch und Zypresse für örtliche Anwendungen (richtige Dosierung beachten!) und als regelmäßiger Badezusatz geeignet; sie sorgen für eine bessere Blutzirkulation – ebenso wie Knoblauch und Zwiebeln, die frisch bzw. in Drageeform reichlich genossen werden sollten.
Gehen die Hämorrhoiden mit Verstopfung einher, ist eine Umstellung der Ernährung langfristig unumgänglich; kurzfristig mögen Rosmarin-, Majoran- oder Fenchelöl Abhilfe schaffen. Eine im Uhrzeigersinn ausgeführte Bauchmassage mit einem dieser Öle (3%ige Konzentration) reicht gewöhnlich schon aus, um die natürliche Darmperistaltik wieder in Gang zu bringen.

Hände

Ohne Hände gäbe es keine Aromatherapie! Oft betrachte ich meine Hände als Bindeglied zwischen den heilenden Ölen und dem Patienten.
Manchmal brauchen jedoch die Hände selbst Hilfe, genauer gesagt: ihre Haut, die durch den Kontakt mit Wasser, Reinigungsmitteln und anderen Chemikalien, aber auch mit Erde, Wind und Kälte oft trocken, rot, rissig und wund wird. Für eine Behandlung kommen alle heilenden, antiseptischen ätherischen Öle in Frage, am ehesten Benzoe, Ringelblume, Lavendel und Zitrone. Ringelblume und Lavendel wirken vorwiegend hei-

lend. Benzoe eignet sich gut für rissige Haut, die vor allem bei kalter Witterung sehr schmerzhaft sein kann.
Alle selbstgefertigten Cremes, deren Rezepte Sie in Anhang C finden, sind vorzüglich für die Hände geeignet; die mit Kakaobutter zubereitete ist dick und gehaltvoll und schützt vor der Witterung, rauhen Materialien und Erde. Jeder dieser Cremes können Sie zwei oder drei der oben angeführten Öle hinzufügen. Zitrone wirkt schwach bleichend und beseitigt Verfärbungen der Hände, die auf den Umgang mit Obst und Gemüse, Gartenarbeiten etc. zurückzuführen sind.
In Haushalt und Industrie verwendete Chemikalien lösen zuweilen allergische Reaktionen aus, insbesondere an den Händen, da es für sie schwierig, wenn nicht gar unmöglich ist, den Kontakt mit dem Reizstoff zu vermeiden. Die beiden effektivsten antiallergischen Öle sind Kamille und Melisse – beide helfen bei Ekzemen und Kontaktdermatitis, am besten in einer Creme mit Lavendel, die die Haut zugleich heilt und schützt. Wenn der Kontakt mit dem Reizstoff nicht vermieden werden kann – etwa weil er im Arbeitsbereich vorkommt –, sollten nach Möglichkeit wenigstens Handschuhe getragen werden.
Bei einer Massage dürfen die Hände nicht zu kurz kommen. Viele Menschen verkrampfen und ballen sie, wenn sie Angst haben oder gestreßt sind, oft ohne sich dessen bewußt zu sein. Um diese Spannungen zu lösen, sind Massagen sehr wertvoll. Auf den Händen befinden sich, ähnlich wie auf den Füßen, viele Reflex- und Akupunkturpunkte. Aber auch ohne Studium der Reflexzonentherapie kann der Aromatherapeut viel Gutes tun, wenn er die Hände einfach gründlich und sorgfältig massiert.

Harnröhrenentzündung (Urethritis)

Die Entzündung der Harnröhre – jenes Körperkanals, der für die Entleerung der Blase nach außen sorgt – führt nicht nur zu ungewöhnlich häufigem, sondern auch sehr schmerzhaftem Wasserlassen, das von einem brennenden Gefühl begleitet wird. Besonders bei Frauen kann sich diese Infektion auf die Blase übertragen.

Hervorgerufen wird die Krankheit durch die Kolibakterie E, die im Darm angesiedelt und dort völlig harmlos ist, solange sie nicht in andere Körperteile gelangt. Die Harnröhrenentzündung kann auch auf eine bereits bestehende Gonorrhö hinweisen; darüber sollte man sich in jedem Fall Klarheit verschaffen. Beim ersten Auftreten der Reizung läßt sich durch wiederholtes örtliches Betupfen – am besten mit Bergamottöl – eine Ausbreitung der Infektion vielleicht noch verhindern. Es empfiehlt sich, 3 oder 4 Tropfen des Öls in etwas reinen bzw. hochprozentigen Alkohol zu träufeln, diese Lösung zu $\frac{1}{2}$ Liter abgekochtem und wieder abgekühltem Wasser zu geben und damit nach jeder Harnentleerung örtliche Waschungen vorzunehmen. Für ein Vollbad, zu dem man sich möglichst zweimal täglich 20 Minuten Zeit lassen sollte, genügen 6 Tropfen desselben Öls. Falls diese Maßnahmen keine Erleichterung bringen, empfiehlt es sich, einen Arzt zu Rate zu ziehen.
Siehe auch **Blasenentzündung** und **Harntrakt**.

Harnsäure

Die Harnsäure ist ein Nebenprodukt der Verdauung von Eiweißstoffen. Sie wird normalerweise mit den Nieren aus dem Blut herausgefiltert und mit dem Urin ausgeschieden. Manche Menschen produzieren jedoch mehr Harnsäure, als die Nieren ausscheiden können, oder deren Funktion ist selbst auf irgendeine Weise gestört. In beiden Fällen sammeln sich Harnsäurerückstände überall im Organismus an und führen zu Krankheiten, speziell zu Arthritis und Gicht. Dem wirken sowohl Zitronenöl als auch frischer Zitronensaft entgegen. Geben Sie zur Massage bestimmten Mischungen bei Arthritis etwas Zitronenöl dazu und raten Sie dem Patienten, regelmäßig frischen Zitronensaft zu trinken; obwohl die Frucht selbst sauer ist, löst sie im Körper eine alkalische Reaktion aus.
Weitere hilfreiche Öle, die zur Entgiftung des Blutes beitragen, sind **Fenchel** und **Wacholder**.

Harntrakt

Der Harntrakt umfaßt alle urinführenden Organe zwischen den Nieren (der Produktionsstätte des Harns) und dem Punkt des Harnaustritts. Dazu gehören: der Harnleiter, die Harnblase und die Harnröhre. Die weibliche Harnröhre hat eine Länge von ca. 4 cm, die männliche, die auch noch den Penis durchläuft, ist um ein beträchtliches Stück länger. Die kurze Harnröhre macht Frauen so anfällig für Blasenentzündungen, die ja durch bakterielle Infektion von außen herangetragen werden. Eine solche Erkrankung beginnt meist mit der Entzündung der Harnröhre, von wo aus sich die Infektion rasch bis in die Blase fortpflanzt. Eine rechtzeitig einsetzende Behandlung kann diese Entwicklung manchmal verhindern (siehe **Blasenentzündung**). Bei einer Vernachlässigung besteht die Gefahr, daß sich die Infektion auf dem Weg über die Harnleiter bis in die Nieren ausweitet. Parallel zu einer aromatherapeutischen Behandlung muß unbedingt ein Arzt konsultiert werden, wenn die Symptome nach zwei Tagen noch nicht abgeklungen sind – natürlich auch bei Fieber und bei blutigem oder eitrigem Urin.

Eine ganze Reihe ätherischer Öle besitzt eine antiseptische Wirkung auf den gesamten Harntrakt. Die wertvollsten sind Bergamotte, Eukalyptus, Kamille, Sandelholz, Ti-Baum und Wacholder. Sie sollten wiederholt als heiße Kompressen auf dem Unterbauch verwendet werden. Darüber hinaus sollte man viel Flüssigkeit in Form von Quellwasser oder heißem Kamillentee zu sich nehmen. Knoblauch – frisch oder in Drageeform – erhöht den Erfolg der Behandlung.

Heiße Kompressen sind ebenfalls sehr hilfreich, um die Beschwerden einer Prostatitis zu lindern. Bei vielen Männern in den mittleren oder späten Jahren kommt es zur Vergrößerung der Vorsteherdrüse, die den Ausführungsgang unterhalb der Harnblase, also den Anfangsabschnitt der Harnröhre, umschließt und bei einer Vergrößerung den Harnaustritt behindert. Wenn das Problem vernachlässigt wird, bis es akut ist, oder wenn die Verengung plötzlich auftritt, kann es zu völliger Harnverhaltung kommen, wodurch die Nieren extrem belastet werden.

Heiße Kamillen-, Wacholder- oder Kiefernölumschläge direkt über der Blase erleichtern vielfach den Harnaustritt, aber sofortige ärztliche Hilfe ist in diesem Fall dringend geboten. Kompressen in der Nierengegend können unter Umständen ebenfalls hilfreich sein.
Siehe auch **Blasenentzündung** und **Harnröhrenentzündung**.

Haut

Die Haut ist viel mehr als die äußere Umhüllung unseres Körpers. Sie ist unser größtes Körperorgan. Auch für die Aromatherapie besitzt sie entscheidende Bedeutung, weil sie eine der zwei Aufnahmemöglichkeiten darstellt, durch welche die ätherischen Öle in die Blutbahn und somit in den gesamten Organismus gelangen (die andere Möglichkeit ist die Lunge).
Zugleich wirkt sie als eine riesige Abfallbeseitigungsanlage, die für die Ausstoßung unzähliger Rückstände der verschiedensten Körperprozesse sorgt, wobei der aus den Poren austretende Schweiß als Beförderungsmittel dient. Wenn die anderen Ausscheidungsorgane (Nieren und Dickdarm) ihre Funktionen ungenügend erfüllen, erscheinen verschiedene Hautkrankheiten – Ekzeme, Pickel, Furunkel –, weil der Körper versucht, über die Haut mehr Giftstoffe auszuscheiden, als sie verarbeiten kann.
Während die Haut einerseits gewissen Substanzen den Austritt aus dem Organismus ermöglicht und andere schützend zurückhält, kann sie umgekehrt bestimmte Stoffe dem Körper zuführen und gleichzeitig diejenigen ausschließen, die den subkutanen Organen und Muskeln schaden könnten; sie wird deshalb als »semipermeabel« (halbdurchlässig) bezeichnet. Das entscheidende Kriterium, nach welchem bestimmten Substanzen das Eindringen in die Haut gewährt oder verweigert wird, ist die Größe der Moleküle, aus denen sie bestehen.
Da ätherische Öle eine relativ einfache Molekularstruktur von geringer Größe haben, werden sie diesem Kriterium problemlos gerecht. Dies konnte anhand eines Experiments bewiesen werden: Schon zehn Minuten, nachdem man in die Füße eines Patienten Knoblauchöl einmassiert hatte, konnten meßbare

Werte des so typischen Geruchs in seiner Atemluft festgestellt werden. Das Knoblauchöl ist also innerhalb von zehn Minuten nicht nur in die Blutbahn gelangt, sondern auch mit dem inzwischen desoxidierten Blut in die Lungen weiter-(und hinaus-)befördert worden. Nicht alle ätherischen Öle dringen so schnell in die Haut ein. Es kann mehrere Stunden dauern, bis sie nach einem Bad oder einer Massage vom Körper absorbiert worden sind, aber ein Teil ihrer Substanzen gelangt in der Regel ziemlich schnell in den Kreislauf.

Ein zweiter Grund, weshalb ätherische Öle durch die Haut aufgenommen werden, ist ihre leichte Löslichkeit in fettigen Substanzen. Die Haut produziert nämlich eine talgige Masse, die sie als schützende Schicht umgibt, das sogenannte Sebum, und in ihr lösen sich die ätherischen Öle bereitwillig auf.

Nachdem sie das äußerste Zellgewebe durchdrungen haben, gelangen die Ölpartikel zunächst in eine die einzelnen Zellen umgebende Flüssigkeit, um von dort aus die äußerst feinen Wände der Lymphkanäle und Kapillaren zu passieren. Damit haben sie das Gefäßsystem erreicht und werden vom Blut durch den Körper transportiert.

Alle diese Fakten garantieren letztendlich, daß die aromatischen Öle auf völlig unschädliche und dennoch effektive Weise in den menschlichen Körper gelangen. An anderen Stellen habe ich bereits von meinen ernsthaften Bedenken gegenüber einer oralen Verabreichung ätherischer Öle gesprochen, die von immer mehr Therapeuten geteilt werden. Bei der Aufnahme über die Haut wird das Verdauungssystem schlichtweg umgangen. In kritischen Situationen, wie z. B. einer Infektion, kann dem Körper eines Patienten durch Rückenmassagen in halbstündigen Abständen praktisch eine höhere Dosis an ätherischen Ölen zugeführt werden, als dies, ohne die Magenwände zu reizen, in derselben Zeitspanne auf oralem Wege möglich wäre.

Ein paar verständliche Vorsichtsmaßnahmen sind stets zu beachten: Lösen Sie die jeweiligen Öle in einem Trägeröl (3%ige Verdünnung); verwenden Sie keine Öle, von denen bekannt ist, daß sie die Haut reizen können; testen Sie bei empfindlicher Haut die Reaktion erst durch einen lokal begrenzten Versuch.

Ätherische Öle können einen unschätzbaren Beitrag zu Gesundheit und Aussehen der Haut selbst leisten.
Siehe dazu auch die Stichwörter **Falten; Haut, alternde; Haut, fettige; Haut, trockene; Hautfeuchtigkeit, mangelnde; Hautpflege.**
Die Aromatherapie wird auch in großem Umfang zur Behandlung von Hautkrankheiten eingesetzt – siehe **Akne, Dermatitis, Ekzeme.**

Haut, alternde

Der Zustand der Haut kann sich mit dem Alter auf verschiedene Weise verschlechtern. Neben Falten (sie werden unter einem eigenen Stichwort behandelt) kann es zu Verfärbungen und Trockenheit der Haut oder zu geplatzten Äderchen im Wangenbereich kommen.
Aromatherapeutische Behandlungen und mit ätherischen Ölen hergestellte Cremes tragen dazu bei, diese Probleme zu verringern.
Im Vordergrund bei der Gesunderhaltung der Haut steht die ausreichende Sauerstoffzufuhr. Massagen sind hier von großem Nutzen, weil sie die lokale Blutzirkulation anregen. Gesichtsmassagen müssen sehr sanft ausgeführt werden, die Kopfhaut kann kräftiger massiert werden. Jeder kann dies täglich selbst tun, obwohl man die Gesichtsmassage, die die Behandlungsgrundlage aller genannten Probleme bildet, eher einer geschulten Person überlassen sollte.
Die äußerste, sichtbare Hautschicht (die Epidermis) besteht ausschließlich aus abgestorbenen Zellen; Gesundheit und Aussehen der Haut werden von der darunter nachwachsenden Zellschicht bestimmt. Ihre Regenerationsgeschwindigkeit nimmt mit zunehmendem Alter ab, weshalb Öle, die das gesunde Zellwachstum fördern, sehr hilfreich sind. Lavendel und Neroli sind hier an erster Stelle zu nennen; beide eignen sich gut für die alternde Haut.
Mit zunehmendem Alter vermindert sich meist der Fettgehalt der Haut. Sicher ist Ihnen schon aufgefallen, daß sich Men-

schen, die als Heranwachsende eine fettige Haut hatten, sehr lange einen jugendlich wirkenden Teint bewahren. Während der Adoleszenz erreicht die Produktion von Talg – einem natürlichen Öl, das die Haut geschmeidig macht – ihren Höhepunkt und geht danach langsam zurück. Massagen mit Geranien-, Jasmin-, Neroli- oder Rosenöl tragen dazu bei, das natürliche Gleichgewicht bis zu einem gewissen Punkt wiederherzustellen. Auch die Menge des auf der Haut befindlichen Fetts sollte erhöht werden, etwa durch die Verwendung reichhaltiger Trägersubstanzen wie Avocado-, Jojoba-, Pfirsichkern- und Weizenkeimöl. Sie können einer Creme beigegeben oder eben als Massageöl benutzt werden.

Auch Weihrauch-, Sandelholz- und Karottensamenöl bekommen alternder Haut ausgezeichnet; wer den etwas eigenen Geruch von Patschuli mag, ist auch mit ihm gut beraten. Die genannten Öle wirken dem stumpfen, pergamentartigen Aussehen entgegen, vor allem im Zusammenhang mit regelmäßigen Massagen. Bleibt die Haut trotz dieser Behandlung stumpf, geben ihr Joghurtpackungen ein frisches Aussehen; Packungen aus frischem Avocadomark oder geriebenen Mandeln mit Honig haben sich ebenfalls bewährt. Geplatzten Äderchen kann man mit Kamillen-, Sellerie-, Petersilien- und Rosenöl – für Massagen, in Cremes und Lotionen – beikommen. Sie müssen allerdings täglich aufgetragen werden, und auch dann kann es mehrere Monate dauern, bis eine wirkliche Besserung eintritt. Wie immer, wenn sich eine Behandlung über einen längeren Zeitraum erstreckt, rate ich zum abwechselnden und nicht gleichzeitigen Einsatz der Öle. Extreme Temperaturen, heiße Getränke, Rauchen und Alkohol sollten gemieden werden.

Die Haut spiegelt den allgemeinen Gesundheitszustand des Körpers, und alles, was diesem zuträglich ist, zögert die Spuren des Alters hinaus: Gymnastik, vollwertige Ernährung, ausreichender Schlaf und das Vermeiden unnötiger Umweltgifte.
Siehe auch **Falten** und **Jugendlichkeit im Alter.**

Haut, empfindliche

Empfindliche Haut verleiht häufig ein sehr jugendliches Aussehen, und man vergleicht sie gerne mit der eines Babys oder Kleinkindes. Sie ist hell, zart und fast durchsichtig, mit kaum erkennbaren Poren; zuweilen ist sie sehr straff oder auch trocken. Auf Hitze und Kälte reagiert sie sehr stark, was bis zur Schmerzhaftigkeit gehen kann: Sie rötet sich, wird fleckig und beginnt zu brennen. Kosmetika, Seifen und ähnliche Produkte können sie reizen, und ein bißchen zuviel Sonne mag einen sofortigen Sonnenbrand zur Folge haben. Tragriemen, Gummibänder, Kleidersäume und alles, was auf der Haut nur ein wenig scheuert, hinterläßt rote Streifen. Sogar ein normaler Massagedruck zeigt ähnliche Wirkungen, so daß der Therapeut sehr behutsam vorgehen muß.

Große Sorgfalt ist auch bei der Wahl der ätherischen Öle geboten, und ohne vorherigen Test auf einer sehr kleinen Hautpartie sollte mit keiner Massage begonnen werden. Es kommen ohnehin nur ganz milde Öle wie Kamille, Neroli und Rose in Frage. Selbst Lavendel enthält gewisse Substanzen, die unter Umständen zu Reizungen, Rötungen und Abschuppungen führen. Die Lösungen für die Körpermassage dürfen höchstens 2%ig, die fürs Gesicht nur 1½%ig sein (normal sind 3%ige Lösungen). Für ein Vollbad sollten die Öle mit Trägeröl vermischt werden, bevor man sie ins Wasser gibt. Im großen und ganzen entsprechen die Vorsichtsmaßnahmen denen für Babys. Lotionen und sehr leichte Cremes sind bei diesem Hauttyp den reichhaltigeren und schwereren Produkten vorzuziehen. Als Basissubstanz für die Massage eignen sich am besten Sesam- und Traubenkernöl, die ebenfalls sehr leicht sind. Seife sollte völlig gemieden werden, und bei allen Kosmetika und Hautpflegepräparaten ist größte Vorsicht geboten. Gesichtswässer sollten alkoholfrei sein (ein entsprechendes Rezept findet sich in Anhang C). Am ungefährlichsten sind die naturreinen Kosmetika pflanzlicher Herkunft. Honig mit gemahlenen Mandeln oder feinem Hafermehl ergibt eine Gesichtspackung, die die Haut garantiert nicht reizt.

Haut, fettige

Übermäßige Fettabsonderungen der Haut weisen darauf hin, daß die unmittelbar unter der Hautoberfläche liegenden winzigen Talgdrüsen mehr Sebum (Hautfett) erzeugen, als der Gesundheit und dem guten Erscheinungsbild zuträglich ist. Oft bilden sich Mitesser, Pickel und Akne – besonders während der Pubertät. Dies hängt damit zusammen, daß das während dieser Zeit sehr aktive endokrine System auch für die Produktion von Sebum verantwortlich ist. In dieser heiklen Entwicklungsphase, in der das Aussehen für sehr wichtig gehalten wird, ist es für den Betroffenen vielleicht ein kleiner Trost zu wissen, daß fettige Haut (in der Jugend) wesentlich langsamer altert als trockene Haut.

Durch eine Behandlung mit ätherischen Ölen kann man das Problem von zwei Seiten angehen: direkt durch eine Reduzierung der Hautfett-Produktion, indirekt durch die Eindämmung jener Bakterien, die auf fettiger Haut so üppig gedeihen. Mehrere Öle verfügen über beide Fähigkeiten und sind daher am ehesten zu empfehlen, so Geranie, Grapefruit, Sandelholz, Zedernholz und Zypresse. Sie sind zum einen wirklich effizient, zum anderen haben sie einen angenehmen Duft, der von Männern und Frauen gleichermaßen akzeptiert wird, weil er ihnen durch die handelsüblichen Parfümerieartikel bereits vertraut ist. Ich entscheide mich meist für eine 1 : 1-Mischung aus Geranie und Lavendel. Geranie vermindert die Sebum-Produktion, und Lavendel hat einen ausgleichenden Effekt; beide wirken zudem stark antiseptisch und hemmen das Bakterienwachstum auf der Hautoberfläche. Da man ein und dasselbe Öl nicht länger als ein bis zwei Wochen verwenden sollte, ersetze ich diese Mischung zeitweise durch Zeder, Grapefruit oder Sandelholz. Aus allen genannten Ölen und deren Mischungen lassen sich auch Reinigungs- und Gesichtswässer für den häuslichen Gebrauch herstellen. Die im Handel gegen fettige Haut angebotenen Präparate enthalten fast alle zuviel Alkohol und entziehen der Haut nahezu das gesamte natürliche Fett. Dies führt zwar vorübergehend zu einem gepflegten Aussehen, auf die Dauer jedoch regt es die Drüsen, die den Verlust wettmachen wollen, zu immer stärkeren Aktivitäten an.

Es mag verwunderlich scheinen, daß ein fettiger Teint ausgerechnet mit Ölen kuriert werden soll, aber in Wirklichkeit sind die ätherischen Öle keineswegs fetthaltig. Man sollte jedoch nach jeder Behandlung dafür sorgen, daß die auf der Haut zurückbleibenden Trägeröle gründlich entfernt werden.

Geranienöl besitzt eine ausgleichende Wirkung auf die Talgdrüsen und das gesamte endokrine System; es empfiehlt sich vor allem, wenn Abwechslung erwünscht ist, und läßt sich auch mit einem oder mehreren der genannten Öle kombinieren. Geranie/Grapefruit/Lavendel z. B. ergibt eine sehr wirksame und obendrein berückende Mischung. Aufgrund seiner ausgleichenden Eigenschaften eignet es sich auch gut für eine Mischhaut: allgemein trockene Haut mit fettigen Partien um Nase und Kinn, wo die Talgdrüsen zahlreicher sind.

Siehe auch **Akne, Haut** und **Hautpflege.**

Haut, rissige

Rissige Haut z. B. im Fersenbereich oder (aufgrund von extremen klimatischen Bedingungen, Arbeit im Freien, ständiger Berührung mit Wasser oder Reinigungsmitteln) an den Händen wird aromatherapeutisch am besten mit Benzoe, Ringelblume, Lavendel oder Myrrhe behandelt.

Zeigen die Risse bereits Anzeichen einer Infektion, können Sie Benzoe (allein oder mit Lavendel oder Ti-Baum gemischt) in kleinen Mengen pur auf die entsprechende Stelle auftragen, bis die Entzündung zurückgeht. Andernfalls empfiehlt sich, die Öle einer gehaltvollen Creme beizugeben, die Sie selbst herstellen oder kaufen können. Die Creme macht die Haut geschmeidig und verhindert weitere Risse.

Bei aufgesprungener nässender Haut rate ich zu Myrrhenöl; zur Beschleunigung des Heilvorgangs kann es mit Benzoe oder Lavendel kombiniert werden.

Bei aufgesprungenen Lippen empfehle ich eine Salbe, der etwas Benzoe beigemischt wurde; die sollte mehrmals täglich aufgetragen werden.

Haut, trockene

Die Haut wird trocken, wenn die unter der Hautoberfläche sitzenden Talgdrüsen nicht mehr genügend Sebum produzieren, das sie gegen extreme Temperaturunterschiede, Wind und andere Umwelteinflüsse schützt und sie geschmeidig hält. Eine solche Haut ist gewöhnlich sehr feinporig, was ihr in der Jugend ein attraktives Aussehen verleiht; aber sie altert wesentlich schneller als fettige oder ausgeglichene Haut und neigt zu frühzeitiger Faltenbildung. Kommerzielle Hautpflegepräparate beschränken sich meist darauf, das fehlende Fett von außen zuzuführen, während die Aromatherapie geeignete Trägeröle (Mandel- und Avocadoöl, Kakaobutter etc.) mit solchen ätherischen Ölen mischt, die die Talgdrüsen stimulieren und zu erhöhter Produktion anregen. Von Nutzen sind zudem alle Mittel, die den Gesundheitszustand der Haut generell verbessern und die Blutzufuhr zu den Wachstumsschichten fördern.
Trockene Haut ist meist sehr zart und empfindlich. Milde Blütenöle wie Jasmin, Kamille, Neroli und vor allem Rose eignen sich daher am besten. Geranie, Lavendel und Sandelholz bringen die Talgdrüsenproduktion ins Gleichgewicht, können also bei fettiger und trockener Haut gleichermaßen eingesetzt werden.
Regelmäßige Massagen bringen mehr Blut in die winzigen, die Wachstumsschicht der Haut versorgenden Kapillaren, was wiederum die Gesundheit der Haut insgesamt verbessert. Nährende, pflegende Cremes aus reinen Pflanzenölen, Bienenwachs und ätherischen Ölen sollten regelmäßig aufgetragen werden, vor allem bei rauher Witterung.
Siehe auch **Haut** und **Hautpflege**.

Haut, wunde

Bei geröteter, wunder Haut aufgrund von naßkalter Witterung oder scheuernder Kleidung ist Myrrhenöl, das am besten einer milden Creme beigemischt wird, eins der besten aromatherapeutischen Heilmittel. Auch Kamille, Lavendel und Ringelblu-

me helfen. Eine Mischung von zweien oder dreien dieser Öle stellt wahrscheinlich die effizienteste Behandlungsform dar.
Nach dem Waschen sollten Sie die Haut eher sorgfältig abtupfen als abreiben und immer eine Creme oder Lotion auftragen. Verwenden Sie bei Nässe, Kälte oder Wind eine reichhaltigere, aus Kakaobutter oder Kokosnußöl hergestellte Creme mit Bienenwachs, Mandelöl und den entsprechenden ätherischen Ölen.

Hautfeuchtigkeit, mangelnde

Oft wird mangelnde Hautfeuchtigkeit mit trockener Haut verwechselt. Letzterer fehlen die natürlichen Fette (Sebum), weshalb die in der Haut vorhandene Feuchtigkeit nicht bewahrt wird, sondern nach außen verdunstet. Mangelnde Hautfeuchtigkeit ist so oft die Folge trockener Haut.
Die Haut ist gespannt und kühl und neigt zur Faltenbildung. Meist leiden ältere Menschen darunter, aber Zentralheizungen und Klimaanlagen machen sie häufig auch für jüngere Leute zu einem Problem.
Sowohl Fett- als auch Feuchtigkeitsmangel hängen mit Störungen des Hormonhaushalts zusammen. Die geeignetsten ätherischen Öle zur Behebung solcher Ungleichgewichte sind Geranie und Lavendel. Kamille, Neroli und Rose machen die Hautoberfläche geschmeidig. Alle genannten Öle können Lotionen beigemischt werden, die von diesem Hauttyp besser vertragen werden als Cremes. Um den Feuchtigkeitsverlust zu verhindern, braucht die Haut ständigen Schutz; tragen Sie deshalb die Lotionen mehrmals täglich auf, speziell vor dem Verlassen des Hauses bei sehr heißem, sehr trockenem oder stürmischem Wetter.
Die Ernährung sollte viel frisches Obst und Gemüse, Obstsäfte und Mineralwasser enthalten. Alkohol entzieht der Haut und dem gesamten Körper Feuchtigkeit; er sollte deshalb möglichst gemieden werden. Auch Rauchen schadet der Haut.
Massagen müssen sehr behutsam ausgeführt werden. Sehr wohltuend sind Gesichtspackungen mit Honig, der allein oder mit einer zerdrückten Avocado oder Banane aufgetragen wird.

Hautjucken (Pruritus)

Der lateinische Begriff *Pruritus* bedeutet nichts anderes als »Juckreiz«, bleibt in seiner Anwendung jedoch meist auf die Schleimhäute begrenzt, insbesondere die des genitalen Bereichs. Entzündungshemmende ätherische Öle wirken generell lindernd, doch sollte man nicht vergessen, wie konzentriert sie sind und sie gerade bei empfindlichen Körperpartien entsprechend verdünnen.

Bei einem Vollbad sind 6 Tropfen Kamillen- oder Lavendelöl das Maximum für eine risikolose und dennoch effektive Behandlung. Möglich sind auch örtliche Waschungen, die mehrmals täglich erfolgen sollten. Für diesen Fall empfiehlt es sich, die jeweilige Menge des Öls zunächst in etwas Alkohol aufzulösen und einen Teelöffel der Mischung auf ½ Liter abgekochtes und abgekühltes Wasser zu geben.

Falls der Juckreiz durch Candida-albicans-Pilze (Soor) hervorgerufen wird, ist eine Behandlung mit Myrrhe am hilfreichsten; man kann sie im Verhältnis 1:1 mit Lavendel oder Ti-Baum mischen, die beide fungizid wirken. (Außer den Symptomen sollten natürlich auch die Ursachen beseitigt werden.)

Wichtiger Hinweis: Synthetische Unterwäsche blockiert die Luftzirkulation und erhöht den Juckreiz!

Hautpflege

Die Hautpflege ist ein weitverzweigtes und wichtiges Gebiet der Aromatherapie, und manche Leute halten sie sogar für deren einzigen Aufgabenbereich. Durch den Einsatz von geeigneten ätherischen Ölen, Blütenwässern, frischen Früchten, Mandeln, Honig und anderen natürlichen Substanzen stehen ihr zur Behandlung jedes Hauttyps und einer Vielzahl dermatologischer Störungen wie Akne, Ekzeme oder Schuppenflechte zahlreiche Möglichkeiten zur Verfügung.

Eine typische aromatherapeutische Behandlung zur Gesichtspflege (eine generell gesunde Haut ohne spezifische Krankheitssymptome vorausgesetzt) besteht aus einer gründlichen

Reinigung mit einer milden Creme oder Milch auf Pflanzenbasis und einer sehr vorsichtigen Massage von Gesicht, Nacken, Schultern und meist auch der Kopfhaut. Dies ist der wichtigste Teil der Behandlung, denn während der Massage durchdringen die für die Haut an diesem Tag am besten geeigneten Öle – auch die Haut hat wechselnde Bedürfnisse – die abgestorbenen, äußeren Hautschichten und aktivieren die tiefer gelegenen lebendigen Schichten. Bei der Ausbildung eines Therapeuten wird daher großer Wert auf die Fähigkeit gelegt, die richtigen Öle für einen bestimmten Zeitpunkt auszuwählen – keine leichte Aufgabe angesichts der Vielzahl der Essenzen!

Zur besseren Absorption der Öle wird nach der Massage oft eine warme Gesichtskompresse oder eine Packung aufgetragen. Letztere besteht aus einer oder mehreren pflanzlichen Substanzen. Die Bandbreite reicht von frischen Erdbeeren oder anderen Früchten der Saison bis zu Avocadomark. Vor allem in den sogenannten Schönheitssalons verwenden Kosmetikerinnen noch immer die handelsüblichen Gesichtspackungen, die ich weder für zweckdienlich noch wünschenswert halte. Abgesehen von den enormen Preisen liegt ihr Nutzen weit unter dem der aus frischen Früchten oder Pflanzen gewonnenen Präparate. Je näher an der Natur, desto besser!

Die Gesichtspackung sollte etwa zehn Minuten einwirken, bevor der Therapeut sie abnimmt und Gesicht und Hals behutsam mit Rosen- oder Orangenblütenwasser betupft. Schließlich wird ein leichter Film aus ätherischen Ölen oder einer passenden Creme auf der Haut verteilt, um sie gegen Witterungseinflüsse zu schützen, und der Kunde mag das eine oder andere mit ätherischen Ölen zubereitete Präparat für den Hausgebrauch mitbekommen.

Diese Beschreibung trifft im großen und ganzen auf alle Behandlungsarten zu, wobei es natürlich je nach den unterschiedlichen Schwer- und Ansatzpunkten des Therapeuten und der jeweiligen Hautbeschaffenheit gewisse Variationen gibt. Bei einer sehr fettigen Haut z. B. schließt die Sitzung eine Dampfbehandlung ein, zu der einige Tropfen des ätherischen Öls dem Wasser beigegeben werden.

Es bedarf keines großen Aufwands, sich aus ätherischen Ölen, Bienenwachs, Kakaobutter und Blütenwässern einfache Cremes, Lotionen oder Gesichtswässer selbst herzustellen (ein paar Rezepte finden sich in Anhang C). Die Herstellungsweisen und die verwendeten Produkte besitzen eine jahrtausendealte Tradition, und die Erfahrung hat gezeigt, daß sie ungefährlich, aber wirksam sind. Viele Rezepte sind denen unserer Ururgroßmütter und den von kommerziellen Firmen (noch bis vor kurzer Zeit benutzten) sehr ähnlich, obwohl gewerblichen Präparaten zuweilen Mineralstoffe sowie Substanzen tierischer Herkunft beigefügt wurden. Nicht alle Mineralstoffe sind ungefährlich, und da viele Menschen allein schon aus ethischen Gründen Präparate mit Zusätzen tierischer Herkunft ablehnen, findet die Möglichkeit, Hautpflegemittel auf pflanzlicher Basis selbst herzustellen, immer mehr Anhänger. Diese Mittel haben zum einen den Vorteil, sehr viel billiger zu sein als die kommerziellen, und zum anderen wissen wir genau, welche Ingredienzien verwendet werden.

Hautpflege beschränkt sich natürlich nicht nur auf das Gesicht. Aber wir schenken ihm immer noch die meiste Aufmerksamkeit – und zwar aus folgenden Gründen: Zum einen ist unser Gesicht weit mehr als die übrigen Körperteile den Witterungseinflüssen, der Umweltverschmutzung, der trockenen Zentralheizungsluft und anderen schädlichen Einwirkungen ausgesetzt; zum anderen messen die meisten von uns dem Aussehen gerade des Gesichts enorme Bedeutung bei. Aromatherapeutische Behandlungen in Form von Massagen, Vollbädern oder sonstigen Applikationen mit Cremes oder Lotionen können jedoch auch dem gesamten Körper zugute kommen. Nächst der Gesichtshaut gilt unsere zweitgrößte Sorge wahrscheinlich den Händen, und auch für deren Pflege lassen sich leicht gute und wirksame Produkte herstellen.

Einige Aromatherapeuten haben sich ganz auf die Hautpflege spezialisiert und den weiten klinischen Bereich beiseite gelassen; ich glaube, daß es wichtig ist, den Wert ihrer Arbeit anzuerkennen. Der ganze Prozeß einer Verwöhnung durch Gesichts- und Körpermassagen führt zu einer so herrlichen Ent-

spannung, daß wir ihn durchaus als eine unabhängige Therapie bezeichnen können – ganz abgesehen von seinem unmittelbaren Beitrag zur Gesunderhaltung der Haut.
Die ätherischen Öle, die für eine Hautbehandlung benutzt werden können, sind so zahlreich, daß sie der leichteren Auffindbarkeit halber in den Artikeln zu den verschiedenen Hauttypen und -problemen beschrieben werden. Siehe **Äderchen, geplatzte; Akne; Ekzeme; Falten; Haut, empfindliche; Haut, fettige; Haut, trockene; Hautfeuchtigkeit, mangelnde; Schuppenflechte.**
Das Stichwort **Haut** gibt einen detaillierten Überblick über die Funktionen der Haut und die Aufnahme ätherischer Öle.

Hautreizungen

Die meisten ätherischen Öle reizen die Haut nicht, wenn sie in der richtigen Verdünnung eingesetzt werden, d. h. im allgemeinen in 3%igen Lösungen und in 1–2%igen Lösungen für Kinder und Patienten mit empfindlicher Haut. Öle, die als potentiell reizauslösend gelten, verwende ich bestenfalls in 1½- oder auch nur 1%igen Lösungen.
Es gibt jedoch Öle, die ich auch in verdünnter Form niemals zur Hautpflege verwende – und zwar die Auszüge der »scharfen« Gewürzpflanzen. Einige von ihnen, wie Meerrettich und Senf, werden als gefährliche Öle eingestuft und nie gebraucht; andere, z. B. Nelke (Blüte, Stengel und Blatt) oder Zimt (Rinde und Blatt) sind jedoch erhältlich, da sie zumindest für Inhalationen und zur Raumbeduftung in Frage kommen.
Nicht alle Teile einer Pflanze haben eine gleich starke Reizwirkung, und auch innerhalb der verschiedenen Arten ein und derselben Gattung gibt es Unterschiede. Zimtblätter z. B. sind weniger reizauslösend als die Knospen der gleichen Pflanze; Zwergkiefer reizt stark und sollte unter keinen Umständen auf die Haut aufgetragen werden, während das Öl der Schottischen Kiefer milder wirkt. Die meisten Zitrusöle wirken reizauslösend, und Zitronenöl ist sogar sehr aggressiv. Auch andere Pflanzen mit Zitronenduft, die gar nicht zur Zitrusfamilie gehö-

ren, wie Lemongras, Verbene und Melisse, sind mit Vorsicht anzuwenden.
Offensichtlich reagieren wir alle sehr unterschiedlich auf dieselben Präparate. Manche Menschen, besonders blonde und rothaarige, reagieren äußerst empfindlich und zeigen Reizerscheinungen bei Ölen, die gemeinhin als mild gelten. Deshalb sollte ein Therapeut bei der Wahl des Öls und dem Grad der Verdünnung praktische Vernunft und größtmögliche Vorsicht walten lassen. Er muß wissen, daß aromatische Bäder mit unverdünnten Ölen eher zu Reizwirkungen führen als eine Massage. Für die meisten Menschen sind 6 Tropfen unverdünnten Öls auf ein Vollbad gut verträglich, aber Leute mit empfindlicher Haut sollten alle Öle in einer Trägersubstanz auflösen, bevor sie sie ins Badewasser geben; Öle, von denen bekannt ist, daß sie die Haut reizen können, sollte jeder auf maximal 3 Tropfen pro Bad beschränken.
Gelegentlich werden die leicht irritierenden Öle bewußt eingesetzt, um bei dem Patienten eine Hautrötung hervorzurufen, die mit Wärmegefühlen und erhöhter Blutzirkulation einhergeht. Bei schmerzhaften Muskelerkrankungen, Rheuma etc. fördert dies die Heilung. Die wirksamsten hautrötenden Öle sind Majoran, schwarzer Pfeffer, Rosmarin und Wacholder.
Eine vollständige Liste aller hautreizenden Öle findet sich in Anhang A.

Hautsensibilisierung

Einige wenige ätherische Öle führen zu einer Sensibilisierung der Haut. Dies ist nicht dasselbe wie eine Reizung, die lediglich eine Reaktion der Haut auf den Kontakt mit einer reizauslösenden Substanz ist. Bei einer Sensibilisierung wird die Haut dem Reizstoff gegenüber von Mal zu Mal empfindlicher, und sogar sehr schwache Verdünnungen können dann Ausschläge, Juckreiz, Flecken oder Bläschen hervorrufen. Gelegentlich kommt es auch bei einer Substanz, die der ursprünglichen ähnlich ist, zu einer Reaktion, wenn die Haut erst einmal sensibilisiert ist.
Dies ist im allgemeinen kein größeres Problem, da die therapeu-

tische Verwendung der sensibilisierungsverdächtigen Öle sowieso sehr selten ist. Die einzige Ausnahme bildet das relativ häufig verwendete Öl der Zimtrinde, das auch bei Menschen mit normaler Haut zu einer Sensibilisierung führt. Ähnliches ist zuweilen von Nelkenknospenöl und erstaunlicherweise von Ylang-Ylang berichtet worden.

Menschen, die unter Ekzemen oder Dermatitis leiden oder eine besonders empfindliche Haut haben, sollten die folgenden Öle meiden: Geranie, Ingwer, Kiefer und Zitronelle. Alle übrigen Öle sollten sie nur in niedrigen Konzentrationen und nach erfolgter Verträglichkeitsprüfung verwenden.

Siehe die vollständige Liste der gefährlichen Öle in Anhang A.

Hauttalg (Sebum)

Dies ist jenes wachsartige, fettige Körpersekret, das von den direkt unter der Haut befindlichen Talgdrüsen erzeugt wird. Sie öffnen sich zu den Haarfollikeln hin und sorgen bei störungsfreier Funktion für jene Geschmeidigkeit der Haut, die sie vor den meisten Umwelteinflüssen schützt.

Zu Problemen kommt es nur, wenn die Haut aufgrund einer Über- oder Unterproduktion dieser Drüsen zu fett oder zu trocken wird; im ersten Fall blockiert das überschüssige Sebum zusammen mit Schmutz und abgestorbenen Hautzellen den Follikel. Es entsteht eine Art Stöpsel, auf dem sich sofort Bakterien ansiedeln; der Follikel entzündet sich, und ein Pickel entsteht. Wenn sich gleich mehrere oder immer wieder neue Pusteln bilden, haben wir es mit der gefürchteten Akne zu tun.

Bei Jugendlichen, deren gesamtes Hormonsystem sich im Umbruch befindet, sind diese Erscheinungen nichts Ungewöhnliches. Dazu ist zu bemerken, daß solche Menschen eine normale und sogar attraktive Haut oft wesentlich länger behalten als jene Zeitgenossen, deren Haut schon in der Jugend trocken war, denn die Produktion von Hauttalg geht mit dem Alter zurück.

Einige ätherische Öle, insbesondere Geranie und Lavendel, besitzen die Eigenschaft, die Sebumproduktion auszugleichen, und können daher sowohl bei zu trockener als auch bei zu

fettiger Haut empfohlen werden. Für letztere ist Bergamotte das wirksamste Mittel, gefolgt von Grapefruit, Wacholder und Zeder. Für die zu trockene Haut, der es an Geschmeidigkeit mangelt, sind auch Kamille, Jasmin, Neroli und Rose hilfreich, vor allem jedoch Sandelholz.
Alle diese Öle eignen sich vorzüglich zur Gesichtsmassage, aber auch als Zusatz in Cremes und Lotionen für die Tage zwischen den Behandlungen beim Therapeuten. Für trockene Haut sind Avocado- und Pfirsichkernöl als Trägersubstanz besonders geeignet.
Siehe auch **Haut**.

Hepatisch

Der Begriff bedeutet »zur Leber gehörend«. In der Phyto- und Aromatherapie werden mit ihm Pflanzen bezeichnet, die die Leber stärken. Folgende ätherische Öle gehören in diese Kategorie: Geranie, Kamille, Pfefferminze, Rosmarin, Thymian, Zitrone und Zypresse. Meiner Erfahrung nach sind Pfefferminze, Rosmarin und Thymian am wirkungsvollsten.

Herpes

Der Begriff bezeichnet einen Hautausschlag, der durch das Herpes-Simplex-I-Virus verursacht wird. Die meisten von uns tragen dieses Virus ihr ganzes Leben mit sich herum, ohne irgendwelche Symptome zu entwickeln. Zum Ausschlag mit Bläschenbildung kommt es oft parallel zu einer anderen Infektion, z. B. einer Erkältung, oder wenn wir übermüdet und geschwächt sind. Bei manchen Menschen erscheinen die Bläschen auch bei extrem heißer oder extrem kalter Witterung.
Zur Behandlung des Ausschlags sind Bergamott-, Eukalyptus- und Ti-Baum-Öl gut geeignet, vor allem, wenn sie gleich bei den ersten Anzeichen der Krankheit aufgetragen werden. Die beste Wirkung entfalten sie, wenn als Grundsubstanz Alkohol verwendet wird. Geben Sie insgesamt 6 Tropfen ätherisches Öl auf 5 ml (1 Teelöffel) Alkohol. Sie können ein einziges Öl nehmen

oder, was ich für besser halte, zwei oder mehr Öle mischen. Ti-Baum-Öl kann auch pur aufgetragen werden. Tupfen Sie die Haut des öfteren ab, um eine volle Ausbildung der Bläschen zu verhindern. Ist dieses Stadium jedoch schon erreicht, benutze ich im Wechsel mit der Alkoholmischung reines Lavendelöl, das – ähnlich wie bei Verbrennungen – die Bläschen abheilen läßt.
Herpes im Bereich der Geschlechtsorgane (Herpes genitalis) wird angeblich durch das Herpes-Simplex-II-Virus verursacht; es steht aber nicht mit Sicherheit fest, ob es sich tatsächlich um zwei verschiedene Virenarten handelt. Auf jeden Fall helfen die obengenannten Öle auch hier. Wegen seiner Affinität zum Urogenitalsystem ist Bergamotte am ehesten zu empfehlen. Die Öle sollten nur in sehr niedrigen Konzentrationen verwendet werden. Stellen Sie zunächst eine Alkohollösung mit 4 Tropfen Bergamotte und 2 Tropfen Ti-Baum her und geben Sie sie auf einen Liter abgekochtes Wasser; mischen Sie kräftig und benutzen Sie das Ganze für örtliche Waschungen.
Herpes tritt nur auf, wenn jemand angespannt ist. Massagen und Bäder mit antidepressiven und streßabbauenden Ölen schaffen hier Abhilfe.
Herpes zoster siehe unter **Gürtelrose.**

Herz

Das Herz kann mit einer Art Doppelpumpe verglichen werden. Es besteht aus einem speziellen Muskel, der schon vor unserer Geburt bis zum Augenblick des Todes Tag und Nacht tätig ist, selbst wenn wir nicht bei Bewußtsein sind. Die rechte Herzseite pumpt das Blut in die Lungen, wo es den für alle Körperprozesse lebensnotwendigen Sauerstoff aufnimmt und Kohlendioxid und andere Abfallstoffe abgibt. Die linke Herzseite pumpt das mit frischem Sauerstoff versehene Blut in den gesamten Körper und versorgt auf diese Weise sämtliche Organe und Gewebe mit Sauerstoff und anderen notwendigen Elementen.
Borneol-, Knoblauch-, Lavendel-, Majoran-, Pfefferminz-, Rosen- und Rosmarinöl gelten als Herztonika, d. h., sie kräftigen den Herzmuskel. Lavendel, Melisse, Neroli und Ylang-Ylang

werden bei Herzklopfen etc. empfohlen. Ich bin jedoch der Meinung, daß hier Vorsicht am Platze ist und nur jemand mit medizinischer Ausbildung Herzkrankheiten behandeln sollte. Patienten, die bereits bei einem Fachmann in Behandlung sind, können die genannten Öle jedoch für Bäder und Massagen benutzen.

Viele sogenannte »Herzkrankheiten« sind in Wirklichkeit Kreislaufstörungen, verursacht durch eine Verfettung der herznahen Arterien. Werden diese durch die Ablagerung von Fett eingeengt oder gar blockiert, bekommt der Herzmuskel keinen Sauerstoff; und da kein Muskel mehr als ein paar Augenblicke ohne Sauerstoff auskommt, stellt er seine Tätigkeit ein – diesen Vorgang bezeichnet man dann als »Herzinfarkt«.

Eine Reihe ätherischer Öle ist bei Kreislaufproblemen hilfreich – siehe **Kreislauf.**

Herzjagen (Tachykardie)

Das bei stark beschleunigter Herztätigkeit aufgrund von Streß, Angst oder Schock am häufigsten verwendete ätherische Öl ist Ylang-Ylang. Man kann ein paar Tropfen davon auf ein Taschentuch geben, um es einzuatmen, oder es auch direkt aus der Flasche inhalieren. Nach einem Anfall sollte es auch regelmäßig zu Massagen und aromatischen Bädern verwendet werden, um Rückfällen vorzubeugen, vor allem wenn der Patient schon mehrmals solchen Attacken ausgesetzt war. Auch Lavendel, Rose, Kamille und Neroli sind sehr hilfreich.
Siehe auch **Herzklopfen.**

Herzklopfen (Palpitation)

Streng medizinisch handelt es sich hier um die bewußte Wahrnehmung des eigenen Herzschlags, entweder aufgrund subjektiv erhöhter Aufmerksamkeit ihm gegenüber, oder weil tatsächlich eine anomal verstärkte Herztätigkeit vorliegt. Dies kann bei Schock, Furcht und Angst der Fall sein. Ätherische Öle, die stark beruhigend wirken, wie z. B. Neroli, sind hier am effizien-

testen. In akuten Situationen kann das Öl direkt aus der Flasche oder einem Taschentuch inhaliert werden. In chronischen Fällen sollte eine regelmäßige Massage mit einem der vielen beruhigenden Öle – Kamille, Lavendel, Neroli, Rose, Ylang-Ylang – stattfinden.
Der Begriff »Herzklopfen« wird oft unkorrekterweise für das sogenannte **Herzjagen** (siehe entsprechendes Stichwort) verwendet. Die Unterscheidung ist jedoch sowieso eher akademischer Natur; hilfreich sind auf jeden Fall dieselben ätherischen Öle und Anwendungsweisen – vor allem Ylang-Ylang.

Heuschnupfen (Heufieber)

Heuschnupfen ist eine Form der Allergie, die die Nasenschleimhäute und oft auch Augen und Rachen befällt. Wie der Name bereits sagt, handelt es sich strenggenommen um eine allergische Reaktion auf die Pollen bestimmter Gräser; der Begriff wird aber auch für ähnliche Reaktionen auf eine ganze Palette verschiedener Pollen und einige Pilzsporen benutzt.
Die Symptome sind wahrscheinlich allgemein bekannt: Im Sommer, wenn die auslösenden Stoffe gehäuft in der Luft vorhanden sind, läuft die Nase, die Augen tränen, und es kommt zu heftigen Niesanfällen.
Verschiedene ätherische Öle begegnen den Symptomen wirkungsvoll; welches letztendlich am besten hilft, ist von Person zu Person verschieden. Alle Öle, die auch bei Erkältungen die Beschwerden lindern, insbesondere Inhalationen mit Lavendel und Eukalyptus, sind geeignet. Ich setze jedoch mehr auf die Öle, die allgemein bei Allergien von Nutzen sind: Kamille und Melisse. Kamille scheint häufiger eine positive Wirkung zu haben als Melisse, aber, wie gesagt, das muß erst ausgetestet werden. Überdies sieht es zuweilen so aus, als würde ein Öl relativ schnell an Wirksamkeit verlieren. Da die Behandlung manchmal die gesamte Pollenzeit über erforderlich ist, müssen oft zwei und mehr Öle nacheinander eingesetzt werden, um wirkliche Erleichterung zu verschaffen.
Manche Patienten finden, daß die von einer Dampfinhalation

ausgehende Wärme ihre Lage noch verschlimmert; sie können ein paar Tropfen Öl auf ein Taschentuch geben und daran riechen, wann immer sie das Bedürfnis danach verspüren. Aber auch Massagen können sehr hilfreich sein, da das ätherische Öl vom Blutstrom absorbiert und so das Ausmaß der allergischen Reaktion oft verringert wird.

Auch zusätzliche hohe Vitamin-C-Gaben scheinen Heuschnupfenkranken zu helfen (mindestens 3 Gramm täglich). Möglicherweise bedarf auch der Speiseplan einer Überprüfung: Milchprodukte und raffinierte Stärken fördern die Schleimabsonderung und sollten daher reduziert oder ganz gestrichen werden. Vielen Betroffenen hat dies bereits wesentlich geholfen.

Bei entzündeten, roten Augen wirken kalte Kompressen mit Rosenwasser oder Kamillentee (*nicht* dem ätherischen Öl) sehr beruhigend.

Hippokrates

Hippokrates, der weltweit als »Vater der Medizin« verehrt wird, wurde um 460 v. Chr. auf der griechischen Insel Kos geboren. Wahrscheinlich stammte er aus einer Arztfamilie. Zu seinen Lebzeiten geschriebene Aufzeichnungen nennen ihn als Mitglied einer »Asklepiade«, einer Vereinigung von Ärzten (benannt nach dem griechischen Gott der Heilkunde, Asklepios, lat. Äskulap). Gewöhnlich bezeichnete man eine Ärzteschule als »Asklepiade«. Andere Stellen im Text deuten jedoch darauf hin, daß der Begriff sich auf eine Familie bezieht – vor allem, weil Hippokrates noch zu Lebzeiten »der Große« genannt wurde, um ihn von anderen Mitgliedern derselben Familie zu unterscheiden.

Das Werk und die Schriften des Hippokrates sind für die Aromatherapie in zweierlei Hinsicht von Bedeutung:

1. Er benutzte und beschrieb eine große Zahl pflanzlicher Arzneimittel.
2. Er betrachtete den Körper als Einheit und nicht als eine Ansammlung von Teilen.

Er kann daher zu Recht als Vater der ganzheitlichen Medizin betrachtet werden.

Unter den von Hippokrates beschriebenen Heilpflanzen befinden sich zahlreiche Narkotika, z. B. Opium, Tollkirsche, Alraune und Bilsenkraut, außerdem einfache Früchte wie Quitte, Granatapfel, Rhabarber und viele andere Pflanzen, die heute noch in der Aromatherapie verwendet werden, z. B. Anis, Koriander, Kreuzkümmel und Knoblauch; Harze wie Weihrauch, Myrrhe und Benzoe; sowie Kümmel, Fenchel, Thymian und natürlich Rose, die in fast allen frühen Heilsystemen eine große Rolle spielte.

Aber vielleicht noch bedeutender waren seine Beiträge zur medizinischen Theorie, zu Philosophie und Ethik. Der *Hippokratische Eid,* den die Ärzte auch heute noch ablegen, geht mit größter Wahrscheinlichkeit nicht auf Hippokrates selbst, sondern auf seine Schüler und Anhänger zurück. Hippokrates legte sehr viel Wert auf die moralischen Qualitäten, die jemand benötigte, um andere Menschen zu heilen: Unterscheidungsvermögen, das Hintanstellen der eigenen Person und Hingabe. Er lehrte, der Körper sei ein Ganzes, und jede Behandlung müsse ihn als solches betrachten – sicher die erste Voraussetzung für einen holistischen Ansatz. Außerdem betonte er, man müsse die Ursache einer Krankheit suchen und beseitigen und nicht nur die Symptome behandeln. Er wies darauf hin, daß eine unzweckmäßige Ernährung unverdaute Rückstände erzeuge und die von ihnen ausgehenden Dämpfe oder *Humore* die Hauptursachen für Erkrankungen darstellen. Auch wenn seine Theorie der Körpersäfte heute weitgehend als überholt gilt, ist die Bedeutung der Ernährung in allen Zweigen der Naturheilkunde inzwischen so fest verankert, daß direkt erstaunlich ist, wieso sie solange übersehen werden konnte.

Hippokrates unternahm ausgedehnte Reisen, auf denen er seine Lehre verbreitete und seine Heilkunst praktizierte; wer immer mit ihm in Kontakt kam, brachte ihm Liebe und Achtung entgegen – nicht nur wegen seiner medizinischen Fähigkeiten, sondern auch wegen der hohen moralischen Werte, die er lehrte und selbst lebte. Er starb 377 v. Chr. in Larissa.

Histamin

Histamin ist ein Zerfallsprodukt von Proteinen; die Freisetzung von Histamin ist ein normaler Abwehrmechanismus; zu Beschwerden kommt es erst, wenn zuviel von diesem Stoff produziert wird. Es bewirkt eine Erweiterung der kleinen Blutgefäße in der unmittelbaren Umgebung sowie eine Rötung und Erwärmung. Aus den geweiteten Kapillaren kann Flüssigkeit ins benachbarte Gewebe eindringen und dadurch Schwellungen und Reizungen hervorrufen. Histamin stimuliert außerdem Magen und Darm und bewirkt die zu Asthmaanfällen führende Kontraktion der Bronchien.

Histamin wird z. B. dann abgegeben, wenn der Körper durch Brennesseln oder Insektenstiche gereizt wird. Da es auch in den von der Pflanze oder dem Insekt erzeugten Giftstoffen enthalten ist, baut sich in der unmittelbaren Umgebung der Wunde ein Überschuß an Histamin auf.

Histamin wird auch – zuweilen in größerer Menge – als Reaktion auf eingeatmete Pollen, Tierhaare und andere Reizstoffe freigesetzt und verursacht dann akute Beschwerden, z. B. Heuschnupfen.

Die Schulmedizin behandelt in solchen Fällen mit Antihistaminika; diese sind in ihrem chemischen Aufbau den Histaminen sehr ähnlich, lösen aber nicht deren Reaktionen aus.

Der Aromatherapeut wählt eines der beruhigenden, lindernden ätherischen Öle; am geeignetsten sind Kamille und Melisse. Wie sie verabreicht werden, hängt davon ab, ob das jeweilige Problem in einer Hautreizung oder durch Asthma oder Heuschnupfen ausgelösten Atembeschwerden besteht. Bei Insektenstichen verhindert das möglichst sofortige Auftragen von Lavendel- oder Zitronenöl örtlich begrenzte Reaktionen wie Juckreiz oder Schwellungen; die genannten Öle vermindern anscheinend die Histaminausschüttung.

Dampfinhalationen mit Kamille, Melisse, Lavendel, Ysop, Benzoe und anderen individuell auszutestenden Ölen können die Beschwerden bei Heuschnupfen- und Asthmakranken lindern; langfristig sollte man Massagen und Bäder und möglichst eine

Ernährungsberatung in Anspruch nehmen, um die Reaktion des Körpers auf die reizlösenden Stoffe zu verringern.

Die Rolle des Histamins bei allergischen Reaktionen ist noch nicht vollständig geklärt. Als Antwort auf relativ geringfügige Bedrohungen produziert der Körper zuweilen eine wahre Histaminflut – oft setzt er sogar Histamin frei, wenn überhaupt keine äußere Bedrohung vorhanden ist. Wir wissen noch nicht warum, aber es scheint, daß Streß bei allergischen Reaktionen eine sehr große Rolle spielt. Wenn jemand angespannt ist, reagiert er oft bereits auf Stoffe, mit denen er in entspannter Verfassung keinerlei Probleme hat.

Bei Allergien versucht der Aromatherapeut hinter die vordergründigen Symptome zu schauen und den zugrunde liegenden Streß abzubauen. Alle obengenannten Öle besitzen eine beruhigende, besänftigende Wirkung auf Geist und Seele. Oft verhelfen sie dem Allergiker zu einem inneren Gleichgewicht, in dem äußere Reizstoffe keine übermäßige Histaminflut mehr auslösen.

Siehe auch **Allergie**.

HIV

Es wird allgemein angenommen, daß das HI-Virus[1] Aids verursacht und daß jeder, der als HIV-positiv diagnostiziert wird, früher oder später das Aids-Vollbild entwickelt und stirbt. Je länger wir mit der Aids-Epidemie leben, desto klarer wird jedoch, daß dies nicht unbedingt so ist. Nur bei ungefähr 30% der bekannten HIV-Träger erscheint das ganze Aids-Syndrom. Da viele Menschen ohne ihr Wissen Virusträger sind, dürfte der tatsächliche Prozentsatz noch unter 30% liegen. Viele Menschen, die schon lange (in einigen Fällen bis zu 10 Jahre) HIV-positiv sind, werden überhaupt nicht krank. Andere waren HIV-positiv, bekamen Aids und gesundeten schließlich: Sie waren HIV-positiv, hatten aber keine Symptome. Es gibt auch Leute, deren Krankheit wie Aids aussieht, die aber keine HIV-

---

[1] Human immuno deficiency virus = menschliches Immunschwächevirus.

Träger sind. Das Virus scheint also nicht der entscheidende Faktor zu sein.

Um zu verstehen, warum nur einige HIV-Träger Aids entwickeln, andere jedoch nicht, müssen wir uns ein wenig damit beschäftigen, wie das HI-Virus vorgeht. Wie alle anderen Viren auch kann es sich nur innerhalb lebender Zellen weitervermehren. Das Virus dringt also in eine Wirtszelle ein und bedient sich ihrer biochemischen Ressourcen, um sich zu reproduzieren. Nun sind die Wirtszellen im Fall des HI-Virus die T-Helfer-Zellen des Immunsystems. Ihre Rolle wird an anderer Stelle erörtert; hier sei nur gesagt, daß sie alle Prozesse auslösen und beschleunigen, die zur Immunreaktion führen, während ihre Gegenspieler, die T-Suppressor-Zellen, diese Prozesse verlangsamen und stoppen, wenn keine Infektionsgefahr vorhanden ist. In einem gesunden Körper ist die Zahl der T-Helfer-Zellen größer als die der T-Suppressor-Zellen. Das HI-Virus zerstört jedoch die T-Helfer-Zellen, bis schließlich mehr T-Suppressor-Zellen vorhanden sind.

In diesem Stadium ist der Körper nicht mehr in der Lage, eindringende Mikroorganismen abzuwehren, und Bakterien, andere Viren und Pilze (z. B. Candida) können ihr zerstörerisches Werk beginnen. Man bezeichnet die daraus entstehenden Infektionen als opportunistisch, weil die Mikroorganismen die durch den Ausfall der Abwehrmechanismen entstandene Gelegenheit sofort nutzen, um sich zu vermehren.

Die Schulmedizin verschreibt Medikamente, die das Virus angreifen, aber heute steht fest, daß sich bereits eine Woche nach der ersten Einnahme dieser Arzneien Virenarten entwickeln können, die gegen sie resistent sind. Die Forschung konzentriert sich vor allem auf die Entwicklung eines Impfstoffs.

Ganzheitliche Behandlungsmethoden beschäftigen sich nicht nur mit dem Virus, sondern mit dem ganzen Menschen und versuchen vor allem, sein Immunsystem zu stärken und seinen generellen Zustand zu verbessern. Alles, was das Immunsystem stärkt und seine Aktivität fördert, vermindert die Chance, daß es zum Aids-Vollbild kommt.

Einiges deutet darauf hin, daß bei Menschen, die sich für

Naturheilverfahren entscheiden, die ihre Ernährung verbessern und lernen, sich zu entspannen, die Wahrscheinlichkeit des Aids-Vollbilds geringer ist. Ist dieses bereits vorhanden, verfügen sie über längere Erholungsphasen und eine bessere Lebensqualität.

Innerhalb dieser Verfahren kann die Aromatherapie eine wichtige Rolle spielen, und zwar nicht nur durch die direkte Stärkung des Immunsystems mittels entsprechender Öle, sondern auch durch die Schaffung eines fürsorglichen, entspannenden Rahmens, in dem Gefühle wie Angst und Wut zugelassen werden können.

Die breite Palette immunstärkender Öle reicht von Thymian, Ti-Baum und anderen Melaleuca-Gewächsen bis zu weniger »medizinischen« Ölen wie Manuka, Ravensara und Rosenholz. Geeignet sind alle Öle, die den Patienten körperlich, seelisch und geistig unterstützen.

Immer mehr Aromatherapeuten arbeiten in karitativen Einrichtungen und Selbsthilfegruppen mit HIV-Positiven und Aids-Kranken und empfinden dies als lohnende, wenn auch herausfordernde Beschäftigung.

Siehe auch **Aids** und **Immunsystem.**

Ho-Blätter oder Ho-Holz (Cinnamomum camphora, var. Ho-sho)

Ho-Blätter- und Ho-Holz-Öl wird aus einer Varietät des Kampferbaums gewonnen. Wie alle Kampfer-Öle zählt es zu den gefährlichen Ölen, weshalb ich von einem Gebrauch in Eigenregie dringend abrate. Erfahrene Aromatherapeuten werden es möglicherweise sehr vorsichtig einsetzen, aber auch ihnen stehen risikolosere Alternativen zur Verfügung.

Ich nenne das Öl hier nur, um die Vorstellung zu zerstreuen, daß Ho-Blätter als Ersatz für Rosenholz *(Aniba roseadora)* eingesetzt werden können. Duft, Eigenschaften und Anwendungsbereiche der beiden Öle gleichen sich nicht; während der Einsatz von Ho-Holz-Öl riskant ist, ist Rosenholz ein mildes, reizarmes, nichttoxisches Öl, das praktisch keine Gefahren birgt.

Homöopathie

Die Homöopathie ist einer der ganz wenigen Zweige der Naturheilkunde, die mit der Aromatherapie nicht vollkommen kompatibel sind.
Sie wurde in der ersten Hälfte des 19. Jahrhunderts von Samuel Hahnemann, einem deutschen Arzt, begründet; wie aus ihrem Namen hervorgeht, behandelt sie Gleiches mit Gleichem (griechisch *homoios* = ähnlich, gleichartig). Das Verfahren beruht auf der Tatsache, daß winzige Mengen einer Substanz Symptome kurieren, die durch größere Mengen desselben Stoffes ausgelöst werden. Homöopathische Heilmittel werden hergestellt, indem man tierische, pflanzliche oder mineralische Ausgangsstoffe, manchmal auch Bakterien und Viren, immer weiter verdünnt. Bei jeder Verdünnungsstufe wird die Mischung kräftig geschüttelt. Diesen Vorgang bezeichnet man als Potenzieren (= Ermächtigen). Die Wirkung der homöopathischen Arzneimittel wird dabei um so stärker, je weiter man sie potenziert. Wissenschaftler lehnen die Homöopathie ab, weil in den hochpotenzierten Mitteln keine Spuren des Ausgangsstoffes mehr nachweisbar sind. Homöopathische Mittel helfen trotzdem – oft dann, wenn wissenschaftlich begründbare Behandlungen versagt haben.
Die Mittel wirken auf einer sehr subtilen Schwingungsebene; dies ist wahrscheinlich auch der Grund dafür, weshalb ätherische Öle sich nicht mit ihnen vertragen. Die Duftpartikel haben nämlich ihre eigene charakteristische Schwingungsrate, die beim Vorgang des Riechens eine Rolle spielt. Ihre Schwingungen sind jedoch wesentlich größer als die der homöopathischen Medikamente, und so kommt es zu Interferenzen. Es ist seit langem bekannt, daß Patienten, die homöopathische Arzneien nehmen, die starken Düfte von Pfefferminze und Eukalyptus meiden sollten und daß homöopathische Heilmittel weit entfernt von allen kräftigen Gerüchen aufbewahrt werden müssen. Die Einstellung der Homöopathen zur Aromatherapie ist jedoch keineswegs eindeutig. Die Meinungen gehen von der völligen Ablehnung bis zu einer Akzeptanz, von der allerdings

Eukalyptus, Pfefferminze und einige andere sehr starke Öle weiterhin ausgeschlossen sind. Oft wird empfohlen, zwischen der Einnahme homöopathischer Medikamente und der aromatherapeutischen Behandlung mindestens eine halbe Stunde verstreichen zu lassen und nur milde Öle wie Kamille und Rose zu verwenden. Bei niedrigen Potenzen mag diese Zeitspanne ausreichen, bei höheren sicher nicht.

Fragen Sie also auf jeden Fall Ihren Homöopathen, wenn Sie ätherische Öle benutzen wollen; bis zum Abschluß des homöopathischen Behandlungszyklus muß dann unter Umständen eben nur mit Trägeröl massiert werden.

Ich kenne jedoch Menschen, die homöopathische Medikamente in Eigenregie verwenden und sie ganz geschickt mit der Aromatherapie verbinden – ohne Beeinträchtigung der einen oder anderen Behandlungsform und vor allem ihrer Gesundheit!

Auf jeden Fall sollten homöopathische Arzneimittel von ätherischen Ölen (oder sonstigen stark duftenden Substanzen) getrennt aufbewahrt werden – am besten in verschiedenen Räumen, zumindest aber in verschiedenen Schränken. Ein von mir zu dieser Frage angesprochener Homöopath meint, daß Sie nicht verbrauchte homöopathische Medikamente wegwerfen sollten, wenn Sie ständig ätherische Öle verwenden. Solche, die Sie nur ab und zu benutzen, sollten mindestens alle sechs Monate ersetzt werden – oder Sie kaufen nur soviel, wie Sie brauchen. Was Schwingungen mit dem Riechen zu tun haben, wird unter **Geruchssinn** erläutert.

Honig

Die heilende Wirkung von Honig ist seit vielen Jahrhunderten bekannt. Er läßt sich gut mit ätherischen Ölen zusammen verwenden, insbesondere bei der Behandlung von Hautkrankheiten.

Kleine Mengen Honig können, zusammen mit dem ihm eng verwandten Bienenwachs, einer Creme zur allgemeinen Hautpflege oder zur Behandlung dermatologischer Störungen (z. B. Ekzeme) beigegeben werden.

Hormone

Als Hormone werden zahlreiche im Körper produzierte chemische Substanzen bezeichnet, die in den Blutstrom abgesondert werden und für das Funktionieren vieler Körpersysteme und Organe wichtig sind. Der Begriff Hormon ist von einem griechischen Verb abgeleitet, das »in Bewegung setzen, anregen« bedeutet – meist wirken Hormone ja stimulierend auf die Organe. Charakteristisch für sie ist, daß sie Körperfunktionen noch weit entfernt von dem Ort beeinflussen, an dem sie gebildet wurden; sie werden deshalb auch oft als »chemische Botschafter« bezeichnet.

Die hormonbildenden Drüsen sind als endokrines System bekannt. Dieses System reguliert das Wachstum, den Stoffwechsel, die Fortpflanzung, unsere Reaktion auf Streß und den Nährstoffhaushalt des Blutes. Die einzelnen endokrinen Drüsen funktionieren nicht unabhängig voneinander, sondern in einem sehr komplexen, fein ausbalancierten Wechselspiel. Gesteuert werden sie von der Hypophyse, die an der Basis des Zwischenhirns liegt und ihrerseits vom Hypothalamus beeinflußt wird, der als Schnittstelle zwischen Gehirn, Nervensystem und endokrinem System fungiert.

Wofür sind nun die einzelnen Drüsen verantwortlich? Die Hypophyse, die die Tätigkeit der anderen Drüsen steuert, regelt außerdem den Wachstumsprozeß. Die Schilddrüse hat mit Wachstum und Stoffwechsel zu tun. Die Nebenschilddrüsen steuern den Kalziumgehalt des Blutes. Die Nebennieren sind an zahlreichen Körperfunktionen beteiligt, unter anderem dem Zuckerstoffwechsel und unserer Reaktion auf Streß; außerdem beeinflussen sie Hoden und Eierstöcke und sind mitbeteiligt an der Ausbildung der sekundären Geschlechtsmerkmale. Die Langerhansschen Inseln (spezialisierte Zellgruppen im Gewebe der Bauchspeicheldrüse) produzieren das Hormon Insulin, das den Blutzuckerspiegel kontrolliert. Eierstöcke und Hoden erzeugen die weiblichen bzw. männlichen Geschlechtshormone Östrogen, Progesteron, Testosteron etc.; sie steuern den Fortpflanzungszyklus, die Produktion der Muttermilch sowie die sekundären Geschlechtsmerkmale (Barthaar, Entwicklung der Brüste etc.).

Viele ätherische Öle beeinflussen das endokrine System, und zwar auf zweierlei Weise: Zum einen gibt es Öle, die pflanzliche Hormone enthalten; diese sogenannten Phytohormone sind in ihrer Wirkung den menschlichen Hormonen sehr ähnlich, können diese also verstärken oder ersetzen. Phytohormone können ähnlich verwendet werden wie die von der Schulmedizin eingesetzten synthetischen oder tierischen Hormone, aber sie weisen nicht deren Gefahren auf und sind moralisch eher vertretbar.

Eine andere Gruppe von ätherischen Ölen beeinflußt die Hormonabsonderung der einzelnen Drüsen, indem sie sie anregt oder ausgleicht. Knoblauch und Zwiebel z. B. harmonisieren die Schilddrüsensekretion und sind besonders bei deren Unterfunktion sehr wertvoll. Basilikum, Geranie und Rosmarin stimulieren die Nebennierenrinde, wobei Geranie generell ausgleichend auf die Hormonproduktion wirkt. Eukalyptus und Wacholder senken einen zu hohen Blutzuckerspiegel, Geranie beseitigt Exzesse in beide Richtungen. Viele, meist aus der Familie der Umbelliferen stammende Öle enthalten Anethol, das wie Östrogen wirkt und bei menstruellen und klimakterischen Beschwerden sehr nützlich ist. In diese Reihe gehören Fenchel, Sternanis und Estragon. Das in Muskatellersalbei enthaltene Sclareol gleicht ebenfalls dem Östrogen. Auch Zypresse wirkt ähnlich; der verantwortliche Wirkstoff konnte noch nicht identifiziert werden, aber wahrscheinlich handelt es sich um ein diterpenes Molekül.

Östrogene müssen immer durch Progesteron ausgeglichen werden; da ätherische Öle keine progesteronähnlichen Moleküle enthalten, müssen wir auf Heilpflanzen wie Mönchspfeffer *(Vitex agnus castus)* oder Frauenmantel *(Alchemilla mollis)* zurückgreifen.

Der Einfluß ätherischer Öle auf das endokrine System und somit auf den Körper ist sicher ein ganz zentraler Punkt. Ihre Wirkungsweise ist noch nicht eingehend erforscht; wahrscheinlich besitzen auch noch viele andere Öle subtile hormonale Wirkungen, die nur noch nicht bekannt sind.

Husten

Husten stellt eine Reflexreaktion der Bronchien dar, mit der diese sich von Hindernissen wie Staub, Pollen oder übermäßigem Schleim befreien wollen. Diese Art von Husten ist sehr nützlich und sollte nicht unterdrückt werden. Der Reflex wird jedoch manchmal auch durch eine Entzündung der Rachenschleimhaut ausgelöst. Der Betreffende muß dann ständig husten, ohne Schleim auswerfen zu können, was auf die Dauer sehr ermüdend ist. Selbst ein »produktiver« Husten (bei dem sich Schleim löst) kann eine »unproduktive« Reizung nach sich ziehen und selbst dann noch weitergehen, wenn das Hindernis schon lange entfernt ist. Zuweilen wird ein Husten auch durch einen von außen auf die Bronchien einwirkenden Druck verursacht, z. B. durch vergrößerte Lymphknoten bei Keuchhusten.

Die beste aromatherapeutische Behandlungsmethode sind Dampfinhalationen, weil sie Kehle und Bronchien beruhigen, überschüssigen Schleim lösen und das Abhusten erleichtern. Beruht der Husten jedoch auf einer bakteriellen Infektion, sollten eher bakterizid wirkende Öle gewählt und so die eigentliche Ursache bekämpft werden. Hier ist an erster Stelle Thymian zu nennen; weitere hustenbekämpfende Öle sind Benzoe (extrem beruhigend für den Rachen), Eukalyptus, Lavendel, Majoran, Sandelholz und Weihrauch.

Sandelholz ist besonders geeignet bei einem trockenen Husten, der noch lange nach der ursprünglichen Infektion andauert. Sie können die Öle sanft in Hals und Brust einmassieren oder beide Methoden nebeneinander verwenden. Über Nacht empfiehlt es sich, eines der Öle im Schlafzimmer verdunsten zu lassen – z. B. in einer Aromalampe. Seit langem bewährte Heilmittel wie heißer Zitronensaft mit Honig oder Kräutertees lindern ebenfalls Reizungen im Rachenraum.

Ist der Husten trotz dieser Maßnahmen nach ein paar Tagen nicht verschwunden, sollten Sie einen Arzt oder einen Heilpraktiker konsultieren.

Siehe auch **Bronchitis, Erkältungen, Grippe.**

Hydrolat

Ein Hydrolat ist das Wasser, das sich bei der Destillation von Pflanzen ansammelt. In manchen Fällen ist die Menge an ätherischem Öl, die bei der Destillation gewonnen wird, so gering, daß das Verfahren nur angewandt wird, um das Hydrolat zu erhalten; das ätherische Öl ist dann ein – wenn auch wertvolles – Nebenprodukt. Bei der Herstellung von Rosenwasser z. B. sammelt sich immer auch eine ganz geringe Menge destilliertes Rosenöl.

Hydrolate sind wertvolle therapeutische Materialien und werden neben oder anstelle von ätherischen Ölen eingesetzt, vor allem im kosmetischen Bereich oder bei der Behandlung von Hautkrankheiten. Sie können ohne weitere Verdünnung direkt auf die Haut aufgebracht werden und eignen sich besonders, wenn eine nichtfettige oder wasserlösliche Substanz für die Behandlung erforderlich ist, etwa bei manchen Ekzemen, die durch Öle oder fettige Cremes schlimmer zu werden scheinen. Hier wäre ein Melissen- oder Kamillenhydrolat am ehesten zu empfehlen. Sie können auch als Badezusatz, zum Inhalieren und als Spray benutzt werden.

Die bekanntesten Hydrolate sind die Blütenwässer, die seit Jahrhunderten in der Hautpflege und der Parfümherstellung Verwendung finden: Lavendelwasser, Orangenblütenwasser und Rosenwasser. Aber auch Kamillen-, Muskatellersalbei-, Eukalyptus-, Lindenblüten-, Melissen-, Rosmarin- und Thymianhydrolate sind im Handel erhältlich. Bei müden oder leicht entzündeten Augen ist ein Augenbad mit Kornblumenwasser nützlich.

Hydrolate enthalten im allgemeinen neben vielen wasserlöslichen Pflanzenauszügen, die im ätherischen Öl nicht vorkommen, noch einen winzigen Anteil des Öls. Im Verlauf der Destillation passiert das Wasser das Pflanzenmaterial sehr oft, so daß ein hoher Prozentsatz dieser wasserlöslichen Bestandteile gewonnen wird. Deren Zusammensetzung ist daher nicht mit der des entsprechenden ätherischen Öls identisch, gleicht ihm aber. Das, was Sie über ein ätherisches Öl wissen, können Sie ohne Risiken bei der Anwendung auf das Hydrolat übertragen.

Weil Hydrolate im Vergleich zum entsprechenden ätherischen Öl so mild sind, eignen sie sich besonders für Kinder sowie für ältere und durch Krankheit stark geschwächte Menschen.

Hysterie

Viele verschiedene ätherische Öle sind zur Behandlung von Hysterie eingesetzt worden, unter anderem Kamille, Lavendel, Majoran, Melisse, Muskatellersalbei, Neroli, Pfefferminze, Rosmarin und Ylang-Ylang. Meiner Erfahrung nach tragen die meisten dieser Öle eher dazu bei, hysterische Anfälle zu verhindern, als daß sie tatsächlich jemanden aus ihnen herausholen.
Hysterie ist ein extremes Beispiel für starke Stimmungsschwankungen. Alle genannten Öle sorgen für jenen ruhigen seelischen Zustand, in dem ein hysterischer Anfall unwahrscheinlich wird. Dessen Ursachen sollten – unter Umständen mit Hilfe eines professionellen Beraters oder eines Psychotherapeuten – selbstverständlich erfragt werden, da von ihnen, ebenso wie von den unmittelbaren Zuständen und der seelischen Verfassung des Betreffenden, die Wahl des geeigneten Öls abhängt. Langfristig sind Massagen zweifellos die wichtigste Behandlungsform, die durch Bäder, das Versprühen oder Verdunsten der ätherischen Öle im Zimmer oder ihre Verwendung als persönliches Parfüm sinnvoll ergänzt wird. Bei einem hysterischen Anfall sind die Öle hilfreich, die auch bei Schockzuständen – und Hysterie ist ja oft die Reaktion auf einen Schock – eingesetzt werden: Melisse und Neroli. Ich habe beobachtet, daß Melisse besonders dann von Nutzen war, wenn die Hysterie durch Kummer ausgelöst wurde, etwa nach einem unerwarteten Todesfall.
Es reicht, wenn die ätherischen Öle eingeatmet werden. Falls der hysterische Patient in einem kooperationsunfähigen Zustand ist, können Sie das Öl um ihn herum versprühen. Denken Sie auch an die Notfalltropfen der Bach-Blütentherapie.
Die traditionelle Behandlungsmethode, ein heißes, süßes Getränk zu verabreichen, ist ebenfalls recht gut. Lassen Sie den Betreffenden sich hinsetzen, einen beruhigenden Kräutertee trinken, etwa Kamillen-, Melissen- oder Baldriantee; süßen Sie

mit etwas Honig, der ja allein schon leicht beruhigend wirkt. Geben Sie auf keinen Fall Alkohol. Zur Wiederherstellung von Ruhe und Gleichgewicht sind Massagen zweifellos am nützlichsten, am besten unmittelbar nach dem Anfall. Wegen ihrer milden, beruhigenden Wirkung benutze ich meist eine Mischung aus Rose und Benzoe; in anderen Fällen sind Lavendel, Melisse, Muskatellersalbei, Neroli und Ylang-Ylang besser geeignet. In den folgenden Tagen sind weitere Massagen, Aromabäder und nicht zuletzt eine fürsorgliche Unterstützung sehr wichtig, da ein hysterischer Anfall meist von einer schweren Depression gefolgt wird.

Eine Dosis der obenerwähnten Notfalltropfen oder eines der bei Schock angezeigten ätherischen Öle wird auch jedem guttun, der mit einem hysterischen Menschen zu tun hat.

Immortelle (Helichrysum italicum, ssp. Serotinum)

Immortellen-Öl wird aus den bei Blumen-Arrangeuren beliebten Strohblumen destilliert. In der Floristik werden viele Helichrysum-Varietäten verwendet, aber nur *Helichrysum italicum serotinum,* das gelbe, gänseblümchenartige Blüten besitzt, weist die unten beschriebenen Eigenschaften auf. Die Blüten und das Öl duften köstlich nach Honig. (Ich habe einmal neben einem Gelände gewohnt, auf dem Strohblumen für die Floristik angebaut wurden; es war geradezu berauschend, im Sommer dort vorbeizuspazieren.)

Das im allgemeinen gelbe Öl besitzt zuweilen einen leichten Stich ins Rötliche. Die wichtigsten Bestandteile sind Nerol und Nerylacetat; außerdem kommen Geraniol, Pinen und Linalol sowie Spuren anderer Stoffe vor. Es wird in der Parfümindustrie allgemein verwendet; Seifen und anderen Kosmetika wird es wegen seines Duftes und seiner beruhigenden, heilenden Eigenschaften beigegeben.

Immortelle gehört wie Lavendel zu den Ölen, die am besten wirken, wenn sie synergistisch eingesetzt werden, d. h. zusammen mit anderen Ölen. Da es teuer und nicht immer leicht erhältlich ist, trifft sich dies ganz gut. Es regt die Selbstheilungs-

kräfte des Körpers an, was darauf hindeutet, daß es möglicherweise das Immunsystem aktiviert.
Seine Anwendung ist weitgehend unbedenklich, denn es ist nichttoxisch und wird auch von empfindlicher Haut im allgemeinen gut vertragen. Dies – und der eher süße, »unschuldige« Duft – prädestiniert es geradezu als Bade- und Massageöl für Babys und Kinder. Eine wirklich exquisite Kombination ist Immortelle/Mandarine. Kinder stoßen sich oft an, und auch hier ist Immortelle willkommen, denn ihre Wirkstoffe lassen blaue Flecken schneller heilen. Sie wirkt krampflösend und trägt dazu bei, quälende Asthma- und Keuchhustenanfälle zu lindern. Außerdem fördert sie den Schleimauswurf, was für alle Hustenarten günstig ist.
Aufgrund seiner entzündungshemmenden Eigenschaften eignet das Öl sich bei Rheuma und Arthritis zur Massage. Eine gute Mischung in diesem Zusammenhang besteht aus 95% Eukalyptusöl (vorzugsweise die *citriodora*-Varietät) und 5% Immortellenöl, das Ganze in der üblichen 3%igen Verdünnung in einem Trägeröl. Immortelle wird allgemein in der Hautpflege und bei vielen Hautkrankheiten einschließlich Ekzemen und anderen Allergien eingesetzt, denn sie wirkt antiallergen, entzündungshemmend, antiseptisch und heilend. Vereinzelt wird auch von Erfolgen bei Schuppenflechte berichtet, die bekanntlich nicht nur für Aromatherapeuten schwer zu behandeln ist. Bei dieser Krankheit ist fast immer auch ein seelisches Moment mit im Spiel, und es ist durchaus möglich, das Immortelle hier nicht nur auf der rein körperlichen Ebene hilft.
In geistig-seelischer Hinsicht wirkt sie nämlich tröstend und antidepressiv – sie ist so etwas wie Honig für die Psyche. Sie trägt dazu bei, Streß zu reduzieren und möglicherweise auch gar nicht erst entstehen zu lassen, was sie bei allen Streßkrankheiten zu einem wichtigen Heilmittel macht. Im Gegensatz zu anderen Antidepressiva ist das Öl kräftigend und stärkend und sehr hilfreich bei erschöpften, lethargischen oder geschwächten Menschen. Ich hatte noch keine Gelegenheit, es bei postviraler Erschöpfung einzusetzen, aber alles, was von ihm bekannt ist, deutet darauf hin, daß es hier wertvolle Dienste leisten könnte.

Immortelle läßt sich auch anderweitig anwenden, z. B. bei Verdauungs- und Atembeschwerden oder Muskelschmerzen; aufgrund seines Preises und seiner relativen Seltenheit wird es jedoch besser den Situationen vorbehalten, in denen andere Öle keine Besserung gebracht haben oder in denen keine Alternative zur Verfügung steht – zumindest im Hinblick auf körperliche Beschwerden.

Immunsystem

Der Mechanismus, mit dem sich der menschliche Körper vor Infektionen schützt, ist äußerst komplex; die verschiedensten Organe und Körpersysteme sind hieran beteiligt.
Infektionen entstehen, wenn Bakterien, Viren oder Pilze sich im Körper ausbreiten. Viele dieser sogenannten Mikroorganismen dringen ständig in den Körper ein, andere leben dauernd in ihm, ohne Schaden anzurichten. Von einer Infektion spricht man dann, wenn sie sich übermäßig zu vermehren beginnen.
Eine erste Barriere für die Eindringlinge bildet die Haut einschließlich der Schleimhäute von Mund, Nase, Lunge etc. In die unverletzte Haut können Bakterien nicht eindringen; Schweiß und Talg wirken normalerweise leicht antiseptisch. Die Schleimhäute sind eher anfällig; sie können zwar einige Bakterien zurückhalten, aber nicht alle.
Sobald die bedrohlichen Mikroorganismen in den Körper gelangt sind, wird eine Kettenreaktion in Gang gesetzt, an der verschiedene spezialisierte Zellen im Blut, im Lymphsystem, in der Milz, der Thymusdrüse und den Gewebsflüssigkeiten beteiligt sind. Der ganze Vorgang wird Immunreaktion genannt. Am aktivsten sind dabei die Zellen, die kollektiv als weiße Blutkörperchen bezeichnet werden; sie finden sich in großer Zahl u. a. in den Lymphknoten und den Gewebsflüssigkeiten und werden vom Blut zu ihrem jeweiligen Einsatzort transportiert.
Die im Knochenmark gebildeten Phagozyten sind große weiße Blutkörperchen, die eingedrungene Fremdpartikel, d. h. auch Bakterien, gleichsam umfließen und vertilgen; oft gehen sie dabei selbst zugrunde. Der Eiter z. B., der sich an einer entzün-

deten Wunde bildet, enthält neben den toten Bakterien eine Unmenge Phagozyten; diese bezeichnet man auch als »Freßzellen«.

Die Lymphozyten, die im Knochenmark, aber auch im Lymphgewebe (Lymphknoten, Milz, Thymusdrüse) gebildet werden, haben eine andere Aufgabe: sie stellen aus komplexen Proteinen (Gammaglobulinen) Antikörper her. Diese Antikörper werden als Reaktion auf die Bedrohung durch einen spezifischen Mikroorganismus produziert; wird derselbe Mikroorganismus später wieder angetroffen, unterdrücken die im Blut befindlichen Antikörper dessen Wachstum und Aktivitäten. Wenn in unserem Körper genügend Antikörper vorhanden sind, um das Auftreten eines Symptoms zu verhindern, sind wir gegen die entsprechenden Bakterien und Viren immun.

Die Tätigkeit von Lymphozyten und Phagozyten wird von den T-Zellen koordiniert: Die T-Helfer-Zellen stimulieren ihre Aktivität, die T-Suppressor-Zellen bremsen sie, wenn die Infektion abklingt. Bei einem normal funktionierenden Immunsystem ist die Zahl der T-Helfer-Zellen doppelt so hoch wie die der T-Suppressor-Zellen; ist das Immunsystem jedoch geschwächt, nimmt die Zahl der T-Helfer-Zellen ab.

Das Lymphsystem spielt bei der Immunreaktion insofern eine wichtige Rolle, als in den Lymphknoten zahlreiche Lymphozyten gebildet werden. Wenn in der Lymphflüssigkeit mehr Bakterien als normal zirkulieren, steigt die Lymphozytenproduktion drastisch an. Auch in den Lymphknoten befinden sich nämlich »Freßzellen«, die die Bakterien und andere unerwünschte Partikel erkennen und umfließen. Bei einer Infektion sind alle Aktivitäten der Lymphknoten erhöht – möglicherweise schwellen diese auch an, weil sich zu viele lebende und tote Zellen sowie Bakterien angesammelt haben. Die Schwellung ist spürbar und kann insbesondere am Nacken, in den Achselhöhlen und an den Leisten beobachtet werden.

Die Nebennieren sekretieren Hormone, die ihrerseits wieder bestimmte Immunreaktionen auslösen. Da Streß diese Fähigkeit der Nebennieren vermindert, schwächt er auch die Widerstandsfähigkeit des Körpers.

Auch wenn die herkömmliche Definition des Immunsystems den Dickdarm nicht mit berücksichtigt, glaubt man heute, daß seine Gesundheit für einen funktionierenden Abwehrmechanismus sehr wichtig ist. Millionen »freundlicher« Bakterien im Darm (die sogenannte Darmflora) tragen dazu bei, Mikroorganismen unter Kontrolle zu halten.

Ätherische Öle können die Immunreaktion in zweierlei Hinsicht unterstützen: zum einen, indem sie die bedrohlichen Mikroorganismen direkt bekämpfen, zum anderen, indem sie die Aktivität der betroffenen Organe und Zellen stimulieren. Verschiedene ätherische Öle sind in beiden Fällen hilfreich, z. B. Lavendel, Bergamotte, Eukalyptus, Manuka, Ravensara und Ti-Baum. Sie wirken gegen eine ganze Reihe von Bakterien und Viren und steigern gleichzeitig die körpereigene Abwehrkraft. Rosmarin und Geranie stimulieren die Nebennieren und das Lymphsystem, schwarzer Pfeffer und Lavendel haben eine wohltuende Wirkung auf die Milz.

Alle genannten Öle helfen dem Körper sehr effizient bei der Abwehr und Bekämpfung von Entzündungen – vor allem dann, wenn sie gleich bei den ersten Symptomen eingesetzt werden.

Fast alle zu therapeutischen Zwecken verwendeten Öle sind gegen eine oder mehrere Bakterienarten aktiv, und fast alle, hauptsächlich aber Lavendel, Bergamotte und Ti-Baum, regen die Bildung weißer Blutkörperchen an. Wer ständig ätherische Öle benutzt, sei es als Badezusatz, bei der Hautpflege oder zur Verbesserung des Raumklimas, ist widerstandsfähiger gegen Krankheiten und erholt sich rascher als andere Menschen.

Bei häufigen oder länger andauernden Infektionen, die auf ein geschwächtes Immunsystem hinweisen, sollte die Behandlung mit verschiedenen ätherischen Ölen mindestens einen Monat lang durchgeführt werden; so werden nicht nur die Mikroorganismen unter Kontrolle gebracht, sondern das Immunsystem generell so gestärkt, daß es künftigen Angriffen besser widersteht. Große Bedeutung besitzt auch die Ernährung, da zur Bildung der weißen Blutkörperchen zahlreiche lebenswichtige Nährstoffe benötigt werden. Eine Kost mit geeigneten Proteinen, viel frischem rohem Obst und Gemüse, Samen und Kör-

nern und etwas ungesättigtem Pflanzenöl enthält im allgemeinen alles, was der Körper braucht; wenn das Immunsystem jedoch stark geschwächt ist, sind zusätzliche Vitamin- und Mineralstoffgaben notwendig.
Siehe auch **Aids, HIV, Lymphsystem** sowie die einzelnen ätherischen Öle.

Impotenz

Aus verständlichen Gründen ist Impotenz für den betroffenen Mann, aber auch für seine Partnerin, eine sehr bedrückende Angelegenheit. Die Unfähigkeit zur Erektion hat nur sehr selten körperliche Ursachen – meist liegen diese auf geistig-seelischem Gebiet. Häufig reicht bereits die Angst vor einer bestimmten sexuellen Begegnung oder der männlichen Sexualität überhaupt, daß es beim Geschlechtsverkehr nicht »klappt«. Das einmalige Unvermögen läßt die Angst wachsen, und so entsteht ein Teufelskreislauf. Von außen kommender Streß und Befürchtungen in bezug auf andere Lebensbereiche (Einkommen, Gesundheit, Beruf) haben dieselbe deprimierende Wirkung.
Der gefürchtete Kreislauf kann durch den gezielten Einsatz von aphrodisischen und allgemein streßabbauenden ätherischen Ölen unterbrochen werden. Von einem geschulten Therapeuten verabreichte Massagen sind sicher die beste Behandlungsform, weil sie dem Betroffenen Gelegenheit geben, Berührungen in einem nichtsexuellen Rahmen zu genießen; außerdem wirken sie allgemein entspannend. Aromatische Bäder kurz vor dem Zubettgehen sind eine einfache Methode, die Öle zum geeigneten Zeitpunkt einzusetzen. Der Duft einiger von ihnen eignet sich auch für Parfüms und Aftershaves – vor allem Sandelholz. Optimal wäre jedoch, wenn die Partnerin lernen würde, wie sie zu Hause einfache Massagen geben kann; dabei sollte von vornherein klargestellt werden, daß das Ziel nicht sexuelle Zärtlichkeiten oder ein Koitus ist. Kommt es dazu, um so besser, aber wenn nicht, darf die Behandlung keinesfalls als gescheitert betrachtet werden.
Das bereits erwähnte Sandelholz ist sehr starkes Aphrodisia-

kum; sein Duft ist bei den meisten Männern beliebt. Auch das luxuriöse Jasmin, das oft als »Königin der Öle« bezeichnet wird, eignet sich. Es trägt dazu bei, abhanden gekommenes Selbstvertrauen wiederherzustellen. Bei Angst als Hauptproblem empfiehlt sich vor allem Neroli. Muskatellersalbei wirkt tief entspannend und wird zuweilen als »euphorisierend« beschrieben. Auch wenn ich nur wenige Menschen kenne, die tatsächlich die diesem Öl zugeschriebenen Hochgefühle erlebt haben, ist es aufgrund seiner beruhigenden Wirkung ein sehr gutes Aphrodisiakum; überdies besitzt es einen delikaten nußartigen Duft, der von den meisten Männern geschätzt wird. Muskatellersalbei sollte nie zusammen mit Alkohol verwendet werden – auch dann nicht, wenn erst in ein paar Stunden etwas getrunken wird. Außerdem dürfte bekannt sein, daß Alkohol an sich einer der größten Feinde der männlichen Potenz ist.

Die aphrodisische Wirkung aller bislang genannten Öle hängt mit ihrer Fähigkeit zusammen, Geist und Seele zu entspannen; möglicherweise sind jedoch auch andere Faktoren im Spiel, die noch nicht vollkommen verstanden werden. Jasmin und Sandelholz z. B. scheinen auch die Hormone zu beeinflussen. Einige der als Aphrodisiaka eingestuften Öle wirken direkt anregend, und ihnen gegenüber bin ich einigermaßen skeptisch. Sie können in Situationen eingesetzt werden, in denen ein Mann aufgrund einer generellen Erschöpfung vorübergehend impotent ist; wie alle anderen Stimulanzien sollten sie jedoch mit Vorsicht benutzt werden. Ein oder zwei dieser Öle können bei übermäßigem Gebrauch die Nieren reizen. Eine gesunde Ernährung, zusätzliche Vitamin- und Mineralstoffgaben und eine kurze Ginseng-Kur bergen in einem solchen Fall weniger Gesundheitsrisiken.

Siehe auch **Aphrodisiaka** und **Frigidität**.

Infektionskrankheiten

Ätherische Öle sind zur Behandlung von Infektionskrankheiten auf dreierlei Weise einsetzbar:

1. zur Stärkung der körpereigenen Abwehrkraft gegen Bakterien und Viren;

2. zur direkten Bekämpfung der Krankheitserreger;
3. zur Verhinderung einer weiteren Verbreitung der Infektion.

Jedes der als antiviral oder bakterizid beschriebenen ätherischen Öle bekämpft Viren oder Bakterien direkt, entweder indem es sie tötet oder indem es ihre Fortpflanzung hemmt. Praktisch alle ätherischen Öle wirken zumindest auf eine Erregerart, weshalb sie hier nicht aufgeführt werden. Einige Öle bekämpfen jedoch gleich eine ganze Reihe dieser Mikroorganismen; zu ihnen gehören Lavendel, Rosmarin, Eukalyptus, Ti-Baum, Bergamotte, Wacholder und Manuka. Die meisten von ihnen, insbesondere Manuka und Ti-Baum, erhöhen zugleich die körpereigene Abwehrkraft.

Geben Sie keine Massage, wenn jemand erhöhte Temperatur hat (wahrscheinlich wird der Betreffende sich sowieso nicht danach fühlen); wischen Sie statt dessen den Körper mit einem Schwamm ab, der in lauwarmem, die ätherischen Öle enthaltendem Wasser getränkt wurde. Wenn der Kranke sich für ein warmes Aromabad kräftig genug fühlt, ist dies natürlich noch besser.

Bei einer Infektion der Atemwege (Nase, Rachen, Lunge) ist eine Dampfinhalation mit ätherischen Ölen als wirksamste Behandlungsform angezeigt; oder lassen Sie ein paar Tropfen ätherisches Öl verdunsten, mit Hilfe einer Aromalampe etwa oder indem sie das Öl auf eine Glühbirne oder den Heizkörper geben.

Siehe auch unter den einzelnen Krankheiten, unter **Dampfinhalationen** und **Epidemien.**

Ingwer (Zingiber officinalis)

Wie viele andere Gewürzpflanzen ist auch der Ingwer in Indien und China beheimatet. Über die »Gewürzstraße« gelangte er im Mittelalter nach Europa und wurde von den Spaniern in Südamerika eingebürgert. Heute baut man ihn kommerziell in all diesen Gebieten an, außerdem auf den Westindischen Inseln und in Afrika. Die Pflanze wird seit dem Altertum für kulinarische und medizinische Zwecke eingesetzt, wobei sich beide Bereiche oft überschneiden.

Das ätherische Öl wird durch Dampfdestillation aus der Wurzel gewonnen; von schwach grünlichgelblicher Farbe, wird es mit dem Alter dunkler. Das Aroma gleicht dem der frischen Wurzel. Hauptbestandteile sind Gingeren, Gingenol, Gingeron und Zingiberen.

In der traditionellen chinesischen Medizin wird Ingwer wegen seiner »feurigen« Eigenschaften benutzt, wenn der Körper mit Feuchtigkeit nicht zurechtkommt, z. B. bei Durchfall (innere Feuchtigkeit), aber auch bei Rheuma und vielen anderen Winterkrankheiten (von außen kommende Feuchtigkeit löst die Krankheit aus).

Rheuma, Arthritis, Muskelschmerzen und -müdigkeit werden durch Massagen oder Kompressen mit Ingweröl gelindert; es sollte auf 1–1,5% verdünnt werden, da es zu den hautrötenden Ölen gehört und hohe Konzentrationen die Haut reizen. Sie können auch einen (!) Tropfen des Öls einer Massagemischung beigeben.

Bei Erkältungen, Grippe, Durchfall und verdauungs- oder menstruationsbedingten Magenkrämpfen ist ein aus der frischen Wurzel bereiteter Tee am besten. Schneiden Sie von einer Ingwerwurzel dünne Scheiben ab und lassen Sie diese zehn Minuten köcheln (6 dünne Scheiben auf eine Tasse Wasser). Mit etwas Honig ergibt dies ein sehr angenehmes Getränk, das auch bei Übelkeit (z. B. während der Schwangerschaft) und bei Reisebeschwerden hilfreich ist. Ohne Honig kann man den Aufguß bei Halsschmerzen zum Gurgeln verwenden. Zwei Tropfen Ingweröl auf einen Teelöffel hochprozentigen Alkohol und dann mit heißem Wasser vermischt, erfüllen denselben Zweck.

Kleine Mengen Ingweröl passen gut zu Zitrusölen, insbesondere zu Orangenöl.

Jean Valnet berichtet, daß Frauen in Senegal Gürtel aus zerstoßener Ingwerwurzel flechten, um die nachlassende Potenz ihrer Ehemänner anzuregen.

Ischias

Das Wort Ischias wird oft fälschlich zur Bezeichnung eines Schmerzes im untersten Rückenbereich angewandt; korrekt bezeichnet es jeden durch Druck oder Entzündung hervorgerufenen Schmerz im Bereich des Ischiasnervs.
Der Ischiasnerv beginnt im Becken, verläuft von dort aus unterhalb des Iliosakralgelenks zum Gesäß und hinter dem Hüftgelenk den Schenkel hinunter. Vom Knie abwärts bildet er zwei Äste, die sich über die Waden bis in den Fuß fortsetzen. Der Ischiasschmerz kann ausgelöst werden, wenn eine der Bandscheiben unmittelbar auf den Nerv drückt, etwa bei Verwendung eines ungeeigneten Stuhls oder bei einer schlechten Sitzhaltung. Mir ist aber auch schon zu Ohren gekommen – und das ist kein Scherz! –, daß ein zu dickes Portemonnaie in der hinteren Hosentasche als Auslöser fungierte. Als weitere Ursachen gelten Krankheiten wie z. B. Diabetes und Alkoholismus, die ebenfalls Nervenreizungen hervorrufen können.
Genaugenommen ist Ischias keine Krankheit, sondern ein Symptom für eine anderweitige Störung, die erst gefunden werden muß, bevor eine Behandlung einsetzen kann. Oft ist zur Abklärung ein Osteopath heranzuziehen, und selbstverständlich müssen Sitzgelegenheiten und Haltung überprüft werden. Eine Massage verbietet sich allein schon wegen der Schmerzen, doch können kalte Kamillen- oder Lavendelkompressen zumindest Erleichterung bringen. In den schmerzfreien Phasen mag eine sehr behutsame Massage mit denselben Ölen wohltuend sein; auch Bäder können helfen, allerdings nicht zu heiß.

Jasmin (Jasminum officinale und Jasminum grandiflorum)

Während Rose oft als Königin der ätherischen Öle betrachtet wird, gilt Jasmin gemeinhin als der »König«. Dies mag zunächst überraschen, denn die zarten Jasminblüten vermitteln eher den Eindruck von Weiblichkeit. Das aus ihnen extrahierte Öl besitzt jedoch einen wesentlich »maskulineren« Charakter. Es ist dunkel und zähflüssig und verströmt einen schweren, fast animalischen Duft, der lange haftet. Ähnlich wie Rose ist auch Jasmin sehr teuer, da zur Herstellung relativ geringer Mengen riesige Berge von Blüten benötigt werden; zudem erfolgt die Extraktion mit Hilfe der sehr arbeitsintensiven Enfleurage. Die Personalkosten steigen zusätzlich dadurch, daß die Blüten nachts gesammelt werden müssen; bedingt durch chemische Veränderungen in der Pflanze, ist ihr Duft dann am stärksten.

Noch Tage nach dem Pflücken geben die Blüten ätherisches Öl ab; man läßt sie auf in Olivenöl getränkter Baumwollgaze liegen, bis die gesamte Essenz herausgezogen wurde. Das Olivenöl wird dann mit Alkohol extrahiert, und zurück bleibt die reine Jasminessenz. Billigeres Jasminöl wird hergestellt, indem die Essenz direkt mit einer Petroleumlösung herausgezogen wird. Bei diesem Verfahren ergibt sich aber bei weitem nicht dieselbe Qualität und Duftintensität, da Petroleum die Blüten sofort absterben läßt und der größte Teil der Essenz überhaupt nicht extrahiert wird. Billiges Jasminöl hat in der Aromatherapie nur einen geringen Stellenwert – jeder seriöse Therapeut wird es meiden. Wie bei Rosenöl wird auch bei Jasminöl der hohe Kaufpreis dadurch wettgemacht, daß aufgrund der hohen Konzentration nur kleine Mengen für eine Behandlung benötigt werden.

Eine weitere Gemeinsamkeit mit Rosenöl besteht darin, daß der Jasminduft bislang noch nicht synthetisch hergestellt werden konnte. Das künstliche Jasminöl besitzt ein unangenehm süßliches Aroma, das nicht an das von echtem Jasminöl herankommt und nur als »billig« bezeichnet werden kann – was das Öl tatsächlich auch ist. Es riecht wie Jasminöl, das nach der Vermischung mit einem Trägeröl zu lange stehengeblieben ist und schlecht wurde (d. h. durch Oxidation des Trägeröls verdorben ist).

Zur Herstellung des Öls werden zwei Jasminarten verwendet: *Jasminum officinale* und *Jasminum grandiflorum,* die in der Nähe von Grasse (Südfrankreich) in großen Mengen angebaut werden. Sehr gute Jasminöle kommen auch aus Ägypten und Indien. Zu den Wirkstoffen des Öls gehören Methylanthranilat, Indol, Benzol, Benzolacetat, Linalol und Linalolacetat.

Die Eigenschaften von Jasminöl überschneiden sich zum Teil mit denen von Rosenöl, das ja bekanntlich die Gebärmutter stärkt. Es ist hilfreich bei menstruationsbedingten Schmerzen und Krämpfen (obwohl hier wesentlich billigere Öle wie z. B. Majoran genauso gute Dienste tun) und bei der Geburt. Massiert man es bei den ersten Wehen in den Unterleib und den unteren Rücken, so lindert es die Schmerzen, verstärkt die Kontraktionen und erleichtert das Ausstoßen der Plazenta; außerdem fördert es die Erholung nach der Niederkunft und sorgt dafür, daß eine postnatale Depression gar nicht erst entsteht.

Auch für bestimmte Männerkrankheiten wird Jasminöl verwandt, z. B. bei einer Vergrößerung der Prostata. Angeblich soll es auch die männlichen Geschlechtsorgane kräftigen. Seit der Antike steht es im Ruf eines Aphrodisiakums, und tatsächlich ist es eines unserer besten Heilmittel bei Impotenz und Frigidität. Wie alle ätherischen Öle beeinflußt Jasmin nicht nur die körperliche, sondern auch die geistige und seelische Ebene. Da die meisten sexuellen Probleme durch Spannungen, Ängste und Depression und nicht durch physische Schäden verursacht werden, kann ein entspannendes, antidepressiv wirkendes Öl eine echte Hilfe darstellen.

Jasminöl wird oft als »wärmend« beschrieben, aber im Gegensatz zu vielen anderen als solches klassifizierten Ölen wirkt es nicht hautrötend, d. h., es führt nicht zu einer Erweiterung der Kapillargefäße; es besitzt eine sanfte, tiefe Wirkung, die es zu einem idealen Massageöl macht. Culpeper empfiehlt es für verhärtete und verkrampfte Gliedmaßen.

Auf der seelischen Ebene entfaltet Jasminöl dieselbe Wirkung wie auf der körperlichen: Es entspannt und wirkt emotional »wärmend«. Außerdem ist es ein sehr starkes, anregendes Antidepressivum, gut geeignet also für Fälle, in denen Depression mit Lethargie einhergeht. Für Mangel an Selbstvertrauen oder Angst vor anstehenden Problemen stellt Jasminöl eine vortreffliche Wahl dar.

Es heißt, Jasmin sei auch ein gutes Heilmittel bei Husten (insbesondere Erkältungshusten), Entzündungen im Brustbereich und Heiserkeit. Aufgrund seines hohen Preises und wegen der Verfügbarkeit anderer, ebenso wirksamer Öle, habe ich es für solche Zwecke aber noch nie benutzt.

Jasminöl ist wunderbar zur Hautpflege geeignet und wird wegen seines köstlichen Dufts von fast jedem geschätzt; besonders eignet es sich für heiße, trockene und empfindliche Haut. Sparsame Anwendung empfiehlt sich jedoch, da Jasminöl die Haut reizen kann. Sein starker Duft regelt dieses Problem normalerweise von selbst.

Joghurt

Viele Aromatherapeuten verwenden Joghurt – der im übrigen ein wertvolles Nahrungsmittel ist – für Gesichts- und Hautpackungen, wobei sie ihm zuweilen etwas Honig zufügen, um seine verjüngende und glättende Wirkung zu erhöhen. Oft haben besonders die Halspartien während der langen Wintermonate durch die trockene Raumluft oder das Einhüllen in hochgeschlossene Kleider und Schals gelitten. Joghurt wirkt leicht aufhellend und gibt dem Nacken sein gesundes Aussehen zurück.

Ätherische Öle können mit Vollfettjoghurts gemischt werden; die meisten Joghurts werden jedoch aus entrahmter Milch hergestellt, in denen sich die Öle nicht vollständig auflösen. Bei der Behandlung von Verdauungsproblemen kann er eine wertvolle Ergänzung zur Aromatherapie darstellen, denn er sorgt dafür, daß dem Körper zuträgliche Bakterien den Darm bevölkern. Dies ist besonders wichtig bei Patienten, die mit Antibiotika behandelt wurden, weil Antibiotika nicht nur den Krankheitsbazillen den Garaus machen, sondern auch der gesunden Darmflora. Wichtig: Nur natürlichen Joghurt mit rechtsdrehenden Bakterien verwenden.

Johanniskraut (Hypericum perforatum)

Infundiertes Johanniskrautöl wirkt ausgesprochen heilend und lindernd. Es wird schon lange zur Behandlung von Wunden, Verbrennungen, Prellungen und diversen Schmerzen eingesetzt; die mittelalterlichen Kreuzfahrer etwa gaben es auf die Wunden, die sie sich bei ihren Schlachten zuzogen. In der Volksheilkunde ganz Europas wurde die Pflanze für viele verschiedene Zwecke benutzt.

Das Öl wird durch Einlegen der Blüten in ein mildes Öl hergestellt und besitzt eine wunderschöne rote Farbe. Es wirkt schmerzlindernd und entzündungshemmend und kann bei Weichteilrheumatismus, Neuralgie, Muskelschmerzen, Ischias, Rheuma, Gicht und Arthritis einmassiert werden. Ich habe es mit gutem Erfolg bei Sehnenentzündungen eingesetzt. Aufgrund seiner antiseptischen, heilenden Eigenschaften eignet es sich auch bei leichteren Verbrennungen, insbesondere einem Sonnenbrand, sowie Insektenstichen. Oft wird es Handcremes und anderen Hautpflegeprodukten beigegeben. Denken Sie daran, daß alle infundierten Öle eine ihnen eigene chemische Zusammensetzung besitzen, und mischen Sie ätherische Öle nur in ganz geringen Mengen dazu (maximal 1–2%).

Juckreiz

Wir alle wissen, daß es uns auf einen äußeren Reiz hin juckt – etwa nach einem Insektenstich, wenn wir Brennesseln berührt haben oder mit Substanzen in Kontakt gekommen sind, auf die wir allergisch reagieren. Aber es ist immer noch nicht geklärt, wie dies im einzelnen vor sich geht. So besitzen wir z. B. keine Nervenenden, die wir als »Juckrezeptoren« bezeichnen könnten; wahrscheinlich löst jedoch schon eine leichte Irritation der Schmerzrezeptoren den Juckreiz aus. Deshalb wird möglicherweise das Kratzen als so angenehm empfunden: Der Stimulus ist kräftiger als der ursprüngliche Juckreiz. Noch erstaunlicher ist, daß wir den Juckreiz bereits spüren, wenn wir nur an ihn denken. Wenn z. B. jemand über Kopfläuse redet, wird er unweigerlich den Drang verspüren, sich am Kopf zu kratzen. Die Tatsache, daß viele Allergiker und Patienten mit juckenden Hautkrankheiten stärker leiden, wenn sie gestreßt sind, hängt möglicherweise mit diesem Problem zusammen.

Mehr als jedes andere ätherische Öl besitzt Kamille die Fähigkeit, Juckreiz zu lindern; eine gute Wahl sind auch Lavendel und

stark verdünnte Melisse. Ich habe die Erfahrung gemacht, daß Kamille und Lavendel zusammen wesentlich günstiger wirken als einzeln und daß das blaue Kamillenöl am besten ist. Wenn größere Körperpartien betroffen sind, wie z. B. bei Allergikern, können Sie die Öle als Badezusatz verwenden, aber natürlich auch in Cremes und Lotionen. Bei lokalem Juckreiz reibt man zweckmäßigerweise 1 oder 2 Tropfen reines ätherisches Öl direkt auf die entsprechende Stelle.
Siehe auch **Hautjucken.**

Jugendlichkeit im Alter

Seit frühester Zeit hegen Menschen den Wunsch, ihre verlorene Jugend zurückzugewinnen. Unzählige Versuche wurden unternommen, ein Wundermittel zu finden, mit dem sich das Leben verlängern oder das Alter rückgängig machen läßt.
Derartiges von der Aromatherapie zu erwarten, wäre verfehlt. Wenn wir aber den Ausspruch akzeptieren, daß »der Tod uns gewiß, seine Stunde hingegen ungewiß« ist, können wir mit ätherischen Ölen unsere Gesundheit, unser Aussehen und unsere geistige und körperliche Vitalität weit über jenen kritischen Punkt bewahren, an dem der langsame Niedergang als unvermeidlich gilt.
Statt von Wiederverjüngung zu träumen, sollten wir lieber so früh wie möglich beginnen, dem Prozeß des Alterns entgegenzuwirken. Das heißt: solange wir noch relativ gesund und vital sind. Es gibt jedoch auch, wie Dr. Jean Valnet und Marguérite Maury berichten, beeindruckende Fallgeschichten von Menschen, die geistig und körperlich vom Alter bereits stark gezeichnet waren und dann noch zu einem aktiven, befriedigenden Leben zurückfanden. Maury wendet den Begriff »Verjüngung« übrigens auch auf die Behandlung von jungen Menschen – auch Kindern – an, die im Hinblick auf ihren körperlichen Zustand »alt« bzw. geschwächt sind.
Alle ätherischen Öle wirken bis zu einem gewissen Grade zytophylaktisch, d. h. sie fördern das Wachstum neuer, gesunder Zellen. Und genau hier, auf der Zellebene, beginnt der Degene-

rationsprozeß, der mit dem Altern untrennbar verbunden ist. Die einzelnen Zellen des Körpers besitzen – je nach Art und Funktion – eine Lebensdauer von einigen Tagen bis zu einigen Monaten, und eben von diesen Zellen, die ständig erneuert werden, hängen unsere Gesundheit und Vitalität ab. Infektionen, Fehlernährung, Umweltfaktoren und andere Einflüsse, aber auch die wachsende Anzahl der Lebensjahre führen zu einer Verlangsamung der Zellreproduktion oder zu einer Deformierung und Schädigung dieser kleinsten Bausteine unseres Körpers. Als Folge hiervon funktionieren auch die Organe und Körpersysteme weniger effizient. Dieser allgemeine Abbau der Leistungsfähigkeit wird oft für unvermeidlich gehalten, aber in Wirklichkeit läßt sich viel dagegen tun.

Zu den wirksamsten zytophylaktischen Ölen gehören Lavendel und Neroli. Ihre regelmäßige Anwendung in Bädern und Massagen trägt dazu bei, daß die Zellerneuerung auf einem Stand gehalten wird, der einem jugendlichen Körper entspricht, und Kraft und Gesundheit sind die Folge.

Der tägliche Gebrauch ätherischer Öle zu Hause in Bädern, Zerstäubern, Aromalampen etc. stellt eine ausgezeichnete Möglichkeit dar, Infektionen zu verhindern und unsere Widerstandskraft zu stärken – ein wertvoller Beitrag zu einem gesunden und daher »jugendlichen« Körper.

Mit pflanzlichen Essenzen lassen sich viele degenerative Krankheiten wie Rheumatismus, Arthritis, Ischias oder chronische Bronchitis behandeln, die man gerne als altersbedingt einstuft. Einige Öle greifen regulierend in den Hormonhaushalt ein und sind somit während und nach der Menopause sehr hilfreich; wieder andere stimulieren oder beruhigen das zentrale Nervensystem, bestimmte Organe – Herz, Magen, Lunge, Leber etc. – oder beugen Gedächtnisverlust oder Konzentrationsschwäche vor.

Den äußeren Merkmalen des Älterwerdens, insbesondere Falten und Ermüdungserscheinungen der Haut, läßt sich durch Behandlungen mit Weihrauch, Sandelholz, Jasmin und Rose entgegenwirken; auch Lavendel und Neroli sind sehr hilfreich.

Schließlich sollten wir die Bedeutung einer gesunden Kost nicht

unterschätzen; ohne ein reichhaltiges Angebot an Nährstoffen einschließlich Proteinen und den in ihnen enthaltenen Aminosäuren sowie der ganzen Palette der Vitamine, Mineralstoffe und Spurenelemente können die Zellen weder ihre Aufgaben erfüllen noch sich in ausreichendem Umfang regenerieren. Ein gut ausgebildeter Aromatherapeut sollte in der Lage sein, einen entsprechenden Speiseplan selbst vorzuschlagen oder aber einen qualifizierten Ernährungsberater zu benennen. Niemand weiß genau, in welchem Umfang chemische Zusatz- und Schadstoffe in unserer Nahrung, in Luft und Wasser zu einem vorzeitigen Altern beitragen; aber nachdem immer wahrscheinlicher wird, daß dies so ist, können wir nichts Besseres tun, als sie möglichst auszuschließen. Wir sollten versuchen, nur das zu essen, was der organische Anbau uns zu bieten hat; die Nahrungsmittel sollten so frisch wie möglich sein, ohne daß ihnen etwas hinzugefügt oder genommen worden ist. Eine hauptsächlich vegetarische Kost mit – bei Bedarf – ein wenig weißem Fleisch oder Fisch dürfte das Beste sein. Ich möchte jedoch noch ein paar kurze Sätze zu den Methoden der Fleischproduktion sagen. Der größte Teil des Schlachtviehs wird heute mit chemisch behandelten Pflanzen gefüttert; hinzu kommen Antibiotika, Wachstums- und Sexualhormone, die der Tiernahrung beigemengt, direkt injiziert oder sogar implantiert werden, obwohl dies in vielen Ländern gesetzlich verboten ist. Durch den Verzehr dieses Fleisches nehmen wir also unbemerkt große Mengen chemischer Stoffe zu uns. Wenn Sie keine moralischen Vorbehalte gegen das Fleischessen haben, sollten Sie versuchen, Fleisch von organisch aufgezogenen Tieren zu bekommen.
Auch Bewegung ist sehr wichtig – nicht nur, um die Muskeln zu trainieren, sondern um unseren Zellen genügend Sauerstoff zuzuführen. Wir sterben ohne Sauerstoff, und wenn unsere Zellen nicht ausreichend versorgt werden, funktionieren sie weniger gut. Nur durch Bewegung können wir unsere Herztätigkeit so aktivieren, daß genügend Sauerstoff in den Blutkreislauf gelangt.
Andererseits braucht unser Organismus auch Ruhe und wirkliche Entspannung. Streß beeinträchtigt seine Funktionen mehr als alles andere. Und damit sind wir wieder bei der Aromathera-

pie; denn Massagen und aromatische Bäder gehören zu den besten entstressenden Methoden, die für jeden leicht verfügbar sind.

Kahlköpfigkeit (Alopezie)

Hierbei müssen wir unterscheiden zwischen der dauerhaften, progressiven Kahlköpfigkeit bei Männern, die gewöhnlich erblich bedingt ist und wahrscheinlich mit dem männlichen Hormon Testosteron zusammenhängt, und den verschiedenen Formen vorübergehenden Haarausfalls, der u. a. als Folge von Krankheit, Streß, schlechter Ernährung und Arzneimitteleinnahme bei Männern, Frauen und Kindern gleichermaßen auftreten kann.

Wenn der Haarwuchs erst einmal zum Erliegen gekommen ist, gibt es bei Kahlköpfigkeit bzw. Glatzenbildung ungeachtet der vielen angebotenen »Wundermittel« keine Möglichkeit, ihn wieder in Gang zu bringen. Möglicherweise erfolgversprechend ist eine Behandlung der Kopfhaut, die bei den ersten Anzeichen des Haarausfalls beginnt und auf eine Aktivierung der Haarfollikel abzielt. Von allen ätherischen Ölen wird Rosmarin am ehesten mit der Gesundheit von Haar und Kopfhaut in Verbindung gebracht, und regelmäßige, kräftige Massagen der Kopfhaut mit diesem Öl sind unter Umständen von Nutzen; sie erhöhen auf jeden Fall die örtliche Blutzirkulation, d. h., eine größere Menge sauerstoffreichen Blutes gelangt in die Kopfhaut, wodurch die Follikel, denen die Haare entwachsen, besser versorgt werden. Traditionell übliche Heilverfahren wie das Einreiben der Kopfhaut mit frisch geschnittenen Zwiebeln oder das Auflegen von Brennesseln beruhen genau auf diesem Prinzip – auch sie bewirken eine Erhöhung der Blutzufuhr.

Vorübergehende Kahlheit kann oft sehr effizient behandelt werden; sie wird auch mit dem lateinischen Begriff *Alopezie* bezeichnet, um sie von der männlichen Glatzenbildung zu unterscheiden.

Zu den aromatherapeutischen Behandlungsmöglichkeiten siehe unter **Haarausfall**.

Kajeput (Melaleuca leucadendron)

Der Kajeput-Baum hat seinen Namen von seiner weißlichen Rinde – im Malaiischen bedeutet »cajuputi« »weißer Baum«. Die Bäume der Melaleuca-Gruppe gehören zur Gattung der Myrtaceae, ebenso wie alle Eukalyptus-, Gewürznelken- und Myrtengewächse. Die Öle dieser Familie sind hervorragend geeignet, Infektionen zu bekämpfen und manchmal zu verhindern.

Kajeputöl wird durch Dampfdestillation aus den Blättern und Knospen des Baumes gewonnen und besitzt eine grünlichgelbe Farbe, die es von anderen ätherischen Ölen der Melaleuca-Familie unterscheidet. Zu den Wirkstoffen gehören große Mengen (zwischen 45 und 60%) Cineol, außerdem Terpineol, Pinen und verschiedene Aldehyde. Sein Geruch ist sehr »medizinisch«, kampferartig und durchdringend.

Kajeput wird meist als Dampfinhalation bei Erkältungen und anderen Entzündungen der Atemwege eingesetzt. Es macht die Nase frei und verhindert die Vermehrung der Bakterien, die in dem bei Erkältungen und grippalen Infekten gebildeten Schleim bestens gedeihen und zu Katarrh oder Nebenhöhlenentzündung führen können. Das Öl wirkt als »Schmerzkiller«, d. h., es lindert die erkältungstypischen Beschwerden wie rauher Hals und Kopfschmerzen.

Kajeputöl kann die Haut reizen. Man sollte es daher vorsichtig verwenden, immer verdünnen und nie mit den Schleimhäuten in Berührung kommen lassen. Für Anwendungen auf der Haut, bei denen Kajeput eingesetzt werden könnte, empfehle ich, auf Niaouli oder Ti-Baum auszuweichen, die ebenfalls Melaleuca-Gewächse sind, aber die Haut nicht reizen.

VORSICHT: Kajeput reizt die Haut. Es wirkt außerdem stark anregend und sollte daher nicht vor dem Zubettgehen benutzt werden – es sei denn, man mischt es mit einem beruhigenden Öl.

Siehe auch **Niaouli** und **Ti-Baum**, mit denen Kajeput eng verwandt ist.

Kaltpressung

Die ätherischen Öle von Bergamotte, Orange, Zitrone und anderen Zitrusfrüchten werden durch einfaches Auspressen gewonnen. Das Öl befindet sich in der äußeren, farbigen Schicht der Schale; das Fruchtfleisch und die weiße Haut müssen entfernt werden. Lange Zeit hat man die Schale von Hand ausgedrückt, um das mit ein wenig Saft vermischte aromatische Öl herauszupressen. Die Flüssigkeit wird stehengelassen, bis das Öl sich an der Oberfläche sammelt und vom Saft getrennt werden kann. Bei einem anderen traditionellen Verfahren wurden die Früchte in einem innen mit Dornen versehenen Faß hin- und hergerollt, bis ihre Schale durchlöchert war und Öl und Saft austraten, die man dann voneinander trennte.

Heute sind mehrere maschinelle Verfahren in Gebrauch; Zitrusöle von Spitzenqualität werden aber immer noch von Hand ausgepreßt.

Mit einer ungebrauchten Knoblauchpresse können Sie sehr kleine Mengen Zitronen- oder Orangenöl zu Hause herstellen; vergewissern Sie sich aber, daß die Früchte nicht gesprüht, gefärbt oder beschichtet wurden.

Kamille (Anthemis nobilis, Synonym: Chamaemelum nobile Matricaria chamomilla, Synonym: Chamomilla recutita Anthemis mixta)

In der Aromatherapie finden mehrere Kamillenarten Verwendung. Drei oder vier wachsen wild auf den Britischen Inseln; mit ihren an Gänseblümchen erinnernden Blüten, den fedrigen Blättern und dem charakteristischen Geruch dürften sie allgemein bekannt sein. In der Aromatherapie am meisten benutzt werden *Anthemis nobilis,* die römische Kamille, und *Matricaria chamomilla,* die echte Kamille. Auch eine wilde Kamillenart, *Anthemis mixta,* die oft als Marokkanische Kamille bezeichnet wird, kommt zum Einsatz. Die medizinischen Eigenschaften dieser Unterarten sind weitgehend identisch. Die Kamille gehört zu den Pflanzen, die in der Volksheilkunde und in der offiziellen Medizin geschätzt werden; Kamillentee ist eines der verbreitetsten Pflanzenheilmittel, das bei Magenverstimmung, Blasenentzündung, Kinderkrankheiten oder als erfrischendes, entspannendes Getränk gleichermaßen beliebt ist. Zur Unterstützung der aromatherapeutischen Behandlung mit Kamillenöl ist dieser Tee ebenfalls zu empfehlen.

Die chemische Zusammensetzung der ätherischen Öle variiert je nach Unterart. Das der römischen Kamille besteht hauptsächlich aus Estern, davon über 80% Angelika- und Tiglinsäure, außerdem Isobutylangelat, Pinocarvon, Chamazulen und andere Bestandteile in geringen Mengen. Hauptbestandteile der echten Kamille sind Chamazulen und Farnesen. In der Pflanze selbst befindet sich kein Chamazulen; dieses entsteht vielmehr im Verlauf der Destillation durch die chemische Reaktion zwischen verschiedenen Pflanzenbestandteilen und dem Dampf. Es gibt dem Öl eine wunderschöne blaue Farbe und wirkt stark entzündungshemmend.

Alle Kamillenarten lindern, beruhigen und hemmen Entzündungen. Vor allem die echte Kamille wirkt wegen ihres hohen Chamazulengehalts stark entzündungshemmend und kann daher bei allen inneren und äußeren Infektionen eingesetzt werden, so als heiße Kompresse bei Furunkeln, Abszessen, infizierten Schnittwunden, Splittern, Zahnabszessen (bis zum Besuch beim Zahnarzt) etc. Bei inneren Entzündungen – vor allem im Verdauungsbereich, d. h. bei Dickdarm- und Magenschleimhautentzündungen sowie insbesondere chronischem Durchfall – empfehle ich Kamillentee, außerdem Massagen und Kompressen mit Kamillenöl über dem betroffenen Bereich.

Spannungen und Angst verursachen oft diese Probleme, und Kamille besitzt gerade auf emotionaler Ebene eine tief beruhigende Wirkung.

Eigenschaften und Anwendungsbereiche der Kamille überschneiden sich oft mit denen von Lavendel; bei der Wahl sollte man bedenken, daß Kamille generell besser für dumpfe, Lavendel eher für stechende, scharfe Schmerzen geeignet ist.

Kamille wirkt auch antiseptisch, vor allem im Bereich der Harnwege. Bei allen Harnwegsinfektionen, z. B. einer Blasenentzündung, sollte man daher viel Kamillentee trinken; Massagen und Kompressen oder ein warmes Bad mit Kamillenöl bringen ebenfalls Erleichterung. Das tägliche Trinken von Kamillentee eignet sich sehr gut als vorbeugende Maßnahme gegen Blasen- oder Nierensteine.

Bei Menstruations- und Klimakteriumsbeschwerden sind Kompressen, Bäder und Tees mit Kamille ebenfalls hilfreich. Die Kamille wirkt harntreibend und entzieht damit dem Körper Flüssigkeit; ihre harmonisierende Eigenschaft verhindert Depressionen und Gereiztheit, unter denen viele Frauen vor der Periode leiden.

Kamille kann auch als Zusatz zu Massageöl bei Muskelschmerzen und Gelenkentzündungen verwendet werden. Sie wirkt hervorragend bei Verstauchungen, Sehnenscheidenentzündung und schmerzhaft angeschwollenen Gelenken (Schleimbeutelentzündung); Verletzungen und Schwellungen sollten jedoch nie massiert, sondern mit kalten Kompressen behandelt werden.

Bei vielen dermatologischen Störungen ist Kamille von unschätzbarem Wert, vor allem bei empfindlicher, geröteter und trockener Haut. Größte Bedeutung erlangt sie jedoch bei der Behandlung von Allergien, z. B. Ekzemen und Nesselsucht, sowie bei allen trockenen, schuppigen und juckenden Hautkrankheiten.

Man kann sie als Duftwasser, Lotion oder Creme direkt auf die Haut aufbringen oder – vor allem, wenn größere Hautpartien betroffen sind – einem Bad beigeben. Außerdem empfiehlt sich, viel Kamillentee zu trinken. In jedem Fall sollten Sie herausfinden, ob die Ursache des Ausschlags ein physischer Reizstoff, emotionaler Streß oder – was meist der Fall sein wird – eine Kombination dieser beiden Faktoren ist. Andernfalls besteht nämlich die Gefahr, daß nur die Symptome unterdrückt werden. Kamille wirkt auf geistig-seelischer Ebene sehr beruhigend; da es zu einer allergischen Reaktion meist unter Streß kommt, wirkt die Behandlung mit Kamille wesentlich effektiver als der Versuch, das Problem ausschließlich als Hauterkrankung zu betrachten. Denken Sie auch daran, daß es – wie bei vielen Naturheilverfahren – zunächst zu einer Verschlimmerung des Zustandes kommen kann, bevor eine dauerhafte Besserung einsetzt.

Die lokale Anwendung von Kamille bewirkt auch, daß die kleinen Blutgefäße sich zusammenziehen; einer starken Rötung der Wangen aufgrund von erweiterten Kapillargefäßen kann daher entgegengewirkt werden; möglicherweise dauert es jedoch Monate, bevor eine Besserung sichtbar wird.

Wie bereits erwähnt, wirkt Kamille auch im emotionalen Bereich lindernd, beruhigend und antidepressiv; sie eignet sich daher gut, wenn Streß oder Angst einen Menschen ärgerlich, gereizt oder nervös werden lassen. Am besten wird sie zur Massage oder als Badezusatz verwendet, auch mit anderen Ölen gemischt. Kamille gehört zu den milden Ölen und ist daher für die Behandlung von Kindern vorzüglich geeignet. Zahnende Kleinkinder werden ruhiger, wenn man ihre Backen mit 1%igem Kamillenöl einreibt. Den gleichen Zweck erfüllen auch ein paar Teelöffel schwacher, mit Honig gesüßter Kamillentee, insbesondere, wenn er kurz vor dem Zubettgehen gegeben wird. Ohrenschmerzen können gelindert werden, indem man den Bereich rund ums Ohr mit Kamille massiert oder warme Kompressen auflegt. Bleiben die Schmerzen oder kommen sie immer wieder, sollte ein Arzt zu Rate gezogen werden.

Bei Augenentzündungen können Sie einen Aufguß mit Kamillenblüten anwenden (bringen Sie **ätherische Öle nie in die Augen**, auch nicht in verdünnter Form). Bei Bindehautentzündung lege ich mit heißem Wasser übergossene und wieder abgekühlte Kamillenteebeutel auf.

Im Wechsel oder gemischt mit Lavendel kann Kamille in Bädern gegen Schlaflosigkeit eingesetzt werden; dies empfiehlt sich vor allem, wenn das Problem über einen längeren Zeitraum besteht, da ein und dasselbe Öl nicht länger als zwei oder drei Wochen benutzt werden sollte.

ACHTUNG: Unter der Bezeichnung »Blaue Kamille« wird oft eine Beifußart *(Artemisia arborescens)* verkauft. Sie enthält viel Azulen und Chamazulen und wirkt genauso entzündungshemmend wie die verschiedenen Kamillenarten; allerdings verstärkt sie die Menstruation und sollte nie während einer Schwangerschaft verwendet werden.

Kardamom (Elettaria cardamomum)

Wie der Ingwer gehört auch die Kardamompflanze zur Familie der Zingiberaceae; beide besitzen dieselbe wärmende Wirkung. Verschiedene Arten der Kardamompflanze wachsen in Indien, Sri Lanka, China und Teilen des Mittleren Ostens. Das Öl ist farblos oder gelb und besitzt einen süßen, würzigen Duft.
Chemische Hauptbestandteile sind Terpineol und Cineol sowie etwas Limonen und Zingiberen.
Die bereits in den Veden erwähnte Pflanze wird seit mehr als 3000 Jahren in der traditionellen östlichen Medizin verwendet. Über den Mittleren Osten gelangte sie ins alte Ägypten – wo sie als Parfüm und Räucherwerk benutzt wurde – sowie nach Griechenland und Rom; Hippokrates und Dioskurides erwähnen sie, letzterer als Mittel gegen Ischias, Husten, Krämpfe, Unterleibsschmerzen und Harnverhaltung. In Indien verwendet man Kardamom allgemein zur Förderung der Verdauung und natürlich auch für kulinarische Zwecke. Einige Behauptungen des Dioskurides sind inzwischen von der indischen Heilkunde bestätigt worden, insbesondere die Wirksamkeit der Pflanze bei Husten und Harnverhaltung. In Indien gilt sie jedoch vor allem als Aphrodisiakum. Es gibt keinen direkten Beweis für ihre physiologische Wirksamkeit, aber aufgrund ihrer tonisierenden, anregenden Eigenschaften erfolgt die Beeinflussung vielleicht auf indirektem Wege.
Ganz sicher ist Kardamom sehr nützlich bei Verdauungsproblemen, bei Übelkeit, Sodbrennen und Blähungen, außerdem bei Diarrhö, da er die begleitenden Bauchschmerzen lindert.
Er kann als erfrischender, tonisierender und kräftigender Badezusatz verwendet werden, allerdings mischt man ihn besser mit anderen ätherischen Ölen. Es ist zwar nicht bewiesen, daß er die Haut reizt, aber wie bei allen aus Gewürzpflanzen gewonnenen ätherischen Ölen rate ich auch hier zur Vorsicht. Benutzen Sie nur kleine Mengen, und vermischen Sie das Öl gut – vor allem, wenn Sie eine empfindliche Haut haben.

Karotte (Daucus carota)

Die bescheidene Karotte ist spätestens seit den Zeiten des Dioskurides (1. Jahrhundert n. Chr.) sowohl als Gemüse als auch als Heilpflanze bekannt. Bereits in frühen griechischen Texten tauchen Hinweise auf sie auf, aber sie sind nicht eindeutig; Dioskurides dagegen liefert eine genaue Beschreibung unserer heutigen Gartenmöhre.

Aus den Samen läßt sich ein ätherisches Öl von leicht gelblicher Farbe destillieren, das den typischen Karottengeruch besitzt. Zu den Wirkstoffen gehören vor allem Carotol, Daucol, Limonen und Pinen. Auch aus den Wurzeln wird per Lösungsmittelextraktion ein Öl gewonnen, das aber in der Aromatherapie nicht verwendet wird. Ein drittes Produkt – ein infundiertes Öl – wird in der Hautpflege eingesetzt, vor allem bei trockener und älterer Haut, sowie bei Verbrennungen.

Karottensamenöl stärkt Leber und Gallenblase und wird daher zur Behandlung von Gelbsucht und anderen Leberkrankheiten eingesetzt. Aber auch geschwürige Hautkrankheiten, Ekzeme, Schuppenflechte und sogar Hautkrebs wurden mit ihr behandelt. Einige Pioniere der »sanften« Krebstherapie empfehlen, täglich große Mengen Karottensaft und/oder rohe Karotten zu essen. Die Wurzel enthält eine Vorstufe zum Vitamin A, das für die Krebsbehandlung und -vorbeugung sehr wichtig ist, außerdem die Vitamine B_1, B_2 und C; sie enthält außerdem viele Faserstoffe. (Im ätherischen Öl findet sich all dies nicht.)

Die Pflanze trägt zur Gesundheit der Haut bei. Das mit einer Creme oder Mandelöl vermischte ätherische Öl gibt der Haut ihre Spannkraft zurück, macht sie elastisch und kann sogar die Faltenbildung verringern. Besonderen Wert besitzt die Karotte im Frühjahr, wenn die Haut unter Kälte bzw. überheizten Wohnungen und Arbeitsplätzen gelitten und der ganze Körper einen Nachholbedarf an Vitaminen hat. Das infundierte Öl erfüllt im kosmetischen Bereich denselben Zweck.

Katarrh

Exzessive Schleimbildung in Nase und Atemwegen ist meist die Reaktion des Körpers auf eine Entzündung der zarten Schleimhäute in diesem Bereich. Sie kann durch eine Infektion, z. B. eine Erkältung oder eine Grippe, aber auch durch Reizstoffe wie Pollen und Staub ausgelöst werden.

Eine Dampfinhalation mit ätherischen Ölen, wie Eukalyptus, Lavendel, Pfefferminze, Rosmarin, Ti-Baum oder Thymian macht die Atemwege frei und bekämpft gleichzeitig die Entzündung. Einen Katarrh, der durch Pollen oder sonstige Reizstoffe ausgelöst wurde, behandelt man am besten mit Lavendel- oder Kamillenöl (zur Anwendungsweise siehe **Dampfinhalationen**).

Eine Gesichtsmassage, die insbesondere die Bereiche um Nase und Nebenhöhlen berücksichtigt, bringt exzessiven Schleim ebenfalls zum Abfließen. Bis auf Lavendel wirken die oben genannten Öle recht stark; für eine Gesichtsmassage sollten sie daher auf 1,5% (oder weniger) in einem Trägeröl verdünnt werden. Massieren Sie die Nase mit kleineren, die Wangen mit größeren kreisförmigen Bewegungen und machen sie dann ein paar lange, streichende Bewegungen zum Nacken hinunter.

In vielen Fällen spielt bei einem Katarrh die Ernährung eine Rolle. So ist bekannt, daß bei vielen Menschen Milchprodukte und Weizen die entsprechenden Beschwerden mit auslösen können. Wer also häufiger unter ihnen leidet, sollte diese Nahrungsmittel eine Zeitlang meiden, um zu sehen, ob eine Besserung eintritt. Falls ja, sollten Sie sie gänzlich vom Speiseplan streichen oder sie nur in sehr kleinen Mengen zu sich nehmen. Aber auch andere Nahrungsmittel können verschleimend wirken; Sie müssen so lange herumexperimentieren, bis Sie gefunden haben, welche dies sind.

Kehlkopfentzündung (Laryngitis)

Akute Entzündungen des Kehlkopfs können durch eine Infektion (Erkältung, Husten, Halsschmerzen) oder eine rein mechanische Reizung (lautes Schreien, Rauchen, Inhalieren von Reiz-

stoffen) ausgelöst werden. Trockene Luft führt zu zusätzlicher Irritation, weshalb Zentralheizungen und Klimaanlagen die Beschwerden verschlimmern. Da die Stimmbänder im Kehlkopf liegen, kommt es oft zu Heiserkeit oder völligem Stimmverlust. Eine Laryngitis als Folge einer Erkältung wird möglicherweise dadurch verschärft, daß aufgrund der verstopften Nase durch den Mund eingeatmet wird und die Atemluft daher vor Erreichen des Kehlkopfs nicht erwärmt, angefeuchtet und gefiltert wird.
Zur üblichen medizinischen Behandlung gehören Dampfinhalationen, da der Dampf das Atmen erleichtert und die Entzündung lindert. Die Beigabe ätherischer Öle – traditionell Benzoe, aber auch Lavendel, Sandelholz und Thymian sind geeignet – macht das Dampfbad doppelt wirkungsvoll.
Eine Kehlkopfentzündung dauert selten mehr als ein paar Tage; länger andauernde Heiserkeit kann andere, ernsthaftere Ursachen haben und sollte daher gründlich untersucht werden.

Keratin

Keratin ist ein Protein, aus dem Haare, Nägel und die äußere verhornte Hautschicht bestehen. Diese sind eigentlich totes Zellgewebe, das von den darunterliegenden lebenden Zellschichten hochgedrückt wurde, und können daher weder durch aromatherapeutische noch durch andere Behandlungsmethoden in irgendeiner Weise beeinflußt werden. Die Aromatherapie kann allerdings Gesundheit und Vitalität der Keimschicht (der im Wachstum befindlichen Hautschicht), der Follikel (aus denen die Haare wachsen) und des Nagelbetts fördern. Regelmäßige Massagen der Hände, der Kopfhaut und der gesamten Hautoberfläche verbessern die Blutzirkulation und damit die Vitalität der Wachstumsschichten. Neben anderen ätherischen Ölen (siehe unter **Haar, Haut** etc.) regen insbesondere Lavendel und Neroli das Wachstum neuer, gesunder Zellen an.

Ketone

Diese organischen Moleküle sind die potentiell toxischsten Bestandteile ätherischer Öle. Sie beeinflussen die Körpersysteme sehr stark. Ätherische Öle, die viel Keton enthalten, sind für eine Anwendung in der Aromatherapie im allgemeinen zu gefährlich. Sie können für das zentrale Nervensystem toxisch sein und eine Fehlgeburt bzw. Epilepsie auslösen. In *sehr* kleinen Mengen besitzen sie auch nützliche Eigenschaften – sie regen das Immunsystem an und wirken fungizid –, aber für diese Bereiche stehen ungefährlichere Alternativen zur Verfügung.
Beispiele für Ketone sind: Das in Beifuß, Salbei, Thuja etc. enthaltene Thujon (das vielleicht gefährlichste aller Ketone) kann eine Fehlgeburt auslösen, schädigt die Nervenzellen; Borneon in Kampfer, Zimt, Beifuß, Speiklavendel; Carvon in Kümmel, Pfefferminze und vielen anderen Ölen; Pulegon in Poleiminze, löst eine Fehlgeburt aus; Pinocamphon in Ysop, löst epileptische Anfälle aus.
Wenn einer dieser Stoffe auf der Liste der Bestandteile eines Öls ganz oben steht, können Sie davon ausgehen, daß es sich um ein sehr gefährliches Öl handelt.

Keuchhusten

Ähnlich wie bei anderen ansteckenden Kinderkrankheiten sorgen auch hier ätherische Öle für einen abgeschwächten Krankheitsverlauf.
Das Aufstellen von Töpfen mit dampfendem Wasser im Krankenzimmer ist ein altes Hausmittel, die anstrengenden Hustenanfälle zu lindern, aber wenn das Ganze unter Verwendung ätherischer Öle geschieht, wird die Wirkung noch verstärkt. Am besten eignen sich Ti-Baum und Niaouli (zwei Öle, die eng miteinander verwandt sind), ferner Rosmarin, Lavendel, Zypresse und Thymian (auch kombiniert). Dampfbehandlungen dieser Art sind für Kinder jeglichen Alters von Nutzen, aber natürlich muß darauf geachtet werden, daß alle Töpfe in sicherer Entfernung von dem kleinen Patienten aufgestellt werden.

Älteren Kindern kann man zur Linderung der krampfartigen Hustenanfälle drei- bis viermal täglich Brust und Rücken einreiben, und zwar mit einer Mischung aus 5 Tropfen Niaouli, 10 Tropfen Zypresse und 10 Tropfen Lavendel in 50 ml Mandel-, Sonnenblumen- oder einem anderen Trägeröl.
In jedem Fall muß ein Arzt zu Rate gezogen werden, denn der Keuchhusten ist eine langwierige Krankheit, die nicht nur an den Kräften des Kindes zehrt, sondern auch die Gefahr einer Komplikation wie z. B. Lungenentzündung in sich birgt.
Die vorgeschlagene Behandlung wird ein derartiges Risiko wesentlich reduzieren und zu einer schnelleren Genesung beitragen.

Kiefer (Pinus sylvestris, Pinus pinaster, Abies sibirica)

Aus verschiedenen Kiefernarten läßt sich ein ätherisches Öl gewinnen. Es ist wichtig, die Herkunft des Öls einschließlich des botanischen Namens genau zu kennen, denn die vielen Kiefernarten besitzen ganz unterschiedliche Eigenschaften und dienen allen möglichen Zwecken. Von mindestens einer, der Zwergkiefer *(Pinus pumilio* oder *Pinus mugo),* ist bekannt, daß das ätherische Öl potentiell gefährlich ist. Je weiter nördlich die Bäume wachsen, desto besser ist die Qualität des Öls. Es wird durch Trockendestillation der Nadeln, der jungen Zweige und Zapfen gewonnen; das Holz ergibt ein minderwertigeres Öl, das in der Aromatherapie nicht benutzt werden sollte. Die Essenz ist fahlgelb und besitzt ein starkes, frisch-harziges Aroma; Hauptbestandteil bei allen Arten ist Pinen, außerdem kommen Caren, Sylvestren, Borneol, Camphen, Dipenten, Phellandren u. a. vor. Die genaue Zusammensetzung hängt von der jeweiligen Varietät ab.
Kiefernöl ist ein wichtiges Mittel zur Behandlung von Infektionen des Brustraums, der Harnwege sowie von Muskelschmerzen. Avicenna lobt seine Wirksamkeit bei Lungenentzündung – wobei ich betonen möchte, daß bei Lungenentzündung immer ein Arzt konsultiert werden muß. Es fördert die Schleimabsonderung und ist ein starkes Lungenantiseptikum, weshalb es bei Bronchitis und

allen Arten von Husten von Wert ist; die Anwendung erfolgt vorzugsweise mehrmals täglich als Dampfinhalation.
Die Inhalationen helfen auch bei Erkältungen, Katarrhen, Nebenhöhlenentzündungen und Halsschmerzen, wobei Mischungen mit Eukalyptus- und Ti-Baum-Öl möglich sind. Viele Menschen ziehen den Kieferngeruch dem Duft anderer Öle vor, weshalb es eine beliebte Alternative ist.
Als Badezusatz sollte man es wegen möglicher Hautreizungen nie unverdünnt dem Wasser beigeben. Kiefernöl ist Bestandteil zahlloser handelsüblicher Badepräparate, bei denen es aber immer an ein Trägeröl gebunden ist; wegen seiner erfrischenden, desodorierenden, anregenden und Muskelschmerzen lindernden Eigenschaften wird es allgemein geschätzt.
Das Öl besitzt zudem eine stimulierende Wirkung auf den gesamten Kreislauf und wird aus diesem Grunde manchmal zur Linderung von rheumatischen und arthritischen Beschwerden sowie von Muskelschmerzen aufgrund von Überanstrengung herangezogen.
Als Massageöl würde ich es nicht unbedingt empfehlen, und wenn, dann nur in Kombination mit anderen Ölen und in starker Verdünnung. Da es die Haut reizen kann, genügen kleine Mengen vollauf.

Kinder und Aromatherapie

Kinder kann man gefahrlos und wirksam mit ätherischen Ölen behandeln, vorausgesetzt, man beachtet einige Vorsichtsmaßregeln. Gewöhnlich sprechen Kinder sehr gut auf aromatherapeutische und andere natürliche Heilverfahren an – zum einen, weil sie keine Vorurteile gegenüber irgendeiner Behandlungsmethode haben, zum andern, weil ihr Körper über ein starkes Regenerierungspotential verfügt. Ihre Selbstheilungskräfte haben noch nicht unter jahrelanger Fehlernährung, Streß, ungesunder Lebensweise, Umweltverschmutzung etc. gelitten – was nicht heißen soll, daß nicht auch Kinder von diesen Faktoren betroffen werden. Im Gegenteil, aufgrund ihres geringen Körpergewichts sind sie für potentielle Schadstoffe sehr viel anfäl-

liger; aber sie können Gifte und ansteckende Organismen schneller wieder ausstoßen, wenn die richtigen Heilbedingungen gegeben sind.
Alle mit ätherischen Ölen durchführbaren einfachen Selbsthilfemaßnahmen wie Bäder, Inhalationen, Kompressen und Raumklimaveränderung haben sich bei der Behandlung von Kinderkrankheiten durchaus bewährt; Babys und Kleinkinder sprechen auch sehr gut auf Massagen an. Die Mütter oder Väter brauchen dazu keine spezielle Masseurausbildung, auch wenn es zu diesem Thema einige gute Bücher gibt. Auch ohne Anleitung werden die Eltern in der Lage sein, Schmerzen durch leichtes Reiben der betreffenden Stelle zumindest zu lindern. Beim Baden, Umziehen und Füttern berühren sie das Kind automatisch, und dies läßt sich sehr gut zu einer kleinen Massage mit verdünnten ätherischen Ölen ausbauen. Wenn das Kind heranwächst, wird der Körperkontakt zu Mutter oder Vater oft geringer, aber durch regelmäßige Massagen kann man das ausgleichen. Vielleicht werden sie sogar zu einem selbstverständlichen Bestandteil des Badens oder Zubettgehens.
Die kontinuierliche Anwendung ätherischer Öle in Bädern, bei Massagen oder in Aromalampen stellt eine sehr effiziente Form präventiver Medizin dar; viele Infektionskrankheiten können so vermieden werden. Allerdings ist das Immunsystem kleiner Kinder noch nicht voll entwickelt, weshalb sie mit Erkältungen und anderen ansteckenden Krankheiten spätestens dann nach Hause kommen, wenn sie (in oft überheizten Räumen) mit anderen Kindern zusammen sind, d. h. ab dem Kindergarten- oder Schulalter. Die Behandlung mit ätherischen Ölen lindert in solchen Fällen die Beschwerden, verkürzt die Dauer der Erkrankung und verhindert Sekundärinfektionen.
Öle helfen auch bei jenen Verletzungen, die sich ein Kind fast unweigerlich zuzieht: Schürf- und Schnittwunden, kleinere Verbrennungen und Verbrühungen, blaue Flecken und Insektenstiche. Unbedingt beachtet werden müssen dabei die folgenden Vorsichtsmaßnahmen:

1. Benutzen Sie die Öle nie unverdünnt (einzige Ausnahme sind geringe Mengen Lavendel oder Ti-Baum bei leichten Verbrennungen oder Verletzungen).
2. Verdünnen Sie die Öle, bevor Sie sie Ihrem Kind ins Badewasser geben, und nehmen Sie maximal 4 Tropfen.
3. Geben Sie bei Massageölen nur 1 Tropfen ätherisches Öl auf 1 Teelöffel Trägeröl (1–1,5%ige Lösung statt der bei Erwachsenen üblichen 3%igen Lösung).
4. Lassen Sie bei Dampfinhalationen ein kleines Kind nie mit der Schüssel heißen Wassers allein, sondern beaufsichtigen Sie es.
5. Lassen Sie es den Dampf anfangs nur ein paar Sekunden, maximal eine halbe Minute einatmen; verlängern Sie auf 1–2 Minuten, wenn Ihr Kind die kürzeren Inhalationen verträgt.
6. **Verabreichen Sie ätherische Öle nie oral.**
7. Verwenden Sie keine ätherischen Öle, die als toxisch oder leicht toxisch beschrieben werden (siehe unter den einzelnen Ölen sowie Anhang A).
8. Versuchen Sie nie, ernstliche Erkrankungen ohne Konsultation eines Arztes oder Heilpraktikers zu behandeln. Verständigen Sie ihn sofort, wenn Ihr Kind hohes Fieber, eine schwere Verbrennung, Krämpfe oder andere ernste Schwierigkeiten hat.
9. Konsultieren Sie ebenfalls Ihren Arzt, wenn leichte Beschwerden sich nicht innerhalb von 24 Stunden bessern.

Abgesehen von eindeutigen Erkrankungen sind Kinder oft einfach »ein bißchen daneben«, quengelig, unruhig oder überdreht; das Patentrezept für solche Fälle ist ein warmes (nicht zu heißes) Bad mit 2–4 Tropfen Kamillen- oder Lavendelöl (vorher mit Milch oder Sahne verdünnen). Beide Öle wirken besänftigend, lindernd und beruhigend und sind daher vorzüglich geeignet, Tränen zum Versiegen zu bringen, Schmerzen zu lindern und das Einschlafen zu fördern.

Kamille dürfte *das* Kinderöl schlechthin sein, denn es ist sehr mild, völlig ungefährlich und für viele kindheitsspezifische Probleme wie Zahnen, Hautausschläge, Bauchschmerzen etc. hervorragend geeignet. Verwenden Sie jedoch das Öl nie pur, sondern vermischen Sie es mit einem Trägeröl; speziell für die Hautpflege des Kleinkinds eignen sich auch verschiedene Cremes auf Kamillebasis.

Andere, insbesondere für Kinder geeignete ätherische Öle sind Lavendel, Rose, Benzoe, Immortelle und Mandarine. Eigenschaften und Verwendungszwecke der Öle werden unter den entsprechenden Stichwörtern beschrieben.

Zu den jeweils nützlichsten Ölen siehe auch **Babys** und **Zahnen** sowie die diversen Krankheiten **Masern, Windpocken** etc.

Klimakterium (Wechseljahre, Menopause)

Genaugenommen bezieht der Begriff sich auf den Zeitpunkt im Leben einer Frau, an dem der Eisprung – und daher die Menstruation – völlig aufgehört haben. Meist wird er jedoch zur Beschreibung der Phase vor diesem Zeitpunkt verwendet, die ab der ersten Veränderung des normalen Menstruationszyklus ein paar Monate oder auch zwei Jahre dauern kann.

Von vielen Frauen wird das meist zwischen dem 40. und 50. Lebensjahr stattfindende Klimakterium kaum als eine Phase besonderer Beschwerden und größerer Unpäßlichkeiten erlebt, während andere von Depressionen, unregelmäßigen oder schweren bis schwersten Blutungen, fliegender Hitze, Schlaflosigkeit und ähnlichen Symptomen heimgesucht werden, und das oft über mehrere Jahre hinweg. Die Verschiedenartigkeit dieser Zustände entbehrt jeglicher Logik; die Vorgänge selbst scheinen in keiner berechenbaren Beziehung zu den vorangegangenen menstruellen Erfahrungen und Daten zu stehen und auch nichts damit zu tun zu haben, ob die Frau Kinder geboren hat, in einer festen Beziehung oder ohne Partner lebt. Es ist schon behauptet worden, Frauen »mit Karriere« oder anderen Formen der Selbstbestätigung würden unter den seelischen und physischen Problemen dieser Lebensperiode weniger leiden als Frauen, die »nur« Mütter und Hausfrauen waren, zumal die Menopause in der Regel mit den Jahren zusammenfällt, in denen die Kinder das Elternhaus verlassen. Mir sind jedoch viele Fälle bekannt, die diese These ganz klar widerlegen.

Jede Frau macht ihre ganz spezifischen Erfahrungen, und diese Tatsache muß der Aromatherapeut berücksichtigen, bevor er sich zu einer bestimmten Behandlungsform entschließt. Viele ätherische Öle, die sich bei unregelmäßigen Monatsblutungen als nützlich erwiesen haben, können auch dazu beitragen, die neu entstandenen physischen Probleme zu verringern. Dazu gehören vor allem Geranienöl mit seiner ausgleichenden Wirkung auf den Hormonspiegel sowie Rosenöl, das den Uterus stärkt und reinigt und den Monatszyklus wieder in Ordnung bringt. Kamille, die Besänftigende, wirkt gut bei Depressionen, ebenso wie auch all die anderen Antidepressiva: Bergamotte, Jasmin, Lavendel, Muskatellersalbei, Neroli, Sandelholz und Ylang-Ylang.

Zu Beginn des Klimakteriums tragen die unter dem Stichwort **Menstruation** beschriebenen Maßnahmen dazu bei, einen unregelmäßigen Zyklus zu stabilisieren und zu starke Blutungen zu verringern. Im letzten Fall ist Zypresse besonders geeignet; starke Blutungen sollten jedoch immer mit einem Arzt oder Gynäkologen besprochen werden, da sie auch durch Myome oder andere behandlungsbedürftige Krankheiten verursacht werden können. Myome entstehen nicht wegen der Veränderungen in den Wechseljahren, fangen aber oft in dieser Phase an, Schwierigkeiten zu machen. Dies kann einfach daran liegen, daß sie sehr langsam wachsen; ein Myom, das vor 20 Jahren entstanden ist, erreicht eine Schmerzen oder Blutungen auslösende Größe oft dann, wenn die Frau um die Vierzig ist.

Eine Erörterung des Klimakteriums ohne Erwähnung der Hormonersatztherapie wäre unvollständig. Den meisten Problemen, unter denen Frauen während und nach der Menopause leiden – Hitzewallungen, Osteoporose, Herzkrankheiten –, liegt das Absinken des Östrogenspiegels zugrunde, zu dem es kommt, wenn kein Eisprung mehr stattfindet. Trotzdem widerstrebt es vielen Frauen, Ersatzhormone einzunehmen – weil sie die kurzzeitigen Nebenwirkungen nicht ertragen, sich wegen der langfristigen Nebenwirkungen Sorgen machen oder ethische Bedenken gegen Produkte haben, die aus dem Urin trächtiger Stuten hergestellt werden. Die Aromatherapie und die Pflanzenheilkunde bieten hier jedoch zahlreiche natürliche Alternativen. Östrogenhaltige (u. a. Muskatellersalbei, Fenchel, Sternanis, Estragon) und hormonausgleichende Öle (Geranie) sowie pflanzliche Mittel wie Mönchspfeffer *(Vitex agnus castus),* Frauenmantel etc. tragen dazu bei, daß der Hormonspiegel im Körper gleich bleibt. Zusätzliche Gaben von Nachtkerzenöl (oder einem Äquivalent) sind wichtig, weil sie Gammalinolensäure enthalten, die der Körper zur Herstellung von Östrogen braucht.

Körperliche Betätigung in Maßen und eine gesunde Ernährung beugen Herzkrankheiten und Osteoporose vor; ältere Frauen sollten daher auf eine Kost achten, die das gesamte Spektrum der Vitamine sowie Mineralstoffe und Spurenelemente enthält. Kalziumergänzungsgaben schützen zusätzlich vor Osteoporose. Viele Frauen sehen in diesen kritischen Jahren ihre Weiblichkeit dahinschwinden; Rose wird ihnen helfen, sich weiterhin feminin, begehrenswert und umsorgt zu fühlen. Dieses Gefühl ist nicht nur eine Einbildung, denn Rose hilft vielen Klimakteriumsbeschwerden tatsächlich ab; außerdem wirkt sie antidepressiv und aphrodisisch und ist ein ausgezeichnetes Öl für die ältere Haut. All dies wirkt sich positiv auf die Stimmung aus.

Knoblauch (Allium sativum)

Da Knoblauch bekanntlich einen eher strengen Geruch hat, werden viele Leser überrascht sein, ihn hier unter den aromatischen Ölen zu finden, von denen man gemeinhin annimmt, sie würden süß und lieblich duften. Knoblauch ist jedoch eines der stärksten antiseptischen Öle und besitzt auch noch andere wichtige Eigenschaften: Er wirkt stauungslösend und entgiftend, beeinflußt das Blut und den Kreislauf. Wegen seines starken Geruchs wendet man das Öl nie äußerlich an, sondern verabreicht es lieber als oral einzunehmende Kapseln. Zu den Wirkstoffen gehören Alliin, Alinase, Allicin, Alithiamin (eine Vitamin-B-Form), antibiotische Allistatine, Garlicin, Nikotinamid (eine weitere Form von Vitamin B), organisches Jod, organischer Schwefel, Vitamin A und zahlreiche Spurenelemente.

Wie bei vielen anderen Heilpflanzen reicht die Geschichte seiner Verwendung viele Jahrtausende zurück – und zwar mindestens bis zu den Babyloniern, d. h. bis 2000 v. Chr. Knoblauch dürfte eine der Pflanzen sein, die zu medizinischen und kulinarischen Zwecken auf der ganzen Welt reichlich verwendet werden, wobei die Grenze zwischen beiden Bereichen nicht immer klar ist. Völker, die viele Gerichte mit Knoblauch bereiten, haben durchweg weniger Herzkrankheiten, hohen Blutdruck, Kreislaufbeschwerden, Darmstörungen und Bronchitis. Auch die Krebshäufigkeit scheint geringer zu sein; umstritten ist nur noch, ob neben der Ernährungsweise auch der Lebensstil im allgemeinen und die Umwelt eine Rolle spielen.

Über die Volksheilkunde hat der Knoblauch Eingang in Sagen und Legenden gefunden. Jeder Bewohner von Transsylvanien weiß, daß Knoblauch Vampire abhält! Ganz so abwegig sind solche Ansichten gar nicht; moderne Labortests haben jedenfalls einige der naiv erscheinenden Anwendungsmöglichkeiten bestätigt. Knoblauch ist ein sehr flüchtiges Öl, d. h., es gibt seine Wirkstoffe sehr leicht an die Luft ab und wird sehr schnell und effizient von Haut und Nase absorbiert. Bedenkt man, daß in die Fußsohlen einer Testperson eingeriebener Knoblauch bereits zehn Minuten später in ihrem Atem nachweisbar ist, dann wirken Bräuche, bei denen Kinder eine Schnur mit Gewürznelken oder Knoblauch um den Hals bekamen oder Knoblauchscheiben an die Eingangstür genagelt oder in Schuhe gelegt wurden, auf einmal gar nicht mehr so lächerlich. Auch die Ansicht, Knoblauch schütze vor dem »bösen Blick«, wird verständlich, wenn man weiß, daß er zahlreichen kleineren Beschwerden vorbeugt, die angeblich von diesem verursacht werden. Knoblauch, der Husten und Erkältungen, Magenverstimmungen, Rheuma und Würmer zum Verschwinden bringt, würde sicher auch die Kräfte des Bösen abwehren.

Knoblauch wird (frisch in der Nahrung oder in Kapselform) heute immer mehr als vorbeugendes Mittel gegen hohen Blutdruck und Herzkrankheiten anerkannt. Er eignet sich zur Senkung eines zu hohen Cholesterinspiegels, wobei wir jedoch

daran denken sollten, daß er kein Alibi für notwendige Umstellungen in der Ernährung sein darf.
Die lösenden, antiseptischen Eigenschaften von Knoblauch sind sehr wertvoll bei der Behandlung von Katarrh, Nasennebenhöhlenentzündung und Bronchitis (insbesondere chronischer Bronchitis); als Mittel gegen diese Krankheiten ist er dem Laien wahrscheinlich am besten bekannt. Viele Menschen nehmen im Winter täglich eine oder mehrere Knoblauchkapseln, um Erkältungen vorzubeugen. Bei akuter Bronchitis sollte Knoblauch zusammen mit anderen ätherischen Ölen verwendet werden, um die Entzündung zu bekämpfen, den Husten zu lindern und das Fieber zu senken.
Aufgrund seiner antiseptischen, bakteriziden und entgiftenden Wirkung eignet sich Knoblauch in hohem Maße zur Behandlung von Akne. Die (meist jungen) Patienten sollten ermutigt werden, täglich Knoblauchdragees einzunehmen, um dem Körper bei der Entgiftung zu helfen. Mittlerweile werden geruchsfreie Kapseln angeboten, die von den Jugendlichen vielleicht eher akzeptiert werden; sie brauchen dann keine Angst mehr zu haben, daß sie wegen ihres Knoblauchduftes von Freunden und Freundinnen gemieden werden. Es gibt allerdings Vermutungen, daß mit dem Geruch auch einige Eigenschaften des ätherischen Öls verlorengehen.
Knoblauch ist seit Tausenden von Jahren benutzt worden, um Darmwürmer von Menschen und Tieren fernzuhalten; auch gegen andere Parasiten hat man ihn erfolgreich eingesetzt. Frisch oder als Kapseln verwendet man ihn auch bei Krätze, zusammen mit Lavendel, Pfefferminze und anderen ätherischen Ölen, die äußerlich verabreicht werden.
Bei Infektionen des Magen-Darm-Trakts ist Knoblauch eines der besten Mittel. Sie können ihn vorbeugend bei Auslandsreisen nehmen, wenn Sie Angst vor Magenverstimmungen haben – obwohl der sicherste Schutz die Kost der Einheimischen sein dürfte, die im Gegensatz zu speziellen »Touristenmahlzeiten« oftmals sehr viel Knoblauch enthält. Der weitverbreitete Gebrauch von Knoblauch in vielen bäuerlichen Gemeinschaften schränkt die Infektionsgefahr ein – und das angesichts eines Milieus, in

dem sich Bakterien relativ rasch vermehren. Knoblauch erhöht überdies die individuellen Abwehrkräfte gegen Infektionen.
Im Jahr 1969 durchgeführte Labortests haben bewiesen, daß Knoblauch wirksam ist gegen Kolibakterien, die Entzündungen der Harnwege verursachen. Die der Gattung Escherichia angehörenden Bakterien bevölkern den Dickdarm und sind normalerweise harmlos; außerhalb des Darms jedoch werden sie zu gefährlichen Krankheitserregern, die eine Blasen- oder Nierenentzündung entfachen können. Gegenüber synthetischen Antibiotika hat Knoblauch den Vorteil, die Darmflora intakt zu lassen. Lange vor Bekanntwerden dieser Tatsache wußte man, daß Knoblauch ein wirksames Mittel gegen Blasenentzündung ist; Menschen, die immer wieder unter dieser unangenehmen Krankheit leiden, sollten vorbeugend Knoblauch essen.
Da eine äußerliche Anwendung weitgehend entfällt, empfiehlt sich, 1–3 Kapseln bei akuten Krankheiten dreimal täglich, bei chronischen Beschwerden und zur Vorbeugung einmal täglich einzunehmen.
Bei Blasenentzündung, Darmbeschwerden, Würmern und für alle Menschen, die glauben, Knoblauch reize den Magen, empfiehlt sich die Verwendung der Kapseln als Zäpfchen. Unmittelbar nach dem Stuhlgang sollten ein bis zwei Kapseln so weit wie möglich ins Rektum eingeführt werden (wegwerfbare Plastikhandschuhe sind in Drogerien erhältlich).

Kölnisch Wasser (Eau de Cologne)

Echtes Kölnisch Wasser wird aus ätherischen Ölen hergestellt, im allgemeinen Bergamotte, Lavendel, Neroli und Rosmarin; aber auch andere Zitrusöle – Orange, Petitgrain und Zitrone – können enthalten sein. Gelegentlich wird Thymian anstelle von Rosmarin verwendet.
Das Rezept wurde um 1710 von Johann-Maria Farina erfunden, einem Italiener, der in Köln lebte und seine Duftmischung deshalb »Kölnisch Wasser« nannte. Wegen seiner kühlenden, erfrischenden, desodorierenden und antiseptischen Eigenschaften wurde es schnell populär. Man weiß nicht genau, ob es

Farina oder einer seiner Nachkommen war, der die Bezeichnung ins Französische übersetzte, damit sie eleganter klang und dem Produkt mehr Attraktivität verlieh, oder aber französische Soldaten, die während des Siebenjährigen Krieges in Köln stationiert waren und die Mixtur mit nach Hause nahmen. Auch der Namenszug des Herstellers auf den Etiketten wurde in Jean-Marie Farina umfranzösisiert. Über viele Generationen hinweg hieß der Firmeninhaber stets Johann-Maria bzw. Jean-Marie Farina, da die ältesten Söhne immer nach dem Gründer des Unternehmens benannt wurden.

Ende des 18. Jahrhunderts produzierten viele Parfümhersteller in ganz Europa ihre eigene Version des Kölnisch Wassers, darunter auch mehrere Farinas, die mit dem Firmengründer – Farina ist in Italien kein seltener Name – zwar nicht das geringste zu tun hatten, aber von der allgemeinen Verwirrung profitierten. Die Stammfirma in Köln ist bis in unser Jahrhundert in Familienbesitz geblieben; viele als »J.-M. Farina« etikettierte Eaux de Cologne kommen jedoch ganz woanders her.

Napoleon benutzte Unmengen Kölnisch Wasser, ungefähr 600 Flaschen im Jahr, und hatte es sogar bei Feldzügen dabei. Wenn wir an die Eigenschaften der ätherischen Öle denken, die bei der Herstellung Verwendung fanden, ist nicht weiter erstaunlich, warum ein so anspruchsvoller Mensch wie Napoleon es angesichts der ungesunden Bedingungen im Heerlager sosehr schätzte. Aufgrund seiner zahlreichen Vorzüge wurde es zu seinen Zeiten auch als *Aqua Admirabilis* bezeichnet.

Die Qualität eines Eau de Cologne hängt sowohl von dem als Grundsubstanz verwendeten Alkohol als auch von den beigegebenen ätherischen Ölen ab. Das ursprüngliche Kölnisch Wasser wurde mit hochdestilliertem Kartoffelschnaps hergestellt, der in Deutschland reichlich vorhanden war; moderne Eaux de Cologne basieren gewöhnlich auf Äthylalkohol. Die Mischung aus Alkohol und ätherischen Ölen muß mindestens sechs Monate ruhen, sehr gute Eaux de Cologne reifen bis zu einem Jahr. Sie können sich ein nach Kölnisch Wasser duftendes Bad oder Körperöl zubereiten, indem Sie die entsprechenden ätherischen Öle mit einem milden Trägeröl mischen.

Es gibt viele Versionen des Kölnisch-Wasser-Rezepts; hier ein typisches:

> 100 Tropfen Bergamottöl
> 50 Tropfen Zitronenöl
> 30 Tropfen Neroliöl
> 50 Tropfen Lavendelöl
> 10 Tropfen Rosmarinöl

Geben Sie 150 ml reinen (oder hochprozentigen) Alkohol hinzu, wenn Sie ein Eau de toilette herstellen wollen, oder 100 ml Mandel- oder sonstiges Öl für die Verwendung als Badezusatz. Für ein Körper- oder Massageöl erhöht man die Menge des Trägeröls auf 300 ml.

Sie können die Mischung auch ohne weitere Zutaten als Badeöl verwenden (6 bis 8 Tropfen auf ein Bad). Lassen Sie sie so lange wie möglich an einem dunklen, kühlen Ort stehen, bevor Sie sie benutzen, damit sie reifen kann. Möchten Sie das Rezept nur ausprobieren, nehmen Sie nur $1/10$ der Menge. Die hier vorgeschlagene Version ist sehr zitrusartig, aber probieren Sie selbst!

Kompressen

Kompressen in Verbindung mit ätherischen Ölen wirken sehr effizient, um Schmerzen zu lindern, Schwellungen zu beheben und Entzündungen einzuschränken; heiße Umschläge werden meist zur Behandlung chronischer Schmerzen benutzt, kalte Umschläge zur Linderung akuter Schmerzen sowie als Erste-Hilfe-Maßnahme bei Verletzungen (z. B. Verstauchungen).

Zur Herstellung einer heißen Kompresse füllt man eine Schüssel mit heißem Wasser – so heiß, wie Sie mit Ihrer Hand gerade noch aushalten können – und gibt dann 4–5 Tropfen ätherisches Öl hinein. Falten Sie ein sauberes, absorbierfähiges Stück Stoff mehrmals und tauchen Sie es ins Wasser. Achten Sie dabei darauf, daß der Stoff soviel wie möglich von dem an der Wasseroberfläche schwimmenden Öl aufnimmt. Wringen Sie den Stoff aus und legen Sie ihn anschließend auf die schmerzende Stelle. Geeignete Stoffe sind Baumwolle, Flanell, saubere

alte Bettlaken und Handtücher oder saubere Taschentücher für relativ kleine Umschläge.
Bedecken Sie die Kompresse mit etwas Frischhaltefolie oder einem Stück Plastik, damit Kleidung und Bandage nicht naß werden. An Knöcheln, Knie-, Arm- und Ellenbogengelenken können die Umschläge mit einer elastischen Binde gehalten werden. Auf Rücken, Bauch und andere größere Körperpartien wird zweckmäßigerweise über die Kompresse und ihre Plastikabdeckung ein großes Handtuch gelegt und der Patient gebeten, sich hinzulegen. Die Kompressen sollten gewechselt werden, sobald sie auf Körpertemperatur abgekühlt sind.
Heiße Umschläge sind besonders hilfreich bei Rückenschmerzen, Bindegewebsentzündung, rheumatischen und arthritischen Schmerzen, Abszessen, Ohren- und Zahnschmerzen.
Kalte Umschläge werden genauso zubereitet und angebracht, außer daß das Wasser hierbei so kalt wie möglich sein sollte. Wenn Sie Eiswürfel zu Verfügung haben, können Sie einige ein paar Minuten ins Wasser geben, bevor Sie den Umschlag machen.
Wenn nicht, lassen Sie das Wasser so lange aus dem Hahn laufen, bis es möglichst kalt ist.
Kalte Umschläge haben sich bei Kopfschmerzen (Kompressen auf die Stirn oder unter den Nacken legen), Verstauchungen, Tennisellenbogen und anderen heißen Schwellungen bewährt. Die Umschläge sollten gewechselt werden, sobald sie Körpertemperatur erreicht haben; ist das Auflegen einer neuen Kompresse über Nacht oder tagsüber nicht möglich, schadet dies nicht.
Großflächig angelegte kalte Umschläge können gefährlich hohes Fieber senken. Diese Methode sollte jedoch nur von Fachleuten angewandt werden, die in der Behandlung akuter Krankheiten Erfahrung haben. Das abwechselnde Auflegen von heißen und kalten Kompressen ist eine naturheilkundliche Technik, um die Heilung zu fördern; sie wirkt gut bei Verstauchungen und anderen Beschwerden, bei denen nicht massiert werden kann. Benutzen Sie in diesem Fall kalte Umschläge als Erste-Hilfe-Maßnahme und legen Sie an den folgenden Tagen abwechselnd kalte und heiße Kompressen auf. Beginnen Sie immer mit einem heißen Umschlag und enden Sie mit einem kalten.

Kontraindikationen

Ätherische Öle wirken wie alle stark riechenden Substanzen homöopathischen Mitteln entgegen. Es ist daher Vorsicht geboten, wenn man die beiden Therapien kombinieren will.
Homöopathen empfehlen, während und bestimmte Zeit nach einer homöopathischen Behandlung keine intensiv duftenden Substanzen, insbesondere Pfefferminze, Kampfer oder Kaffee einzunehmen oder überhaupt zu verwenden. Wie lange diese »bestimmte Zeit« dauert, hängt davon ab, wie schnell das homöopathische Medikament wirkt – der Spielraum reicht von 30 Minuten bei niedrigpotenzierten bis zu mehreren Wochen bei hochpotenzierten Mitteln. Im letztgenannten Fall mag es notwendig sein, duftende Substanzen über Wochen oder sogar Monate zu meiden.
Wenn Sie im Verlauf einer homöopathischen Behandlung aromatische Bäder nehmen oder sich mit ätherischen Ölen massieren lassen wollen, sollten Sie unbedingt herausfinden, in welche der obengenannten Kategorien Ihr Medikament fällt. Nehmen Sie z. B. Nux Vomica gegen Magenbeschwerden und tritt eine relativ rasche Besserung ein, spricht nichts dagegen, daß Sie am selben Tag später noch eine Massage erhalten; werden Sie aber wegen einem seit langem bestehenden Leiden behandelt, das nur langsam auf das Medikament anspricht, sollten Sie mit Ihrem Homöopathen sprechen, bevor Sie ätherische Öle in irgendeiner Form anwenden.
Nach dem Gesagten versteht sich von selbst, daß ätherische Öle weit entfernt von homöopathischen Mitteln aufbewahrt werden sollten.

Kopfflechte (Tinea capitis)

Kopfflechte ist eine dem Fußpilz vergleichbare Infektion, die durch verschiedene Pilzarten ausgelöst wird. Der Befall der Kopfhaut ist besonders unangenehm, da es zu Haarausfall kommt und sich vorübergehend kahle Stellen bilden.
Zur Behandlung empfiehlt es sich, fungizide Öle wie Myrrhe

oder Lavendel einer Creme beizugeben, die Sie viermal täglich auftragen. Am besten verwendet man beide Öle zusammen, da einige Pilze eher auf Myrrhe, andere eher auf Lavendel reagieren. Der Anteil an ätherischen Ölen in der Creme sollte relativ hoch sein (5%).
Beide Öle fördern die Heilung, indem sie nach der Vernichtung des Pilzes das Wachstum neuer Zellen anregen, wodurch der Schorf an den betreffenden Stellen schneller verschwindet. Wenn die Kopfhaut in Mitleidenschaft gezogen wurde, sollte nach dem Abklingen der Symptome eine Behandlung mit Rosmarin erfolgen, um das Wachstum neuer Haare zu unterstützen. Sie können ein paar Tropfen Rosmarinöl pur an den kahlen Stellen einmassieren oder den gesamten Schädel mit Rosmarinwasser einreiben (oder mit in Alkohol gelöstem Rosmarinöl).
Anstelle von Lavendel und Myrrhe bzw. im Wechsel mit ihnen läßt sich auch Ti-Baum-Öl verwenden.

Kopfschmerzen

Zahlreiche ätherische Öle beseitigen Kopfschmerzen sehr viel gefahrloser für die Gesundheit als das übliche Aspirin. Unter den vielen schmerzstillenden Ölen dürften Lavendel und Pfefferminze – einzeln oder gemischt – am wirksamsten sein. Vor allem, wenn die Kopfschmerzen auf eine Zeit geistiger Anspannung folgen, sorgt Rosmarin für einen klaren Kopf und lindert die Schmerzen. Reines Lavendelöl – ein paar Tropfen genügen – kann direkt in die Schläfen einmassiert oder für kalte Kompressen verwendet werden, die auf Schläfen, Stirn oder Nacken gelegt werden. Noch hilfreicher kann eine 1:1-Mischung von Lavendel und Pfefferminze sein – Lavendel besitzt nämlich die Fähigkeit, die Wirksamkeit anderer Öle in Mischungen noch zu verstärken.
Interessant in diesem Zusammenhang ist, daß Lavendel beruhigt, während Pfefferminze anregt; auch viele kommerzielle Kopfschmerzpräparate kombinieren eine stimulierende Substanz (in der Regel Koffein) mit einem oder mehreren schmerzstillenden Stoffen. Das Koffein dient dazu, die leicht sedative und manchmal sogar depressive Wirkung vieler schmerzlindern-

der Arzneimittel auszugleichen. Die Verwendung von Lavendel und Pfefferminze ruft einen ähnlichen Effekt hervor, allerdings ohne die gefährlichen Nebenwirkungen synthetischer Arzneimittel.

Durch einen Katarrh oder eine Nebenhöhlenentzündung ausgelöste Kopfschmerzen werden durch Dampfinhalationen mit Lavendel, Pfefferminze, Rosmarin oder Eukalyptus zum Abklingen gebracht; die genannten Öle machen außerdem die verstopften Atemwege frei, da sie aufgrund ihrer antiseptischen Eigenschaften gegen die verursachenden Bakterien wirken.

Kopfschmerzen haben meist einen unmittelbaren Grund, z. B. Müdigkeit, Überanstrengung der Augen, stickige Luft oder seelische Spannungen; Kopfschmerzen, die ohne ersichtlichen Grund auftreten, die länger andauern oder immer wiederkehren, bedürfen einer eingehenderen Untersuchung. Es kann sein, daß im Lebensstil des Betreffenden, seiner Ernährung oder seiner Umgebung Veränderungen erforderlich sind. In selteneren Fällen sind Kopfschmerzen ein Hinweis auf schwerwiegendere Störungen, die einer geeigneten Behandlung bedürfen. Siehe auch **Migräne.**

Koriander (Coriandrum sativum)

Der Koriander ist eine bis ein Meter hohe Pflanze aus der Familie der Umbelliferen. Sie wächst wild im Fernen Osten, in Spanien, Nordafrika und in der ehemaligen UdSSR, wird aber in all diesen Ländern auch angebaut. Die zerriebenen Blätter besitzen einen sehr unangenehmen Geruch, der die alten Griechen an zerquetschte Wanzen erinnerte. Daher der Name der Pflanze: das griechische *koris* bedeutet nämlich Wanze! Gott sei Dank haben die Samen – und das aus ihnen per Destillation gewonnene ätherische Öl – ein wesentlich angenehmeres, frischeres und würzigeres Aroma.

Das Öl ist schwach gelblich oder farblos. Chemische Hauptbestandteile sind Coriandrol (60–65%), Pinen und Geraniol; außerdem enthält es Spuren von Phellandren, Dipenten, Terpinen, Cymen und Borneol.

Wie alle anderen Mitglieder dieser großen Pflanzenfamilie (Kümmel, Dill, Fenchel etc.) fördert auch Koriander die Verdauung und wirkt Blähungen entgegen. Aus diesen Gründen, aber auch wegen seines angenehmen Dufts, verwendeten die alten Ägypter die Samen recht häufig – zumindest hat man sie in verschiedenen Gräbern gefunden. Da Koriander außerdem den Appetit anregt, wurde er auch zur Behandlung von Magersucht eingesetzt.
Das ätherische Öl wirkt schmerzstillend und wärmend, weshalb es sich gut eignet bei Neuralgien und rheumatischen Schmerzen. Kommerziell wird Koriander zur Herstellung von Likören wie Chartreuse und Benediktiner benutzt – ursprünglich eben aufgrund seiner verdauungsfördernden Eigenschaften; außerdem verwendet man ihn zur geschmacklichen Abstimmung einiger Gin- und Brotsorten. Reichlichen Gebrauch findet er auch bei der Herstellung von Parfüms, Seifen und Toilettenartikeln sowie als Rohstoff, aus dem viele chemische Elemente zur Fabrikation synthetischer Parfüms extrahiert werden.

Körpertemperatur

Die durchschnittliche Temperatur des menschlichen Körpers liegt bei 37 °C – am Morgen etwas niedriger, abends etwas höher. Die relative Beständigkeit wird von einer Zentrale im Gehirn kontrolliert, die die verschiedenen Möglichkeiten des Körpers zur Regulierung seiner Temperatur koordiniert – z. B. Schwitzen bei Hitze, um die Haut abzukühlen, oder Zittern bei Kälte, wobei die sich bewegenden Muskeln Wärme erzeugen.
Es gibt einige ätherische Öle, die bei Abweichungen von der Norm eingesetzt werden können. Bergamotte, Eukalyptus, Lavendel, Melisse und Pfefferminze senken die Körpertemperatur; Zypresse und Rosmarin wirken schweißtreibend und besitzen so auf indirektem Weg denselben Effekt. Man kann sie als Badezusatz verwenden oder, mit viel kaltem Wasser vermischt, mit einem Schwamm auf dem Körper verteilen.
Auch ohne ätherische Öle läßt sich durch kräftige Massagen die Körpertemperatur steigern, doch mit wärmenden Ölen wie Majoran oder Thymian ist der Erfolg noch sicherer. Alle soge-

nannten hautrötenden Öle einschließlich schwarzem Pfeffer, Wacholder und Rosmarin erhöhen die örtliche Blutzirkulation und rufen ein angenehmes Wärmegefühl hervor – ein bewährtes Mittel bei kalten Händen und Füßen.
Bei Babys und älteren Menschen ist der eben beschriebene Kontrollmechanismus labiler, weshalb ihre Körpertemperatur sorgfältig beobachtet werden sollte.
Siehe auch **Fieber.**

Krampfadern (Varikose)

Das anomale Anschwellen der Beinvenen deutet auf eine generell unzureichende Blutzirkulation hin, die auf mangelnder Elastizität der Gefäßwände und insbesondere der Venenklappen beruht. Wenn diese normal funktionieren, sorgen sie für ein schnelles Zurückströmen des Bluts zum Herzen. Ist ihre Effizienz jedoch gestört, staut sich Blut in den Venen, die anschwellen. Hier entsteht in den Beinen ein von Schmerzen begleitetes Schweregefühl. Die Neigung zur Krampfaderbildung ist manchmal ererbt, in den meisten Fällen jedoch auf langes Stehen, falsche Ernährung oder Übergewicht zurückzuführen, wobei oft zwei oder mehrere dieser Faktoren zusammentreffen. Auch eine Schwangerschaft kann durch das erhöhte Gewicht und den Druck auf den Beckenraum die Störung auslösen.
Die aromatherapeutische Behandlung sollte vor allem darauf abzielen, die Venen zu stärken, und beinhaltet sinnvollerweise auch Vorschläge zur Ernährung und sonstige allgemeine Hinweise. Eine echte Hilfe bieten Bäder mit Zypressenöl, das außerdem sehr sanft auf die Krampfadern aufgetragen werden kann. Eine Massage darf nur *oberhalb* der betroffenen Stellen erfolgen (zwischen den Krampfadern und dem Herzen) und nie unterhalb, weil sich dann der Druck in den Venen noch erhöht. Das Zypressenöl kann mit einem Trägeröl zu einer 3%igen Lösung verschüttelt oder einer Salbe beigegeben werden, die für den Hausgebrauch des Patienten wohl am ehesten geeignet ist.
Knoblauchöl in Form von Kapseln ist eins der besten Mittel zur Stärkung des Blutkreislaufs; die Pflanze kann natürlich auch

frisch den Speisen zugegeben werden. Für den Anfang empfehlen sich außerdem zusätzliche Vitamin-E- und -C-Gaben, aber langfristig ist auf eine entsprechend vitaminreiche Kost zu achten.

Zur Linderung unmittelbarer Beschwerden sollte man mindestens zehn Minuten täglich eine Stellung einnehmen, bei der die Beine höher positioniert sind als der Kopf. Die Umkehrstellungen des Yoga wirken hier ausgezeichnet, aber man kann auch ein schräggestelltes Brett verwenden oder sich einfach auf den Boden legen und die Beine etwa auf einen Stuhl legen.

Ein leichtes Körpertraining ist sehr ratsam, wobei ich wiederum in erster Linie für Yoga plädiere, an zweiter Stelle für Schwimmen. Häufige Spaziergänge und sanfte Streckübungen sind zu empfehlen, aber alle mit einem harten Aufprall verbundenen Bewegungen wie Aerobic, Jogging, Springen etc., die ohnehin von Menschen mit Krampfadern ganz instinktiv abgelehnt werden, sind unbedingt zu vermeiden.

Bei Krampfadern kann es mehrere Monate dauern, bis eine Besserung eintritt. Wie in allen Fällen, in denen eine Behandlung über einen längeren Zeitraum erfolgt, sollten die verwendeten Öle von Zeit zu Zeit gewechselt werden. Ich greife manchmal zu Lavendel, Wacholder oder Rosmarin, um das anfänglich benutzte Zypressenöl zu ersetzen. In jedem Fall aber sind Ausdauer und tägliche Behandlungen vonnöten.

Krämpfe

Um Bewegung hervorzubringen, muß sich ein Muskel zusammenziehen, d. h. verkürzen; ist die Bewegung ausgeführt, kehrt er wieder zu seiner ursprünglichen Länge zurück, d. h., er entspannt sich. Das Ganze geschieht in kürzester Zeit, selbst wenn der Vorgang sich – wie z. B. bei unseren inneren Organen mit ihren glatten Muskeln – unzählige Male wiederholt.

Unter anomalen Bedingungen mag sich ein Muskel wohl zusammenziehen, nicht aber in seine entspannte Lage zurückkehren können. In diesem Fall spricht man von einem Krampf, der immer schmerzhaft ist und sowohl die glatten als auch die

quergestreiften Muskeln befallen kann. Ursache können eine ungenügende Durchblutung des betroffenen Gebiets, Mangel an Kalzium oder anderen Elementen, Übermüdung, Überanstrengung oder eine Verletzung sein; oft ist der Grund auch nicht bekannt. Häufig scheint Streß eine Rolle zu spielen.
Ätherische Öle, die für eine Entkrampfung der glatten Muskulatur sorgen, sind Bergamotte, Fenchel, Kamille, Lavendel, Majoran, Muskatellersalbei, Rosmarin und Wacholder. Als Verabreichungsform bieten sich heiße Kompressen über der betreffenden Stelle an. Eine sanfte Massage der entsprechenden Körperpartie ist eine andere gute Hilfsmöglichkeit.
Krämpfe der willkürlichen Muskeln werden am besten durch eine möglichst tiefe Massage um den schmerzenden Bereich herum behoben (dabei die Stelle immer mit einer sanften Oberflächenmassage anwärmen). Am besten eignen sich hier die Öle von Lavendel, Majoran, Rosmarin und schwarzem Pfeffer; zusammen mit der Massage führen sie zu einer gesteigerten Durchblutung des Gebiets, so daß der Krampf sich löst.

Krätze (Skabies)

Die Krätze ist eine qualvolle, von heftigem Juckreiz begleitete Krankheit. Sie wird von einem winzigen Insekt, der Krätzmilbe, ausgelöst. Das weibliche Tier legt seine Eier dicht unter der Hautoberfläche ab. Wenn die jungen Milben schlüpfen, setzt der durch ihre Bewegungen hervorgerufene schmerzhafte Juckreiz ein. Die Infizierung der Kratzwunden kann zu einem sekundären Problem werden. Die Krätze ist sehr ansteckend und weitet sich immer mehr aus. Sie ist in Gebieten zu Hause, in denen Schafe gezüchtet werden, denn die Milbe lebt im dicken Pelz dieser Tiere und wird leicht auf die dort arbeitenden Menschen übertragen. Ich habe jedoch auch schon in Städten Fälle von Krätze erlebt und gehört, daß die von ihr Betroffenen sich in den Umkleidekabinen einer Tanz- oder Gymnastikschule angesteckt hätten; die dort herrschende Wärme begünstigt anscheinend das Wachstum der Milben.
Von Ärzten verschriebene Salben zur Vernichtung des Ungezie-

fers sind für die menschliche Haut oft alles andere als harmlos – vor allem, wenn sie wiederholt angewandt werden, was häufig erforderlich ist.

Die aromatherapeutische Behandlung kombiniert im allgemeinen äußerliche Anwendungen mit der Einnahme von Knoblauchdragees (mehrmals täglich) – so lange, bis alle Milben verschwunden sind. Eine Mischung von Lavendel- und Pfefferminzöl ist sehr wirksam, ferner Zimt, Gewürznelke, Zitrone und Rosmarin. Jean Valnet führt ein Rezept an, das Zimt, Gewürznelke, Lavendel, Zitrone und Pfefferminze kombiniert (»Helmerichs-Salbe«). Ich ziehe es vor, nur je zwei oder drei dieser Substanzen in einer Creme abwechselnd zu verwenden. Die Konzentration darf dabei relativ hoch sein (5:95), aber der Anteil an Zimt und Gewürznelke sollte zur Vermeidung von Hautreizungen sehr niedrig gehalten werden.

Mit dieser Salbe behandelt man mindestens zweimal täglich alle juckenden Stellen – am besten nach dem Baden; noch wirksamer ist, auch dem Badewasser ätherische Öle beizugeben. Hier sind Lavendel und Rosmarin als die besten Anti-Krätze-Öle zu nennen; Kamille hilft, die Schmerzen zu lindern. Zimt und Gewürznelke sollten nicht als Badezusatz eingesetzt werden, Zitrone und Pfefferminze nur in sehr kleinen Mengen (bis zu 3 Tropfen).

Nach dem Abklingen der Krankheit ist die Haut oft sehr trocken und schuppig – vor allem, wenn vor der Anwendung ätherischer Öle schulmedizinisch behandelt wurde. Benzoe-, Lavendel-, Myrrhe- oder Neroliöl in einem Trägeröl oder einer Salbe mit etwas Weizenkeimöl tragen dazu bei, den Schaden zu beheben, und fördern das Nachwachsen gesunder Zellen.

Während der gesamten Dauer der Behandlung ist auf peinlichste Sauberkeit zu achten. Die Milben fühlen sich in Bettwäsche und Kleidung des Kranken – vor allem solcher aus Wolle – sehr wohl, was bedeutet, daß sie speziell behandelt werden müssen. Matratzen, Kissen oder Ähnliches, was sich nicht kochen läßt, muß mit einer 50%igen alkoholischen Lösung aus Kampfer- und Lavendelöl gereinigt oder schlimmstenfalls schon während der Krankheit verbrannt werden, da es sonst immer wieder zur Ansteckung kommt.

Kräutertee

Kräutertees bilden eine sinnvolle Ergänzung der Behandlung mit ätherischen Ölen. Oft können Sie von derselben Pflanze, deren Öl Sie gerade benutzen (Kamille, Fenchel, Verbene, Pfefferminze, Rosmarin etc.), getrocknete Kräuter zur Bereitung eines Tees erhalten. Kräutertees verstärken die Eigenschaften und Wirkungen der ihnen entsprechenden, in Bädern, Massagen etc. verwendeten Öle. Gibt es keinen direkt zum Öl passenden Kräutertee (z. B. bei Weihrauch), sollten Sie eine Heilpflanze aussuchen, deren Eigenschaften die Ihres ätherischen Öls verstärken – am besten eine in der Pflanzenheilkunde, nicht aber in der Aromatherapie gebräuchliche Pflanze.

Kräutertee wird ähnlich wie schwarzer Tee zubereitet: kochendes Wasser über die frischen oder getrockneten Kräuter gießen und 5–10 Minuten ziehen lassen, d. h. länger als bei schwarzem Tee; die Dauer hängt auch davon ab, welche Heilpflanze Sie benutzen. Lassen Sie sich von Ihrem Kräuterhändler beraten, oder schauen Sie in einem guten Kräuterbuch nach.

Die bekanntesten Kräutertees sind in Beutelform erhältlich. Dies macht die Zubereitung sehr einfach, andererseits enthält ein Beutel im allgemeinen nicht genug getrocknete Kräuter, um eine therapeutische Wirkung zu erzielen. Verwenden Sie also mehrere Teebeutel, oder trinken Sie mehrere Tassen. Aber auch ein etwas dünner Kräutertee ist immer noch wesentlich gesünder als schwarzer Tee oder Kaffee.

Einige Autoren empfehlen, ein paar Tropfen ätherisches Öl in eine Tasse Kräutertee oder ein Glas Fruchtsaft zu geben, aber von dieser Praxis möchte ich dringend abraten. Da ätherische Öle sich in Wasser nicht lösen, Kräutertees und Fruchtsäfte aber überwiegend aus Wasser bestehen, werden sie in ungelöster Form aufgenommen. Wie an anderer Stelle dieses Buchs ausgeführt (siehe **Einnahme, orale**), können ungelöste ätherische Öle die Magenschleimhaut schädigen. Ich bin grundsätzlich der Meinung, daß eine orale Einnahme ätherischer Öle gefährlich sein kann und daher am besten vermieden werden sollte. In den seltenen Fällen, in denen ein medizinisch geschulter Therapeut eine solche Maßnahme anordnet, wird er ein geeignetes Lösungsmittel verwenden, um etwaigen Gefahren zu begegnen. Siehe auch **Pflanzenheilkunde.**

Krebs (Karzinom)

Gleich vorweg: Aromatherapeuten können Krebs nicht heilen. Eine solche Behauptung wäre illegal und verantwortungslos. Innerhalb der vom Patienten gewählten Behandlungsform können wir jedoch wesentlich zu seinem Wohlbefinden beitragen, ihn unterstützen und kräftigen. Ganz gleich, ob die Behandlung dem schulmedizinischen Weg mit Bestrahlung, Operation und Chemotherapie folgt oder eine ganzheitliche Methode wie Ernährungstherapie, Visualisieren, geistiges Heilen etc. gewählt wurde, die Aromatherapie kann als ergänzende Behandlungsform wertvolle Dienste leisten, wenn die folgenden Vorsichtsmaßregeln beachtet werden:
Erstens erfordern Berufsethos sowie Sicherheit und Wohlergehen des Patienten, daß die Behandlung nur mit Wissen und Zustimmung des zuständigen Arztes vorgenommen wird.
Manche Ärzte sind gegen Massagen an Krebspatienten, weil sie fürchten, die Massagen könnten das Lymphsystem anregen, das Abwandern der Krebszellen beschleunigen und so die Metastasenbildung begünstigen. Diese Ängste rühren wahrscheinlich daher, daß nur an die kräftigeren Massagetechniken gedacht wird; angesichts der heute zunehmend üblichen »sanften« Techniken sind jedoch viele Ärzte zu der Ansicht gekommen, daß eine solche Behandlung ihren Patienten nicht schadet, vielmehr ihre Entspannung fördert und ihr Wohlbefinden steigert. Bei Patienten mit maligner Lymphogranulomatose oder Knochenkrebs sollten Massagen jedoch unterbleiben.
Seit der Entwicklung der Chemotherapie bei Krebs heißt es immer wieder, ätherische Öle sollten nie parallel zu oder nach einer Chemotherapie verabreicht werden. Der Körper sollte sich erst von allen Rückständen zytotoxischer Arzneien befreit haben. Diese Stoffe können lange in der Leber und anderen Körpergeweben verweilen und werden nach und nach ausge-

schieden. Auf die Frage, wie lange dies dauert, gibt es noch keine eindeutige Antwort – die Meinungen gehen von einigen Wochen bis zu einigen Jahren. Die Abneigung gegen die Anwendung ätherischer Öle beruht auf der Tatsache, daß sie alle Ausscheidungsvorgänge beschleunigen und eine schnelle Abgabe der Arzneimittelrückstände ins Blut auslösen können. Dies hat unter Umständen unangenehme Nebenwirkungen und gravierende Folgen. Die bei der Krebsbehandlung eingesetzten Drogen sind so toxisch, daß die Dosierung genau überwacht werden muß. Für den Arzt handelt es sich jedesmal um eine Gratwanderung zwischen der Vernichtung der Krebszellen und der Vergiftung des Patienten. Nach einer Chemotherapie läßt sich unmöglich sagen, wieviel von der Arznei sich noch im Körper des Patienten befindet, denn manche Menschen scheiden die Rückstände schneller und effizienter aus als andere.

Die Kritiker dieser generellen Ächtung ätherischer Öle meinen, daß bei der Entscheidung über deren Einsatz viele Faktoren berücksichtigt werden müssen, etwa wieviel Chemotherapiebehandlungen über welchen Zeitraum hinweg stattgefunden haben, wie hoch die Dosis war und ob der Patient anschließend eine Entgiftungskur gemacht hat, etwa mittels einer speziellen Diät. Die Entscheidung muß in jedem Einzelfall auf der Kenntnis aller Fakten sowie dem Allgemeinzustand des Patienten beruhen. Die Risiken einer zu schnellen Entgiftung haben sich möglicherweise auch dadurch verringert, daß die chemotherapeutischen Methoden in den letzten 20 Jahren wesentlich verfeinert wurden und heute sehr viel niedrigere Dosierungen verwendet werden als in den 70er Jahren. Daher arbeiten immer mehr Aromatherapeuten in Krankenhäusern und Selbsthilfegruppen mit Krebspatienten. Und auch eine zunehmende Zahl von KrankenpflegerInnen kennt sich mit der Aromatherapie aus und bringt dies in ihre Arbeit ein.

Immer öfter werden sanfte Massagen mit ätherischen Ölen eingesetzt, um Patienten in Sterbekliniken zu helfen. Die Aromatherapie lindert die Schmerzen und verringert nach einer Operation die Ödembildung in den Gliedern. Lavendelöl verhindert das Wundliegen und sorgt für einen guten Schlaf. Viele dieser Patienten sind bereits zu schwach, um mehr als eine kurze, sanfte Massage von Gesicht und Kopf bzw. Händen und Füßen zu vertragen; trotzdem ermöglicht die fürsorgliche Berührung des Therapeuten und die Wirkung der ätherischen Öle körperliches und seelisches Wohlbefinden. Vor allem Krebspatienten, die durch größere Operationen verstümmelt wurden oder durch starke Bestrahlungen Verbrennungen erlitten haben, glauben oft, ihr Körper sei etwas Abstoßendes und Unreines. Gerade für sie ist die menschliche Berührung sehr wichtig, denn sie gibt ihnen das Gefühl, immer noch Würde und Wertschätzung zu verdienen.

Einige ätherische Öle werden in Büchern als »Antikrebsmittel« beschrieben; ihre Wirksamkeit ist nicht bewiesen, genausowenig allerdings ihre Unwirksamkeit. Die seit Jahrhunderten übliche Verwendung von Pflanzen zu Heilzwecken läßt jedoch vermuten, daß eine ergänzend zu anderen Therapien durchgeführte Behandlung mit ätherischen Ölen auch bei Krebs sinnvoll ist. Zu den »Anti-Krebsmitteln« gehören Bergamotte, Eukalyptus, Geranie, Gewürznelke, Knoblauch, Veilchenblatt, Ysop, Zeder, Zwiebel und Zypresse.

Aber eigentlich kommen alle Öle in Frage, die die Schmerzen lindern, die Nebenwirkungen der Behandlung reduzieren und das emotionale Trauma erträglicher machen. Die einzige Ausnahme bilden die östrogenen Öle, die bei Patientinnen mit Brustkrebs oder anderen Krebsarten, die mit Östrogen in Verbindung stehen (etwa Gebärmutterschleimhautkrebs) nicht verwendet werden dürfen.

Zur Reduzierung von Hautverbrennungen im Verlauf einer Kobaltbestrahlung werden zwei Öle aus der Melaleuca-Familie verwendet: Niaouli und Ti-Baum. Vor der Behandlung trägt man einen dünnen Film dieser Öle auf die entsprechende Stelle auf; die Erfahrung hat gezeigt, daß dies einen gewissen Schutz verleiht. In Norwegen hat man Lavendelöl zu diesem Zweck eingesetzt und festgestellt, daß es die Narbenbildung verringerte. Zusammen mit Rosmarin wurde es auch benutzt, um nach einer Chemotherapie den Haarwuchs anzuregen – natürlich unter Berücksichtigung der oben beschriebenen Vorsichtsmaßregeln.

Auch wenn diese rein physischen Maßnahmen schon hilfreich sind – der Wert der Aromatherapie als Teil einer ganzheitlichen Krebsbehandlung liegt meines Erachtens vor allem im seelischen Bereich. Die aufmunternd, beruhigend, besänftigend und antidepressiv wirkenden ätherischen Öle sind, zusammen mit der liebevollen Unterstützung eines einfühlsamen Therapeuten, ungeachtet des letztendlichen Ausgangs der Krankheit ein ganz spezieller Beitrag zur Lebensqualität.

Kreislauf

Ätherische Öle, die eingeatmet oder von der Haut absorbiert werden, gelangen schnell in den Blutkreislauf und dadurch in alle Teile des Körpers.
Ebenso verhält es sich mit allen anderen Stoffen, die der Körper aufnimmt, der Nahrung und insbesondere dem Sauerstoff. In Lunge, Magen, Darm und Leber werden sie so aufbereitet, daß sie assimiliert werden können, und der Blutkreislauf transportiert sie dann zu den einzelnen Zellen.
Das Blut zirkuliert in Gefäßen unterschiedlicher Größe, die zwei voneinander getrennten, aber hintereinandergeschalteten Systemen angehören: Der kleinere, der sogenannte Lungenkreislauf, preßt das Blut vom Herzen in die Lunge, der größere, der Körperkreislauf, pumpt es in die verschiedenen Körperteile. In der Lunge wird der Luftsauerstoff ins Blut aufgenommen. Dieses hellrote, sauerstoffreiche Blut fließt zum Herzen, wo es mit Druck in den großen Kreislauf getrieben wird. Gleichzeitig saugt das Herz sauerstoffarmes Blut an und drückt es zurück in die Lunge.
Gefäße, die Blut vom Herzen wegführen, bezeichnet man als Arterien, Gefäße, die es ihm wieder zuführen, als Venen. Die größeren Arterien und Venen gehen in ein Netz kleinerer Gefäße über, die sich weiter verzweigen und schließlich nicht einmal mehr so breit sind wie ein Haar (Kapillargefäße). Die Wände der Arterien und Venen lassen keine Flüssigkeit durch, die der Kapillaren sind jedoch so dünn, daß das Blutplasma (der flüssige Anteil des Bluts) und alle in ihm gelösten Stoffe (Nähr-

stoffe, Sauerstoff, andere Substanzen wie z. B. Partikel von ätherischem Öl) in die Flüssigkeit austreten können, die die Zellen umgibt. Umgekehrt kann diese interzelluläre Flüssigkeit in die Kapillargefäße hineindiffundieren und so die Abfallprodukte der körperlichen Aktivität zum Abtransport ans Blut weitergeben. Gerade auf dieser Zellebene entfalten die Öle ihre heilende Wirkung.

Auch der Blutkreislauf selbst kann im übrigen durch ätherische Öle beeinflußt werden. Hinweise zur Behandlung von Kreislaufstörungen finden sich unter **Blutdruck, hoher; Blutdruck, niedriger; Krampfadern.**

Hautrötende Öle wie Majoran, schwarzer Pfeffer, Rosmarin und Wacholder stimulieren die Blutzirkulation in dem Bereich, in dem man sie aufträgt. Sie bewirken eine Erweiterung der Kapillargefäße, so daß mehr Blut durch sie hindurchfließen kann. Die damit zusammenhängende erhöhte Sauerstoffzufuhr fördert viele Heilungsprozesse.

Andere ätherische Öle wie z. B. Kamille und Zypresse besitzen einen entgegengesetzten Effekt, d. h., sie bewirken eine Verengung der Kapillaren. Dies kann bei hohem Fieber, Rötungen und Schwellungen nützlich sein.

Knoblauch in Form von Dragees, Kapseln oder frisch fördert die Gesunderhaltung des gesamten Kreislaufsystems, ebenso die Vitamine C und E.

Kreuzkümmel (Cuminum cyminum)

Der Kreuzkümmel ist ein sehr naher Verwandter von Koriander, Dill und Fenchel. Ursprünglich in Ägypten heimisch, gedeiht er jetzt im gesamten Mittelmeerraum und im Fernen Osten. Das ätherische Öl wird aus den Samen destilliert; es ist zunächst farblos, wird aber mit der Zeit gelblich. Der Duft ist leicht bitter, moschusartig und würzig und ähnelt ein wenig dem von Anis.

Hauptwirkstoffe sind 35–50% Cuminol, außerdem Cymen, Pinen und Terpineol. Der Kreuzkümmel ist eines der Gewürze, die bereits seit der Antike verwendet werden; Ägypter und Hebräer benutzten ihn in großen Mengen als Geschmacksstoff und Verdauungshilfe. Heutzutage kennt man ihn am besten als Bestandteil des Currys, dem er seinen Geschmack und seine tiefgelbe Farbe gibt.

Wie fast alle Doldengewächse besitzt auch der Kreuzkümmel appetitanregende, verdauungsfördernde und blähungsmindernde Eigenschaften; er wirkt außerdem krampflösend und lindert die kolikartigen Bauchschmerzen, die Blähungen und Durchfall begleiten können.

Er ist auch allgemein tonisierend und stimulierend, insbesondere in bezug auf Herz und Nervensystem; möglicherweise wirkt er aphrodisisch.

Das Öl sollte immer mit Vorsicht benutzt werden, da es bei manchen Menschen die Haut reizen kann. In den meisten Fällen ist es daher klüger, auf Koriander auszuweichen, der sehr ähnliche Qualitäten besitzt.

Kummer

In manchen Büchern über Aromatherapie wird behauptet, bestimmte ätherische Öle könnten Kummer lindern. Ich glaube, daß diese Wirkung mehr auf die einfühlsame Fürsorge des Therapeuten zurückgeht als auf das aromatische Öl. Würde man das Öl ins Badewasser geben, wäre es viel weniger effizient. Ein oder zwei Öle scheinen jedoch ausgesprochen wohltuend zu wirken, wenn man sie zur Massage verwendet: in erste Linie Rosenöl, das ich des wärmenden Effekts halber zuweilen mit Benzoe mische; zum anderen Majoran, der ebenfalls wärmend wirkt und sehr gut geeignet ist, wenn der Kummer auf Einsamkeit beruht, z. B. nach einem Todesfall. Ein vertrauliches Gespräch zwischen Therapeut und Patient ist hier sicher von größter Wichtigkeit. Unter Umständen sind auch Bergamottöl (Aufhellung der Stimmung) oder Kamillenöl (besänftigende Wirkung) sowie Lavendel oder Melisse hilfreich. Die Bach-Blüten lassen sich in solchen Situationen gut mit der Aromatherapie kombinieren. Auch das Gespräch mit einem professionellen Berater oder anderen Trauernden hilft, über den Verlust hinwegzukommen.

Läuse

Kopfläuse waren schon immer ein Problem an Schulen und anderen Orten, an denen Menschen zusammenkommen. Heute hat sich die Situation dadurch verkompliziert, daß die Läuse gegen die meisten Chemikalien, die sie früher unschädlich machten, resistent geworden sind.

Glücklicherweise gibt es einige ätherische Öle, die Kopfläuse sehr wirkungsvoll entfernen und weiterem Befall vorbeugen. Es sind Bergamotte, Eukalyptus, Geranie und Lavendel. Eine Mischung von dreien oder vieren dieser Öle scheint effektiver zu wirken als ein einzelnes.

Stellen Sie mit einem Trägeröl, z. B. Sonnenblumen- oder Distelöl, eine ziemlich starke, nämlich 5–10%ige Lösung her und massieren Sie diese gründlich in Haar und Kopfhaut ein. Umwickeln Sie den Kopf mit einer Plastik- oder Alufolie und einem Handtuch und lassen Sie die Mischung mehrere Stunden einwirken (am besten über Nacht), bevor Sie sie mit einem milden Shampoo wieder auswaschen. Kämmen Sie Ihr Haar mit einem feinen, in Drogerien erhältlichen Spezialkamm, um Läuse und deren Eier zu entfernen, die sich durch die Haarwäsche gelöst haben. Die Eier oder »Nissen« werden von der weiblichen Laus mit einer Art Zement an einzelne Haare geklebt und sind nur schwer zu entfernen; die Prozedur muß daher unter Umständen drei- bis viermal im 48-Stunden-Rhythmus wiederholt werden.

Um einen erneuten Befall zu verhindern, sollte man unbedingt daran denken, daß Läuse und Eier sich auch in Mantelkrägen und Kapuzen, Mützen, Hüten, Schals und Bettzeug versteckt halten können. Waschen Sie alles, was gewaschen werden kann; Matratzen, Kissen etc. sollten unter Zuhilfenahme einer zu 10% aus den obengenannten Ölen bestehenden alkoholischen Lösung mit einem Schwamm abgewischt werden. Gewöhnlich füge ich der Mischung auch Kampfer hinzu, den ich bei der für den Kopf bestimmten Mixtur weglasse. Anstelle von Alkohol können sie auch Lavendelwasser verwenden.

Entgegen der allgemeinen Ansicht bevorzugen Läuse sauberes Haar und einen sauberen Kopf. Wegen Läusebefall braucht sich also niemand zu schämen. Nur wenige Kinder überstehen die Schulzeit, ohne wenigstens einmal mit Läusen Bekanntschaft gemacht zu haben. Meist haben sie die ganze Familie infiziert, bevor das zuerst betroffene Kind sich der Parasiten bewußt wird. Wenn man nach der Haarwäsche etwas ätherisches Öl ins letzte Spülwasser gibt, kann man eine erneute Ansteckung vielleicht verhindern. Alle obengenannten Öle sind dafür geeignet, aber aufgrund ihres angenehmen Dufts bieten sich vor allem Bergamotte und Lavendel an.

Lavandin (Lavandula hybrida)

Die Lavandinpflanze ist eine Hybride, die meist wild dort gedeiht, wo echter Lavendel angebaut wird. Bekannt sind verschiedene Unterarten, die zunächst durch Insektenbestäubung entstanden und jetzt auch kultiviert werden. Die verbreitetsten sind Abrial, Grosso, Reydovan und Super. Abria besitzt das feinste Aroma und wird von der Parfümindustrie am häufigsten als Ersatz für Lavendel verwendet. Super enthält einen hohen Anteil an Estern und wirkt am ehesten krampflösend, während Reydovan besonders viel Linalol aufweist und die stärkste bakterizide Wirkung hat. Wenn Sie genau wissen, welche Unterart sie gekauft haben, können Sie sie entsprechend gezielt einsetzen.

Die Blüten duften stark, sind größer als bei echtem Lavendel und tiefblau. Außerdem ist die Ausbeute an ätherischem Öl größer, was den Preis günstiger macht. Es wird zuweilen als »Lavendel« verkauft und oft verwendet, um echtes Lavendelöl zu strecken. Wir sollten Lavandin jedoch als eigenständiges Öl betrachten und nicht mit Lavendel verwechseln.

Ätherisches Lavandinöl ist dunkelgelb und riecht leicht nach Kampfer. Es enthält rund 30% Linalylacetat, Linalol, Cineol, Camphen sowie andere Bestandteile in geringen Mengen.

Die Eigenschaften des Öls spiegeln seine Herkunft: Sie gleichen denen von echtem Lavendel und Speiklavendel. Insbesondere sediert es weit weniger als Lavendelöl. Es eignet sich zum Inhalieren bei Erkältungen, Katarrhen, Nasennebenhöhlenentzündung und anderen Beschwerden im Bereich der Atemwege und stellt in diesem Bereich eine gute Alternative zu Lavendel dar, vor allem tagsüber.

Meiner Erfahrung nach ist Lavandin ein brauchbares Öl bei Muskelschmerzen und -steifheit, da es analgetisch und hautrötend wirkt. Als Badezusatz ist es sehr erfrischend. Es eignet sich vorzüglich gegen Kopfschmerzen.

Lavendel (Lavandula vera, Lavandula officinalis, Lavandula angustifolia und andere Varietäten)

Von allen ätherischen Ölen ist Lavendel zweifellos das vielseitigste. Es wirkt schmerzlindernd, antidepressiv, antiseptisch, bakterienbekämpfend, stauungslösend, blutdrucksenkend, insektenabweisend, sedativ und wurmtreibend. Insgesamt kann man es als beruhigend, lindernd und vor allem harmonisierend beschreiben. Die wichtigste Eigenschaft von Lavendel dürfte tatsächlich seine Fähigkeit sein, körperliche und geistig-seelische Extreme zu jenem Gleichgewichtszustand zurückzuführen, bei dem eine Heilung stattfinden kann.

Die Vielseitigkeit der Pflanze spiegelt sich in ihrem komplexen chemischen Aufbau. Zu ihren Wirkstoffen gehören Linalyl- und Geranyläther, Geraniol, Linalol, Cineol, Di-Borneol, Limonen, 1-Pinen, Caryophyllen, die Ester der Butter- und der Valeriansäure sowie Cumarin. Das Verhältnis der einzelnen Bestandteile ist abhängig vom Boden und den Umweltfaktoren, aber auch den von Jahr zu Jahr jeweils unterschiedlichen Witterungsverhältnissen am selben Ort. Nach einem trockenen, heißen Sommer z. B. enthält das Öl mehr Ester als nach einem verregneten. Auch Lavendel, der in großen Höhen wächst, ist reicher an Ester als »Flachlandlavendel«. Seit Tausenden von Jahren wird Lavendel kontinuierlich benutzt – entweder das ätherische Öl oder die frischen bzw. getrockneten Blüten. Während einige Heilpflanzen, die den antiken Zivilisationen bekannt waren, in Vergessenheit gerieten und erst vor relativ kurzer Zeit wiederentdeckt wurden, hat Lavendel seine Popularität nie eingebüßt. Das ätherische Öl ist in Apotheken immer noch erhältlich.

Der Name der Pflanze leitet sich vom lateinischen *lavare* (= waschen) ab, wahrscheinlich, weil sie zum Auswaschen von Wunden verwendet wurde; man benutzte sie aber auch allgemein als Badezusatz und zum Wäschewaschen.
Der Lavendel stammt aus dem Mittelmeerraum. Seit die Römer ihn nach Großbritannien und in andere nördliche Länder brachten, gedeiht er in ganz Europa; der beste Lavendel wächst jedoch nach wie vor in seiner ursprünglichen Heimat, wo der qualitativ hochwertigste in Höhen zwischen 700 und 1400 Metern geerntet wird.
Zu Heilzwecken werden verschiedene Lavendelarten angebaut, und manchmal herrscht Verwirrung über ihre verschiedenen Namen. Medizinisch am wichtigsten ist der »gewöhnliche« Lavendel, *Lavandula officinalis*. Er wird auch als *Lavandula angustifolia* oder *Lavandula vera* – echter Lavendel – bezeichnet. Er ist die am köstlichsten duftende Lavendelart, die man gemeinhin mit Lavendelwasser und Kräutersäckchen assoziiert. Früher hat man mit Lavendelwasser Kleider und Bettlaken parfümiert, um die Motten fernzuhalten. Lavendelöl ist wahrscheinlich das beliebteste und am häufigsten verwendete Öl der gesamten aromatherapeutischen Palette.
Nur sehr wenige Menschen sind gegen den echten Lavendel allergisch – meist Asthma- oder Heuschnupfenkranke oder Menschen aus Allergikerfamilien (Heuschnupfen, Asthma, Ekzeme und andere Hautkrankheiten). In der Regel besitzen sie ihr eigenes »Frühwarnsystem« und mögen einfach den Duft nicht. Die Ablehnung des Geruchs irgendeines Öls ist immer ein Hinweis darauf, daß man es dem Betreffenden nicht verabreichen sollte. Die erstaunliche Heilkraft des Lavendelöls veranlaßte René Maurice Gattefossé – er hatte bei einem Experiment im Labor schwere Verbrennungen an der Hand erlitten und sie sofort in reines Lavendelöl getaucht – dazu, die ätherischen Öle gründlicher zu erforschen. Gattefossé war es auch, der später den Begriff *Aromatherapie* prägte. Dr. Jean Valnet benutzte Lavendelöl zur Behandlung schwerer Verbrennungen und Kriegsverletzungen, als er als Chirurg in der französischen Armee arbeitete. Aufgrund seiner antiseptischen, schmerzlin-

dernden Eigenschaften ist Lavendel bei Verbrennungen und Verletzungen jeder Art eine ausgezeichnete Wahl. Überdies beschleunigt er den Heilungsprozeß und verringert die Narbenbildung.
Bei Erkältungen, Husten, Katarrh, Nasennebenhöhlenentzündung und Grippe leistet seine schmerzstillende, antiseptische und antibiotische Wirkung wertvolle Dienste. Am besten bereitet man eine Dampfinhalation, denn heißer Dampf hemmt schon für sich allein die Ausbreitung der Viren; durch die Beigabe von Lavendelöl wirkt er zudem beruhigend und schleimlösend und bekämpft die Bakterien, die bei einer Erkältung oder einem grippalen Infekt Sekundärinfektionen, z. B. eine Nebenhöhlenentzündung, auslösen können. Lavendel eignet sich außerdem als effektives Sedativum; Dampfinhalationen kurz vor dem Zubettgehen erleichtern das Einschlafen und fördern die Genesung. Um einen kratzenden Husten zu lindern, kann man ein paar Tropfen pures Lavendelöl in den vorderen Hals einmassieren. Dadurch lindert man das Kratzen, und durch die Körperwärme wird etwas von dem flüchtigen Lavendelöl freigesetzt und eingeatmet, wodurch man wiederum die eigentliche Ursache des Hustens behandelt, nämlich die Entzündung der Atemwege. Bei Katarrh empfehle ich, ein oder zwei Tropfen des puren Öls oberhalb der Augenbrauen und in die Nasenflügel einzumassieren. Damit aktivieren Sie einige bei Katarrh wichtige Akupressurpunkte und nutzen gleichzeitig die schleimlösenden, bakteriziden Eigenschaften des Lavendels.
Die Massage der Schläfen mit Lavendelöl erleichtert viele Arten von Kopfschmerzen. Wenn dies keine Wirkung zeigt, kann man auch kalte Kompressen mit Lavendelöl auf Stirn und Nacken legen.
Einen wichtigen Anwendungsbereich findet Lavendelöl bei der Linderung von Muskelschmerzen gleich welcher Art. Am besten benutzen Sie es zur Massage, und zwar vorzugsweise zusammen mit anderen Ölen (z. B. Majoran, Rosmarin etc.); durch das Mischen wird nicht nur die Wirksamkeit des Lavendelöls gesteigert, sondern auch die aller anderen beteiligten Öle. Wenn Ihnen niemand eine Massage geben kann, bringt auch ein

Aromabad enorme Erleichterung, sofern die Muskelschmerzen auf körperliche Anstrengung, Verkrampfung etc. zurückzuführen sind. Auf dieselbe Weise können auch Schmerzen im unteren Rückenbereich behandelt werden – wobei jedoch zunächst festgestellt werden muß, ob nicht vielleicht dislozierte Wirbel die Beschwerden verursachen. Am besten lassen Sie sich vor der aromatherapeutischen Behandlung von einem Osteopathen oder Chiropraktiker untersuchen.
Zur Linderung der Schmerzen bei Rheuma, Ischias, Arthritis etc. können die gleichen Methoden angewandt werden; das Lavendelöl setzt die Reaktion des zentralen Nervensystems auf Schmerzen herab, dämmt die Entzündung ein und kräftigt den Körper.
Bei Menstruationsschmerzen und unregelmäßiger Periode ist Lavendel ebenfalls hilfreich; massieren Sie es in den Unterbauch ein oder legen Sie eine heiße Kompresse auf. Während der Wehen verringert Lavendelöl die Schmerzen, verstärkt die Kontraktionen der Gebärmutter und beschleunigt die Geburt; massieren Sie es in diesem Fall in den unteren Rückenbereich ein – vielleicht eine lohnende Aufgabe für den künftigen Vater? Es kann auch als Kompresse verwendet oder sanft in den Bauch einmassiert werden, um das Ausstoßen der Nachgeburt zu unterstützen.
Bei den vielen kleinen Beschwerden der Kindheit ist Lavendel von unschätzbarem Wert: bei schlechter Laune genauso wie bei Koliken und ansteckenden Krankheiten. Denken Sie aber daran, nur sehr niedrige Konzentrationen zu verwenden. Damit ein überdrehtes Baby einschläft, genügt es, sehr wenig Lavendelöl ins Bad zu geben. Verdünnen Sie die Essenz aber erst in etwas Mandelöl oder ein paar Teelöffeln Alkohol; da Öl und Wasser sich nicht vermischen, wird das ätherische Öl andernfalls als dünner Film auf der Wasseroberfläche schwimmen. Gerade bei Babys besteht dann die Gefahr, daß sie etwas unverdünntes Öl auf die Finger bekommen und sich anschließend die Augen reiben, was die Hornhaut reizen und unter Umständen auch dauerhaft schädigen kann.
Lavendel wirkt auf den Herzmuskel gleichzeitig tonisierend und sedierend, eignet sich also z. B. bei Herzklopfen hervorragend.

Außerdem senkt er zu hohen Blutdruck (Massagen und nicht zu heiße Bäder), obwohl in diesem Fall wahrscheinlich auch Veränderungen in Ernährung und Lebensstil des Betreffenden notwendig sind.

Seine lindernden, antiseptischen und entzündungshemmenden Eigenschaften haben bei vielen Hautkrankheiten eine sehr positive Wirkung. Aufgrund des angenehmen, allseits beliebten Dufts ist das Öl für Cremes, Lotionen, Hauttonika etc. ideal geeignet (1–2%ige Verdünnung). Lavendel ist eins der wertvollsten Öle bei Akne. Es hemmt die Vermehrung der Bakterien, die die Infektion ausgelöst haben, beruhigt die Haut und reduziert die übermäßige Talgproduktion; zudem vermindert es die Narbenbildung. Zusammen mit Neroli und Ti-Baum gehört es zu den drei Ölen, die das Wachstum neuer, gesunder Zellen am stärksten fördern (bis zu einem gewissen Grad besitzen alle ätherischen Öle diese Eigenschaft). Lavendel hilft oft bei Ekzemen, obwohl hier in vielen Fällen auch Kamille oder Melisse »erste Wahl« sind. Alle drei Öle wirken beruhigend, lindernd und antidepressiv und beeinflussen damit auch die emotionalen Ursachen, die einem Ekzem oft zugrunde liegen.

Da Lavendel Insekten vertreibt, wird er seit vielen Jahrhunderten benutzt, um Kleidung und Wäsche vor Motten und anderem Ungeziefer zu schützen; gleichzeitig werden die Stoffe angenehm parfümiert. Schon lange verwendet wird er auch zur Verbesserung des Raumklimas (Dufttöpfe, Trockenblumen). Wenn Sie Lavendelöl auf die Haut geben (eventuell mit Grapefruit oder Eukalyptus vermischt), werden Sie höchstwahrscheinlich von Moskito-, Mücken- und anderen Insektenstichen verschont; sollten Sie trotzdem einmal gestochen werden, beseitigt unmittelbar pur auf die Haut aufgetragenes Lavendelöl die Schmerzen und verhindert, daß sich die Reizung ausbreitet und sich eine Entzündung entwickelt. Mit Lavendelöl kann man Haustiere von Flöhen freihalten und Kopflausbefall sowie Krätze, die jetzt zunehmend auch in Städten vorkommt, kurieren. Aufgrund seiner fungiziden Wirkung ist Lavendel auch bei Fußpilz und Kopfflechte angezeigt (siehe **Myrrhe** und **Ti-Baum**).

Auf die Psyche wirkt Lavendel ähnlich wie auf den Körper. Wegen seiner harmonisierenden Wirkung hilft er Menschen, die seelisch unausgeglichen sind, d. h. bei Hysterie, manischer Depression und starken Gemütsschwankungen. Eine Massage beiderseits des Rückgrats ist in solchen Fällen ausgesprochen hilfreich. Die Berührung durch den Therapeuten ist dabei ein wichtiger Bestandteil des Heilungsprozesses. Auch Lavendelbäder wirken sehr wohltuend. Sie können zwischen den einzelnen Massagesitzungen genommen werden oder eine effiziente Form der Selbsthilfe darstellen. Niedergeschlagene bzw. ängstliche Patienten werden auf jeden Fall von diesen Bädern profitieren, vor allem, wenn sie sie abends nehmen. Bei Schlaflosigkeit (aufgrund körperlicher Beschwerden, durch Streß, Ängste oder einen ruhelosen Geist) dürfte Lavendel die optimale Wahl sein. Neben aromatischen Bädern führen auch ein paar Tropfen Lavendelöl auf dem Kopfkissen, einem Taschentuch, dem Schlafanzug etc. zum gewünschten Ergebnis; bei Kindern genügen 1–2 Tropfen.

Rein vom Duft her läßt sich Lavendel gut mit anderen Ölen mischen, insbesondere mit einigen Blütenölen (z. B. Geranie), den Zitrusölen (z. B. Bergamotte) sowie ein paar Mitgliedern der eigenen Pflanzenfamilie (z. B. Majoran oder Rosmarin). Zu exotischen Ölen wie Sandelholz oder Jasmin paßt er weniger gut.

Die Vielseitigkeit des Lavendelöls macht manche Menschen mißtrauisch; dies vor allem, wenn sie an die schulmedizinische Vorstellung gewöhnt sind, daß für jede Krankheit ein ganz spezielles Gegenmittel »zuständig« ist. Die vielfältigen Einsatzmöglichkeiten beruhen jedoch zum einen auf der komplexen chemischen Struktur des Öls und seinen zahlreichen Wirkstoffen, zum anderen darauf, daß es primär ausgleichend und normalisierend wirkt.

Leber

Die Leber ist nach der Haut das größte Organ; sie liegt, von den unteren Rippenbögen geschützt, auf der rechten Körperseite. Ihr Gewicht ändert sich von Zeit zu Zeit, im Durchschnitt liegt es bei 1,5 kg. Die Leber erfüllt mindestens vier lebenswichtige Funktionen: Stoffwechsel, Herstellung und Speicherung von Substanzen, Entgiftung. Zudem erzeugt sie wegen der ständig in ihr ablaufenden chemischen Reaktionen die meiste Körperwärme.

Zu den von der Leber produzierten Stoffen gehören: die Galle, die zur Verdauung der Fette benötigt wird; Heparin, das die Blutgerinnung hemmt; die meisten der im Blutplasma vorhandenen Proteine. Bei Bedarf wird Vitamin A aus Karotin gebildet. Ein sehr großer Teil ihrer Aktivität betrifft den Stoffwechsel, also die Aufspaltung der Nahrung in Einzelkomponenten und ihre Zusammensetzung zu solchen Verbindungen, die der Körper nutzen kann. So wird aus Zucker und Stärke Glykogen hergestellt, der Brennstoff für alle Muskeltätigkeiten. Fette können vom Körper nicht in der Form, wie wir sie aufnehmen, verwendet werden; sie werden in einfachere Verbindungen umgewandelt, die entweder direkt benutzt oder so lange in der Leber gespeichert werden, bis der Körper sie braucht.

Die Aminosäuren, die Bausteine der Eiweiße, sind für die Gesundheit lebenswichtig, können vom Körper aber nur in jeweils begrenzten Mengen verarbeitet und gespeichert werden; wird zuviel Protein auf einmal aufgenommen, zerlegt die Leber den Überschuß in kleinere Bestandteile, die ebenso wie die Fettsäuren in Glykogen umgewandelt und gespeichert werden.

Die Speicherfunktion der Leber beinhaltet, daß Glykogen und andere Nährstoffe bei Bedarf in den Blutstrom entlassen werden. Auch die fettlöslichen Vitamine A und D werden in der Leber gespeichert, außerdem Eisen.

Die vierte, sehr wichtige Aufgabe der Leber ist die Entgiftung. Substanzen, die andere Körpergewebe schädigen könnten – Alkohol, Drogen, Gift –, werden in der Leber in Verbindungen umgewandelt, die über den Stuhl oder den Urin ausgeschieden werden können. Die Leber bereitet auch Stoffe zur Ausscheidung vor, die im Körper selbst anfallen und zu einer Vergiftung führen, wenn sie nach Erfüllung ihrer Aufgabe nicht eliminiert werden. Dazu gehören tote rote Blutkörperchen und Hormone. Das Hämoglobin der roten Blutkörperchen wird in Pigmente verwandelt, die die Galle färben und den Körper über den Stuhl verlassen. Ist dieser Prozeß gestört, werden die Pigmente nicht mehr so schnell ausgeschieden, wie sie gebildet werden; sie sammeln sich im Blut und anderen Zellen, wodurch sie der Haut eine gelbe Färbung verleihen. Diese Störung bezeichnet man dann als Gelbsucht.

Zahlreiche sogenannte hepatische Öle wirken kräftigend und wohltuend auf die Leber und stärken ihr Funktionen. Am wichtigsten dürfte Rosmarinöl sein, das die Gallenproduktion anregt, bei Gelbsucht Erleichterung bringt und ein allgemeines Leber-Tonikum ist. Andere nützliche Öle für die Leber und das gesamte Verdauungssystem sind Kamille und Pfefferminze. Zypresse, Zitrone und Thymian sind bei Stauungen in der Leber wertvoll. Wacholder unterstützt den Entgiftungsprozeß.

Durch Ganzkörpermassagen und Aromabäder gelangen die Öle schnell ins Blut und damit in die Leber; bei akuten Beschwerden bringen warme (nicht zu heiße) Kompressen am ehesten Erleichterung. Bei Gelbsucht und Stauungen in der Leber empfiehlt es sich, zwischen heißen und kalten Kompressen zu wechseln (als letztes eine kalte Kompresse auflegen).

Alle als toxisch beschriebenen ätherischen Öle (siehe Anhang A) können die Leber schädigen und eine ernsthafte Erkrankung oder den Tod auslösen.

Lemongras (Cymbopogon citratus)

Lemongras gehört zu den bedeutenderen Mitgliedern einer Familie duftender Gräser, die in Indien heimisch ist, aber auch in anderen tropischen Ländern wie Brasilien, Sri Lanka sowie Teilen Zentralafrikas angebaut wird. Die Pflanze wird bis zu einem Meter hoch und kann jährlich zweimal oder öfter abgeschnitten werden. Nach der Ernte wird das Gras fein zerhäckselt, damit die Extraktion des per Dampfdestillation gewonnenen ätherischen Öls ergiebiger ausfällt.

Hauptbestandteil des Öls ist zu 70–85% Citral. Die Zusammensetzung der restlichen 15–30% ist von der Frische der Blätter zum Zeitpunkt der Destillation und der verwendeten Grasunterart abhängig. Alle enthalten Geraniol, Farnesol, Nerol,

Citronellol und Myrcin, außerdem verschiedene Aldehyde und geringste Mengen anderer Stoffe. Das Öl ist gelb bis rotbraun und hat einen starken zitronenartigen Duft.

Das Gras hat in der indischen Heilkunde eine lange Geschichte. Es wurde vor allem gegen Infektionskrankheiten und Fieber benutzt, da es stark antiseptisch und bakterizid wirkt; es kräftigt und stimuliert den gesamten Organismus. Zahlreiche Laborversuche haben inzwischen die traditionelle Verwendung wissenschaftlich bestätigt.

Es lindert Kopfschmerzen, sollte aber im Gegensatz zu Lavendel in einem Trägeröl verdünnt werden, ehe man Schläfen und Stirn vorsichtig damit einreibt; das pure Öl könnte die Haut reizen. Als Badezusatz wirkt Lemongras erfrischend, antiseptisch und deodorierend, sollte aber aus dem vorgenannten Grund sehr vorsichtig dosiert werden. Verwenden Sie nicht mehr als 3 Tropfen pro Bad und verdünnen Sie das Öl, bevor Sie es ins Wasser geben. Fußbäder mit Lemongrasöl erfrischen müde Füße und wirken auch bei übermäßiger Schweißabsonderung regulierend.

Wie alle anderen zitronenartig duftenden Öle ist Lemongras (allein oder mit anderen geeigneten Ölen) ein gutes Mittel zur Insektenabwehr. Oft kann man mit ihm Tiere von Flöhen und Zecken freihalten. Zusammen mit Lavendel habe ich es benutzt, um im Sommer den Hund meines Sohnes von den in dieser Jahreszeit besonders lästigen Flöhen zu befreien; die Mischung hält außerdem den Hundegeruch in Grenzen. Im Sommer gebe ich Lemongrasöl auch in eine Aromalampe, um Fliegen und andere Insekten aus der Küche zu vertreiben; manchmal träufle ich auch 1 oder 2 Tropfen ins Wischwasser für den Kachelboden.

Lemongrasöl wird zuweilen verwendet, um teurere Öle zu strecken; gelegentlich findet man es sogar als »Verbene« etikettiert, die ähnlich nach Zitrone duftet. Es ist daher wichtig, sich beim Einkauf immer den lateinischen botanischen Namen geben zu lassen.

Lichtempfindlichkeit

Einige wenige ätherische Öle rufen Reaktionen auf der Haut hervor, wenn diese zusätzlich ultravioletten Strahlen ausgesetzt ist (Sonnenlicht, Sonnenbänke etc.).
Die Reaktionen entsprechen einem hochgradigen Sonnenbrand und können mehrere Tage andauern, bis sie schließlich den Charakter einer Bräunung annehmen. Zuweilen treten auch allergische Hautreizungen auf.
Als Auslöser kommen in Frage: das beliebte Bergamottöl und andere Zitrusöle wie Zitrone, Limone und Bitterorange (einige ihnen nahestehende Öle wie Grapefruit, süße Orange und Mandarine sind offensichtlich harmloser, sollten jedoch trotzdem mit Vorsicht eingesetzt werden); die Verbene, die trotz ihres Zitronendufts zu einer anderen botanischen Familie gehört; Gartenraute, Angelikawurzel, Kreuzkümmel und Opoponax[1]; die letzten vier werden kaum therapeutisch verwendet, während Bergamotte und die meisten Zitrusöle viele wertvolle Anwendungsbereiche haben.
Keines der vorgenannten Öle sollte benutzt werden, wenn man sich starkem Sonnenschein aussetzen oder andere ultraviolette Quellen nutzen möchte. Der die Lichtempfindlichkeit der Haut steigernde Effekt dauert meiner Erfahrung nach länger als bislang angenommen.
In der Vergangenheit war Bergamottöl Bestandteil kommerzieller Sonnenbräuner. Heute wird es hierfür nicht mehr eingesetzt, weil es im Verdacht steht, krebsfördernd zu wirken. Jeder Sonnenbrand erhöht das Hautkrebsrisiko, auch wenn es 20 oder 30 Jahre dauern kann, bis er sich zeigt. Das Risiko besteht aufgrund der beschädigten Ozonschicht auch in gemäßigten Klimazonen.
Der die Lichtempfindlichkeit der Haut steigernde Effekt scheint nicht einzutreten, wenn die Öle auf weniger als zwei Prozent herunterverdünnt werden. Wenn ihr Einsatz aus therapeutischen Gründen unverzichtbar erscheint, sollte zumindest diese Verdünnung eingehalten werden.

[1] Das Gummiharz der *Commiphora Kataf* (Anm. d. Übers.).

Ling, Per Henrik

In der alternativen Medizin ist Per Henrik Ling als Begründer der schwedischen Massage bekannt, aber diese Sichtweise begrenzt eigentlich einen Menschen, dessen weitgespannte Interessen Körper und Seele des Menschen betrafen.

Als junger Mann schien Ling, der 1776 geboren wurde, eine literarische Laufbahn anzustreben, jedenfalls schrieb er Gedichte und Novellen. Im Verlauf seiner Auslandsreisen entwickelte er jedoch Interesse an der Gymnastik. Als er nach ein paar Jahren 1804 wieder in seine Heimat zurückkehrte, erhielt er eine Stelle als Fechtmeister an der Universität von Lund in Südschweden. Er war fasziniert vom sich bewegenden menschlichen Körper und studierte genau, wie seine Schüler Arme und Beine betätigen. Daraus entwickelte er ein System von Körperübungen, das in Schulen und bei der Armee Anwendung fand.

Er engagierte sich auch in einer Bewegung zur Erneuerung des Volkstanzes. Auch hier galt sein Interesse dem sich bewegenden Körper, aber auch der Erhaltung alter Tänze.

Im Jahre 1813 erhielt er vom König die Genehmigung, in Stockholm das »Zentrale Institut für Gymnastik« zu eröffnen, um zukünftige Lehrer einer Technik heranzubilden, die Ling als »Heilung durch Bewegung« bezeichnete. Das damit gemeinte Massagesystem zielt darauf ab, in den verschiedenen Systemen, Muskeln und Gelenken des Körpers Bewegung zu erzeugen.

In Schweden ist diese Massagetechnik noch heute als »Lingismus« bekannt und wird weiterhin an dem von ihm begründeten Institut gelehrt. Erst als sie in anderen Ländern Einzug hielt, wurde sie »Schwedische Massage« genannt. Leider ging im Lauf der Zeit immer mehr von ihrer ursprünglich einfühlsamen Herangehensweise an den menschlichen Körper verloren; was heute als »Schwedische Massage« bezeichnet wird, ist weit entfernt von dem, was der Dichter und Masseur Ling beabsichtigte.

Die Anfang der 60er Jahre in Kalifornien aufgekommenen sensitiveren Massageformen, aus denen die Esalen-Schule und die »intuitive Massage« hervorgegangen sind, führen in gewisser Weise die Idee des 1839 verstorbenen Ling fort.

Litsea Cubeba oder May Chang (Litsea cubeba, Synonym: Litsea citrata)

Dieser kleine, mit Lorbeer und Zimt verwandte Baum ist in China und anderen Teilen Ostasiens heimisch; er besitzt nach Zitrone duftende Blätter und Blüten und kleine Beeren, die Pfefferkörnern ähneln.

Das ätherische Öl kommt überwiegend aus China und wird durch Dampfdestillation aus den Früchten gewonnen. Es enthält sehr viel Citral (bis zu 85%) und etwas Linalol. Die Farbe ist Hellgelb, der intensive, aber trotzdem angenehme Zitrusduft irgendwo zwischen Orange und Zitrone angesiedelt.

Litsea cubeba wird hauptsächlich in der Hautpflege eingesetzt und ist in diesem Bereich Bestandteil vieler kommerzieller Präparate. Es reizt die Haut nicht, wirkt stark antiseptisch und ist sehr effizient bei der Behandlung von fettiger Haut, Akne und Pickeln. Meiner Erfahrung nach stellt es besonders für die Anwendung im Gesicht eine gute Alternative zu Bergamotte dar, weil es die Lichtempfindlichkeit der Haut nicht erhöht. Es reduziert übermäßiges Schwitzen, ist ein sehr gutes Deodorant und gibt ein überaus erfrischendes Badeöl ab.

Es gehört zu meinen Lieblingsölen für die Beduftung von Räumen. Aufgrund seiner antiseptischen, deodorierenden Eigenschaften eignet es sich gut fürs Badezimmer, aber auch, wenn eine Grippeepidemie umgeht. Ich verwende es oft im Winter, wenn Erkältungen in der Luft liegen und man die Fenster nicht lange öffnen kann. Allerdings spielt bei meiner Entscheidung auch eine Rolle, daß der Duft mir sehr zusagt. Die Auswirkungen des Öls auf die Psyche werden in der Literatur nicht angesprochen; ich habe jedoch festgestellt, daß es ein sehr gutes Antidepressivum ist, das während der grauen Wintertage immer willkommen ist.

Lösungsmittel

Ein Lösungsmittel im Kontext der Aromatherapie ist jede Substanz, die dazu beiträgt, ätherische Öle mit Wasser zu vermischen. Alkohol etwa ist ein leicht verfügbares, wenn auch nicht sehr effizientes Lösungsmittel. Sehr viel wirkungsvoller sind Lösungsmittel, bei denen alkoholische Pflanzenextrakte die Ausgangsbasis bilden. Sie können zum Baden, zur Zubereitung von Lotionen etc. verwendet werden und sind bei den Lieferanten von ätherischen Ölen erhältlich.

Lösungsmittelextraktion

Einige der hochwertigsten, aus Blüten hergestellten absoluten Öle werden durch Lösungsmittelextraktion gewonnen. Das Verfahren wurde zum ersten Mal um 1830 eingesetzt, kommerziell genutzt wird es seit ca. 1890.
Die Blüten liegen auf perforierten Platten, die sich in hermetisch abgedichteten Behältern befinden; diese können auch in Reihe geschaltet sein. An einem Ende befindet sich ein Tank mit einem flüssigen Lösungsmittel, am anderen Ende ein Vakuumdestilliergerät. Das Lösungsmittel fließt langsam über die Blüten und zieht dabei die ätherischen Öle heraus. Anschließend wird das Lösungsmittel destilliert und zur weiteren Verwendung in den Tank zurückgeleitet. Was bleibt, ist ein halbfestes Parfümmaterial, das unter der Bezeichnung *concrète* bekannt ist. In ihm befinden sich die pflanzlichen Aromastoffe und die natürlichen Pflanzenwachse. 25 Gramm dieses Materials entsprechen einem Kilo durch Enfleurage gewonnener Pomade bester Qualität.
Wie die Pomade verschüttet man auch das *concrète* mit Alkohol, um die pflanzlichen Wachse zu entfernen; zurück bleibt ein absolutes Öl höchster Qualität.
Im 19. Jahrhundert benutzte man als Lösungsmittel Petroleumäther, später Benzol. Moderne Verfahren verwenden flüssiges Butan oder flüssiges Kohlendioxid; das Ergebnis sind sehr feine Öle, die den köstlichen Duft der zarten Blüten bewahren.

Lotionen

Lotionen werden hergestellt, indem man ölige und wäßrige Substanzen vermischt und einen Emulgator (z. B. Lecithin oder verschiedene Wachse) hinzufügt, damit die Ölpartikel im Wasser suspendiert bleiben. Eine typische Kombination wäre etwa Mandelöl, Rosenwasser und Wachs; der Rosenwasseranteil ist dabei höher als bei einer aus denselben Ingredienzien hergestellten Creme, weshalb die Lotion eben so leicht und flüssig ist. Ätherische Öle werden beigegeben, um das Ganze zu parfümieren, und wegen ihrer therapeutischen Eigenschaften bei Hautproblemen.

Ohne professionelle Ausstattung sind Lotionen sehr viel schwieriger herzustellen als etwa Cremes; viele Aromatherapeuten verzichten daher darauf, sie selbst zu fabrizieren, obwohl sie zur Behandlung gewisser dermatologischer Störungen besser geeignet sind als Cremes. Glücklicherweise ist eine ganze Reihe guter Lotionen auf Pflanzenbasis in Naturkostläden erhältlich, denen Sie Ihre eigenen ätherischen Öle nach Bedarf und Belieben hinzufügen können.

Meiner Erfahrung nach werden Lotionen bei der Behandlung von Ekzemen besser akzeptiert als Cremes; sie sind am ehesten für trockene und empfindliche Haut geeignet.

Lunge

Lunge und Haut spielen in der Aromatherapie eine bedeutende Rolle, denn sie sind die beiden Wege, über die ätherische Öle in den Körper gelangen.

Ätherische Öle verdunsten, wenn sie mit der Luft in Kontakt kommen; beim Einatmen erreichen sie über Nase, Rachen, Kehlkopf, Luftröhre und Bronchien die Lunge. Die beiden Hauptbronchialäste verzweigen sich zunächst in mehrere größere, dann immer kleinere Äste, die schließlich in die Bronchiolen münden. Das Ganze wird sehr bildhaft als »Bronchialbaum« bezeichnet und gleicht tatsächlich einem auf dem Kopf stehenden Baum, dessen Stamm die Luftröhre bildet.

Die kleinsten Luftwege, die Bronchiolen, verästeln sich ihrerseits in noch kleinere, die sogenannten Alveolarkanäle; sie enden in den Lungenbläschen oder Alveolen, die man sich als winzige Bündel von Weintrauben vorstellen kann. In ihnen findet der lebenswichtige, auch als »Gasaustausch« bezeichnete

Prozeß statt, durch den Sauerstoff ins Blut gelangt und Abfallstoffe beseitigt werden.

Die Wände der Alveolen bestehen aus dem feinsten Gewebe des Körpers überhaupt und sind für Flüssigkeiten durchlässig. Die Oberfläche der Membran ist immer feucht, so daß Sauerstoff und andere lösliche Partikel sich auflösen, bevor sie sie passieren. Jedes Alveolenbündel ist von einem Netzwerk kleinster Blutgefäße (Kapillaren) umgeben, die ebenfalls feucht sind und extrem dünne Wände besitzen. Dies ist der Ort, an dem Sauerstoff und andere gelöste Substanzen ins Blut und Kohlendioxid und sonstige Abfallstoffe in den ausströmenden Atem gelangen.

Die aromatherapeutische Bedeutung dieses Vorgangs liegt darin, daß mit dem Sauerstoff auch die eingeatmeten Partikel des ätherischen Öls die dünnwandigen Gebilde passieren und in den Blutstrom übertreten, der sie in andere Körperteile weitertransportiert.

Mit der Lunge zusammenhängende Beschwerden werden in gesonderten Einträgen abgehandelt. Siehe **Asthma, Bronchitis, Husten, Lungenentzündung.**

Lungenentzündung

Obwohl von sachverständiger Seite eine ganze Reihe ätherischer Öle zur Behandlung von Lungenentzündung genannt wird, möchte ich betonen, daß es bei Krankheiten wie dieser im höchsten Grade unverantwortlich ist, auf fachärztliche Hilfe zu verzichten. Ich kenne zumindest einen Fall, in dem die Selbsttherapie einer Lungenentzündung mit ätherischen Ölen zum Tod geführt hat. Bei akuten Infektionen dieser Art erscheint mir der Einsatz von Antibiotika durchaus gerechtfertigt; erwiesenermaßen konnte durch sie die Lungenentzündungssterblichkeitsrate bei jungen Leuten und Angehörigen der mittleren Altersgruppe erheblich gesenkt werden. Natürlich sterben immer noch viele ältere Menschen an Lungenentzündung, aber diese ist dann häufig eine sekundäre Infektion nach einer anderen Krankheit oder einer Operation, wenn der Körper sowieso geschwächt ist.

Lungenentzündung kann im Gefolge einer durch Bakterien oder Viren ausgelösten Infektion – z. B. einer leichten Erkrankung des Atmungssystems, d. h. einer gewöhnlichen Erkältung – oder ohne ersichtlichen Grund auftreten. In jedem Fall füllen sich die Lungenbläschen, die sogenannten Alveolen (siehe Lunge), mit einer Flüssigkeit, was nicht nur das Atmen erschwert, sondern den gesamten Prozeß der Sauerstoffzufuhr in die Blutbahnen beeinträchtigt. Durch diese Flüssigkeit kann sich die Infektion auch außerhalb der Lungen verbreiten.

Die absolut notwendige ärztliche Betreuung kann durch den behutsamen Einsatz ätherischer Öle unterstützt werden. Eukalyptus, Lavendel, Ti-Baum und Kiefer gehören zu den wirksamsten; auch Kajeput und Niaouli (beide sind dem Ti-Baum eng verwandt) kommen in Frage. Wenn der Patient sich aufsetzen kann, ist eine Dampfinhalation am besten. Oder eine Mischung von zweien oder dreien dieser Öle oder auch nur eins von ihnen wird in halbstündigen Abständen sehr sanft in Brust und Rücken eingerieben. Eine richtige Massage darf erst stattfinden, wenn der Patient fieberfrei ist. Sobald er sich kräftig genug fühlt, sind auch Bäder mit einem oder mehreren dieser Öle möglich.

Wenn das Fieber endgültig verschwunden ist, kann eine kräftige Klopfmassage an beiden Seiten des Rumpfes dazu beitragen, daß sich Sekrete in der Lunge lösen und abgehustet werden.

Lymphe/Lymphsystem

Die Lymphe ist eine farblose Flüssigkeit, die von der Zusammensetzung her der interzellulären Gewebsflüssigkeit gleicht. Während des Blutkreislaufs wird immer etwas Gewebsflüssigkeit über die Kapillaren in den Blutstrom absorbiert; der Rest, der den größten Teil der in der Gewebsflüssigkeit vorhandenen Proteine enthält, wird von den kleinsten Lymphgefäßen aufgenommen. Diese bilden ein zum Blutkreislauf paralleles System, das jedoch nicht über eine zentrale Pumpstation (wie das Herz) verfügt. Die Bewegung der Lymphe hängt vielmehr von der Tätigkeit der sie umgebenden Muskeln ab; eine sitzende Lebensweise führt oft dazu, daß sie nur unzulänglich zirkuliert.

Die Lymphe ist an der Absorption von Fetten aus dem Verdauungstrakt, der Ableitung und Beseitigung toxischer Abfallstoffe aus allen Körperteilen und der Reaktion des Körpers auf Infektionen beteiligt (siehe **Immunsystem**).

Die andere Hauptaufgabe des Lymphsystems besteht in der Ableitung von Flüssigkeiten; eine schlechte Lymphzirkulation kann daher zu Ödemen, d. h. einem örtlich begrenzten oder allgemeinen Flüssigkeitsstau im Körper führen. Menschen, die während der Arbeit viel stehen müssen, haben am Ende des Tages oft geschwollene Knöchel. Auch Zellulitis, eine Krankheit, bei der giftige Abfallstoffe und Flüssigkeiten im Bereich von Oberschenkeln, Hüften und Gesäß zurückgehalten werden, hängt mit einer unzureichenden Zirkulation der Lymphe zusammen. Spezielle Massagen können Schwellungen wirkungsvoll abbauen und eine effiziente Lymphdrainage fördern, vor allem in Verbindung mit Geranien-, Wacholder- oder Rosmarinöl. Erfolgt die Behandlung über längere Zeit, kann man auch schwarzen Pfeffer anstelle von Rosmarin verwenden. Manche Therapeuten nehmen auch Birke oder Patschuli. Massiert wird von den Extremitäten in Richtung Schlüsselbein, von wo aus die Lymphe in die unter dem Schlüsselbein gelegene Vene abfließt. Es gibt verschiedene Systeme der Lymphdrainage; die meisten Aromatherapeuten sind zumindest in einem ausgebildet. Da diese Art von Massage die Menge der in den Blutstrom gelangenden Lymphe erhöht, steigt gleichzeitig auch die von den Nieren aus dem Blut gefilterte Wassermenge. Nach einer Lymphdrainage kommt es daher meist auch zu einer erhöhten Urinausscheidung; daß einige der obengenannten Öle gleichzeitig diuretisch wirken, unterstützt diesen Effekt.

Die Wirkung einer Lymphdrainage wird durch aromatische Bäder mit den angeführten Ölen, durch leichte Körperübungen und Trockenbürstenmassagen von den Extremitäten hin zum Schlüsselbein erhöht. Möglicherweise ist auch eine reinigende Diät notwendig.

In seltenen Fällen geht der Flüssigkeitsstau durch eine Lymphdrainage nicht zurück oder bildet sich bald nach der Behandlung wieder neu. In solchen Fällen sollte umgehend ein Arzt konsultiert werden, da dies auf eine ernste Krankheit hindeuten kann.

Ein prämenstrueller Flüssigkeitsstau wird durch eine Lymphdrainage ein, zwei Tage vor dem erwarteten Einsetzen der Schwellung weitgehend abgebaut.

Außer zu leicht sichtbaren Störungen wie Ödemen und Zellulitis kann ein unzureichend arbeitendes Lymphsystem zu vielen anderen Beschwerden beitragen, bei denen die ungenügende Ausscheidung von Giftstoffen eine Rolle spielt, z. B. Katarrh, Hautkrankheiten, Kopfschmerzen, Migräne etc.

Menschen, deren Abwehrkraft – etwa während der Rekonvaleszenz – geschwächt ist, profitieren ebenfalls von regelmäßigen Lymphdrainagen. Dies hängt mit der an anderer Stelle beschriebenen Rolle zusammen, die das Lymphgewebe bei der Bekämpfung von Infektionen spielt.

Bei Krebs dürfen keine Lymphdrainagen durchgeführt werden, da die malignen Zellen möglicherweise über das Lymphsystem von einem Körperteil in den anderen wandern und so Metastasen auslösen können.

Siehe auch **Prämenstruelles Syndrom** und **Zellulitis**.

Magen

Die empfindlichen Magenwände können durch ätherische Öle leicht geschädigt werden, weshalb ich in Übereinstimmung mit einer wachsenden Zahl von Aromatherapeuten davon abrate, sie oral zu verabreichen, auch nicht in starker Verdünnung. In konzentrierter Form können sie chronische Geschwüre hervorrufen, die schwer zu behandeln sind, und auch verdünnt stellen sie noch ein Risiko dar.

Die Einnahme durch den Mund ist auch die am wenigsten effiziente Verabreichungsform, weil die Öle über das Verdauungssystem den Körper viel schneller verlassen, als wenn sie inhaliert oder durch die Haut absorbiert werden.

Viele Magenprobleme, Verdauungsstörungen, Übelkeit etc. lassen sich durch Massagen oder kalte Kompressen wesentlich erfolgreicher behandeln, als wenn die Öle eingenommen werden.

Magersucht (Anorexia nervosa)

Hier liegt nicht nur einfach Appetitlosigkeit vor, sondern die zum Teil lebensbedrohliche Unfähigkeit, Nahrung aufzunehmen; sie geht mit ernsten psychischen Störungen einher und tritt meist bei jungen Mädchen und Frauen auf; in den letzten Jahren hat jedoch auch die Zahl magersüchtiger Männer zugenommen.

Die Aromatherapie allein reicht sicher nicht aus, um einem Magersüchtigen zu helfen, aber zusammen mit einer sachkundigen Beratung oder einer Psychotherapie kann die Behandlung mit ätherischen Ölen durchaus wertvoll sein. Massagen können der Patientin wieder ein Gefühl für den eigenen Körper geben; dies ist sehr wichtig, weil viele Magersüchtige diesen als etwas Fremdes erleben oder sich vor ihm ekeln. Oft haben sie ein verzerrtes Selbstbild und meinen, sie wären zu dick.

Die Wahl des jeweiligen Öls hängt sehr stark von den individuellen Bedürfnissen und Präferenzen der Patienten ab; in der Regel werden Öle ausgesucht, die eine beruhigende, lindernde und antidepressive Wirkung haben, z. B. Kamille, Lavendel, Muskatellersalbei, Neroli und Ylang-Ylang. Bergamotte ist sehr hilfreich, weil es nicht nur eine stark aufbauende Wirkung hat, sondern auch dazu beiträgt, den Appetit wieder in Ordnung zu bringen. Einige Standardwerke beschreiben das Öl als appetitanregend, aber im Falle der Magersucht halte ich seine Wirkung auf die Psyche für wichtiger; es baut den Streß ab, der zu der Unfähigkeit der Essensaufnahme geführt hat. Auch Angelikaöl regt den Appetit an; es ist besonders geschwächten, untergewichtigen, nervösen PatientInnen zu empfehlen. Sehr oft hat ein magersüchtiges Mädchen Angst vor dem Erwachsenwerden; es kommt nicht zurecht mit seiner sich entwickelnden Sexualität und dem Frausein. All dies verlangt geradezu nach Rose, denn dieses Öl wirkt auf der körperlichen und auf der seelischen Ebene am stärksten auf die weibliche Sexualität ein; es erzeugt außerdem das wunderbare Gefühl, umsorgt zu werden, was bei der Wiederherstellung des Selbstwertgefühls eine große Hilfe ist. Zur Stärkung des

Selbstvertrauens kann man alternativ auch auf Jasmin zurückgreifen.
Hat der Therapeut herausgefunden, auf welche Öle das Mädchen anspricht, kann er ein Lieblingsbadeöl zusammenstellen; dieselben Öle kann er einer nach dem Baden anzuwendenden Körperlotion beigeben. Für die massagefreien Tage rate ich zu aromatischen Bädern, die ebenfalls die Vorstellung des Verwöhnt- und Umsorgtwerdens vermitteln. Die Betonung sollte auf den luxuriösen Ölen liegen – vorausgesetzt natürlich, ihr Duft wird als angenehm empfunden. Für ein magersüchtiges Mädchen besitzt das Auftragen der Lotion auf den Körper bereits einen therapeutischen Charakter; wenn sich dann Fortschritte zeigen, kann das Ganze zu kleinen Massagen ausgeweitet werden, die die Patientin sich selbst gibt.
Darüber hinaus empfehlen sich hohe Vitamin- und Mineralstoffgaben, insbesondere Vitamin-B-Komplex und Zink. Anfangs sollten häufig sehr kleine Mahlzeiten aus Früchten, rohem Gemüse, ein wenig Trockenfrüchten und Nüssen angeboten werden. Die meisten Magersüchtigen betrachten diese Nahrungsmittel nicht als Bedrohung, da sie als Schlankmacher gelten; sie sind aber sehr reich an lebenswichtigen Nährstoffen. Allmählich kann man dann zu einer einfachen Vollwertkost übergehen.
Es versteht sich von selbst, daß in diesem Bereich enorm viel Feingefühl notwendig ist, und bevor es irgendeine Hoffnung auf Besserung geben kann, muß zwischen Patientin und Therapeut eine Vertrauensbasis aufgebaut werden.

Majoran (Origanum majorana)

Der lateinische Name dieser Pflanze ist von *major* abgeleitet, was »größer« bedeutet – nicht, weil dieses Gewürzkraut auch noch eine kleinere Verwandte hat, sondern weil man ihm in früheren Zeiten die Fähigkeit zuschrieb, ein langes Leben zu verleihen, d. h. eine größere Lebensspanne. Die Pflanze gedeiht vor allem auf sonnigen Abhängen und ist im Mittelmeerraum, im ehemaligen Jugoslawien sowie einigen Regionen Ungarns und des Irans zu Hause. Wie die meisten Angehörigen der großen Lippenblütlerfamilie wächst sie heute in fast ganz Europa; in England war sie im frühen 17. Jahrhundert so verbreitet, daß Nicholas Culpeper von ihr sagt: »Da man sie in jedem Garten antrifft, ist sie so bekannt, daß eine Beschreibung sich erübrigt.«

Das ätherische Öl, das durch Dampfdestillation aus den blühenden Spitzen gewonnen wird, ist gelblich und wird mit der Zeit dunkler; zu den Wirkstoffen gehören Borneol, Kampfer, Origanol, Pinen und Sabinen. Der Duft ist würzig, durchdringend und ein wenig pfeffrig; der »wärmende« Effekt auf Körper und Geist ist tatsächlich das hervorstechendste Merkmal des Majorans.

Culpeper sagt: »Bei allen Beschwerden der Brust, die den freien Atem behindern, ist er eine wahre Hilfe«, und sein Öl ist eines der besten Heilmittel bei Asthma, Bronchitis und Erkältungen. Eine Dampfinhalation befreit die Brust und lindert Atembeschwerden in kurzer Zeit. Ein heißes Bad mit 6 Tropfen Majoranöl verhindert in den meisten Fällen alle Beschwerden, die aus einer gewöhnlichen Erkältung entstehen können. Man kann das Öl auch in Hals und Brust einmassieren, um Hustenanfällen vorzubeugen, denn es wirkt wärmend, schmerzlindernd und beruhigend.

Die sedativen Eigenschaften des Majorans sollten nicht unterschätzt werden, denn ein Zuviel könnte zu Sinnestrübungen, schwerer Müdigkeit und im Extremfall Betäubungen führen. Ein verantwortungsbewußter Aromatherapeut wird Majoran natürlich nie in Mengen anwenden, die irgendein Risiko bergen. Dem bisher Gesagten ist leicht zu entnehmen, daß Majoran ein ausgezeichnetes Mittel gegen Schlaflosigkeit ist, vor allem, wenn er zusammen mit Lavendel in einem nicht zu heißen Bad vor dem Schlafengehen verabreicht wird. Der würzige Geruch besitzt im Unterschied zu vielen Ölen gegen Schlaflosigkeit fast eine maskuline Komponente und wird daher von Männern bereitwilliger akzeptiert als so mancher süßlichere Duft.

Majoran kann auch gegen Bluthochdruck und bestimmte Herzleiden eingesetzt werden, weil es die Arterien erweitert und somit den Druck auf das Herz verringert. Die gleiche Wirkung, diesmal auf die winzigen Kapillaren direkt unter der Haut, wird durch eine Massage mit Majoranöl erreicht, die sofort ein örtliches Wärmegefühl erzeugt. Das ist einer der Gründe, die es für die Behandlung müder, gespannter und schmerzhafter Muskeln so empfehlenswert macht, besonders nach einer schweren physischen Belastung. Die Beschleunigung der lokalen Blutzirkulation trägt dazu bei, daß alle toxischen Rückstände weggeschwemmt werden, die bei jeder größeren körperlichen Anstrengung in den Muskeln entstehen, und dies wiederum reduziert die Schmerzen und die Versteifung. Ich verwende das Öl hauptsächlich zur Massage, nicht nur, weil es Muskelverspannungen löst, sondern weil es bei Rheuma und Arthritis die Schmerzen lindert; auch hier ist es die örtlich erzeugte Wärme, die so manchem schmerzenden, versteiften Gelenk zu neuer Beweglichkeit verhilft.

Die uralte Tradition, Majoran zum Kochen zu verwenden, zeigt, wie wertvoll seine Wirkung auf das Verdauungssystem ist. Er hilft nicht nur, Darmkoliken zu lindern, sondern stärkt generell die Peristaltik (die wellenähnlichen Bewegungen des Darmkanals, durch die die teilweise verdaute Nahrung weiterbefördert wird). Nicht weniger angenehm ist sein krampflösender Einfluß auf die Gebärmuttermuskulatur; mit einer heißen, auf den Unterleib gelegten Majorankompresse lassen sich die durch die Monatsblutung bedingten Krämpfe besser beheben als mit irgendeinem anderen mir bekannten Mittel.

Majoran hat eine wohltuende Wirkung auf Seele und Geist und kann jenen Menschen helfen, die einsam sind oder Kummer haben. Vor Mißbrauch jedoch sollte man sich hüten, denn ein Zuviel könnte die Gefühle abtöten. Eine Weile mag dieser Effekt erwünscht sein, aber der längere Gebrauch gleich welchen ätherischen Öls ist nie zu empfehlen.

Durch die Verminderung der emotionalen und physischen Wachheit wirkt Majoran zugleich anaphrodisisch. In der Vergangenheit ist Majoran vor allem für religiöse Zwecke in dieser Absicht verwendet worden. Die Kenntnis dieses Effekts mag nützlich sein, wenn man jemandem helfen möchte, der nach dem Verlust eines geliebten Partners oder dem Abbruch einer Beziehung in einem erzwungenen Zölibat lebt.

Ein Majoran-Chemotyp, *Origanum majorana vivace,* wird, wenn er in Nordfrankreich angebaut wird, zu einer einjährigen Pflanze (in seiner mittelmeerischen Heimat ist er mehrjährig). Die chemische Zusammensetzung dieses einjährigen Majorans weicht von der der anderen Majoranarten stark ab; er enthält überwiegend Thujanol und gleicht dem thujanolreichen Thymian-Chemotyp.

Mandarine (Citrus nobilis, Citrus madurensis oder Citrus reticulata)

Die Mandarine, die wahrscheinlich aus China stammt, war dort zumindest seit der Antike bekannt. Sie wurde so genannt, weil sie zum traditionellen Geschenk an die Mandarine[1] geworden war.

Ihr ätherisches Öl besitzt – wie auch die Frucht selbst – einen sehr milden Duft. Es ist goldgelb mit einer leicht blauvioletten, fluoreszierenden Tönung, die bei hellem Licht sichtbar wird. Seine wichtigsten Bestandteile sind Limonen, Methylmethylanthranilat und geringe Anteile von Geraniol, Citral und Citronellal.

In der Hauptsache wird es zur Behandlung von Verdauungsstörungen eingesetzt. Es besitzt kräftigende und stimulierende Wirkung auf Magen und Leber und beruhigt ebenso wie Orange und Neroli die Darmtätigkeit; in synergistischen Kombinationen mit anderen Zitrusölen wird seine Effizienz noch gesteigert. Aufgrund seiner milden Wirkungsweise steht das Öl in Frankreich im Ruf eines »Kindermittels« und wird oft gegen das bei Kindern so häufige Bauchweh einschließlich Aufstoßen und Schluckauf eingesetzt. Eine 2%ige Lösung in Mandelöl kann sanft – und stets im Uhrzeigersinn – in den Bauch einmassiert werden. Dies ist eigentlich eine gute Methode für alle, die ein wenig anfällig sind, vor allem ältere Leute.

Mandarine gehört zu den Ölen, die auch während der Schwan-

---

[1] Europäische Bezeichnung für die Staatsbeamten, die die Führungsschicht des chinesischen Kaiserreichs bildeten (Anm. d. Übers.).

gerschaft bedenkenlos angewendet werden können; es schadet weder der Mutter noch dem sich entwickelnden Baby. Zur Vorbeugung gegen Schwangerschaftsstreifen empfiehlt sich die folgende Mischung: je ein Tropfen Lavendel-, Mandarinen- und Neroliöl auf 10 ml Mandel- und 2 ml Weizenkeimöl. Dies muß vom fünften Schwangerschaftsmonat an täglich einmassiert werden, am besten zweimal pro Tag, um ein gutes Ergebnis zu erzielen.

Mandelabszesse

Abszesse rund um die Mandeln – Kennzeichen einer Halsentzündung – kommen heute so gut wie nicht mehr vor. Sie treten als Verschleppungserscheinungen einer vorangegangenen Mandelentzündung oder ähnlicher Infektionen des Rachenraumes auf, deren Behandlung in der Regel so rechtzeitig erfolgt, daß es nicht zu derartigen Komplikationen kommt.
Inhalationen und häufiges Gurgeln, am besten mit Thymian-, Zitronen- oder Ingweröl, sind bewährte Mittel bei allen Infektionen des Rachenraumes. Von den genannten Ölen ist Thymian vielleicht am wichtigsten, weil er nicht nur außergewöhnliche antiseptische Eigenschaften besitzt, sondern darüber hinaus ein mildes, örtlich wirksames Betäubungsmittel ist, das den Schmerz in kurzer Zeit lindert.
Die mehrtägige Einnahme hoher Dosen von Vitamin C tut ein übriges, um die Abszesse rasch abklingen zu lassen.

Mandelentzündung (Tonsillitis)

Die aus lymphoidem Gewebe bestehenden Mandeln sind im oberen Rachenraum (fachsprachlich »Pharynx«) angesiedelt. Zusammen mit Milz, Thymusdrüse und lymphatischem System sind sie Teil des körpereigenen Abwehrsystems gegen Krankheitserreger. Wie die Thymusdrüse sind sie in der Kindheit relativ groß und werden dann kleiner. Dies mag daran liegen, daß die Antikörper gegen viele Krankheiten in jungen Jahren entwickelt werden, wenn das Kind mit den verschiedenen infektionsauslösenden Bakterien und Viren zum ersten Mal in Berührung kommt. Eine Mandelentzündung wird in den meisten Fällen durch Streptokokken hervorgerufen. Dampfinhalationen in möglichst kurzen Abständen lindern die Schmerzen und bekämpfen gleichzeitig die Infektion als solche. Am besten geeignet ist Thymianöl, weil es nicht nur stark antiseptisch, sondern auch örtlich leicht betäubend wirkt, wodurch die Beschwerden gelindert werden. Auch Lavendel und Benzoe kommen in Frage.

Häufige Mandelentzündungen weisen auf ein generell geschwächtes Abwehrsystem hin; zu seiner Stärkung empfehle ich eine Überprüfung des Speiseplans, Knoblauchpillen oder -kapseln, hohe Vitamin-C-Gaben und Massagen mit ätherischen Ölen.

Glücklicherweise ist man heute, anders als vor 20 oder 30 Jahren, davon abgekommen, die Mandeln bereits im Kindesalter zu entfernen. Eine natürliche Behandlung mit ätherischen Ölen und eine gesunde Ernährung können viel dazu beitragen, daß solche Maßnahmen nur noch selten notwendig sind.

Manuka (Leptospermum scoparium)

Dieses aus Neuseeland stammende Öl ist den europäischen Aromatherapeuten erst seit relativ kurzer Zeit bekannt; die bisherigen Erfahrungen sind aber sehr vielversprechend. Die Maoris benutzen es schon lange, vor allem bei Bronchitis, Rheuma und ähnlichen Beschwerden. Zuweilen wird es als »Neuseeländisches Ti-Baum-Öl« beschrieben, was einerseits irreführend ist, denn botanisch ist es nur ganz entfernt mit Ti-Baum verwandt (der zur Melaleuca-Familie gehört, die wiederum eine Untergruppe der Myrtengewächse ist, zu denen die Gewürznelke, Myrte und die Leptospermum-Gewächse gehören), andererseits aber einen guten Eindruck von den Eigenschaften und Anwendungsmöglichkeiten des Öls gibt; allerdings hat Manuka Eigenschaften, die Ti-Baum nicht besitzt.

Der Strauch wächst im Buschland. Das beste Manukaöl stammt von Pflanzen, die in großer Höhe wachsen; es ist bakterizider als das von in geringer Höhe wachsenden Pflanzen. Das ätherische Öl wird durch Dampfdestillation aus den Blättern gewonnen und ist praktisch farblos. Hauptbestandteile sind Caryophyllen, Geraniol, Pinen, Linalol und Humulen sowie ein ungewöhnlicher Wirkstoff, Leptospermon, der sehr insektizid ist. Der Duft ist schwer faßbar – sehr süß und mild.

Der Vergleich mit Ti-Baum deutet bereits darauf hin, daß Manuka gegen Viren, Pilze und ein breites Spektrum von Bakterien wirksam ist. Es ist bei allen Infektionen der Atemwege geeignet: Erkältung, Katarrh, Nebenhöhlenentzündung, Bronchitis etc.; dabei ist auch seine stauungslösende Eigenschaft von Vorteil. Ich habe es mit sehr gutem Erfolg zum Baden bei Erkältungen, zum Gurgeln bei Halsschmerzen und im Anfangsstadium von Herpesbläschen zum Auftupfen (pur) verwendet. Wegen seines angenehmen Aromas läßt es sich bei Grippe- und anderen Epidemien auch gut zum Beduften von Räumen einsetzen.

Es ist ein ausgezeichnetes Antiseptikum zur Verwendung auf der Haut (Schnittwunden, Pickel, Furunkel, Geschwüre) und besonders dann angezeigt, wenn die Heilung nur langsam vonstatten geht. Manuka kann bei Bedarf pur aufgetragen werden, aber vor allem bei wiederholter Anwendung trocknet es die Haut aus. Bei Akne und anderen Beschwerden mit fettiger Haut ist dies nützlich, im allgemeinen jedoch sollte es für Massagen gut verdünnt werden, um diesen Effekt zu vermeiden (1,5% bis 2%); wer trockene oder empfindliche Haut hat, ist auch mit einem reichhaltigeren Trägeröl (Avocado, Jojoba) gut beraten.

Manuka schwächt die Wirkung von Histaminen und Allergenen ab. Es empfiehlt sich gegen Insektenstiche und könnte auch bei allergischen Ausschlägen (Asthma, Heuschnupfen) zum Einsatz kommen. (Ich sage »könnte«, weil ich noch keine Gelegenheit hatte, es zu diesem Zweck zu verwenden.) Es wirkt lokal schmerzlindernd, was bei Muskelschmerzen und Rheuma hilfreich ist – was schon die Maoris nutzten.

Das Öl vertreibt Insekten und ist, wie bereits gesagt, aufgrund seines angenehmen Aromas gut zum Beduften von Räumen

geeignet. Eine Freundin setzt es – in Wasser gelöst – gegen Katzenflöhe ein; aufgrund des milden Dufts wird Manuka von den Katzen eher akzeptiert als die stärker riechenden Öle. Der zarte Duft bedeutet auch, daß Sie Manuka mit praktisch allen Ölen mischen können, die therapeutisch angezeigt sind – dies vor allem dann, wenn schärfere, nach Medizin riechende Aromen als unangenehm empfunden werden.
Als entzündungshemmendes Öl stellt Manuka eine gute Alternative zu Ti-Baum dar, vor allem bei einer länger andauernden Behandlung. Obwohl es möglicherweise das Immunsystem nicht so sehr stärkt wie dieses, besitzt es andere wertvolle Eigenschaften, die ihm einen Platz im Repertoire der ätherischen Öle sichern dürften.

Masern (Morbilli)

Diese Krankheit wird durch ein Virus hervorgerufen, das an sich nicht besonders gefährlich ist. Die betroffenen Kinder sind jedoch während der Masern anfälliger für andere bakterielle Infektionen, vor allem im Brust- und Ohrenbereich; hier liegt die eigentliche Gefahr, der aber durch die sorgfältige Anwendung ätherischer Öle effizient begegnet werden kann. Die beste und einfachste Methode besteht darin, mittels einer Aromalampe oder eines Zerstäubers die Luft im Krankenzimmer ständig mit dem Duft von Eukalyptus- oder Ti-Baum-Öl anzureichern. Wenn kein solches Gerät zur Verfügung steht, kann das ätherische Öl auch den üblichen an den Heizkörpern befestigten Wasserverdunstern beigegeben oder auf ein nasses Tuch geträufelt werden, das dann über die Heizung gehängt wird. Bei Verwendung eines Zerstäubers muß darauf geachtet werden, daß die Mischung wirklich häufig im Raum versprüht wird. Durch die genannten Methoden verringert sich auch das Risiko einer Ansteckung der anderen Familienmitglieder. Valnet empfiehlt, das Bett des Patienten mit einem feinen Netz zu umgeben und dieses mit Eukalyptusöl zu besprühen. All diese Arten der Veränderung des Raumklimas sind selbst für ganz kleine Kinder ungefährlich.

Kinder über vier Jahre können direkt mit ätherischen Ölen behandelt werden. Dazu gibt man je 2 Tropfen Bergamott- und Kamillenöl in ½ Liter warmes Wasser, feuchtet einen weichen Schwamm damit an und betupft alle paar Stunden den Körper des Kindes. Die genannten Öle tragen dazu bei, das Fieber zu senken.
Dampfinhalationen sind sehr gut geeignet, die mit der Krankheit verbundenen Halsschmerzen zu lindern, falls das Kind für diese Behandlungsart schon zugänglich ist.
In der Regel rechnet man alle zwei oder drei Jahre mit einer größeren Masernepidemie. Um einer möglichen Ansteckung kleiner Kinder vorzubeugen, sollte man die Wohnung des öfteren mit einer Eukalyptus- oder Ti-Baum-Mischung aussprühen; ältere Kinder können mit 2 oder 3 Tropfen eines dieser Öle ein Bad nehmen. Auch wenn es dann zu einer Ansteckung kommt, wird die Krankheit wahrscheinlich einen leichteren Verlauf nehmen.
Es versteht sich von selbst, daß in jedem Fall ein Arzt hinzugezogen werden sollte. Es wäre geradezu unverantwortlich, akute Kinderkrankheiten nur mit ätherischen Ölen zu therapieren. Die oben vorgeschlagenen Maßnahmen sind jedoch eine nützliche Ergänzung zu allem, was Ihr Arzt verordnen mag.

Massage

Eine Massage mit ätherischen Ölen ist bei weitem die wichtigste aromatherapeutische Behandlungsart, weil sich in ihr die heilende Kraft der Berührung mit den spezifischen Eigenschaften der pflanzlichen Essenzen verbindet.
Massage selbst – ob mit oder ohne ätherische Öle – kann als die Formalisierung eines uralten Instinkts beschrieben werden: Wann immer ein Kind mit aufgeschlagenem Knie nach Hause kommt, werden Mutter oder Vater mit der Hand darüberstreichen und »heile, heile« machen. Auch wenn ein Erwachsener stürzt und sich dabei eine Prellung zuzieht, wird seine erste unbewußte Reaktion sein, die schmerzende Stelle zu reiben. Wenn wir einen Freund in einer verzweifelten Verfassung antref-

fen, umarmen wir ihn, um ihn zu beruhigen. All dies sind Formen des Heilens, sei es auf physischer oder emotionaler Ebene. Schon das bloße Reiben eines schmerzenden Körperteils bewirkt eine gesteigerte Blutzufuhr zu den winzigen Kapillaren direkt unter der Haut und trägt so zur Schmerzlinderung bei. Durch eine Umarmung vermitteln wir einem nahestehenden Menschen in einer kritischen Situation all die Zuneigung und Sympathie, die wir durch Worte nicht auszudrücken vermögen.

Diese beiden Arten des Heilens kommen bei einer Massage zum Tragen. Der Masseur erlernt eine Vielzahl von Griffen, die dazu bestimmt sind, Schmerzen zu lindern, Muskelverspannungen zu lösen, die Durchblutung zu steigern oder das Wohlbefinden auf andere Art zu heben. Von der Bearbeitung der direkt unter der Haut liegenden Muskeln profitieren auch die tieferliegenden Schichten und die darunter verborgenen Organe.

Auch wenn das einzige Ziel einer Massage die körperliche Entspannung ist, führt sie im allgemeinen zu einem generellen Wohlbefinden, zu dem Gefühl neuer Lebensenergie und Kraft. Regelmäßige Behandlungen verstärken die Wirkung insofern, als die Dauer des Wohlbefindens nach der Massage von Mal zu Mal zunimmt.

Eine Massage kann uns auch bewußt machen, daß wir bestimmte Muskelpartien häufig völlig unnötig anspannen, und wir erkennen den Unterschied zwischen einem harten, zusammengezogenen Muskel und einem lockeren. Oft merken wir ja nicht einmal, wie sehr wir uns verkrampfen, und erst die Erfahrung der völligen Entspannung nach einer Massage macht uns das spürbar. Obwohl es durchaus normal ist, daß sich bei geistiger Anspannung auch Muskelpartien zusammenziehen, müssen wir diese physische Verspannung wieder lösen können, bevor ein Gefühl körperlichen Unbehagens entsteht, das sich dann automatisch auf den Geist überträgt und einen wahren Teufelskreislauf in Gang setzt. Mentaler Streß kann so zu körperlichen Symptomen führen; die Massage ist in der Lage, diesen Kreislauf zu durchbrechen, vor allem, wenn die verwendeten ätherischen Öle eine beruhigende, aufbauende Wirkung auf Körper und Geist haben.

Einige Massageschulen wie z. B. die von Esalen sowie verschiedene Formen der in den letzten zwanzig Jahren entwickelten intuitiven Massage sehen eine noch engere Verbindung zwischen dem geistigen und dem körperlichen Zustand. Sie gehen davon aus, daß der Abbau von körperlichen Spannungen auch die Gefühle befreit. Dies kann mit der aktuellen Situation des Patienten in Verbindung stehen oder mit Dingen, die sich in seinem Körper über lange Jahre hinweg angestaut haben. Die Methode setzt natürlich ein besonderes Vertrauensverhältnis zwischen Masseur und Patient voraus, das erst aufgebaut werden muß, bevor eine Katharsis möglich ist. Bei der Esalen-Methode glaubt man, daß durch die sehr behutsame Bearbeitung von Spannungen auf der Körperoberfläche tieferliegende Verkrampfungen im Laufe der Zeit nach oben kommen und schließlich gelöst werden können.

Jeder Aromatherapeut hat natürlich – je nach Ausbildung, persönlichem Hintergrund, individuellen Erwartungen und Vorlieben – seine eigene Massagemethode. Die Zahl der verwendeten Techniken ist enorm, und ich kann unmöglich hier näher auf sie eingehen; denn wenn der Therapeut in der von ihm gewählten Methode gründlich ausgebildet wurde und sie verantwortungsbewußt und mit liebevoller Aufmerksamkeit für den Patienten ausübt, kommt es meines Erachtens auf die Methode selbst gar nicht sosehr an. Ich selbst habe mich schon – mit und ohne ätherische Öle – von Therapeuten der verschiedensten Schulen massieren lassen und es jedesmal auf ganz spezifische Weise als Wohltat empfunden. Denn wichtiger als diese oder jene Methode ist doch, daß eine Behandlung den Körper als Einheit begreift und die ganze Person – Körper, Seele und Geist – berücksichtigt.

Vom rein physikalischen Standpunkt aus besitzt die Massage für den Aromatherapeuten so eminente Bedeutung, weil sie die wirksamste Art darstellt, dem Körper ätherische Öle zuzuführen. Da diese von der Haut bereitwillig absorbiert werden, gelangt bei einer Ganzkörpermassage eine ausreichende Dosis in relativ kurzer Zeit direkt in den Blutkreislauf. Die Öle werden immer einer Trägersubstanz beigefügt, normalerweise in einer Verdünnung von 3%. Falls eine Vollmassage aus irgendeinem Grund nicht möglich ist, eignet sich auch eine Rückenmassage, dem Körper so viel ätherisches Öl zuzuführen, daß ein therapeutischer Effekt erzielt werden kann – schließlich bildet der Rücken die größte einheitliche Hautoberfläche. Im Notfall sollte man ihn in halbstündigen Abständen massieren. Ich möchte jedoch betonen, daß dieses Verfahren nur von wirklich erfahrenen Therapeuten – am besten solchen mit medizinischer Qualifikation – angewendet werden sollte. Ich habe sie hier nur erwähnt, um die Aufnahmefähigkeit des Rückens für ätherische Öle zu betonen.

Mazeration

Der Begriff beschreibt ein Verfahren, bei dem Heilkräuter längere Zeit in Wasser eingelegt werden. Zuweilen wird er auch dann benutzt, wenn statt Wasser ein mildes Öl verwendet wird. Siehe auch **Öle, infundierte.**

Meditation

An verschiedenen Stellen dieses Buches habe ich auf die Möglichkeit hingewiesen, mit Hilfe von Meditation zu mehr innerer Ausgeglichenheit und einem allgemein harmonischeren Leben zu finden. Zahlreiche Menschen suchen einen Aromatherapeuten auf, wenn sie gestreßt, deprimiert, verängstigt oder körperlich krank sind; und obwohl Bäder, Massagen und andere Behandlungsformen das Streßniveau wirklich effizient senken, ist es langfristig viel wichtiger, daß der Patient selbst aktive Schritte unternimmt, um seine Probleme besser in den Griff zu bekommen.

Manche Aromatherapeuten lehren ihre Patienten eine einfache Form der Meditation, andere geben zumindest Hinweise auf Seminare oder Institute, die diese Praxis vermitteln. Die Menschen haben diesbezüglich manchmal seltsame Ängste und Vorurteile. Sie fürchten, die Kontrolle über sich zu verlieren oder »abzuheben«; sie glauben, das Erlernen der Technik sei sehr

schwierig, und sie müßten große Anstrengungen unternehmen, um sich zu konzentrieren. Andere halten Meditation für irgendeine skurrile religiöse Praxis. Aber obwohl sie einen wesentlichen Bestandteil aller großen Weltreligionen darstellt, kann sie durchaus auch ohne jeden religiösen Kontext praktiziert werden. Wenn ich merke, daß jemand, dem regelmäßige Meditationspraxis sehr viel helfen könnte, solche Vorbehalte und Ängste hat, meide ich ganz einfach den Begriff selbst und sage lediglich: »Ich zeige Ihnen jetzt eine kleine Atemübung, die Ihnen helfen wird.«
Die bewußte Wahrnehmung des eigenen Atems ist eine der grundlegenden und weitverbreitetsten Formen der Meditation; die beiden anderen bekanntesten Techniken bestehen im ständigen – lauten oder leisen – Wiederholen eines bestimmten Wortes oder einer Formel und der Visualisierung eines Gegenstands oder (im religiösen Kontext) einer Gottheit. Die Wahl der jeweiligen Methode richtet sich nach den individuellen Bedürfnissen, und manchmal wird man auch mehrere ausprobieren müssen, bevor man die findet, die einem am besten entspricht.
Viele Therapeuten aller möglichen Disziplinen meditieren vor einer Behandlung oder stellen, wenn der Patient einverstanden ist, eine gemeinsame Besinnung an den Beginn oder das Ende der Sitzung.

Medizin, ganzheitliche

Die Aromatherapie und andere Heilverfahren werden oft als ganzheitlich (holistisch) bezeichnet; leider wird dieser Begriff oft falsch verwendet, meist als Synonym für »alternativ«. Dies ist irreführend, denn nicht die Behandlungsmethode verdient das Prädikat »ganzheitlich«, sondern die Einstellung des Therapeuten – ganz gleich, ob dieser nun Schulmediziner, Masseur, Aromatherapeut, Berater, Heilpraktiker oder einfach ein sich sorgender Helfer ist. Der Terminus *holistisch* stammt von dem griechischen *holos,* das »ganz« oder »heil« bedeutet und aus dem sich die Worte »heilig« und »heilen« ableiten. Damit kommt sehr gut zum Ausdruck, daß Heilen mit Ganzheit und Heiligkeit zu tun hat. Im Bereich der Medizin ist damit gemeint, daß die ganze Person betrachtet wird: Körper, Seele und Geist. Der gesamte Lebensstil des Menschen wird berücksichtigt, seine Ernährung, seine körperliche Betätigung, seine Beziehungen, seine Freizeit und sein Verhältnis zur Gesellschaft. Im weitesten Sinne gehört zur ganzheitlichen Medizin auch die Beziehung zwischen Therapeut und Hilfesuchendem.

Inwieweit kann nun die Aromatherapie als holistisch betrachtet werden? Die Beantwortung dieser Frage hängt, wie gesagt, weitgehend vom Therapeuten ab. Man kann die Aromatherapie rein mechanisch und symptombezogen anwenden, aber ich bin sicher, daß die meisten Therapeuten über die Behandlung der direkten Beschwerden hinausgehen und an den Ursachen einer Krankheit zu arbeiten suchen. Die Natur der ätherischen Öle, ihre Fähigkeit, uns auf mehreren Ebenen sanft zu beeinflussen und physisch, emotional, mental und sogar spirituell wirksam zu werden, macht sie für jeden, der das ganze Individuum behandeln möchte, zu einem geeigneten Hilfsmittel. Bei jeder Sitzung atmet auch der Therapeut die für seinen Patienten bestimmten Öle ein und wird von ihnen verändert. Dies schafft eine ganz besondere Verbindung, und wenn wir an die verschiedenen Pflanzen denken, aus denen die Öle gewonnen wurden, ist auch die Beziehung zu Mutter Erde hergestellt.

Ein weiterer Aspekt ganzheitlichen Vorgehens ist die Bereitschaft jedes Heilkundigen, einen Patienten an einen anderen Fachmann zu verweisen, falls dies zweckmäßig erscheint. Die Aromatherapie eignet sich dafür gut, denn Sie kann mit vielen anderen Heilverfahren kombiniert werden. Valnet sagt: »Die Aromatherapie erhebt nicht den Anspruch, jede Krankheit bei jedem Patienten in jeder Situation heilen zu können. Oft muß Sie in Verbindung mit anderen Behandlungen erfolgen.« Wenn wir dies im Auge behalten und die Gesundheit der ganzen Person zum Ziel haben, können wir uns zu Recht als holistische Therapeuten bezeichnen.

Melisse (Melissa officinalis)

Die Melisse, auch Zitronenmelisse genannt, gehört schon lange zum heimischen Inventar vieler Hausgärten. Sie wurde bereits sehr früh, wahrscheinlich von den Römern, in den Norden gebracht, denn ihr Name leitet sich von dem lateinischen Begriff für »Honig« ab; tatsächlich ist sie eine Pflanze, die von Bienen geradezu umschwärmt wird. Der lateinische Zusatz *officinalis*[1] ist ein klarer Hinweis auf die Tatsache, daß man ihre medizinischen Eigenschaften schon vor vielen Jahrhunderten zu schätzen wußte.

Das ätherische Öl wird aus allen Teilen der Pflanze gewonnen. Es besitzt einen ausgesprochenen Zitronenduft und hat mindestens drei Wirkstoffe mit Zitronenöl gemeinsam (Citral, Citronellal und Linalol) und sollte sehr vorsichtig verwendet werden, weil es die Haut reizen kann: zu Massagen in höchstens 1%igen Lösungen und pro Vollbad nicht mehr als 3–4 Tropfen (das Öl in einem Trägeröl auflösen, bevor Sie es ins Wasser geben). Mir ist ein Fall bekannt, in dem 5 Tropfen Melissenöl im Badewasser zu roten Streifen wie bei einer Verbrennung geführt haben. In starker Verdünnung ist Melisse jedoch ein sehr wertvolles Öl bei der Behandlung von Ekzemen und anderen Hautproblemen.

Melissenöl wird oft verfälscht: Lemongras, Zitrone oder Zitronenverbene werden dazugemischt oder als Melissenöl verkauft. Echtes Melissenöl ist selten und teuer. Ich werde oft gefragt, warum dies so ist, da die Pflanze selbst doch so häufig ist. Allerdings enthält sie ungewöhnlich viel Wasser und nur sehr wenig ölige Essenz. Deshalb werden riesige Pflanzenmengen benötigt, um eine kleine Menge ätherisches Öl herzustellen.

Als Beruhigungsmittel für Körper und Geist ist sie fast unübertrefflich. Sie ist eins der beiden Öle, die am häufigsten zur Behandlung von Allergien eingesetzt werden, ganz gleich, ob diese sich als Hautausschläge oder Atemschwierigkeiten äußern. Das andere Mittel ist Kamille, aber bei Menschen, die darauf nicht angesprochen haben, hat Melisse schon erstaunliche Besserungen bewirkt. Ich benutze nie Konzentrationen von

---

[1] Von Offizin = Arbeitsraum in einer Apotheke (Anm. d. Übers.).

mehr als 1%; trotzdem wird es in vielen Fällen zu einer leichten Verstärkung der Krankheitssymptome kommen, bevor die Heilung beginnt. Diese Krise vor der Wende zum Guten ist bekanntlich für viele Naturheilverfahren typisch.
Bei Asthma und Husten jeder Art bringen Dampfinhalationen mit Melisse große Erleichterung.
Sie normalisiert einen unregelmäßigen Monats- und Eisprungzyklus. Dies kann für jene Paare wertvoll sein, die sich für natürliche Methoden der Empfängnisverhütung entschieden haben, aber auch für Paare, bei denen es nicht zu einer Empfängnis gekommen ist, weil der Zeitpunkt der Ovulation unsicher war.
Melisse hilft außerdem gegen zu hohen Blutdruck und hat eine beruhigende Wirkung bei schnellem Atem und Herzklopfen; aus diesem Grund eignet sie sich auch gegen Schock.
Ihr günstiger Einfluß auf Seele und Geist spiegelt – wie bei fast allen Ölen – ihre Auswirkungen auf den Körper: Sie beruhigt und hebt, ähnlich wie Bergamotte, die Stimmung. Gerard sagt: »Sie macht das Herz heiter und fröhlich und stärkt die Lebensgeister.« Im Manuskript eines unbekannten Schweizer Autors heißt es, daß sie die »schwarzen Gedanken verscheucht«. Seitdem ich dies weiß, verwende ich Melisse immer wieder, um Menschen zu helfen, die nahe Angehörige durch einen Unfall oder eine plötzliche unerwartete Krankheit verloren haben. Natürlich ist es notwendig zu trauern, aber die feinstoffliche Energie der Melisse kann, zusammen mit den Notfalltropfen der Bach-Blütentherapie, Menschen über den ersten schrecklichen Schock hinweghelfen.
Auch zur Raumbeduftung und Insektenvertreibung ist Melisse – wie alle Öle mit Zitronenduft – vorzüglich geeignet; aufgrund seines hohen Preises verwende ich zu diesem Zweck jedoch eher Zitrone oder Zitronelle.

Menstruation

Zur Behandlung von Menstruationsproblemen ist die Aromatherapie hervorragend geeignet. Obwohl die Monatsblutung inzwischen nicht mehr als Krankheit angesehen wird, haben doch viele Frauen kürzer oder länger andauernde Schwierigkeiten mit ihr.

Das am weitesten verbreitete Problem sind die Schmerzen, die ihre Ursache in krampfartigen Kontraktionen der Gebärmuttermuskulatur haben. Eine sehr sanfte Bauchmassage mit einem krampflösenden Öl schafft hier fast immer Abhilfe. Eine andere Methode, die von manchen Frauen als noch wohltuender empfunden wird, besteht darin, eine heiße Kompresse auf den Unterleib zu legen, die bei Abkühlung erneuert wird. Anderen Frauen hilft es, wenn der untere Rücken massiert bzw. mit Kompressen belegt wird oder wenn Bauch und Rücken einbezogen werden. Die effizientesten antispastischen Öle sind nach meinen Erfahrungen Majoran, Lavendel und Kamille – in dieser Reihenfolge.

Einige krampflösende Öle wirken auch blutungsfördernd, so Muskatellersalbei, Myrrhe und Salbei, und möglicherweise auch Basilikum, Fenchel, Rosmarin und Wacholder; sie sind gut, um einer verzögerten Menstruation zum Durchbruch zu verhelfen, oder bei schwacher Blutung, sollten aber von Frauen mit normaler oder starker Periode unbedingt gemieden werden.

Noch gefährlicher wäre es, sie bei einer vermuteten oder festgestellten Schwangerschaft einzusetzen – zumindest bis zum fünften Monat; danach ist das Risiko einer Fehlgeburt weniger groß. Bei besonders schweren Blutungen empfehle ich Zypresse, Geranie oder Rose. All diese Öle besitzen einen regulierenden Einfluß auf den gesamten Zyklus.

Rose kann bei allen möglichen menstruellen Beschwerden sehr wohltuend wirken, da sie nicht auf die Blutung an sich wirkt, sondern vor allem die Gebärmutter stärkt und den Zyklus als solchen reguliert.

Bei einem sehr unregelmäßigen Zyklus können als Alternative auch Öle mit östrogenähnlichen Eigenschaften benutzt werden, allerdings nur in der ersten Zyklushälfte. Bei einem regelmäßigen Zyklus produziert der Körper in der ersten Zyklushälfte mehr Östrogen und in der zweiten mehr Progesteron. Die Verwendung östrogener Öle sollte auf 10 Tage (4. bis 14. Tag des Zyklus) beschränkt werden, da der Zyklus sich sonst auf 20 Tage verkürzen kann. Da es keine Öle mit progesteronähnlichen Eigenschaften gibt, sollten in der zweiten Zyklushälfte am besten kräftigende, reinigende Öle und ein pflanzliches Mittel, das ein Progesteron-Äquivalent darstellt, verwendet werden.

So kann vom 4. bis 14. Zyklustag Muskatellersalbei in den Bauch einmassiert werden, und dann vom 15. bis 28. Tag eine Mischung von Wacholder, Kiefer und Bergamotte. In diesen letzten zwei Wochen sollte außerdem Mönchspfeffer (Vitex agnus castus) in Form von Tabletten oder einer Tinktur genommen werden. Diese Behandlung eignet sich für alle Frauen, die schwanger werden wollen, weil der Eisprung so kalkulierbarer ist. Außerdem hilft sie bei schmerzhaften oder starken Blutungen.

Wenn der Zyklus extrem unregelmäßig ist oder es überhaupt nicht zu einer Menstruation kommt (und eine Schwangerschaft und eine ernsthafte Erkrankung der Eierstöcke ausgeschlossen ist), kann frau den Neumondtag als ersten Tag des Zyklus betrachten und mit der soeben beschriebenen Behandlung an diesem Tag beginnen. Wenn nach dem 28. Tag keine Blutung stattfindet, warten Sie vier Tage und wiederholen Sie den Behandlungszyklus. Falls nach drei Behandlungszyklen keine Besserung eingetreten ist, empfiehlt es sich, einen Gynäkologen aufzusuchen.

Bei allen auffälligen oder länger anhaltenden Anomalitäten des menstruellen Geschehens wie besonders heftigen, schmerzhaften Perioden, Ausbleiben der Regel oder Zwischenblutungen muß unbedingt ein Frauenarzt zu Rate gezogen werden, um eine ernsthafte Störung auszuschließen. Liegt eine solche vor, braucht die aromatherapeutische Behandlung deshalb nicht abgebrochen zu werden; natürlich sollte dies mit dem Arzt besprochen werden.

Siehe auch **Hormone, Klimakterium, Östrogene** und **Prämenstruelles Syndrom.**

Migräne

Hier sollte die Aromatherapie möglichst schon vorbeugend eingreifen, denn haben die Schmerzen erst einmal begonnen, können die Betroffenen den Geruch ätherischer Öle und erst recht eine Berührung des Kopfes kaum mehr ertragen.

Falls der Patient Duft und Berührung noch aushalten kann, ist es manchmal möglich, ganz schwere Migräne-Anfälle durch folgende Maßnahmen abzuwenden:
Kühle Kompressen mit gleichen Teilen Lavendel- und Pfefferminzöl werden auf Stirn und Schläfen gelegt und gewechselt, sobald sie warm werden. Wenn die Berührung des Kopfes die Schmerzen nicht verschlimmert, kann man ganz leicht die Schläfen mit Lavendelöl massieren. Ursache einer Migräne ist häufig die mangelhafte Durchblutung des Gehirns; heiße oder zumindest warme Majorankompressen im Nackenbereich erhöhen den Zustrom von Blut in den Kopf. Majoran gilt als ausgesprochener Gefäßerweiterer, und die Wärme wirkt in dieselbe Richtung.
Da Migräne häufig mit Streß in Verbindung steht, ist regelmäßige Massage – insbesondere der Schulter-Nacken-Partie – die beste aller präventiven Maßnahmen. Der Patient kann sie auch – einschließlich eines leichten Abklopfens der Kopfhaut – in schmerzfreien Phasen selbst ausführen.
Es hat sich herausgestellt, daß Lebensmittel Migräne auslösen können, insbesondere Käse, Schokolade und Rotwein. Aber auch andere Faktoren sollten in Betracht gezogen werden, wie schlechte Beleuchtung oder Industrie- und Haushaltschemikalien.

Milch

Milch eignet sich sehr gut zur Auflösung ätherischer Öle, wenn diese dem Badewasser beigegeben werden sollen, aber sie darf nicht entrahmt sein. Bei unbehandelter Milch bildet sich oben eine Fettschicht, die leicht abgeschöpft und mit 5 oder 6 Tropfen ätherischen Öls vermischt werden kann. Dieser Badezusatz eignet sich besonders für Menschen mit empfindlicher Haut und kleine Kinder.[1]
Zur Herstellung einer nährenden Lotion bei trockener Haut

---

[1] Da nicht jeder über eine Quelle für unbehandelte Milch verfügt, sei darauf hingewiesen, daß süße Sahne denselben Zweck erfüllt (Anm. d. Übers.).

benötigen Sie pro Eßlöffel Milchfett (oder Sahne) ca. 8–10 Tropfen ätherisches Öl. Diese Mixtur ist für den sofortigen Verbrauch bestimmt; im Kühlschrank hält sie sich höchstens 1–2 Tage.

Mimose (Acacia dealbata)

Die flockenartigen gelben Blüten dieser Pflanze, die zum Winterende hin im Blumenhandel erscheint, zaubern immer ein Lächeln auf mein Gesicht und erinnern mich daran, daß der Frühling vor der Tür steht. Das Öl hat dieselbe Wirkung, obwohl es aus einer anderen Mimosen-Varietät hergestellt wird – der australischen Akazie, die im 19. Jahrhundert nach Südeuropa eingeführt wurde und dort seitdem wild und als Kulturpflanze wächst.
Es handelt sich um ein absolutes Öl, das aus den Blüten und blühenden Zweigen durch Lösungsmittelextraktion gewonnen wird. Es enthält vor allem Palmitinaldehyd, Heptylsäure und Anissäure. Die dicke, dunkelgelbe Flüssigkeit besitzt ein sehr komplexes Aroma, das eher an eine Mischung als an ein einzelnes Öl denken läßt: sehr süßlich, blumig und gleichzeitig holzig. Es paßt gut zu vielen anderen Ölen.
Mimosenöl wird wegen seines Dufts und als Fixativ in der hochwertigen Parfümindustrie verwendet. Es ist nicht toxisch, reizt die Haut nicht und ist daher in der Anwendung völlig ungefährlich. Auf der körperlichen Ebene besitzt es vor allem adstringierende und antiseptische Eigenschaften, weshalb es zur Behandlung von fettiger Haut und für die Hautpflege allgemein in Frage kommt. Da es jedoch relativ teuer ist, verwende ich dafür lieber eins der vielen anderen geeigneten Öle.
Ich führe Mimose hier an, weil es ein wunderbar antidepressives und entstressendes Öl ist. Es wirkt tief beruhigend, eignet sich also gut bei Angst. Vielleicht wollen Sie es mit Neroli mischen oder als Alternative zu diesem verwenden, wenn Neroli nicht den gewünschten Erfolg gebracht hat.
Die Redensart »empfindlich wie eine Mimose« stammt möglicherweise daher, daß eine südamerikanische Varietät, *Mimosa humilis*, die Blätter bei der geringsten Berührung zusammenfal-

tet. Dem homöopathischen Grundsatz »Gleiches mit Gleichem heilen« entsprechend eignet Mimose sich daher vielleicht am besten für sehr empfindliche Menschen.

Monoterpene

Monoterpene sind die am häufigsten vorkommenden organischen Moleküle in ätherischen Ölen. Am weitesten verbreitet sind Limonen und Pinen. Monoterpene wirken antiseptisch, schmerzlindernd und hautrötend (d. h. -wärmend), aber bei längerer Verwendung können sie Haut und Schleimhaut reizen. Sie finden sich in zahlreichen ätherischen Ölen; als Beispiele seien genannt: Camphen in Wacholder, Petitgrain, Kiefer u. a.; Dipenten in Bergamotte, Koriander, Fenchel, Zitrone etc.; Limonen in Bergamotte, Kümmel, Karotte, Fenchel, Zitrone, Neroli, Orange etc.; Pinen in Koriander, Zypresse, Eukalyptus, Fenchel, Kiefer, Rosmarin etc.; Sylvestren in Zypresse, Kiefer und vielen anderen aus Bäumen gewonnenen Ölen.

Müdigkeit

Zahlreiche ätherische Öle sind gegen Müdigkeit wirksam; sie regen an, ohne die schädlichen Nebenwirkungen anderer Stimulanzien wie Kaffee, Tee, Alkohol oder Drogen zu besitzen. Sie kaschieren die Müdigkeit nicht, sondern helfen dem Körper, sich zu erholen. Eine Massage mit Basilikum, Geranie, Muskat, Rosmarin, Thymian, Majoran oder Kiefer oder eine Kombination von zwei oder mehreren dieser Öle gibt dem Körper Energie und Spannkraft zurück und klärt den Verstand. Sehr belebend wirken aromatische Bäder mit 6 Tropfen Geranie, Rosmarin, Thymian oder Majoran; die beiden letzteren sollten jedoch, wie im übrigen alle Gewürzöle, nur vorsichtig eingesetzt werden, da es, wenn Sie mehr als 3 Tropfen auf ein Vollbad geben, zu Hautreizungen kommen kann. Aber Sie können ohne weiteres eine Mischung aus 2 Tropfen Gewürznelke, Muskat etc. und 4 Tropfen eines anderen Öls als Badezusatz verwenden.

Alle genannten Öle sind bei körperlicher Müdigkeit hilfreich;

geistiger Erschöpfung kann man am ehesten durch Rosmarin und in geringerem Maß auch Basilikum entgegenwirken.
Es dürfte sich von selbst verstehen, daß die Anwendung dieser Öle nur als kurzzeitige Hilfe zur Erholung nach intensiver Arbeit, einer langen Reise, einem Kummer etc. gedacht ist. Ganz gleich, ob Sie die Öle nun zur Selbsthilfe oder zur Behandlung anderer Leute benutzen: Achten Sie darauf, daß sie nicht zu einem Ersatz für ausreichende Erholung, ein verringertes Arbeitspensum oder sonstige Maßnahmen zur Vermeidung ständiger Müdigkeit werden.
Aber nicht immer geht es darum, die Müdigkeit zu beseitigen. Aufgabe des Aromatherapeuten kann es auch sein, einem überdrehten Patienten zu ausreichendem, gesundem Schlaf zu verhelfen, damit er seine Energie auf natürliche Weise erneuert. Hier bieten sich in erster Linie Lavendel und Kamille an.
Ein Mensch, der ohne offensichtlichen Grund ständig müde ist, ernährt sich möglicherweise falsch; unter Umständen mangelt es ihm an Vitaminen und Mineralstoffen. Ein hoher Zuckerverbrauch führt ebenfalls zu Müdigkeit, weil er ein heftiges Auf und Ab des Blutzuckerspiegels auslöst.
Oft spielen Lebensmittelallergien bei grundloser Müdigkeit eine Rolle; wenn Sie ihr entgehen wollen, bleibt keine andere Möglichkeit, als das verursachende Nahrungsmittel zu identifizieren und vom Speiseplan zu streichen. Gegebenenfalls empfiehlt es sich, einen Diätetiker oder einen Ernährungsberater zu konsultieren. Anomale Müdigkeit kann auch ein Hinweis auf eine Depression oder eine ernste physische Erkrankung sein; beide Möglichkeiten sollten von den entsprechenden Fachleuten abgeklärt werden.
Siehe auch **Sedativa** und **Stimulanzien**.

Mukoviszidose (Zystische Fibrose)

Bei dieser Krankheit funktionieren verschiedene Bereiche der Körperchemie nicht richtig, vor allem die Lunge und das Verdauungssystem. Die Verdauungsprobleme (insbesondere die Unfähigkeit, Fette zu verdauen) können durch eine sorgfältig zusammengestellte Ernährung und Verdauungsenzyme reduziert werden; die Aromatherapie lindert am ehesten die Beschwerden im Bereich der Atemwege.

Da die Lunge ständig zu viel Schleim produziert, kommt es zu einer Stauung, Atemschwierigkeiten und häufigen Infektionen, da der Schleim das Wachstum von Krankheitserregern begünstigt. Die Eltern mukoviszidosekranker Kinder lernen, ihrem Kind mehrmals täglich Massagen und Inhalationen zu verabreichen, damit der Schleim abfließt. Die Verwendung ätherischer Öle verstärkt die Effizienz dieser Behandlungen, beugt Infektionen der Lunge vor oder unterstützt deren Heilung.

In Frage kommen Öle, die den Schleim lösen, den Auswurf fördern und Infektionen verhindern. Da es sich um eine lebenslang andauernde Erkrankung handelt, muß außerdem die Palette der Öle möglichst breit sein, damit die mit der ständigen Verwendung eines einzigen Öls zusammenhängenden Gefahren vermieden werden. Erste Wahl sind für mich die Harze Benzoe, Elemi, Weihrauch und Myrrhe, die abwechselnd benutzt werden können. Dazu kommen Lavendel, Manuka, Niaouli, Ravensara und Ti-Baum wegen ihrer antiinfektiösen und immunanregenden Wirkung, außerdem Bergamotte, Zeder, Eukalyptus *(globulus, radiata* und *citriodora),* Alant, Kiefer und Sandelholz. Wenn jeweils ein Harz, ein immunstärkendes und ein anderes Öl kombiniert werden, sind viele Zusammensetzungen möglich. Die Mischungen sollten am besten wöchentlich, spätestens aber nach drei Wochen gewechselt werden.

Bei kleinen Kindern sollte der Anteil des in einem Trägeröl gelösten ätherischen Öls maximal 1% betragen, bei älteren Kindern 2%. Das Einmassieren der Öle in Brust und Rücken als Teil der täglichen Therapie bildet den wichtigsten Teil der Behandlung: Das Kind kann den Schleim leichter abhusten, und das Risiko einer Infektion der Bronchien oder anderer Komplikationen wird reduziert. Für die Tage zwischen den Besuchen beim Aromatherapeuten sollte dieser den Eltern eine fertige Mischung der Öle mitgeben.

Auch durch eine Inhalation gelangen die Öle in die Lunge; Bäder senken das Infektionsrisiko und stärken das Immun-

system. Noch besser wäre ein Aerosolerzeuger, der winzige Tröpfchen ätherischen Öls an die Luft abgibt; diese Anwendungsform hat sich bei allen Atemwegsbeschwerden als ausgesprochen effektiv erwiesen.
Die Betreuung von mukoviszidosekranken Patienten kann physisch und psychisch anstrengend sein. Vergessen wir also auch die Helfer nicht und sorgen wir dafür, daß sie entspannende Öle zum Baden und so oft wie möglich eine Massage bekommen.

Mundgeschwüre

Mundgeschwüre können durch die Reibung an einem schlechtsitzenden Gebiß oder einem scharfen Zahn, durch mangelnde Blutzirkulation, eine Infektion durch Bakterien oder Pilze (Candida) oder eine nicht erkannte Lebensmittelallergie entstehen – aber auch, wenn man sich versehentlich in die Zunge oder die Backe beißt. Ihre häufigsten Opfer sind Menschen, die körperlich erschöpft oder geistig oder seelisch gestreßt sind. Fehlender Schlaf, ungesunde Kost, Vitamin-C-Mangel und Antibiotika sind ebenfalls oft Ursache dieser Krankheit.
Verschiedene ätherische Öle sind zur Behandlung geeignet und sorgen ganz allgemein für eine gesunde Mundschleimhaut und gesundes Zahnfleisch. Am wirksamsten ist Myrrhe; die Heilwirkung der Pflanze bei feuchter Haut ist seit Jahrtausenden bekannt. Sie wirkt auch fungizid, weshalb sie sich hervorragend zur Behandlung von Mundgeschwüren eignet, die durch den Candida-Pilz hervorgerufen worden sind. Am praktischsten ist die Verwendung einer Tinktur, die es in Kräuterläden zu kaufen gibt. Die Lösung wird mit Hilfe eines Wattestäbchens (oder einer sauberen Fingerspitze) direkt auf das Geschwür aufgetragen. Zur Herstellung einer Mundspülung verschüttet man die Mischung mit einem halben Glas warmen Wassers. Die unverdünnte Anwendung wirkt jedoch effektiver, auch wenn sie im ersten Moment etwas schmerzt; die Spülung eignet sich vor allem als vorbeugende Maßnahme. Fenchel-, Mandarinen- oder Pfefferminzöl eignen sich ebenfalls. Mischen Sie 1 oder 2 Tropfen mit Alkohol, um die entsprechenden Stellen zu betup-

fen; für eine Mundspülung können Sie sie mit Wasser verdünnen.
Zusätzlich sollten möglichst hohe Dosen Vitamin C, vorzugsweise in Verbindung mit Bioflavonoiden, verabreicht werden. Mindestens 3 Gramm pro Tag sollten genommen werden, bis die Geschwüre verschwunden sind (manche Menschen brauchen und vertragen bis zu 9 Gramm). Wenn immer wieder Geschwüre auftreten, sollte auf eine ausreichende Versorgung mit Vitamin C und dem B-Komplex geachtet werden. Verschwinden die Geschwüre trotz aller genannten Maßnahmen nicht, empfiehlt es sich, die Ernährung zu ändern und einen Lebensmittelallergietest durchführen zu lassen.

Muskat (Myristica fragrans)

Die Muskatnuß ist der Samen eines in Indien, auf Java und Sumatra heimischen Baumes, der auch auf den Westindischen Inseln angebaut wird. Sie ist von einem Samenmantel umgeben, der in pulverisierter Form als Muskatblüte im Handel erhältlich ist; gelegentlich kann man auch den kompletten Fruchtstand aus Samen und Samenmantel kaufen. Das Öl wird durch Destillation aus dem Kern gewonnen; es enthält Camphen, Dipenten, Sabinen, Borneol, Geraniol, Linalol, Eugenol, Safrol und Myristicin.
Die Eigenschaften und Anwendungsmöglichkeiten aller aus »wärmenden« Gewürzen gewonnenen Öle überschneiden sich, und Muskat und Zimt sind sich in mancherlei Hinsicht sehr ähnlich. Da Muskat in hohen Dosierungen oder bei längerer Anwendung nervöse oder geistige Störungen hervorrufen kann, ziehe ich Zimt vor. Es heißt, man könne mit einer einzigen Muskatnuß jemanden umbringen, aber wahrscheinlich würde das Opfer sich schon lange vor Resorption der tödlichen Dosis heftig erbrechen. Ich benutze Muskatöl meist als Alternative zu Zimtöl, wenn ich dieses nicht über einen längeren Zeitraum verwenden will.
Jean Valnet empfiehlt, es mit Nelke und Rosmarin zu kombinieren, um rheumatische Beschwerden zu lindern. Die Mischung ist

sicher sehr effizient, sollte aber mit Vorsicht verwendet werden, weil sie sehr anregend wirkt. Auch Muskat allein stimuliert Herz und Kreislauf, aber, wie gesagt, Vorsicht ist geboten!
Muskatöl ist eine schöne Ergänzung zu Wintermischungen, die den Körper wärmen und abhärten und seine Widerstandskraft gegen Kälte stärken. 3 Tropfen für ein Bad sind genug, mehr könnte die Haut reizen.
Ich verwende Muskatöl gern in meiner Aromalampe. Der Duft ist besonders angenehm, wenn ein paar Tropfen Orangenöl oder eine Mischung von Nelken- und Orangenöl hinzugefügt wird.
Die letztgenannte Kombination erinnert an den Geruch der traditionellen Parfümkugeln, die seit Jahrhunderten benutzt werden, um Räumen einen angenehmen Duft zu verleihen und Infektionen abzuwehren.

Muskatellersalbei (Salvia sclarea)

Muskatellersalbei wird dem echten Salbei *(Salvia officinalis)* vorgezogen, weil das ätherische Öl weit weniger Thujon enthält und daher die Gefahr einer Vergiftung geringer ist (Salbeiöl enthält bis zu 45% Thujon). Ansonsten sind die therapeutischen Eigenschaften der beiden Pflanzen zum Großteil identisch.
Über die Herkunft der Bezeichnung *sclarea* sind sich die Gelehrten nicht einig. Manche behaupten, sie sei eine Verballhornung des lateinischen *clarus* (klar), andere, das lateinische *sclarea* stamme seinerseits von dem griechischen *skleria* (Härte) ab, weil die Blütenblätter in einem harten Punkt enden. Mittelalterliche Autoren bezeichnen die Pflanze als »klares Auge« und schreiben ihr die Fähigkeit zu, alle möglichen Augenleiden zu heilen. Nicholas Culpeper meint etwas realistischer, daß der aus den Samen bereitete und in die Augen gebrachte klebrige Schleim alle kleinen Fremdkörper herauswaschen kann, die unter die Lider geraten und diese verletzen.
Die eindrucksvolle Pflanze ist in Italien, Syrien und Südfrankreich heimisch, wächst aber überall, wo der Boden trocken genug ist. Feuchte Böden lassen die Wurzeln verfaulen. Sie wird bis zu einem Meter hoch und besitzt große, lanzettförmige

Blütenstände, die über die wolligen Blätter hinausragen. Die Blüten selbst sind recht unscheinbar, aber sie werden von gelben und purpurfarbenen Deckblättern umhüllt. Das Öl wird aus den Blütenständen destilliert; es enthält Linalylacetat, Sclareol, Linalol, Salven und Salvon. Die exakte Zusammensetzung hängt vom Standort ab. Der Duft ist von herrlich nußartigem Charakter und schon allein aus diesem Grund wesentlich angenehmer als der von Salbeiöl. Die deutsche Bezeichnung Muskatellersalbei rührt daher, daß der Geschmack dem des Muskatellerweins ähnelt. Unredliche Kaufleute benutzten das Öl, um billige Weine »aufzupeppen«, so daß sie wie echter Muskateller schmecken – zuweilen mit verheerenden Folgen. Wie zahlreiche Autoren beschrieben haben, löste das Trinken von mit Muskatellersalbei verschnittenem Bier oder Wein eine exzessive Trunkenheit aus, der ein ebenso exzessiver Kater folgte! Ein Schreiber des 18. Jahrhunderts sagt, die Mischung habe »Trunkenbolden wohl gefallen und sie je nach Veranlagung stockbesoffen, närrisch oder sogar verrückt gemacht«.

So amüsant dies auch klingen mag: Ich möchte jeden eindringlich davor warnen, Muskatellersalbei zusammen mit Alkohol zu benutzen, da die Kombination zu schrecklichen Alpträumen führen kann. Jemand, der diesen Fehler beging, verglich das Erlebnis mit einem schlechten Drogentrip. Muskatellersalbei allein kann schon sehr dramatische und farbenfrohe Träume auslösen, die aber auch angenehmer Natur sein können.

Die Wirkung von Muskatellersalbei wird als »euphorisierend« beschrieben, aber nicht jeder erlebt einen solchen Höhenflug. Meist fühlt man sich lediglich sehr entspannt und möglicherweise schläfrig; massieren Sie daher nie jemanden mit Muskatellersalbei, der anschließend noch nach Hause fahren muß! Es ist in diesem Falle besser, dem Patienten eine kleine Menge fürs heimische Bad mitzugeben.

Aus dem Gesagten ergibt sich, daß Muskatellersalbei bei Streß und allen Arten von Spannungszuständen, auch solchen der Muskeln, sehr hilfreich ist. Besonders wirkt das Öl bei Muskelverspannungen, die auf geistigen oder emotionalen Streß zurückgehen.

Zur Behandlung von Asthma eignet sich Muskatellersalbei sehr gut, weil er die Bronchialkrämpfe lindert und gleichzeitig den bei Asthmatikern häufigen Angstzuständen und emotionalen Spannungen entgegenwirkt. Aufgrund dieser Eigenschaften ist er auch bei Menschen angebracht, die unter Migräne leiden; oft ist auch bei ihnen viel unterschwellige Spannung vorhanden. Muskatellersalbei wirkt nicht nur beruhigend, sondern auch stark tonisierend, was ihn für Genesende zu einem hilfreichen Mittel macht – z. B. nach einer Grippe, wenn der Patient sich sehr erschöpft fühlt, während einer Depression oder nach der Geburt.

Da er entspannend, wärmend und krampflösend wirkt, ist er auch bei Verdauungsbeschwerden von Wert, insbesondere bei Krämpfen oder stechenden kolikartigen Schmerzen. Eine sanfte Massage von Magen und Bauch oder heiße Kompressen bringen oft Erleichterung.

Muskatellersalbei fördert die Menstruation, kommt also bei spärlichen oder ausbleibenden Monatsblutungen in Frage. Er wird am besten in der ersten Hälfte des Zyklus eingesetzt, weil er ansonsten zu sehr starken Blutungen führen kann. Eine Anwendung während der Schwangerschaft verbietet sich aus diesem Grund von selbst.

Das Öl wird auch eingesetzt, um exzessives Schwitzen zu verhindern. Als die Tuberkulose noch weit verbreitet war, benutzte man Muskatellersalbei, um die nächtlichen Schweißausbrüche zu bekämpfen und die Abwehrkräfte des Patienten gegen den Tuberkulosebazillus zu stärken. Auf ähnliche Weise kann er auch Aids-Patienten helfen. Er vermindert eine übermäßige Talgproduktion, insbesondere der Kopfhaut, und kann von Menschen mit fettigem oder schuppigem Haar einer nach der Haarwäsche aufzutragenden Spülung beigegeben werden.

Muskatellersalbei ist eins der Öle, die als aphrodisisch gelten, zweifellos aufgrund seiner entspannenden und euphorisierenden Wirkung; bei Paaren, die – möglicherweise bedingt durch von außen kommenden Streß wie finanzielle Sorgen etc. – gerade durch ein Tief in ihrer Beziehung gehen, kann er sehr hilfreich sein.

Ungeachtet der auf physischer Ebene wirksamen Wohltaten von Muskatellersalbei glaube ich, daß seine eigentliche Stärke im

Bereich der streßbedingten Erkrankungen liegt. Als eines der am stärksten entspannenden Mittel der Aromatherapie wird er bei umsichtiger, einfühlsamer Verwendung der ständig wachsenden Zahl von Menschen helfen können, deren Leiden durch die Ängste verursacht werden, die das Leben in der heutigen Zeit mit sich bringt.

Muskeln

Wenn wir von Muskeln reden, beziehen wir dies gewöhnlich auf die direkt unter der Hautoberfläche liegenden willkürlichen Muskeln, mit deren Hilfe wir sämtliche Körperbewegungen ausführen. Völlig verborgen, aber mindestens genauso wichtig, sind die unwillkürlichen oder glatten Muskeln, die die Herztätigkeit und die Bewegung der inneren Organe regulieren. Ätherische Öle, die wir unserem Körper durch heiße Bäder oder Massagen zuführen, haben eine fast sofortige Wirkung auf die willkürlichen Muskeln. Kamille, Lavendel, Majoran und Rosmarin lindern Schmerzen, vor allem, wenn diese als Folge einer Überanstrengung auftreten. Jasmin und Muskatellersalbei sind eher von allgemein entspannender Wirkung, während Rosmarin, schwarzer Pfeffer und Wacholder die Muskeln aktivieren, ihren Tonus erhöhen und dadurch deren Effizienz insgesamt steigern; ihr Gebrauch vor und nach dem Training empfiehlt sich daher insbesondere für Sportler, Tänzer etc.

Außer den genannten Ölen wirkt eigentlich jedes ätherische Öl in Kombination mit Massage wohltuend auf die willkürlichen Muskeln. Viele der als antispastisch beschriebenen Öle fördern die Entspannung der glatten Muskulatur der inneren Organe; so können sie dazu beitragen, Verdauungsstörungen, Koliken, Durchfall und menstruelle Krämpfe zu lindern. Die entsprechenden Öle sind Bergamotte, Fenchel, Kamille, Lavendel, Majoran, Melisse, Muskatellersalbei, Neroli, Pfefferminze, Rosmarin, Sandelholz, schwarzer Pfeffer, Wacholder und Zypresse. Einige dieser Öle werden auch zur Behandlung der willkürlichen Muskeln eingesetzt.

Verkrampfungszustände der glatten Muskulatur lassen sich am

besten durch das Auflegen heißer Kompressen beheben. Folgenden Ölen wird eine tonisierende Wirkung auf den Herzmuskel[1] zugeschrieben: Lavendel, Majoran, Neroli, Pfefferminze, Rose und Rosmarin. Wann immer möglich, sollten sie bei einer Massage verwandt werden, ansonsten in Bädern.
Wie wir sehen, überschneiden sich die Anwendungsmöglichkeiten der Öle in diesem Bereich; einige sind bei allen drei Muskeltypen hilfreich.

Myrrhe (Commiphora myrrha, Commiphora molmol etc.)

Myrrhe ist das Harz eines kleinen, zähen, stacheligen Baumes, der in den Halbwüstenregionen Libyens, des Irans und verschiedener nordostafrikanischer Landstriche sowie entlang des Roten Meeres wächst. Das meiste Harz wird aus der Art *Commiphora myrrha* gewonnen, ein kleinerer Teil auch aus einigen anderen Unterarten. All diese Bäume gehören zur selben Gattung wie der Weihrauch, den *Burseraceae,* und so ist es kein Wunder, wenn beide Harze häufig in einem Atemzug genannt werden. Ihre Charakteristika überschneiden sich oft, aber nicht immer. Die Bezeichnung »Myrrhe« stammt jedenfalls von dem Arabischen *murr,* das »bitter« bedeutet.
Das flüssige Harz wird vom Stamm überall da ausgeschwitzt, wo sich Risse und Sprünge zeigen; es besteht aus bräunlichroten, unregelmäßig geformten Klümpchen. Die Legende behauptet, Ziegenhirten seien die ersten gewesen, die es in den Barthaaren ihrer Tiere entdeckt und herausgezupft hätten. Heutzutage geht man beim Sammeln systematischer vor. Nicht nur wilde, sondern auch eigens angepflanzte Bäume werden angezapft, indem man Kerben in die Baumrinde schneidet und das herausquellende Harz auffängt.
Ein ätherisches Öl wird durch Dampfdestillation aus dem Harz

---

[1] Der Herzmuskel ist zwar quer gestreift, gehört aber nicht zu den Muskeln, die der direkten Kontrolle unseres Willens unterliegen und bildet insofern so etwas wie eine dritte Kategorie (Anm. d. Übers.).

extrahiert. Der größte Teil der für die Aromatherapie zur Verfügung stehenden Myrrhe ist jedoch ein Resinoid, das mit Lösungsmitteln aus dem unverdünnten Harz gewonnen wird. Das ätherische Öl ist hell- bis dunkelbernsteinfarben; zu seinen Wirkstoffen gehören Limonen, Dipenten, Pinen, Eugenol, Cinnamaldehyd, Cadinen, Essigsäure, Myrrhenölsäure und verschiedene Harze. Das Resinoid hat die tief rötlichbraune Farbe des unverdünnten Harzes und ist sehr dick und klebrig, so daß man es anwärmen muß, bevor man es aus der Flasche gießen kann. Damit dies leichter geht, wird es manchmal mit Alkohol vermischt. Der Geruch beider Öle ist sehr streng und bitter und erinnert ein wenig an das harte Klima, in dem der kleine robuste Baum überleben muß.

Ebenso wie Weihrauch wurde Myrrhe in allen alten Kulturen als Parfüm, Räucherwerk und Arznei benutzt. Ihr medizinischer Wert beim Heilen von Wunden war allgemein bekannt, und es heißt, kein griechischer Soldat sei in den Kampf gezogen, ohne eine mit ihr bereitete Salbe dabeizuhaben. Angesichts dessen, was wir heute über die Eigenschaften der Pflanze wissen, verwundert dies nicht: Sie wirkt antiseptisch, entzündungshemmend, fungizid und heilungsfördernd. Besonders wertvoll ist sie bei langsam heilenden Wunden, nässenden Ekzemen und Fußpilz. Ich gebe ein wenig Myrrhe in eine Salbe für aufgesprungene Fersen und stark strapazierte Hände.

Die fungizid wirkende Myrrhe ist auch zur Bekämpfung von Pilzerkrankungen der Vagina geeignet, am besten in Form einer Scheidenspülung. Auch wenn Juckreiz und Ausfluß schnell zurückgehen, muß die diesen Symptomen zugrunde liegende Soor-Infektion behandelt werden, am besten mit Ti-Baum-Öl und einer entsprechenden Kost (siehe **Soor**).

In Form einer Tinktur hat Myrrhe sich auch bei Zahnfleischentzündungen und Mundgeschwüren bewährt. Die Tinktur wird direkt auf die Schleimhäute aufgetragen; sie bewirkt zunächst heftiges Brennen und schmeckt extrem bitter, aber der Heileffekt ist so stark, daß man dies in Kauf nehmen sollte. Myrrhe ist Bestandteil vieler Zahnpasten, meist in Verbindung mit Pfefferminzöl, das den herben Geschmack kaschiert.

Einige Qualitäten hat sie mit Weihrauch gemein: Wie dieser wird sie zur Behandlung von Brustbeschwerden, Katarrhen, chronischer Bronchitis, Erkältungen und Halsschmerzen eingesetzt; wegen ihrer antiseptischen, auswurffördernden und adstringierenden Eigenschaften ist sie eine gute Lungenarznei. Das Öl kann für Massagen und Dampfinhalationen verwendet werden; als Badezusatz ist es weniger geeignet, weil es sich nur sehr schwer auflöst, sogar in Alkohol.

Das Öl stärkt und stimuliert den Magen und den gesamten Verdauungsapparat und hilft aufgrund seiner adstringierenden Wirkung gut bei Diarrhö; Magen und Unterleib werden in diesem Fall sanft massiert (immer im Uhrzeigersinn).

VORSICHT: Da Myrrhe menstruationsfördernde Eigenschaften nachgesagt werden, darf sie nicht während einer Schwangerschaft angewandt werden.

Myrte (Myrtis communis)

Die Myrte, je nach Standort und Art ein großer Strauch oder ein kleiner Baum, stammt aus Nordafrika, von wo aus sie sich über das gesamte Mittelmeergebiet verbreitete. Inzwischen ist sie zur Kulturpflanze fast aller europäischen Länder geworden. In Frankreich nennt man sie auch »Korsischer Pfeffer«.

Schon bei den alten Griechen war sie wegen ihrer antiseptischen Eigenschaften bekannt. Der berühmte Arzt Dioskurides verschrieb sie im 1. Jahrhundert n. Chr. gegen Lungen- und Blasenentzündungen. Er legte die Blätter in Wein ein und stellte so einen Extrakt her.

Das ätherische Öl wird heute durch Destillation gewonnen, wobei nur die jungen Blätter verwendet werden. Es ist blaßgelb und verströmt einen angenehm frischen Duft, der ein wenig an Eukalyptus erinnert (auch er gehört zur Gattung der Myrtengewächse), allerdings zarter ist und weniger durchdringend. Hauptbestandteil ist Cineol, außerdem Myrtenol, Pinen, Geraniol, Linalol und Camphen.

Es wirkt antiseptisch und bakterizid und hilft, wie Dioskurides sagt, bei Infektionen des Lungen- und Harntrakts, vor allem bei chronischen Erkrankungen der Lunge, häufiger Bronchitis und Husten. Aufgrund seines relativ milden Geruchs wird es – in einer normalen 3%igen Lösung zur Massage – auch von Kindern akzeptiert, die Eukalyptus vielleicht nicht mögen.

Da Myrte – im Gegensatz zum anregenden Eukalyptusöl – in kleinen Mengen sedativ wirkt, kann ich sie vor allem für abendliche Massagen, Inhalationen und die Verwendung in einer über Nacht brennenden Aromalampe empfehlen.

Zur Vorbeugung und Behandlung von Infektionen des Brustraums bei älteren Menschen ist sie gut geeignet.

Sie wirkt außerdem adstringierend und ist deshalb auch schon gegen Hämorrhoiden verordnet worden. Im 16. Jahrhundert waren ihre Blätter und Blüten ein Hauptbestandteil des sogenannten »Engelswassers«, eines sehr populären Kosmetikums zur Pflege unreiner Haut. Aus diesem Grund erscheint es möglich, Myrte auch bei Akne einzusetzen.

Nachtkerze (Oenothera biennis)

Das Öl dieser Pflanze ist kein ätherisches Öl. Ich berücksichtige es hier, weil es bei vielen Beschwerden, mit denen der Aromatherapeut konfrontiert wird, von großem Wert ist, z. B. bei menstruellen und prämenstruellen Problemen, Ekzemen und Schuppenflechte.

Meist wird es in Form von Kapseln eingenommen; man kann es aber auch direkt auf die Haut auftragen, z. B. bei der Behandlung allergiebedingter Hautprobleme. Geben Sie ein wenig zu dem Trägeröl, das Sie für eine Massage benutzen wollen, oder zu einer Creme oder Lotion.

Die Wirkung der Nachtkerze geht auf ihren hohen Gehalt an Gamma-Linolensäure zurück (ausführliche Beschreibung siehe dort).

Nagelgeschwüre

Hier handelt es sich um eine Entzündung des Nagelbetts, die sehr schmerzhaft sein kann – vor allem, wenn sich unter dem Nagel Eiter ansammelt. Zuweilen muß der Nagel entfernt werden.

Ein wenig Erleichterung bringen heiße Kompressen mit Bergamott-, Kamillen-, Lavendel- oder Ti-Baum-Öl, die um den kranken Finger gewickelt und erneuert werden müssen, bevor sie zu sehr abkühlen. Sie ziehen den Eiter heraus und fördern die Heilung. Wenn das Geschwür aufgebrochen und der Eiter herausgeflossen ist, kann etwas Lavendelöl pur auf die Wunde gegeben werden; verwenden Sie zum Abdecken Verbandmull, der mit einem Heftpflaster befestigt wird. Benutzen Sie kein Pflaster, das die ganze Wunde bedeckt und die Luftzufuhr unterbindet, da dies den Heilungsprozeß verzögert.
Reichliche Vitamin-C-Gaben und eine gesunde Ernährung unterstützen die aromatherapeutische Behandlung und sorgen für eine bessere Widerstandskraft gegen Infektionen.

Narde (Nardostachys jatamansi)

Die in Nordindien heimische Narde wird seit dem Altertum wegen ihrer Heilwirkung und ihres Dufts gerühmt.
Das eng mit dem Baldrian verwandte Kraut besitzt ein sehr ungewöhnliches Wurzelsystem: Von einer Wurzel gehen zwei Arten von Schößlingen aus, von denen einer ein unterirdischer Blütentrieb bzw. ein Rhizom ist; in ihm befindet sich der größte Teil des ätherischen Öls. Es wird per Dampfdestillation extrahiert; die Farbe schwankt zwischen Hell- und Dunkelbernstein. Hauptwirkstoffe sind Bornylacetat, Isobornylvalerianat, Borneol, Patschuli, Alkohol, Terpineol und Eugenol. Der Geruch ist schwer zu beschreiben; er hat etwas Animalisches, das sehr torfig und erdhaft ist. Dioskurides sagt, das Öl rieche nach Ziegen!
In ihrer indischen Heimat wird die Narde seit jeher als Parfüm, Heilpflanze und Hautpflegemittel geschätzt. Schon vor Tausenden von Jahren wurde sie im Mittleren Osten und in der Mittelmeerregion gepriesen, so in der Bibel im Hohenlied Salomos und in der Geschichte von Maria Magdalena, die Jesus die Füße salbt. Dioskurides beschrieb die Pflanze als »wärmend, austrocknend und harntreibend«, als gut für starke Monatsblutungen, vaginalen Ausfluß, Nieren- und Leberbeschwerden,

Entzündungen aller Art und die Auflösung angesammelter toxischer Stoffe.

Heutige Anwendungen deuten darauf hin, daß Narde den Menstruationszyklus normalisiert. Der weiße Ausfluß, von dem Dioskurides sprach, ist ein Symptom für vaginalen Soor; Narde wirkt fungizid, bekämpft also die Candida-albicans-Pilze.

Das Öl hilft bei allergischen Hautreaktionen und Ausschlägen aller Art. Aufgrund seiner ausgleichenden Wirkung eignet es sich für alle Hauttypen, besonders aber für die reife Haut. Victoria Edwards sagt: »Das Öl stellt das physiologische Gleichgewicht der Haut wieder her und verursacht eine permanente Regenerierung.«

Es bietet sich an, es bei Zellulitis anzuwenden, denn es wirkt harntreibend, entgiftend und außerdem tief entspannend – und Zellulitis wird durch Streß schlimmer.

Für angespannte, ängstliche Menschen ist es von unschätzbarem Wert; wie Weihrauch trägt es dazu bei, daß ein alter Schmerz oder emotionale Blockaden, die innerlich festgehalten werden, losgelassen werden. Aromatherapeuten, die mit der Energie der Chakren oder Aura-Massage arbeiten, werden dies begrüßen. Daß Maria Magdalena Jesus beim letzten Abendmahl mit Narde salbt, könnte darauf hindeuten, daß es auch für die Arbeit mit Patienten im Endstadium einer Krankheit wertvoll ist. Jesus wußte, daß sein Tod nahe war, und Maria Magdalena auch. So war ihre Tat eine Art Sakrament in Vorbereitung auf diesen Augenblick. Aromatherapeuten, die in Hospizen arbeiten, möchten Narde vielleicht als Hilfe für Menschen verwenden, die sich dem Ende ihres Erdenlebens nähern.

Nase

Ohne dieses relativ kleine Organ gäbe es wahrhaftig keine Aromatherapie, denn seine Funktion hat mit den zwei wichtigsten Prozessen zu tun, durch die es zu einer Interaktion zwischen den ätherischen Ölen auf der einen und Körper und Geist auf der anderen Seite kommt:

- Die Nase ist der erste Teil des Atemsystems; durch sie erreichen die mit dem Atem aufgenommenen Essenzen den Blutkreislauf.
- Im oberen Teil der Nase befinden sich jene Nerven, die alle Geruchsinformationen an das Gehirn weiterleiten.

Beschwerden im Nasenbereich werden unter **Erkältung, Grippe, Heuschnupfen, Katarrh** und **Nasennebenhöhlenentzündung** ausführlich erläutert.
Siehe auch **Atemsystem** und **Geruchssinn.**

Nasenbluten

Das einfachste und zuverlässigste Mittel gegen Nasenbluten besteht darin, ein Watteflöckchen (oder ein Stückchen sauberen Verbandmull) mit möglichst kaltem Wasser und 1–2 Tropfen Zitronenöl anzufeuchten und tief ins Nasenloch einzuführen.
Zitronenöl wirkt blutstillend, weil es die Gerinnungsgeschwindigkeit des Blutes erhöht.
Flache Körperlage und eine eiskalte Kompresse – am besten mit etwas Lavendelöl – unter dem Nacken beschleunigen den Erfolg dieser Maßnahme. Falls die Blutung trotzdem nicht nachläßt, sollten Sie für ärztliche Hilfe sorgen, da der Blutverlust groß sein kann.
Oft wird Nasenbluten durch kleinste Verletzungen hervorgerufen; es kann aber auch Symptom eines erhöhten Blutdrucks oder anderer ernsthafter Störungen sein. Bei häufigem Nasenbluten ist also über die hier beschriebene Erste Hilfe hinaus eine gründliche Untersuchung notwendig.

Nasennebenhöhlenentzündung (Sinusitis)

Die Nasennebenhöhlen sind die von Knochen umgebenen Hohlräume beiderseits der Nase, die sich in die Nasenhöhle hin öffnen. Sie dienen als Resonanzkörper für die menschliche Stimme – dies wird wahrscheinlich am verständlichsten, wenn man sich daran erinnert, wie flach und klanglos die Stimme ist, wenn Nase und Nebenhöhlen blockiert sind.

Die Nebenhöhlen sind, ähnlich wie die Nase, mit Schleimhäuten ausgekleidet, und eine Infektion der Nase kann leicht auf sie übergreifen. Da die Öffnungen zwischen den einzelnen Nebenhöhlen sehr klein sind, verschließen sie sich schnell, wenn die Nasenschleimhaut bei einer Erkältung, einem Katarrh oder Heuschnupfen anschwillt; die Entzündung sitzt dann sozusagen in einer Falle.

Eine akute Sinusitis kann durch eine Erkältungskrankheit oder auch nur das Einatmen von kalter, feuchter Luft hervorgerufen werden. Sie verursacht fast unerträgliche Schmerzen, so daß schon die geringste Bewegung des Kopfes zur Qual werden kann. Der Patient fühlt sich sehr krank und hat möglicherweise erhöhte Temperatur. Eine schnelle Behandlung ist unbedingt erforderlich, da das – wenn auch sehr kleine – Risiko einer Gehirnhautentzündung besteht.

Eine chronische Sinusitis führt zu einem dumpfen Schmerz in der Stirn und/oder dem Bereich zwischen Augen und Backenknochen sowie einer ständig verstopften Nase; auch hier muß darauf geachtet werden, daß die Infektion wirklich gänzlich beseitigt wird.

Häufige Dampfinhalationen (fünf- bis sechsmal täglich) stellen die beste Behandlung dar. Die in Frage kommenden Öle sind Eukalyptus, Kiefer, Lavendel, Pfefferminze, Thymian und Ti-Baum – vorzugsweise im Wechsel. Lavendel und Thymian sind am effizientesten, um die Schmerzen zu lindern, Eukalyptus, Pfefferminze und Kiefer machen die verstopfte Nase frei, und Ti-Baum wirkt vor allem antiseptisch.

Knoblauch löst, entgiftet und desinfiziert und sollte daher in starkem Maße im Speiseplan enthalten sein. Zur Bekämpfung einer akuten Infektion empfehle ich ihn in konzentrierter Form, d. h. als Kapseln oder Dragees.

Einige Nahrungsmittel, wie Milchprodukte und Weizen, scheinen Menschen für eine Nasennebenhöhlenentzündung anfällig zu machen, da sie eine exzessive Schleimbildung begünstigen. Im akuten Krankheitsfall sollten sie deshalb mehrere Tage gemieden werden; bei einer chronischen Sinusitis wäre es gut, sie für ein paar Monate ganz abzusetzen und sie nach der

Heilung – falls überhaupt – nur in kleinen Mengen wieder einzuführen. Bemerken möchte ich noch, daß Produkte aus Ziegen- oder Schafsmilch manchmal besser vertragen werden. Um das Abfließen des Schleims aus Nase und Nebenhöhlen zu fördern, existieren bestimmte Techniken der Gesichtsmassage, die aber auf dem Höhepunkt einer akuten Erkrankung für den Patienten zu unangenehm sein dürften. Man kann ein oder zwei Tage später mit ihnen beginnen oder wenn die Dampfinhalationen die Verstopfung zumindest teilweise gelöst haben. Die Massage besteht aus einem sehr behutsamen Abklopfen der Partie über der betroffenen Nebenhöhle, Druck auf die entsprechenden Akupunkturpunkte und kreisenden Bewegungen um Augenbrauen und Jochbein.
Akupunktur ist zur Behandlung einer Sinusitis hervorragend geeignet und kann gut neben den aromatherapeutischen Maßnahmen durchgeführt werden.
Siehe auch **Katarrh.**

Naturheilkunde

Charakteristisch für die Naturheilkunde ist, daß sie die Selbstheilungskräfte des menschlichen Körpers zum Ausgangspunkt ihrer Methodik macht. Sie beschränkt sich eigentlich darauf, die geeigneten Bedingungen für den Heilungsprozeß herzustellen, und setzt zu diesem Zweck verschiedene Mittel ein, z. B. diätetische Maßnahmen, insbesondere Fasten, zusätzliche Vitamin- und Mineralstoffgaben, Hydrotherapie, Entspannungsübungen oder manipulative Techniken wie Chiropraktik und Osteopathie.
Eine geradezu ideale Ergänzung hierzu bietet die Aromatherapie, besonders bei der Behandlung chronischer Krankheiten. Massagen, aromatische Bäder etc. tragen in nicht geringem Maße dazu bei, die Selbstheilungskräfte des Körpers zu aktivieren.
Siehe auch **Ernährung; Medizin, ganzheitliche; Osteopathie.**

Neroli (Citrus aurantium, var. amara)

Neroli wird durch Enfleurage, zuweilen auch durch Dampfdestillation, aus den Blüten der Bitterorange gewonnen. Es verdankt seinen Namen einer italienischen Prinzessin, die es zu ihrem Lieblingsparfüm machte. Zu den Wirkstoffen gehören Linalol, Linalylacetat, Limonen, Nerol, Nerolidol, Geraniol, Indol, Jasmon sowie Anthranil-, Benzoe- und Phenylessigester. Das Öl ist dickflüssig, von tiefbrauner Farbe und hat – wie die Frucht selbst – einen bittersüßen Duft, der in dieser konzentrierten Form nicht von jedermann gemocht wird; in entsprechender Verdünnung, etwa als Massage- oder Badeöl oder in Hautcremes, duftet es jedoch geradezu betörend. Das Öl wird auch in der kommerziellen Parfümherstellung verwendet und ist eines der Hauptbestandteile des echten Kölnisch Wassers.

Neroli wirkt antidepressiv, antiseptisch, krampflösend und aphrodisisch, außerdem leicht sedativ. Obwohl es für die Behandlung von ein oder zwei physischen Krankheiten ein sehr wichtiges Öl ist, liegt sein Hauptanwendungsgebiet meines Erachtens im psychischen Bereich, insbesondere im Abbau von Angst. Wobei zunächst einmal unerheblich ist, ob es sich um die punktuell auftretende Nervosität angesichts eines Vorstellungsgesprächs, einer Prüfung oder einem öffentlichen Auftritt, oder um tiefersitzende, schwerer aufzulösende Ängste handelt.

Ich hatte bisher noch keine Gelegenheit, es bei Hysterie zu erproben, wohl aber – und mit gutem Erfolg – bei Schock und angstbedingter Schlaflosigkeit. Hier empfiehlt sich ein aromatisches Bad direkt vor dem Zubettgehen.

Neroli wird auch wegen seiner hautpflegenden Qualitäten geschätzt. Es regt das Wachstum neuer, gesunder Zellen an und besitzt somit eine gewisse verjüngende Wirkung. Es ist für alle Hauttypen geeignet, insbesondere aber bei trockener und empfindlicher Haut angezeigt. Wegen seines köstlichen Dufts ist es ein beliebtes Ingredienz in vielen Hautpflegepräparaten.

Es kann gefahrlos während der Schwangerschaft angewandt werden; ich habe es oft zusammen mit Mandarine einer Creme zur Vermeidung von Schwangerschaftsstreifen beigegeben.

Auf der physischen Ebene wirkt Neroli außerdem bei Verkrampfungen der glatten Muskulatur, insbesondere im Darmbereich; bei chronischer Diarrhö hat es sich sehr gut bewährt, vor allem, wenn diese durch nervöse Anspannung bedingt war.
Neroli läßt sich mit fast allen Blütenessenzen kombinieren; wer sich den Luxus leisten will, versuche es mit Rosen- und Jasminöl.
Die Neroli zugeschriebenen aphrodisischen Eigenschaften haben nichts mit einer direkten Beeinflussung des Hormonsystems zu tun, wie dies bei anderen Ölen der Fall ist. Die Essenz wirkt eher allgemein beruhigend. Sexuelle Schwierigkeiten haben ihren Grund oft in Anspannung und Angst, und Neroli baut beides ab. Der uralte Brauch, Orangenblüten in Brautkränze einzuflechten, weist auf diese Qualität hin – leider sind heute leblose Imitationen aus Plastik an die Stelle der frischen Blüten getreten.

Nervenschwäche

Hilfreiche ätherische Öle für die sogenannte »Nervenschwäche« werden in den Artikeln **Angst, Depressionen** und **Streß** genannt. Auf physische Aspekte wird unter dem Stichwort **Nervensystem** eingegangen (mit Hinweisen auf entsprechende Öle).

Nervensystem

Zum Verständnis des Nervensystems ist es wichtig, seine verschiedenen, aber miteinander verbundenen Teile zu kennen. Da ist zunächst das zentrale Nervensystem, das aus Gehirn und Rückenmark besteht. In ihm strömen alle Informationen des peripheren Nervensystems über die diversen Wahrnehmungen wie Hitze, Kälte, Schmerz, Druck etc. zusammen. Umgekehrt erhält das periphere Nervensystem vom zentralen Nervensystem alle Befehle, die die willkürlichen Muskeln in Bewegung setzen. Das autonome (oder vegetative) Nervensystem sorgt für die Übermittlung aller Impulse von und zu den einzelnen Organen; die sensorischen, d. h. mit Sehen, Hören, Tasten und Riechen betrauten Nerven geben die Informationen der Sinnesorgane weiter.

Auf all diese Systeme und ihre Funktionen kann die Aromatherapie durch Massagen und andere Behandlungsformen regulierend einwirken. Analgetische Öle z. B. dämpfen die Aktivität der schmerzübermittelnden Nervenenden, krampflösende beruhigen jene, die für die Muskeltätigkeit verantwortlich sind; sedative Öle reduzieren die Überaktivität des Nervensystems. Die Eigenschaften der verschiedenen ätherischen Öle überschneiden sich zum Teil; einige verfügen über alle drei eben genannten Qualitäten, z. B. Bergamotte, Kamille, Lavendel und Majoran; Eukalyptus, Pfefferminze und Rosmarin wirken zwar schmerzlindernd und krampflösend, können aber keineswegs zu den Sedativa gerechnet werden. Es überrascht nicht, daß die genannten Öle zu den wertvollsten der Aromatherapie gehören. Bei allen Beschwerden, die mit Schmerzen oder Verkrampfungen in den willkürlichen Muskeln oder den inneren Organen verbunden sind, werden sie mit gutem Erfolg eingesetzt.

Eine andere Gruppe von Ölen vereint sedative mit krampflösenden Elementen; zu ihr gehören Melisse, Muskatellersalbei, Neroli, Rose, Sandelholz, Wacholder und Zypresse. Neroli beeinflußt vor allem das vegetative Nervensystem, das die Darmtätigkeit steuert, und wird deshalb bei Durchfall und Magenverstimmung eingesetzt. Sandelholz beruhigt die Nerven des Bronchialsystems und behebt einen durch nervöse Reflexe ausgelösten Hustenreiz.

Als nervenstärkend definieren wir alle Öle, die eine wohltuende Wirkung auf das gesamte Nervensystem haben, z. B. Kamille, Lavendel, Majoran, Melisse, Muskatellersalbei, Rosmarin und Wacholder; sie alle sind wegen ihrer spezifischen Rolle bei der Behandlung nervöser Beschwerden bereits genannt worden.

Nesselsucht (Urtikaria)

Nesselsucht ist eine allergische Reaktion der Haut. Die Symptome gleichen denen, die man nach dem Kontakt mit Brennesseln verspürt.

Wenn man Brennesseln berührt, setzt dies im Körper Histamin frei, das die winzigen Blutkapillaren direkt unter der Hautoberfläche dazu veranlaßt, Flüssigkeiten in das umliegende Gewebe abzugeben; dadurch entsteht das bekannte Brennen und Jukken. Der Vorgang ist charakteristisch für alle allergischen Reaktionen des Körpers auf gewisse Substanzen, die in der Nahrung, aber auch der Luft (Staub) enthalten sein können. Es bilden sich rote Flecken auf der Haut, die sich unter Umständen zu Quaddeln entwickeln und relativ schnell wieder verschwinden, jedoch bald an anderer Stelle erneut auftreten können – in schweren Fällen als lange, rote Streifen. Vorzugsweise betroffen sind Hautpartien, an denen die Kleidung scheuert.

Nesselsuchtanfälle treten, wie alle anderen allergischen Reaktionen, meist in Streßphasen auf; in Zeiten der Ruhe und Entspannung sind die Reizstoffe harmlos.

Die traditionelle aromatherapeutische Behandlungsmethode besteht in lauwarmen Bädern mit einigen Tropfen Kamillenund/oder Melissenöl. Welches Öl am besten wirkt, ist individuell verschieden. Verwenden Sie insgesamt nicht mehr als 6 Tropfen pro Vollbad – mehr könnte die Haut reizen –, und geben Sie, wenn Sie beide Öle benutzen, auf zwei Teile Lavendelöl einen Teil Melissenöl. Beide Substanzen stehen von jeher in dem Ruf, streßabbauend und beruhigend auf Körper und Seele zugleich zu wirken; sie bekämpfen die Ursache der Anfälligkeit genauso wie die sichtbaren Symptome.

Ist der Ausschlag auf kleinere Flächen begrenzt, genügt die lokale Behandlung mit einem angefeuchteten Schwamm. Man taucht ihn in eine 1%ige Lösung, die aus abgekochtem (und abgekühltem) Wasser und den genannten Ölen besteht. Sie können auch ein Stück zusammengefalteter Gaze mit der Flüssigkeit durchtränken und auf die geröteten Stellen legen. Nicht zu empfehlen ist eine Behandlung mit entsprechenden Salben oder Cremes, deren fettige Substanzen den Juckreiz eher verstärken.

Zur unmittelbaren Linderung ist aber auch eine milde, nicht fettige Körperlotion geeignet, der ein paar Tropfen Kamillenöl beigegeben werden.

Die Behandlung ist alle paar Stunden zu wiederholen, bis der gewünschte Erfolg eintritt.

Wenn Streß als auslösender Faktor in Frage kommt, sollte die Behandlung (Massagen, Bäder) auch nach dem Abklingen der Symptome weitergehen.

Neuralgie

Neuralgien sind Nervenschmerzen. Sie können jeden beliebigen Ast des peripheren Nervensystems befallen. Auch der Ischiasschmerz gehört in diese Kategorie, aber im engeren Sinne bezieht sich der Begriff auf die Gesichtsneuralgie. Die sie begleitenden Schmerzen können sich bis zur Unerträglichkeit steigern, weshalb die Schulmedizin zuweilen drastische Gegenmaßnahmen ergreift – bis hin zur Abtrennung des betroffenen Nervs.
Stark analgetische, d. h. schmerzstillende ätherische Öle sind eine willkommene Alternative. In Frage kommen Kamille, Lavendel, Majoran, Muskatellersalbei und Rosmarin, die am besten in Form heißer Kompressen angewendet werden. Sie können die Öle mischen oder abwechselnd benutzen.

Niaouli (Melaleuca viridiflora)

Niaouliöl wird aus einem Myrtengewächs gewonnen, das dem Kajeputbaum *(Melaleuca leucadendron)* so nahe steht, daß die beiden häufig miteinander verwechselt werden. Jedoch gibt es genügend Unterschiede in bezug auf Duft, chemische Zusammensetzung und Eigenschaften der Öle, daß einem Therapeuten ein derartiger Irrtum kaum unterlaufen wird. Auch ein guter Lieferant wird die Öle nicht gegeneinander austauschen. Zuweilen wird Niaouli noch unter seinem alten Namen Gomenol verkauft – eine Bezeichnung, die auf seinen früheren Herstellungsort Gomen hinweist, eine Hafenstadt auf den ostindischen Inseln; heute wird es hauptsächlich aus Australien importiert.
Das Öl wird aus den Blättern und den jungen Zweigen extrahiert, seine Farbe schwankt zwischen Hell- und Dunkelgelb. Es hat einen sehr strengen, würzigen, kampferähnlichen Geruch und besteht zu 50–60% aus Cineol, Eukalyptol, Terpineol, Pinen, Limonen und verschiedenen Estern.

Was Niaouli grundsätzlich von seinem »Vetter« Kajeput unterscheidet, ist seine Hautfreundlichkeit. Sachgemäß verdünnt, ist es sogar für die Schleimhäute verträglich und kann zum Gurgeln oder für Vaginalspülungen verwendet werden. Es ist bei Blasenentzündungen und anderen Infektionen der Harnwege angezeigt und wird in französischen Kliniken als Antiseptikum in den gynäkologischen Abteilungen eingesetzt.

In der alltäglichen Praxis ist es ein beliebtes Mittel zur Reinigung kleinerer Wunden oder Verbrennungen. Zum Auswaschen verschmutzter Schnitt- und Schürfwunden werden 5 oder 6 Tropfen Niaouli einem Viertelliter abgekochtem und abgekühltem Wasser beigegeben. Bei Verbrennungen träufelt man das Öl pur auf eine Lage steriler Gaze, die man direkt auf die Wunde legt. Niaouli regt das Wachstum des Zellgewebes an, wodurch die Heilung erheblich beschleunigt wird.

Da Niaouli die Haut nicht reizt, trotzdem aber stark antiseptisch wirkt, eignet es sich vorzüglich zur Behandlung von Akne, Furunkeln und ähnlichen Hautleiden. Für mich rangiert es in diesem Zusammenhang an erster Stelle; dermatologische Störungen dauern jedoch in der Regel einige Zeit an, und wie bei jeder längerfristigen Behandlung ist es auch hier notwendig, die verwendeten Öle nach zwei, drei Wochen zu wechseln.

Niaouli ist geeignet bei allen Entzündungen der Atemwege, ob sie nun Hals, Nase oder Lunge betreffen. Man kann es in die Brust einmassieren oder den Dampf inhalieren. Da es sehr stimulierend auf den Kreislauf wirkt, sollte man es am Abend nur zusammen mit sedativen Ölen (z. B. Lavendel) verwenden, um den Schlaf nicht zu beeinträchtigen.

Sehr wenig bekannt ist die Möglichkeit, Niaouli bei einer Krebsstrahlentherapie einzusetzen. Schon eine dünne Einreibung vor jeder Kobaltsitzung genügt, um die Haut vor Verbrennungen zu schützen und bereits vorhandene zu reduzieren. Hier sind wahrscheinlich die zytophylaktischen (die Zellerneuerung anregenden) Eigenschaften des Öls wirksam.

Siehe auch **Kajeput** und **Ti-Baum**.

Nieren

Die Nieren sind an verschiedenen lebenswichtigen Körperprozessen beteiligt: Sie reinigen das Blut, indem sie giftige Abfallstoffe herausfiltern und diese über den Urin ausscheiden; sie steuern den Natrium- und den Kaliumhaushalt; sie regulieren die im Körper vorhandene Flüssigkeitsmenge. Bricht eine dieser Funktionen zusammen, kann die Giftansammlung im Körper lebensgefährlich werden. Die Nieren sind auch an der Regulierung des Blutdrucks beteiligt, da sie unterschiedliche Wassermengen aus dem Blutstrom filtern können, und sie unterstützen die Bildung roter Blutkörperchen. Von ihrer Gestalt her bohnenförmig, liegen sie beidseits des Rückgrats und werden von den unteren Rippenbögen geschützt. Über die beiden Harnleiter sind sie mit der Harnblase verbunden.

Ätherische Öle haben eine tiefgreifende Wirkung auf die Nieren, da sie im Blut zirkulieren und mit diesem zweimal stündlich die Nieren passieren. Die gefährliche Praxis, die Öle oral einzunehmen, aber auch die Verabreichung großer Mengen über die Haut (durch die sie ebenfalls sehr schnell ins Blut gelangen) kann die Nieren überlasten und schädigen.

Öle, die die Nieren selbst beeinflussen sollen, erreichen diese natürlich auf demselben Weg; man sollte sie daher mit Umsicht einsetzen und sich auf jeden Fall an die in diesem Buch genannten Mischungsverhältnisse, Mengenangaben und Verabreichungsformen halten. Kamille, Wacholder und Zedernholz wirken wegen ihrer tonisierenden Eigenschaften auf die Nieren sehr positiv, außerdem bei Entzündungen der Nieren und des Nierenbeckens. Ich möchte ausdrücklich betonen, daß solche Infektionen keinesfalls ausschließlich aromatherapeutisch behandelt werden sollten. Alle Nierenkrankheiten erfordern ärztliche Behandlung, eine korrekte Diagnose und ständige Überwachung. Sie können die ätherischen Öle als Erste-Hilfe-Maßnahme verwenden, bis ein Arzt zur Stelle ist, oder sie (mit Zustimmung des Arztes) parallel zur medikamentösen Behandlung verabreichen, um die Nieren zu stärken und die Genesung zu fördern.

Diuretische Öle steigern den Harnfluß und sind bei Harnverhaltung hilfreich sowie in Situationen, in denen der Körper viele Giftstoffe zu bewältigen hat; sie dürfen jedoch nur sehr vorsichtig und nie über längere Zeit verwendet werden. Die Abhängigkeit von harntreibenden Mitteln kann nicht nur eine ernste Nierenerkrankung überdecken, die dringend behandlungsbedürftig ist; die künstlich erhöhte Urinmenge bringt möglicherweise auch den Flüssigkeits- sowie den Kalium-Natrium-Haushalt durcheinander. Zu den diuretischen ätherischen Ölen gehören neben den obengenannten Eukalyptus, Fenchel, Geranie, Rosmarin, Weihrauch und Zypresse.
Siehe auch **Blasenentzündung** und **Harntrakt**.

Nierenbeckenentzündung (Pyelitis)

Die Bakterien, die diese Entzündung hervorrufen, gelangen häufig über die Harnleiter in den Bereich des Beckens, wo der Urin die Nieren verläßt, um durch die Harnröhre in die Blase geleitet zu werden. Eine Nierenbeckenentzündung kann daher als Folge einer vernachlässigten Blaseninfektion auftreten. Wie bei allen Nierenkrankheiten sollte auch hier unbedingt ein Arzt oder ein Heilpraktiker herangezogen werden. Der Aromatherapie kommt lediglich eine unterstützende Funktion zu, die jedoch nicht zu unterschätzen ist. Empfehlenswert sind behutsame Massagen der Nierengegend und/oder aromatische Bäder mit Kamillen-, Thymian-, Wacholder- oder Zedernholzöl. Da eine Blasenentzündung als potentieller Auslöser einer Pyelitis gilt, sollte sie frühzeitig behandelt werden.

Nierenentzündung (Nephritis)

Diese Erkrankung kann sowohl akut als auch chronisch auftreten; sie darf in keinem Fall vernachlässigt werden, und niemand sollte versuchen, sie nur mit aromatherapeutischen Maßnahmen zu behandeln. Ein Arzt oder ein Heilpraktiker muß konsultiert werden; ätherische Öle dürfen nur in Verbindung mit deren Therapie eingesetzt werden – wobei ich daran erinnere, daß

starke Düfte die Wirkung homöopathischer Mittel beeinträchtigen können und daher nur mit Zustimmung des Homöopathen eingesetzt werden dürfen.
Hilfreich sind Öle, die die Nieren reinigen und stärken, vor allem Kamille. Entgiftend wirken auch Wacholder und Zedernholz, die jedoch sehr niedrig dosiert werden müssen und am besten als Badezusatz Verwendung finden. Eine Massage der Nierengegend wirkt ebenfalls hilfreich.
Kräutertees mit wohltuender Wirkung auf die Nieren (Kamille und Brennessel) bilden in jedem Fall eine sehr gute Begleitmaßnahme.
Siehe auch **Nieren.**

Ödeme (Gewebswassersucht)

Als Ödeme bezeichnet man alle Anschwellungen des Gewebes, die auf einer vermehrten Ansammlung von Flüssigkeit beruhen. Ödeme können lokal und zeitlich begrenzt sein, wie z. B. bei einem verstauchten Knöchel, oder sich über größere Bereiche bzw. den ganzen Körper erstrecken.
Eine allgemeine Gewebswassersucht ist in den meisten Fällen ein Hinweis auf eine ernst zu nehmende Störung, etwa auf zunehmende Herz- oder Nierenschwäche; jeder Aromatherapeut sollte daher zunächst den Rat eines erfahrenen Arztes einholen – es sei denn, er verfügt selbst über eine entsprechende Ausbildung.
Dennoch gibt es viele Formen der Gewebswassersucht, die mit ätherischen Ölen behandelt werden können – insbesondere die prämenstruelle Harnverhaltung, die durch eine Massage etwa acht bis zehn Tage vor Eintritt der Periode weitgehend vermieden werden kann. In diesem Falle erweisen sich Geranie, Rosmarin und Wacholder als sehr hilfreich.
Kiefernöl ist ein vorzügliches Mittel gegen geschwollene Beine und Knöchel, falls derartige Symptome durch langes Stehen oder eine fortgeschrittene Schwangerschaft verursacht wurden. Hier kann man sich durch vom Knöchel her aufwärts streichende Bewegungen gut selbst helfen, obwohl eine vom Masseur

ausgeführte Massage sicherlich wohltuender und nachhaltiger wirkt. Aber zumindest die Tage zwischen den Behandlungen beim Therapeuten lassen sich auf diese Weise gut überbrücken. Anstelle eines Massageöls bevorzuge ich der leichteren Handhabung willen bei dieser Art von Massage eine Salbe, der ich einige Tropfen des ätherischen Öls beifüge.
Bei geschwollenen Beinen und Knöcheln nach einer langen Flugreise sind neben Kiefer Geranie, Myrte und Zypresse hilfreich. Die Öle haben eine stimulierende Wirkung auf das gesamte lymphatische System, welches dafür sorgt, daß dem Körpergewebe überschüssige Flüssigkeit entzogen wird. Es gibt eine spezielle Form von Lymphdrainage, die sich für alle Arten von Ödemen eignet, obwohl jede Massage mit dem richtigen Öl hilfreich ist.
Flüssigkeitsansammlungen sind – z. B. bei Zellulitis – oft mit Anhäufungen toxischer Rückstände verknüpft. Indem der Körper die Giftstoffe verdünnt, versucht er, ihnen einen Teil ihrer Gefährlichkeit zu nehmen. In solchen Fällen können entgiftende Öle wie Fenchel, Wacholder und Zitrone sehr nützlich sein.
Das Zurückhalten von Flüssigkeit – im Bauchbereich oder im gesamten Körper – kann ein Hinweis auf eine Lebensmittelallergie sein. Auch hier handelt es sich um einen Versuch des Organismus, die schädlichen Auswirkungen vorhandener Allergene zu verringern, indem er sie mit Wasser umgibt. Wenn die aromatherapeutische Behandlung keine Besserung bringt und eine ernsthafte Erkrankung ausgeschlossen werden kann, sollte diese Möglichkeit in Betracht gezogen und ein Ernährungsberater konsultiert werden.
Siehe auch **Lymphe, Prämenstruelles Syndrom, Zellulitis.**

Ohnmacht

Wenn wir plötzlich erschrecken oder einen schweren emotionalen Schock erleiden, lenkt das parasympathische Nervensystem sehr viel Blut in den Bauchbereich, wodurch dieses dem Gehirn entzogen wird.
Dies führt zu einem Verlust des Bewußtseins, der meist sehr kurz ist. Wenn der Patient sich nämlich hinlegt (oder hinfällt), befindet

der Kopf sich auf einer Höhe mit dem Herzen, und eine ausreichende Blutzufuhr ist wieder gewährleistet. Verschiedene ätherische Öle können Menschen helfen, denen schwindlig ist oder die unter Schock stehen; die wichtigsten dürften Pfefferminze und Neroli sein. Sind sie nicht verfügbar, kann man auf Lavendel oder Rosmarin ausweichen. Halten Sie dem Betreffenden das geöffnete Fläschchen unter die Nase oder geben Sie 2 Tropfen auf ein Taschentuch; Sie können auch einen einzigen Tropfen in jede Schläfe massieren. Mit den genannten Methoden kann auch ein Ohnmächtiger wieder zu Bewußtsein gebracht werden.

Die bei weitem beste, allerdings nicht aromatherapeutische Erste-Hilfe-Maßnahme sind die Notfalltropfen der Bach-Blütentherapie. Ist der Betreffende noch bei Bewußtsein, geben Sie ihm 4 Tropfen auf die Zunge; ansonsten befeuchten Sie nur die Lippen. Geben Sie nochmals 4 Tropfen, wenn das Bewußtsein zurückgekehrt ist.

Wer am Rande einer Ohnmacht steht oder gerade aus einer solchen erwacht, sollte keinen Alkohol zu sich nehmen; eher anzuraten ist ein heißes Getränk mit etwas Honig, am besten Pfefferminztee.

Wird jemand oft oder ohne ersichtlichen Grund ohnmächtig, sollte die Ursache von einem Arzt, Heilpraktiker etc. untersucht werden.

Ohrenschmerzen

Das menschliche Ohr besteht aus drei deutlich abgegrenzten Teilen, nämlich dem äußeren Ohr, dem Mittelohr (von dem die meisten Entzündungen ausgehen) und dem inneren Ohr. Jede Infektion innerhalb dieser Bereiche kann leicht von einem Teil auf den anderen übergreifen, oder auch von der Nase durch die Eustachische Röhre ins Mittelohr, oder vom inneren Ohr in die Schädelhöhle.

Aus diesen Gründen – und wegen weiterer gefährlicher Komplikationen – dürfen selbst leichte Ohrenschmerzen nicht vernachlässigt werden. Ätherische Öle können die Schmerzen lindern und die Entzündung bekämpfen, aber wenn binnen 24 Stunden keine Besserung eintritt, wenn die Schmerzen stark sind, der Betreffende Fieber hat oder sogar Eiter im Gehörgang zu erkennen ist, sollte umgehend ein Arzt eingeschaltet werden. Hier ist meines Erachtens ein Stadium erreicht, in dem der Einsatz von Antibiotika durchaus gerechtfertigt ist. Die aromatherapeutische Behandlung kann parallel dazu fortgesetzt werden. Die Nichtbeachtung scheinbar geringfügiger Ohrenschmerzen kann zu dauernder Taubheit führen.

In den meisten Fällen sind Ohrenschmerzen Sekundärerscheinungen einer Erkältung, einer Sinusitis oder anderer Nasenbeschwerden, weshalb diese in die Behandlung immer miteinbezogen werden müssen.

Heiße Kamillen- und/oder Lavendelkompressen lindern den Schmerz und verringern das Risiko, daß eine Mittelohrinfektion sich zum inneren Ohr ausbreitet; die Wärme zieht sowohl die Entzündung als auch den Eiter nach außen. Mit den gleichen Ölen kann man auch sanft um das Ohr herum massieren. Kamille ist ein geradezu klassisches Mittel gegen Ohrenleiden, und in Verbindung mit Lavendel wirkt sie meiner Erfahrung nach noch besser. Ich habe auch schon Birkenöl benutzt, das ein sehr wirkungsvolles Analgetikum ist, aber bei derart starken Schmerzen sollten Sie eher einen Arzt aufsuchen. Bringen Sie zunächst das Trägeröl – Mandel oder Olive – auf Körpertemperatur, geben Sie auf einen Teelöffel dieser Grundsubstanz 3 Tropfen Lavendel- oder Ti-Baum-Öl und träufeln Sie eine kleine Menge der Mischung ins Ohr. Ein Wattepfropfen, mit dem man es vorsichtig verschließt, sorgt dafür, daß das Öl im Gehörgang bleibt. Diese Maßnahme darf jedoch *nur* erfolgen, wenn der Arzt zweifelsfrei festgestellt hat, daß keine Perforation des Trommelfells vorliegt.

Wiederholte Ohrenschmerzen weisen auf die Ansammlung von Schleim oder Eiter bzw. eine Entzündung in den Gehörgängen zwischen Nase und Mittelohr hin, die durch eine hartnäckige Erkältung verursacht sein kann. Hier wirken Dampfinhalationen und eine Kost mit viel rohem Obst und Gemüse, einem geringen Anteil an Milchprodukten und wenig raffinierten Kohlehydraten (weißes Mehl, weißer Zucker) klärend und lösend.

Zusätzlich sollte viel Knoblauch – am zweckmäßigsten in Drageeform – verabreicht werden.
Siehe auch **Erkältung, Katarrh** und **Nasennebenhöhlenentzündung**.

Öle, absolute

Dieser Begriff bezeichnet in der Aromatherapie bestimmte Öle, die durch Enfleurage oder Lösungsmittelextraktion gewonnen werden. Bei der Enfleurage entsteht ein Produkt, das als Pomade bekannt ist – eine Mischung von Fett und ätherischem Öl; die Lösungsmittelextraktion führt zu einem sogenannten *concrète*, das aus Fetten, Wachsen, ätherischen Ölen und anderen Pflanzenmaterialien besteht. Aus Pomade und *concrète* wird mit Hilfe von Alkohol das absolute Öl extrahiert. Die genannten Verfahren werden angewandt, wenn Destillieren den zarten Duft der Blüten zerstören würde, z. B. bei Jasmin, Orangenblüten (Neroli) und Rose. Andere aus Blüten gewonnenen absoluten Öle, z. B. Gartennelke, Gardenie, Mimose, Hyazinthe etc. dienen der Herstellung hochwertiger Parfüms, kommen aber nur selten in der Therapie zum Einsatz.

Absolute Öle unterscheiden sich von ätherischen (die durch Destillation gewonnen werden) auch durch ihre sehr stark parfümierende und therapeutische Kraft, weshalb sie in viel niedrigeren Konzentrationen verwendet werden. Sie sind meist farbig und gewöhnlich konsistenter und zähflüssiger als ätherische Öle. Absolutes Rosenöl wird möglicherweise bei Zimmertemperatur fest, verflüssigt sich aber wieder, wenn man die Flasche in die Hand nimmt.

Puristen meinen, daß absolute Öle in der Aromatherapie nicht benutzt werden sollten, weil sie Spuren von Lösungsmitteln wie etwa Aceton, Äthanol oder Hexan enthalten können, mit denen das absolute Öl aus der Pomade oder dem *concrète* extrahiert wird. Eine Ausnahme bildet natürliches Äthanol. In der Praxis benutzen viele Aromatherapeuten absolute Öle in kleinen Mengen ohne Probleme.

Siehe auch **Concrète, Enfleurage** und **Lösungsmittelextraktion**.

Öle, ätherische

Ätherische Öle sind das Ausgangsmaterial des Aromatherapeuten. Die stark aromatischen Stoffe werden von den Pflanzen in speziellen Zellen erzeugt; sie sind in diesem Stadium aber noch keine ätherischen Öle, sondern Essenzen. Zu ätherischen Ölen werden sie erst, wenn man sie durch Destillation extrahiert. Auch wenn der Begriff »ätherisches Öl« im allgemeinen locker gehandhabt und zur Bezeichnung aller in der Aromatherapie gebräuchlichen Grundsubstanzen verwendet wird, umfaßt er strenggenommen nur die durch Destillation gewonnenen Stoffe; durch einfaches Auspressen extrahierte Materialien – z. B. bei den Zitrusfrüchten Bergamotte, Orange, Zitrone etc. – sind keine ätherischen Öle, sondern weiterhin Essenzen. Die Blütenöle Jasmin, Neroli und Rose werden durch Enfleurage oder Lösungsmittelextraktion hergestellt; sie müßten korrekterweise weder als Essenz noch als ätherische Öle bezeichnet werden, sondern nur als absolute Öle.

Ätherische Öle sind stark konzentriert und sollten nur ausnahmsweise unverdünnt angewandt werden. Sie sind hoch flüchtig, d. h., sie verdunsten bei Lufteinwirkung sehr rasch. Dies ist einer der Gründe, weshalb sie so schnell wirken; andererseits sollte man sie deshalb nur in Flaschen mit luftdichten Verschlüssen aufbewahren, die man nach Gebrauch sofort wieder verschließt.

Die Öle sind leicht und entgegen ihrer Bezeichnung überhaupt nicht fettend. Die meisten sind farblos oder schwach gelblich; es gibt aber auch einige bemerkenswerte Ausnahmen, wie z. B. blaues Kamillenöl. Der überwiegende Teil der farbigen Öle sind Essenzen oder absolute Öle, so Bergamotte, das grünlich, oder Jasmin, das rötlichbraun ist. Ultraviolette Strahlen schädigen die Öle, weshalb sie in undurchsichtigen, dunkelbraunen oder blauen Flaschen aufbewahrt werden sollten, die man vom Sonnenlicht möglichst fernhält. Unter Umständen sind auch extreme Temperaturen und die durch laute Geräusche ausgelösten Schwingungen schädigend.

Ätherische Öle lösen sich leicht in fetten Ölen wie Oliven-,

Soja-, Sesam-, Sonnenblumen- und anderen Pflanzenölen, aber auch in Alkohol. In Wasser sind sie nicht löslich, können aber kurzzeitig in ihm verteilt bleiben, etwa wenn Sie Ihre Haut mit einem aromatischen Wasser waschen wollen.

Pflanzliche Essenzen sind hochkomplizierte chemische Verbindungen (näheres unter **Essenzen**), weshalb sie sehr vielseitig und gefahrlos anzuwenden sind; ihre verschiedenen Bestandteile wirken zusammen und balancieren sich gegenseitig aus. Neulinge auf dem Gebiet der Aromatherapie sind oft überrascht (und manchmal auch skeptisch), daß ein einziges Öl so viele therapeutische Eigenschaften besitzt, aber diese Polyvalenz ist nur ein Spiegel seines komplexen chemischen Aufbaus.

Eine Mischung von zwei oder mehr ätherischen Ölen ist immer mehr, d. h. wirksamer, als die Summe der einzelnen Ingredienzien, da diese untereinander ebenfalls Verbindungen eingehen. Insbesondere Lavendel steigert die Effizienz anderer Öle. Die Kunst eines qualifizierten Aromatherapeuten besteht nicht zuletzt darin, Öle so auszuwählen und so zu mischen, daß sie den individuellen Bedürfnissen des Patienten gerecht werden.

Siehe auch **Chemotyp, Essenzen, Qualität** sowie die einzelnen ätherischen Öle.

Öle, gefährliche

Die Anwendung der meisten ätherischen Öle birgt keine Gefahren, wenn Sie sich an die in diesem Buch beschriebenen Verdünnungen und Verabreichungsmethoden halten. Der Gebrauch einiger weniger jedoch ist entweder generell zu gefährlich oder muß mit extremer Vorsicht erfolgen. Diese Öle enthalten im allgemeinen entweder einen hohen Anteil an Ketonen, die das Nervensystem schädigen, eine Fehlgeburt auslösen und epileptische Anfälle verursachen können, oder an Phenolen, die die Haut sehr stark reizen. Eine vollständige Liste gefährlicher Öle findet sich in Anhang A.

Siehe auch **Ketone** und **Phenole**.

Öle, infundierte

Infundierte Öle unterscheiden sich von ätherischen durch Qualität und Herstellungsweise.

Während ätherische Öle mit Hilfe eines der in diesem Buch beschriebenen Verfahren aus der Pflanze extrahiert werden und keine weiteren Zusätze enthalten, stellt man infundierte Öle her, indem man das pflanzliche Ausgangsmaterial – in der Regel Blätter oder Blütenblätter, manchmal aber auch Stengel – in einen Behälter mit einem milden, unparfümierten Speiseöl gibt und das Ganze an einem warmen Ort so lange stehen läßt, bis das Basisöl den Duft des Pflanzenmaterials angenommen hat. Dies dauert meist zwei bis drei Wochen. Sobald die Blütenblätter oder die Blätter braun werden, ersetzt man sie durch frische – so lange, bis das Basisöl die erwünschte Duftstärke erreicht hat.

Das Verfahren wird seit Tausenden von Jahren benutzt, es ist älter als die Methoden zur Herstellung ätherischen Öls. In den Zivilisationen des Orients und des Mittelmeerraums ließ man die Töpfe einfach so lange in der Sonne stehen, bis der Prozeß abgeschlossen war. In unseren Breiten, in denen wirklich warme Sommer selten sind, benötigen wir eine zusätzliche beständige Wärmezufuhr, etwa an einem Platz über der Heizung. Man kann das Glas mit dem Öl-Pflanzen-Gemisch auch in ein Bekken mit heißem Wasser stellen; das Ergebnis ist jedoch nicht so gut wie bei der langsamen traditionellen Methode.

Da das Verfahren so einfach ist und keine teuren Gerätschaften benötigt werden, kann sich jeder, der frische Kräuter oder Blüten zur Hand hat, ausgezeichnete Massageöle selbst billig herstellen.

Wenn Sie Ihr eigenes infundiertes Öl herstellen möchten, brauchen Sie ein großes, sauberes Glas, am besten mit breiter Öffnung, das Sie etwa zu einem Drittel mit den Blüten oder Blättern füllen. Gießen Sie ein gutes, mildes Pflanzenöl (Mandel-, Weintraubenkern-, Sesam-, Sonnenblumenöl) bis kurz unter den Rand auf und verschließen Sie das Glas fest, damit möglichst wenig Luft herankommt – sie kann Ihr Öl schnell ranzig werden lassen. Stellen Sie das Glas auf ein Brett über der Zentralheizung oder dem Herd – bei sehr schönem Wetter auch in die Sonne (in diesem Fall sollten Sie das Glas nachts hereinholen). Entfernen Sie braungewordene Blätter und Blüten und geben Sie frische hinzu; wiederholen Sie dies zwei- bis dreimal, bis Ihr Öl stark genug ist. Filtern Sie die Pflanzenreste heraus und füllen Sie das Öl in Flaschen. Das Öl hält sich mehrere Monate, wenn Sie es licht- und luftgeschützt aufbewahren.

Infundierte Öle sind recht komplexe Substanzen, und man sollte sie nicht als »arme Verwandte« des ätherischen Öls betrachten. Obwohl Sie kaum etwas falsch machen können, wenn Sie Ihr Wissen über die Eigenschaften ätherischer Öle auf die entsprechenden infundierten Öle übertragen, ist die Wirkungsweise nicht identisch, sondern eher ähnlich und komplementär. Das infundierte Öl wird nicht jede Eigenschaft des entsprechenden ätherischen Öls besitzen, andererseits aber Substanzen aus der Pflanze absorbiert haben, die das ätherische Öl nicht aufweist.

Infundierte Öle lassen sich auch aus Pflanzen herstellen, aus denen sich kein oder nur extrem wenig ätherisches Öl gewinnen läßt, was die Palette der aromatherapeutisch nutzbaren Pflanzen erweitert. Teufelskralle (hilft bei Rheuma und Arthritis), Wiesenkönigin (gutes Schmerzmittel), Beinwell und Echinacea bilden wertvolle Ergänzungen unseres Repertoires. Sie können – einzeln oder gemischt und zu 3 bis 10% einem Trägeröl zugefügt – für Massagen verwendet werden. Ätherisches Öl sollten Sie nur in sehr kleinen Mengen beigeben, da die infundierten Öle bereits reich an Wirkstoffen sind.

Werden die infundierten Öle aus den Blütenblättern gewonnen, nennt man sie auch Blütenöle; Kräuteröle heißen sie, wenn sie aus anderen Teilen der Pflanze hergestellt wurden. In der Fachsprache werden sie als Phytole bezeichnet.

Öle, naturidentische

Mit diesem Begriff werden einige komplizierte synthetische Öle beschrieben, für die preiswerten, reichlich vorhandenen ätherischen Ölen organische Moleküle entnommen und im einem anderen Öl entsprechenden Verhältnis wieder zusammenge-

setzt werden. Das Ergebnis ist einem natürlichen Öl nie völlig identisch. Rosenöl etwa enthält über 300 bekannte natürliche Chemikalien, zum Teil in winzigen Spuren, und einige Bausteine harren immer noch der Identifizierung. Auch die kleinste dieser Komponenten ist für den Duft und die Heilkraft des Öls entscheidend. Auch wenn Chemiker jeden Partikel des echten Öls kopieren könnten, würde dem Resultat immer noch die Lebenskraft, die »Seele« der Rose fehlen.
Entsprechendes gilt für jedes naturidentische Öl; in der Aromatherapie haben sie keinen Platz.

Öle, synthetische

Synthetische Substanzen werden aus verschiedenen Materialien zusammengesetzt, um eine andere Substanz zu imitieren. Die Herstellung synthetischer ätherischer Öle ist weit verbreitet und nimmt weiter zu, da die Nachfrage das Angebot übersteigt. Die expandierende Parfümindustrie braucht immer mehr ätherische Öle, in manchen Fällen mehr als die Weltjahresproduktion des echten Öls. Und fast immer ist es billiger, ein synthetisches Öl zu produzieren, als das echte Produkt anzubauen, zu ernten und zu destillieren.
Der wichtigste Rohstoff für diese Öle sind natürliche Terpene, die zur Herstellung der unterschiedlichsten Duftmoleküle zerlegt und neu kombiniert werden. Die Terpene stammen hauptsächlich von Kiefern, die zunehmend gefällt werden.
Das häufigste und rentabelste Rohmaterial jedoch ist Benzen, das als Nebenprodukt in der Petrochemie anfällt – die zu den schlimmsten Umweltverschmutzern der Welt gehört. Synthetische Öle besitzen keinerlei therapeutische Wirkung und können allergische Reaktionen auslösen. In der Aromatherapie sind sie fehl am Platz; sie tragen nur zur inneren und äußeren Umweltverschmutzung bei.

Orange (Citrus aurantium, var. amara oder var. bigardia, Citrus vulgaris, Citrus sinensis oder Citrus aurantium, var. dulcis)

Die eigentliche Heimat des Orangenbaums ist der Ferne Osten, vor allem China und Indien. In Europa wurden die Früchte erst im späten 17. Jahrhundert medizinisch verwertet. Die legendären goldenen Äpfel der Hesperiden waren wahrscheinlich in Wirklichkeit Orangen. Sie galten noch lange als kostbare Rarität. Der Baum hat sich dem Klima im Mittelmeerraum sehr gut angepaßt; aber nicht nur dort, auch in Kalifornien, Südamerika und Israel ist er inzwischen weit verbreitet. Das Öl wird durch Auspressen der äußeren Schale extrahiert, und zwar von zwei Unterarten: der bitteren *(Citrus aurantium, var. amara* oder *bigardia)* und der süßen Orange *(Citrus aurantium, var. dulcis).* Die bittere oder Sevilla-Orange wird auch *Citrus vulgaris* oder *Citrus bigardia* genannt. Das Öl ist tief goldgelb und hat das charakteristische Orangenschalenaroma. Zu den Wirkstoffen gehören vor allem Limonen, außerdem Bergapten, Citral, Citronellal, Myrcen etc.; die jeweiligen Anteile sind bei bitterer und süßer Orange unterschiedlich. Das Aroma der Bitterorange ist etwas feiner. Die Eigenschaften überschneiden sich zum Großteil mit dem aus Orangenblüten gewonnenen Neroliöl; beide wirken antidepressiv, krampflösend, magenberuhigend und leicht sedativ, weshalb sie in vielen Fällen austauschbar sind. Orangenöl besitzt anscheinend einen normalisierenden Effekt auf die Darmperistaltik. Paul Duraffourd empfiehlt es zur Behandlung von Verstopfungen, während Dominique Sibe seinen Wert bei chronischer Diarrhö hervorhebt.

Wo liegen nun die Unterschiede zwischen dem aus der Blüte und dem aus der Schale gewonnenen Öl? Ich meine, daß das Aroma des Orangenöls abgerundeter, gewissermaßen »wärmer« ist. Es versetzt uns in eine heitere, ja fröhliche Stimmung, so, als enthielte es noch etwas von der in der Frucht gespeicherten Sonnenenergie. Ich kenne kein besseres Mittel zur inneren Aufheizung an kalten Wintertagen als ein Orangenölbad; verwenden Sie aber nicht mehr als 4 Tropfen, um Hautreizungen zu

vermeiden. Orange läßt sich gut mit fast allen Gewürzölen (Zimt, Muskat, Nelken) mischen, erstaunlicherweise aber auch mit Lavendel und Weihrauch.
Es ist ein gutes Mittel gegen Schlaflosigkeit und kann mit Neroli und Lavendel gemischt oder im Wechsel mit diesen benutzt werden, vor allem bei einer länger andauernden Behandlung.
Die Verbindung von Orange mit Nelken und Zimt erinnert an ein gutes altes Hausmittel, mit dem sich winterliche Erkältungen bereits im Vorfeld abbiegen lassen: den Glühwein (in Maßen genießen!).
Auf dieselbe Kombination stoßen wir auch bei den vielerorts noch gebräuchlichen Gewürzsträußchen – ursprünglich eine mit Nelken gespickte Orange, die in verschiedenen Substanzen, unter anderem gestoßenem Zimt, getrocknet wurde; ihre Duftintensität läßt sich, wenn nötig, mit den hier genannten ätherischen Ölen auffrischen. Ich lasse Orangenöl im Winter auch oft in der Aromalampe verdunsten, gewöhnlich zusammen mit einem oder mehreren Gewürzölen.
Zur täglichen Mundpflege und Vorbeugung gegen Zahnfleischentzündungen oder Mundgeschwüre empfehle ich eine entsprechend verdünnte Lösung von Orangen- und Zitronenöl zu gleichen Teilen.
Siehe auch **Mandarine, Neroli** und **Petitgrain.**

Orangenblütenwasser

Der Unterschied zwischen Orangenblütenwasser und Neroliöl entspricht genau dem zwischen Rosenwasser und Rosenöl. Beide Wässer werden durch Destillation aus den Blütenblättern gewonnen, die auch Grundlage der Ölherstellung sind.
Orangenblütenwasser wird in der Aromatherapie hauptsächlich zur Hautpflege eingesetzt, besonders in Verbindung mit Cremes oder Massageölen, die Neroli enthalten. Seine adstringierende Wirkung übertrifft die des Rosenwassers, weshalb es besonders bei fettiger Haut und speziell bei Akne geeignet ist; Rosenwasser ist eher bei trockener und empfindlicher Haut zu empfehlen. Ich benutze Orangenblütenwasser oft als Grundsubstanz für

Lotionen; aknebehaftete junge Leute mögen seinen feinen Duft lieber als die penetrant nach Medizin riechenden Produkte der pharmazeutischen Industrie und verwenden die selbst hergestellten Präparate regelmäßig.
Die südliche Küche Europas benutzt es zur Aromatisierung von Keksen und Kuchen; die Qualität der dort in vielen Läden erhältlichen Orangenwässer ist im allgemeinen ausgezeichnet. Zuweilen handelt es sich jedoch um einen Verschnitt, weshalb es sich empfiehlt, das Etikett sorgfältig zu lesen.

Oregano (Origanum vulgare)

Dieser auch als »Wilder Majoran« bekannte nahe Verwandte des »eigentlichen« Majorans *(Origanum majorana)* ist im Mittelmeergebiet beheimatet und gibt vielen Gerichten der südeuropäischen Küche ihren charakteristischen Geschmack.
Das ätherische Öl hat verschiedene therapeutische Eigenschaften, aber es sind auch viele Risiken mit ihm verbunden, so daß von der allgemeinen Verwendung in der Aromatherapie abzuraten ist. Es fördert den Eintritt der Monatsblutung und darf daher unter keinen Umständen während einer Schwangerschaft eingesetzt werden. Da es die Haut und insbesondere die Schleimhäute reizt, scheidet es als Massagemittel und Badezusatz von vornherein aus. Auch für Inhalationen oder zur Verbesserung des Raumklimas ist es nicht besonders nützlich, weshalb es am besten durch Majoran ersetzt wird.

Osteopathie/Chiropraktik

Viele Menschen, die einen Aromatherapeuten konsultieren, klagen bei ihrem ersten Besuch über Rückenschmerzen. Obwohl eine Massage mit ätherischen Ölen die Symptome sehr gut lindern kann, liegt die Ursache oft in der Verschiebung eines Gelenks, weshalb die Überweisung an einen Osteopathen bzw. einen Chiropraktiker die einzig verantwortungsbewußte Entscheidung darstellt.
Die Osteopathie geht von dem Prinzip aus, daß Körpergerüst

und Körperfunktionen voneinander abhängen. Wenn der Knochenbau irgendwelche Anomalitäten aufweist – etwa durch einen Unfall –, wirkt sich dies sofort auf die Körperfunktionen aus; bei korrektem Befund hingegen können alle Organe normal und uneingeschränkt arbeiten. Der Osteopath hat die Aufgabe, Fehler in der Struktur zu korrigieren, indem er die verschobenen Gelenke durch gezielte Griffe wieder in ihre ursprüngliche Lage bringt. Er bedient sich dabei der Hebelkräfte seines Körpers und der des Patienten.

Ein verschobenes Gelenk bewirkt meist eine Verkrampfung der umliegenden Muskeln; wird das Problem auf die lange Bank geschoben, bilden sich in ihnen Knötchen aus Gewebefasern. Eine Massage trägt dazu bei, sie zu lockern und warm werden zu lassen, so daß die Einrenkung müheloser erfolgen kann. Viele Osteopathen sind selbst gelernte Masseure oder haben entsprechend ausgebildete Mitarbeiter. Manche von ihnen verwenden sogar ätherische Öle, was die Muskeln noch besser auf die folgende osteopathische Behandlung vorbereitet. Besonders nützlich sind die als »hautrötend« bekannten Öle, die durch die Erweiterung der hautnahen Blutgefäße eine wärmende Wirkung haben. Insbesondere Majoran, aber auch eine Mischung von wenig schwarzem Pfeffer mit Lavendel und Rosmarin sind hier von Nutzen. Muskatellersalbei wirkt als guter Muskelentspanner, ist aber nicht zu empfehlen, wenn der Patient anschließend Auto fahren muß.

Falls es nicht möglich ist, in der Praxis des Osteopathen vor der Behandlung eine Massage zu erhalten, sollte sich der Patient anderweitig darum bemühen. Ich selbst habe dies schon mit ausgezeichneten Ergebnissen bei vielen meiner Patienten getan. Ein Osteopath muß manchmal die Muskeln kräftig bearbeiten, um ein verschobenes Gelenk wieder in die richtige Position zu bringen. Dies kann für ein oder zwei Tage nach der Behandlung zu oberflächlichen Blutergüssen führen, wobei wiederum eine Massage sehr hilfreich ist. Sie sollte sehr sanft ausgeführt werden; passend sind Kamille, Lavendel, Majoran, Muskatellersalbei oder ein anderes schmerzlinderndes Öl. Die Substanzen können auch als Badezusatz verwendet werden. Osteopathen

weisen jedoch darauf hin, daß das Bad in den ersten zwei, drei Tagen nach der Behandlung nicht zu heiß sein sollte und auch nicht zu lange dauern darf, weil in diesem Fall die Muskeln zu sehr entspannt werden; denn sie sollten so bald wie möglich ihren natürlichen Tonus zurückgewinnen, um die in die richtige Position gebrachten Gelenke ausreichend zu stützen.
Zur Behebung von lange vernachlässigten Haltungsschäden empfehle ich einen Wechsel von osteopathischen und Massagebehandlungen, da sie sich gegenseitig sehr gut ergänzen.

Östrogene

Östrogene sind die primären weiblichen Sexualhormone, die hauptsächlich von den Eierstöcken, zu einem geringeren Anteil aber auch in der Nebennierenrinde erzeugt werden. Abgesehen von ihrer Funktion bei der Fortpflanzung spielen sie auch bei bestimmten Körpervorgängen eine Rolle; sie sind bei Frauen und Männern vorhanden, allerdings in unterschiedlicher Menge. Ein Mangel an Östrogenen wirkt sich auf Menstruation und Fortpflanzungsfähigkeit aus. Das generelle Absinken des Östrogenspiegels nach der Menopause beschleunigt den Alterungsprozeß und kann zu Osteoporose führen, einer im Alter sehr häufigen Krankheit (Schwund des festen Knochengewebes bei gleichzeitiger Zunahme der Markräume).
Von einigen Pflanzen weiß man, daß sie Östrogene produzieren, die auch der menschliche Organismus verwerten kann. In Fenchel, Ravensara, Estragon und verschiedenen anderen Pflanzen aus der Familie der Doldengewächse findet sich das pflanzliche Östrogen Anetol, in Muskatellersalbei Sclareol. Die genannten Öle sollten als Initialzündung für die körpereigenen Prozesse dienen und nicht langfristig angewandt werden. In der Pflanzenheilkunde werden östrogenreiche Pflanzen benutzt, die kein ätherisches Öl ergeben und neben den östrogenen Ölen eingesetzt werden können. Die wichtigsten sind Blütenkätzchen, Hopfen und Süßholzwurzel (Lakritze).
Fenchel- und Süßholztee sind sehr hilfreich bei prämenstruellen Spannungen und Beschwerden während des Klimakteriums.

Ältere Frauen sollten den Tee regelmäßig trinken, um den Elastizitätsverlust von Haut und Bindegewebe so gering wie möglich zu halten und der oben angesprochenen Knochenbrüchigkeit entgegenzuarbeiten.

Palmarosa (Cymbopogon martinii, var. Motia)

Palmarosa ist ein wohlriechendes Gras aus derselben Familie wie Lemongras *(Cymbopogon citratus)* und Zitronelle *(Cymbopogon nardus)*. Es ist in Indien heimisch, wird aber jetzt auch u. a. in Afrika und Südamerika angebaut. Die gesamte Familie scheint sich auf das Nachahmen spezialisiert zu haben, jedenfalls enthalten sie eine Reihe von Elementen, die viel selteneren, wertvolleren Pflanzen ihren charakteristischen Duft verleihen. Aufgrund dieser Ähnlichkeiten werden sie auch von der Industrie oft benutzt, um teurere Öle zu verschneiden. Während Lemongras und Zitronelle den Duft der Zitrone nachahmen, liegt der von Palmarosa, das einen hohen Anteil an Geraniol enthält, zwischen dem von Geranie und Rose. Das Öl wird oft verwendet, um echtes Rosenöl zu strecken – obwohl niemand, der eine feine Nase hat, die beiden Öle verwechseln würde.

Die per Dampfdestillation gewonnene Essenz ist im allgemeinen leicht gelblich, manchmal mit einem Stich ins Grünliche. Wirkstoffe sind vor allem Geraniol (zwischen 75 und 95%), außerdem Spuren von Citronellol, Farnesol, Geranylacetat etc.

In der traditionellen indischen Medizin wird Palmarosa schon lange gegen Fieber und Infektionskrankheiten eingesetzt. Es ist ein sehr starkes Breitbandbakterizid, das besonders gegen die für Darminfektionen, etwa einer Gastroenteritis, verantwortlichen Bakterien wirksam ist; so tötet es Kolibakterien der Gattung Escherichia innerhalb von fünf Minuten. Von alters her wird es auch zur Anregung einer trägen Verdauung oder bei Appetitverlust benutzt.

Am bekanntesten dürfte Palmarosaöl als Hautpflegeprodukt sein; es wirkt anregend und feuchtigkeitsspendend und reguliert die Talgproduktion. Wie Lavendel und Neroli fördert es die

Regeneration des Zellgewebes; da es außerdem antiseptische Eigenschaften besitzt, wird es zur Behandlung von Akne, vielen kleineren Hautinfektionen sowie einigen Formen von Dermatitis eingesetzt. Bei regelmäßiger Verwendung trägt es dazu bei, Falten zu glätten; wegen seines angenehmen Dufts und seiner Wirkstoffe ist es Bestandteil von Hand- und Feuchtigkeitscremes sowie anderer Hautpflegeprodukte.
Es läßt sich gut mit sehr vielen Ölen mischen – blumigen, holzigen und zitrusartigen; der Duft ist jedoch so komplex, daß er auch für sich allein bestehen kann. Als Massage- oder Badeöl hat es sich bei Streß und streßbedingten Krankheiten bewährt.

Parfüm

Ätherische Öle und andere Pflanzensubstanzen sind die älteste uns bekannte Form des Parfüms. Was Shakespeare als die »Wohlgerüche Arabiens« bezeichnete, waren Rosen-, Jasmin- und andere Blütenöle, die in den arabischen Ländern seit dem 10. Jahrhundert durch Destillation gewonnen wurden. Frühere Kulturen, die diese Technik noch nicht entwickelt hatten, stellten aus Blüten und anderen wohlriechenden Pflanzenteilen infundierte Öle her oder vermengten das Pflanzenmaterial mit tierischen Fetten zu einer Art Pomade.
Die heute noch praktizierte Herstellung von Parfüm, bei der die aromatischen Essenzen durch raffinierten Alkohol gelöst werden, verbreitete sich, ausgehend von Deutschland und Frankreich, seit dem 17. Jahrhundert. Im 19. Jahrhundert war das Zentrum dieses noch handwerklichen Gewerbes das Gebiet rings um die kleine Stadt Grasse (Südfrankreich, Dep. Alpes-Maritimes), eine Region, die reich an wildwachsenden Blumen und anderen aromatischen Pflanzen ist. Grasse wurde allmählich auch zu einem Knotenpunkt des Handels mit ätherischen Ölen. Sehr viele Öle werden über diese Stadt im- und exportiert. Einige der großen klassischen Parfüms wurden und werden noch immer auf der Grundlage ätherischer Öle hergestellt, vor allem die Ende des 19. und Anfang des 20. Jahrhunderts entwickelten. Neuere Kreationen sind teilweise oder ganz mit

synthetischen Substanzen aromatisiert. Die künstliche Herstellung von Duftstoffen ist inzwischen so perfektioniert, daß synthetische Aromastoffe von natürlichen Düften kaum zu unterscheiden sind. Zuweilen werden gewisse Bestandteile aus den ätherischen Ölen extrahiert und in neuer Kombination zusammengefügt. Immerhin können wir froh sein, daß die synthetischen Stoffe auch die Extrakte tierischen Ursprungs (z. B. Moschus und Zibet) weitgehend ersetzt haben, die man früher den meisten Parfüms als Fixative beifügte.

Von einigen Düften, z. B. Jasmin, ist bis heute keine 100%ig überzeugende synthetische Herstellung gelungen. Kommerzielle Produzenten bessern daher ihre Jasmin-Imitation mit ein wenig echtem Jasminöl auf, damit das Ganze etwas authentischer riecht.

Obwohl die künstlichen Aromastoffe für die Parfümindustrie vielleicht eine zufriedenstellende Lösung darstellen, sind sie für die therapeutische Anwendung nicht zu gebrauchen; ebenfalls ungeeignet sind Mixturen, bei denen Wirkstoffe aus ätherischen Ölen isoliert und neu zusammengesetzt werden. Einige kleine Hersteller benutzen für ihre Parfüms nur natürliche Öle, was aus aromatherapeutischer Sicht auf jeden Fall zu begrüßen ist.

Aber warum sollten wir uns nicht selbst einmal das Vergnügen bereiten, in eigener Regie eine Mischung herzustellen, die unsere persönliche Note trägt? Eine ganze Skala köstlicher Duftstoffe von hohem therapeutischem Wert steht zu unserer Verfügung, und auch die pur weniger beliebten Öle können, geschickt kombiniert und sparsam dosiert, überraschende Effekte zeigen.

Im allgemeinen ist zur Parfümherstellung reiner Alkohol erforderlich; eine unverdünnte, nur aus ätherischen Ölen bestehende Mischung ist ebenfalls möglich und hat zumindest den Vorteil, länger auf der Haut zu haften. Ein ganz exquisites Parfüm sind z. B. auch, jeweils für sich aufgetragen, ein oder zwei Tropfen der absoluten Öle (Rose, Jasmin, Neroli).

Die Parfümindustrie klassifiziert das Endprodukt danach, wie hoch der Anteil an Duftmaterial (ätherisches Öl oder anderes) im Verhältnis zur Alkoholmenge ist: bei einem Parfüm 15 bis

20%, bei einem Eau de parfum ungefähr 10%, bei einem Eau de toilette zwischen 4 und 6% und bei einm Eau de Cologne 2 bis 3%.
Über die richtige Art des Mischens sind schon unzählige Theorien entwickelt worden. Nach dem französischen Parfümeur Piesse, der im 19. Jahrhundert lebte, gibt es bei Düften ein ähnliches System wie in der Musik, und zwar wird zwischen Kopf-, Herz- und Basisnoten unterschieden. Die Kopfnoten sind die, die wir zuerst wahrnehmen; die Herznoten sind Träger der spezifischen Merkmale eines ätherischen Öls, eines Parfüms oder einer bestimmten Kombination, während die Basisnoten den Grundakkord des Duftgebildes darstellen, der am längsten anhält. Es gibt einige Öle, die leicht als Basisnoten erkennbar sind, z. B. Patschuli, Myrrhe, Jasmin und Sandelholz. Aber welche Öle den Herz- oder Kopfnoten zuzuordnen sind, ist unter Aromatherapeuten und Parfümeuren sehr umstritten. Die von Jahr zu Jahr unterschiedliche Witterung ist für diese Unklarheit zum Teil mitverantwortlich. So mag das nach einem sonnigen, trockenen Sommer aus einer Pflanze extrahierte Öl als Kopfnote klassifiziert werden, das Öl derselben Pflanze nach einem feuchten, trüben Sommer als Herznote. In jedem Fall sind die Definitionen weitgehend subjektiv, weshalb man sich beim Mischen am besten auf das Urteil seiner Nase verläßt. Deren Sensitivität entwickelt sich am ehesten, wenn Sie ausschließlich hochwertige Öle verwenden und alle synthetischen Düfte aus ihrer Umgebung verbannen – angefangen bei den künstlich parfümierten Hauspflege-, Wasch- und Spülmitteln über Haarshampoos, Luftverbesserer und Deodorants bis hin zu Kosmetika verschiedenster Art.
Für all diese mit künstlichen Düften angereicherten Produkte gibt es inzwischen Alternativen – sowohl unparfümierte als auch solche, die nur natürliche Pflanzenauszüge enthalten. Es lohnt sich, nach ihnen zu suchen und den etwas höheren Preis in Kauf zu nehmen – Ihre Gesundheit und Ihr Geruchssinn werden davon profitieren.

Patschuli (Pogostemon patchouli oder Pogostemon cablin)

Die Heimat des Patschuli-Busches ist Malaysia; inzwischen wird er in verschiedenen südostasiatischen Ländern, auf den Westindischen Inseln und in Paraguay angebaut. Die Pflanze wird bis zu einem Meter hoch und hat breite, weiche, pelzartige Blätter. Obwohl sie zur gleichen Familie wie viele unserer aus dem Mittelmeerraum stammenden Kräuter (Basilikum, Lavendel, Majoran, Melisse, Pfefferminze, Rosmarin, Thymian, Ysop etc.) gehört, ist sie in bezug auf Aussehen, Standort und medizinische Eigenschaften den meisten von ihnen sehr unähnlich.

Das ätherische Öl ist zähflüssig und tief bräunlich-gelb, oft mit einem leichten Stich ins Grüne. Der Duft ist schwer zu beschreiben: sehr scharf und stechend, aber zugleich ein wenig modrig – jedenfalls so durchdringend und anhaltend, daß er Kleidern noch zwei Wochen anhaftet, selbst wenn sie gewaschen werden. Für die Mitmenschen ist das nicht immer angenehm, zumal manche Patschuli als eher tierisch empfinden. Ich habe bereits darauf hingewiesen, daß die Präferenz des Klienten Sie bei der Auswahl des ätherischen Öls leiten sollte; dies gilt in besonderem Maß bei Patschuli. Trotzdem wird der Geruch wegen seiner Langlebigkeit von der kosmetischen Industrie sehr häufig als Fixativ benutzt. In sehr geringer Dosierung (0,5%) verleiht er aromatischen Mischungen eine geheimnisvolle orientalische Note.

Seine Wirkstoffe umfassen Patchoulen, Patchoulol, Norpatchulol, ferner Spuren von Eugenol, Cadinen, Carvon, Caryophyllen etc.; interessant dabei ist, daß Patchoulen sehr stark dem in der Kamille vorhandenen Azulen-Wirkstoff ähnelt und dieselben entzündungshemmenden Eigenschaften besitzt.

Der Strauch, der in der Sprache der Einheimischen Pucha-Pot genannt wird, hat in China, Japan und Malaysia bereits eine lange Geschichte als Heilpflanze hinter sich. Er wird wegen seiner anregenden, tonisierenden, antiseptischen und fiebersenkenden Wirkungen geschätzt, außerdem bei den Stichen giftiger Insekten und bei Schlangenbissen; von jeher hat man ihn in den genannten Ländern auch zur Parfümherstellung und als Insektizid verwendet.

In der Aromatherapie dient Patschuli vor allem der Behandlung von Hautkrankheiten. Da das Öl nicht nur entzündungshemmend und antiseptisch, sondern auch fungizid und, wie Lavendel und Neroli, zellerneuernd wirkt, ist es ein sehr wertvolles Mittel bei der Behandlung von Akne, rissiger Haut, bestimmten Ekzemen, Hautallergien, Schuppen und Pilzinfektionen (z. B. Fußpilz).

Das Öl ist zur Behandlung von Fettleibigkeit verwendet worden, möglicherweise aufgrund der Vermutung, daß es den Appetit zügelt, vielleicht auch, weil es der Harnverhaltung entgegenwirkt. Es ist jedoch auch ein Antidepressivum; ich glaube, daß es zu einem Gewichtsverlust beiträgt, weil es die bei Übergewichtigen oft vorhandenen Ängste und Depressionen reduziert. Bei streßbedingten Krankheiten ist es daher generell nützlich.

Manche Autoren beschreiben es auch als aphrodisisch; gerade in diesem Bereich ist jedoch wichtig, daß beide Partner den Duft mögen.

Pendeln

Manche Aromatherapeuten benutzen ein Pendel, um das richtige ätherische Öl für einen bestimmten Zweck zu finden. Welche Bewegung des Pendels – mit oder gegen den Uhrzeigersinn – jeweils ja oder nein bedeutet, muß jeder für sich selbst festlegen, am besten anhand einer einfachen Frage mit bekannter Antwort.

Wenn man die ätherischen Öle und ihre Eigenschaften gut kennt und etwas intuitives Gespür für den Patienten entwickelt, kommt man meines Erachtens auch ohne Pendel aus. Oft bestätigt Pendeln nur, was man verstandesmäßig bereits weiß oder intuitiv als richtig erkannt hat. Für den, der mit der Aromatherapie anfängt, kann es jedoch als zusätzliche Bestätigung seiner Entscheidung nützlich sein.

Ich gebrauche das Pendel oft, wenn ich mir über die Qualität eines ätherischen Öls, seine Reinheit und Herkunft nicht im klaren bin. Dann stelle ich etwa folgende Fragen: »Ist das in dieser Flasche befindliche Öl absolut rein?« oder: »Hat dieses Öl noch chemische Rückstände?«

Mit Hilfe des Pendels lassen sich auch Nahrungsmittel sehr schnell austesten, z. B. wenn man einkauft oder auswärts ißt; diese Möglichkeit dürfte vor allem für Allergiker vorteilhaft sein.

Wie funktioniert das Pendeln? Ich möchte dies am Beispiel der Uhr erklären. Die Uhrzeit wird nicht von den Zeigern bestimmt, sondern von der inneren Mechanik der Uhr. Die Zeiger verdeutlichen dies nur nach außen. Ein Pendel »weiß« nichts, aber es erleichtert den Kontakt zu unserem eigenen intuitiven Wissen und möglicherweise auch dem kollektiven Unbewußten.

Zum Pendeln braucht man keine speziellen Kenntnisse oder Fähigkeiten. Jeder kann es. Sie können ein Pendel kaufen oder selbst herstellen, indem Sie einen kleinen, relativ schweren Gegenstand, z. B. einen Schlüssel oder einen Ring, an einem Faden aufhängen.

Pergamenthaut (Xerodermie)

Hier handelt es sich um eine anomale Trockenheit der Haut, z. B. bei Fischschuppenkrankheit (Ichthyosis). Die Zahl der Talgdrüsen ist geringer als üblich, weshalb es der Haut an Geschmeidigkeit fehlt und sie schuppig ist. Der Zustand ist verschieden von normal trockener Haut, bei der genügend Talgdrüsen vorhanden sind, diese aber nicht so gut funktionieren. Die Xerodermie ist eine schwer zu behandelnde Krankheit. Häufiges Einreiben mit einer gehaltvollen Creme kann den Mangel an Fett ein wenig ausgleichen, besonders wenn ihr geeignete ätherische Öle zugefügt werden: Geranie, Kamille, Lavendel und Neroli. Ein wirkliches Heilmittel ist noch nicht bekannt; möglicherweise helfen die unter **Schuppenflechte** beschriebenen Behandlungen.

Zu den Dosierungen siehe unter **Cremes**.

Perkolation

Dieses Verfahren zur Gewinnung ätherischer Öle ist relativ jung und gleicht in einigen Punkten der Destillation, nur daß sich hier der Dampfgenerator über dem Pflanzenmaterial befindet, auf das er von oben her einwirkt. Der angereicherte Dampf sammelt sich in einer Röhre, die ihn durch eine Reihe von Kühltanks mit immer niedrigeren Temperaturen transportiert. Am Ende wird das so gewonnene Produkt ähnlich wie beim herkömmlichen Destillationsprozeß weiterbehandelt.
Die Methode wird bislang noch wenig angewandt, hat sich aber wegen ihres intensiveren Einwirkens besonders auf harte, holzige Pflanzenteile wie z. B. die Samen der Doldenblütler-Familie (Anis, Dill, Fenchel etc.) als sehr nützlich erwiesen. Mit normalen Destillationsverfahren dauert der Vorgang bei ihnen zwölf Stunden, bei Anwendung der Perkolation nur noch vier Stunden. Da die Dampfeinwirkung auf die Pflanzenteile viel kürzer ist, besitzt das Endprodukt eine bessere Qualität.
Siehe auch **Destillation.**

Pest

Die großen Epidemien, die Europa vom Schwarzen Tod des 14. Jahrhunderts bis zur Großen Pest des 17. Jahrhunderts heimsuchten, sind wahrscheinlich nicht alle durch dieselbe Krankheit ausgelöst worden. Nur die markantesten Ausbrüche konnten anhand der von Augenzeugen, insbesondere von Ärzten verfaßten Berichte aufgrund der Symptome identifiziert werden. Die verschiedenen Wogen der Lungen- und Beulenpest wurden durch das Pasteurella-Pestis-Bakterium ausgelöst, das von Rattenflöhen übertragen wird. Es handelt sich eigentlich um eine Nagetierkrankheit, die auf Menschen nur dann übertragen wird, wenn diese in engem Kontakt mit den Tieren leben – und die Rattenkolonie durch die Seuche so stark dezimiert wurde, daß die Flöhe sich andere Opfer suchen.
Der Begriff »Schwarzer Tod« ist ein Hinweis auf die schiefergraue Gesichtsfarbe bei Lungenpest bzw. die dunklen, blut-

unterlaufenen Hautpartien eines von Beulenpest befallenen Menschen.

Es sind allerhand Geschichten von Leuten überliefert, die durch den Umgang mit aromatischen Pflanzen von den damaligen Seuchen verschont blieben, z. B. die Arbeiter auf den Lavendelfeldern, die Gerber, die Leder mit ätherischen Ölen parfümierten, oder die Betreuer von Kräutergärten. In Toulouse, so heißt es, konnten Leichenfledderer sich während der Pestzeiten vor Ansteckung schützen, weil sie eine Mischung aus Nelken, Salbei, Majoran, Rosmarin, Wacholder und Kampfer – die allesamt antibakteriell wirken –, Wermut, Mädesüß und Angelika in einer Essiglösung benutzten.

Die Nelken, die in dieser als »Vier-Diebe-Essig« bekanntgewordenen Mixtur benutzt wurden, gehören zu den stärksten Antiseptika der Aromatherapie. Im 16. und 17. Jahrhundert spickte man Orangen mit ihnen, um sich vor Epidemien zu schützen. In den Wohnungen verstreute man aromatische Kräuter, die beim Zertreten ihre ätherischen Substanzen freisetzten, und in den übelriechenden Gassen trug man duftende Sträußchen – beides ausgezeichnete vorbeugende Maßnahmen.

Für uns haben dieses Informationen aus vergangenen Zeiten nicht nur historischen Wert. Obwohl es seit dem 17. Jahrhundert keinen größeren Ausbruch der Pest mehr gab, ist sie in einigen tropischen Gebieten noch immer nicht verschwunden – in Indien brach sie 1994 wieder aus. Größere Epidemien sind auch immer möglich, wenn aufgrund von Naturkatastrophen oder Kriegen die medizinische Versorgung zusammenbricht und die hygienischen Verhältnisse auf den Nullpunkt kommen.

Petersilie (Petroselinum sativum)

Das hübsch gekräuselte Küchenkraut gedeiht in allen gemäßigten Zonen, obwohl es ursprünglich in Griechenland heimisch war. Die Griechen waren es auch, die als erste seine medizinischen Qualitäten erkannten. Der botanische Beiname *sativum* – von »satt«, »zufriedenstellend« – weist darauf hin, daß es außerdem schon seit langer Zeit zu kulinarischen Zwecken verwendet wird. Die beste Petersilie wuchs damals in Makedonien. Heute baut man sie in Europa, Asien und den USA an.

Das ätherische Öl wird aus den Blättern, zuweilen den Wurzeln und vor allem den Samenkörnern gewonnen, in denen es am reichlichsten vorhanden ist. Hauptbestandteil von Petersilienblattöl ist Apiol, auch »Petersilienkampfer« genannt; weitere Wirkstoffe sind Apiolaldehyd und Pinen. In der Aromatherapie greift man vor allem auf das aus den Samen gewonnene Öl zurück; es enthält weit weniger Apiol, dafür hauptsächlich Myristicin und kleine Mengen Phellandren, Myrcen, Pinen etc. Der Duft des gelblich bis dunkelbernsteinfarbenen Öls ist nußartig und würzig.

Griechische und römische Ärzte, so Dioskurides und Plinius, empfahlen Petersiliensamen bei Nieren- und Blasenstörungen und -steinen sowie Harnverhaltung, außerdem zur Förderung der Menstruation und bei Sterilität. Das ätherische Öl wird seit Anfang des 16. Jahrhunderts bei den gleichen Problemen sowie als mildes Anregungsmittel, als Verdauungshilfe, zur Senkung von Fieber und zur Kräftigung des Kreislaufs eingesetzt. Heute wird es – wie viele Öle aus der Familie der Doldenblütler – vor allem als Diuretikum und bei Harnwegsbeschwerden geschätzt. Heiße Kompressen über der Blase helfen bei Zystitis und können bei Nierenproblemen aufgelegt werden – bei denen, das versteht sich von selbst, auch ein Arzt konsultiert werden sollte. Aufgrund der harntreibenden Wirkung ist es bei allen Beschwerden angezeigt, bei denen Flüssigkeit im Körper zurückgehalten wird: Prämenstruelles Syndrom, Ödeme aufgrund von langem Stehen (allerdings *nicht* in der Schwangerschaft) und Zellulitis.

Petersilie stärkt die glatte Muskulatur, vor allem die des Fortpflanzungssystems, weshalb es zuweilen als Wehenmittel verwendet wird. Allerdings sollten Sie es nicht während der Schwangerschaft benutzen, denn es hat eine starke menstruationsfördernde Wirkung. Aus genau diesem Grund eignet es sich aber gut bei ausbleibenden, spärlichen oder unregelmäßigen Blutungen. Vielleicht wurde es deshalb in der Antike bei Sterilität empfohlen: Eine ausbleibende oder unregelmäßige Menstruation macht es schwer, den für eine Empfängnis günsti-

gen Zeitpunkt zu bestimmen. Bei den Franzosen gilt die Pflanze außerdem als potenzsteigernd – und das ist möglicherweise die andere Hälfte der Geschichte.
Wegen der anregenden Wirkung auf die Blutgefäße wird das Öl auch äußerlich zur Behandlung von Hämorrhoiden und blauen Flecken herangezogen; bei Prellungen trägt es dazu bei, die direkt unter der Hautoberfläche liegenden zerstörten Blutgefäße zu verschließen und so den Austritt von Blut in das umliegende Gewebe zu verhindern. Aus diesem Grund kann es bei regelmäßiger, mehrmonatiger Anwendung auch bei geplatzten Äderchen im Gesicht nützlich sein.
Petersiliensamen fördern die Verdauung. Als ich in Frankreich lebte, haben wir nach den Mahlzeiten immer ein paar Samenkörner zerkaut, um die Verdauung zu unterstützen und (nach dem dort reichlichen Knoblauch im Essen) wieder einen frischen Atem zu bekommen. Bei träger Verdauung empfiehlt sich eine Bauchmasage.

Petitgrain (Citrus aurantium bigaradia und andere Zitrus-Varietäten)

Petitgrainöl wird aus dem Bitterorangenbaum gewonnen, dem wir auch das ihm so ähnliche Neroliöl verdanken. Heute wird es nur noch aus Blättern und Zweigspitzen destilliert, während die Menschen früherer Jahrhunderte die noch grünen und erst kirschgroßen Früchte verwendeten (daher der Name »Petitgrain«, d. h. »kleiner Same«). Dies erwies sich als unwirtschaftlich, da mit ausgereiften Orangen mehr Geld zu machen war. Man begann, Blätter und Zweigspitzen zur Herstellung des Öls zu benutzen und übertrug die alte Bezeichnung auf dieses. Aus der süßen Orange *(Citrus aurantium, var. dulce),* der Zitrone *(Citrus limonum),* Bergamotte *(Citrus bergamia)* und Mandarine *(Citrus reticulata)* etc. werden verschiedene Unterarten des Petitgrainöls extrahiert, die als Alternativen zur Bitterorange nützlich sind. Das beste Petitgrainöl kommt – wie alle Zitrusöle – aus dem Mittelmeerraum. Eine billigere Qualität wird aus Paraguay importiert.

Die guten Qualitäten sind an ihrem frischen, blumigen Duft zu erkennen, der nicht ganz so herb ist wie bei Neroli. Er erinnert ein wenig an gutes Kölnisch Wasser, in dem Petitgrain tatsächlich manchmal verwendet wird. Die chemischen Bestandteile sind fast dieselben wie bei Neroli, nur daß letzteres weniger Linalol und Linalylacetat enthält.

Der Duft ist allgemein beliebt und paßt gut zu vielen Ölen. Ich hatte einmal Gelegenheit, eine köstliche Komposition aus Neroli, Orange und Petitgrain zu riechen; die Therapeutin hatte diese Öle gewählt, weil sie die verschiedenen Teile des Orangenbaums (Früchte, Blüten und Blätter) zusammenbringen wollte.

Auch therapeutisch gibt es kaum Unterschiede zwischen Petitgrain und Neroli. Petitgrain wirkt etwas weniger sedativ. Trotzdem eignet es sich bei Schlaflosigkeit, vor allem dann, wenn diese eher mit Einsamkeit und Unglücklichsein als mit Angst und einem überaktiven Geist zu tun hat. Eine seltene Petitgrain-Art, die aus *Citrus hystrix* gewonnen wird, sediert jedoch sehr stark und wirkt bei Schlaflosigkeit immer, egal was deren Ursache ist.

Petitgrainöl ist ein gutes Antidepressivum und eignet sich bei einer länger andauernden Behandlung als Alternative zu Bergamotte und den anderen stimmungshebenden Zitrusölen. Da es die Lichtempfindlichkeit der Haut nicht erhöht, können Sie es auch benutzen, wenn die Verwendung von Bergamotte zu riskant wäre. Aufgrund der unterschiedlichen Präferenzen und Bedürfnisse ziehen manche Leute es vielleicht anderen antidepressiv wirkenden Ölen vor. Ich habe die Erfahrung gemacht, daß es vor allem Menschen hilft, die einsam sind oder sich oft ein wenig niedergeschlagen fühlen, sowie bei saisonal bedingten affektiven Störungen (Winterdepression).

Es wäre jedoch irreführend, in Petitgrain nur eine Alternative zu Neroli und anderen Ölen zu sehen; es hat durchaus eigene Qualitäten. In der Hautpflege trägt es dazu bei, eine übermäßige Talgproduktion zu reduzieren; außerdem ist es ein sanftes, aber wirksames Antiseptikum. Aus diesem Grund kommt es bei Akne und fettigen Schuppen in Frage (zur abschließenden Spülung ein paar Tropfen dazugeben). Es ist ein wunderbar

erfrischendes, deodorierendes Badeöl. Für ein abendliches Bad läßt es sich gut mit Lavendel mischen, obwohl ich es lieber morgens zusammen mit Rosmarin für ein Aufwachbad nehme. Petitgrain hat sich auch während der Rekonvaleszenz bewährt; es hilft jedem, der erschöpft ist, besonders wenn gleichzeitig eine leichte, aber langanhaltende Depression vorliegt.
Siehe auch **Neroli.**

Pfeffer, schwarzer (Piper nigrum)

Der Pfeffer ist eine holzige Kletterpflanze, die in Ostasien heimisch ist. Im Naturzustand kann er bis sechs Meter hoch werden, aber im kommerziellen Anbau beschränkt man ihn der leichteren Ernten wegen auf drei bis vier Meter. Seit über 4000 Jahren ist er im Fernen Osten als Heilpflanze und Gewürz bekannt, spätestens seit dem 5. Jahrhundert auch in Europa. Wie viele andere Gewürze stand auch der Pfeffer in hohem Wert – der Hunnenkönig Attila z. B. soll unter anderem 3000 Pfund des kostbaren Stoffes als Auslösesumme von der Stadt Rom verlangt haben. Das ätherische Öl variiert in der Farbe von nahezu farblos bis zu schwachem Grün; mit zunehmendem Alter wird es gelblich. Sein Hauptwirkstoff ist Piperin. Der Geruch ist angenehm würzig und ähnelt frischen Pfefferkörnern, mit einem charakteristischen »Biß« als »Nachduft«.

Das Öl wirkt wärmend und stark hautrötend, kann aber in geringer Dosierung seltsamerweise Fieber senken. Wegen seiner krampflösenden, windtreibenden, tonisierenden und stimulierenden Wirkung eignet es sich besonders gut zur Behandlung von Beschwerden des Verdauungstrakts. Es bringt z. B. einen trägen Verdauungsapparat wieder in Schwung, ohne kolikartige Schmerzen zu verursachen, da die krampflösende Wirkung die glatte Darmmuskulatur beruhigt.

Es regt auch die Nierentätigkeit an und wird deshalb zuweilen als harntreibendes Mittel eingesetzt; dies ist jedoch eine etwas fragliche Praxis, da der Unterschied zwischen stimulierender und irritierender Wirkung ein sehr geringer ist. Ein zu häufiger Gebrauch kann jedenfalls zu Nierenschäden führen. Man schreibt dem Öl auch eine aphrodisische Wirkung zu, aber ich möchte von einer Verwendung abraten, da die für einen stimulierenden Effekt notwendige Menge auch hier die Nieren in Mitleidenschaft ziehen kann.

Bei Anämie ist das Öl wertvoll, weil es die Milz anregt, die ja an der Produktion neuer Blutzellen beteiligt ist. Nach schwerem Blutverlust oder größeren Verletzungen ist es aus diesem Grund ebenfalls von Nutzen.

Am häufigsten verwende ich schwarzen Pfeffer in Massageölmischungen gegen Muskelschmerzen, -steifheit und -kater. Sein Anteil sollte dabei sehr gering sein, da es bei zu hoher Dosierung zu örtlichen Hautreizungen kommen kann. Wegen der stimulierenden und tonisierenden Eigenschaften gebe ich das Öl oft in Massageöle für Tänzer und Sportler. Es scheint, daß eine Massage vor der sportlichen oder künstlerischen Veranstaltung Schmerzen und Steifheit verhindert und die Leistung steigert. Marathonläufer, die das Öl vor dem Wettkampf zusammen mit Rosmarin einmassierten, erreichten bessere Zeiten und hatten weniger Muskelschmerzen; so bald wie möglich nach dem Lauf erhielten sie übrigens eine Massage mit Lavendel- und Majoranöl.

Schwarzer Pfeffer kann in geringer Dosierung einem Massageöl beigegeben werden, um rheumatische und arthritische Schmerzen zu lindern. Einer Mischung verschiedener ätherischer Öle gibt er oft einen besonderen Pfiff.

Auch aus dem grünen Pfeffer wird ein ätherisches Öl hergestellt, das einen feineren Duft besitzt und in Mischungen sogar noch interessanter ist.

Pfefferminze (Mentha piperata)

Die Pfefferminze ist eine ausgesprochen europäische Pflanze, selbst wenn heute die Amerikaner von ihr mehr Öl produzieren als irgendein anderes Land. Die alten Römer – und vermutlich auch die Ägypter – wußten bereits von ihrer heilkräftigen Wirkung auf das Verdauungssystem.

Ihr wichtigster Bestandteil ist das Menthol; außerdem enthält sie Menton, Limonen, Menthen und Phellandren. Es heißt, das beste ätherische Öl komme aus England, wegen des gemäßigten Klimas. Menthol findet sich isoliert in vielen pharmazeutischen Produkten, aber mit den übrigen in der Pflanze vorhandenen Stoffen ist es am effizientesten. Kommerziell wird es zur aromatischen Aufbesserung von Zahnpasten und etlichen Medikamenten sowie natürlich auch zur Bonbonherstellung benutzt.

Die Pfefferminze ist aufgrund ihrer krampflösenden Eigenschaften seit jeher das bevorzugte Hausmittel bei Magen- und Verdauungsbeschwerden jeder Art (Koliken, Durchfall, Erbrechen), außerdem bei Lebererkrankungen. Das ätherische Öl läßt sich, sachgemäß verdünnt, gut für Magenmassagen verwenden, die stets im Uhrzeigersinn auszuführen sind. Unterstützend kann Pfefferminztee getrunken werden. Pfefferminze ist außerdem hilfreich bei Erkältungen und Grippe, vor allem in Verbindung mit Lavendel, Majoran und ähnlich geeigneten Ölen. Sie wärmt und stimuliert die körpereigenen Abwehrkräfte, noch bevor die Krankheit richtig zum Ausbruch kommt. 3 Tropfen des Öls sind für ein Vollbad absolut ausreichend – mehr würde ein unangenehmes Brennen auf der Haut hervorrufen.

Bei Fieber wirkt Pfefferminze kühlend, so paradox dies nach dem Vorhergesagten klingen mag. Der scheinbare Widerspruch löst sich auf, wenn wir wissen, daß der Wärmeeffekt nichts anderes ist als eine Reaktion des Körpers auf die zuvor erzeugte Abkühlung. Pfefferminze veranlaßt den Körper außerdem zum Schwitzen, ein weiterer Mechanismus, um eine erhöhte Temperatur zu senken.

Eine Dampfinhalation macht verstopfte Atemwege wieder frei. Ich benutze Pfefferminze gern mit Lavendel, da die Öle sich gegenseitig steigern.

Gesichtsdampfbäder mit Pfefferminze reinigen und klären die Haut, vor allem bei Akne. Ihre leicht antiseptischen Eigenschaften dämmen die Ausbreitung der Bakterien ein.

Kalte Umschläge auf Stirn und Schläfen, auch hier am besten unter Zusatz von etwas Lavendel, lindern Kopfschmerzen und unter Umständen auch Migräne (bei schweren Anfällen wird das starke Aroma möglicherweise als unerträglich empfunden).

Beide Öle sind effiziente Schmerzkiller, wobei Pfefferminze anregend, Lavendel beruhigend wirkt. Viele im Handel erhältliche Schmerzmittel (Aspirin etc.) enthalten eine ähnliche Kombination von stimulierenden und sedierenden Substanzen – allerdings mit dem gravierenden Unterschied, daß ätherische Öle nicht nur die Symptome bekämpfen, sondern an den Ursachen arbeiten (z. B. verstopften Atemwegen, Stauungen in der Leber oder geistiger Erschöpfung).

Pfefferminze wird ähnlich wie Rosmarin und Basilikum als »kopfwirksam« beschrieben, d. h., sie aktiviert das Gehirn und verhilft zu einem klaren Denken. Aufgrund ihrer anregenden Qualitäten wird sie ferner als Erste-Hilfe-Maßnahme bei plötzlichem Schock oder Übelkeit eingesetzt; hier genügt es, das Öl von einem Taschentuch oder direkt aus der Flasche zu inhalieren.

Der starke Geruch schreckt vier- und sechsbeiniges Ungeziefer ab. Die Methode der Vertreibung dieser unliebsamen Mitbewohner ist sehr einfach und überdies unschädlich: Man sprüht lediglich eine kleine Menge Pfefferminzöl auf die »Straßen« der Mäuse, Ratten, Ameisen oder Küchenschaben; der Effekt ist in der Regel unübersehbar und wird durch die Kombination mit dem ebenfalls sehr durchdringend riechenden Eukalyptusöl noch verstärkt. Der größte Vorteil dabei ist, daß diese Maßnahme für Haustiere und vor allem kleine Kinder völlig ungefährlich ist. Zum Schluß noch zwei wichtige Hinweise:

Benutzen Sie Pfefferminze nicht, wenn Sie homöopathische Medikamente nehmen, und lagern sie es weit von diesen entfernt; es kann ihre Wirkung beeinträchtigen.

Verwenden Sie Pfefferminze nicht abends, denn sie kann Schlaflosigkeit hervorrufen. Bei fortgesetztem Gebrauch über längere Zeit kann es zu Störungen des Schlafrhythmus kommen.

Pflanzenheilkunde

Die Verwendung von Pflanzen zur Unterstützung des Heilungsprozesses ist die älteste medizinische Methode der Welt, mit Sicherheit älter als die frühesten schriftlichen Aufzeichnungen. Der Mensch der Vorzeit beobachtete wahrscheinlich, welche

Pflanzen von kranken Tieren gefressen wurden, und er bemerkte die Heilwirkung von Pflanzen, die er als Nahrung sammelte. Das Beispiel sogenannter »primitiver« Völker, deren Lebensart bis ins 20. Jahrhundert kaum eine Veränderung erfuhr, und archäologische Funde deuten darauf hin, daß der größte Teil des angesammelten Wissens nur einer einzigen Person in jedem Stamm bekannt war, die zugleich als Priester oder Schamane fungierte. Die überlieferten Kenntnisse wurden mündlich weitergegeben, oft innerhalb einer Familie, nämlich vom Vater auf den Sohn oder von der Mutter auf die Tochter. Von 14 unterschiedlichen, in dem 60 000 Jahre alten Grab eines Neandertalers gefundenen Pflanzen, die anhand ihrer Überreste identifiziert wurden, besitzen zumindest elf uns bekannte medizinische Qualitäten. Im Fernen Osten existierten vor 3000 Jahren komplexe, ausgeklügelte Systeme zum Heilen mit Pflanzen; in Ägypten fand man schriftliche Aufzeichnungen über pflanzliche Arzneimittel, die aus dem Jahr 1500 v. Chr. datieren.

Die moderne Pflanzenheilkunde verwendet die ganze Pflanze, frisch oder getrocknet, und bereitet daraus Aufgüsse und Absude, Tinkturen, flüssige Extrakte, Tabletten, Cremes und Salben. Im Gegensatz zum pharmazeutischen Chemiker isoliert der Pflanzenheilkundige nicht bestimmte Wirkstoffe, sondern benutzt die Pflanze mit all ihren komplexen chemischen Verbindungen. Wahrscheinlich haben pflanzliche Arzneimittel aus diesem Grund so selten Nebenwirkungen. Gerade die Substanzen nämlich, die pharmazeutische Laboratorien als »Verunreiniger« beseitigen, gleichen die medizinische Hauptwirkung aus bzw. komplettieren sie.

Pflanzenheilkunde und Aromatherapie ergänzen einander ideal. Beide verwenden (oft dieselben) Heilpflanzen, wenn auch auf andere Weise. Vor allem, wenn ein Aromatherapeut der Ansicht ist, daß ein bestimmtes pflanzliches Mittel die Wirkung eines in Bädern, Massagen etc. verabreichten ätherischen Öls abrundet, wird er froh sein, einen qualifizierten Pflanzenheilkundigen in der Nähe zu haben; und dieser wird insbesondere bei streßbedingten Erkrankungen nichts dagegen haben, daß sein Patient in den Genuß einer aromatherapeutischen Massage kommt.

Pflanzenhormone

Wie Menschen und Tiere produzieren auch Pflanzen Hormone, die man als »chemische Sendboten« bezeichnen könnte. Auf ihren Reisen durch die Blutbahnen bzw. Blattadern sind sie mit ganz bestimmten Missionen unterwegs, die irgendeinen Teil des Organismus und dessen verschiedene Funktionen (Wachstum, Reproduktion etc.) betreffen.

Einige Pflanzenhormone sind in bezug auf Struktur und Funktion von menschlichen kaum zu unterscheiden und können deshalb auch in der Humanmedizin eingesetzt werden. Fenchel, Hopfen, Süßholz und Weidenkätzchen enthalten Formen des weiblichen Hormons Östrogen, die Sarsaparille (die amerikanische Stechwinde) das männliche Hormon Testosteron.

Möglicherweise sind auch in einigen der als aphrodisisch bekannten ätherischen Öle pflanzliche Hormone vorhanden, aber wir wissen noch zu wenig über diese Substanzen und ihre Anwendung. Bisher können wir nur vermuten, daß z. B. jene Öle, die einen regulierenden Einfluß auf den Menstruationszyklus haben, die den Milchfluß anregen oder Geburtswehen verstärken, dies nur durch das Vorhandensein pflanzlicher Hormone bewerkstelligen.

Viele Öle, die das weibliche Fortpflanzungssystem beeinflussen, enthalten Bestandteile, die Östrogen sehr ähnlich sind. Es gibt jedoch keine ätherischen Öle mit progesteronähnlichen Komponenten; diese finden sich jedoch in zahlreichen Heilpflanzen, vor allem dem Mönchspfeffer *(Vitex agnus castus)*. Ginseng und andere Pflanzen enthalten Äquivalente des männlichen Hormons Testosteron.

Siehe auch **Östrogene.**

Phenole

Phenole sind eine Art von Duftmolekülen, die stark bakterizid, antiviral und kräftigend wirken und das Immunsystem anregen, aber auch Haut und Schleimhäute stark reizen. Bei reichlicher oder länger andauernder Verwendung können sie die Leber schädigen; die entsprechenden Öle sind deshalb mit Vorsicht zu verwenden. Benutzen Sie sie nie unverdünnt. Phenole sind etwa Carvacrol (das toxischste), das in Oregano, Thymian etc. vorkommt; Eugenol in Gewürznelke, Zimtblatt, schwarzem Pfeffer, Muskatnuß etc.; Thymol in Thymian (große Mengen) sowie ein paar anderen Ölen.

Phenylmethyläther

Phenylmethyläther kommen zuweilen in ätherischen Ölen vor, oft in so kleinen Mengen, daß sie bei der Zusammensetzung nicht angegeben werden. Sie besitzen ähnliche Eigenschaften wie die Ester, wirken aber noch stärker, im allgemeinen sedativ, krampflösend und antidepressiv. In diese Kategorie gehören Anethol (in Fenchel, Sternanis etc.); Chavicolmethylester in Basilikum, Fenchel, Estragon etc.; Eugenolmethyläther in Gewürznelke.

Phytotherapie

Der Terminus »Phytotherapie« ist aus den griechischen Wörtern *phyton* (= Pflanze) und *therapeuein* (= heilen) zusammengesetzt; gemeint sind alle Behandlungsformen, die Pflanzen zu Heilzwecken einsetzen.
In Frankreich ist der Begriff allgemein üblich und schließt auch die Aromatherapie mit ein; es gibt dort nur wenige Therapeuten, die ausschließlich mit ätherischen Ölen arbeiten, die meisten setzen Pflanzen auch auf andere Weise ein. In Deutschland ist der Ausdruck »Pflanzenheilkunde« gebräuchlicher.

Piment (Pimenta dioica, Synonym: Pimenta officinalis)

Der Pimentbaum ist auf den Westindischen Inseln und in Südamerika heimisch, wo die Beeren allgemein als Küchengewürz verwendet werden. Die lokale Volksheilkunde setzt sie bei Verdauungsbeschwerden und Rheuma ein. Das aus den Blättern oder den Beeren destillierte ätherische Öl erinnert im

Geruch an Gewürznelkenöl und besteht überwiegend aus Eugenol – bis zu 80%, wenn das Öl aus den Beeren gewonnen wurde, und bis zu 96%, wenn es von den Blättern stammt; dazu kommen Cineol, Phellandren und Caryophyllen. (Caryophyllen ist auch im Öl der Gewürznelke enthalten und für den ähnlichen Duft verantwortlich.) Aus aromatherapeutischer Sicht ist das Beerenöl vorzuziehen, weil es die Haut weniger reizt.

Ich benutze Pimentöl nicht oft, aber wenn, dann ist die Wirkung fast magisch zu nennen. Für mich ist es ein Krisenöl, das in winzigen Mengen (oft genügt ein einziger Tropfen) zum Einsatz kommen kann, wenn sehr schnell Hilfe benötigt wird. Ein einziger(!), gut mit einem Trägeröl vermischter und im Uhrzeigersinn in den Bauch einmassierter Tropfen zum Beispiel wird Erbrechen und Darmkrämpfe sofort stoppen, vor allem wenn sie im Zusammenhang mit einer emotionalen Krise oder akuter Angst auftreten.

In angemessen niedriger Konzentration erzeugt Piment ein behagliches Gefühl der Wärme, das sich allmählich im Körper ausbreitet. Er wirkt nicht so »feurig« wie die anderen Gewürzöle. Da er die Haut reizen kann, nehme ich für eine Massagemischung nie mehr als 1%. Manchmal gebe ich einen Tropfen einer bereits fertigen Mischung bei, wenn ich im Verlauf der Massage auf Körperbereiche stoße, die sich kalt anfühlen oder in denen Spannungen oder aufgestaute Emotionen festzusitzen scheinen. Die schnelle Erwärmung vertreibt die Kälte und die harten Stellen ziemlich schnell – auch wenn dies kein Ersatz für die Suche nach der Spannungsursache sein sollte.

Die wärmende Wirkung ist auch bei Arthritis, Rheuma und schmerzenden Muskeln hilfreich. Bei Muskelkrämpfen trägt Pimentöl dazu bei, die Mobilität schnell wiederherzustellen; ich habe es zu diesem Zweck bei Tänzern und Sportlern eingesetzt. Eine Brustmassage mit dem Öl kann einen entkräftenden Husten lindern.

Es überrascht nicht, daß es anregt und stimuliert; es ist bei extremer Müdigkeit geeignet, solange seine Rolle als Krisenöl respektiert und es nicht über längere Zeit benutzt wird. Zuweilen ist ein aphrodisischer Effekt beobachtet worden, was für ein Gewürzöl nichts Ungewöhnliches ist; aber auch in diesem Be-

reich sollte es nicht im Übermaß verwendet werden. Bei wiederholter Anwendung können stimulierende Aphrodisiaka unerwünschte Nebenwirkungen haben. Aber ein einziger Tropfen Pimentöl mit Jasmin und einem Trägeröl würde wahrscheinlich auch Don Juan wieder lebendig machen!
VORSICHT: Pimentöl reizt die Schleimhäute und muß von Mund, Nase und Genitalien ferngehalten werden.

Postvirales Erschöpfungssyndrom (Myalgische Encephalitis)

Die verschiedenen Namen dieser Krankheit – neben den obengenannten auch »chronisches Erschöpfungssyndrom«, »chronisches Erschöpfungs- und Immunschwächesyndrom«, »Epstein-Barr-Syndrom«, und, beleidigend, »Yuppie-Grippe« – deuten bereits auf die Verwirrung von Ärzten und Laien hin, diese schwächende und oft langwierige Krankheit zu verstehen. Daß sie sich immer wieder anders äußert und auch nicht feststeht, ob sie durch eine virale oder eine andere Infektion ausgelöst wird, verstärkt die allgemeine Unsicherheit.
Neuere Forschungen haben die extreme Vermehrung von Candida-albicans-Pilzen bei Menschen festgestellt, die an dieser Krankheit leiden, aber ob dies Ursache oder Folge ist, bleibt dahingestellt. Manche Ärzte negieren sie überhaupt und meinen, die Patienten wären neurotisch oder würden simulieren; angesichts der zunehmender Zahl bekannter Fälle wird eine solche Einstellung zum Glück leider immer seltener.
Ich glaube, daß das postvirale Erschöpfungssyndrom nicht nur eine Ursache hat. Streß, die Umweltverschmutzung, Infektionen können mit ihm zu tun haben; ich kenne Leute, bei denen es nach einem Unfall oder einem emotionalen Schock zum erstenmal aufgetreten ist.
Die Aromatherapie braucht sich mit diesen eher akademischen Auseinandersetzungen nicht zu beschäftigen; sie wird am ehesten heilen können, wenn sie jeden Patienten als Individuum mit spezifischen körperlichen Symptomen und emotionalen Bedürf-

nissen sieht – das heißt so, wie eine ganzheitliche Therapie sowieso arbeitet.
Gemeinsam ist allen Patienten eine fast unerträgliche Müdigkeit. Manche haben ständig oder zeitweise akute Muskelschmerzen, andere werden so schwach, daß sie an einen Rollstuhl gefesselt sind. Möglich sind auch der Verlust der Koordination, Schwindel, Kopfschmerzen und Verdauungsprobleme sowie – was nicht überrascht – Depressionen.
Infolgedessen kommt eine breite Palette von ätherischen Ölen in Frage, obwohl ich es für am wichtigsten halte, das Immunsystem zu stärken. Ti-Baum und andere das Immunsystem anregende Öle müssen abwechselnd eingesetzt werden, da die Behandlung langwierig sein wird. Für die aktuellen Schmerzen stehen analgetische Öle zur Verfügung. Kräftigende Öle wie Rosmarin und Thymian waren in allen mir bekannten Krankheitsfällen sehr wertvoll; Bergamotte, Orange, Petitgrain und andere Zitrusöle scheinen bei den Patienten besser anzukommen als andere antidepressive Öle. Seien wir aber offen für individuelle Vorlieben und Bedürfnisse.
Für sehr schwache und erschöpfte Menschen ist eine Ganzkörpermassage möglicherweise zuviel; trotzdem sind Massagen ein wichtiger Teil der Behandlung und sollten so oft wie möglich verabreicht werden. Die Patienten haben oft Phasen, in denen es ihnen besser geht – auf die dann wieder ein Rückfall folgt, vor allem, wenn sie versuchen, zuviel zu tun –, und jemand, der bei der letzten Sitzung eine Ganzkörpermassage genossen hat, wird beim nächsten Termin vielleicht nur ertragen, daß ihm Hände und Füße massiert werden.
Oft sind Empfehlungen zur Ernährung angebracht; in vielen Fällen helfen hohe Vitamin- und Mineralstoffergänzungsgaben, vor allem wenn das Energieniveau besser wird. Ich habe oben erwähnt, daß die meisten Patienten Probleme mit Candida albicans haben. Egal ob dies Ursache oder Folge ist – Ernährungsmaßnahmen, die das Candida-Problem reduzieren, scheinen oft zu helfen. Auch hier sind Ti-Baum und ähnliche Öle geeignet, die vielleicht schon als Teil der allgemeinen Behandlung benutzt werden. Gut wäre, dem Patienten ein wenig ver-

dünntes Ti-Baum-Öl mitzugeben, das er sich jeden Morgen in den Bauch einmassieren kann; dazu müßte er auch in der Lage sein, wenn er sehr schwach ist; psychologisch jedenfalls ist es wichtig, daß er selbst etwas für seine Genesung tun kann.

Je nach den Bedürfnissen des einzelnen kommen viele andere Öle und Behandlungsmethoden in Frage; hier sollten nur ein paar allgemeine Richtlinien aufgezeigt werden.

Prämenstruelles Syndrom

Der Begriff »prämenstruelles Syndrom« oder »prämenstruelle Spannung« umfaßt eine ganze Anzahl von Beschwerden, unter denen viele Frauen in der Woche (oder den zehn Tagen) vor dem erwartetet Beginn der Periode leiden – in extremen Fällen schon vom Zeitpunkt des Eisprungs an.

Die körperlichen Symptome sind vielfältig: mehr oder minder starke Flüssigkeitsverhaltung, Empfindsamkcit der Brüste, aufgeschwollener Leib, Kopfschmerzen und Übelkeit; auf der psychischen Ebene Niedergeschlagenheit, Weinerlichkeit, Reizbarkeit, Lust auf bestimmte Nahrungsmittel und Mangel an Konzentrationsfähigkeit. Es gibt Frauen, deren Persönlichkeit sich in diesen Tagen dramatisch verändert – bis hin zu einer sonst ungewohnten Aggressivität.

Verschiedene ätherische Öle und aromatherapeutische Techniken können diese Störungen erheblich mildern oder sogar gänzlich beheben, vor allem im Zusammenhang mit einer Ernährungsumstellung.

Durch eine Lymphdrainage mit Geranien- und Rosmarinöl lassen sich die Wasseransammlungen im Körpergewebe ganz oder teilweise beseitigen. Sie ist am effizientesten, wenn sie anfangs zwei oder drei Wochen lang zweimal wöchentlich durchgeführt wird. Später reicht eine Behandlung im Monat, in schweren Fällen zwei. Der zeitlich günstigste Ansatzpunkt für derartige Maßnahmen liegt ein oder zwei Tage vor dem erfahrungsgemäßen Beginn der Flüssigkeitsansammlungen. Gleichzeitig mit deren Behebung verschwanden, wie mir viele Frauen versicherten, oft auch die meisten anderen physischen und psychischen Störungen.

Zur Verminderung von Depression und Reizbarkeit sind Bergamotte, Kamille, Petitgrain und Rose am besten geeignet, vorzugsweise als Massageöl, aber auch als Badezusatz. Zusätzliche Gaben von Nachtkerzenöl, Vitamin B und -B-Komplex haben sich bewährt; gerade in den letzten Jahren hat sich jedoch gezeigt, welch ungeheuren Einfluß eine generelle Veränderung der Ernährung auch in diesem Fall hat. Wenn weißes Mehl und weißer Zucker, Fertiggerichte und chemische Zusätze aus dem täglichen Speiseplan gestrichen werden, wenn der Genuß von Süßwaren, Tee, Kaffee und Alkohol drastisch reduziert und eine ausgeglichene Vollwerternährung mit viel frischem Obst und Gemüse praktiziert wird, sind die Beschwerden wahrscheinlich wesentlich erträglicher. Paradoxerweise sind es ausgerechnet die schädlichen Genußmittel – insbesondere Zigaretten –, von denen sich viele Frauen während ihrer allmonatlichen Beschwerden und Depressionen Erleichterung erhoffen. Heilsamer wäre, in solchen Situationen den eigentlichen Bedürfnissen des Körpers nachzugeben und etwa einen Spaziergang zu machen; leichte Körperübungen wie Tanzen, Schwimmen oder Yoga sind ebenfalls empfehlenswert.
Bei manchen Frauen haben sich auch östrogenhaltige Öle und progesteronähnliche pflanzliche Mittel bewährt (siehe **Menstruation**).

Psychosomatische Krankheiten

Der Begriff psychosomatisch, der von zwei griechischen Wörtern abgeleitet ist, nämlich *Psyche* (= Seele) und *Soma* (= Körper), wird zur Beschreibung körperlicher Symptome verwendet, die das direkte Ergebnis des geistig-seelischen Zustandes eines Menschen sind. Eine psychosomatische Erkrankung ist kein eingebildetes Leiden, das nur im Kopf existiert; es ist real, der Körper ist wirklich krank. Mögliche Manifestierungsformen sind Rückenschmerzen oder Stimmverlust, Migräne, Übelkeit, Dickdarmentzündung, Magengeschwüre oder sogar eine vorübergehende Lähmung. Auch Asthma, Ekzeme oder andere Hautkrankheiten werden häufig dieser Kategorie zugeordnet. Denn oft treten Asthma oder Hautausschläge trotz eines vorhandenen äußeren Einflusses nur dann auf, wenn der Betreffende gestreßt ist, nicht aber, wenn er sich in einem ausgewogenen seelischen Zustand befindet.

Die Besorgnis über ein körperliches Symptom kann sich noch steigern, wenn der Arzt keine ersichtliche Ursache erkennt, und damit ist dann der Teufelskreis geschlossen.

Die Aromatherapie ist zur Behandlung aller psychosomatischen Probleme hervorragend geeignet, da sie Körper und Seele anspricht. Ätherische Öle haben eine sehr subtile Wirkung; sie verringern physische Beschwerden und beseitigen zugleich die emotionalen und mentalen Spannungen, die diese Beschwerden verursacht haben. Da alle aromatherapeutischen Maßnahmen eine tief entspannende Wirkung haben, durchbrechen sie den Circulus vitiosus. Die Ängste lösen sich auf, und mit ihnen schließlich auch ihre körperlichen Manifestationen.

Das Vertrauensverhältnis zwischen dem, der die Massage gibt, und dem, der sie bekommt, ist ein elementarer Bestandteil jeder Behandlung. Vom Therapeuten wird sehr viel Einfühlungsvermögen bei der Wahl des passenden Öls verlangt, aber potentiell sind alle entspannenden, antidepressiven Öle geeignet. Die körperlichen Symptome können für die weitere Auswahl ausschlaggebend sein, denn jedes hat ja ganz spezifische Eigenschaften. Um nur einige Beispiele zu nennen: Neroli ist bei Übelkeit und Durchfall angezeigt, wenn diese auf Streß beruhen. Kamille und Melisse werden vorrangig bei Allergien der Haut angewendet, sind aber auch für ihren tief beruhigenden und antidepressiven Effekt bekannt. Rose dämpft emotionale Überreaktionen und ist eines der besten Öle bei menstruellen, klimakterischen und sexuellen Störungen und Beschwerden. Weihrauch sorgt – auf der physischen Ebene – für eine tiefere, langsamere Atmung, kann also bei einem Asthmaanfall hilfreich sein; er fördert aber auch die Fähigkeit zur meditativen Versenkung, zum Loslassen der Vergangenheit, von schmerzlichen Erinnerungen und traumatischen Erfahrungen, die in vielen Fällen das Asthma verursacht haben. Ein einfühlsamer Therapeut wird im Verlauf seiner Arbeit mit einem Patienten möglicherweise noch mehr Parallelen zwischen Körper und Seele entdecken.

Pyorrhö

Das Wort bedeutet »Eiterfluß« und meint im engeren Sinne eine Infektion des Zahnfleisches mit Eiteraustritt.
Näheres unter **Zahnfleischentzündung.**

Qualität

Ätherische Öle, deren einwandfreie Qualität nicht absolut sicher feststeht, sind für eine aromatherapeutische Behandlung wertlos oder gar schädlich. Für die Parfümindustrie mögen andere Kriterien gelten, obwohl sicher weiterhin gilt, daß man zur Herstellung eines qualitativ hochwertigen Parfüms auch sehr gute ätherische Öle braucht. Bedauerlicherweise ist es nicht schwierig, ätherische Öle zu strecken, sie synthetisch herzustellen oder isolierte Wirkstoffe aus verschiedenen Pflanzen zu einem Produkt zusammenzumischen.

Am ehesten wird man an unverfälschte Produkte kommen, wenn man bei Lieferanten kauft, die über die Herkunft ihrer Öle genauestens Bescheid wissen – entweder, weil sie direkt importieren oder weil sie verläßliche Zwischenhändler haben, die ihnen die notwendigen Garantien geben können. Vielleicht läßt auch der Lieferant Proben von jeder Sendung im Labor testen, und zwar mit Hilfe einer Gaschromospektographie, die jedes fremde Element mit Sicherheit identifiziert.

Aber auch reine ätherische Öle können durch chemische Stoffe kontaminiert sein, wenn die entsprechenden Pflanzen unter Einsatz von Pestiziden, Herbiziden oder Kunstdünger gezogen wurden. Glücklicherweise sind sich immer mehr Züchter, Importeure und Lieferanten dieser Probleme bewußt, und wir sollten wirklich Wert darauf legen, nur Öle zu kaufen, die aus wildwachsenden oder organisch angebauten Pflanzen gewonnen wurden (wobei die allgemeine Schadstoffbelastung natürlich immer noch vorhanden ist).

Eine weitere Unsicherheit erwächst aus der Vielfalt botanischer Arten und ihrer Bezeichnungen. Manche Pflanzen haben ähnliche Namen, ohne miteinander verwandt zu sein, und auch die jeweils unterschiedlichen einheimischen Benennungen geben zu vielen Verwechslungen Anlaß. Ich will nur einige Beispiele dieses Verwirrspiels anführen: Der sogenannte Spanische Majoran ist in Wirklichkeit eine Unterart des Thymians; die Marokkanische Kamille *(Camomile Maroc)* gehört überhaupt nicht zur Familie der Kamillengewächse, obwohl sie ähnliche Eigenschaften wie diese hat; und der englische Name *Marigold* wird sowohl für die *Calendula Officinalis* (Ringelblume) mit ihren wertvollen hautfreundlichen Eigenschaften als auch für verschiedene Unterarten der Tagetes verwandt, die mit der Ringelblume schon allein wegen ihres stechenden Geruchs absolut nichts gemein haben. Natürlich ist es sehr wichtig, daß ein Öl, das wir seiner therapeutischen Eigenschaften wegen ausgesucht haben, tatsächlich von der entsprechenden Pflanze stammt. Die einzige Sicherheit: Wir müssen uns auf die lateinischen Namen verlassen. Noch besorgniserregender ist, daß einige Erzeuger und Exporteure aus Profitgründen ganz unverantwortliche Fälschungen vornehmen.

Man sollte auch immer wissen, aus welchen Pflanzenteilen das Öl gewonnen wurde, da die Wirkstoffe und ihr Verhältnis zueinander von Pflanzenteil zu Pflanzenteil variieren. Wacholderöl z. B. sollte von den Beeren stammen, obwohl ein weniger wertvolles Öl auch aus dem Holz extrahiert wird.

Selbst ein Öl, das wahrheitsgemäß als »rein« beschrieben wird, kann von minderer Qualität und somit therapeutisch schwächer sein, wenn es sich dabei um das dritte oder vierte Destillat des gleichen Pflanzenteils handelt, während die meisten Wirkstoffe dem ersten Destillat zugute kamen (hier könnte der Preis ein gewisser Wertmesser sein). Auch die Konzentration an flüchtigen Elementen ist im ersten Destillat sicherlich höher, was ebenfalls die chemische Zusammensetzung beeinflußt. Die beste Vorsichtsmaßnahme ist, bei Lieferanten zu kaufen, die folgende Fragen eindeutig beantworten können:

- Aus welchem Land bzw. welcher Gegend stammt das Öl?
- Wie lautet der botanische Name der Pflanze?
- Falls relevant: Welcher Teil der Pflanze wurde verwendet?

- Auf weiche Weise wurde das Öl gewonnen? (Destillation, Enfleurage, Lösungsmittelextraktion, Kaltpressung, Perkolation)
- Wächst die Pflanze wild, bzw. wurde sie organisch angebaut?

Der Lieferant sollte wissen, durch welche Hände jede Sendung ätherischen Öls vom Anbau der Pflanze bis zum Abfüllen in die Flasche gegangen ist; nur so kann er eigentlich sicherstellen, daß bei den verschiedenen Zwischenstationen nicht gepfuscht wurde. Nach Möglichkeit sollte er entsprechende Garantien geben bzw. die Labortests vorlegen. Die Öle sollten natürlich auch nicht übermäßig lange im Lager verbleiben.

All jenen, die ihre Öle im Einzelhandel erstehen und den Lieferanten nicht befragen können, empfehle ich als grobe Einkaufsrichtlinie, auf eine einfache, aber informative Etikettierung (botanischer Name, Pflanzenteil, Herkunftsland, wildgewachsen/organischer/herkömmlicher Anbau) zu achten und nur Öle in dunklen Glasflaschen zu kaufen. Vergleichen Sie die Preislisten verschiedener Lieferanten, damit Sie den durchschnittlichen Preis für ein spezielles Öl kennen, und kaufen Sie nichts, was sehr viel billiger ist.

Die hochwertigsten Öle kosten natürlich mehr als solche, die die obengenannten Reinheitsvorschriften nicht erfüllen. Aber wenn wir bedenken, wie sparsam sie in der Anwendung sind und daß wir überdies unseren Patienten gegenüber eine Verantwortung haben, wird der Unterschied unwichtig. Als Therapeut muß ich über Öle verfügen, die ich mit gutem Gewissen anwenden kann.

Ravensara (Ravensara aromatica)

Dieser große, aus Madagaskar stammende Baum wird auch auf Réunion und Mauritius angebaut und hat seinen Namen von den beiden madegassischen Wörtern *ravina,* das »Blatt« bedeutet, und *tsara,* das für »gut« steht. Alle Teile des Baums sind stark aromatisch; in seiner Heimat werden Rinde, Blätter und Früchte seit undenklichen Zeiten zu kulinarischen und medizinischen Zwecken verwendet. Schon im 18. Jahrhundert destillierte der französische Wissenschaftler Baumé ein ätherisches Öl aus der Rinde, aber erst seit den 80er Jahren unseres Jahrhunderts wird Ravensara in größerem Umfang in der Aromatherapie verwendet.

Das Öl wird durch eine sehr langsame, langwierige Dampfdestillation aus den Blättern extrahiert; es enthält hauptsächlich Cineol (60 bis 75%), außerdem Pinen, Terpineol, Linalol und Eugenol. Der Duft des fast farblosen Öls läßt sich am besten als delikatere Version von Rosmarin beschreiben.

Die Vielseitigkeit von Ravensara erinnert an Lavendel, und wie dieser wirkt es in Mischungen oft besser als allein. Es ist ein völlig ungefährliches Öl, das auch für Kinder geeignet ist.

Größte Bedeutung hat es als antivirales, das Immunsystem anregendes Öl, so vor allem bei den ersten Anzeichen einer Erkältung oder anderen erkältungsähnlichen Virusinfektionen. Ein paar Tropfen im Badewasser vor dem Zubettgehen verhindern meist, daß die Erkältung voll ausbricht; wenn sie es doch tut, wird sie durch eine Ravensara-Intensivbehandlung (Massagen, Bäder, Inhalationen) oft innerhalb von einem Tag gestoppt. Von Aromatherapeuten mit ärztlicher Ausbildung, die meist in Frankreich zu finden sind, wird Ravensara bei viraler Hepatitis und viraler Enteritis eingesetzt. Aromatherapeuten ohne Medizinstudium sollten eine solche Behandlung in Eigenregie jedoch nicht versuchen; ich führe diese Möglichkeit hier nur an, um die starke antivirale Wirkung des Öls zu zeigen. Es wirkt auch gegen einige Bakterienarten, allerdings nicht mit dem gleichen Erfolg wie gegen Viren. Ich habe Ravensara bei einer besonders schlimmen Grippeepidemie in meiner Duftlampe verdunsten lassen und bin gesund geblieben; es riecht angenehmer als einige andere antivirale Öle.

Es eignet sich bei allen Infektionen der Luftwege (Nebenhöhlenentzündung, Katarrh; bei Ohrenschmerzen, wenn ein Nasenkatarrh vorausgeht; Bronchitis, Keuchhusten etc.); hier ist von Vorteil, daß es den Auswurf fördert. Die Wirkung wird durch die Mischung mit anderen geeigneten Ölen (Myrte, Kiefer, Thymian etc.) noch verstärkt.

Da Ravensara stark antiviral wirkt und die Haut nicht reizt, kann man bei Herpes und Gürtelrose auf es zurückgreifen. Bei genitalem Herpes hat sich eine Mischung mit Immortelle und Johanniskrautöl als Grundsubstanz bewährt; bei Gürtelrose empfiehlt sich eine Mischung mit Lavendel und Kamille, um den Schmerz zu lindern.

Da Ravensara die Muskeln entspannt und Schmerzen lindert, ist es bei Gelenkschmerzen und Muskelspannung angezeigt, vor allem, wenn diese mit Angst zusammenhängt. Es regt geistig und körperlich an und könnte ein gutes Öl für übermüdete, depressive oder lethargische Menschen sein.

Reflexzonenmassage

Viele Aromatherapeuten verbinden die Behandlung mit ätherischen Ölen mit einer Reflexzonenmassage, da sich die beiden Methoden sehr gut ergänzen.

Die Reflexzonenmassage beruht auf der Erkenntnis, daß die verschiedenen Reflexpunkte oder -zonen des Fußes ganz bestimmten Körperteilen und Organen entsprechen. Die Kenntnis dieser Zonen erlaubt dem Therapeuten, Schwächepunkte zu identifizieren und zu behandeln. Theorie und Praxis der Reflexzonenmassage wurden in den 30er Jahren dieses Jahrhunderts von der Amerikanerin Eunice Ingham entwickelt; sie griff dabei auf Traditionen zurück, die bis ins alte Ägypten reichen.

Die gesamte Oberfläche der Füße wird mit sanftem Druck systematisch durchgearbeitet. Verspürt der Patient an einem bestimmten Punkt einen Schmerz, muß davon ausgegangen werden, daß das korrespondierende Organ bzw. Körpergebiet in seiner Funktion beeinträchtigt ist. Ein geübter Therapeut fühlt an diesem Punkt winzige Körnchen oder Kristalle. Länger anhaltender Druck an dieser Stelle bis zum Abklingen des anfänglichen Schmerzes hat einen positiven Effekt auf die zugehörige Körperpartie.

Da bei der klassischen Fußzonenmassage keine ätherischen Öle und auch kein Trägeröl zur Anwendung kommt, ist sie kein unabdingbarer Bestandteil einer aromatherapeutischen Behandlung; einige Therapeuten verbinden jedoch die beiden

Praktiken. Die Fußzonenmassage wird auch oft benutzt, um Schwächezonen zu diagnostizieren (die dann bei der Wahl der ätherischen Öle berücksichtigt werden) und die Wirkung der übrigen aromatherapeutischen Maßnahmen zu verstärken. Natürlich lassen sich auch spezielle Reflexpunkte mit den für die entsprechenden Beschwerden geeigneten ätherischen Ölen behandeln. Als Form der Selbsthilfe kann dies sehr nützlich sein, denn so können auf indirekte Weise jene Körperpartien beeinflußt werden, die durch Eigenmassage nicht erreichbar sind, z. B. Schulter und Nacken.

Rekonvaleszenz

Mit diesem Begriff wird sowohl das ein paar Tage andauernde Ruhebedürfnis nach einer Erkältung oder Grippe als auch die nach einem Unfall oder einem chirurgischen Eingriff notwendige Erholung bezeichnet.
Während dieser kürzeren oder längeren Zeit kann die Aromatherapie die körpereigenen Genesungskräfte wirkungsvoll unterstützen. Je nach den körperlichen Notwendigkeiten, der Gemütsverfassung und den Vorlieben des Patienten steht eine breite Palette von ätherischen Ölen zur Verfügung. Jean Valnet empfiehlt Thymian und Zitrone, die eine kräftigende und wohltuende Wirkung besitzen. Zur Steigerung von Appetit und Energie bieten sich kleine Mengen der aus Gewürzpflanzen gewonnenen Öle an. Meiner Erfahrung nach sind Rosmarin und Grapefruit am effizientesten. Rosmarin wirkt tonisierend und leicht stimulierend; Grapefruit regt den nach einer Krankheit meist fehlenden Appetit an und verscheucht die häufig leicht depressive Stimmung. Regelmäßige Massagen wirken entspannend und angenehm und fördern den Genesungsprozeß, ebenso aromatische Bäder mit einem jeweils als angenehm empfundenen ätherischen Öl.
Nach einer Operation oder einem Unfall mögen Öle nützlich sein, die die Narbenbildung so gering wie möglich halten; hier bieten sich Lavendel und Neroli an, mit Mandel- (75%) und Weizenkeimöl (25%) als Trägersubstanz. Sobald die Wunde

abgeheilt ist, kann die Mischung ein- bis zweimal täglich vorsichtig aufgetragen werden.
Sehr wichtig sind auch angemessene Ruhe und eine sehr gute, d. h. gesunde Ernährung. Oft sind für Genesende zusätzliche Vitamin- und Mineralstoffgaben vonnöten; auch Ginsengpräparate sind zu empfehlen.

Rheumatismus

Im medizinischen Sinne umfaßt dieser Begriff eine Reihe von Beschwerden, die sich hauptsächlich als Muskel- oder Gelenkschmerzen äußern, z. B. die verschiedenen Formen von Arthritis, Gicht und Weichteilrheumatismus. Allgemein wird zwischen jenen Schmerzen unterschieden, die die Gelenke (Arthritis und Gicht), und solchen, die vor allem die Muskeln (Rheumatismus und Weichteilrheumatismus) betreffen. Hier soll von diesen letzteren die Rede sein.
Antirheumatische Öle – die wirksamsten sind Kamille, Lavendel, Majoran und Rosmarin – führen nicht nur zu einer örtlichen Schmerzlinderung, sondern eliminieren auch etliche der Giftstoffe, die die Krankheit ausgelöst haben. Heiße Kompressen werden als sehr angenehm empfunden, aber sie sollten nicht ausschließlich benutzt werden, da sie bei zu häufiger Anwendung zu Stauungen führen und dann mehr schaden als nützen. So oft wie möglich sollten Massagen durchgeführt werden, um die lokale Blutzirkulation anzuregen und so die Ausschwemmung der Toxine zu fördern. Aromatische Bäder haben immer eine gute unterstützende Wirkung und sind wahrscheinlich die beste Möglichkeit, entgiftende Öle einzusetzen, in erster Linie Wacholder, aber auch Lavendel, Rosmarin und Zypresse.
Falls es der Patient ertragen kann, wirkt auch ein Wechsel von kalten und heißen Kompressen sehr wohltuend. Äußerst wichtig ist eine Überprüfung der Ernährung (siehe **Arthritis**).

Ringelblume (Calendula officinalis)

Die echte Ringelblume wird gelegentlich zur Herstellung eines absoluten Öls verwendet, wobei allerdings davon nur kleine Mengen erzeugt werden, die selten im Handel erhältlich sind. Das meiste Ringelblumenöl wird durch Einlegen der Blütenblätter und manchmal auch der Blätter in milde Öle gewonnen. Es wird in der Aromatherapie wegen seiner hervorragenden Heilwirkung insbesondere bei Hautkrankheiten sehr geschätzt. Obwohl es in der Flasche eher grünlich erscheint, verleiht es jeder Salbe eine herrlich goldene Tönung, und in dieser Form ist es den meisten von uns bekannt. Ich gebe Ringelblumenöl in Salben gegen strapazierte Haut, z. B. bei Leuten, deren Hände durch grobe Arbeit, Kälte, ständigen Kontakt mit Wasser etc. ziemlich angegriffen sind. Auch für kleinere Hautprobleme bei Kindern, etwa durch Windeln hervorgerufene Ausschläge sowie Schrammen, ist diese Mischung sehr hilfreich. Stillende Mütter benutzen sie häufig, um entzündete Brustwarzen zu heilen, wenn keine andere Behandlung mehr anspricht. Sie ist für das Baby völlig unschädlich, aber wenn dieses den Geruch nicht mag, sollte die Mutter sich vor dem Stillen die Brustwarzen abwaschen. Wer mag, kann auch das infundierte Öl allein ohne die Creme benutzen.

Auch bei Krampfadern, chronischen Geschwüren und alten Narben hat sich die Salbe bewährt – bitte regelmäßig täglich anwenden!

Die Kräuterkundigen der Vergangenheit schreiben der Ringelblume unzählige wertvolle Eigenschaften zu, von der Stärkung des Augenlichts bis zur Austreibung übler Launen. Praktisch alle frühen Autoren geben an, daß die Ringelblume »die Herzen besänftigt«, und dies ist sowohl ganz konkret als auch im übertragenen Sinne gemeint. Formulierungen wie »besänftigt Herz und Gemüt« kehren ebensooft wieder wie »stärkt und unterstützt das Herz bei Fieber«. Frische oder getrocknete Blütenblätter dienten wegen ihres Aromas und ihrer heilenden Eigenschaften als Zutat zu Fleisch- und Gemüsebrühen und sind noch immer ein köstlicher Bestandteil frischer Salate. In England

nennt man die Pflanze *Pot Marigold,* was soviel wie »Mariengold im Topf« bedeutet.
Dort wird jedoch nicht nur die *Calendula officinalis* als Marigold bezeichnet, sondern auch mehrere Unterarten der Tagetes. Obwohl die aus den beiden *Marigolds* gewonnenen Öle in bezug auf Eigenschaften, Duftkomponenten und botanische Familie in keiner Weise verwandt sind, werden sie von Lieferanten und Therapeuten zuweilen verwechselt. Mir selbst ist schon ein Öl in die Hände gekommen, das als »Calendula/Tagetes« gekennzeichnet war; achten Sie deshalb beim Kauf unbedingt darauf, daß das verlangte Produkt auch wirklich von *Calendula officinalis* stammt. Tagetes gehört aufgrund seines hohen Gehalts an Ketonen zu den gefährlichen Ölen.

Röntgenstrahlen

Röntgenstrahlen sind eine Art elektromagnetischer Energie. Sie sind denen des Tageslichts ähnlich, haben aber eine viel kürzere Wellenlänge. Während sie früher allgemein zu Behandlungszwecken eingesetzt wurden, sind sie heute bei fast allen Krankheiten durch weniger gefährliche Methoden ersetzt worden; eine Ausnahme bilden Hautkrebs und andere Hautgeschwulste, wo die Vorteile offensichtlich noch immer die potentiellen Gefahren kompensieren.
Auch die Verwendung von Röntgenstrahlen zur Diagnose ist heute auf solche Fälle beschränkt, in denen es keine harmloseren Diagnosemethoden gibt. Die Nebenwirkungen der Röntgenstrahlen lassen sich nicht wegdiskutieren, auch wenn im diagnostischen Bereich sehr viel niedrigere Voltstärken verwendet werden als in der Strahlentherapie.
Lavendelöl ist ein sehr wirksames Mittel bei strahlengeschädigter Haut. Auch wenn der Heilungsprozeß relativ langsam vor sich geht, haben norwegische Therapeuten bei der Behandlung von Krebspatienten sehr gute Ergebnisse erzielt.
Ein spezielles Baderezept findet sich unter **Strahlenschäden.**

Rose (Rosa centifolia und Rosa damascena, var. Kazanlik)

Die Rose war wahrscheinlich die erste Pflanze, aus der ätherische Öle destilliert wurden, und zwar im 10. Jahrhundert in Persien. Der große arabische Arzt und Alchimist Avicenna wird als Erfinder des Destillationsverfahrens bezeichnet, das er möglicherweise eher zufällig im Verlauf alchimistischer Experimente entdeckte. Die Rose hatte in der Alchimie eine große theoretische und metaphysische Bedeutung. Ihre roten und weißen Blüten verkörperten bestimmte Stufen des *Werks*. Deshalb wurde sie mit verschiedenen anderen Stoffen in eine Retorte gegeben und erhitzt. Rosenöl und Rosenwasser fielen vermutlich als Nebenprodukte dieses Prozesses an.

Ob Avicenna – Arzt, Alchimist, Dichter, Astronom und Mathematiker – die Entdeckung nun tatsächlich selber machte oder nicht, fest steht, daß Rosenwasser und Rosenöl schon gegen Ende des 10. Jahrhunderts in allen arabisch sprechenden Ländern bekannt waren.

Heute wird Rosenöl nicht mehr durch Destillation gewonnen, da bei diesem Verfahren nur sehr geringe Mengen des kostbaren Duftstoffes als Nebenprodukt der Rosenwasserherstellung entstehen. An seine Stelle ist heute die Enfleurage oder die Lösungsmittelextraktion getreten. Die hohen Kosten dieses arbeitsintensiven Extraktionsverfahrens und die ungeheuren Mengen an Blütenblättern, die zur Erzeugung eines winzigen Quantums erforderlich sind, machen Rosenöl so teuer. Das auf diese Weise produzierte *Attar* oder *Otto der Rose* ist jedoch so konzentriert, daß für jede Behandlung eine ganz kleine Menge ausreicht. Das *Attar* ist bei durchschnittlicher Temperatur fest und verwandelt sich erst in ein zähflüssiges, rötlichbraunes Öl, wenn man die Flasche in die Hand nimmt. Aufgrund seines starken Dufts sollte es nur sparsam verwendet werden.

Zwei verschiedene Rosensorten werden für die kommerzielle Ölproduktion verwendet: *Rosa centifolia* und *Rosa damascena*. Von daher erklären sich die leichten Duft- und Farbunterschiede der Öle: von einem grünlichen Orange bis zu einem

dunklen Braunrot. *Rosa damascena, var. Kazanlik* wird in Bulgarien in großen Mengen für die Ölproduktion angebaut. *Rosa centifolia* wächst vor allem im Gebiet rund um Grasse, dem Zentrum der französischen Parfümindustrie, sowie in Nordafrika. Im letzten Fall heißt das Produkt Marokkanische Rose.
Rosenöl besitzt eine ausgesprochen komplexe chemische Zusammensetzung. 300 Bausteine sind bekannt, die aber nur 86% der Gesamtmenge ausmachen. Die restlichen 14% verteilen sich auf viele verschiedene Komponenten, die zwar nur in winzigen Mengen vorhanden sind, trotzdem aber für den Duft und die therapeutische Wirkung des Öls entscheidend sind. Die Öle der beiden Rosensorten sind unterschiedlich zusammengesetzt: das der *Rosa damascena* (bulgarischer Typ) enthält 35 bis 55% Citronellol, 30 bis 40% Geraniol und Nerol, 16 bis 22% Stearopten, 1,5 bis 2% Phenylethanol, 0,2 bis 2% Farnesol und Spuren zahlreicher weiterer Komponenten. *Rosa centifolia* (französischer oder marokkanischer Typ) weist bis zu 63% Phenylethanol, 18 bis 22% Citronellol, 10 bis 15% Geraniol und Nerol, 8% Stearopten, bis zu 2% Farnesol und ebenfalls Spuren vieler anderer Bestandteile auf. Obwohl die Eigenschaften der beiden Sorten sich weitgehend überschneiden, sorgt die unterschiedliche chemische Zusammensetzung für ein paar Differenzen. Der französische Typ ist aphrodisischer, sedativer und bakterizider als der bulgarische.
Die Rose wird traditionell als »Königin der Blumen« bezeichnet, und Entsprechendes gilt sicher auch im Bereich der aromatischen Öle.
Nicholas Culpeper zufolge wird sie von Venus regiert, und tatsächlich wird sie in der Aromatherapie bei der Behandlung von Frauenleiden allen anderen Ölen vorgezogen. Viele ätherische Öle haben eine besondere Affinität zu einem bestimmten Körperorgan – bei der »weiblichen« Rose ist dies die Gebärmutter. Rosenöl wirkt reinigend, regulierend und tonisierend, stärkt bei leichteren Formen des Gebärmuttervorfalls die erschlaffte Muskulatur (unterstützend wirken hier die Umkehrstellungen des Yoga) und ist auch sehr hilfreich, wenn eine Neigung zu Fehlgeburten besteht.

Ernsthafte gynäkologische Probleme bedürfen natürlich der Hilfe des Arztes; die hauptsächlichen Anwendungsbereiche von Rosenöl sind die eher alltäglichen Beschwerden wie Unregelmäßigkeiten des weiblichen Zyklus und mit diesem verbundene emotionale und physische Spannungszustände.

Rosenöl reduziert zu starke Blutungen, macht aufgrund seiner zyklusregulierenden Eigenschaften den Eisprung kalkulierbarer und scheint auch die Spermaproduktion anzuregen: Es wirkt so gewissermaßen »empfängnisfördernd«.

Noch wichtiger als die physischen Wirkungen sind für uns in der Aromatherapie jedoch seine geistig-seelischen Einsatzmöglichkeiten. Rosenöl wirkt als mildes, aber effizientes Antidepressivum, vor allem bei den typisch weiblichen Beschwerden wie zyklusbedingter oder postnataler Depression oder wenn eine Frau nach dem Auseinanderbrechen einer Beziehung eher Kummer als Ärger empfindet.

Nach meinen Erfahrungen ist es ein sehr wertvolles Öl für all jene Frauen, die sich in ihrer eigenen Sexualität verunsichert fühlen – sei es, daß sie Zweifel an ihrer Anziehungskraft haben, ihre Weiblichkeit nicht akzeptieren (in manchen Fällen von Anorexie) oder Schwierigkeiten in der Partnerschaft haben. Die Rose ist seit langem als Aphrodisiakum bekannt. Schon die Römer streuten ihre Blütenblätter aufs Brautbett (heute regnet es bei Hochzeiten höchstens Papierrosen). Sie hilft bei Frigidität und Impotenz.

Die Rose hat einen stark tonisierenden Effekt auf das Nervensystem, Magen, Leber und Milz; sie wird jedoch für diese Zwecke wenig herangezogen, weil es hier andere wirkungsvolle Öle gibt, die billiger sind. In ihrem spezifischen Anwendungsgebiet, der Sexualität, bleibt sie jedoch unübertroffen.

Sinnvoll und nützlich ist ihre Anwendung in der Hautpflege, da sie für alle Hauttypen geeignet ist, insbesondere für trockene, empfindliche oder alternde Haut. Dank ihrer adstringierenden und tonisierenden Wirkung reduziert sie die durch geplatzte Äderchen hervorgerufene Rötung der Haut im Wangenbereich; tägliche Behandlungen, die wochen- und monatelang fortgesetzt werden müssen, sind jedoch erforderlich, bis eine wirkliche Besserung eintritt.

Rosenwasser wirkt beruhigend, antiseptisch und stärkend auf die Haut, hat einen angenehm leichten Duft und ist auch zur Behandlung von Augeninfektionen geeignet.
Der köstliche Duft der Rose macht sie zu einem beliebten Ingredienz von Kosmetika, veranlaßt aber leider auch kommerzielle Hersteller dazu, in Parfüms, Lotionen, Badeölen etc. natürliches Rosenöl durch synthetische Substanzen zu ersetzen, die keinerlei therapeutische Wirkung haben; bei billigen Produkten ist daher größte Vorsicht geboten. Die Parfümindustrie verbraucht jährlich mehr als die Jahresproduktion an Rosenöl – was die Frage aufwirft, wo der Rest herkommt. Es ist leider ziemlich schwierig, gepanschtes Rosenöl zu erkennen; sogar die Gaschromospektrographie läßt uns hier im Stich, weshalb wir uns am besten auf unsere Nase verlassen.
Es ist relativ einfach, sich eine gute Creme oder ein anderes Hautpflegeprodukt selbst herzustellen und sie mit ein oder zwei Tropfen des hochkonzentrierten *Attar* zu parfümieren. Der hohe Kaufpreis wird durch die sparsame Anwendung und die therapeutischen und kosmetischen Qualitäten des Öls mehr als wettgemacht.
Ein letztes Wort der Vorsicht: Der größte Teil des absoluten Rosenöls wird heute durch Lösungsmittelextraktion gewonnen und kann Spuren chemischer Lösungsmittel aufweisen, die möglicherweise toxisch sind. Versuchen Sie, destilliertes Rosenöl zu finden, oder ein absolutes Öl, das mit der Kohlendioxid-Methode extrahiert wurde.

Rosenholz (Aniba roseadora)

Der Rosenholzbaum ist im Amazonas-Becken heimisch, und viele Aromatherapeuten fürchten, daß sie durch die Verwendung des Öls zur Zerstörung des Regenwalds beitragen. Dies ist richtig, soweit das Öl von wild wachsenden Bäumen gewonnen wird. Zum Glück gibt es jedoch Pflanzungen, in denen das Abholzen streng überwacht wird. Einige bestehen seit den 30er Jahren und wurden aus Kostengründen angelegt: Der Transport des Holzes vom Landesinnern zu den Häfen war teuer, und das

Holz der wildwachsenden Bäume konnte nur während der Flutsaison von April bis Juli zum Hauptstrom hinuntergeflößt werden. Wenn Sie nur Rosenholzöl kaufen, daß von diesen Plantagen stammt, können Sie es mit ruhigem Gewissen benutzen.

Das aus dem zersplitterten Holz durch Dampfdestillation gewonnene Öl enthält ca. 80–97% Linalol, kleinere Mengen Terpinol, Nerol und Geraniol sowie Spuren verschiedener anderer Substanzen. Es ist farblos oder blaßgelb, der Duft holzig und blumig zugleich, ganz leicht würzig und sehr fein. Das sehr komplexe Aroma steht am besten für sich allein und bedarf keines weiteren Zusatzes, obwohl es sich auch gut mit vielen anderen Ölen mischen läßt.

Die Anwendung von Rosenholzöl birgt keine Risiken: Es wirkt nicht toxisch und reizt die Haut nicht. Es hat einen tonisierenden Effekt auf den Körper, ohne stimulierend zu sein. Gleichzeitig regt es das Immunsystem an, eignet sich also für Menschen mit geschwächter Abwehrkraft. Ich hatte noch keine Gelegenheit, es bei HIV-Trägern auszuprobieren, habe aber von Aromatherapeuten, die mit Aids-Kranken arbeiten, gehört, daß es »medizinischeren« immunstimulierenden Ölen (Beispiel Ti-Baum) vorgezogen wird. Ich habe Rosenholz bei chronischer Müdigkeit eingesetzt; möglicherweise kommt es auch bei postviraler Erschöpfung, Pfeifferschem Drüsenfieber etc. in Frage.

Das Öl wirkt leicht schmerzlindernd und beseitigt Kopfschmerzen – vor allem, wenn diese mit leichter Übelkeit verbunden sind. Es wirkt klärend im Kopfbereich und hat gleichzeitig einen stabilisierenden Effekt auf die Nerven; diese Kombination macht es zu einem hilfreichen Mittel bei einer Prüfung oder längeren Autofahrten. Auf die Gefühle wirkt es stimmungshebend, was in Verbindung mit den anderen Eigenschaften in Krisenzeiten nützlich ist.

Die angeblich aphrodisische Wirkung hat wahrscheinlich eher mit seinem Einfluß auf Geist und Seele zu tun als mit irgendeinem physischen bzw. hormonalen Effekt.

Im Bereich der Hautpflege ist es vielseitig einsetzbar. Aufgrund seiner antiseptischen, bakteriziden Eigenschaften empfiehlt es sich bei Akne und, weil es sehr mild ist, auch bei sehr empfindlicher Haut. Die zellerneuernde Wirkung kommt bei alternder Haut zum Tragen, und möglicherweise glättet es auch Falten. Ich gebe es zuweilen einer Creme gegen Schwangerschaftsstreifen bei. Es ist ein gutes Deodorant und wird wegen seines köstlichen Dufts oft kommerziellen Bade- und Hautpflegeprodukten beigegeben.

Für die zuletzt genannten Anwendungsbereiche gibt es jedoch eine Reihe anderer geeigneter Öle; für mich ist Rosenholz ein sehr wertvolles Öl, das ich für Situationen aufspare, die etwas Besonderes verlangen. Ich benutze es öfter wegen seiner antidepressiven, stimmungsaufhellenden Eigenschaften als wegen irgendeiner direkten Wirkung auf den Körper. Es ist ein wunderbares Öl für gestreßte, niedergeschlagene und vom Leben gebeutelte Menschen. Für mich hat es etwas Spirituelles: Es wirkt nicht nur positiv auf Geist und Gefühle, sondern auch auf die Seele.

Rosenwasser

Rosenwasser ist eine sehr nützliche Ergänzung, wenn man ätherische Öle verwendet. Es wird vor allem im Bereich der Hautpflege und bei der Behandlung von Augenentzündungen eingesetzt. Zu seiner Herstellung werden die Blütenblätter der Pflanze Dampf ausgesetzt, der sich nach seiner Abkühlung als Rosenwasser niederschlägt. Dieses Destillationsverfahren wird zur Gewinnung vieler ätherischer Öle angewandt; im Falle der Rose dient es fast ausschließlich der Erzeugung von Rosenwasser, da die Ölausbeute äußerst gering ist. Rosenwasser hat lindernde, kühlende und entzündungshemmende Eigenschaften; da es zudem leicht antiseptisch und adstringierend wirkt, eignet es sich zur Hautpflege hervorragend. Oft wird es zur Herstellung kommerzieller und selbstgemachter Cremes verwendet. Rosenwasser ist ein mildes Hauttonikum; vermischt mit Alkohol und ätherischen Ölen ergibt sich ein kräftigeres Präparat. Es ist absolut hautverträglich und kann sogar bei trockener Haut als Tonikum verwendet werden; fettige Haut wird besser mit Orangenblütenwasser behandelt.

Ätherische Öle sollten nie in die Augen geraten, weshalb es ratsam ist, immer auf Rosenwasser auszuweichen, wenn in Büchern »Rose« zur Augenpflege empfohlen wird. Wenn Sie einen mit reinem Rosenwasser angefeuchteten Wattebausch auf die Augen legen, wirkt dies nicht nur beruhigend und erfrischend, sondern auch lindernd bei Bindehautentzündung.
Rosenwasser eignet sich vorzüglich als Ersatz für das viel teurere Rosenparfüm.
Siehe auch **Hydrolat**.

Rosmarin (Rosmarinus officinalis und Rosmarinus pyramidalis)

Nach Lavendel ist Rosmarin wahrscheinlich die wichtigste Pflanze aus der Familie der Lippenblütler, die in der Aromatherapie verwendet wird. Der Busch mit seinen blaßblauen Blüten wächst wild in ganz Europa, ist jedoch hauptsächlich an den Küsten zu Hause. Darauf deutet schon der aus den lateinischen Wörtern *ros* und *marinus* abgeleitete Name hin, der »Tau aus der See« bedeutet, denn ursprünglich war die Pflanze an den mittelmeerischen Gestaden beheimatet. Die Legende behauptet, die einst weißen Blüten seien blau geworden, als die Jungfrau Maria bei einer Rast auf der Flucht nach Ägypten ihren Mantel über einen Rosmarinstrauch legte.

Rosmarin ist eine der ältesten Heilpflanzen und wurde schon sehr früh als Speisewürze und für religiöse Riten verwendet. Im antiken Griechenland verbrannte die Landbevölkerung, die keinen Zugang zu Weihrauch hatte, Rosmarinzweige in ihren Heiligtümern – die Pflanze erhielt dort den Beinamen »Weihrauchbusch«. Doch auch den Römern war sie heilig, und in ägyptischen Gräbern hat man Überreste ihrer Zweige gefunden. Weihrauch und Rosmarin haben einen entfernt ähnlichen Duft; beide riechen sehr durchdringend und wurden während des gesamten Mittelalters benutzt, um böse Geister zu vertreiben sowie zur Desinfektion von Krankenstuben. Diese Praxis wurde in Frankreich erst zu Beginn dieses Jahrhunderts aufgegeben – ironischerweise ungefähr zur selben Zeit, als Wissenschaftler die antiseptischen Eigenschaften des Rosmarins im Labor nachwiesen. Rosmarin kann tatsächlich Fäulnisprozesse im Fleisch verzögern oder verhindern; ob er aber wegen dieser Eigenschaften oder seines würzigen Aromas wegen in der Küche vergangener Jahrhunderte verwendet wurde, werden wir wohl nicht mehr herausfinden.

Rosmarinöl wird durch Destillation aus den Blütenständen oder den Blättern gewonnen, ein minderwertigeres Öl auch aus der ganzen Pflanze. Wie bei Thymian variiert die chemische Zusammensetzung ziemlich stark; typischerweise vorhanden sind Kampfer, Borneol, Pinen und Cineol, wenn auch nicht unbedingt in dieser Reihenfolge. Einige wilde Rosmarinsorten enthalten überwiegend Cineol und Pinen, ein Chemotyp hauptsächlich Verbenon. Auch bei *Rosmarinus pyramidalis* sind die Hauptwirkstoffe Cineol und Pinen. Das ätherische Öl ist schwach gelblich und hat ein starkes, scharfes Aroma. Es ist ein stimulierendes Öl, mit einem warmen, durchdringenden Duft und einer ebensolchen Wirkung. Schlechte Qualitäten werden mit Eukalyptus verschnitten.

Rosmarinöl regt das zentrale Nervensystem sehr stark an, weshalb es immer dann eingesetzt wird, wenn Körperfunktionen eingeschränkt oder ausgefallen sind, z. B. bei Verlust des Geruchssinns, Beeinträchtigungen der sensorischen Nerven oder des Sprechvermögens, vorübergehender Lähmung durch Ausfall motorischer Nerven. Wenn Nervenzellen dauerhaft geschädigt sind, so durch Verletzungen des Rückenmarks, ist die Lähmung natürlich nicht mehr rückgängig zu machen. Rosmarin besitzt eine ausgeprägte Wirkung auf das Gehirn, den wichtigsten Teil des zentralen Nervensystems. In »Hamlet« läßt Shakespeare seine Ophelia sagen: »Hier ist Rosmarin – nimm es für dein Gedächtnis«, und tatsächlich steht Rosmarin schon lange im Ruf, das Erinnerungsvermögen zu stärken. Allein schon das Inhalieren von einigen Tropfen des Öls ruft ein Gefühl großer geistiger Klarheit hervor, das alle Denkprozesse anregt.

Nicholas Culpeper schrieb in seinem *Herbal:* »Das aus Blättern und Blüten extrahierte Öl ist eine vorzügliche Hilfe ... Benetze

Schläfen und Nasenlöcher bei allen zuvor erwähnten Erkrankungen des Gehirns mit zwei oder drei Tropfen; desgleichen nimm einen, zwei oder drei Tropfen, je nach Schwere des Falls, für die innere Krankheit. Dies geschehe jedoch mit Maßen, denn [das Öl] ist sehr scharf und durchdringend, und nur wenig darf auf einmal genommen werden.«

Der durchdringende Duft macht es zu einem geeigneten Öl bei vielen Atembeschwerden, von der Erkältung bis zu Asthma. Als Verabreichungsform empfiehlt sich eine Dampfinhalation, die im doppelten Sinne für einen »klaren Kopf« sorgt.

Der Rosmarin-Chemotyp mit dem hohen Verbenon-Gehalt hat dabei eine noch bessere klärende Wirkung als gewöhnliches Rosmarinöl. Er regt allgemein und insbesondere im Hinblick auf die gedankliche Aktivität weniger an und kann daher abends benutzt werden. Da er jedoch die Haut reizen könnte, sollte er vor der Verwendung als Badezusatz in einem Trägeröl aufgelöst werden.

Culpeper schrieb auch, Rosmarin sei sehr gut für »zehrende« Krankheiten, und dies läßt, zusammen mit seiner Wirkung auf das zentrale Nervensystem, vermuten, daß es bei degenerativen Krankheiten wie etwa Multipler Sklerose hilfreich sein könnte. Ich möchte jedoch betonen, daß dies nur eine Spekulation ist; sicher habe ich durch aromatherapeutische Behandlungen mit Rosmarinöl schon eine Linderung der Schmerzen erzielt, aber um Eindeutigeres zu sagen, muß noch sehr viel mehr Forschungsarbeit geleistet werden.

Rosmarin muß umsichtig eingesetzt werden, denn in zu großen Mengen kann es epilepsieähnliche Anfälle oder sogar Vergiftungen auslösen. In winzigen Dosen wird es jedoch gerade zur Behandlung von Epilepsie eingesetzt (siehe entsprechendes Stichwort), was an die Prinzipien der Homöopathie erinnert: Eine Substanz, die in großen Mengen Krankheitssymptome hervorruft, vermag diese durch kleine Mengen derselben Substanz zu heilen.

Zurück zu den erwiesenen Effekten von Rosmarinöl: Es stärkt Herz, Leber und Galle und senkt den Cholesterinspiegel. Man könnte es als besten Freund des gestreßten Managers um die

Fünfzig bezeichnen, obwohl Rosmarin allein ohne entsprechende Änderungen in Ernährung und Lebensweise auch kein Wundermittel ist.

Rosmarin wirkt schmerzlindernd, im Unterschied zu vielen anderen analgetischen Ölen aber nicht sedativ. Ich benutze es in Form von Massagen, Bädern und Kompressen bei der Behandlung von Rheumatismus und Arthritis, außerdem zur Lockerung verspannter und überbeanspruchter Muskeln. Bei der Behandlung von Leichtathleten, insbesondere Langstreckenläufern, habe ich gute Erfolge erzielt, wenn ich Rosmarin zusammen mit anderen Ölen vor dem Training oder dem anstehenden Wettkampf zur Massage verwendet habe; hinterher benutze ich meist Lavendel in Kombination mit Majoran.

Rosmarin ist seit vielen Jahrhunderten bekannt als Haut- und Haarpflegemittel. Es ist im echten Kölnisch Wasser enthalten und einer der wichtigsten Bestandteile des sogenannten »Ungarn-Wassers«, dem man eine wunderbar verjüngende Kraft zuschreibt. Es wird zur Spülung dunkler Haare verwendet und zu Kopfmassagen, die bei ungesundem Haar, starkem Haarausfall nach längerer Krankheit etc. besonders hilfreich sind. Angeblich soll es grauem Haar seine ursprüngliche Farbe zurückgeben und Kahlköpfigkeit beheben, aber ich fürchte, diese letzten Eigenschaften gehören eher in den Bereich der Legende.

ACHTUNG: Schwangere und Epileptiker dürfen Rosmarin nicht benutzen.

Siehe auch **Epilepsie, Kölnisch Wasser und Ungarn-Wasser.**

Rückenschmerzen

Wegen Rückenschmerzen suchen mehr Menschen »alternative« Therapeuten auf als wegen irgendeiner anderen Ursache. Die Schmerzen haben die verschiedensten Gründe, und dementsprechend muß die richtige Behandlungsform gewählt werden – Chiropraktik, Akupunktur, Alexandertechnik, Massagen mit oder ohne ätherische Öle.

Sind die Schmerzen auf Muskelkater, Verkrampfung oder Verspannung zurückzuführen, ist eine Massage mit ätherischen

Ölen sehr effizient; zahlreiche Öle lindern kurzfristig die Schmerzen und beheben langfristig das ihnen zugrunde liegende Problem. Am häufigsten benutzt werden Lavendel-, Majoran- und Rosmarinöl – bei akuten Schmerzen unter Beifügung von Essenzen »wärmender« Gewürze wie Ingwer oder schwarzer Pfeffer.

Ein umfassend ausgebildeter Aromatherapeut verfügt meist auch über gute anatomische Kenntnisse und weiß, wann er einen Patienten besser an einen Chiropraktiker verweisen sollte. Auch wenn scheinbar keine Verrenkungen der Wirbel oder anderer Gelenke vorliegen, sind weitergehende Untersuchungen notwendig, wenn nach drei oder vier Massagen mit ätherischen Ölen keine Besserung eingetreten ist. Außer durch so offensichtliche Ursachen wie eine Sportverletzung, Überanstrengung bei der Hausarbeit oder im Beruf (schweres Heben), schlechte Haltung, falsches Sitzen bei der Arbeit oder im Auto, können Rückenschmerzen durch eine Vielzahl geistiger, seelischer oder körperlicher Probleme hervorgerufen werden. Oft sind sie Symptom einer Nierenentzündung oder -erkrankung, verschiedener gynäkologischer Abweichungen oder degenerativer Erscheinungen der Wirbelsäule selbst. All diese Möglichkeiten muß ein qualifizierter Spezialist überprüfen.

Auch Streß erzeugt oft Rückenschmerzen. Viele Menschen reagieren auf Streß, indem sie unbewußt die Muskeln anspannen. Meist ist der Rückenbereich hiervon betroffen; die Verspannungen sitzen dann im oberen Rücken, im Nacken und in den Schultern; bemerken möchte ich auch, daß Verspannungen im Nacken sich oft auf den unteren Rücken (Kreuzbein) auswirken. In all diesen Fällen eignet sich die Aromatherapie hervorragend, weil die Massage mit ätherischen Ölen nicht nur den physischen Schmerz lindert, sondern auch den geistig-seelischen Streß abbaut. Die Massagen machen dem Patienten erst bewußt, wie verkrampft er in manchen Körperbereichen ist, und Entspannung lehrt ihn, dort ein bißchen mehr loszulassen. Die einfühlsame Wahl des passenden ätherischen Öls kann hier sehr viel ausrichten.

Aromatische Bäder mit entspannenden, schmerzlindernden

und antidepressiven Essenzen sind eine vorzügliche Methode der Selbsthilfe, wenn Rückenschmerzen auf Verkrampfungen beruhen. Sie können entweder zwischen den Massagen beim Aromatherapeuten angewandt werden oder präventiv.

Sind bei einer Luxation (Verrenkung) spezielle Einrenkungshandgriffe notwendig, lindert die Massage mit ätherischen Ölen vor bzw. nach dem Eingriff die Schmerzen und erhöht die Effizienz der Behandlung. Eine wachsende Zahl von Chiropraktikern und Osteopathen hält eine vorbereitende Massage inzwischen für unerläßlich, die sie entweder selbst geben oder von einem bei ihnen angestellten Masseur ausführen lassen. Während der Behandlung ist eine Dehnung der Muskeln unvermeidlich, die durch eine vorherige Erwärmung erleichtert wird. Nach dem Eingriff kommt es manchmal zu einer oberflächlichen Reizung, die aber ebenfalls durch Massagen abgebaut werden kann. Massagen kräftigen außerdem die Muskeln und geben ihnen ihre Spannkraft zurück; ätherische Öle wie z. B. Rosmarin sind hier sehr hilfreich.

Viele Rückenverletzungen, die eine Einrenkung erfordern, entstehen durch zu schwachen Muskeltonus; die Muskeln sind dann nicht mehr in der Lage, die einzelnen Wirbel bzw. mit der Wirbelsäule verbundenen verschiedenen Gelenke – z. B. das Gelenk zwischen Sacrum (Kreuzbein) und Ilium (Teil des Hüftknochens) – an Ort und Stelle zu halten. Langfristig sind Körperübungen die beste Möglichkeit, den Muskeltonus zu stärken, aber sie müssen sorgfältig ausgewählt werden, um den Rücken nicht noch mehr zu belasten. Osteopathen können oft entsprechende Empfehlungen geben, aber auch Yogalehrer. Mit den Körperübungen sollte jedoch erst begonnen werden, wenn die Verletzung bzw. die Verrenkung erfolgreich behandelt wurde. Vorbeugende Maßnahmen sind am ehesten geeignet, spätere Rückenschmerzen zu vermeiden. Regelmäßige aromatische Bäder und Massagen mit ätherischen Ölen verhindern Schmerzen, indem sie Streß abbauen, den Muskeltonus verbessern, verkrampfte Muskeln entspannen und das allgemeine Wohlbefinden steigern.

Salbei (Salvia officinalis)

Wie fast alle Küchenkräuter war auch der Salbei ursprünglich im Mittelmeerraum beheimatet. Aufgrund seiner Robustheit wächst er heute fast überall auf der Welt, wild und auch in Hausgärten. Daß er bereits in der Antike wegen seiner medizinischen Eigenschaften geschätzt war, beweist sein lateinischer Name *salvia* – eine Ableitung von *salvus,* was »gesund« oder »heilsam« bedeutet. Die Römer bezeichneten ihn auch als *herba sacra,* als »heiliges Kraut«.

Salbei wurde nicht nur zum Kochen, zum Aromatisieren von Käse und zum Bierbrauen verwendet, vielmehr gehörte er von Anfang an zu den populärsten Heilkräutern. Bei Infektionen im Mund- und Rachenraum, zur Förderung der Wundheilung und bei Kopfschmerzen wurde er den Kranken zum Gurgeln, zum Trinken oder als feuchte Umschläge verabreicht. In alten Heilpflanzenbüchern werden ihm stimulierende Eigenschaften auf das Gehirn zugeschrieben. Bei John Gerard z. B. heißt es: »Salbei ist von unvergleichlicher Wirkung auf Kopf und Verstand; er belebt die Sinne und das Gedächtnis.« Sein Einfluß auf die weiblichen Fortpflanzungsorgane war schon den weisen Dorffrauen bekannt, die nicht selten während der Hexenverfolgungen des 15.–18. Jahrhunderts verbrannt wurden; sie benutzten Salbei, um Frauen bei der Geburt zu helfen, eine ausbleibende Menstruation herbeizuführen oder diese während des Klimakteriums zu normalisieren.

Der Nutzen vieler dieser populären Anwendungen ist durch wissenschaftliche Untersuchungen bestätigt worden; nur wenige gehören in jenen Zwischenbereich, in dem Aberglaube und Volksmedizin sich überschneiden. So mag Salbei durchaus ein Gegengift bei Schlangenbissen sein. Behauptungen, daß sein üppiges Vorkommen in Hausgärten ein Hinweis darauf sein soll, daß die Frau im Haus das Regiment führt und daß sein Verkümmern geschäftlichen Mißerfolg ankündigt, werden wohl nie eine wissenschaftliche Bestätigung erfahren.

Trotz des unzweifelhaften Heilwerts der frischen oder getrockneten Pflanze ist bei der Anwendung des Öls allergrößte Vorsicht geboten. Es enthält einen hohen Prozentsatz an Thujon, das epileptische Anfälle oder Krämpfe auslösen kann; in höherer Dosierung wirkt es toxisch auf das zentrale Nervensystem und kann zu Lähmungen führen.

Ich selbst habe Berichte von Frauen zusammengestellt, die sich anhand von Büchern mit Salbeiöl in Eigenregie therapieren wollten. Die Erfahrungen reichen von extremer Mattigkeit und Schwindelgefühlen bis zu so heftigen Bauchschmerzen, daß die Betreffende drei Tage im Krankenhaus bleiben mußte. In den meisten Fällen kam es zu mäßigen bis schweren Gebärmutterkontraktionen und exzessiven Blutungen, wenn nicht gar Blutstürzen. In jedem der geschilderten Fälle – mit Ausnahme des Mädchens, das stationär behandelt werden mußte – wurde das Salbeiöl nur äußerlich (für Massagen und Bäder) in Dosierungen von 2 bis 10 Tropfen verwendet.

Kein Wunder, daß Aromatherapeuten statt dessen lieber Muskatellersalbei *(Salvia sclarea)* verwenden, der ähnliche therapeutische Eigenschaften, aber einen viel geringeren Thujon-Gehalt aufweist.

Weitgehend ungefährlich ist die Benutzung von Salbeiöl in Gurgel- und Mundwässern, in denen es sehr stark mit Alkohol oder Wasser verdünnt ist. Einsetzbar ist es auch als Massageöl für Männer mit stark entwickelter Muskulatur; das Öl wirkt stark wärmend und durchdringend und macht durch Gewichtheben oder andere kurzzeitige, aber intensive Anstrengungen überentwickelte Muskeln geschmeidig. Lavendel, Majoran oder Rosmarin haben jedoch einen ähnlichen Effekt und werden daher im allgemeinen dem Salbei vorgezogen.

ACHTUNG: Setzen Sie Salbei immer sehr umsichtig ein und nie bei Schwangeren, Kleinkindern und Epileptikern.

Siehe auch **Muskatellersalbei.**

Sandelholz (Santalum album)

Sandelholzöl wird aus dem Stamm eines kleinen, immergrünen Parasitenbaumes gewonnen, dessen Wurzeln sich von dem Saft anderer Baumwurzeln ernähren. Die Unterart *Santalum album* wächst in Indien und auf einigen Inseln des Indischen Ozeans; das beste Öl stammt aus der Provinz Mysore. Entgegen anderslautenden Gerüchten sind die Sandelholzbäume in Mysore nicht vom Aussterben bedroht; sie werden von der Regierung geschützt. Die Bäume wachsen sehr langsam, und nur sehr alte werden gefällt. Die Stämme bleiben im Wald liegen, bis die Ameisen die äußeren Teile weggefressen haben. Nur das von ihnen nicht angegriffene Kernholz wird als Bauholz sowie zur Herstellung von Möbeln, Weihrauch und ätherischem Öl verwendet. Das durch Dampfdestillation gewonnene Öl enthält Santalol (bis zu 90%), Pinen, Santal- und Terasantalsäure; es ist ungewöhnlich dick und zäh und von der Farbe her gelblich bis tiefbraun. Der beim ersten »Hinriechen« nicht besonders starke Duft entwickelt sich erst richtig, wenn das Öl auf die Haut kommt, und haftet dann erstaunlich lange. Achten Sie beim Kauf darauf, daß das Öl nicht aus Australien oder von den Westindischen Inseln stammt. Australisches Sandelholz ist eine verwandte Spezies *(Eucarya spicata)*, aus der ein minderwertiges Öl gewonnen wird, während es sich bei westindischem »Sandelholz« um eine völlig andere Art ohne therapeutischen Wert handelt. In Vietnam und Neukaledonien befinden sich überwachte Pflanzungen mit echtem Sandelholz.

Sandelholz ist in Indien schon seit vielen Jahrhunderten bekannt; es wird in der traditionellen ayurvedischen Medizin benutzt, aber auch als Parfüm und Räucherwerk. Seit mindestens 2500 Jahren wird es wegen seiner antiseptischen Wirkung auf den Harntrakt zur Behandlung von Infektionen in diesem Bereich eingesetzt, z. B. bei Blasenentzündung. Es ist eins der ältesten Heilmittel zur Bekämpfung der Gonorrhö, aber für einen Aromatherapeuten wäre es unverantwortlich, diese Krankheit ohne ärztliches Einverständnis zu behandeln.

Die antiseptische Wirkung kommt auch bei allen Erkrankungen der Atemorgane zum Tragen; da es außerdem sedative Qualitäten besitzt, ist es eine große Hilfe bei hartnäckigem, trockenem Reizhusten. Meiner Erfahrung nach gehört es zu den besten Ölen bei chronischer Bronchitis und Halsschmerzen – am zweckmäßigsten in Form von Inhalationen oder äußerlichen

Einreibungen. Sandelholzöl wird als extrem bitter empfunden und daher zum Gurgeln nicht gern verwendet.
Am bekanntesten ist es wahrscheinlich als Parfüm und Ingredienz kosmetischer Präparate, und das seit sehr langer Zeit in Ost und West. Seine diesbezügliche Bedeutung beruht wahrscheinlich nicht nur auf seinen Duftqualitäten, sondern auch auf seiner wohltuenden Wirkung auf die verschiedensten Hauttypen: Es ist bei trockener Haut und mangelnder Hautfeuchtigkeit (hier empfehlen sich warme Kompressen) genauso hilfreich wie bei fettiger Haut. Auch bei Akne ist es nützlich, denn es wirkt leicht adstringierend und stark antiseptisch. Der Duft ist bei Männern und Frauen gleichermaßen beliebt, was eine Gewähr dafür bietet, daß Jugendliche es regelmäßig benutzen. Ich habe Sandelholz oft Aftershaves für junge Männer beigegeben, die zu Hautreizungen nach der Rasur neigen; es lindert den Juckreiz und bekämpft die den Hautausschlag auslösenden Bakterien.
Seine große Popularität verdankt Sandelholz nicht zuletzt seinen von jeher gepriesenen aphrodisischen Qualitäten. Im Gegensatz zu manchen anderen ähnlich bewerteten Substanzen scheint es diesen Erwartungen durchaus gerecht zu werden.

Säuren

Im vorliegenden Kontext sind Säuren eine Kategorie organischer Pflanzenmoleküle, die gelegentlich in ätherischen Ölen vorkommen. Viele sind wasserlöslich, weshalb sie im Hydrolat (siehe entsprechendes Stichwort) eher zu finden sind als im entsprechenden ätherischen Öl. Sie wirken entzündungshemmend und allgemein beruhigend, manche auch schmerzlindernd. Beispiele: Benzoesäure in Benzoe (große Mengen), Ylang-Ylang etc.; Geraniensäure in Geranie, Rose etc.; Salizylsäure in Birke.

Scharlach

Anders als die meisten ansteckenden Kinderkrankheiten wird Scharlach durch eine Bakterienart *(Streptococcus pyogenes)* und nicht durch Viren ausgelöst. Es kommt zu starken Halsschmerzen mit Fieber und dem typischen Scharlachausschlag.

In den letzten 50 Jahren ist Scharlach von einer tödlichen zu einer als unschädlich betrachteten Krankheit geworden, und zwar dank der Entdeckung der Sulfonamide und Antibiotika. In den letzten Jahren scheint jedoch eine bösartigere Virenart aufgetaucht zu sein. Manche Kinder werden wirklich sehr krank. Versuchen Sie nie, Scharlach allein durch aromatherapeutische Maßnahmen zu kurieren, sondern ziehen Sie in jedem Fall einen Arzt hinzu.

Die Art der Behandlung entspricht im wesentlichen der bei Masern (siehe dort); allerdings scheint bei Scharlach am ehesten die deutsche Kamille den Ausschlag, das Fieber und das allgemeine Unwohlsein zu reduzieren.

Kinder, die Scharlach hatten, müssen ein paar Monate lang genau beobachtet werden. Die Krankheit schwächt sehr, und im Gefolge einer Streptokokkeninfektion können rheumatisches Fieber oder eine akute Nierenentzündung auftreten. Ein mir bekanntes Kind bekam nach besonders schwerem Scharlach hämolytische Anämie. Dann sollte natürlich dringend ein Arzt konsultiert werden!

Scheidenentzündung (Kolpitis)

Sie wird durch Kleinstlebewesen wie Candida albicans oder Trichomonaden hervorgerufen. Näheres unter **Soor** und **Scheidenspülungen.**

Scheidenspülungen

Zur Behandlung vaginaler Entzündungen, insbesondere Soor, können Scheidenspülungen mit ätherischen Ölen vorgenommen werden. Denken Sie aber daran, daß die Öle stark konzentriert sind und deshalb gut verdünnt werden müssen, bevor sie mit der zarten Vaginalschleimhaut in Berührung kommen.

Am besten mischt man 2 Tropfen ätherisches Öl mit 5 ml (= 1 Teelöffel) reinem oder anderem hochprozentigem Alkohol und gibt die Mixtur auf ½ Liter abgekochtes und etwas unter Körpertemperatur abgekühltes Wasser. Eine Plastikdusche ist in Apotheken erhältlich. Scheidenspülungen sollte man nur dann vornehmen, wenn sie wirklich notwendig sind; sie beeinträchtigen nämlich die Scheidensekretion, die einen natürlichen Schutz darstellt.

Schlaflosigkeit

Bei vorübergehender, aber auch bei länger andauernder Schlaflosigkeit lassen sich mit aromatherapeutischen Maßnahmen erstaunliche Erfolge erzielen. Viele ätherische Öle fördern das Einschlafen auf natürliche Weise und ohne die Nebenwirkungen von Schlaftabletten. Nehmen Sie ein Aromabad, oder träufeln Sie ein paar Tropfen ätherisches Öl aufs Kopfkissen.

Meiner Erfahrung nach wirken Lavendel, Kamille und Neroli am besten; sie haben einen tiefgehenden, beruhigenden, besänftigenden, ausgleichenden Effekt auf Geist und Seele und nehmen Ängste. Außerdem sind alle als sedativ bezeichneten Öle hilfreich. Werden die Öle länger als zwei oder drei Wochen benötigt, sollte man sie unbedingt ab und zu wechseln.

Zu den sedativen Ölen gehören Benzoe, das in Situationen geeignet ist, in denen äußere Sorgen Ursache der Schlaflosigkeit sind; Bergamotte, wenn die Schlaflosigkeit mit Depression einhergeht; Muskatellersalbei, der sehr stark entspannt und keinesfalls zusammen mit Alkohol verabreicht werden sollte, da dies Alpträume oder sehr heftige Träume bewirkt; Majoran wirkt wärmend und lindernd; außerdem Sandelholz, Wacholder, Ylang-Ylang und viele andere. Die Öle können fast alle miteinander gemischt werden; probieren Sie selbst, was für Sie am angenehmsten und effektivsten ist.

Wenn Sie ein Bad nehmen, sollte das Wasser nicht zu heiß sein, da dies eher anregt als beruhigt. 6 Tropfen insgesamt genügen, wenn das Vollbad für einen Erwachsenen bestimmt ist; bei Sandelholz und Neroli reichen 4 Tropfen. Melisse sollte sehr sparsam verwendet werden (nicht mehr als 3 Tropfen), da eine größere Menge die Haut reizen kann, insbesondere bei heller oder sehr empfindlicher Haut. Für Kinder reichen 3–4 Tropfen; ist das Bad für ein Baby oder ein Kleinkind bestimmt, sollten Sie daran denken, das ätherische Öl aufzulösen, bevor Sie es ins Wasser geben (siehe **Bäder**). Ein einzelnes Öl bzw. ein und dieselbe Mischung sollte nie länger als zwei Wochen verwendet werden, da der Körper sich schnell an das Öl gewöhnt und es dann seine Wirkung verliert. Nehmen Sie daher ein anderes Öl (oder eine andere Mischung) und kehren Sie – falls Ihr Schlafrhythmus sich nicht normalisiert hat – nach ein bis zwei Wochen zu ihrer ursprünglichen Wahl zurück.

Handelt es sich nur um ein paar Nächte, wird die beschriebene Methode auf jeden Fall für einen gesunden Schlaf sorgen. Besteht die Schlaflosigkeit jedoch als längerfristiges Problem, erscheint mir das abendliche Bad mit ätherischen Ölen nur unwesentlich besser als die Einnahme von Tabletten.

In einem solchen Fall wäre es wichtig, die eigentlichen Gründe für die Schlaflosigkeit zu finden und zu behandeln.

Sehr oft hat Schlaflosigkeit relativ einfache physische Ursachen z. B. eine sitzende Tätigkeit, unpassende Ernährung, Konsum anregender Getränke (Tee, Kaffee) spät am Abend, ein unbequemes Bett oder andere physische Beschwerden. Oft genügen dann bereits körperliche Betätigung, leichtere Abendmahlzeiten oder eine andere Matratze, um die Dinge wieder ins Lot zu bringen.

Leider wird Schlaflosigkeit in wachsendem Maße durch die Ängste und Anspannungen des modernen Lebens verursacht; hier sind Entspannungsübungen wie Yoga, Meditation und Atemübungen hilfreich, aber auch regelmäßige aromatherapeutische Massagen. Die Verbindung der sanften therapeutischen Berührung mit der tief entspannenden Wirkung ätherischer Öle baut geistige und körperliche Spannungen ab und führt fast von selbst zu einem natürlichen Schlaf. Die meisten Menschen fühlen sich nach einer Massage sehr ruhig und möglicherweise schläfrig, weshalb eine abends in der Wohnung des Patienten durchgeführte Massage natürlich am besten wäre. Aber auch wenn man im Laufe des Tages massiert wird, hält die Entspannung noch mehrere Stunden oder sogar Tage an. An den massagefreien Tagen empfiehlt es sich, abends ein entspannendes Bad zu nehmen. Bereits eine einzige Massagesitzung kann den Teufelskreislauf Schlaflosigkeit, Angst vor Schlaflosigkeit,

Schlaflosigkeit durchbrechen, aber eine ganze Behandlungsserie ist bei länger bestehender Schlaflosigkeit sicher besser. Massagen wirken kumulativ, d. h., der streßabbauende Effekt wird von Mal zu Mal immer deutlicher.

Schock

Es gibt gleich mehrere ätherische Öle, die bei Schock sehr nützlich sind. Eine gute Erste-Hilfe-Maßnahme bietet das Inhalieren von Neroli- oder Pfefferminzöl direkt aus der Flasche oder von einem Taschentuch.
Meiner Erfahrung nach das wirksamste Mittel sind die Notfalltropfen der Bach-Blütentherapie. Träufeln Sie so schnell wie möglich 4 Tropfen auf die Zunge des Betreffenden; die Maßnahme kann bedenkenlos etwas später wiederholt werden – bei Bedarf mehrmals. Das Inhalieren kann parallel erfolgen. Die Notfalltropfen enthalten fünf der insgesamt 38 Bach-Blüten, und zwar: Star of Bethlehem (Goldener Milchstern) gegen Schreck und Betäubung; Rock Rose (Gelbes Sonnenröschen) gegen Terror- und Panikgefühle; Impatiens (Drüsentragendes Springkraut) gegen mentalen Streß und Spannung; Cherry Plum (Kirschpflaume) gegen die Angst, die Kontrolle zu verlieren; und Clematis (Weiße Waldrebe) gegen die Tendenz, »abzuheben«. Das Mittel kann auch in Erwartung besonderer psychischer oder geistiger Anforderungen vorbeugend verabreicht werden oder nach traumatischen Erfahrungen jeder Art.
In der Homöopathie wird gegen Schock oft Arnica eingesetzt. Bitte denken Sie aber daran, daß bei Verwendung homöopathischer Mittel ätherische Öle – und insbesondere das stark riechende Pfefferminzöl – grundsätzlich kontraindiziert sind, da ihre Wirkungen sich gegenseitig beeinträchtigen.

Schopflavendel (Lavandula stoechas)

Schopflavendel enthält sehr viele Ketone, die ihn – im Gegensatz zu den anderen Lavendelarten – zu einem potentiell toxischen Öl machen. Wenn Sie das Öl zwei oder drei Minuten lang einatmen, wird Ihnen wahrscheinlich ziemlich schwindlig. Es wirkt stark schleimlösend, was bei chronischen Beschwerden nützlich ist; trotzdem würde ich seine Anwendung Aromatherapeuten mit ärztlicher Ausbildung vorbehalten.

Schuppenflechte (Psoriasis)

Leider gibt es gegen diese zu Recht gefürchtete Hautkrankheit bislang keine Behandlungsmethode, die auf Dauer Erfolg verspricht – weder von seiten der orthodoxen noch der sogenannten »alternativen« Medizin. Auch die Aromatherapie kann lediglich eine Linderung der Symptome bewirken.
Dennoch sind einige ermutigende Fakten bekannt geworden, über die es sich lohnt, ein wenig nachzudenken.
Die äußerste Schicht unserer Haut besteht aus abgestorbenen Zellen, die sich auf ganz alltäglich-normale Weise durch Waschen, Frottieren, Bewegen etc. vom Körper ablösen und durch ständig von unten in mehreren Schichten nachwachsende Zellen ersetzt werden. Bei der Psoriasis geht diese Zellbildung viel schneller voran als der Abschuppungsprozeß. Die Folge ist, daß die Epidermis (die äußere Hautschicht) rot, dick und schuppig erscheint. Die betroffenen Gebiete können klein oder groß sein, in den schlimmsten Fällen ist die gesamte Haut in Mitleidenschaft gezogen. Psoriasis bedingt nicht notwendigerweise Juckreiz oder Schmerzen, aber die psychische Belastung, das Gefühl, unattraktiv oder »befleckt« zu sein, ist erheblich.
Psoriasis scheint mit Allergien nichts zu tun zu haben und ist auch nicht ansteckend. Vermutlich handelt es sich um eine erbliche Veranlagung. Auch Streß spielt eine wichtige Rolle, denn die Symptome kommen und gehen je nach psychischer bzw. beruflicher Belastung. Bei Menschen z. B., die am Arbeitsplatz ständig unter Druck stehen, bessert sich die Schuppenflechte gewöhnlich während des Urlaubs. Für das Abklingen der Symptome scheint nicht nur das Sonnenlicht verantwortlich zu sein, das sicher eine heilsame Wirkung hat, denn die Besserung tritt teilweise auch nach einem Urlaub bei regnerischem Wetter und verhangenem Himmel ein.

Der Gedanke, daß Streß zu den auslösenden Faktoren dieser Krankheit gehört, ist natürlich eine Herausforderung für die Aromatherapie – schließlich haben ihre Techniken sich auf diesem Gebiet schon oft als hilfreich erwiesen. Alle sedativen und antidepressiven Öle sind geeignet; verschiedene Therapeuten berichten, mit Bergamotte die besten Erfolge erzielt zu haben.
Mit Emollienzien (aufweichenden Arzneimitteln) angereicherte Cremes reduzieren die Schuppigkeit und verbessern das Erscheinungsbild der Haut. Das Einreiben mit abschilfernden Mitteln, z. B. leicht angefeuchtetem Hafermehl, trägt zur weiteren Abstoßung toter Hautzellen bei.
Naturheilkundliche Methoden zur Entgiftung des gesamten Organismus haben, zusammen mit aromatherapeutischen Maßnahmen, zu guten Ergebnissen geführt. Der Reinigungsprozeß beginnt mit einer Saft-Wasser-Fastenkur. In der nächsten Phase besteht die Nahrung ausschließlich aus frischem, rohem Obst und Gemüse. Später kommen leicht gedünstete Gemüse und eventuell einfache Vollkornmahlzeiten hinzu. Der Verzicht auf Alkohol, Kaffee, rotes Fleisch sowie chemische Zusätze jeder Art hat bei allen Psoriasis-Patienten, die diese Behandlung probiert haben, zu einer beträchtlichen Verbesserung des Krankheitsbildes geführt. Die reichliche Zufuhr von Vitaminen (vor allem C, E, und B-Komplex) und Mineralstoffen sowie Zink ist eine wichtige Ergänzung der Therapie. Ebenfalls bewährt hat sich Nachtkerzenöl (oder eine andere Quelle für Gammalinolensäure), das in Kapselform oder pur eingenommen und in Salben oder Lotionen direkt auf die schuppigen Hautpartien aufgetragen werden kann.
Crab Apple, eine der 38 Bach-Blüten, ist wärmstens zu empfehlen; andere Mittel der Bach-Blütentherapie können den individuellen Bedürfnissen entsprechend gewählt werden.

Schwangerschaft

Bis auf die kleine Anzahl ätherischer Öle, die wegen möglicher Gefahren für Mutter und Embryo zumindest während der ersten Schwangerschaftsmonate vermieden werden sollte, lassen sich pflanzliche Essenzen bedenkenlos anwenden, um die verschiedenen Beschwerden der werdenden Mutter (Brechreiz, Rückenschmerzen, geschwollene Beine und Knöchel) auf ein Minimum zu reduzieren.

Drei Kategorien von Ölen müssen während der ersten Monate beiseite gelassen werden: die sogenannten emmenagogischen, d. h. menstruationsfördernden, die wehenfördernden und die Öle mit möglicher toxischer Wirkung. Die folgenden Öle gehören in eine oder mehrere dieser Gruppen und dürfen daher *nicht benutzt* werden: Anis, Arnika, Basilikum, Beifuß, Birke, Bohnenkraut, Fenchel, Wintergrün (Vinca), Jasmin, Kampfer, Majoran, Muskatellersalbei, Myrrhe, Oregano, Pfefferminze, Poleiminze, Rose, Rosmarin, Salbei, Thymian, Wacholder, Ysop, Zeder und Zypresse, außerdem alle Öle, die als toxisch gelten (siehe Anhang A). Kamille und Lavendel gelten zwar auch als blutungsfördernd, können aber stark verdünnt in kleinen Mengen (1–1,5%) verwendet werden, wenn keine Fehlgeburt zu befürchten ist, d. h., es bei der Frau selbst oder in ihrer Familie keine Fehlgeburten gab, sie keine außergewöhnlichen Blutungen oder andere diesbezüglichen Symptome hat oder der betreuende Arzt die Schwangerschaft nicht aus sonstigen Gründen für risikoreich hält. Ab dem sechsten Monat kann man getrost wieder auf Lavendelöl zurückgreifen, das so gut bei Rückenschmerzen hilft, und auch auf Rose (1–1,5%ige Verdünnung), die den emotionalen Bedürfnissen der Schwangeren so gut entspricht.

Die Kreuzschmerzen am Ende der Schwangerschaft erklären sich aus der veränderten Haltung des Rückgrats, bedingt durch die ziehende Last des schwerer werdenden Embryos. Leichte Körperübungen, z. B. Yoga oder eine spezielle Schwangerschaftsgymnastik, sind hier hilfreich. Jede werdende Mutter weiß aber auch, wie gut es tut, sich wenigstens einmal täglich (und mindestens 20 Minuten lang) mit hochgelagerten Beinen flach auf den Rücken zu legen – am besten mit angezogenen Beinen, die auf einem Stuhl aufliegen. Diese Position gewährleistet, daß die Wirbelsäule wieder in ihre normale, gestreckte Lage zurückkehrt und die überbeanspruchten Muskeln des unteren Rückenabschnitts sich für eine Weile völlig entspannen können. Auch eine Massage mit ätherischen Ölen nimmt einen großen Teil der Schmerzen und stärkt außerdem die Muskeln. Da der werdenden Mutter eine Bauchlage nicht mehr zugemutet werden kann und die Seitenlage für die Masseurin ungünstiger ist, erscheint es mir am zweckmäßigsten, wenn die Schwangere auf einem Hocker vor dem Massagetisch sitzt; sie kann dann die verschränkten Arme auf diesem abstützen und den Kopf auf die Arme auflegen. Die Masseurin kniet auf dem Boden hinter ihr und kann die Rückenmuskulatur mit dem erforderlichen Kraftaufwand bearbeiten (was in Seitenlage unmöglich wäre). Während der ersten vier Monate sollte der untere Rücken nur leicht massiert werden, aber vom sechsten Monat an, wenn die Rückenschmerzen zu einem Problem werden, kann dieser Bereich ruhig kräftig bearbeitet werden.

Auch der Bauch sollte während der ersten vier Monate nur ganz leicht massiert werden (oder überhaupt nicht, wenn die Mutter dies nicht möchte), aber danach wird eine Massage wahrscheinlich als sehr wohltuend empfunden. Oft reagiert das Kind auf die Behandlung, die der Mutter zuteil wird, und hört z. B. auf zu strampeln, wenn ein beruhigendes Öl verwendet wird. Babys, deren Mutter während der Schwangerschaft regelmäßige Massagen erhalten haben, sind gewöhnlich sehr friedlich.

Zur Vermeidung von Schwangerschaftsstreifen sollte die werdende Mutter ab dem fünften Monat Bauch und Hüften täglich selbst massieren; sie kann entweder reines Mandelöl benutzen oder diesem 1–2% ätherisches Öl beigeben, was natürlich effektiver ist. Ein Rezept dazu findet sich unter dem Stichwort Schwangerschaftsstreifen.

Der Übelkeit während der ersten Monate begegnet man am wirkungsvollsten mit Ingwertee; Pfefferminzöl und -tee sind nicht zu empfehlen.

In den letzten Schwangerschaftsmonaten werden oft Wasseransammlungen in den Beinen oder rund um die Knöchel zu einem Problem. Bei schwerwiegenden oder hartnäckigen Fällen sollte der Arzt befragt werden, denn Sie können mit einer gravierenden Störung zu tun haben. In leichteren Fällen (angeschwollene Knöchel nach langem Stehen oder am Ende des Tages) genügt eine regelmäßige Massage mit Geranienöl, die am besten von einem Aromatherapeuten ausgeführt wird. Wichtig ist, daß die Beine in gleichmäßigen, aber kräftigen Strichen vom Knöchel aufwärts bis zu den Oberschenkeln (nicht umgekehrt!) bearbeitet werden. Die weiter oben beschriebene Ruhestellung (hochgelegte Beine etc.) ist ein klassisches Hilfsmittel, und die Beinmassage sollte vorzugsweise in dieser Position ausgeführt werden; die flache Lage reduziert gleichzeitig die Muskelverspannungen in der Lendengegend. Der Verzicht auf Salz, Kaffee und schwarzen Tee reduziert ebenfalls die Schwellungen; statt dessen braucht der Körper viel gesundes Quellwasser.

Manchmal drückt das Gewicht des Fötus so stark auf die Venen und Arterien im Unterleib, daß es zu Krampfadern, Hämorrhoiden und (sehr selten) zu einer Vulvavarikosität (Krampfadern am äußeren Geschlechtsorgan) kommt. Hier gilt das gleiche wie bei den Wasseransammlungen: flache Lage, Beine nach oben! Versuchen Sie, Verstopfungen zu vermeiden. Die Öle, die gewöhnlich bei Kreislaufbeschwerden verwendet werden, sind für Schwangere ein zu großes Risiko, weshalb ich eine leichte Massage mit Zitronenöl in 2%iger Konzentration und viel frischen Knoblauch bzw. Knoblauchdragees empfehle.

Aromatische Bäder können selbstverständlich während der gesamten Schwangerschaft genossen werden; sicher sind sie für die werdende Mutter eines der besten Mittel zur Entspannung, vorausgesetzt Sie vermeiden die risikoreichen Öle.

Siehe auch **Babys, Geburt, Stillen.**

Schwangerschaftsstreifen

Hier gilt: Vorbeugen ist besser als behandeln! Ursache ist die Dehnung der Haut während der Schwangerschaft; wenn die Streifen einmal da sind, lassen sie sich nur schwer wieder beseitigen, auch wenn tägliche intensive Massagen sie reduzieren können.

Ab dem 4. oder 5. Monat sollten werdende Mütter Bauch und

Hüften täglich massieren, um die Elastizität der Haut zu erhöhen. Hilfreich ist bereits Mandelöl oder eine gehaltvolle Creme, aber mit Mandarinen- und Neroliöl läßt sich ein noch besseres Ergebnis erzielen. Eine gute Mischung besteht aus 1% Mandarinen- und 2% Neroliöl in Hagebuttensamenöl *(Rosa rubiginosa);* Hagebuttenöl weist 30 bis 40% Gammalinolensäure auf, die eine sehr wohltuende Wirkung auf die Haut hat. Wenn Sie wollen, kann die Mixtur auch 10% Haselnußöl enthalten, das reich an Vitamin E ist.

Manche Frauen bevorzugen der leichteren Handhabung wegen eine Creme; in diesem Fall können Sie der in Anhang C beschriebenen Kakaobuttercreme 10 Tropfen Mandarine und 15 Tropfen Neroli beigeben.

Sedativa

Eine beträchtliche Anzahl ätherischer Öle hat eine sedative, d. h. beruhigende Wirkung, insbesondere auf das zentrale Nervensystem.

Die effektivsten sind Kamille, Lavendel, Bergamotte und Neroli, aber auch Rose, Benzoe, Jasmin, Majoran, Melisse, Muskatellersalbei und Sandelholz gehören in diese Kategorie; es gibt noch andere, die allerdings weniger gebräuchlich sind. Die zweckmäßigsten Anwendungsformen sind Massagen und Bäder – am besten, vor allem bei Schlaflosigkeit, direkt vor dem Zubettgehen.

Die Entscheidung für dieses oder jenes Öl hängt von der persönlichen Präferenz des Patienten und seiner momentanen Verfassung ab. Da die einzelnen Öle noch viele andere, spezifische Eigenschaften besitzen, können auch diese ein Kriterium sein.

Sehnenscheidenentzündung

Ursache dieser Entzündung, die meist die Handgelenke, zuweilen aber auch die Knöchel in Mitleidenschaft zieht, ist fast immer eine Überbeanspruchung der entsprechenden Sehnen und der sie umgebenden Hülle; manchmal wird sie jedoch auch durch Rheuma oder eine bakterielle Infektion ausgelöst.

Die Krankheit ist sehr schmerzhaft, und eine Besserung tritt nur sehr langsam ein. Schmerzlindernde und entzündungshemmende Öle sind hilfreich, aber das wichtigste ist die Ruhigstellung des betroffenen Gelenks.
Behandlungsmöglichkeiten siehe unter **Tennisarm.**

Sellerie (Apium graveolens)

Die in Südeuropa heimische Pflanze wächst heute fast überall auf der Welt; speziell zur Gewinnung von ätherischem Öl wird sie u. a. in Indien, China und Ungarn angebaut. Sellerie ist seit dem Altertum als Gemüse und Heilpflanze bekannt; schon Dioskurides und Hippokrates schätzten die harntreibende, reinigende Wirkung. Im Mittelalter wurde die Pflanze in Form einer Abkochung bei Harnverhaltung, Nierensteinen, Harnwegsinfektionen, Fieber und Darmverschluß eingesetzt. Einer der frühen Autoren meinte: »Wilder Sellerie vertreibt die melancholischen Stimmungen, die zu Traurigkeit führen.« Moderne Pflanzenheilkundige setzen Sellerie ganz gezielt bei Fällen ein, bei denen eine Depression mit rheumatoider Arthritis einhergeht. Und genau wie in der Vergangenheit wird er als Tee, Abkochung oder Tinktur bei Harnwegsinfektionen und Nierensteinen benutzt.

Aus allen Teilen der Selleriepflanze läßt sich ein ätherisches Öl gewinnen, aber das nützlichste, das im allgemeinen in der Aromatherapie Verwendung findet, wird durch Dampfdestillation aus den Samen produziert. Es besitzt einen starken, aber dennoch angenehmen und würzigen Duft und schwankt farblich zwischen Hell- und Dunkelgelb, manchmal mit einem Stich ins Orange. Zu den Wirkstoffen gehören u. a. Apigenol, Apiol, Limonen und Selinen.

Sellerieöl wird bei denselben Beschwerden eingesetzt wie die Pflanze. Es gehört zu den effizientesten uns verfügbaren Diuretika. Micheline Arcier, die Seniorin der Aromatherapie in England, meint: »Sellerieöl ... und ab aufs WC!« Bei Nierenentzündung und Harnverhaltung werden am besten heiße Kompressen über die Nierengegend gelegt; die Kompressen sollten gewechselt werden, sobald sie abkühlen. Die genannten Krankheiten bedürfen jedoch ärztlicher Überwachung; es wäre unverantwortlich, sich bei ihnen nur auf die Aromatherapie zu verlassen. Bei einer Blasenentzündung legen Sie die Kompressen über die Blase.

Eine Massage mit Sellerieöl hilft ebenfalls bei Harnverhaltung, wobei nicht nur Flüssigkeit ausgeschwemmt wird: Sellerie unterstützt die Ausscheidung von im Körper gespeicherten Schlacken und ist daher bei Zellulitis, Arthritis, Rheuma und Gicht angezeigt (zu denen es kommt, wenn Harnsäure sich ansammelt).

Sellerie regt die Leber und das Verdauungssystem im allgemeinen an. Früher wurden nach einer Mahlzeit oft die Samen gekaut, um die Verdauung anzuregen; stillende Mütter nahmen sie, um den Milchfluß anzuregen. (Diese Eigenschaft haben übrigens viele Doldengewächse.) Die zerstoßenen Samen werden zum Würzen und als Verdauungshilfe wie eh und je zum Kochen verwendet.

Vielleicht noch wichtiger als diese speziellen Anwendungsmöglichkeiten ist die Tatsache, daß Sellerie den Stoffwechsel anregt und bei Müdigkeit und Erschöpfung hilft, besonders wenn diese durch Streß bedingt sind. Aus diesem Grund könnte er auch bei postviraler Erschöpfung in Frage kommen. Aufgrund der anregenden Wirkung gilt Sellerie auch als Aphrodisiakum.

Sellerie fördert die Menstruation, ist also bei ausbleibenden, spärlichen oder unregelmäßigen Monatsblutungen hilfreich.

VORSICHT: Sellerieöl nicht in der Schwangerschaft verwenden!

Sesquiterpene

Die mit diesem Begriff bezeichnete Duftmolekülkategorie wirkt vor allem lindernd, beruhigend und entzündungshemmend. Die letztgenannte Eigenschaft besitzt vor allem das Azulen, das sich in Kamille und einigen *Artemisia*-Arten findet. Das häufigste Sesquiterpen ist Caryophyllen, das in Lavendel, Majoran, Muskatellersalbei und den meisten Ölen aus der Familie der Lippenblütler vorkommt. Auch Cadinen (u. a. in Weihrauch, Zitrone, Patschuli) und Cedren (in Zeder und Wacholder) gehören zu den Sesquiterpenen.

Shiatsu

Shiatsu ist ein altes japanisches Massagesystem, das auf denselben Prinzipien beruht wie die Akupunktur. Shiatsu bedeutet »Fingerabdruck«, und in der Tat werden hier Finger und Daumen benutzt, um durch Druck jene Punkte anzusprechen, die ein Akupunkteur mit seinen Nadeln beeinflußt. Darüber hinaus dienen die Hände insgesamt, die Ellenbogen und sogar die Füße als Instrumente, um die Yin- und Yang-Energien in den Körpermeridianen in Fluß zu bringen und zu harmonisieren. Shiatsu läßt sich in eine Massagebehandlung mit ätherischen Ölen durchaus integrieren – mit dem kleinen Unterschied, daß der Patient beim klassischen Shiatsu die Kleider anbehält. Einige Aromatherapeuten haben jedoch inzwischen gute Erfahrungen mit einer in dieser Hinsicht leicht gewandelten Form der Fingerdruckmassage gemacht und sind der Meinung, daß sie die Wirkung ätherischer Öle noch verstärkt.
Siehe auch **Akupunktur** und **Yin/Yang.**

Sonnenbrand

Sonnenlicht ist wichtig für die Gesundheit, vor allem weil die Haut unter seinem Einfluß das lebensnotwendige Vitamin D produziert. Das bedeutet aber nicht, daß wir uns stundenlang in der Sonne aalen müssen! Um gesund zu bleiben, genügt es, sich zehn Minuten täglich an der frischen Luft aufzuhalten, auch im Winter.
Zu ausgiebige Sonnenbestrahlung und insbesondere ein Sonnenbrand erhöhen das Hautkrebsrisiko, das wegen der dünner werdenden Ozonschicht auch in gemäßigten Klimazonen vorhanden ist. Am besten sollte ein Sonnenbrand generell vermieden werden, aber wenn es zu einem gekommen ist, wird er wie jede andere Verbrennung behandelt. Auch leichtere Formen sollten nicht auf die leichte Schulter genommen werden, wenn größere Hautpartien betroffen sind. Am effektivsten ist in diesem Fall ein lauwarmes Vollbad mit 5 oder 6 Tropfen Kamillenöl – es wirkt lindernd und kühlend. Das Bad kann bedenkenlos im Abstand von einigen Stunden wiederholt werden, bis eine spür-

bare Besserung eingetreten ist. Für Kinder löst man 3–4 Tropfen des Öls in etwas Mandelöl auf, bevor man es dem Wasser zufügt. In schweren Fällen rate ich zu dem bei allen möglichen Verbrennungen hochwirksamen Lavendelöl; verdünnen Sie es mit abgekochtem und wieder abgekühltem Wasser (12 Tropfen Öl auf 1 Eßlöffel Wasser), und tupfen Sie diese Lösung direkt auf die verbrannte Hautpartie. Wo sich bereits Bläschen zeigen, kann das Öl pur aufgetragen werden.

Bergamottöl, die meisten anderen Zitrusöle, Angelikawurzelöl und ein paar andere Öle erhöhen die Lichtempfindlichkeit der Haut gegenüber Sonnenstrahlen, so daß sie leichter verbrennt. Benutzen Sie Bergamotte also nicht zum Baden, zum Auftragen auf die Haut, als Massageöl oder Parfüm, wenn Sie sich starkem Sonnenlicht aussetzen wollen – Sie riskieren einen schweren Sonnenbrand! Die entsprechende Wirkung dieser Öle kann 24 Stunden oder länger anhalten, scheint aber nicht zu greifen, wenn die Verdünnung unter 2% liegt. Dieselbe Vorsichtsmaßnahme gilt auch für Parfüms und *Eaux de toilette,* die Bergamotte enthalten: Kölnisch Wasser, Ungarn-Wasser, *Eaux de toilette* mit Zitronenduft und Aftershaves.

Auch für Sonnenbrand gilt: Vorbeugen ist besser als Heilen. Denken Sie daran, daß ätherische Öle keine Sonnenschutzfaktoren enthalten, und verwenden Sie entsprechende kommerzielle Präparate.

Siehe auch **Bergamotte** und **Lichtempfindlichkeit.**

Soor

Soor ist eine durch einen Hefepilz (meist Candida albicans) hervorgerufene Entzündung der Schleimhäute. Die Krankheit befällt manchmal den Mund, besonders bei Babys, häufig aber auch die Vagina, und gehört zum Symptomenkomplex von HIV-positiven Patienten.

Soor folgt oft der Einnahme von Antibiotika, da diese die Bakterienflora des Körpers schädigen. Die Candida-Pilze sind in jedem menschlichen Organismus ständig präsent. Normalerweise verhindert die Darmflora, daß sie sich zu sehr vermehren und Schaden anrichten.

Die aromatherapeutische Behandlung besteht aus Bädern und örtlichen Anwendungen mit Lavendel, Myrrhe oder Ti-Baum (auch gemischt); alle drei Substanzen gehören zu den fungiziden Ölen. Ti-Baum-Öl regt außerdem die körpereigenen Abwehrkräfte an. Ist der Mund befallen, können Sie eine Mundspülung herstellen oder Myrrhentinktur benutzen.

Zur Regenerierung der Darmflora ist die gleichzeitige Einnahme von Joghurt- oder Acidophilustabletten zu empfehlen, aber auch der Verzehr von möglichst viel *natürlichem* Joghurt. Leute, die häufig unter Soor leiden, sollten den Verzehr jeder Art von Zucker stark einschränken und vor allem Industriezucker und raffinierte Stärke ganz aus ihrem Speiseplan verbannen, da sie die Vermehrung der Pilze fördern; ebenso müssen Hefe, Hefepräparate und alle fermentierten Nahrungsmittel wie Miso, Sojasauce, Essig etc. gemieden werden.

Die aromatherapeutischen Maßnahmen und die Diät müssen längere Zeit fortgesetzt werden, auch wenn die Symptome relativ schnell verschwinden. Es dauert drei bis sechs Monate, bis der Organismus die Candida-Kulturen wieder unter Kontrolle hat. Wird die Behandlung zu früh abgebrochen, erscheinen auch die Symptome bald wieder. Wie bei jeder längeren Anwendung sollte man immer mal wieder ein anderes Öl nehmen.

Oft wechseln Soor und Blasenentzündung miteinander ab, weil die gegen letztere eingenommenen Antibiotika die körpereigene, natürliche Kontrolle der Candida-Pilze unterbinden. Die Verwendung ätherischer Öle zur Behandlung der Blasenentzündung, notfalls auch in Verbindung mit Antibiotika, kann diesen Teufelskreis durchbrechen.

Speiklavendel (Lavandula spica oder Lavandula latifolia)

Speiklavendel besitzt ein strenges, kampferartiges Aroma. Er wirkt antibakteriell, stark antiviral, schleimlösend und auswurffördernd – alles Eigenschaften, die ihn zu einem wichtigen Öl bei Beschwerden der Atemwege machen, insbesondere Bronchitis, Nebenhöhlenentzündung und Racheninfektionen. Es gibt zwei Chemotypen: Der spanische Speiklavendel enthält einen sehr viel höheren Anteil an Ketonen als der französische, was ihn zu einem relativ toxischen Öl macht. Der meiste Speiklavendel kommt jedoch aus Spanien. Er besitzt also ein paar wertvolle Eigenschaften, muß aber umsichtig eingesetzt werden – am besten in kleinen Mengen mit anderen Ölen gemischt.

Sprühapparate

Das Zerstäuben ätherischer Öle ist eine umweltfreundliche Alternative zu den potentiell gefährlichen Treibgassprays. Die Wahl des Öls hängt vom jeweils beabsichtigten Zweck ab: Vertreibung von Insekten, Desinfizierung von Krankenzimmern, allgemeine Verbesserung des Raumklimas.
Mischen Sie ein paar Tropfen ätherisches Öl mit etwas Alkohol, geben Sie das Ganze in Wasser und schütteln Sie kräftig. Falls sofort »gesprayt« wird, können Sie auf den Alkohol verzichten, müssen aber dann während des Sprühens öfter schütteln. Natürlich verbindet das Öl sich nicht mit Wasser, sondern bleibt in ihm suspendiert, was aber für eine unmittelbare Anwendung genügt. Eine exakte Dosierung ist hier weniger wichtig; das Öl sollte etwa 5% der Gesamtmenge ausmachen (10%, wenn per Raumbeduftung eine Ansteckung verhindert werden soll).
Im Handel – und im Haushalt – gibt es verschiedene Sprühapparate aus unterschiedlichem Material: Für unsere Zwecke optimal sind die aus Keramik, die eigentlich zum Besprühen von Pflanzen gedacht sind. Dann gibt es Parfümzerstäuber, die meist etwas kleiner und aus Glas sind. An letzter Stelle stehen Sprühgeräte aus Plastik, in denen ätherische Öle sich jedoch nicht längere Zeit befinden sollten, da es zu einer chemischen Reaktion kommen kann, die die Öle kontaminiert. Sie sind nur brauchbar, wenn die Mischung am gleichen Tag verwendet wird.
Bergamotte gehört zu den stärksten Deodorants und ist – allein oder mit Lavendel gemischt – ein ausgezeichnetes Insektenvertreibungsmittel. Auch alle anderen Öle mit Zitrusduft (Melisse, Verbene, Lemongras oder Zitronelle) schrecken Insekten ab.
Um die Ausbreitung einer Infektion zu verhindern, empfiehlt

Jean Valnet Eukalyptusöl, das häufig im Krankenzimmer versprüht werden sollte. Rosmarin und Wacholder sind ebenfalls geeignet. Bei einer Grippewelle sollten Sie jeden Raum mehrmals täglich auf diese Weise desinfizieren.
Zur Verbesserung des Raumklimas eignet sich jedes ätherische Öl, dessen Duft Ihnen angenehm ist.
Ein »Spray« kann auch benutzt werden, um ätherische Öle auf die Haut zu bringen, wenn die direkte Berührung zu schmerzhaft ist. Bei Windpocken z. B. wäre eine Mischung von Kamille, Lavendel und Eukalyptus angezeigt. Verwenden Sie in diesem Fall lauwarmes Wasser, damit der Unterschied zur fiebrigen Haut nicht als Schock empfunden wird. Bei einem schmerzhaften Sonnenbrand können Lavendel oder Kamille mit dem gleichen Verfahren auf die Haut gebracht werden.

Stillprobleme

Schon manche Mutter hat das Stillen aufgegeben, wenn sie mit den damit zusammenhängenden Problemen und Beschwerden nicht zurechtkam; die drei meistgenannten Gründe für den »Umstieg auf die Flasche« sind wunde Brustwarzen, zu geringe Milchbildung, zu reichliche Milchproduktion (führt zu schmerzhaften Stauungen in den Brüsten). Die Aromatherapie kann in all diesen Fällen wirksam helfen.
Einige meist aus der Familie der Umbelliferen (Doldengewächse) stammende Pflanzen, wie Anis, Dill, Fenchel und Kümmel, sind seit Jahrhunderten dafür bekannt, die Milchbildung anzuregen (zu verwenden am besten als Kräutertees); auch Jasmin soll diese Eigenschaft besitzen, was mir jedoch – anders als bei den Umbelliferen – nicht genügend erwiesen scheint. Am empfehlenswertesten dürfte immer noch Fencheltee sein.
Wunde Brustwarzen sind sehr schmerzhaft und heilen nur langsam. Hier ist Ringelblume am günstigsten, am besten in Form einer Creme, die man auch selbst herstellen kann; oder man gibt ein paar Tropfen Ringelblumenöl in eine gekaufte Creme. Sehr wichtig ist, vor dem Stillen auch das letzte Restchen Creme wieder abzuwaschen. Tragen Sie die Creme gleich nach dem

Stillen auf, damit die Brustwarzen genügend Zeit haben, die Creme zu resorbieren.

Zur Reduzierung des Milchflusses – weil die Brüste bereits schmerzhaft angeschwollen sind oder das Baby langsam abgestillt werden soll – können mit Pfefferminzöl bereitete kalte Kompressen aufgelegt werden. Verschiedene andere Öle rufen denselben Effekt hervor, aber Pfefferminzöl ist am ungefährlichsten; trotzdem sollte man auch hier alle Spuren vor dem nächsten Stillen entfernen, da selbst relativ harmlose und milde ätherische Öle für das Baby schädlich werden können, wenn es sie durch den Mund aufnimmt.

Zur Anwendung siehe unter **Kompressen.**

Stimmungen

Ätherische Öle können benutzt werden, um Stimmungen zu beeinflussen. Als besonders antidepressiv und aufmunternd gelten Bergamotte, Grapefruit, Orange und andere Zitrusöle. Da die Öle beruhigend, ausgleichend oder anregend wirken können, läßt sich für jede erwünschte Stimmung das passende Mittel finden.

Die Art der Anwendung – als Massagen, Bäder, Parfüms – macht im Grunde genommen kaum einen Unterschied. Doch der einfachste Weg, um die Stimmungen eines Menschen zu beeinflussen, der über ein eigenes Zimmer verfügt, ist das Verteilen des Öls mit Hilfe eines Zerstäubers, eines Aerosolerzeugers oder einer Aromalampe. Noch problemloser: Ein paar Tröpfchen ätherisches Öl auf eine Glühbirne oder den Heizkörper träufeln! Genaueres zu den Auswirkungen auf Geist und Seele siehe unter den einzelnen ätherischen Ölen.

Stimulanzien

Stimulanzien sind alle Stoffe, die eine belebende Wirkung auf Körper und Geist haben. Die Verwendung ätherischer Öle ist ungefährlicher als die von Koffein, Alkohol oder synthetischen Drogen, aber auch sie sollten nicht im Übermaß eingesetzt

werden. Sie können kurzzeitig zweckmäßig sein, z. B. in einer Krise oder bei außergewöhnlichen Anstrengungen. In kleinen Mengen sind sie auch zur Revitalisierung des Körpers während der Rekonvaleszenz geeignet. Zu den stimulierenden Ölen gehören Basilikum, Eukalyptus, Pfefferminze, schwarzer Pfeffer und insbesondere Rosmarin.
Eine Massage mit Rosmarinöl (vielleicht unter Hinzufügung einer winzigen Dosis schwarzen Pfeffers) ist ein fast magisches Reaktivierungsmittel. Auch Bäder wirken sehr gut, wenn niemand zum Massieren da ist; oder inhalieren Sie eines dieser Öle direkt aus der Flasche oder von einem Taschentuch. Ich gebe ein paar Tropfen aufs Handgelenk, wenn ich mit langwierigen Schreibarbeiten beschäftigt bin – die Müdigkeit ist dann wie verflogen. Basilikum, Eukalyptus und Pfefferminze sind wegen ihrer hautreizenden Wirkung für Bäder weniger geeignet; damit der belebende Effekt erreicht wird, genügt bereits ein Tropfen in einer Mischung mit anderen Ölen. Alle genannten Öle lassen sich gut in Aromalampen verwenden oder mit einem Sprühapparat zerstäuben; ein Täßchen Pfefferminztee zwischendurch ist eine gute Ergänzung.
Die Öle sind kein Ersatz für ausreichenden Schlaf, eine gesunde Ernährung und angemessene Entspannung; sie sind zur kurzfristigen Aufmunterung in besonders heiklen Situationen geeignet – sie sollten aber nicht zu ständigen »Krücken« werden.

Strahlenschäden

Wir alle sind ständig den unterschiedlichsten Strahlungen ausgesetzt – der der Sonne, der der radioaktiven Substanzen in der Erdkruste, der anderer natürlicher Quellen; das ist so, seit der Mensch auf der Erde lebt. Jüngste technische Erfindungen von der Atombombe bis zum Mikrowellenherd fügen dieser Hintergrundstrahlung jedoch unaufhörlich neue Strahlungen hinzu, und wohl jeder ist sich der erschreckenden Implikationen dieser Entwicklung bewußt.
Das folgende Rezept – es stammt von Dr. Westlake – hat mit Aromatherapie eigentlich nichts zu tun; ich gebe es hier trotz-

dem wieder, denn es mindert die Nebenwirkung der bei Krebspatienten häufig angewandten Strahlentherapie.
Lösen Sie zunächst 3,5 g Meersalz in 100 ml destilliertem Wasser auf. Geben Sie dann in ein 10-ml-Fläschchen je 2 Tropfen der folgenden Bach-Blüten: Cherry Plum, Gentian, Rock Rose, Star of Bethlehem, Vine, Walnut und Wild Oat.[1] Füllen Sie mit der Meersalzlösung auf und nehmen Sie von der Mischung drei- oder viermal täglich 2 Tropfen, oder geben Sie 10–15 Tropfen auf ein Vollbad.
Menschen, die einer Strahlentherapie (Röntgen, Kobalt etc.) oder anderen Strahlenquellen in Industrie und Beruf ausgesetzt waren – auch bei Reaktorunfällen –, sollten die obige Behandlung zwei Wochen lang durchführen. Bei ständiger, jedoch niedriger Bestrahlung durch Farbfernseher, Mikrowellen, Monitore etc. werden ein oder zwei Vollbäder pro Woche nach obigem Rezept dringend empfohlen.

Streß

Streß und streßbedingte Krankheiten gehören zu den größten Gesundheitsproblemen der zivilisierten Welt. Auch innerhalb der Aromatherapie ist er das Problem Nummer eins.
Streß ist alles, was das normale Gleichgewicht der geistig-seelischen und der körperlichen Gesundheit stört. Ein Unfall oder eine Verletzung z. B. erzeugen körperlichen Streß; schlechte Beleuchtung, Lärm, verschmutzte Luft oder inhumane Arbeits- und Lebensbedingungen gehören in die Kategorie »Umweltstreß«. Im allgemeinen denken wir bei dem Wort »Streß« jedoch eher an geistig-seelische Belastungen, z. B. berufliche, finanzielle oder familiäre Schwierigkeiten oder auch die Angst vor der nuklearen Vernichtung. Streß in einem der genannten Bereiche tendiert dazu, auch auf die anderen überzugreifen. Sind wir verärgert, neigen wir eher zu größeren oder kleineren Unfällen,

---

[1] Die englischen Bezeichnungen sind auch in Deutschland üblich. Es handelt sich um folgende Pflanzen: Kirschpflaume, Herbstenzian, Gelbes Sonnenröschen, Goldener Milchstern, Weinrebe, Walnuß und Waldtrespe.

und wenn wir uns seelisch ausgelaugt fühlen, sind wir anfälliger für Infektionen. Körperliche Erkrankungen andererseits wirken sich auch auf die Stimmung aus und können z. B. Angst auslösen.

Die äußeren Herausforderungen sind dabei eigentlich nicht das Problem, entscheidend ist vielmehr, wie wir auf sie reagieren. Der gesamte Mechanismus der Reaktionen auf Reizeinwirkungen wird wissenschaftlich als »allgemeines Anpassungssyndrom« bezeichnet: Nach der ersten Reaktion auf eine äußere Bedrohung (Ausschüttung »adaptiver Hormone«) paßt sich der Körper der neuen Situation an und funktioniert zufriedenstellend, obwohl der streßauslösende Faktor weiterhin vorhanden ist. Die Anpassung hat jedoch eine gewisse Spannung erzeugt (somatisch lokalisierbar vor allem in den Nebennieren, die für die Ausschüttung von Adrenalin verantwortlich sind). Wenn das Streßniveau steigt, oder wenn eine neue Streßquelle auftaucht, kann die Anpassungsfähigkeit zusammenbrechen, und alle möglichen Symptome, von einer Allergie bis zur Herzattacke, können die Folge sein.

Wie geht man nun sinnvollerweise mit Streß um? Zum einen sollte man das Vorhandensein der bedrohlichen Faktoren registrieren, der Gefahr sozusagen ins Auge blicken, und zum anderen aktive Schritte unternehmen, um den Streßpegel im Körper zu reduzieren. Hier spielt neben Yoga, Meditation, Sport und kreativen Hobbys die Aromatherapie eine wichtige Rolle. Einige Menschen, die wissen, daß sie gestreßt sind, haben sich wegen der tief entspannenden Wirkung einer Massage mit ätherischen Ölen für diese Methode entschieden. Viele andere suchen einen Aromatherapeuten zunächst einmal wegen körperlicher Symptome auf. Ihnen muß erst nahegebracht werden, daß der Abbau der im Körper angesammelten Spannung auch ihre vordergründigen Beschwerden positiv beeinflussen wird.

Zum Abbau von Streß stehen uns eine ganze Reihe ätherischer Öle zur Verfügung, nämlich alle sedativen und antidepressiven, darunter Bergamotte, Jasmin, Kamille, Lavendel, Majoran, Muskatellersalbei, Neroli, Rose, Rosenholz und Vetivert. Öle, die die Nebennieren aktivieren, mögen kurzfristig nützlich sein,

aber sie sollten nie im Übermaß verwendet werden. Am effizientesten in dieser Hinsicht sind Geranie und Rosmarin; Rosmarin wirkt außerdem allgemein anregend, ebenso wie schwarzer Pfeffer, Thymian und Pfefferminze.
Es gibt noch andere den Streß reduzierende Öle, aber die soeben erwähnten habe ich als am hilfreichsten empfunden. Bei der Auswahl mit zu berücksichtigen sind auch die eventuell vorhandenen körperlichen Symptome.
Eine besondere Wohltat für gestreßte Menschen ist das quasi als tägliches Ritual genossene Aromabad. Sorgen Sie dafür, daß Sie nicht gestört werden (Telefon lahmlegen), wählen Sie Ihr Lieblingsöl, und lassen Sie vor allem alle Sorgen eine Weile beiseite. Natürlich ist es auch wichtig, an der Beseitigung der Streßursache zu arbeiten. Sprechen Sie mit einem guten Freund/einer guten Freundin oder einem qualifizierten Experten über ihre beruflichen, finanziellen oder partnerschaftlichen Probleme, suchen Sie die entsprechenden Beratungsstellen auf. Streichen Sie Lebensmittel, die künstliche Zusätze enthalten, aus dem Speiseplan, und benutzen Sie Reinigungsmittel ohne Chemie, um die Anzahl der auf Ihren Körper einwirkenden Stressoren zu verringern. Beteiligen Sie sich an Bürgerinitiativen oder Selbsthilfegruppen, anstatt nichts zu tun und sich nur stumm zu ärgern. In Streßzeiten wertet der Körper die ihm zugeführten Speisen weniger gut aus, weshalb zusätzliche Vitamingaben (vor allem die gesamte B-Gruppe und Vitamin C) nützlich sind. Auch Ginseng und pflanzliche Eisenpräparate sind zu empfehlen.

Sucht

Das Problem der Abhängigkeit von Drogen wie Heroin oder Kokain ist enorm, und es erscheint fraglich, ob die Aromatherapie zu seiner Lösung beitragen kann. Fest steht jedoch, daß einige Therapeuten erfolgreich mit ehemaligen Drogenabhängigen gearbeitet haben. Sie setzen sedative und antidepressive Öle ein, um den Patienten daran zu hindern, in Streßsituationen in die alte Gewohnheit zurückzufallen.

Interessant ist, daß ehemalige Abhängige, die sich selbst ein Öl für die Massage aussuchen konnten, zum überwiegenden Teil zu Muskatellersalbei griffen, dessen Wirkung als »euphorisierend« beschrieben wird. Vielleicht verschafft es ihnen jene Erleichterung von unmittelbarem Druck, die sie vorher durch Drogen zu erreichen suchten? Was mich auf den Gedanken bringt, daß die Aromatherapie sowohl bei der Vorbeugung von Suchtkrankheiten als auch bei der Hilfe für Aussteiger nützlich sein könnte. Drogenabhängige findet man in allen Gesellschaftsschichten, aber viele gehören auch zu den sogenannten »Unterprivilegierten«. Sie haben meist kein Geld, keine Arbeit, keine Ausbildung und keine Unterkunft und können sich die Behandlung durch einen Therapeuten, der nicht von den Krankenkassen bezahlt wird, finanziell einfach nicht leisten, auch wenn sie die damit zusammenhängenden Chancen kennen. Ich kenne ein paar – leider noch viel zu wenige – Aromatherapeuten mit sozialem Gewissen, die ihre Hilfe über entsprechende Einrichtungen kostenlos anbieten.

Suchtgefahr besteht natürlich nicht nur bei harten Drogen. Nikotin, Alkohol, Beruhigungsmittel, Kaffee und viele Lebensmittel können ebenfalls zur Abhängigkeit führen. Die Unterstützung eines einfühlsamen Therapeuten hat, zusammen mit Ernährungsvorschlägen und einer geschulten Beratung, schon vielen Menschen geholfen, von ihrer Sucht loszukommen. Empfehlenswert sind alle antidepressiv wirkenden ätherischen Öle.

Bei Nahrungsmittelabhängigkeit scheint Bergamotte besonders hilfreich zu sein, aber die endgültige Wahl hängt immer von der persönlichen Vorliebe des Patienten ab. Bewährt haben sich auch Jasmin, Kamille, Lavendel, Muskatellersalbei, Rose und Ylang-Ylang, aber sie sind bei weitem nicht die einzigen Möglichkeiten. Die Öle sollten regelmäßig gewechselt werden. Es ist zwar praktisch unmöglich, von ätherischen Ölen abhängig zu werden, aber manche Menschen könnten doch eine regelmäßig verabreichte Substanz als eine Art »Stoff« ansehen.

Siehe auch **Alkoholismus** und **Tranquilizer.**

Tagetes (Tagetes minuta)

Tagetes, auch Studenten- oder Samtblume genannt, ergibt ein toxisches Öl, das einen sehr hohen Anteil an Ketonen aufweist (in erster Linie Tageton, sein Hauptbestandteil). Es enthält außerdem Furocumarine, die die Lichtempfindlichkeit der Haut erhöhen.
Tagetes wird zuweilen zur Behandlung von Hühneraugen, Warzen etc. benutzt, aber dafür gibt es ungefährliche Öle, die genauso gut wirken.

Terpene

Die häufigste Kategorie organischer Moleküle, die sich in ätherischen Ölen finden. Einige Terpene reizen die Haut; falls Sie auf ätherische Öle stoßen, die als »terpenlos« oder »entterpeniert« beschrieben werden, handelt es sich um Öle, bei denen das Terpen entfernt wurde, um dieses Risiko auszuschalten.
Die Terpene lassen sich in Monoterpene und Sesquiterpene aufteilen, zu denen sich unter den entsprechenden Stichwörtern nähere Informationen finden.

Teufelskralle (Harpagophytum procumbens)

Ich kenne Teufelskralle seit über 30 Jahren als pflanzliches Heilmittel, das innerlich bei Rheuma, Arthritis und anderen Entzündungen genommen wird; deshalb habe ich erfreut festgestellt, daß sich aus der Pflanze auch ein infundiertes Öl herstellen läßt, das zur Massage bei denselben Beschwerden anwendbar ist. Es besitzt eine starke entzündungshemmende und schmerzlindernde Wirkung; ich habe es mit sehr gutem Erfolg bei Muskelschmerzen und Tennisarm eingesetzt. Ätherische Öle können in kleinen Mengen beigegeben werden – 1 bis 2% maximal –, da die infundierten Öle selbst bereits über eine starke Heilwirkung verfügen.

Thuja (Thuja occidentalis)

Thuja ist ein hochgradig toxisches ätherisches Öl; wegen seines hohen Gehalts an Thujon (60%) kann es eine Fehlgeburt auslösen. Es sollte in der Aromatherapie nicht verwendet werden.

Thymian (Thymus vulgaris)

Auch der Thymian gehört – wie so viele Gewürzkräuter – zur Familie der Lippenblütler; seine ursprüngliche Heimat ist der Mittelmeerraum. Schon die dort siedelnden früheren Zivilisationen kannten seinen medizinischen Wert, und sowohl Hippokrates als auch Dioskurides beschreiben ihn. Es gibt mehrere Unterarten dieser Pflanze, aber in der Aromatherapie wird meist der gewöhnliche Thymian *(Thymus vulgaris)* verwendet. Sein uns allen vertrauter, durchdringender Geruch verschaffte ihm seinen Namen, denn das griechische *thymos* bedeutet soviel wie »parfümieren«. Es wird zweimal destilliert, um die in der Pflanze enthaltenen Reizstoffe zu entfernen. Zu den Wirkstoffen eines typischen Thymianöls gehören Thymol und Carvacrol, die zusammen etwa 60% des Volumens ausmachen, außerdem Terpinen, Cymen, Borneol und Linalol. Die chemische Zusammensetzung schwankt stärker als bei anderen Pflanzen (worauf ich später zurückkommen werde). Carvacrol und Thymol werden in der Pharmazie häufig isoliert verwendet.

Thymian wurde schon immer als Küchenkraut benutzt. Wie viele der aus Gewürzpflanzen hergestellten Öle verzögert er den Fäulnisprozeß von Fleisch. Wenn wir bedenken, unter welchen Bedingungen Nahrung und insbesondere Fleisch in einer Zeit ohne Kühlschränke gekocht aufbewahrt wurde, und wenn wir uns noch dazu die südliche Sonne vorstellen, dann wird klar, wie sinnvoll es war, dieses Kraut so vielen Gerichten beizugeben. Diese jahrtausendealte Weisheit wurde erst vor relativ kurzer Zeit durch Labortests mit Bakterien, die in Fleischbrühe angesetzt wurden, bestätigt. Durch Hinzugabe von Thymianöl nahm deren Vermehrung so stark ab, daß die Brühe nach drei Tagen noch genießbar war. Es regt die Verdauung an, was z. B. auch während der Rekonvaleszenz nützlich ist, wenn der ganze Körper auf Sparflamme arbeitet. Außerdem vernichtet es die Krankheitskeime in Magen und Darm.

Auch Erkältung, Husten und Halsschmerzen werden seit eh und je mit Thymian behandelt. Die alten Kräuterweiblein wußten, was sie taten, denn Thymian wirkt auch im Rachenbereich desinfizierend und ist daher ein ausgezeichnetes Mittel bei allen Erkrankungen der Atemwege sowie Mund- und Racheninfektionen. Er kann als Dampfinhalation oder als Mundwasser zum Spülen und Gurgeln verwendet werden. Sogar als 1%ige Lösung in der Zahnpasta ist das Öl noch sehr wirksam gegen die Bakterien, etwa bei einer Zahnfleischentzündung.

Es besitzt eine antiseptische Wirkung auf den Harntrakt und wirkt zugleich wassertreibend – zwei Eigenschaften, die sich bei der Behandlung von Harnwegsinfekten, z. B. einer Blasenentzündung, sehr gut ergänzen.

Sehr wichtig in diesem Zusammenhang ist, daß Thymian die Produktion weißer Blutkörperchen anregt, wodurch die Widerstandskraft des Körpers gegen eindringende Fremdorganismen erheblich gestärkt wird.

Thymian wirkt stimulierend auf den gesamten Kreislauf und hilft insbesondere Menschen, die aufgrund eines zu niedrigen Blutdrucks ständig unter Müdigkeit, Lethargie oder Depressionen leiden. Aus diesem Grund – und weil er den Appetit anregt, an dem es nach einer Krankheit oft fehlt – ist Thymian auch während der Rekonvaleszenz sehr nützlich. Ähnlich wie Rosmarin regt er das Denken an und sorgt für ein gutes Gedächtnis.

Thymian wird in Bädern gegen Schlaflosigkeit eingesetzt, was so paradox nicht ist; denn wie viele ätherische Öle hat er einen vorwiegend ausgleichenden Effekt.

Thymian wird zuweilen für Haarspülungen, aromatische Gesichtswässer und Kompressen zur Wundbehandlung verwendet und ist auch in Desinfektionsseifen enthalten, z. B. im Bereich der Chirurgie. Seine keimtötende Wirkung übertrifft in der Tat die vieler anderer in Krankenhäusern eingesetzten Antiseptika. Heiße Kompressen mit Thymianöl lindern rheumatische Schmerzen, und die zerdrückten frischen Blätter der Pflanze

sind eine gute Erste-Hilfe-Maßnahme bei Insektenstichen. Geben Sie nicht das pure Öl auf die Haut, es brennt. Wenn Sie es als Badezusatz verwenden wollen, sollten Sie es vorher auflösen (in Milch oder Alkohol).
Es gibt jedoch einige Thymianöle, die milder sind, obwohl sie ebenfalls aus der Spezies *Thymus vulgaris* gewonnen werden. Der Grund: Die chemischen Bestandteile der Pflanze variieren in Abhängigkeit von ihrem Standort, woraus sich natürlich auch Unterschiede in den Ölen ergeben. Bei Thymian kennen wir drei medizinisch interessante Chemotypen: Hauptbestandteil des ersten ist Thymol; er ist als »Thymus Chemotyp Thymol« bekannt. Der zweite enthält hauptsächlich Linalol, das sehr mild und hautfreundlich ist, weshalb das Öl auch gut bei Kindern verwendet werden kann. »Thymus Chemotyp Thujanol IV« wirkt sehr stark antiviral. Die verschiedenen Chemotypen besitzen also gegenüber dem gewöhnlichen Thymianöl einige Vorteile.

Ti-Baum oder Tea-Tree (Melaleuca alternifolia)

Ich ziehe die Schreibweise »Ti-Baum« den eigentlich gebräuchlichen Versionen »Tea-Tree« oder »Tee-Baum« vor, um Verwechslungen mit dem Teestrauch *(Camellia thea),* der den als Getränk genossenen Tee liefert, von vornherein auszuschließen. Der Ti-Baum gehört zu einer ganz anderen botanischen Familie, nämlich (wie der Gewürznelkenbaum, Eukalyptus und Myrte) zu den Myrtaceae und innerhalb dieser – wie Kajeput und Niaouli – zur Gattung der Melaleuca-Gewächse. Alle Öle der Myrtaceae-Familie zeichnen sich durch ihre Wirksamkeit gegen Infektionen aus.
Ti-Baum-Öl enthält große Mengen an Terpineol sowie Cineol, Pinen, Terpinen und verschiedene Alkohole. Es ist farblos bis blaßgelb und hat einen sehr »medizinischen« Duft, der dem von Eukalyptusöl gleicht. Wie bei Kajeput oder Niaouli kommt es zuweilen zu Verwechslungen, weil es so viele Melaleuca-Arten und -Unterarten gibt, und beim Einkauf sollte man daher darauf achten, daß es sich tatsächlich um *Melaleuca alternifolia* handelt.
Ti-Baum-Öl wird in Europa noch nicht so lange verwendet wie

die beiden anderen in der Aromatherapie eingesetzten Melaleuca-Öle, obwohl es das wichtigste von ihnen ist. Denkbar wäre allerdings, daß es sich bei einigen der in der Vergangenheit als Kajeput oder Niaouli verkauften Öle in Wirklichkeit um Ti-Baum handelte. Unser Wissen von seinen Eigenschaften stammt hauptsächlich von den Ureinwohnern Australiens, wo der Baum heimisch ist; in neuerer Zeit wurde es durch die zunehmende Verwendung in der Aromatherapie bestätigt und weiter erforscht.

Die vielfältigen Einsatzmöglichkeiten von Ti-Baum-Öl beruhen auf zwei miteinander verbundenen Fakten:

1. Es bekämpft alle drei Arten von Mikroorganismen, die Krankheiten übertragen: Bakterien, Pilze und Viren. Insofern ist seine Wirkungsweise einmalig.
2. Gleichzeitig stimuliert es sehr stark das menschliche Immunsystem, d. h. die Reaktion des Körpers auf ihn bedrohende Organismen.

Zur Stärkung der körpereigenen Abwehrkräfte, die wichtigste Eigenschaft von Ti-Baum-Öl, ist es vor allem bei zehrenden Krankheiten wie Drüsenfieber und einem generell geschwächten Immunsystem von Bedeutung. Bei der Behandlung des postviralen Erschöpfungssyndroms und von HIV-Trägern ist es meines Erachtens unverzichtbar.

Wird Ti-Baum-Öl bei den ersten Anzeichen einer Erkältungskrankheit als Badezusatz verwendet, regt es den Körper zu reichlichem Schwitzen an. Die Infektion wird damit nicht unterdrückt, sondern durch den Körper selbst bekämpft – ein Grundprinzip der Naturheilkunde allgemein.

Ti-Baum-Öl reizt im allgemeinen die Haut nicht und kann unverdünnt aufgetragen werden; ich kenne jedoch Leute, bei denen es die Haut sensibilisiert hat. Menschen mit empfindlicher Haut sollten es daher mit Vorsicht benutzen. Aber auch durch eine Reduzierung der Dosis auf 3 Tropfen pro Vollbad (und eine vorherige Auflösung des Öls in einer Trägersubstanz) wird der Schwitzeffekt nicht eingeschränkt.

Hautrötungen als Vorboten einer Bläschenkrankheit – ob Windpocken oder Gürtelrose – werden direkt mit dem puren Öl betupft (das man nach Belieben mit etwas reinem Alkohol verdünnen kann).

Warzen verschwinden, wenn man täglich einen Tropfen pures Ti-Baum-Öl auf sie träufelt und sie dann – damit das Öl nicht verdunstet – mit einem Pflaster abdeckt. Es kann ein paar Wochen dauern, bis der Erfolg sich einstellt, aber er kommt auf jeden Fall!

Bei Akne empfehle ich, etwas Ti-Baum-Öl dem Waschwasser beizufügen, am besten im Wechsel mit den mehr traditionellen Ölen wie Lavendel und Bergamotte. Der ausgesprochen medizinische Geruch wird vor allem von männlichen Teenagern dem eher süßlichen Duft anderer Lotionen vorgezogen. Entzündete Stellen und Pickel, die sich in den Tagen vor der Menstruation rund um Nase und Kinn bilden, gehen schnell wieder weg, wenn man sie mit einem Tropfen des Öls betupft.

Viele ätherische Öle bekämpfen Bakterien und Viren, aber nur einige sind gegen Pilze aktiv; zu ihnen gehört auch Ti-Baum. Es hilft bei Kopfgrind und Fußpilz und hält vor allem den Candida-albicans-Pilz in Schach, der normalerweise ohne Schaden für den Menschen im Darm lebt, aber zu Krankheitssymptomen führen kann, wenn er sich über diesen hinaus verbreitet.

Ich empfehle, Ti-Baum-Öl in den Wochen vor einer Operation zu verwenden (Massagen und Bäder); nach dem Eingriff sind Massagen (die den Bereich der Wunde aussparen) hilfreich, um den postoperativen Schock zu reduzieren.

Die Anwendungsmöglichkeiten des Öls sind damit keineswegs erschöpft: Sie können es bei Katarrhen und Entzündungen der Atemwege inhalieren, in Zerstäubern oder in der Aromalampe anstelle von Eukalyptus verwenden oder es in eine Creme geben, die vor einem durch Windeln verursachten Hautausschlag schützen soll (oder vorbeugend ein paar Tropfen ins letzte Windelspülwasser geben). Außerdem wird es zahlreichen kommerziellen Produkten beigegeben: Pastillen, Zahnpasten, Lotionen, Cremes.

Siehe auch **Candida, Soor, Hautsensibilisierung.**

Tiere und Aromatherapie

Ätherische Öle lassen sich bei der Pflege und der medizinischen Behandlung von Tieren vielfältig einsetzen. Sie eignen sich zur Bekämpfung der verschiedenartigsten Parasiten wie Zecken oder Flöhe, die sich häufig im Fell unserer Haustiere ansiedeln. Bergamotte, Eukalyptus, Geranie, Lavendel und andere Öle sind eine ausgezeichnete Alternative zu den herkömmlichen chemischen Insektiziden. Die Anwendung ist so einfach wie ungefährlich. Die Öle, die man nach Belieben mischen oder auch einzeln anwenden kann, werden kräftig ins Fell einmassiert oder – bei Hunden – in entsprechender Dosierung (nur ein paar Tropfen) dem Badewasser zugefügt. Für Katzen benutze ich Lavendel- oder das dezenter riechende Manuka-Öl; ich gebe es auf die Handflächen und streiche dann über das Fell. Manche Katzen lassen dies zu, andere nicht. Bei langhaarigen Katzen gibt man es besser auf die zur Fellpflege bestimmte Bürste. Das gleiche Verfahren kann man auch bei Hunden anwenden – oder man wischt sie mit einem Schwamm ab, der mit einer Mischung aus warmem Wasser und Öl getränkt wurde.

Auch kleinere Wunden werden auf diese Weise – mit Ti-Baum- oder Lavendelöl – behandelt; in diesem Fall muß das Wasser erst abgekocht werden. Wunden, die von den Krallen oder Zähnen anderer Tiere stammen, entzünden sich oft und schmerzen; es tritt Eiter aus, weil der winzige Hautriß sich schließt, bevor das darunterliegende Gewebe geheilt ist. Warme Kompressen mit Ti-Baum-Öl ziehen den Eiter heraus und desinfizieren die Wunde.

Zypressenöl hilft gut gegen Ohrgeschwüre. Es wird unverdünnt zweimal täglich mit einem Wattebausch oder -stäbchen direkt auf die entzündeten Stellen aufgetragen.

Bei der Behandlung von Pferden gelten ähnliche Methoden wie in der Humanmedizin: Um schmerzende Gelenke oder harte Muskeln werden heiße Kompressen gewickelt; geeignet sind alle Öle, die auch bei Menschen in den entsprechenden Fällen herangezogen werden. Ich kenne Schafhalter, die ihre Tiere – statt sie durchs Desinfektionsbad zu schleusen – auf manuelle Weise mit

einer hochprozentigen Lavendellösung behandeln; allerdings ist dies wahrscheinlich nur im kleinen Rahmen praktikabel.
HINWEIS: Nur Tierärzte dürfen fremde Tiere medizinisch versorgen!

Tonika (Kräftigungsmittel)

Hierzu gehören alle ätherischen Öle und pflanzlichen Heilmittel, die den Körper während der Rekonvaleszenz oder bei allgemeiner Schwäche kräftigen und ihm seine Vitalität zurückgeben. Die entsprechenden Öle sind Angelika, Basilikum, Geranie, Gewürznelke, Ingwer, Lavendel, Majoran, Muskatnuß, Myrrhe, Rosmarin, schwarzer Pfeffer, Thymian, Zimt und Zitrone. Die meisten haben eine leicht stimulierende Wirkung.
Es empfiehlt sich, nicht nur diese Öle zu benutzen, sondern auch gesund – und das heißt vollwertig – zu essen, zusätzliche Vitamin- und Mineralstoffpräparate zu nehmen und sich wirklich auszuruhen.
Basilikum, Geranie, Lavendel, Majoran, Myrrhe, Rosmarin und Thymian sind alle ausgezeichnete Bade- und Massageöle. Gerade die Massage halte ich für die beste Möglichkeit, einem erschöpften Körper wieder etwas Energie einzuflößen. Die anderen obengenannten Öle sind – mit Ausnahme von Zimt – für Massagen und Bäder nur in sehr niedriger Konzentration geeignet (Zimt sollte überhaupt nicht auf den Körper gebracht werden). Bringen Sie diese Öle lieber in einer Aromalampe zum Verdunsten, oder inhalieren Sie sie direkt aus der Flasche oder von einem Taschentuch. Sehr sinnvoll ist auch, die entsprechenden Kräuter oder Gewürze in den Speiseplan zu integrieren.
Siehe auch **Rekonvaleszenz** und **Stimulanzien.**

Trägeröle

Ätherische Öle, die zur Massage verwendet werden sollen, müssen mit einem Trägeröl vermischt werden, da sie allein viel zu stark konzentriert wirken. Überdies macht das Trägeröl die Hände geschmeidig, so daß sie leicht über die Haut des Patienten hinweggleiten können.

Fast jedes nicht duftende Pflanzenöl, z. B. Soja-, Färberdistel- oder Sonnenblumenöl, ist als Trägeröl geeignet; am häufigsten werden in der Aromatherapie jedoch Mandel- und Traubenkernöl benutzt, zuweilen auch Sesamöl, das sich aus Bettlaken, Handtüchern und Kitteln leicht wieder herauswaschen läßt.

Meist kommen Trägeröle nur zum Einsatz, weil sie die Gleitfähigkeit erhöhen, aber einige besitzen auch selbst therapeutische Eigenschaften, die man auf die ätherischen Öle abstimmen kann. So sind Pfirsichkern-, Aprikosenkern- und insbesondere Avocadoöl sehr reichhaltige, nährende Öle, die bei trockener und alternder Haut wohltuend wirken. Olivenöl hat viele wertvolle heilende Eigenschaften, aber für den Aromatherapeuten einen Nachteil: seinen charakteristischen starken Geruch, den selbst ätherische Öle nicht überdecken können. Weizenkeimöl, das reich ist an Vitamin E, wirkt der Narbenbildung entgegen und eignet sich daher nach Verletzungen, Operationen oder einer schweren Akne. Als sehr zähflüssiges Öl eignet es sich nicht als Gleitmittel und muß mit einem der dünnflüssigeren Öle vermischt werden (25% Weizenkeimöl auf 75% Mandel- oder sonstiges Öl). Weizenkeimöl wirkt auch auf natürliche Weise der Oxidierung entgegen, verhindert also, daß andere Öle ranzig werden. Als 10%iger Zusatz zu anderen Ölen verlängert es deren Haltbarkeit um ein bis zwei Monate.

Alle Trägeröle oxidieren früher oder später, wenn sie mit der Luft in Kontakt kommen, und sind dann für den Verbrauch ungeeignet. Es wäre daher unklug, die ätherischen Öle »auf Vorrat« beizugeben; am sinnvollsten ist, immer nur so viel zurechtzumischen, wie man für eine Behandlung braucht.

Die meisten Lieferanten für ätherisches Öl verkaufen auch Trägeröle, wobei die gängigeren auch in Reformhäusern oder Naturkostläden erhältlich sind. Überzeugen Sie sich beim Kauf von der Qualität des Öls. Es sollte kaltgepreßt sein und keine Zusätze enthalten.

Tranquilizer

Unter Tranquilizern verstehen wir alle jene Arzneien (die meisten von ihnen sind Benzodiazepine), die der Eindämmung von Angst- und Unruhezuständen dienen. Dazu gehören Valium, Librium, Ativan und andere Markenpräparate. Eine kleine Gruppe anderer Drogen – z. B. Propranolol – wird gegen angstbedingtes übermäßiges Schwitzen oder Herzklopfen verschrieben. Tausende von Menschen können inzwischen von diesen ganz legal verordneten Medikamenten nicht mehr loskommen, denn schon eine mehrmonatige Einnahme kann zur Abhängigkeit führen. Kopfschmerzen, anomale Müdigkeit, Depressionen, Verdauungs- und Menstruationsstörungen sowie eine Beeinträchtigung der sexuellen Funktionen sind die bekanntesten Begleiterscheinungen, zu denen sich möglicherweise noch Hautausschläge, Übelkeit und andere Symptome gesellen.

Solange ein von Streß und Ängsten geplagter Mensch noch nicht von diesen Drogen Gebrauch gemacht hat, gibt es für ihn eine ganze Reihe hilfreicher ätherischer Öle – vor allem, wenn die Anwendung in Form einer Massage durch einen einfühlsamen Therapeuten erfolgt. Lavendel, Neroli und Ylang-Ylang gehören zu den Substanzen, die sich besonders bewährt haben, aber auch Benzoe, Bergamotte, Immortelle, Kamille, Melisse, Muskatellersalbei, Rose und Sandelholz weisen ausgezeichnete Wirkungen auf. Maßgebend ist dabei wie immer die ganz persönliche Vorliebe des Patienten für die eine oder andere Essenz. Da die Behandlung sich meist über einen längeren Zeitraum erstreckt, sollten die Öle abwechselnd zum Einsatz kommen.

Aromatische Bäder bilden eine gute Ergänzung zu regelmäßigen Massagen. Alle Öle oder Mischungen, die der Patient als wohltuend empfindet, können ihm auch als Parfüm empfohlen werden.

Zuweilen konsultieren Personen, die bereits Tranquilizer nehmen, einen Aromatherapeuten, um von ihrer Sucht loszukommen. Dieser muß wissen, daß nur durch eine graduelle Reduzierung der Drogenzufuhr die sehr unangenehmen und möglicherweise gefährlichen Entzugserscheinungen vermieden werden können. Die Faustregel könnte lauten, daß zu Beginn der Behandlung die tägliche Dosis um ein Viertel herabgesetzt wird. Erst wenn der Patient sich einer weiteren Reduzierung gewachsen fühlt, sollte die verbliebene Dosis wiederum um ein Viertel herabgesetzt werden usw. Jede Phase dieses Prozesses mag eine Woche, vielleicht aber auch mehrere Monate in Anspruch nehmen, je nach Dauer der vorangegangenen Abhängigkeit. Der die Tranquilizer verschreibende Arzt muß unbedingt vor Beginn der Entzugsmaßnahmen unterrichtet und im Verlauf der Behandlung regelmäßig konsultiert werden. Viele Ärzte stehen dem Vorhaben, einen Menschen aus dem Teufelskreislauf der Arzneimittelabhängigkeit befreien zu wollen, sehr positiv gegenüber und sind gerne bereit, niedrigere Dosierungen zu verschreiben.

Ich empfehle, mit den verschiedenen aromatherapeutischen Behandlungen (Massagen etc.) zu beginnen, *bevor* die Tranquilizer schrittweise abgesetzt werden. Die Bäder stellen einen wichtigen Teil der Behandlung dar, nicht zuletzt, weil sie ganz in der Verantwortung des Patienten liegen und so das eventuelle Gefühl einer Abhängigkeit vom Therapeuten von vornherein unterbunden wird.

Die benutzten Öle sollten häufig gewechselt werden, damit der Patient nicht in einer dieser Substanzen einen Ersatz für die Beruhigungsmittel sieht. Physische Abhängigkeit von ätherischen Ölen ist praktisch auszuschließen, aber es kann eine Art emotionale Abhängigkeit entstehen. Zudem verlieren die Öle bei permanenter Anwendung an Wirksamkeit. Auch nach der völligen Absetzung der Tranquilizer sollte der Patient noch eine Weile unterstützt und behandelt werden.

Zusätzliche Vitamingaben, insbesondere B-Komplex und C, erhöhen den Effekt der aromatherapeutischen Behandlung. Für manche Menschen ist auch eine Therapie hilfreich.

Siehe auch **Sucht.**

Überbein (Hallux valgus)

Mit diesem Begriff wird eine schmerzhafte Fehlstellung des Großzehengrundgelenks bezeichnet. Ursache ist meist schlecht sitzendes Schuhwerk, das das Gelenk allmählich aus seiner ursprünglichen Lage herausdrückt. Ätherische Öle können die Schmerzen lindern und oft auch die Gelenkschwellung verringern, aber ihre Anwendung ist nutzlos, wenn nicht passendes Schuhwerk gewählt wird. Vermeiden Sie zu enge Socken, Strümpfe und Strumpfhosen, und gehen Sie soviel wie möglich barfuß. Es wird auch empfohlen, nachts oder immer dann, wenn man keine Schuhe trägt, die Zehe zu schienen.

Bei einer Entzündung des Gelenks hilft eine behutsame Massage mit einem antiphlogistischen ätherischen Öl wie Kamille oder Melisse; schmerzlindernd wirken Lavendel, Majoran und Pfefferminze. Während der Massage sollte die große Zehe soviel wie möglich hin und her bewegt werden – natürlich ohne daß es weh tut! Geben Sie dem Patienten eine Creme mit einem oder mehreren dieser Öle (Lavendel/Pfefferminze z. B. ist eine gute Kombination), die er zwischen den einzelnen Behandlungen mehrmals täglich auftragen kann.

Diese Maßnahmen tragen vielleicht dazu bei, ein nicht zu stark deformiertes Großzehengrundgelenk wieder richtigzustellen; bei einer starken Deformation jedoch bleibt möglicherweise als Lösung nur der chirurgische Eingriff.

Unfruchtbarkeit (Sterilität)

Die Unfähigkeit zur Empfängnis kann verschiedene Ursachen haben, von denen nicht alle, aber doch einige, mit aromatherapeutischen Maßnahmen zu beheben sind.

Sehr häufig hängt Sterilität mit einer unregelmäßigen oder schwachen Periode zusammen, wodurch der Zeitpunkt des Eisprungs unkalkulierbar wird. Blutung und Eisprung bleiben zuweilen auch völlig aus. Rosenöl hat einen großen Einfluß auf die Funktionen des weiblichen Fortpflanzungssystems, es stärkt und reinigt die Gebärmutter und sorgt für ein regelmäßiges

Eintreten der Menses (wahrscheinlich wirkt es direkt auf die Eierstöcke). Auch Geranie besitzt eine ähnliche, zur Regulierung der Hormonsekretion beitragende Wirkung.

Rosenöl steht zudem in dem Ruf, die Bildung männlicher Samenzellen anzuregen, weshalb es für beide Partner sehr nützlich ist (Massagen und Bäder).

Bleibt das Bemühen um Nachwuchs mehrfach ohne Ergebnis, erzeugt dies möglicherweise neue Spannungen und Ängste, die ihrerseits wieder eine Empfängnis verhindern. Regelmäßige Massagen und Bäder mit entspannenden ätherischen Ölen, z. B. Jasmin, Muskatellersalbei, Neroli, Rose, Rosenholz, Sandelholz und Vetivert können diesen Teufelskreis durchbrechen. Benutzen Sie die Öle jeweils einzeln oder in verschiedenen Kombinationen und wechseln Sie sie alle zwei, drei Wochen. Ich halte Massagen für den besten Beitrag zu einer gelösten Haltung, weil der menschliche Kontakt zwischen Patient und Therapeut eine genauso große Rolle spielt wie die geistig-seelisch-körperliche Wirkung der Öle.

Eine gute, d. h. gesunde, vollwertige Ernährung ist ein wichtiger Faktor; möglicherweise sind auch Vitamin- und Mineralstoffergänzungsgaben notwendig.

Sicher ist es der Mühe wert, gerade auf dem Gebiet der Familienplanung ein paar Monate lang sanfte, gesunde Verfahren anzuwenden, statt sich den eher drastischen Methoden der Schulmedizin auszuliefern.

Ungarn-Wasser

Dieses aromatische Duftwasser, das auch als »Wasser der Königin von Ungarn« bezeichnet wird, soll eine betagte Königin dieses Landes im 14. Jahrhundert so verjüngt haben, daß sie ihr jugendliches Aussehen zurückgewann und der König von Polen ihr den Hof machte. Da die Königin über siebzig, halb gelähmt und gichtkrank war, muß die Wirkung wirklich erstaunlich gewesen sein.

Die meisten unglaublichen Geschichten enthalten ein Körnchen Wahrheit, und diese hier bildet keine Ausnahme. Rosmarinöl hilft

tatsächlich bei Gicht und stand über Jahrhunderte im Ruf, Lähmungen zu heilen (ausgeschlossen natürlich solche, die auf Verletzungen der Wirbelsäule beruhen). Rosen- und Orangenblütenwasser wirken belebend auf der Haut und dürften damit zu einer generellen Verbesserung des Aussehens beigetragen haben.
Moderne Versionen des Ungarn-Wassers werden hauptsächlich als erfrischendes Sommerparfüm oder Adstringens verwendet. Die Zusammensetzung ist sehr unterschiedlich, aber immer sind Rosmarin und Rosenwasser vertreten.
Hier ein Rezept, an dem Sie sich orientieren können:

> 4 Tropfen Rosmarinöl,
> 6 Tropfen Zitronenöl,
> 2 Tropfen Orangenöl,
> 5 ml Orangenblütenwasser, dreifach stark,
> 5 ml Rosenwasser, dreifach stark,
> 40 ml 90%iger Alkohol.

Vermischen Sie die ätherischen Öle und geben Sie sie zu dem Alkohol. Fügen Sie das Rosen- und Orangenblütenwasser hinzu und schütteln Sie kräftig. Lassen Sie das Ganze ziehen, wobei Sie anfangs alle paar Tage schütteln, dann – wenigstens zwei Monate lang, wenn Sie mehr Geduld aufbringen, auch länger – einmal wöchentlich.
Seien Sie aber bitte nicht enttäuscht, wenn Sie nach Gebrauch des Produkts nicht gleich fünfzig Jahre jünger aussehen!

Veilchen (Viola odorata)

Aus den Blättern des Veilchens wird ein absolutes Öl gewonnen, das hauptsächlich der Herstellung hochwertiger Parfüms dient. An kleine Mengen kommen gelegentlich auch Aromatherapeuten heran, allerdings zu extrem hohen Preisen. Alle Teile der Pflanze (Blütenblätter, Blätter, Wurzeln) enthalten ein Alkaloid namens Violen, das der Pflanze ihre ganz spezifischen Eigenschaften verleiht, sowie Parmon, Salizylsäure und verschiedene Glukoside. Das Öl hat ein sehr kräftiges, trockenes Aroma, das an Heu erinnert.

Veilchenblattöl wirkt antiseptisch und fördert die Heilung, weshalb es vor allem zur Behandlung von Hautproblemen geeignet ist (Akne, fettige Haut, große Poren). Möglicherweise hilft es bei geplatzten Äderchen. Veilchenblätter sind bei Rheuma, Kopfschmerzen, Katarrhen, hartnäckigem Husten und Atembeschwerden eingesetzt worden. Das Öl gilt als schmerzstillend, was angesichts des Salizylsäuregehalts nicht erstaunlich ist; da aber genug andere analgetische Öle zur Verfügung stehen, wird man auf das teure Veilchenöl zu diesem Zweck verzichten.
Mrs. Grieve zitiert einige Fälle, in denen sich Veilchenblätter in verschiedener Aufbereitung (Tee, Kompressen, Breiumschläge) bei Krebs bewährt haben. Weitere Forschungen in dieser Richtung können nur von Vorteil sein. Eine Kollegin, die mit Aids-Patienten arbeitet, hat ebenfalls positive Auswirkungen des Öls festgestellt. In diesen Fällen lohnt sich dann der hohe Preis.

Verbene (Lippia citriodora)

Die Verbene, auch Zitronenverbene genannt, wurde im 18. Jahrhundert aus Chile und Peru nach Europa exportiert. Die unterschiedlichen Bezeichnungen ihres Öls haben schon für erhebliche Verwirrung gesorgt. Manche Autoren geben als lateinischen Namen *Andropogon citratus* an, der aber eigentlich zu Lemongras gehört; für andere sind Lemongras und Verbene identisch, obwohl sie zu völlig verschiedenen botanischen Familien gehören. Die Verwechslung mag daher rühren, daß beide einen ähnlichen zitronenartigen Duft besitzen. Aus eben diesem Grund wird das billigere Lemongrasöl zuweilen benutzt, um das kostenintensive Verbenenöl zu strecken.
Häufig wird die Verbene auch mit dem Eisenkraut *(Verbena officinalis)* verwechselt, vor allem, weil es oft unter dem französischen Namen »Vervaine« verkauft wird. Eisenkraut ist eine geruchlose, bitter schmeckende Pflanze, die in der Naturheilkunde Verwendung findet. So kommt es, daß in Beschreibungen des Verbenenöls immer wieder Eigenschaften genannt werden, die in Wirklichkeit dieser Pflanze zugehören.
Das echte Verbenenöl wird durch Dampfdestillation aus den

Blütenstengeln der Pflanze gewonnen. Es hat eine hübsche grüngelbliche Farbe und ist relativ teuer, da zu seiner Herstellung Unmengen von Pflanzenmaterial gebraucht werden.
Hauptbestandteile sind Citral (zwischen 30 und 45%) sowie Limonen, Myrcen, Linalol und Geraniol.
Palau und Verdera, die die Verbene zwanzig Jahre nach ihrer Einführung nach Europa als erste beschrieben haben, betrachteten sie als gutes Magenmittel, das die Verdauung anregt, krampflösend wirkt und daher bei allen Arten von Magenverstimmung sowie Stauungen in der Leber nützlich ist; außerdem kräftigt und stabilisiert sie das Nervensystem, was sie bei Schwindel, Herzklopfen und Hysterie empfiehlt. All diese Eigenschaften hat auch Verbenenöl; es ist vor allem bei Verdauungsbeschwerden angezeigt, die auf Angst oder Streß zurückgehen. Regelmäßige Massagen tragen dazu bei, den Streßpegel herunterzuschrauben; aus den Blättern läßt sich außerdem ein wohlschmeckender Tee bereiten. Am effizientesten ist es wahrscheinlich, beide Anwendungsmöglichkeiten zu kombinieren. Kommerziell ist Verbene auch in verschiedenen Kräuterlikören enthalten, die magenstärkend wirken sollen. Ein Tee aus den frischen oder getrockneten Blättern schmeckt nicht nur köstlich an heißen Sommertagen, sondern hilft auch gegen Fieber. Tee und Öl wirken außerdem leicht sedierend, weshalb sie gern bei Schlaflosigkeit angewendet werden, obwohl die Araber die Pflanze als Aphrodisiakum betrachteten! Eine Massage mit Verbenenöl hilft jedenfalls bei Schlaflosigkeit, Angst und Streß. Wer das Öl für spätabendliche Bäder gebrauchen will, sollte höchstens 2 oder 3 Tropfen ins Wasser geben, da es die Haut reizen und sogar Bläschen hervorrufen kann. Ich empfehle, es mit 3 oder 4 Tropfen Lavendelöl zu mischen. Das ergibt ein ausgezeichnetes Schlafmittel.
VORSICHT: Verbene kann die Haut sensibilisieren und deren Lichtempfindlichkeit erhöhen. Verläßliche Daten fehlen bislang, aber bis zum Beweis des Gegenteils wäre es klug, Verbene als in dieser Hinsicht suspekt zu behandeln.

Verbrennungen

Bei größeren und kleineren Verbrennungen oder Verbrühungen ist die Behandlung mit Lavendelöl ausgesprochen effizient.
Das Öl kann pur auf alle kleineren Brandwunden aufgetragen werden – bei umgehender Anwendung unterbleibt dann jegliche Blasenbildung. Es ist nicht nur ein wirksames Antiseptikum, sondern lindert auch die Schmerzen. Außerdem fördert es die Wundheilung und verringert die Narbenbildung. Gibt man Lavendelöl wirklich sofort auf die Wunde, bleibt die Narbenbildung oft ganz aus.
Bei größeren Verbrennungen sollten Sie als Erste-Hilfe-Maßnahme das Lavendelöl auf ein Stückchen Mull geben und damit die Wunde verbinden (alle paar Stunden erneuern). Sorgen Sie jedoch in diesem Fall für qualifizierte Hilfe, da der Patient einen Schock erlitten haben könnte und möglicherweise viel Flüssigkeit verloren hat.
René Maurice Gattefossé, der den Begriff »Aromatherapie« prägte und sie in diesem Jahrhundert wieder zu Ehren brachte, begann die Eigenschaften der ätherischen Öle zu untersuchen, nachdem er sich bei einer Explosion im Labor die Hand verbrannte und selbst erlebte, wie beeindruckend Lavendelöl zur Heilung beitrug.
Dr. Jean Valnet benutzte Lavendelöl zur Behandlung schwerer Verbrennungen im französischen Indochinakrieg. Zur Zeit benutzt mindestens ein Krankenhaus in Großbritannien Lavendelöl für Verbrennungen.
Eine gute Alternative zu Lavendel ist Ti-Baum.

Verdauungsstörungen

Verdauungsstörungen lassen sich mit sanften Bauchmassagen beheben; geeignet sind beruhigende ätherische Öle wie Kamille, Lavendel oder Majoran. Alternativ können Sie auch eine heiße Kompresse auf die Magenregion legen.
Das Trinken von Kamillen-, Fenchel- oder Pfefferminztee ist ebenfalls empfehlenswert.

Verdünnungen

Ätherische Öle sind hochkonzentrierte Substanzen und werden fast nie pur verwendet; die Ausnahme bilden kleine Mengen Lavendel- oder Ti-Baum-Öl, die unverdünnt auf Verbrennungen, Schnitt- und Kratzwunden sowie Insektenstiche gegeben werden können. Für die meisten anderen Anwendungsbereiche muß das Öl in einem Trägeröl gelöst werden.
Für eine Massage liegt die Verdünnung gewöhnlich bei 3% – das heißt auf 100 Tropfen Trägeröl (ungefähr 5 ml) kommen 3 Tropfen ätherisches Öl.
Für die Arbeit mit Babys und Kindern, Schwangeren, geschwächten Senioren und Menschen mit empfindlicher Haut empfiehlt sich eine noch stärkere Verdünnung – 1,5 bis 1%, und manchmal auch nur 0,5%. Da ein halber Tropfen ätherisches Öl sich nicht abmessen läßt, sollten Sie die Menge der Trägersubstanz verdoppeln, d. h. 3 Tropfen auf 10 ml geben, um eine 1,5%ige Verdünnung zu erhalten, und 1 Tropfen auf 10 ml, um eine 0,5%ige Lösung zu erhalten.
Werden ätherische Öle Wasser zugefügt, werden sie dadurch nicht verdünnt, da Öl und Wasser sich nicht vermischen. Wenn Sie ätherisches Öl ins Badewasser geben, ist es dadurch also noch nicht verdünnt. Vielmehr schwimmt es als dünner Film auf der Wasseroberfläche und setzt sich in unverdünnter Form auf Ihrer Haut ab. Das müssen Sie wissen, wenn Sie Öle verwenden, die die Haut reizen oder deren Lichtempfindlichkeit erhöhen können.
Wenn Sie ätherische Öle mit Wasser mischen wollen, müssen Sie sie erst in Alkohol lösen, das heißt, gut mit diesem verschütteln oder vermischen.

Verfälschen von ätherischen Ölen

Weil die Herstellung ätherischer Öle relativ teuer ist, besteht immer die Gefahr, daß sie verfälscht werden, um den Gewinn zu erhöhen. Dies gilt besonders dann, wenn die Nachfrage nach einem bestimmten Öl das Angebot übersteigt, und bei kostenintensiven Ölen wie Melisse und den aus Blüten gewonnenen absoluten Ölen. Die Verfälschung kann viele Formen annehmen: Da wird ein billigeres Öl dazugemischt, um ein teures Öl zu strecken, chemische Bestandteile aus billigen und reichlich vorhandenen Ölen isoliert und einem exklusiveren beigegeben, oder gänzlich synthetische Substanzen mit einem ätherischen Öl verschnitten.

Ätherische Öle werden nicht nur in der Aromatherapie verwendet, und für bestimmte industrielle Anwendungsmöglichkeiten werden auch verfälschte Öle akzeptiert. Den Herstellern von Haushaltsreinigungsmitteln, billigen Parfüms, Kosmetika und Hautpflegemitteln ist weitgehend egal, ob ein aromatisches Ingredienz authentisch ist, solange es nur gut riecht und dem vorgegebenen preislichen Rahmen entspricht. Daran ist nichts auszusetzen, solange wir vom Endprodukt keine therapeutische Wirkung erwarten.

In der Aromatherapie müssen wir jedoch sicher sein, daß unser Ausgangsmaterial genau das ist, was es zu sein vorgibt: ein reines, natürliches, aus bestimmten Pflanzen extrahiertes Erzeugnis ohne weitere Zusätze. Alles andere wird nicht zu den therapeutischen Ergebnissen führen, die wir – und unsere Klienten – erwarten. Wir sind es unseren Klienten schuldig, daß wir über die Herkunft und die Reinheit aller Substanzen, die wir benutzen, keine Zweifel haben.

Dies läßt sich am besten dadurch bewerkstelligen, daß wir bei Lieferanten kaufen, die sich auf Aromatherapeuten als Kundenkreis spezialisiert haben, wissen, daß unsere Bedürfnisse nicht dieselben sind wie die von Kunden aus der Industrie, und Garantien in bezug auf Herkunft und Reinheit der von ihnen verkauften Öle übernehmen können.

Verletzungen

Die Aromatherapie kann bei der Behandlung kleinerer Verletzungen sehr hilfreich sein, ist aber auch bei schweren offenen Verletzungen (Schnittwunden, Verbrennungen) und bei Verstauchungen, Zerrungen und Muskelrissen als Erste-Hilfe-Maßnahme geeignet.

Die Anwendungsform richtet sich nach der jeweiligen Verletzung – bitte sehen Sie unter **Verbrennungen, Verstauchungen, Wunden** etc., außerdem unter **Schock** nach.

Im Falle ernster Verletzungen, die Sie als Laie nicht behandeln können, sollten Sie den Patienten auf keinen Fall von der Stelle bewegen, da dies möglicherweise den Schaden vergrößert, z. B. bei einem Knochenbruch.

Oft kommt es in der Folge auch relativ geringfügiger Verletzungen zum Schock; denken Sie in diesem Fall an die Notfalltropfen der Bach-Blütentherapie.

Verstauchungen

Verstauchungen behandelt man am besten mit kalten Kompressen und einer nicht zu festen Bandage (elastische Binde). **Eine Verstauchung darf nicht massiert werden!**

Es handelt sich um eine Gelenkverletzung, bei der die Bänder, die das Gelenk stützen, beschädigt worden sind. Als Folge schwillt das Gelenk an und fühlt sich heiß an; Bewegungen sind äußerst schmerzhaft. Von den ätherischen Ölen sind insbesondere Lavendel oder Kamille geeignet. Sie lindern den Schmerz, wirken kühlend und dämmen die Entzündung ein. Das betroffene Gelenk sollte ruhiggestellt werden – je weniger es bewegt wird, desto schneller geht die Heilung voran! Das Bandagieren ist wichtig, um dem Gelenk etwas Halt zu geben. Die kalten Kompressen sollten so oft wie möglich wiederholt werden.

Am häufigsten sind Verstauchungen des Knöchels; ist ein anderes Gelenk betroffen, sollte ein Arzt konsultiert werden, da die Gefahr eines Knochenbruches oder einer Entzündung der Gelenkinnenhaut nicht auszuschließen ist.

Siehe auch **Kompressen.**

Verstopfung (Obstipation)

Angeblich sind zahlreiche ätherische Öle bei Verstopfung hilfreich, aber meines Erachtens sollten solche Informationen mit Vorsicht behandelt werden. Machen Sie vor allem nicht den Fehler, die Öle als Allheilmittel zu betrachten.

Ihre wirkungsvollste Anwendung ist immer noch eine im Uhrzeigersinn ausgeführte Bauchmassage, die der Patient bei entsprechender Anleitung auch leicht zu Hause vornehmen kann. Am geeignetsten sind Majoran und Rosmarin, allein oder gemeinsam; zuweilen gebe ich noch etwas schwarzen Pfeffer oder Fenchel hinzu. Mehrere Tassen Fencheltee täglich helfen zusätzlich.

Die wichtigste Maßnahme bei der Behandlung von Verstopfungen ist eindeutig eine Umstellung der Ernährung. Der überwiegende Teil der Kost sollte aus unraffinierten Kohlehydraten, rohem Gemüse und Obst, ballaststoffreichen Nahrungsmitteln und viel Wasser, Fruchtsaft und Kräutertee bestehen. Fett, Milchprodukte, raffinierter Zucker und raffinierte Stärken sollten auf ein Minimum reduziert werden. Ein Darmreinigungsprogramm ist langfristig für die Gesundheit am besten.

Manchmal kommt es zu Verstopfungen auch als Folge von Streß, Angst, Schock oder unterdrückten emotionalen Problemen. Hier kann die Aromatherapie helfend eingreifen; sanfte Ganzkörpermassagen durch einen einfühlsamen Therapeuten und mit Ölen, die an den massagefreien Tagen als Badezusatz verwendet werden, bauen Streß und Angst wirksam ab. Allerdings muß bei seelischen Problemen mit einer Behandlungszeit von mehreren Wochen oder Monaten gerechnet werden. Die Wahl der Öle sollte immer auf die kurz- und längerfristigen Bedürfnisse des Patienten abgestimmt werden, nicht nur auf den aktuellen Zustand des Verdauungstrakts; sanfte Bauchmassagen und eine Änderung des Speiseplans sind aber trotzdem ratsam. Eine Verbesserung der physischen Konstitution hebt natürlich auch die Stimmung und schafft eine Vertrauensbasis zum Therapeuten, von der aus die Arbeit auf einer subtileren Ebene erst möglich ist.

Vetivert (Vetiveria zizanoides)

Dieses duftende Gras ist in Indien und einigen anderen tropischen Ländern beheimatet, wird aber jetzt auch u. a. auf den Karibischen Inseln angebaut; es gehört zu der gleichen botanischen Familie wie Lemongras und Zitronelle.

Das dunkelbraune, zähflüssige ätherische Öl wird aus den Wurzeln destilliert. Der Destillationsvorgang ist langwierig und langsam, der gesamte Gewinnungsprozeß sehr arbeitsaufwendig, da die Wurzeln erst ausgegraben und gewaschen werden müssen. Hauptbestandteile des Öls sind Vetiveron, Vetiverol, Vetiven und Cadinen. Der Duft ist sehr delikat und schwer zu beschreiben. Er hat eine tiefe, rauchige Komponente, die ein wenig an Myrrhe und Patschuli erinnert, in verdünnter Form jedoch zitronenartige »Obertöne« annimmt. In verdünnter Form ist der Duft gefälliger; vielen Mischungen verleiht er eine interessante Note. Er läßt sich gut mit Sandelholz, Jasmin, Zeder und – überraschenderweise – Lavendel kombinieren. In sehr kleinen Mengen könnte man ihn als alternative Basisnote praktisch jeder Mischung beigeben.

Vetivert-Wurzeln werden in Indien seit Tausenden von Jahren als Parfüm verwendet; die moderne Parfümindustrie gebraucht das Öl als Basisnote und Fixativ. Es ist in der Hautpflege vielseitig anwendbar und besonders bei fettiger Haut und Akne geeignet. Wegen seines schwereren Dufts wird es von jungen Männern vielleicht eher akzeptiert als einige der leichteren, blumigen Öle. Kommerziellen Kosmetikprodukten wird es wegen seines Dufts und seiner hautfreundlichen Eigenschaften beigegeben.

Weniger bekannt ist, daß Vetivert das Immunsystem kräftigt und unsere Fähigkeit erhöht, Streß zu ertragen, ohne krank zu werden. Aufgrund der leicht hautrötenden Wirkung setzen einige Aromatherapeuten das Öl bei Arthritis, Rheuma und Muskelschmerzen ein.

Vielleicht noch wichtiger jedoch sind die Wirkungen auf die Psyche. Die indische Bezeichnung, die »Öl der Gelassenheit« bedeutet, bringt dies sehr gut zum Ausdruck.

Vetivert wirkt tief entspannend, ist also für jeden hilfreich, der unter Streß, Angst, Schlaflosigkeit oder Depression leidet. Ein Vetivert-Bad gehört zu den entstressendsten Methoden, die ich kenne. Wegen seines »bodenständigen« Charakters (es wird aus den Wurzeln destilliert) ist es ein sehr erdendes, stabilisierendes Öl, das sich gut für Leute eignet, die ein bißchen zu »abgehoben« sind, die sich ausschließlich auf intellektuelle Aktivitäten konzentrieren oder sich ein wenig unsicher fühlen. Auch nach einem Schock oder als Begleiter in traumatischen Lebensphasen (Scheidung, Trennung, Tod eines geliebten Menschen) paßt es gut.

Virusinfektionen

Die meisten Epidemien wie Schnupfen, Grippe, Blattern, Masern, Windpocken und Kinderlähmung sowie Durchfall und andere fiebrige Erkrankungen, die oft gar nicht exakt diagnostiziert werden können, werden durch Viren hervorgerufen. Aber auch bei einigen Formen von Lungenentzündung sind Viren die Auslöser. Die meisten dieser Krankheiten werden unter den entsprechenden Stichwörtern erörtert.
Es gibt ein paar ätherische Öle mit ausgesprochen antiviralen Eigenschaften, z. B. Bergamotte, Eukalyptus, Manuka, Ravensara und Ti-Baum, von denen die drei letztgenannten am effizientesten zu sein scheinen. Sie stärken gleichzeitig das Immunsystem. Die Öle werden am besten als Badezusatz, zum Zerstäuben und, wenn die Atemwege betroffen sind, für Inhalationen verwendet; meist sind die obengenannten Krankheiten mit Fieber verbunden, und dann darf nicht massiert werden.
Damit andere Mitglieder des Haushalts nicht angesteckt werden, empfiehlt es sich, die Öle in einer Aromalampe oder einem Aerosolgenerator verdunsten zu lassen. Sie können das Öl auch auf eine kalte Glühbirne geben und diese dann einschalten; oder Sie geben ein paar Tropfen auf ein nasses Tuch, das Sie über die Heizung legen.
Siehe auch **Erkältungen, Grippe, Masern, Windpocken** etc.

Wacholder (Juniperus communis)

Der Wacholder ist ein kleiner Baum mit nadelartigen Blättern aus der Gattung der Zypressen; er besitzt blaue Beeren, die nach zwei Jahren schwarz werden und dann als reif gelten. Das beste ätherische Öl wird durch Dampfdestillation aus diesen

Beeren gewonnen. Zu den Wirkstoffen gehören Alphapinen, Cadinen, Camphen, Terpineol, Borneol und Wacholderkampfer. Ein therapeutisch weniger wertvolles Öl wird aus Beeren und Zweigen extrahiert; achten Sie also beim Kauf darauf, wirklich Wacholder**beeren**öl zu erstehen. Es variiert von farblos über gelblich bis schwach grünlich und ist sehr dünnflüssig; der Geruch erinnert an Terpentin. Verdünnt und insbesondere in Mischungen, denen er eine charakteristische rauchige Komponente verleiht, ist er aber überraschend angenehm. Wacholder ist seit der Antike als antiseptisches, diuretisches Mittel bekannt, und diese beiden Eigenschaften besitzen auch noch heute in der Aromatherapie Bedeutung. Für mich steht jedoch eindeutig die entgiftende Wirkung im Vordergrund.

Wacholder ist eines der wertvollsten Öle in allen Fällen, in denen der Körper giftige Abfallstoffe loswerden muß; die harntreibende Wirkung ergänzt diese Funktion.

Mit seiner tonisierenden, reinigenden, antiseptischen und stimulierenden Wirkung besitzt Wacholder eine besondere Affinität zum Urogenitaltrakt. Das Öl wirkt ausgezeichnet bei Blasen- und Nierenbeckenentzündung sowie bei Harnsteinen. Bei Nierenentzündungen sollte jedoch unbedingt ein Arzt hinzugezogen werden. Ätherische Öle können mit Zustimmung des Arztes zusätzlich benutzt werden (Bäder, Massagen). Bei Blasenentzündungen wird es gefährlich, wenn Blut oder Eiter im Urin auftaucht oder Sie Fieber bekommen.

Wacholder ist ausgesprochen wirksam bei Harnverhaltung, die bei Männern meist mit vergrößerter Prostata auftritt. Auch hier sollte unbedingt eine ärztliche Behandlung erfolgen. Größere Mengen Wacholderöl können andererseits Harnverhaltung auslösen – ein weiteres Beispiel für das von Samuel Hahnemann, dem Vater der Homöopathie, entdeckte Prinzip: Ein Symptom, das von größeren Mengen einer bestimmten Substanz ausgelöst wird, kann von sehr kleinen Mengen derselben Substanz geheilt werden. Auch wenn wir es in der Aromatherapie nicht mit den infinitesimalen Mengen der Homöopathie zu tun haben, gilt in vielen Fällen der gleiche Grundsatz.

Zuweilen wird Weißfluß mit Wacholderöl behandelt, aber es ist sehr wichtig, daß bei jeder Art von Ausfluß die Ursachen festgestellt werden. Das Öl wirkt menstruationsfördernd, ist also bei spärlicher oder ausbleibender Regelblutung angezeigt und wirkt genauso effizient wie Salbeiöl, hat aber nicht dessen Nebenwirkungen.

Wacholder besitzt stark adstringierende Qualitäten und wird daher (manchmal zusammen mit Weihrauch) zur äußerlichen Behandlung von Hämorrhoiden eingesetzt (Bäder, örtliche Waschungen).

Die Verbindung von adstringierenden, antiseptischen und entgiftenden Eigenschaften macht Wacholderöl zu einem guten Mittel bei Akne. Es ist vor allem für männliche Jugendliche geeignet, die seinen holzigen Duft bereitwillig akzeptieren und entsprechende Cremes oder Lotionen regelmäßig benutzen. Die eher süßlich riechenden ätherischen Öle werden von ihnen oft als zu feminin abgelehnt.

Außerdem ist Wacholder eines der vielen aromatischen Öle, die seit Hunderten, wenn nicht gar seit Tausenden von Jahren zum Schutz vor Infektionen benutzt wird – und das in geographisch und kulturell so verschiedenen Ländern wie Frankreich und Tibet. In französischen Kliniken wurden bis vor kurzem Wacholder- und Rosmarinzweige verbrannt, um die Infektionsgefahr zu bannen. Wacholderöl ist ein sehr gutes Desinfektionsmittel für den Haushalt. Geben Sie ein paar Tropfen ins Wasser, wenn Sie Wände, Böden etc. abwaschen; insbesondere bei Epidemien empfiehlt es sich, das Öl zu zerstäuben oder verdunsten zu lassen (Glühbirne, Aromalampe etc.).

In Frankreich wurde Wacholder traditionell als Kräftigungsmittel eingesetzt, vor allem während der Rekonvaleszenz, aber auch in Fällen, in denen eine gewisse Organträgheit auf schlechte Ausscheidung zurückzuführen ist. Wacholder regt den Appetit an – daher die Verwendung von Gin als Aperitif. Rheuma, Gicht und Arthritis sowie Zellulitis sind durch die ungenügende Ausscheidung von Abfallstoffen bedingt; die entgiftenden, harntreibenden Eigenschaften von Wacholder sind in all diesen Fällen sehr hilfreich.

Sehr nützlich ist Wacholderöl bei Ekzemen (insbesondere näs-

senden Ekzemen), Dermatitis und möglicherweise Schuppenflechte, außerdem bei allen sehr langsam heilenden Hautkrankheiten. Da der Körper angeregt wird, giftige Rückstände abzubauen, kann der Hautzustand sich zunächst verschlechtern. Erst nach dieser heilsamen Krise, die für viele natürliche Heilverfahren charakteristisch ist, tritt eine dauerhafte Besserung ein.
Im tierärztlichen Bereich wird Wacholderöl unter anderem benutzt, um Geschwüre in Hunde- und Katzenohren sowie Hunderäude zu behandeln; man kann es auch einsetzen, um Flöhe und Zecken zu entfernen bzw. fernzuhalten.
Wacholderöl reinigt nicht nur den Körper, sondern auch Geist und Seele. Ich empfehle es Patienten, die während ihrer Arbeit entweder mit sehr vielen oder mit wenigen, aber gefühlsmäßig zehrenden Menschen zu tun haben. So habe ich es für mich selbst und meine Kollegen benutzt, wenn wir uns nach Auftritten in der Öffentlichkeit, bei denen wir zu unzähligen Menschen sprachen, erschöpft und durcheinander fühlten. Für mich selbst: wenn ich ernsthaft gestörte Patienten behandelt habe. Für die Mutter einer großen Familie, die durch die ständigen Bedürfnisse ihrer eigenen und anderer Leute Kinder restlos erschöpft war. Am besten wirkt in solchen Fällen ein Bad mit Wacholderöl; es läßt sich wunderbar mit Grapefruit kombinieren, falls Sie den holzigen Duft nicht mögen. In einer Krisensituation können Sie einfach ein oder zwei Tropfen Wacholderöl auf die Hände geben und damit die Arme einreiben; auch das Inhalieren aus dem Fläschchen zeigt erstaunliche Wirkung. Wacholder scheint geistig-seelischen »Müll« genauso effektiv zu verbannen wie physischen.

Warzen

Warzen sind kleine, meist kugelige Hautauswüchse, die durch ein Virus hervorgerufen werden.
In der Regel verschwinden sie nach geraumer Zeit ganz von selbst, sobald der Körper genügend Abwehrstoffe gebildet hat. Falls es sich um sehr verunstaltende oder gar hinderliche Gebilde handelt, ist reines Ti-Baum-Öl ein sehr einfaches und hilfreiches Gegenmittel. Man gibt – am besten mit Hilfe eines Zahn-

stochers – einen einzigen Tropfen auf die Mitte der Warze und befestigt ein Pflaster darüber. Der Vorgang muß täglich wiederholt werden, bis die Warze zusammenschrumpft und abfällt – dies kann schon nach wenigen Tagen, aber auch erst nach einem Monat der Fall sein. Die Nachbehandlung besteht in einer Massage mit dem Vitamin-E-haltigen Weizenkeimöl, dem man zur Beschleunigung der Heilung etwas Lavendel- und/oder Ringelblumenöl hinzufügt.

Zitronenöl bildet eine gute Alternative zu Ti-Baum-Öl und kann auch im Wechsel mit diesem benutzt werden. Manche Menschen bekommen in relativ kurzer Zeit gleich mehrere Warzen, d. h. sie haben dem Virus wenig Widerstand entgegenzusetzen. 3–6 Knoblauchdragees pro Tag stärken die körpereigenen Abwehrkräfte, ebenso eine Lymphdrainage mit Rosmarin, Geranie, Wacholder oder einer Mischung aus diesen Ölen.

Zuweilen erscheinen die Warzen nach einem seelischen Trauma, z. B. einem Autounfall oder dem Verlust eines nahestehenden Menschen. Solche Erlebnisse bedürfen einer zusätzlichen Therapie.

Eine gesunde, vitamin- und mineralstoffreiche Kost (vor allem Vitamin E) hilft dem Körper ebenfalls, mit den Viren fertig zu werden.

Weichteilrheumatismus (Fibromyalgie)

Diese schmerzhafte Krankheit, die zu einer dauerhaften Behinderung führen kann, tritt leider immer häufiger auf. Ursache ist die ständige Wiederholung der gleichen Bewegung. Betroffen sind meist die Knöchel bzw. Knöchel und Ellbogen; Schreibkräfte und Computerfreaks zählen zu den gefährdetsten Berufsgruppen. Der schlimmste Fall, den ich behandelt habe, war jedoch eine junge Frau, die jeden Tag stundenlang einen Hebel an einer Maschine bediente, die Schuhsohlen ausschnitt. Die Krankheit wird durch einseitige Belastungen aller Art ausgelöst, auch wenn sie ins Bewußtsein der Öffentlichkeit erst getreten ist, seitdem Schreibautomaten und Computer zur Standardausrüstung jedes Büros – und vieler Privatwohnungen – gehören.

Weichteilrheumatismus wird oft mit Sehnenscheidenentzündung verwechselt, was nicht ganz zutreffend ist. Bei Weichteilrheumatismus sind nicht nur die Sehnen in Mitleidenschaft gezogen, sondern auch die Muskeln. Die beiden Krankheiten werden jedoch gleich behandelt.

Geeignet sind alle entzündungshemmenden Öle, insbesondere Deutsche Kamille und Birke, wobei ich die Erfahrung gemacht habe, daß Birke am besten hilft. Es ist ein starkes Analgetikum, sollte aber nicht benutzt werden, um den Schmerz zu betäuben und weiterzuarbeiten. Ruhe ist ein unabdingbarer Bestandteil der Behandlung; insbesondere darf die einseitige Bewegung, die die Krankheit ausgelöst hat, nicht weiter ausgeführt werden. Die Entzündung wird dann schlimmer und kann sich, wenn z. B. ursprünglich die Knöchel betroffen waren, auch auf die Oberarmsehnen ausdehnen. Die Schwere vieler nachprüfbarer Fälle ist darauf zurückzuführen, daß die Patienten Angst hatten, ihren Arbeitsplatz zu verlieren, und mit Hilfe einer elastischen Binde oder eines Schmerzmittels weiterarbeiteten.

Bei den ersten Beschwerden sollte die Entzündung durch kalte Kompressen mit Deutscher Kamille behandelt werden (mindestens drei- bis viermal täglich, öfter ist besser!). Sanfte Massagen mit einem analgetischen Öl, vorzugsweise Birke, lindern die Schmerzen. Später empfinden viele Patienten heiße Kompressen als angenehmer; Sie können auch abwechselnd heiße und kalte Kompressen auflegen, um die Heilung anzuregen. Eine Tiefenmassage, die der Sehne folgt, tut zwar weh, vermindert aber langfristig die Schmerzen und unterstützt die Heilung. Auch dafür nehme ich Birke, weil es die Massage erträglicher macht und gleichzeitig dem Grundübel, der Entzündung, entgegenwirkt.

Eine Besserung tritt immer nur langsam ein; da die Behandlung monatelang dauert, müssen die Öle ab und zu gewechselt werden; ich würde jedoch so oft wie möglich auf Deutsche Kamille und Birke zurückgreifen, weil sie die meiste Erleichterung bringen.

Zusätzlich zur Aromatherapie rate ich dringend zur Akupunktur. Ich kenne einige Fälle, in denen die parallele Benutzung beider Methoden zu guten Ergebnissen geführt hat. Manchen Menschen haben auch die homöopathischen Mittel Arnica und Rhus Tox geholfen (Creme bzw. innerliche Einnahme), obwohl die Anwendung von Homöopathie plus Aromatherapie immer ein gewisses Jonglieren erfordert. So könnten Sie die homöopathische Creme etwa eine Woche lang auftragen und in dieser Zeit mit den ätherischen Ölen aussetzen. Arnica- oder Rhus-Tox-Tabletten können neben ätherischen Ölen benutzt werden, wenn die Anwendung ca. eine Stunde auseinanderliegt. Hier wird jeder selbst ausprobieren müssen, was bei ihm am besten wirkt. Patienten mit Weichteilrheumatismus müssen individuell im Kontext ihres Lebensumfelds und insbesondere ihrer Arbeit gesehen werden. In diesem Bereich gibt es keine Lösung, die für jeden paßt.

Weihrauch (Boswellia carteri)

Dieses wunderbare ätherische Öl stammt von einem kleinen Baum, der in Nordafrika und einigen arabischen Ländern heimisch ist. Wenn die Rinde beschädigt wird, sondert er tropfenweise ein Harz ab – sogenannte »Tränen« –, aus dem per Dampfdestillation das ätherische Öl gewonnen wird. Früher sammelte man das Harz von Bäumen, deren Rinde natürliche Risse zeigte – heute wird die Rinde systematisch angeritzt, um die Harzproduktion anzuregen.

Die Farbe des Öls schwankt zwischen farblos und schwach gelblich; der Geruch ist klar und frisch, leicht kampferartig. Chemische Hauptbestandteile sind 1-Pinen, Dipenten, Phellandren, Camphen, Olibanol und verschiedene Harze.

Weihrauchharz wurde seit dem frühesten Altertum auf Altären und in Tempeln verbrannt. Der Brauch dürfte älter sein als alle schriftlichen Überlieferungen und wird heute von vielen religiösen Traditionen weitergeführt. Eine faszinierende Eigenschaft von Weihrauch besteht darin, den Atem zu verlangsamen und zu vertiefen, was zu einem Gefühl innerer Ruhe beiträgt – eine gute Voraussetzung für Gebet und Meditation.

Wann mögen unsere Vorfahren diese Tatsache entdeckt haben? Die Hebräer und Ägypter gaben jedenfalls viel Geld aus, um Weihrauch von den Phöniziern zu importieren.

Außer für zeremonielle und rituelle Zwecke wurde Weihrauch auch als Parfüm sehr geschätzt; man verwendete ihn in der Kosmetik, in der Medizin und bei den Ägyptern auch zum Einbalsamieren.

Wie bereits angedeutet, besitzt Weihrauch eine besonders starke Wirkung auf die Lunge und gehört bei Entzündungen der Atemwege zu den hilfreichsten ätherischen Ölen. Als einer der besten Lungenantiseptika lindert er Hustenanfälle und ist vor allem bei chronischer Bronchitis mit Katarrh angezeigt. Verwenden Sie ihn als Inhalation, zu Massagen und Bädern. Für sehr nützlich halte ich das Öl auch bei Asthmatikern, da es den Atem verlangsamt und vertieft; benutzen Sie es in diesem Fall am besten zur Massage, wobei Sie sich auf Bewegungen konzentrieren sollten, die den Brustkorb öffnen. Eine Dampfinhalation bei Asthma kann wegen der Wärme ungünstig wirken; sie sollte daher nur mit großer Vorsicht angewandt werden.

Im Bereich der Gesichtspflege ist Weihrauch besonders bei alternder Haut von Nutzen. Er belebt, gibt schlaffer Gesichtshaut Spannkraft zurück und verzögert die Faltenbildung; möglicherweise werden sogar bestehende Falten reduziert.

Weihrauchöl wurde früher auch zur Behandlung von Entzündungen im Urogenitalbereich eingesetzt. Es kräftigt die Gebärmutter und nützt bei anomal starken Blutungen (Bauchmassagen). Während der Schwangerschaft kann es problemlos eingesetzt werden.

Weihrauch wirkt emotional beruhigend – ein wichtiger Faktor bei der Behandlung von Asthmatikern, bei denen oft die Angst vor einem Anfall diesen auslöst. Früher verbrannte man Weihrauch, um böse Geister zu vertreiben. Es heißt, er helfe, Verbindungen zur Vergangenheit abzubrechen. Er kann also für Menschen hilfreich sein, die verflossenen Ereignissen so verhaftet sind, daß sie sich um ihre gegenwärtige Lage nicht mehr kümmern.

Eine in alten Texten zu findende Bezeichnung für Weihrauch ist Olibanum; angeblich geht sie auf das lateinische *Olium Libanum* (Libanonöl) zurück. Die englische Bezeichnung *Frankincense* leitet sich aus dem mittelalterlichen Französisch ab und bedeutet »Echter Weihrauch«.

Weißfluß (Leukorrhö)

Hier handelt es sich um einen weißen oder farblosen Ausfluß aus der Scheide – entweder aufgrund einer geringfügigen Erhöhung der normalen Sekretion oder als Symptom einer durch den *Candida-albicans*-Pilz hervorgerufenen Infektion oder Reizung. Der Ausfluß sollte unter keinen Umständen auf die leichte Schulter genommen werden. Lassen Sie immer die Ursache feststellen, damit ernsthaftere Erkrankungen ausgeschlossen werden können. Bis ein Ergebnis vorliegt und eventuell auch parallel zu einer unter Umständen notwendigen anderweitigen Behandlung empfehle ich Scheidenspülungen mit stark verdünntem Bergamott-, Lavendel-, Myrrhen- oder Ti-Baum-Öl. Stellen sie eine ½ bis 1%ige Lösung her, indem sie das ätherische Öl in abgekochtes und auf Körpertemperatur abgekühltes Wasser geben.

Vaginalduschen sollten nicht zu häufig oder über einen sehr langen Zeitraum hinweg angewandt werden, weil sie die normale Scheidensekretion beeinträchtigen können. Als Alternative bieten sich Ti-Baum-Vaginalzäpfchen an, die in manchen Naturkostläden erhältlich sind. Oder stellen Sie selbst mit ätherischem Öl und Kakaobutter Zäpfchen her (2 Tropfen ätherisches Öl auf 5 g Kakaobutter).

Siehe auch **Soor**.

Wiesenkönigin (Spiraea ulmaria oder Filipendula ulmaria)

Wiesenkönigin, auch Mädesüß genannt, gehört zu den Pflanzen, die Salizylsäure enthalten – das Aspirin von Mutter Natur. Die Bezeichnung *Aspirin* ist jedenfalls von *Spiraea* abgeleitet. Es überrascht nicht, daß ein aus der Pflanze hergestelltes infundiertes Öl schmerzlindernd, entzündungshemmend und leicht sedierend wirkt. Es kann bei Gelenkschmerzen, Sehnenentzündung, Rheuma und Arthritis für sich allein oder mit ein wenig (1–2%) ätherischem Öl zu Massagen verwendet werden.

Windpocken

Eine Behandlung mit ätherischen Ölen kann Dauer, Heftigkeit und Beschwerden dieser Kinderkrankheit erheblich reduzieren. Meist wird auf Bergamott- und Eukalyptusöl zurückgegriffen, die beide antiviral wirken. Seit allerdings Ti-Baum-Öl erhältlich ist, rate ich zu diesem. Sie können aber auch zwischen den drei Ölen wechseln.

Ist das Kind für eine aromatherapeutische Behandlung alt genug (ab ca. 4 Jahren), können Sie die genannten Öle als Badezusatz, Spray oder Tupflotion verwenden, um den Juckreiz zu vermindern. Bei einem kleinen Kind ist es wesentlich einfacher, es alle paar Stunden ein lauwarmes Bad nehmen zu lassen, als jedes einzelne Bläschen mit einer Lotion abzutupfen. Benutzen Sie 2 Tropfen Ti-Baum- und 2 Tropfen Kamillenöl; oder versuchen Sie es mit je einem Tropfen Bergamott-, Eukalyptus-, Kamillen- und Ti-Baum-Öl.

Für ältere Kinder können Sie eine Lotion aus je 5 Tropfen Ti-Baum-, Kamillen- und Lavendelöl, 50 ml Haselnußöl und 50 ml Rosenwasser oder destilliertem Wasser herstellen (kräftig schütteln). Tupfen Sie die Bläschen so oft wie nötig ab; sie werden auf diese Weise wesentlich weniger jucken und schneller verheilen als mit der traditionellen Calamin-Lotion, die die Poren verstopft und so den Heilungsprozeß verlangsamt.

Bei Erwachsenen kommt es nach anfänglich hohem Fieber zu starken Schmerzen beim Erscheinen der Bläschen. Geben Sie 3 Tropfen Ti-Baum-Öl und je 1 Tropfen Bergamott-, Kamillen- und Lavendelöl ins Badewasser und baden Sie alle paar Stunden, wenn Sie sich nicht zu schwach fühlen. Eine schmerzlindernde Lotion besteht aus 6 Tropfen Ti-Baum-Öl, je 10 Tropfen Bergamott-, Kamillen- und Lavendelöl sowie 50 ml Haselnußöl und 50 ml Wasser oder Rosenwasser. Auch diese Mischung sollten Sie vor Gebrauch gut schütteln. Die Tupflotion ist besonders im Spätstadium der Krankheit wertvoll, da sie die Heilung beschleunigt und die Gefahr der Narbenbildung einschränkt.

Winterdepression (saisonbedingte affektive Störungen)

Unter einer Winterdepression leiden in den nördlichen Breiten Tausende von Menschen. Die meisten von uns fühlen sich im Winter öfter »down« als im Sommer; Menschen, die an einer Winterdepression leiden, erleben diesen Zustand sehr extrem. Er geht oft mit Erschöpfung, Lethargie, Heißhunger auf bestimmte Nahrungsmittel, Gewichtszunahme und sonstigen seelischen und körperlichen Problemen einher. Von anderen Formen der Depression unterscheidet die Winterdepression sich durch ihren saisonbedingten Charakter.

Sie hängt direkt mit dem im Winter verminderten Sonnenlicht zusammen: Die Tage sind kürzer, der Himmel oft bedeckt. Die Zirbeldrüse an der Gehirnbasis steuert das ausgewogene Verhältnis verschiedener chemischer Stoffe im Gehirn, vor allem derjenigen, die unseren Schlaf-und-Wach-Rhythmus (und bei einigen Tieren den Winterschlaf) beeinflussen. Sie wird sehr stark durch die Menge an verfügbarem Tageslicht beeinflußt: Wenn die Tage kürzer werden, produziert sie mehr Melatonin, das bestimmte, für die Aktivität, den Stoffwechsel und die Fortpflanzung wichtige Hormone unterdrückt. Dies mag in ferner Vergangenheit sinnvoll gewesen sein, als die Nahrung im Winter knapper war, der Familienverband sich in eine Höhle oder ein Winterlager zurückzog und das allgemeine Aktivitätsniveau abnahm. Im 20. Jahrhundert führt es zu Problemen.

Eine spezielle Lichttherapie, die das gesamte Lichtspektrum nutzt und natürlichem Tageslicht nahekommt, kann vielen Betroffenen helfen; als Bestandteil einer umfassenden Behandlung ist jedoch sicher auch die Aromatherapie nützlich. Basilikum, schwarzer Pfeffer, Rosmarin und Thymian wirken Erschöpfung und Lethargie entgegen; ebenfalls einsetzbar ist die gesamte Palette der antidepressiven Öle sowie alle Öle, die den Bedürfnissen des Klienten entsprechen.

Am besten wirken meiner Erfahrung nach Öle mit »sonnigem« Charakter, insbesondere die aus der Zitrus-Familie, und von dieser wiederum Grapefruit, Orange und Petitgrain. Grapefruit wird gern genommen, weil es die Gehirnaktivität erleichtert und viele winterdepressive Menschen das Gefühl haben, als würde ihr Gehirn auf Sparflamme funktionieren. Wenn Sie Ihr Zuhause – oder das Büro – mit Grapefruit beduften, scheint dies den Verstand anzuregen und die Stimmung zu heben. Der frische, vertraute Duft erleichtert die Anwendung am Arbeitsplatz, weil er negative Kommentare von Kollegen wahrscheinlich gar nicht erst aufkommen läßt. Eine Petitgrain/Rosmarin- oder Grapefruit/Rosmarin-Mischung in einem Morgenbad hat einigen Klienten durch die dunkelsten Wochen des Jahres geholfen, in denen das Aufstehen besonders schwierig ist. Gelegentlich habe ich auch Myrrhe wegen ihres heißen, trockenen, aktivierenden Charakters gewählt.

Eine gesunde Ernährung scheint die Symptome einer Winterdepression zu vermindern: viele komplexe Kohlenhydrate, sowenig Zucker wie möglich (leider richtet der Heißhunger sich oft gerade auf ihn) sowie Vitamin- und Mineralstoffergänzungsgaben mit viel Vitamin C und den »Sonnenschein«-Vitaminen A und D. Rote und orangefarbene Nahrungsmittel, etwa getrocknete Aprikosen, rote Paprikaschoten, Rote Bete und rote Bohnen scheinen zu helfen – und das ist nicht nur Einbildung: Sie enthalten Nährstoffe, die der Depression entgegenwirken, und werden im Hinblick auf ihre Energie als Yang eingestuft.

Auch die Akupunktur scheint einigen Winterdepressiven zu helfen, stimmungs- und energiemäßig nicht abzusacken. Ein *Shen Men* (»Das Tor zum Himmel«) genannter Punkt auf dem Ohr regt die Abgabe von Endorphinen an, den Glückssubstanzen im Gehirn.

Shen Men wird auch aktiviert, um Suchtkranken zu helfen, könnte also den Heißhunger stoppen.

Wundbehandlung

Eigentlich alle ätherischen Öle wirken antiseptisch und können daher zur Reinigung und Behandlung von Wunden eingesetzt werden, aber einige sind aufgrund spezifischer Eigenschaften doch geeigneter als andere. So besitzen manche Öle auch

heilungsfördernde und schmerzlindernde Qualität; andererseits gibt es Öle, die so stark antiseptisch sind, daß sie offene Wunden schädigen oder reizen können. Sie kommen eher zum Desinfizieren im Haushalt oder zum Zerstäuben im Krankenzimmer in Frage.
Damit reduziert sich die Auswahl auf eine relativ kleine Anzahl von Ölen, die aber alle die Heilung sehr positiv beeinflussen. Lavendel wird schon seit ein paar tausend Jahren zur Wundbehandlung verwendet (sein Name ist aus dem lateinischen Wort für »waschen« = *lavare* abgeleitet, da er zum Auswaschen von Wunden eingesetzt wurde). Myrrhe diente den frühen Griechen zu ähnlichen Zwecken, und Ti-Baum-Öl, das erst vor kurzem nach Europa gelangte, wird seit jeher von den australischen Ureinwohnern benutzt.
Die Öle können auf kleine Wunden unverdünnt aufgetragen werden, was kurzfristig ein heftiges Brennen bewirkt, das aber schnell nachläßt. Um die Berührung der Wunde nach Möglichkeit zu vermeiden, gibt man ein wenig Öl direkt auf das Pflaster oder ein Stück mehrfach gefalteten Verbandsmull. In schweren Fällen, wenn z. B. Platzwunden genäht werden müssen, kann dies nur eine Erste-Hilfe-Maßnahme sein, bis der Arzt aufgesucht wird.
In Frage kommen auch Benzoe, Bergamotte, Eukalyptus, Kamille, Rosmarin und Wacholder, aber ich halte Lavendel und Ti-Baum für die wirksamsten Öle. Myrrhe hat sich vor allem bei schlecht heilenden, nässenden Wunden bewährt.

Yin/Yang

Die Vorstellung von Yin und Yang ist Teil der taoistischen Philosophie, die der traditionellen Akupunktur und dem Shiatsu zugrunde liegt. Auch in einigen aromatherapeutischen Büchern werden die ätherischen Öle inzwischen als Yin oder Yang klassifiziert.
Wir verstehen unter diesen beiden Begriffen die gegensätzlichen und zugleich komplementären Energien oder Qualitäten, die in jedem Lebewesen und allen Dingen präsent sind. Yin

bezeichnet das Weibliche, das Dunkle, Feuchte, Kühle und Sichzusammenziehende; Yang steht für das Männliche, das Helle, Trockene, Heiße und Sichausdehnende. Aber nichts ist ganz Yin oder ganz Yang. In jedem vorwiegend Yang-geprägten Organismus ist immer noch ein bißchen Yin, und umgekehrt verhält es sich natürlich ebenso. Das Gleichgewicht der beiden Elemente ist keineswegs statisch, sondern in ständigem Wechsel begriffen.

Wenn Yin und Yang im menschlichen Körper im Gleichgewicht sind, ist dieser gesund. Falls eine Kraft zu sehr dominiert, kann es zu seelischen oder körperlichen Problemen kommen. Aufgabe des Therapeuten ist daher, die gestörte Balance wiederherzustellen.

Die Klassifizierung ätherischer Öle als Yin oder Yang ist ziemlich umstritten. Es fällt noch relativ leicht, recht eindeutig weibliche (kühlende etc.) Öle – z. B. Rose oder Kamille – als Yin zu erkennen und offensichtlich stärkere, feurigere – wie schwarzer Pfeffer, Ingwer und Jasmin – als Yang. Aber es gibt viele Öle, die weder in die eine noch die andere Kategorie passen oder mal Ying und mal Yang sind, je nach Bodenbeschaffenheit, Klima und Erntezeit. Deshalb möchte ich gar nicht erst anfangen, Öle auf diese Weise zu klassifizieren.

Trotzdem kann dieses Konzept eine nützliche Hilfe sein, wenn wir für einen Patienten das geeignetste Öl suchen. Es ist eine weitere Möglichkeit, die Eigenschaften eines Öls zu beschreiben und unsere Kenntnisse zu vertiefen.

Siehe auch **Akupunktur**.

Ylang-Ylang (Cananga odorata)

Ein kleiner tropischer Baum, der auf den Philippinen, Java, Sumatra und Madagaskar beheimatet ist, liefert das als Ylang-Ylang bekannte Öl. Der Name bedeutet »Blume der Blumen«, und manchmal wird so auch der Baum *Anona odorantissima* bezeichnet, wobei nicht klar ist, ob es sich hier tatsächlich um zwei verschiedene Arten von Bäumen handelt oder dieselbe Art, deren Unterschiede durch Boden und Klima bedingt sind.

Es gibt Unterarten mit blaßroten, mit malvenfarbigen und mit gelben Blüten. Das beste Öl wird aus den gelben gewonnen. Qualitativ am hochwertigsten ist dabei das Öl, das sich im Verlauf des Destillationsprozesses als erstes absetzt; es wird unter dem Namen Ylang-Ylang verkauft, während das aus der späteren Phase des Verfahrens stammende Öl weniger edel und als »Cananga« im Handel erhältlich ist. Die therapeutischen Eigenschaften sind dieselben. Wirklich erstklassiges Öl stammt von Blüten, die im Frühsommer in den ersten Morgenstunden gepflückt wurden.

Beide Öle enthalten Methylbenzoat, Methylsalizilat, Eugenol, Geraniol, Linalol, Safrol, Ylangol, Terpene, Pinen, Benzylazetat und eine Kombination aus Essig-, Benzoe-, Ameisen-, Salizyl- und Valeriansäuren. Die Farbe schwankt zwischen fast farblos und Blaßgelb, der Duft ist sehr schwer und süß. Manche Leute empfinden ihn als unangenehm, weshalb Ylang-Ylang am besten mit anderen Ölen, z. B. Zitrone oder Bergamotte, gemischt wird.

Vielleicht sein wichtigster Effekt besteht darin, daß es bei gesteigerter Atemfrequenz und Herzjagen hilft – Phänomene, die oft mit Schock- und Angstzuständen und plötzlicher Erregung einhergehen. Länger anhaltende Beschwerden dieser Art müssen jedoch von einem Arzt oder einem Heilpraktiker behandelt werden. Auch hoher Blutdruck wird durch Ylang-Ylang positiv beeinflußt.

Das Öl wird viel und gern in der Kosmetik- und Parfümindustrie verwendet – nicht zuletzt deshalb, weil es ebenso wie Rosen- und Jasminöl gewissermaßen berauscht, aber sehr viel billiger ist. Es heißt, sein Duft gleiche dem der Hyazinthe, was ich aber nicht finde. Ylang-Ylang eignet sich sowohl für trockene als auch für fettige Haut, d. h., es normalisiert die Produktion der Talgdrüsen. In der Viktorianischen Epoche war es wegen seiner tonisierenden Wirkung auf die Kopfhaut Bestandteil des sogenannten Makassaröls. Dieses Haarpflegepräparat war so weit verbreitet, daß ein Deckchen zum Schutz der Sessel im Kopfbereich erfunden wurde, damit die guten Möbelstücke nicht ruiniert wurden. Der »schmutzende« Effekt ist weitgehend ver-

meidbar, wenn man das Ylang-Ylang-Öl mit etwas Alkohol verdünnt.
Wie Jasmin, Rose und Sandelholz wirkt Ylang-Ylang antidepressiv, sedativ und zugleich aphrodisisch. Es eignet sich daher für Menschen mit sexuellen Schwierigkeiten, da diese oft das Ergebnis von Streß und Angst sind. Die beruhigenden, entspannenden Qualitäten des Öls sind durchaus in der Lage, den Teufelskreis zu durchbrechen, in dem die Angst vor dem sexuellen Versagen eben dieses heraufbeschwört, was natürlich weitere Ängste auslöst ...
Ylang-Ylang scheint am besten als Gemisch mit anderen Ölen zu wirken.
Zu hohe Konzentrationen oder zu langer Gebrauch kann Kopfschmerzen und/oder Übelkeit hervorrufen.

Yoga

Nicht ohne Grund habe ich in mehreren Artikeln dieses Buches die Bedeutung von Yoga als Hilfe zur Entspannung und zum Streßabbau hervorgehoben. Viele Menschen konsultieren einen Aromatherapeuten, weil sie gestreßt sind oder unter körperlichen Symptomen leiden, die offensichtlich das Ergebnis von Streß und Angst sind.
Obwohl ein Aromatherapeut sehr viel dazu beitragen kann, durch Massagen und Bäder mit individuell abgestimmten ätherischen Ölen eine kurzfristige Entspannung herbeizuführen, ist seine Hilfestellung letztendlich passiver Art. Um eine grundsätzliche, langfristige Besserung herbeizuführen, bedarf es aktiver Methoden, die der Patient selbst in die Hand nimmt. Yoga ist neben Meditation und autogenem Training eine der besten von ihnen. Ich habe oft festgestellt, daß die Verbindung von Yoga und aromatherapeutischen Massagen den Betreffenden weiterbringt, als wenn er nur eine dieser Möglichkeiten nutzt.
Dies hat damit zu tun, daß beide Techniken auf mehreren Ebenen wirksam sind. Für die Aromatherapie habe ich dies verschiedentlich dargestellt; aber auch Yoga kann als Gymnastik oder als tiefgründiges philosophisches System verstanden wer-

den, und die Akzente werden in der Tat ganz unterschiedlich gesetzt. Jeder Yoga-Lehrer wird zunächst grundsätzliche Instruktionen über das Zusammenwirken von Atmung und körperlichen Bewegungsabläufen erteilen, aber dann gehen die Wege auseinander. Einige Lehrer werden mehr Zeit und Mühe darauf verwenden, ihren Schülern die richtigen Atemtechniken zu vermitteln, andere legen die Betonung auf Meditationsübungen oder die theoretische Beschäftigung mit der Yoga-Philosophie. Oft wird man verschiedene Richtungen ausprobieren müssen, bis man die gefunden hat, die den eigenen Bedürfnissen und Ansichten am ehesten entspricht. Yoga-Kurse gibt es inzwischen in jeder größeren Stadt (Volkshochschule). Bei Yoga gibt es keinen Wettstreit, kein »Besserkönnen«. Die Techniken sind für Menschen jeden Alters geeignet – auch für solche, die gesundheitliche Probleme haben. Kein Yoga-Lehrer wird Sie zwingen oder auch nur drängen, etwas auszuprobieren, was Ihnen widerstrebt oder Ihre körperlichen Möglichkeiten übersteigt. Wenn Sie zum ersten Mal bei einem Yoga-Lehrer sind, sollten Sie ihm Ihre spezifischen körperlichen Probleme mitteilen, z. B. Bluthochdruck oder Rückenschmerzen, aber auch momentane Beschwerden wie Kopfschmerzen, Erkältung, eine Muskelzerrung etc. Der Lehrer wird Ihnen dann sagen, welche »Asanas« (Stellungen) Sie im Augenblick meiden sollten und welche vorteilhaft für Sie sind.

Wenn Sie mit dem Yoga-Unterricht beginnen, werden Sie wahrscheinlich der Meinung sein, daß Sie die Asanas nur sehr unvollkommen ausführen. Aber das ist ganz unwichtig, denn nicht nur die erreichte Stellung, auch das richtige Bemühen um sie ist heilsam. Ihr Lehrer wird darauf achten, daß Sie die Endstellung effizient und ohne Gefahr für Ihre Gesundheit erlernen. Vergleichen Sie sich dabei weder mit anderen Gruppenmitgliedern noch mit sich selbst zu einem anderen Zeitpunkt.

Sogar Behinderte können von Yoga profitieren; auch für manche Krankheiten, insbesondere Asthma und Multiple Sklerose, hat es sich als hilfreich erwiesen. Einige Lehrer haben geeignete Übungsfolgen zur Behandlung solcher Leiden entwickelt.

Die Aromatherapie kann dem Yoga-Schüler helfen, seinen Körper geschmeidiger zu machen. Wenn z. B. bestimmte Körperpartien steifer sind als andere, kann eine spezielle Massage die Muskeln lockern, so daß Sie Yoga-Stellungen erreichen, die ihrerseits wieder diesen Muskeln guttun. Falls Sie keinen Therapeuten aufsuchen können oder den Effekt der Massage steigern wollen, sorgen auch unmittelbar vor dem Kurs genommene aromatische Bäder mit Lavendel, Majoran oder Rosmarin für mehr Gelöstheit. Natürlich werden Sie aus Yoga noch mehr Gewinn ziehen, wenn Sie die Übungen zusätzlich zum meist einmal wöchentlich stattfindenden Kurs täglich auch zu Hause ausführen. Es gibt eine ganze Reihe entsprechender Literatur und Kassetten, doch die viel gründlichere, weil persönliche Unterweisung durch den Lehrer können sie nicht ersetzen. Jeder rein autodidaktische Versuch kann unter Umständen mehr schaden als nutzen.

Ysop (Hyssopus officinalis)

Ysopöl sollte mit Umsicht benutzt werden, und in vielen Fällen gar nicht (siehe Anhang A). Es hat jedoch verschiedene gute therapeutische Wirkungen, weshalb es in einigen Fällen sinnvoll eingesetzt werden kann.
Bereits die frühesten medizinischen Schriftsteller rühmen Ysop, und viele Kräuterkundige der Renaissance nennen eine ganze Reihe von Verwendungsmöglichkeiten. Wir müssen dabei jedoch berücksichtigen, daß sie sich immer auf die Pflanze beziehen und nicht auf das ätherische Öl, in dem alle chemischen Bestandteile in hochkonzentrierter Form vorliegen.
Ysop wurde von Griechen und Hebräern als heilige Pflanze betrachtet; im Alten Testament wird er mehrmals erwähnt. Man benutzte ihn zur Reinigung von Tempeln und heiligen Plätzen, und dies nicht nur im übertragenen, sondern auch im wörtlichen Sinne, indem man nämlich Pflanzenbündel zu Besen zusammenband. Später wurde Ysop allgemein als Streu hergenommen. Man könnte also daran denken, ihn zu verbrennen oder zu zerstäuben, um die Zimmerluft zu desinfizieren und vor Infektionen zu schützen.

Die Pflanze gehört zu den Lippenblütlern und ist im Mittelmeerraum heimisch; sie wird bis zu einem Meter hoch und besitzt blaue, malvenfarbige, weiße oder rosafarbene Blüten. Das ätherische Öl wird aus den Blütenspitzen destilliert. Es ist gelblich, mit einem würzigen, aromatischen Duft, der ein wenig an Thymian oder Basilikum erinnert. Zu den Wirkstoffen gehören sehr viel Pinocamphen (ein Keton), außerdem Pinen und Spuren von Geraniol, Borneol, Thujon (ein weiteres Keton) und Phellandren. Es ist der relativ hohe Ketongehalt, der Ysop in bezug auf die Toxizität zu einem Grenzfall macht.

Zu den möglichen Anwendungsbereichen gehören Entzündungen im Brustbereich, vor allem, wenn dickflüssiger Schleim im Spiel ist. Ysop trägt dazu bei, das Sekret zu verflüssigen, so daß es leichter abgehustet werden kann. Es gibt jedoch andere Öle mit diesen Eigenschaften, die ich Ysop vorziehen würde. Dieser hat außerdem eine tonisierende, anregende Wirkung auf Atemsystem und Herz und sorgt für einen klaren Kopf.

Ein weiterer Anwendungsbereich sind blaue Flecken: Legen Sie möglichst bald nach dem Vorfall eine kalte Kompresse mit dem Öl auf. Heiße Kompressen helfen bei Rheuma.

VORSICHT: Epileptiker sollten Ysop-Öl unter keinen Umständen benutzen, da es einen Anfall auslösen kann; auch Schwangeren und Menschen mit hohem Blutdruck rate ich, es zu meiden.

Zahnen

Die schmerzhaften Begleiterscheinungen des Zahnens, die oft mit anderen gesundheitlichen Beschwerden einhergehen, lassen sich durch die vernünftige Anwendung ätherischer Öle beträchtlich verringern; Kamille steht dabei an erster, Lavendel an zweiter Stelle.

Es ist nicht schwer zu erkennen, wenn ein Zähnchen kurz vor dem Durchbruch steht. Man merkt es allein schon an der erhöhten Unruhe und Reizbarkeit des Säuglings, seiner besonderen Anfälligkeit für Erkältungen, Husten, Ohren- und Bauchweh sowie einer geröteten Wange. Ein durch Windeln bedingter

Ausschlag wird vielleicht schlimmer oder existiert überhaupt nur in dieser Zeit.

Unter Berücksichtigung der unter **Kinder** angeführten Vorsichtsmaßnahmen ist die einzige in Frage kommende Behandlungsform eine leichte Massage der vom Zahnen in Mitleidenschaft gezogenen Wange. Dazu löst man 1 oder 2 Tropfen (nie mehr!) Kamillenöl (am besten blaue Kamille) in 5 ml Trägeröl auf (ca. 1 Teelöffel voll) und gibt ein paar Tropfen der Mischung zunächst auf die eigene Handfläche, um sie auf Körpertemperatur zu erwärmen. Bei älteren Babys muß man daran denken, daß die sich entwickelnden Backenzähne gleichzeitig auf beiden Seiten des Kiefers durchbrechen können. Manchmal kann man beobachten, daß die Kinder sich die Ohren reiben oder mit der Hand danach greifen – entweder, weil der Schmerz bis ins Ohr ausstrahlt oder weil gleichzeitig eine Ohrinfektion vorliegt. In diesem Fall sollten Sie die Partie rings ums Ohr in die Massage einbeziehen.

Ein zahnendes Baby schläft fast immer sehr unruhig, weshalb es ratsam erscheint, auch ins abendliche Bad 1 Tropfen zuvor aufgelösten Lavendel- oder Kamillenöls zu geben (oder aufs Bett oder den Schlafanzug). Wenn Sie Kamillenöl zur Gesichtsmassage verwenden, würde ich als schlafförderndes Mittel Lavendel wählen; aber jede Mutter muß selbst ausprobieren, welches Öl ihrem Baby am besten hilft.

Homöopathisches Chamomilla (auch andere Mittel kommen in Frage) kann neben der hier beschriebenen äußerlichen Anwendung von Kamille dem zahnenden Kind eine wirkliche Hilfe sein. Siehe auch **Babys, Kamille, Kinder, Lavendel** und **Ohrenschmerzen.**

Zahnfleischentzündung (Gingivitis)

Entzündungen des Zahnfleisches gehen auf eine bakterielle Infektion zurück. Sie zeigen sich daran, daß das Zahnfleisch schmerzt, beim Zähneputzen oder beim Essen relativ harter Lebensmittel blutet, weich wird und allmählich zurückgeht.

Wegen kranken Zahnfleischs werden mehr Zähne gezogen als wegen Karies.

Zur Vorbeugung und Behandlung ist peinlichste Mundhygiene dringend erforderlich; Mundspülungen mit ätherischen Ölen wirken unterstützend.

Die in diesem Zusammenhang besten bakterienbekämpfenden Öle sind Ti-Baum und Thymian – das aus Thymianöl extrahierte Thymol ist in den meisten kommerziellen Mundwässern enthalten. Der Stärkung des Zahnfleischs dienen Fenchel und Mandarine. Myrrhe ist wegen ihrer heilenden, kräftigenden Eigenschaften unerläßlich.

In Anhang C finden Sie ein Rezept für die Mundspülung, aber viele andere Variationen sind auch denkbar. Sie können z. B. anstelle von Thymian Ti-Baum verwenden (von beiden die gleiche Menge = je 15 Tropfen) oder Fenchel durch Mandarine ersetzen, wenn Sie deren Geschmack bevorzugen.

Bewahren Sie die Mischung in einer Flasche mit Schraubverschluß auf; geben Sie 2 Teelöffel auf ein halbes Glas warmes Wasser, und spülen Sie damit den Mund mindestens zweimal täglich. Im Falle einer schweren Infektion können Sie Myrrhentinktur direkt auf das entzündete Zahnfleisch auftragen. Eine sanfte Massage regt die örtliche Durchblutung an und beschleunigt den Heilungsprozeß. Reinigen Sie sich dazu gründlich die Hände, geben Sie 1–2 Tropfen der unverdünnten Mundspülung auf die Fingerspitzen und massieren Sie das Zahnfleisch vorsichtig, aber dennoch kräftig, insbesondere am Zahnansatz. Vor allem, wenn das Zahnfleisch so stark entzündet ist, daß die Zähne nur unter Schmerzen geputzt werden können, ist diese Methode hilfreich.

Zusätzliche Vitamin-C-Gaben tragen dazu bei, die Infektion rasch zum Abklingen zu bringen.

Siehe auch **Mundgeschwüre.**

Zahnschmerzen

Es gibt ein oder zwei aromatherapeutische Erste-Hilfe-Maßnahmen, die die Zahnschmerzen bis zum Besuch beim Zahnarzt lindern. Die klassische Methode ist auch vielen Menschen bekannt, die ansonsten nichts von der Aromatherapie wissen; sie besteht darin, ein wenig Nelkenöl auf den schmerzenden Zahn zu geben. Es wirkt als lokales Betäubungsmittel und außerdem stark desinfizierend, wodurch eine Infektion der Zahnwurzel verhindert wird. Geben Sie 1 Tropfen Nelkenöl auf ein Wattestäbchen und betupfen Sie damit den Zahn. Falls das Loch groß ist, z. B wenn eine Füllung herausgefallen oder der Zahn abgebrochen ist, können Sie 1 oder 2 Tropfen Nelkenöl auf einen Wattepfropfen geben und diesen in die Höhlung drücken. Wenn die betäubende Wirkung nachläßt, kann der Vorgang wiederholt werden.

Eine andere Möglichkeit, die vielleicht bei einem dumpfen Schmerz hilfreicher ist als bei einem stechenden, ist das Auflegen einer heißen Kompresse mit Kamillenöl auf die Wange. Der Umschlag kann erneuert werden, wenn er kalt wird. Dies ist die beste Methode, wenn ein Abszeß am Entstehen ist. Die Wärme und die Wirkung der Kamille werden nicht nur den Schmerz lindern, sondern auch die Entzündung herausziehen, so daß der Zahn behandelt werden kann.

Siehe auch **Abszeß** und **Kompressen.**

Zeder (Cedrus atlantica)

Die ätherischen Öle verschiedener Bäume werden als »Zeder« verkauft; achten Sie deshalb darauf, daß Sie das von der Art *Cedrus atlanticus* erstehen. Sie ist mit der biblischen Libanonzeder eng verwandt, deren therapeutische Qualitäten seit dem Altertum bekannt sind. Alle Kulturen der Antike haben die Zeder in der Medizin sowie zur Herstellung von Kosmetika und Parfüms benutzt, die Ägypter auch zum Einbalsamieren. Das Holz enthält einen hohen Anteil an ätherischem Öl und ist deshalb sehr aromatisch. Es wurde als Bauholz und zur Herstellung von Vorratskisten verwendet, weil sein Geruch Termiten, Ameisen, Motten und andere schädliche Insekten fernhält. Zusammen mit anderen Dufthölzern wurde es außerdem allgemein als Räucherwerk benutzt, was in Tibet (und bei Exiltibetern) auch heute noch der Fall ist. Auch in der traditionellen tibetischen Medizin zählte es zu den wichtigen Heilmitteln.

Das gelbliche, ziemlich zähflüssige ätherische Öl besitzt einen warmen, holzigen Geruch. Zu den Wirkstoffen gehören Cedrol, Cadinen und andere Sesquiterpene sowie verschiedene terpene Kohlenwasserstoffe.
Zedernöl wirkt stark antiseptisch und wird vor allem bei Infektionen der Atemwege und des Harntrakts eingesetzt. Es ist sehr effizient bei Blasenentzündung und vaginalen Entzündungen und Ausflüssen (deren Ursache immer von einem Arzt herausgefunden werden sollte). Aufgrund seiner schleimlösenden Eigenschaft ist es bei der Behandlung von Katarrhen, insbesondere chronischer Bronchitis, doppelt wertvoll.
In der Hautpflege wird es als mildes Adstringens verwendet, und weil es antiseptisch wirkt, ist es gut zur Behandlung von Akne geeignet. Der »männliche« Duft sagt Angehörigen des »starken« Geschlechts möglicherweise mehr zu als süßere Aromen. Wegen der genannten Eigenschaften findet es auch in Hautpflegeprodukten für Männer Verwendung, vor allem in Aftershaves; seine Popularität als Parfüm für Männer hängt jedoch wahrscheinlich eher mit seinem Ruf als Aphrodisiakum zusammen. Da es den ganzen Körper kräftigt und stimuliert, gleichzeitig aber Streß und Spannung abbaut, hat dieser Ruf durchaus eine gewisse Grundlage.
VORSICHT: Zeder darf nicht während der Schwangerschaft benutzt werden.

Zellulitis (Orangenhaut)

Der Begriff bezeichnet im medizinischen Sprachgebrauch die meist bakteriell-eitrige Entzündung des lockeren Unterhautzellgewebes, für Kosmetikerinnen, Frauenzeitschriften und »alternative« Therapeuten dagegen das Eindringen von Flüssigkeiten und toxischen Abfallstoffen ins Unterhautfettgewebe. Viele Ärzte meinen, dabei handele es sich nicht um eine Krankheit, sondern schlicht und einfach um Fett! Es stimmt zwar, daß manche Frauen mit Zellulitis Übergewicht haben, aber sie kann genauso bei schlanken Frauen auftreten. Ich kenne sogar eine Magersüchtige, die Zellulitis hatte.

Da fast ausschließlich Frauen Zellulitis bekommen, scheint eine Verbindung zum weiblichen Hormonhaushalt zu bestehen. Vornehmlich betroffen sind die Außenseiten der Oberschenkel, Hüften und Gesäß. Die charakteristischen buckligen Unregelmäßigkeiten, die zur »Orangenhaut« führen und Zellulitis von gewöhnlichem Fettgewebe unterscheiden, beruhen auf einer allmählichen Verdickung der subkutanen Fettzellenwände durch fasrige Kollagene, wodurch Flüssigkeiten und Giftstoffe eingeschlossen werden und die Fettzellen stärker hervortreten.
Die Aromatherapie ist bei dieser Krankheit eine der erfolgreichsten Behandlungsmethoden – vor allem, wenn zur Anwendung ätherischer Öle Empfehlungen für eine gesündere Ernährung und leichte Körperübungen kommen, da Zellulitis vorwiegend bei Frauen mit sitzender Tätigkeit auftritt. Die Patientinnen sehen sie meist nur als kosmetisches Problem, aber ein ganzheitlich arbeitender Therapeut wird in ihr einen ernstzunehmenden Hinweis auf zuviel Gift im Körper, ein träge arbeitendes Lymphsystem und eine allgemein wenig effiziente Ausscheidung sehen.
Um die gesamte Problematik abzudecken, müssen wir Öle mit recht unterschiedlichen Eigenschaften auswählen: Sie sollen entgiften, das Lymphsystem anregen, den Hormonspiegel ausgleichen und womöglich eine leicht harntreibende Wirkung besitzen. Da die Behandlung mehrere Wochen und Monate fortgesetzt werden muß – die Dauer hängt von der Schwere der Zellulitis ab sowie davon, ob die Patientin eine reinigende Diät einhält –, ist es sehr wichtig, die verwendeten Öle von Zeit zu Zeit zu wechseln.
Gewöhnlich beginne ich die Behandlung mit Geranie und Rosmarin und variiere dies dann, indem ich Birke, Grapefruit, Wacholder und schwarzen Pfeffer in kleinen Mengen mit einbeziehe.
Diese Öle, die auch als Badezusatz verwendet werden können, benutze ich zu einer speziellen Massage, die das Lymphsystem drainieren und anregen soll. Fortschritte werden schneller sichtbar, wenn man die Patientin dazu anhält, zwischen den Sitzungen beim Therapeuten die betroffenen Stellen mit einem Luffa-

schwamm, einer Bürste oder einem Massagehandschuh zu massieren. Außerdem empfehle ich, mehrmals täglich Fencheltee zu trinken, wenn möglich drei bis fünf Tage nur frisches Obst und Mineralwasser zu sich zu nehmen und anschließend ganz auf eine Vollwerternährung mit viel Rohkost umzusteigen.
Bei Zellulitis spielt oft Streß eine Rolle – ein angespannter Körper sammelt mehr Giftstoffe an und scheidet sie wesentlich ineffizienter wieder aus. In diesem Fall kann die Lymphdrainage mit einer üblichen aromatherapeutischen Massage abwechseln, die den Streß und seine Ursachen bekämpft.
Siehe auch **Lymphe.**

Zerstäuber

Am einfachsten verteilt man ätherische Öle in der Luft, indem man sie mit Wasser mischt und dann zerstäubt. Sie lösen sich besser im Wasser auf, wenn man sie vorher in etwas Alkohol gibt. Eine einfache Öl-Wasser-Mischung muß kräftig geschüttelt werden, damit ein passables Spray entsteht. Zum Zerstäuben ist ein Pflanzensprühgerät gut geeignet; ist es aus Plastik oder Metall, sollte nach Gebrauch kein Rest in ihm zurückbleiben, da eine chemische Reaktion stattfinden kann. In einigen Blumengeschäften gibt es dekorative Pflanzensprühgeräte aus Keramik zu kaufen; ich funktioniere Glassprühflaschen um.
Zerstäuber können für viele Zwecke eingesetzt werden: um einem Raum einen besonderen Duft zu geben, die Luft von unerwünschten Gerüchen zu reinigen (hier sind deodorierende Öle wie Bergamotte sehr effizient), Fliegen fernzuhalten oder Infektionskrankheiten zu bekämpfen. Dieser letzte Punkt ist sicher der wichtigste, denn das Versprühen von ätherischen Ölen, die gegen Bakterien oder Viren aktiv sind, beschleunigt nicht nur die Genesung des Patienten, sondern bewahrt auch die anderen Familienmitglieder vor Ansteckung. Am geeignetsten sind antivirale oder bakterizide Öle wie Bergamotte, Eukalyptus, Lavendel und Ti-Baum, die bei einer Grippewelle oder einer Kinderkrankheit wie z. B. Masern im Krankenzimmer und im gesamten Haus versprüht werden sollten.

Im allgemeinen genügen 20 Tropfen ätherisches Öl auf 200 ml Wasser. Geben Sie 40 Tropfen Öl auf 200 ml Wasser, wenn Sie im Krankheitsfall oder bei Epidemien die Bakterien bekämpfen wollen.

Zink

Unser Körper braucht eine gewisse Menge Zink (ca. 10–15 mg täglich), das für Knochenwachstum, Fortpflanzung, Wundheilung und die Gesunderhaltung des Haut- und Nervengewebes unentbehrlich ist. Auch die für die Aromatherapie so wichtigen Funktionen des Geruchs- und Geschmackssinns sind von einer ausreichenden Versorgung des Organismus mit diesem Element abhängig. Zinkmangel führt zu einem teilweisen oder völligen Verlust des Geruchs- und Geschmackssinns, aber die Ausfallerscheinungen können durch zusätzliche Gaben des Minerals wieder behoben werden.
Viele Faktoren des modernen Lebens – Autoabgase, raffinierte Lebensmittel, Antibabypille – beeinträchtigen die Fähigkeit des Körpers, dieses Mineral aufzunehmen und zu verwerten. In der Nahrung kommt Zink in Fisch, Muscheln, Eiern, Vollkorngetreide, Erbsen und Hefe vor, aber um die Mangelerscheinungen – außer dem Verlust des Geruchs- und Geschmackssinns auch brüchige und/oder fleckige Nägel – wieder auszugleichen, sind zusätzliche Gaben notwendig.
Eine Erhöhung der täglichen Zink-Zufuhr hat bei manchen Hautkrankheiten sehr positive Ergebnisse gebracht, z. B. bei Schuppenflechte, die bekanntlich sehr schwierig zu behandeln ist. Hier sollte die tägliche Nahrung mindestens 15 mg Zink enthalten; denken Sie daran, wenn Sie einen Psoriasis-Patienten haben.

Zitrone (Citrus limonum)

Der Zitronenbaum ist angeblich in Indien beheimatet und soll gegen Ende des 5. Jahrhunderts nach Italien eingeführt worden sein. Inzwischen wird er im gesamten Mittelmeerraum kultiviert, insbesondere in Spanien und Portugal. Diesen traditionellen Anbaugebieten wird heute von Kalifornien ernsthafte Konkurrenz gemacht.

Das Öl wird aus der äußeren Schicht der Zitronenschale herausgepreßt; für ein Kilo Öl werden 3000 Zitronen benötigt. Die Essenz hat eine schwach grünlich-gelbe Farbe und duftet unverwechselbar nach frischen Zitronen. Zu den Wirkstoffen gehören Pinen, Limonen, Phellandren, Camphen, Linalol, Linalol- und Geranylacetat, Citral und Citronellal.

Zitronenöl hat zahlreiche wichtige Eigenschaften; insbesondere stimuliert es die weißen Blutkörperchen, die den Körper gegen Infektionen verteidigen. Bei der Behandlung von äußerlichen Wunden und Infektionskrankheiten ist dies sehr wertvoll. Dr. Valnet nennt Tuberkulose, Typhus, Malaria, Syphilis und Gonorrhö – wobei man aber nicht vergessen darf, daß Valnet Arzt war. Ein Aromatherapeut ohne abgeschlossenes Medizinstudium darf sich (gemäß deutscher Gesetzgebung) an solche Krankheiten nicht heranwagen. Bei weniger ernsten Erkrankungen (Bronchitis, grippaler Infekt, Magenentzündungen) kann die Zitrone jedoch eingesetzt werden, um das Fieber zu senken. Legen Sie zu diesem Zweck Zitronenscheiben in Wasser, oder mischen Sie den frisch ausgepreßten Saft mit Wasser und etwas Honig und lassen Sie den Patienten davon trinken, sooft ihm danach zumute ist.

Da die Zitrone das körpereigene Abwehrsystem stärkt und die weißen Blutkörperchen aktiviert, ist sie bei allen Schnitt- und sonstigen Wunden angezeigt. Sie wirkt außerdem blutstillend, und ich habe sie entsprechend bei leichteren und nicht ganz so leichten Verletzungen, nach dem Ziehen von Zähnen und bei Nasenbluten verwendet. Wenn nach dem Besuch beim Zahnarzt das Zahnfleisch blutet, können Sie etwas Zitronensaft in den Mund nehmen und ihn solange wie möglich dort behalten. Bewegen Sie ihn nicht im Mund herum, da jede Bewegung die Blutgerinnung verzögert. Eine Mundspülung mit Zitronensaft kräftigt das Zahnfleisch und ist eine gute Behandlungsmethode bei Zahnfleischentzündungen und Mundgeschwüren. Bei Nasenbluten empfiehlt es sich, ein Stückchen Baumwollgaze mit Zitronensaft zu beträufeln und ins Nasenloch zu stecken.

Die Zitrone wirkt stark bakterizid – ein weiterer Grund, sie bei der Behandlung von Wunden etc. zu benutzen. Dr. Valnet führt Forschungsergebnisse an, die zeigen, daß die Essenz Diphtheriebakterien innerhalb von 20 Minuten zerstört und noch in einer Verdünnung von 0,2% Tuberkulosebazillen an der Vermehrung hindert. Wenn Sie Zweifel an der Qualität eines Trinkwassers haben, geben Sie ihm am besten den Saft einer Zitrone zu. Die Ausbreitung von Infektionen wird durch Zitronenöl in der Aromalampe oder als Raumspray eingedämmt und sorgt gleichzeitig für einen angenehmen Duft.

Die dritte wichtige Eigenschaft der Zitrone ist ihre Fähigkeit, der Übersäuerung des Körpers entgegenzuwirken. Dies mag zunächst überraschend klingen, da die Zitrone selbst doch recht sauer ist. Während der Verdauung wird die Säure jedoch neutralisiert und in Kalium- und Kalzium-Karbonate und -Bikarbonate verwandelt, die das System alkalisch halten. Die Zitrone leistet also wertvolle Dienste, wenn das Säuren-Basen-Gleichgewicht des Körpers in den sauren Bereich verschoben ist. Das bekannteste Beispiel dürfte die Magensäure sein, die Schmerzen und Geschwüre verursacht. Die Zitrone kräftigt außerdem das Verdauungssystem allgemein, einschließlich Leber und Bauchspeicheldrüse. Auch bei Rheuma, Gicht und Arthritis liegt eine Übersäuerung des Körpers vor. Die Harnsäure wird hierbei nicht effizient genug ausgeschieden und lagert sich daraufhin in kristalliner Form in den Gelenken ab, wo sie Schmerzen und Entzündungen auslöst.

Die Zitrone besitzt auch eine tonisierende Wirkung auf den Kreislauf, weshalb sie sich sehr gut zur Behandlung von Krampfadern eignet. Auch in manchen Fällen von Bluthochdruck ist sie hilfreich und kann vorbeugend gegen Arteriosklerose eingesetzt werden.

Zu den weniger im Vordergrund stehenden Anwendungsbereichen gehört die Hautpflege. Da die Zitrone schwach bleichend wirkt, kann sie stumpfe, fleckige Haut aufhellen, vor allem im Nackenbereich. Auch bei Sommersprossen ist sie nützlich, wenn man sie über einen längeren Zeitraum täglich anwendet. Bei fettiger Haut sind ihre adstringierenden Eigenschaften

wertvoll, bei Hautflecken und Furunkeln die antiseptische Wirkung.
Zitronenöl kann auch anstelle einer Behandlung mit chemischen Präparaten benutzt werden, um Hornhaut und Warzen zu entfernen. Ich habe sie zu diesem Zweck bislang immer unverdünnt aufgetragen; einige Autoren empfehlen, 2 Tropfen Zitronenöl mit 10 Tropfen Apfelessig zu mischen. Behandeln Sie die betreffende Stelle täglich, achten Sie aber darauf, daß die Mixtur nicht auf die umliegende gesunde Haut gerät. Es empfiehlt sich, tagsüber ein Pflaster aufzulegen, nachts jedoch die Stelle unbedeckt zu lassen. Wenn Sie wollen, können Sie Zitrone auch mit Ti-Baum mischen bzw. zwischen den beiden Ölen wechseln. In der Literatur heißt es zuweilen, Zitrone würde den Alterungsprozeß hinauszögern. Auch wenn mir keine eindeutigen Beweise vorliegen, halte ich es durchaus für möglich, daß die tonisierenden, alkalisierenden und allgemein wohltuenden Wirkungen der Zitrone die Vitalität stärken und erhalten. Zitronenöl kann die Haut reizen, wenn es nicht stark verdünnt wird. In Massageölen verwende ich es immer nur in einer 1%igen Lösung; damit insgesamt eine Konzentration von 3% entsteht, füge ich andere ätherische Öle hinzu. Für ein Vollbad sollten Sie nicht mehr als 3 Tropfen nehmen, bei empfindlicher Haut sogar nur 2 Tropfen.

Zitronelle (Cymbopogon nardus)

Dieses Öl wird aus einem duftenden Gras gewonnen, das in Sri Lanka und anderen tropischen Gebieten angebaut wird. Es ist im allgemeinen gelbbraun und verströmt einen starken Zitronenduft. Die wichtigsten chemischen Bestandteile sind Citronellal und Geraniol; außerdem enthält es Spuren anderer Substanzen, die je nach Unterart variieren.

Zitronellöl spielt in der Aromatherapie eine weniger wichtige Rolle; es wird vor allem eingesetzt, um Insekten fernzuhalten. In den ersten Jahrzehnten dieses Jahrhunderts wurde es therapeutisch gegen Rheumatismus vorgeschlagen (als Einreibung mit Alkohol verdünnt oder als Massageöl), aber über die tatsächliche Wirksamkeit ist nichts bekannt. Da Zitronenöl für ähnliche

Zwecke verwendet wird, dürften positive Ergebnisse jedoch durchaus im Bereich des Möglichen liegen.

Das meiste Zitronellöl wird für die Herstellung von Seifen, Desinfektionsmitteln und kommerziellen Präparaten zur Vertreibung von Insekten erzeugt. Es wird außerdem benutzt, um teurere Öle zu strecken.

Ich halte mit Zitronellöl meine Katzen von Blumenkästen fern; auch Gärtnereien verkaufen es zu diesem Zweck. Die Anwendung muß alle paar Tage erneuert werden, ist aber durchaus effizient.

Zypresse (Cupressus sempervirens)

Die Zypresse, die unter anderem Cezanne und van Gogh als Motiv diente, ist aus der typischen Mittelmeerlandschaft einfach nicht wegzudenken. Oft wird sie auch mit Friedhöfen assoziiert, was möglicherweise daran liegt, daß die alten Ägypter und Römer sie ihren Göttern des Todes und der Unterwelt weihten. Der lateinische Zusatz *sempervirens* bedeutet »immerwährend« und ist ein Hinweis auf den immergrünen Charakter des Baumes, der ihn vielleicht zu einem Symbol für das Weiterleben nach dem Tode machte.

Das ätherische Öl wird aus Nadeln und Zapfen destilliert; es enthält Di-Pinen, Di-Camphen, Di-Sylvestren, Cymen, Sabinol, Terpenalkohol und Zypressenkampfer. Die Farbe variiert zwischen farblos und gelblich, der Geruch ist angenehm rauchig und holzig; er erinnert an Terpentin, allerdings nicht so stark wie Wacholderöl.

Das Öl wirkt stark adstringierend; es ist immer dann angebracht, wenn zuviel Flüssigkeit im Spiel ist, d. h. bei Ödemen, übermäßigem Schwitzen, Zahnfleischbluten, Gallenbeschwerden und zu starker Menstruation. Auch in der Hautpflege, insbesondere bei fetter und zu feuchter Haut, hat es sich bewährt. Aufgrund ihrer antiseptischen und adstringierenden Eigenschaften und ihres holzigen Geruchs findet es sich oft in Hautpflegepräparaten für Männer, etwa in Aftershaves. Außerdem ist es ein gutes Deodorant.

Die adstringierende Wirkung kommt bei der Behandlung von Hämorrhoiden zum Einsatz; benutzen Sie das Öl in diesem Fall als Badezusatz, für örtliche Waschungen oder in einer Salbe. Hämorrhoiden weisen immer auf eine schlechte Durchblutung hin, und Zypresse tonisiert den Kreislauf. Deshalb ist sie auch bei Krampfadern hilfreich. Massieren Sie nie direkt den Bereich der Krampfadern, sondern tragen Sie Öle und Cremes mit leicht streichenden, zum Herzen gerichteten Bewegungen behutsam auf.

Zypressenöl wirkt krampflösend, insbesondere im Bereich der Bronchien, und kommt daher bei der Behandlung von Asthma in Frage. Ein oder zwei Tropfen, die von einem Taschentuch inhaliert werden, lindern einen Asthmaanfall und die krampfhaften Hustenanfälle bei Keuchhusten. Als Vorbeugung können Sie im Schlafzimmer ein paar Tropfen Öl verdunsten lassen, etwa mit Hilfe einer Aromalampe. Diese Maßnahme empfiehlt sich vor allem bei Kindern, die vor einem nächtlichen Anfall oft große Angst haben.

Zypressenöl reguliert auch den weiblichen Zyklus. Es lindert die Menstruationsschmerzen und schränkt anomal hohen Blutverlust ein, besonders zu Beginn des Klimakteriums.

Valnet meint, Zypresse könne auch bei einigen Krebsarten von Nutzen sein, aber er setzt selbst ein Fragezeichen hinter diese Information, da es ihm an Beweisen mangelt. Sicher ein wertvolles Gebiet für weitere Forschungen!

Ein bescheidenerer, aber trotzdem willkommener Anwendungsbereich von Zypresse sind Schweißfüße. Da das Öl deodorierend und adstringierend wirkt, vermindert es die Schweißabsonderung und den unangenehmen Geruch (Fußbäder).

Zypressenöl vertreibt außerdem Insekten, auch Hundeflöhe. Aufgrund seiner deodorierenden Eigenschaften mindert es gleichzeitig den Hundegeruch, der besonders im Sommer recht penetrant sein kann.

Anhang A: Gefährliche ätherische Öle

1. ÖLE, DIE IN DER AROMATHERAPIE ÜBERHAUPT NICHT ZUR ANWENDUNG KOMMEN SOLLTEN

Alant oder Helenenkraut	Inula helenium
Anissamen	Pimpinella anisum
Arnika	Arnica montana
Beifuß	Artemisia vulgaris
Bittermandel (blausäurehaltig)	Prunus amygdal var. amara
Bohnenkraut (Sommer)	Satureja hortensis
Bohnenkraut (Winter)	Satureja montana
Boldus (Blatt)	Peumus boldus
Costus	Saussurea lappa
Fenchel (bitter)	Foeniculum vulgare
Jaborandi (Blatt)	Pilocarpus jaborandi
Kalmus	Acorus calamus-acorus
Kampfer (braun)	Cinnamomum camphora
Kampfer (gelb)	Cinnamomum camphora
Kassienbaum	Cinnamomum cassia
Meerrettich (oder Kren)	Cochlearia armoricia
Oregano (wilder Majoran)	Origanum vulgare
Oregano, spanischer	Thymus capitatus
Poleiminze	Mentha pulegium
Poleiminze, nordamerikanische	Hedeoma pulegioides
Rainfarn	Tanacetum vulgare
Sadebaum	Juniperus sabina
Salbei	Salvia officinalis
Sassafras	Sassafras albidum
Sassafras, brasilianischer	Ocotea cymbarum
Senf, schwarzer	Brassica nigra
Stabwurz	Artemisia abrotanum
Thuja (oder Lebensbaum)	Thuja occidentalis
Thuja, NW-amerikanischer	Thuja plicata
Weinraute	Ruta graveolens
Wermut	Artemisia absinthum
Wintergrün	Gaultheria procumbens
Wurmsamen	Chenopodium anthelminticum
Zimtrinde	Cinnamomum zeylanicum
Zwergkiefer	Pinus pumilio

Diese Öle sind im allgemeinen für eine Verwendung in der Aromatherapie zu riskant; sie sind narkotisch oder toxisch, können eine Fehlgeburt oder epileptische Anfälle auslösen oder die Haut schwer schädigen. Einige dieser Öle bergen mehrere dieser Gefahren.

2. ÖLE, DIE IN DER AROMATHERAPIE SEHR UMSICHTIG EINGESETZT WERDEN MÜSSEN

Einige Öle besitzen wertvolle therapeutische Eigenschaften, dürfen wegen möglicher gefährlicher Nebenwirkungen aber nur von erfahrenen Therapeuten eingesetzt werden; allen nichtqualifizierten Lesern rate ich von einer unkontrollierten Selbstbehandlung mit diesen Ölen dringend ab. Ausnahme: Bergamotte, das keine Risiken birgt, solange man sich nicht in die Sonne begibt.

Epilepsie

Die folgenden Öle dürfen bei Epileptikern nicht benutzt werden, da sie einen Anfall auslösen können:

Fenchel, süßer	Foeniculum vulgare
Rosmarin	Rosmarinus officinalis
Ysop	Hyssopus officinalis

(Außerdem Salbei und Wermut, die in der Aromatherapie überhaupt nicht zur Anwendung kommen sollten – siehe oben.)

Schwangerschaft

Die folgenden Öle dürfen während einer Schwangerschaft nicht benutzt werden, da sie der Mutter oder dem Baby schaden können:

Basilikum	Ocimum basilicum
Birke	Betula alba, Betula lenta, Betula alleghaniensis
Estragon	Artemisia draunculus
Geranie	Pelargonium asperum
Jasmin	Jasminium officinalis
Majoran	Origanum majorana
Muskat	Myristica fragrans
Muskatellersalbei	Salvia sclarea
Myrrhe	Commiphora myrrha
Pfefferminze	Mentha piperata
Rosmarin	Rosmarinus officinalis
Wacholder	Juniperus communis
Ysop	Hyssopus officinalis

Zeder	Cedrus atlantica
Zypresse	Cupressus sempervirens

Die folgenden Öle sollten in den ersten drei Schwangerschaftsmonaten gemieden und während der verbleibenden Monate nur in kleinen, gut mit Trägeröl vermischten Dosierungen (1–2 Tropfen pro Massage, 3–4 Tropfen für ein Vollbad) angewendet werden:

Geranie	Pelargonium asperum
Kamille	Anthemis nobilis u. a.
Lavendel	Lavandula vera
Rose	Rosa centifolia, Rosa damascena

Potentiell toxische Öle

Basilikum	Ocimum basilicum
Eukalyptus	Eucalyptus globulus
Fenchel (süß)	Foeniculum vulgare
Muskat	Myristica fragrans
Orange	Citrus aurantium
Thymian	Thymus vulgaris
Ysop	Hyssopus officinalis
Zeder	Cedrus atlantica
Zimt (Blatt)	Cinnamomum zeylanicum
Zitrone	Citrus limonum

Hautreizende oder die Haut sensibilisierende Öle

Angelika	Angelica archangelica
Basilikum	Ocimum basilicum
Gewürznelke (alle Teile)	Eugenia caryophyllata
Ingwer	Zingiber officinalis
Lemongras	Cymbopogon citratus
Melisse	Melissa officinalis
Muskat	Myristica fragrans
Orange	Citrus aurantium
Pfeffer, schwarzer	Piper nigra
Pfefferminze	Mentha piperita
Verbene	Lippia citriodora
Zimt (Blatt)	Cinnamomum zeylanicum
Zitrone	Citrus limonum
Zitronelle	Cymbopogon nardus

Diese Öle sollten Sie immer auf 1% herunterverdünnen.

Lichtempfindlichkeit

Angelika	Angelica archangelica
Bergamotte	Citrus bergamia
Orange	Citrus aurantium
Zitrone	Citrus limonum

Benutzen Sie diese Öle nicht, wenn Sie die Haut anschließend der Sonne aussetzen.

Anhang B: Die wichtigsten Eigenschaften der ätherischen Öle

Die folgende Aufzählung ist keinesfalls erschöpfend; für jede Eigenschaft werden lediglich die am meisten verwendeten Öle genannt.

Adstringierend (strafft das Gewebe, reduziert den Flüssigkeitsverlust)	Myrrhe, Rose, Sandelholz, Wacholder, Weihrauch, Zeder, Zypresse
Analgetisch (schmerzstillend)	Bergamotte, Kamille, Lavendel, Majoran, Rosmarin
Anaphrodisisch (vermindert das sexuelle Verlangen)	Majoran
Antibiotisch (bekämpft innere Infektionen)	Kajeput, Knoblauch, Manuka, Niaouli, Ravensara, Ti-Baum
Antidepressiv (wirkt stimmungsaufhellend)	Bergamotte, Geranie, Grapefruit, Jasmin, Kamille, Lavendel, Mandarine, Melisse, Mimose, Muskatellersalbei, Neroli, Orange, Petitgrain, Rose, Sandelholz, Ylang-Ylang
Antifebril (fiebersenkend)	Bergamotte, Kamille, Eukalyptus, Melisse, Pfefferminze, Ravensara, Ti-Baum
Antiphlogistisch (entzündungshemmend)	Bergamotte, Kamille, Lavendel, Myrrhe
Antiseptisch (bekämpft örtlich begrenzte bakterielle Infektionen)	Alle ätherischen Öle sind mehr oder weniger antiseptisch. Zu den wirksamsten gehören: Bergamotte, Eukalyptus, Lavendel, Manuka, Ravensara, Rosmarin, Sandelholz, Ti-Baum, Wacholder
Antispasmodisch (krampflösend, besonders Darm und Gebärmutter)	Ingwer, Kamille, Kardamom, Majoran, Muskatellersalbei, Orange
Antitoxisch (entgiftet den Organismus)	Birke, Fenchel, Knoblauch, Rose, Wacholder
Antiviral (hemmt die Vermehrung von Viren)	Bergamotte, Eukalyptus, Knoblauch, Lavendel, Manuka, Ravensara, Ti-Baum

Aphrodisisch (erhöht das sexuelle Verlangen)	Jasmin, Muskatellersalbei, Neroli, Patschuli, Rose, Sandelholz, Vetivert, Ylang-Ylang
Bakteriostatisch (hemmt die Vermehrung von Bakterien)	Alle ätherischen Öle, insbesondere die unter »antiseptisch« und »bakterizid« genannten
Bakterizid (vernichtet Bakterien)	Bergamotte, Eukalyptus, Kajeput, Knoblauch, Lavendel, Manuka, Niaouli, Rosmarin, Ti-Baum, Wacholder (bis zu einem gewissen Grad alle ätherischen Öle)
Choleretisch (regt den Gallefluß an)	Kamille, Lavendel, Pfefferminze, Rosmarin
Deodorierend (vermindert Körpergeruch)	Bergamotte, Eukalyptus, Lavendel, Litsea Cubeba, Muskatellersalbei, Neroli, Petitgrain, Rosenholz, Zypresse
Diuretisch (harntreibend)	Birke, Fenchel, Geranie, Kamille, Sandelholz, Wacholder, Weihrauch, Zeder, Zypresse
Emmenagogisch (menstruationsfördernd)	Basilikum, Fenchel, Kamille, Lavendel, Majoran, Muskatellersalbei, Myrrhe, Pfefferminze, Rose, Rosmarin, Salbei, Wacholder, Ysop
Expektorierend (auswurffördernd)	Benzoe, Bergamotte, Eukalyptus, Majoran, Myrrhe, Sandelholz
Fungizid (hemmt die Vermehrung von krankheitsübertragenden Kleinpilzen)	Lavendel, Myrrhe, Ringelblume, Ti-Baum
Hepatisch (stärkt die Funktionen der Leber)	Kamille, Pfefferminze, Rosmarin, Thymian, Zitrone, Zypresse
Hustenlindernd	Lavendel, Sandelholz, Thymian
Hypertonisch (erhöht den Blutdruck)	Muskatellersalbei, Rosmarin, Ysop
Hypotonisch (senkt den Blutdruck)	Lavendel, Majoran, Melisse, Ylang-Ylang
Immunisierend (steigert die Abwehrkräfte des Körpers)	Knoblauch, Lavendel, Manuka, Ravensara, Rosenholz, Ti-Baum

Kephaloaktiv (führt zu klarem Denken und erhöhter geistiger Aktivität)	Basilikum, Grapefruit, Rosmarin, Thymian
Mukolytisch (schleimlösend)	Ravensara, Myrrhe
Nerventonikum (stärkt das Nervensystem)	Kamille, Lavendel, Majoran, Melisse, Rosmarin
Ruborifizierend (erwärmt und rötet die Haut)	Birke, Eukalyptus, Majoran, Piment, Rosmarin, schwarzer Pfeffer, Wacholder
Sedativ (beruhigt das Nervensystem)	Benzoe, Bergamotte, Kamille, Lavendel, Majoran, Melisse, Muskatellersalbei, Neroli, Rose, Weihrauch, Ylang-Ylang
Stimulierend (erhöht die Körper- und Organaktivitäten)	Basilikum, Eukalyptus, Geranie, Pfefferminze, Rosmarin, schwarzer Pfeffer
Sudorifer (schweißtreibend)	Basilikum, Kamille, Manuka, Pfefferminze, Ravensara, Ti-Baum, Wacholder
Tonisierend (stärkt Körper- und Organfunktionen)	Basilikum, Birke, Geranie, Lavendel, Majoran, Myrrhe, Neroli, Rose, schwarzer Pfeffer, Weihrauch, Wacholder, Ti-Baum
Uterin (stärkt die Gebärmutter)	Jasmin, Muskatellersalbei, Rose
Vasodilatierend (gefäßerweiternd)	Majoran
Vasokonstringierend (gefäßverengend)	Kamille, Rose, Zypresse
Wundheilend	Benzoe, Bergamotte, Kamille, Lavendel, Myrrhe, Ti-Baum
Zytophylaktisch (zellerneuernd)	Alle ätherischen Öle, insbesondere Lavendel, Neroli und Ti-Baum

Anhang C: Rezepte

Bäder

Ein erfrischendes Morgenbad:

Rosmarin 4 Tropfen	oder	Rosmarin 3 Tropfen
Petitgrain 2 Tropfen		Grapefruit 3 Tropfen

(Beide Rezepte eignen sich auch für den frühen Abend, wenn man noch einmal munter werden möchte.)

Ein Morgenbad für Tage, an denen man besonders unausgeschlafen ist:

Rosmarin 3 Tropfen	oder	Rosmarin 2 Tropfen
Kiefer 2 Tropfen		Thymian 2 Tropfen
Thymian 1 Tropfen		Grapefruit 2 Tropfen

(Das zweite Rezept könnte bei empfindlicher Haut zu Reizungen führen.)

Bei überbeanspruchten Muskeln:

Lavendel 3 Tropfen	oder	Rosmarin 3 Tropfen
Majoran 2 Tropfen		Majoran 2 Tropfen
Wacholder 1 Tropfen		Kiefer 1 Tropfen
(abends)		(morgens)

Zur Entspannung vor dem Schlafengehen:

Lavendel 4 Tropfen	oder	Lavendel 3 Tropfen
Petitgrain 2 Tropfen		Majoran 3 Tropfen
Neroli 3 Tropfen	oder	Kamille 4 Tropfen
Petitgrain 2 Tropfen		Lavendel 2 Tropfen
Lavendel 3 Tropfen	oder	Lavendel 3 Tropfen
Weihrauch 3 Tropfen		Muskatellersalbei 3 Tropfen

(Diese 6 Rezepte sind auch zum Abbau von Angst und Streß sehr zu empfehlen.)

Nützlich bei den ersten Anzeichen einer Erkältung oder anderen Virusinfektionen:

Lavendel 3 Tropfen	oder	Ravensara 2 Tropfen
Manuka 2 Tropfen		Rosmarin 2 Tropfen
Ravensara 1 Tropfen		Ti-Baum 2 Tropfen
(abends)		(morgens)

Lavendel 3 Tropfen	oder	Lavendel 2 Tropfen
Thymian 2 Tropfen		Weihrauch 2 Tropfen
Ti-Baum 1 Tropfen		Sandelholz 2 Tropfen
(bei Halsschmerzen)		(bei Husten)

Entgiftende bzw. entschlackende Bäder:

Wacholder 3 Tropfen	oder	Geranie 3 Tropfen
Grapefruit 2 Tropfen		Rosmarin 2 Tropfen
Lavendel 1 Tropfen		Wacholder 1 Tropfen
(abends)		(morgens)

Aphrodisische Bäder:

Sandelholz 5 Tropfen	oder	Jasmin 5 Tropfen
Schwarzer Pfeffer 1 Tropfen		Piment 1 Tropfen

Rose 4 Tropfen	oder	Ylang-Ylang 3 Tropfen
Neroli 2 Tropfen		Neroli 2 Tropfen
		Vetivert 1 Tropfen

Alle Dosierungen sind für ein Vollbad für Erwachsene bestimmt. Die Öle können pur verwendet oder zuvor mit einer Trägersubstanz vermischt werden.

Für Kinder zwischen 5 und 12 Jahren genügen 3–4 Tropfen, die *immer* mit einer Trägersubstanz vermischt werden müssen, bevor Sie sie ins Wasser geben.

Babybad:

1 Tropfen Kamille	oder	1 Tropfen Immortelle
1 Tropfen Lavendel		1 Tropfen Mandarine
5 ml Sonnenblumen- oder Soja-Öl		5 ml Sonnenblumen- oder Soja-Öl
(beruhigend)		(erfrischend und hautpflegend)

Mischen Sie die ätherischen Öle immer mit einem Trägeröl, bevor Sie sie ins Badewasser geben; statt Sonnenblumen- oder Soja-Öl können Sie auch 1–2 Eßlöffel Sahne nehmen.

Ein paar einfache Cremes:

Galens »Cold Cream«:

>   40 g Mandelöl
>   10 g Bienenwachs
>   40 g Rosenwasser
>   10 Tropfen Rosenöl

Dies ergibt eine ziemlich feste Creme, die durch die Hautwärme aber sehr schnell geschmeidig wird. Sie ist zum Reinigen der Haut geeignet, als Handcreme oder als Alternative zu Öl bei bestimmten Massagearten. Statt Rosenwasser können Orangenblütenwasser oder destilliertes Wasser benutzt werden, statt Rosenöl ein anderes für Ihre Zwecke geeignetes ätherisches Öl.

Kokosnußöl-Creme:

>   50 g Kokosnußöl
>   20 g Mandelöl
>   25 g Rosenwasser (oder Orangenblütenwasser etc.)
>   20 Tropfen ätherisches Öl nach Wahl

Diese Creme ist gehaltvoller; sie ist zu empfehlen bei trockener Haut und nach Sonnenbädern.

Kakaobutter-Creme:

>   50 g infundiertes Ringelblumenöl
>   35 g Kakaobutter
>   10 g Bienenwachs
>   45 g Blütenwasser
>   10 Tropfen Lavendelöl
>   10 Tropfen Myrrhe
>   5 Tropfen Zitrone (oder insgesamt 25 Tropfen von Ölen Ihrer Wahl)

Dies ist die reichhaltigste der drei Cremes; sie eignet sich gut für trockene, rissige oder aufgesprungene Haut. Ich benutze sie vor allem als Handcreme für Menschen, die viel im Freien arbeiten oder sonst einen Beruf haben, der ihre Hände in Mitleidenschaft zieht.

Und so wird's gemacht: Wiegen Sie alle Zutaten genau ab. (Zerschneiden Sie das Bienenwachs mit einem scharfen Messer in kleinste Schnitzel, bevor Sie es wiegen.) Zum Zusammenmixen brauchen Sie zwei Schüsseln aus rostfreiem (Edel)Stahl oder feuerfestem Glas. Schütten Sie in die eine das

Mandel- und/oder die anderen Basisöle und geben Sie – je nach Rezept – das Bienenwachs hinzu. Die andere Schüssel ist für die verschiedenen Wässer bestimmt. Stellen oder hängen Sie beide Gefäße (mit Inhalt) in ein nicht zu heißes Wasserbad und rühren Sie die Öl-Wachs-Mischung so lange, bis alle Zutaten geschmolzen sind. Schalten Sie die Hitzequelle ab. Rühren Sie, nach der Methode der Mayonnaiseherstellung, die Wässer Tropfen für Tropfen ins Ölgemisch ein.

Hören Sie erst dann auf zu schlagen, wenn alle Wässer von den fettigen Substanzen vollkommen absorbiert sind. Wenn Sie ein elektrisches Rührgerät benutzen, sollten Sie es auf die niedrigste Stufe stellen, damit das Öl sich nicht von den wäßrigen Substanzen absetzt.

Rühren Sie das ätherische Öl ein und füllen Sie die fertige Masse in einen Topf, den Sie an einen kühlen Ort (Kühlschrank) stellen. Wer verschiedene Cremes herstellen will, füllt die Masse erst in die Töpfe und gibt dann die jeweils unterschiedlichen ätherischen Öle bei.

Die hier beschriebenen Rezepte ergeben eine relativ kleine Menge fertiger Creme. Wenn Sie die Technik erst einmal beherrschen, können Sie die angegebenen Mengen verdoppeln oder verdreifachen. Die fertigen Produkte halten sich einige Wochen, da die ätherischen Öle eine konservierende Wirkung haben. Wer sich einen größeren Vorrat zulegen will, sollte ihn noch nicht sofort in kleine Töpfe umfüllen, sondern en gros an einem kühlen Ort aufbewahren und nur die Menge entnehmen, die kurzfristig gebraucht wird.

Gesichts- und Hautwässer

Für fettige Haut:

250 ml Orangenblütenwasser oder
15 ml reiner Alkohol
3 Tropfen Grapefruit
3 Tropfen Lavendel

100 ml Hamameliswasser
200 ml Orangenblütenwasser
3 Tropfen Grapefruit
3 Tropfen Geranie
2 Tropfen Manuka
(sehr gut geeignet für fettige Haut und Akne)

Für empfindliche oder allergische Haut:

        250 ml destilliertes Wasser
        10 ml reiner Alkohol
        4 Tropfen blaue Kamille

Für trockene Haut:

>250 ml Rosenwasser
>10 ml reiner Alkohol
>4 Tropfen Rosenöl
>2 Tropfen Weihrauch

Für normale Haut:

>250 ml Rosenwasser
>15 ml reiner Alkohol
>3 Tropfen Palmarosa
>3 Tropfen Rosenöl

Aftershave

>250 ml Orangenblütenwasser
>25 ml reiner Alkohol
>6 Tropfen Sandelholz oder ein anderes ätherisches Öl

Dieses Aftershave eignet sich gut für Männer mit empfindlicher Haut (besonders Erstrasierende!). Sandelholz wirkt antibakteriell und dient der Vorbeugung und Behandlung von Bartflechte. Je nach persönlichem Geschmack läßt es sich durch Grapefruit, Vetivert, Zeder oder Zypresse ersetzen.

Zubereitung:

Gießen Sie den Alkohol in eine saubere, trockene Flasche. Fügen Sie die ätherischen Öle hinzu und schütteln Sie so lange, bis sie sich aufgelöst haben. Je nach Rezept folgt nun das Hamameliswasser und dann die anderen Wässer. Schütteln Sie nochmals und auch vor jedem Gebrauch der fertigen Mischung.

Mundwasser

250 ml reiner Alkohol	oder	250 ml reiner Alkohol
30 Tropfen Pfefferminze		50 Tropfen Ti-Baum
20 Tropfen Thymian		30 Tropfen Grapefruit
10 Tropfen Myrrhe		(bei Mundgeschwüren und
10 Tropfen Fenchel		Gaumeninfektionen)

Zubereitung: wie Hautwässer

Vor der Anwendung werden 2–3 Teelöffel der Mischung einem halben Glas warmem Wasser beigegeben.

Register

A
Abszeß 25
Äderchen, geplatzte 25
Aerosolerzeuger 26
Aids 27
Akne 30
Akupressur s. Shiatsu 415
Akupunktur 32
Alant 33
Aldehyde 34
Alkohol 35
Alkoholismus 36
Allergie 37
Allopathie 38
Alopezie s. Kahlköpfigkeit 232
Amenorrhö 39
Angelika 39
Angst 40
Anis 42
Anorexie, nervöse s. Magersucht 291
Ansteckung 42
Antibiotika 42
Antidepressiva 44
Aphrodisiaka 45
Appetit 47
Appetitlosigkeit 49
Arnika 49
Aromalampen 50
Arthritis 50
Asthma 53
Astrologie 55
Atemsystem 56
Augen 56
Aura 57
Autogenes Training 58
Avicenna 58
Ayurveda 61

B
Babys 61
Bach, Edward 63
Bach-Blütentherapie 64
Bäder 66
Bakterienbekämpfung 69
Basilikum 69
Beifuß 71
Beinwell 71
Benzoe 72
Bergamotte 73
Beruhigungsmittel s. Sedativa 412, und Tranquilizer 435
Bienenwachs 77
Bindehautentzündung 77
Birke 78
Blähungen 80
Blasen (an den Füßen) 81
Blasenentzündung 81
Blaue Flecken 83
Blutdruck 84
–, hoher 85
–, niedriger 87
Blütenöle s. Öle, absolute 342, und Öle, infundierte 345
Blutungen 88
Bronchitis 89
Bulimie 93
Brustwarzen, wunde s. Stillprobleme 419

C

Candida 93
Chemotyp 94
Chiropraktik s. Osteopathie 350
Citronelle s. Zitronelle 476
Concrète 95
Creme 95
Culpeper, Nicholas 96
Cumarine 99

D

Dampfinhalationen 99
Deodorants 100
Depressionen 100
Dermatitis 102
Desinfizierung 102
Destillation 103
Diarrhö s. Durchfall 106
Diuretika 104
Dosierung 105
Durchfall 106

E

Echinacea 108
Effleurage 109
Eifersucht 109
Einnahme, orale 109
Eisenkraut s. Verbene 440
Ekzeme 112
Enfleurage 114
Entspannung 115
Entzündungen 116
Epidemien 116
Epilepsie 118
Erbrechen 119
Erinnerungsvermögen 119
Erkältung 119
Ernährung 120
Erschöpfung, geistige 127
Essenzen 127
Ester 129
Eukalyptus 129

F

Falten 133
Fenchel 134
Fettleibigkeit 137
Fibrositis 139
Fieber 139
Flüchtigkeit 140
Frigidität 141
Frostbeulen 142
Furunkel 143
Fußbäder 145
Füße 144
Fußpilz 145
Fußwarzen 146
Fußzonenmassage 147

G

Galbanum 128
Galen 148
Gallensteine 149
Gammalinolensäure 150
Geburt 151
Gegengifte 153
Gehirn 153
Gelbsucht 158
Geranie 159
Gerard, John 162
Geruchssinn 163
Gewebswassersucht s. Ödeme 338
Gicht 166
Giftigkeit 166
Ginseng 169
Grapefruit 169
Grippe 171
Gürtelrose 173

H

Haar 174
Haarausfall 176
Hagebutte 178
Halsschmerzen 178
Hämorrhoiden 179

Hände 179
Harnröhrenentzündung 180
Harnsäure 181
Harntrakt 182
Haut 183
–, alternde 185
–, empfindliche 187
–, fettige 188
–, rissige 189
–, trockene 190
–, wunde 190
Hautfeuchtigkeit, mangelnde 191
Hautjucken 192
Hautpflege 192
Hautreizungen 195
Hautsensibilisierung 196
Hauttalg 197
Hepatisch 198
Herpes 198
Herz 199
Herzjagen 200
Herzklopfen 200
Heuschnupfen 201
Hippokrates 202
Histamin 204
HIV 205
Ho-Blätter oder Ho-Holz 207
Homöopathie 208
Honig 209
Hormone 210
Husten 212
Hydrolat 213
Hysterie 214

I
Immortelle 215
Immunsystem 217
Impotenz 220
Infektionskrankheiten 221
Ingwer 222
Ischias 224

J
Jasmin 224
Joghurt 227
Johanniskraut 227
Juckreiz 228
Jugendlichkeit im Alter 229

K
Kahlköpfigkeit 232
Kajeput 233
Kaltpressung 234
Kamille 234
Kardamom 238
Karotte 239
Karzinom s. Krebs 265
Katarrh 240
Kehlkopfentzündung 240
Keratin 241
Ketone 242
Keuchhusten 242
Kiefer 243
Kinder und Aromatherapie 244
Klimakterium 247
Knoblauch 249
Kölnisch Wasser 252
Kompressen 254
Kontraindikationen 256
Kopfflechte 256
Kopfschmerzen 257
Koriander 258
Körpertemperatur 259
Krampfadern 260
Krämpfe 261
Krätze 262
Kräutertee 264
Krebs 265
Kreislauf 268
Kreuzkümmel 269
Kummer 270

L

Läuse 271
Lavandin 272
Lavendel 273
Leber 274
Lemongras 280
Leukorrhö s. Weißfluß 456
Lichtempfindlichkeit 282
Ling, Per Henrik 283
Lippenbläschen s. Herpes 198
Litsea Cubeba 284
Lösungsmittel 284
Lösungsmittelextraktion 285
Lotionen 285
Lunge 286
Lungenentzündung 287
Lymphe/Lymphsystem 288

M

Magen 290
Magersucht 291
Majoran 292
Majoran, wilder s. Oregano 350
Mandarine 295
Mandelabszesse 296
Mandelentzündung 296
Manuka 297
Masern 299
Massage 300
May Chang s. Litsea Vubeba 284
Mazeration 303
Meditation 303
Medizin, ganzheitliche 304
Melisse 306
Menstruation 307
Migräne 309
Milch 310
Mimose 311
Monoterpene 312
Müdigkeit 312
Mukoviszidose 313

Mundgeschwüre 315
Muskat 316
Muskatellersalbei 317
Muskeln 320
Myrrhe 321
Myrte 323

N

Nachtkerze 324
Nagelgeschwüre 324
Narde 325
Nase 326
Nasenbluten 327
Nasennebenhöhlenentzündung 327
Naturheilkunde 329
Nephritis s. Nierenentzündung 337
Neroli 330
Nervenschwäche 331
Nervensystem 331
Nesselsucht 332
Neuralgie 334
Niaouli 334
Nieren 336
Nierenbeckenentzündung 337
Nierenentzündung 337

O

Obesität s. Fettleibigkeit 137
Ödeme 338
Ohnmacht 339
Ohrenschmerzen 340
Öle, absolute 342
–, ätherische 343
–, gefährliche 344
–, infundierte 345
–, naturidentische 346
–, synthetische 347
Orange 348
Orangenblütenöl s. Niaouli 334
Orangenblütenwasser 349

Orangenhaut s. Zellulitis 470
Oregano 350
Osteopathie 350
Östrogene 352

P
Palmarosa 353
Parfüm 354
Patschuli 357
Pendeln 358
Pergamenthaut 359
Perkolation 360
Pest 360
Petersilie 361
Petitgrain 363
Pfeffer, schwarzer 365
Pfefferminze 366
Pflanzenheilkunde 368
Pflanzenhormone 370
Phenole 370
Phenylmethyläther 371
Phytotherapie 371
Piment 371
Postvirales Erschöpfungssyndrom 373
Prämenstruelles Syndrom 375
Psoriasis s. Schuppenflechte 407
Psychosomatische Krankheiten 376
Pyorrhö 378

Q
Qualität 378

R
Ravensara 380
Reflexzonenmassage 382
Rekonvaleszenz 383
Rheumatismus 384
Ringelblume 385
Röntgenstrahlen 386
Rose 387
Rosenholz 390
Rosenwasser 392
Rosmarin 393
Rückenschmerzen 396

S
Saisonbedingte affektive Störungen s. Winterdepression 458
Salbei 399
Sandelholz 400
Säuren 402
Scharlach 402
Scheidenentzündung 403
Scheidenspülungen 403
Schlaflosigkeit 404
Schock 406
Schopflavendel 406
Schuppenflechte 407
Schwangerschaft 408
Schwangerschaftsstreifen 411
Sebum s. Hauttalg 197
Sedativa 412
Sehnenscheidenentzündung 412
Sellerie 413
Sesquiterpene 414
Shiatsu 415
Sinusitis s. Nasennebenhöhlenentzündung 327
Sodbrennen s. Verdauungsstörungen 442
Sonnenbrand 415
Soor 416
Speiklavendel 417
Sprühapparate 418
Sterilität s. Unfruchtbarkeit 437
Stillprobleme 419
Stimmungen 420
Stimulanzien 420
Strahlenschäden 421
Streß 422
Sucht 424

T

Tachykardie s. Herzjagen 200
Tagetes 426
Tea-Tree s. Ti-Baum 429
Tennisarm s. Weichteilrheumatismus 452
Terpene 426
Teufelskralle 426
Thuja 427
Thymian 427
Ti-Baum 429
Tiere und Aromatherapie 432
Tinea capitis s. Kopfflechte 256
Tonika 433
Trägeröle 433
Tranquilizer 435

U

Übelkeit s. Erbrechen 118
Überbein 437
Unfruchtbarkeit 437
Ungarn-Wasser 438

V

Veilchen 439
Verbene 440
Verbrennungen 442
Verdauungsstörungen 442
Verdünnungen 443
Verfälschen von ätherischen Ölen 443
Verletzungen 444
Verstauchungen 445
Verstopfung 445

Vetivert 446
Virusinfektionen 448

W

Wacholder 448
Warzen 451
Wechseljahre s. Klimakterium 247
Weichteilrheumatismus 452
Weihrauch 454
Weißfluß 456
Wiesenkönigin 456
Windpocken 457
Winterdepression 458
Wundbehandlung 459

Y

Yin/Yang 460
Ylang-Ylang 461
Yoga 463
Ysop 465

Z

Zahnen 466
Zahnfleischentzündung 467
Zahnschmerzen 468
Zeder 469
Zellulitis 470
Zerstäuber 472
Zink 473
Zitrone 473
Zitronelle 476
Zitronengras s. Lemongras 280
Zypresse 477